제2판

자금세탁 방지제도의 이해

장일석 지음

Anti-Money Laundering

박영사

제2판　머리말

　　1990년대 이후 舊 소련의 해체와 베를린장벽 붕괴로 동서 진영 간 냉전이 종식되면서 세계대전과 같은 대규모 전쟁이 발생할 가능성은 크게 줄어든 반면, 상대적으로 인종·종교 갈등으로 인한 소규모 지역분쟁이나 범죄단체 등에 의한 테러의 위협은 더 커졌다. 테러는 직접적으로 이해관계가 없는 불특정 다수를 대상으로 한다는 점에서 오늘날 인류의 가장 큰 위협으로 부각되었다. 특히 테러는 핵무기나 미사일과 같은 대량살상무기를 사용할 경우 인류에게 치명적인 피해를 가져다줄 수 있다. 특히 대량살상무기가 세계 전역으로 확산되지 않도록 이들 무기의 개발·이전을 지원하는 '확산금융'을 차단하는 전 세계적인 노력이 강화되고 있다. 최근 세계 각국은 자국의 이익을 우선시하여 미·중 무역분쟁과 브렉시트로 대표되는 반세계화 움직임을 보이면서도 조직범죄와 테러 집단의 자금줄을 차단하기 위한 외교·안보 측면에서의 공조와 협력은 더욱 강화하고 있다.

　　자금세탁방지 국제기구인 FATF도 '테러자금과 확산금융 차단'이라는 새로운 목표에 맞춰 자금세탁방지제도의 체계를 전면적으로 개편하고, 핀테크와 가상자산 등을 이용한 새로운 자금세탁 수법에 대응하기 위한 국제공조가 기민하게 이루어지도록 지원하고 있다. 테러자금의 조달처와 그 사용처를 은닉하는 수법은 자금세탁 수법과 본질적으로 동일하고, 금융기관의 의심거래보고와 같이 자금세탁방지를 위하여 전통적으로 핵무기 개발에 이용되는 자산을 동결하는 데에도 효과적으로 활용될 수 있기 때문이다.

i

오늘날까지 테러의 위협이 직접적으로 가해지지 않은 우리나라에서는 테러와 테러자금조달, 확산금융을 머나먼 남의 나라 문제로 인식하는 경향이 있었다. 하지만 테러자금조달과 확산금융을 차단하기 위한 국제사회의 노력이 2012년 FATF 국제기준의 개정으로 이어지면서 더 이상 테러 문제를 남의 나라 이야기로만 생각할 수 없게 되었다. 사실상의 법적 구속력을 갖고 있는 FATF는 회원국에 대한 평가를 강화하여 평가를 상시화 하고 평가결과가 미흡할 경우 제재를 가하거나 불이익을 줌으로써 그 이행을 강제하고 있기 때문이다. 우리나라에서는 기존에 만연했던 탈세·조세포탈 등에 더하여 불법사행행위, 보이스피싱, 부패범죄 등이 증가하면서 관련된 범죄수익이 현금과 가상통화를 통해 자금이 세탁되는 사례가 증가하여 FATF 평가에 대응한 보다 철저한 준비가 요구되고 있다. 최근 들어서는 밀입국자. 분쟁지역으로부터의 난민신청이 증가하면서 테러자금조달을 위한 통로나 이를 위한 중계기지로 활용될 가능성이 커지고 있어 이에 대한 대비가 시급하다.

자금세탁, 테러자금조달, 확산금융이 금융시스템의 안정과 투명성을 심각히 위협하게 되었으나 이를 예방하고 차단하기 위한 방안은 비용은 급증하면 반면에 효과는 크지 않아 FATF는 '위험기반 접근방식(Risk–Based Approach)'을 명시적으로 도입하였다. 이에 따라 각국은 자국의 자금세탁과 테러자금조달 위험을 평가하여 그 위험수준에 상응하는 대응조치를 취할 수 있는 '자금세탁방지 및 테러자금조달차단(이하, AML/CFT) 체계'를 갖춰야 하게 되었다.

변화된 국제기준은 대표적인 자금세탁방지 문지기(gatekeeper)인 금융기관에 가장 큰 영향을 미칠 것이다. 종래에는 금융기관이 규정기반 접근방식(Rule–Based Approach)에 따라 법령상 최소한의 요건만 준수하여도 제도를 이행한 것으로 간주되었으나, 이제는 금융기관이 고유한 운영경험과 전략을 바탕으로 스스로 위험을 평가하고 대응 수준을 결정해야 하는 추가적인 책임과 부담을 지게 되었다. 한편 금융기관들은 국제금융시스템으로부터 퇴출당하지 않으려면 기축통화국인 미국이 시행하는 경제제재를 준수해야 하며, 미국에 진출한 금융기관들은 국제기준보다 더 엄격한 감독 기준을 준수해야만 한다. 우리 금융기관으로서는 그간 해외 선진국들에 비해 다소 불투명하게 이루어져왔던 금융관행도 과감히 바꿔 나가야 하기 때문에 그만큼 더 부담이 다가올 것이다.

내년이면 자금세탁방지제도 도입 20주년을 맞게 된다. 우리나라는 FATF로부터 '전반적으로 자금세탁/테러자금조달 위험을 잘 이해하고 있고, 견실한 법·제도적 장치를 바탕으로 긍정적인 성과를 내고 있다'고 평가받는 등 자금세탁방지제도를 이행하기 위한 노력에 대해서 국제사회로부터 어느 정도 인정받고 있다. 특히 2015년에는 FATF 의장국을 맡음으로써 국제적인 위상도 상당히 높아졌다. 하지만 AML/CFT 제도가 우리 토양에 얼마나 깊이 착근되었는지, 금융기관이 자금세탁방지 문지기로서 역할을 얼마나 충실하게 수행하고 있는지에 대해서는 아직 확신하기 어려운 것이 사실이다. 이러한 문제인식이 본서를 다시 개정하게 하였다.

본서의 3판을 발간한지 벌써 10년이 되어간다. 그동안 국제환경이 급격히 변화하고 국제기준은 큰 폭으로 개정되었지만 가장 중요한 것은 그 변화의 의미를 전달하고 향후 방향을 가늠해보는 것이라고 생각한다. 국제기준과 법령이 도입되고 개정된 배경과 과정, 국제적인 논의동향, 미국 금융제재의 내용과 배경 등을 제대로 파악하지 못하면 AML/CFT 제도를 형식적으로 준수하는 데 그칠 수밖에 없고 금융기관들은 의무를 준수하지 못하게 되는 위험에 노출될 것이다.

새로이 발간되는 본서의 4판은 이러한 인식을 반영하다 보니 분량이 대폭 늘어났다. 제도와 법령, 국제기구와 국제기준을 다루는 Part1에서는 테러자금조달 및 확산금융 차단 제도를 새롭게 소개하고 FATF 상호평가 방식에 대한 설명을 추가하였다. 제도적인 측면에서 취약한 것으로 지적되고 있는 변호사·회계사 등 특정비금융사업자에 대한 AML/CFT 의무 부과, 법인과 신탁의 투명성 강화에 관한 내용을 좀 더 보완하였고, FATF 국제기준 개정에 따라 주요국과 우리나라에서 법령을 개정한 내용을 업데이트하였다.

AML/CFT 금융제도와 예방조치의 내용을 서술한 Part2에서는 금융기관의 내부통제와 RBA에 대한 상세한 설명을 추가하였다. 10년 만에 개정된 「자금세탁방지 및 공중협박자금조달 금지에 관한 업무규정」, 새로이 제정된 「특정금융거래정보 보고 등에 관한 검사 및 제재 규정」의 주요 내용을 소개하고, 제도 운영에 대한 이해를 돕기 위해 금융정보분석원의 유권해석을 추가하였다. 아울러 과학과 기술의 발달에 따른 핀테크, 비대면 고객확인 등에 대한 대응방안, 미국의 금융제재의 특성 등을 설명하고, 우리나라 금융기관과 금융감독기관이 보완해 나가야 할 사항 등에 대해서도 설명하였다.

금융계에서는 우리 금융기관의 AML/CFT 역량을 제대로 강화하기 위해서는 지배구조와 인사제도의 개선이 무엇보다 우선되어야 한다는 지적이 늘 제기되고 있다. AML/CFT에 대한 최고경영진의 역할과 책임을 글로벌 금융기관 수준으로 강화하고, AML/CFT 업무 담당자에 대해서는 순환근무제 적용 예외를 둠으로써 전문인력을 양성하고 담당인력을 증원해야 한다는 주장이 그 예이다. 마찬가지로 금융당국이나 법집행기관의 경우도 순환근무제로 인해 해당 분야 담당자의 전문성을 높이는 것이 어려워 보인다. AML/CFT 규제의 중요성에 비해 우리 정부당국이나 법조계, 금융계의 이해나 관심이 부족한 것이 현실이다.

저자는 이 점을 고민하면서 2009년 자금세탁방지업무 전문가 양성을 위해 "새금융사회연구소"를 설립하였다. 미국 자금세탁방지 전문가 협회인 에이캠스(ACAMS)와 업무협약(MOU)을 체결해 국내외 자금세탁방지 분야 전문가들을 초청하여 포럼을 개최하고 숱 금융기관을 대상으로 한 실무자 교육을 매년 실시해오고 있다. 2013년 5월에는 성균관대학교와 MOU를 체결하여 금융지도자(AML)과정을 공동으로 운영하며 대한민국의 금융 리더들을 다수 배출해오고 있다. 아울러 자금세탁방지제도의 전문성을 높이기 위해 2017년부터 민간 자격증인 "케이캠스 자금세탁방지 전문가 자격능력 검정시험"을 시행하여 대한민국의 공인된 자금세탁방지 분야 전문가 배출에도 힘쓰고 있다. 이 과정에서 저자가 얻은 경험들과 지식을 모두 본서에 담았다.

끝으로 강조하고 싶은 것은 자금세탁방지 및 테러자금조달차단(AML/CFT)

제도가 금융기관의 가장 큰 규제 리스크로 부각되고 있지만, 단지 자금세탁의 위험이 크다는 이유로 금융기관이 고객과의 금융거래를 맹목적으로 회피하거나 거절하는 상황이 초래되어서는 안 된다는 점이다. 불법적인 자금이 거래되는 금융시스템은 당연히 나쁜 것이지만, 불법자금 차단을 이유로 깨끗한 자금까지 흐르지 못하게 막는 것은 더 큰 문제가 있다. 금융기관의 속성이 금융거래를 통해 이윤을 추구하는 것인 만큼 어떤 제도도 금융기관의 본업과 본질적으로 상충되는 것은 지속성을 보장하기 어렵다. 금융기관은 자금세탁의 위험이 큰 거래는 적절하고 효과적인 방법을 통해 그 위험을 걸러낼 수 있는 스마트한 전략을 마련해나가고 당국도 이를 제도적으로 적극 지원함으로써 금융시스템의 투명성과 활성화라는 두 마리 토끼를 동시에 잡을 수 있도록 지혜를 모아야 할 것이다.

모쪼록 본서가 금융기관 임직원 및 관련 종사자, 그리고 금융거래 당사자인 일반국민들에게 AML/CFT를 정확하게 이해시켜 올바른 방향으로 안내하는 지침서가 되기를 바란다.

4판을 내면서 박영사의 안종만 회장과 그간 고생한 관계자들에게도 감사하다는 말씀을 드리고자 한다.

2021년 1월
저자

SECTION 03

SECTION 04

02 국제규범과 주요국의 입법내용

SECTION 03

FATF 국제기준 ·· 144

SECTION 04

주요국의 자금세탁방지/테러자금조달·확산금융 차단 관련 법령과 기관 ·· 185

03 우리나라의 자금세탁방지 · 테러자금조달차단 · 대량살상무기확산금융차단 제도

SECTION 01

우리나라의 자금세탁방지제도 ·· 233

SECTION 05

우리나라 자금세탁방지등 제도의 운용 현황 ························· 308

04 우리나라의 자금세탁방지·테러자금조달차단 제도이행 현황과 과제

SECTION 01

우리나라의 자금세탁·테러자금조달 위험 ····················· 321

PART 02
제도 준수를 위한 금융회사의 역할과 과제

05 금융회사의 자금세탁방지 · 테러자금조달차단 등 제도 준수

SECTION 05

07 금융회사등에 대한 자금세탁방지제도 등 관련 감독·검사·제재

SECTION 01

08 금융회사등의 향후 과제

SECTION 01

고위험 거래에 대한 대응 강화 ·· 461

SECTION 02

새로운 기술을 활용한 자금세탁방지·테러자금조달차단 체계 구축 ······· 469

일러두기

- "AML/CFT". "AML/CFT/PF". "자금세탁방지제도 등", "자금세탁방지제도 및 테러 자금조달차단제도 등"
  : 자금세탁방지제도, 테러자금조달차단제도, 대량살상무기확산금융차단제도의 총칭
  ― "ML" : 자금세탁, "FT" : 테러자금조달, "PF" : 대량살상무기확산금융

- "금융회사등"
  : 금융기관「특정금융거래정보법」등 우리나라의 AML/CFT 법령에 따라 의무를 이행해야 하는 '금융기관과 비금융기관'
  ― "금융기관"
    : FATF 등 국제기준이나 국제적 논의사항에 따른 금융기관등

- "DNFBPs", "특정 비금융사업자와 전문직",
  : FATF 권고사항에서 규정하고 있는 변호사, 공증인, 기타 법률전문직 및 회계사, 부동산중개업자, 귀금속상, 카지노사업자, 신탁 및 회사설립전문가

- "KoFIU" : 우리나라의 KoFIU,
  ― "FIU" : 각국의 금융정보분석기구 총칭

PART
01

제도에 대한 이해

자금세탁방지제도의 개요

1. 자금세탁의 개요

(1) 자금세탁의 개념

1) 자금세탁의 일반적 정의

자금세탁(Money Laundering)이란 일반적으로 "범죄행위로부터 얻은 불법자산을 합법적인 자산인 것처럼 위장하는 과정"을 말하는 것으로서 자금세탁방지기구인 FATF(Financial Action Task Force on Money Laundering : FATF)의 홈페이지에서는 '범죄수익의 불법원천을 가장하기 위한 과정(the processing of criminal proceeds to disguise illegal origin)'이라고 정의하고 있으나, 각국의 정치, 사회적인 환경, 학자들의 연구목적 등에 따라 달리 정의되고 있다.

자금세탁이라는 용어는 1920년대 미국에서 "알 카포네"와 같은 조직범죄자들이 세탁소에서 현금거래가 많다는 점을 이용하여 도박이나 불법 주류판매를 통한 수입금을 자신들의 영향력 아래에 있는 이탈리아인들이 운영하는 세탁소 (laundry)의 합법적인 수입으로 가장한 것으로부터 유래하였으며, 공식적으로 사용된 것은 1970년에 제정된 미국의 「은행비밀법(Bank Secrecy Act)」[1]에서 기존

---

1) 실제 법률명칭은 「통화 및 국제거래 보고에 관한 법률(The Currency and Foreign Transaction

의 불법금융거래(illegal financial transaction)라는 용어를 대체하여 법적 용어로
사용되면서부터이다.

2) 주요 국가에서의 자금세탁의 정의

(i) 주요국의 자금세탁 개념의 공통 요소

1960년대 들어 UN을 중심으로 마약류의 생산 및 판매에 대한 국제규제가
강화되자 이를 회피하기 위하여 범죄조직 등을 통한 국경간 불법거래와 유통이
활성화되었다. 특히 정부의 강력한 단속의사가 없었던 남미지역에서 콜롬비아의
'메데인 카르텔'과 같은 밀매조직을 통해 코카인이 기업적으로 공급되자 전통적
으로 마약의 최대 소비국이었던 미국은 마약밀매범죄 처단을 위한 국제사회 여
론을 주도하기 시작하였다. 이어 UN에서는 마약류 불법거래 재산의 자금세탁을
범죄화하고, 마약류 거래로 조성한 재산 등의 범죄수익을 몰수하며, 국제사법공
조를 강화하는 것을 골자로 하는 「비엔나 협약(마약 및 향정신성물질의 불법거래 방
지에 관한 UN협약)」2)이 1988년에 체결되었다.

이에 따라 대부분의 FATF 회원국들은 자금세탁의 정의에 대해서는 「비엔
나 협약」과 1990년에 체결된 「유럽이사회(EC)협약(범죄수익의 세탁, 수색, 압류 및
몰수에 관한 유럽이사회 협약)」을 기초로, ① 불법자산의 원천을 은닉 또는 가장할
목적으로 자산을 이동 또는 전환하는 행위와 동 행위를 돕거나 동 행위에 대한
법적 결과를 회피하는 행위, ② 자금이 범죄행위에 의해 발생하였다는 것을 알
면서도 자금의 본질, 발생지역, 이동경로 및 소유 등의 사실을 숨기는 행위, ③
거래발생시 범죄행위에 의해 발생한 자산이라는 것을 알면서도 이러한 자산을
획득, 소유 및 사용하는 행위로 규정하고 있다.

Reporting Act)」이다.

2) 비엔나 협약(1988)의 자금세탁의 개념적 요소는 "① 자산의 불법출처를 은닉하거나 가장할
목적으로 또는 범죄의 실행에 관여한 자들의 법적 책임을 면하도록 지원하기 위하여 행하는
자산의 이전 또는 양도, ② 자산이 범죄행위로부터 발생하였다는 것을 알면서도 자산의 성질,
출처, 소재, 처분, 이전, 소유 등의 사실을 숨기는 행위, ③ 자산을 수취할 때 그 재산이 범죄
행위에 의해 발생한 자산이라는 것을 알면서도 이러한 자산을 취득, 소지 또는 사용하는 행
위"로 규정되어 있다.

(ⅱ) 주요국에서의 자금세탁의 정의

주요국에서의 자금세탁 개념[3]에 대해 간단히 살펴보면 다음과 같다.

미국은 자금세탁의 개념을 가장 먼저 정의한 나라로서 이후 UN 및 OECD 를 비롯한 주요 국가가 자금세탁 용어의 정의를 내리는 데 기초적인 역할을 하였다.

자금세탁에 관한 내용은 「형법」에 규정되어 있는데, ① 특정 불법행위 (specified unlawful activity)의 수익(proceeds)을 조정(control)하거나, 이에 대한 소유권 · 출처 · 소재 · 본질을 숨기거나 위장하는 거래행위, ② 주법이나 연방법에 의한 보고의무사항을 피하는 행위로 규정[4]하고 있다. 이 외에도 금융거래 행위 중에서 자금세탁 행위로 규정하고 이를 금지하는 것으로는 탈세행위의 의도를 가진 금융거래 등이 포함되어 있다.[5] 이들 법규가 정하고 있는 행위는 단절적인 행위가 아니라 연속성을 가진 거래행위를 의미하고 있어 자금세탁이라는 행위는 기본적으로 전제범죄를 그 대상으로 삼을 수 있음을 보여 주고 있다.

독일은 「형법」 제261조에서 자금세탁행위에 대한 처벌규정을 두고 있으나 법조항에 자금세탁에 대한 일반적인 개념규정은 두고 있지 않으며, 단지 자금세탁범죄행위의 형태를 열거하고 있을 뿐이다.

일본은 일반적으로 학계에서 자금세탁을 '더러운 돈의 위법한 출처를 숨겨 적법한 것처럼 위장하는 과정'이라고 정의내리고 있다. 예를 들어 마약밀매인이 비합법적인 약물 등의 부정거래를 통하여 획득한 더러운 돈을 가명으로 개설한 은행구좌에 은닉하거나, 사기 및 횡령의 범인이 편취한 금전을 여러 구좌로 이동시켜 그 출처를 모르게 하는 행위 등을 그 전형으로 이해하고 있다. 한편 일본정부는 자금세탁을 '범죄자가 마약거래 등을 통하여 취득한 부정자금에 대하여 이 구좌에서 저 구좌로 자금의 지불이나 이전을 행하여 자금 출처 및 수익자를 은폐하거나 보호예금의 은행권을 보관할 목적으로 금융시스템을 이용하여 당해 자금을 정화하려는 행위'라고 정의하고 있다. 또한 자금세탁의 현장(일본 전

---

3) 한국형사정책연구원, "주요국의 자금세탁개념 · 범죄구성요소 · 판례 등에 대한 비교연구"(2002 년 재정경제부 용역과제)를 참조.
4) 형법 18 subsection 1956(a)(1)(B).
5) 형법 26 subsection 7201과 7206.

국은행연합회)에서는 일반적으로 탈세, 폭력행위 등과 같은 다양한 범죄행위에 관한 자금을 예금, 환전 등 금융거래의 이용 및 물품구입 등을 통해 은닉하거나 정당한 수입처럼 가장하여 그 자금의 출처나 실제소유자를 모르게 하는 행위라 정의하고 있다. 이상의 모든 정의를 종합해 보면 일본에서 자금세탁이란 범죄자(특히 조직적인 범죄자)들이 불법행위로 취득한 금전, 유가증권, 귀금속 등과 같은 재산 가치를 은행 등의 금융기관을 통하여 환전, 송금, 예금, 보관, 위탁하는 등의 수법으로 범죄행위에서 유래하는 재산가치의 출처 내지는 원천을 희석시키거나 자금의 형태를 전환 또는 실제소유자를 위장함으로써 자금의 더러운 성질을 씻어 내어 깨끗한 돈으로 만드는 과정이라 할 수 있을 것이다.

호주는 일반적으로 '불법적인 원천의 자금이 경제에 도입되어 합법적인 목적으로 사용되는 과정(the process)'으로 정의하고 있다. 여기서 자금세탁의 과정은 범죄행위를 통하여 취득한 재산을 금융기관 등에 예탁하는 등의 최초의 배치단계, 그리고 이러한 재산이 불법수익임을 은폐하기 위하여 행하는 각종 조작·반복단계, 나아가 이를 정당한 경제활동 등으로부터 취득한 것처럼 가장하여 투자 등을 통하여 경제사회에 잠입시키는 통합단계와 같은 세 가지 단계로 대별할 수 있다. 이상과 같은 단계는 범죄수익이 세탁될 수 있는 자금이라는 것을 암시한다. 자금세탁이란 표현은 범죄자에게 수익이 발생하고 세탁과정을 거치는 모든 종류의 범죄수익에 적용되어질 수 있다. 또한 세탁된 자금이 범죄수익과의 연관성이 적은 경우라 하더라도, 즉 합법적으로 취득한 수익일지라도 합법적인 과세를 회피하기 위한 수단으로 처분된 경우에는 자금세탁의 근거가 될 수 있다.

또한 자금세탁은 호주 국내에서 이루어지는 범죄수익에만 한정되는 것은 아니다. 즉 외국에서 취득한 범죄수익을 호주에서 세탁하는 경우도 포함되며, 호주 국내에서 취득한 범죄수익이 자금세탁을 목적으로 국외로 이송된 경우 당연히 포함된다. 따라서 자금세탁의 유형은 ① 호주 국내에서 취득한 범죄수익을 호주에서 세탁하는 경우(internal money laundering), ② 외국에서 취득한 범죄수익의 세탁을 위해 호주로 반입하는 경우(incoming money laundering), ③ 호주 국내에서 취득한 범죄수익을 세탁을 위해 국외로 반출하는 경우(outgoing money laundering) 등으로 분류할 수 있다.

3) 자금세탁과 전제범죄, 조세범죄의 관계

(ⅰ) 자금세탁과 전제범죄의 관계

전제범죄와 자금세탁과의 관계를 예를 들어 설명하면 특정인이 공금을 횡령하여 동 자금을 특정 계좌를 통해 빼돌렸을 경우 예전에는 동 횡령자금의 처분에 대해서는 처벌이 없이 횡령행위 자체만 처벌하였으나, 지금은 동 횡령자금을 압류당하는 것을 피하기 위하여 본인명의의 계좌가 아닌 가족 등 제3자 명의의 계좌로 입금시키는 행위도 '자금세탁행위'로 처벌되게 된다. 여기서 공금을 횡령하는 행위를 전제범죄라 하고, 출처를 숨기기 위해 동 횡령자금을 타인명의의 계좌에 입금하는 행위를 자금세탁행위라 한다.

자금세탁은 범죄행위를 통해 얻어진 수익을 은닉, 가장하는 행위이다. 즉 일차적으로 범죄수익이 발생된 전제범죄 이후에 추가적으로 일어나는 범죄로서, 소위 전제범죄(predicate offence)의 파생범죄에 해당된다. 자금세탁 행위를 범죄로 처벌하려면 자금세탁을 한 자금이 전제범죄로 인해 얻어진 불법자금이어야 한다. 따라서 자금세탁행위로 인한 범죄의 범위는 그 전제범죄의 범위에 의하여 영향을 받게 된다.

(ⅱ) 전제범죄 범위의 확대

1988년 「마약 및 향정신성물질의 불법거래 방지에 관한 UN협약」이라고도 하는 「비엔나 협약」이 체결되면서 마약범죄가 전제범죄로 규정되었으나, 이후 마약범죄 이외의 초국가적 조직범죄에 대해서도 대응해야 할 필요성이 대두되어 2000년 「팔레모협약(국제조직범죄방지에 관한 UN 협약)」이 체결되면서 전제범죄가 마약범죄에서 국제인신매매, 불법이민, 납치 등 각종 조직범죄 등으로 확대되었다.

FATF는 자금세탁방지제도의 국제적 기준으로 인정되고 있는 「FATF 권고사항(The FATF Recommendations)」을 통하여 전제범죄의 범위를 최대한 확대하기 위하여 모든 중대한 범죄(all serious offences)를 전제범죄에 포함하도록 권고하고 있으며, 지정방법6)에 대해서는 각국에 위임하고 있으나 필수전제범죄군

---

6) 지정방법에는 모든 범죄를 전제범죄로 지정하는 방법, 중요 범죄 또는 전제범죄의 일정형량을 기준으로 지정하는 방법(기준식 접근법, threshold approach), 전제범죄를 목록으로 나열하는 방법(나열식 접근법, list approach), 이들 방법을 결합하여 지정하는 방법 등이 있다.

(designated categories of offences)[7]은 반드시 포함하도록 하였다. 권고사항의 부록인 「용어설명(General Glossary)」에 필수전제범죄가 나열되어 있다.

　FATF는 2012년 권고사항을 개정하면서 기존에 명시되었던 부패와 뇌물수수, 테러자금조달뿐만 아니라 조세범죄도 필수전제범죄의 범위에 추가하였다.

(ⅲ) 각국의 전제범죄의 범위

　각국마다 그 나라의 사회경제적 환경에 따라 다양하게 전제범죄의 범위를 규정하고 있다. 영국, 이탈리아, 호주[8], 핀란드는 모든 범죄를 전제범죄로 지정하고 있으며, 오스트리아(3년), 뉴질랜드(5년), 스위스(1년)는 최소형량을 기준으로 지정하는 기준식 접근법을, 미국(130죄목),[9] 캐나다(40죄목),[10] 그리스(20죄목)

---

7) 필수전제 범죄군 : 조직범죄단체 및 폭력행위 가담, 테러자금조달을 포함한 테러행위, 인신매매 와 밀입국 알선거래, 아동 성 착취를 포함한 성 착취, 마약 및 향정신성물질의 불법매매, 불법무기밀매, 부패와 뇌물수수, 사기, 화폐위조, 상품위조와 상표도용, 환경범죄, 살인 및 중대한 신체 상해, 납치와 불법감금 및 인질잡기, 강도 또는 절도, 밀수(관세와 소비세 관련을 포함), (직접세와 간접세에 관련된)조세범죄, 강요, 위조, 해적, 내부자거래 및 시장조작.

8) 연방법 및 수도특별지역법상의 정식기소 범죄(indictable offence) 및 조직적 사기죄.

9) 미 「형법」 18의 Chapter 96의 section 1961(1)에 기재된 범죄행위 : ① 음란물이나 마약을 취급하는 과정에서 발생하는 살인, 유괴, 도박, 방화, 강도, 절도, 갈취, ② 뇌물수수, 스포츠 관련 뇌물수수, 화폐위조, 주간(州間) 운송 절도, 연금 및 복지기금 횡령, 신용카드 관련 갈취, 사기도박정보의 전송 관련 범죄, 우편사기, 전송사기, 금융기관 사기, 국적취득 관련 범죄, 위조여권 관련 범죄, 사법권 및 범죄수사 방해 관련 범죄, 증인협박, 아동성적착취 관련 범죄, 절도차량의 운송, 전자기기 상표의 불법복제, 저작권 관련 범죄, 불법복제 상품의 거래, 차량부품의 밀거래, ③ 노동조합의 임금지급 제한과 관련된 범죄, 노동조합 기금의 횡령, ④ 증권판매사기, 마약의 불법적 생산, 수출, 취득, 위장, 매매 등과 관련된 범죄, ⑤ 통화및국제거래보고법상의 기소가능 행위, ⑥ 불법외국인의 입·출국 관련 범죄.
　형법 18의 section 1956(c)(7)(A)~(D)에 기재된 범죄행위 : 미국 내의 금융거래상 발생하는 외국에 대한 범죄행위로 ① 마약의 생산, 이동, 판매 및 배포행위, 총기 및 화약류를 사용한 살인, 유괴, 강도, 갈취, 재물파손, ② 외국은행에 의한 혹은 외국은행에 대한 사기나 횡령, ③ 공무원에 대한 뇌물공여나 공무원에 의한 공공기금의 유용, 횡령, 절취, ④ 무기수출통제법에 의한 통제되고 있는 군수품에 대한 밀수, 항공기파괴 및 공항폭력에 관련된 행위, 자산의 은닉, 허위서약 및 청구, 자금조달을 위한 수술 및 선물증여, 상품밀수입, 세관으로부터 물품밀반출, 공정자금 재산기록과 관련된 불법행위, 은행원이나 고용인에 의한 공금유용, 횡령, 절취, 보험회사로부터의 대출신용 관련 업무, 신용기관에 대한 재산담보 관련 불법행위, 연방기금 대부관련 절도 및 뇌물공여, 간첩행위, 불법무기의 수입 및 밀거래, 연방신용기관에 대한 사기, 연방예금보험 관련 불법거래행위, 컴퓨터 사기 및 오용, 금융기관 파산시 재산은닉, 우편절도, 재물파손, 우체국 절도 및 강도, 항해 관련 폭력, 위조상품의 밀거래, 영토를 벗어난 국제테러 행위, 항공밀수 등.

10) 전제범죄로 특정 중죄 및 특정 약물범죄의 유형을 들고 있으며, 「형법」 제462.3조에서 규정하고 있다. 특정 약물범죄는 범죄수익소지죄 및 범죄수익세탁죄뿐만 아니라 식품약물법상의

는 죄목을 나열하는 나열식 접근법으로 전제범죄의 범위를 규정하고 있다. 우리 나라는 「범죄수익규제법」에서 「형법」, 「상법」, 「관세법」, 「특정범죄가중처벌등 에관한법률」, 「폭력행위등처벌에관한법률」 등 46개 법률에서 폭력단체 구성, 사기, 횡령, 뇌물, 외화밀반출, 폭행, 윤락행위 알선 등의 범죄와 「마약류불법거래 방지법」에 의한 범죄, 「공중협박자금조달금지법」에 의한 범죄를 전제범죄의 범위로 정하는 나열식 접근법을 채택하고 있다.

(iv) 자금세탁과 조세범죄의 관계

자금세탁과 조세범죄의 차이점으로는 먼저 자금세탁은 범죄로부터 발생한 수익을 대상으로 하지만 조세범죄는 합법적이거나 불법적인 재산 모두가 대상이 될 수 있다는 점을 언급할 필요가 있다. 즉 범죄행위의 객체가 다른 것이다. 또한 범죄행위의 발생시점에 차이가 있다는 점도 들 수 있다. 자금세탁은 범죄수익의 불법원천을 가장하기 위한 최초거래에서 범죄행위가 성립하지만, 대부분의 조세범죄는 나중에 발생하게 된다.

자금세탁과 조세범죄의 유사점으로는 범죄수법과 궁극적 목적이 비슷하다는 것이다. 자금세탁과 조세범죄 모두 그 목적을 달성하기 위하여 재산을 이전 또는 다른 형태로 전환하거나 원천을 위장하는 수법을 사용하게 되는 것이다.[11]

앞서 언급한 것처럼 FATF는 2012년 권고사항을 개정하면서 권고사항의 부록인 「용어설명(General Glossary)」의 '필수전제범죄(Designated Categories of Offences)'의 범주에 '직접세 및 간접세와 관련된 조세범죄'와 '관세와 소비세 범죄를 포함한 밀수범죄'도 추가하였다. FATF는 조세범죄에서 생긴 범죄수익에

규제약물 거래, 규제약물거래에서 취득한 재산소지, 규제약물거래 수익세탁, 금지약물 거래, 금지약물 거래에서 취득한 재산소지, 금지약물거래 수익세탁 등과 마약단속법상의 마약거래, 마약밀수입, 아편 등의 재배, 특정 약물범죄로부터 취득한 재산소지, 특정 약물범죄수익 세탁 등의 범죄 및 이상의 범죄에 대한 공모, 미수, 사후종범(범인은닉, 증거인멸, 장물에 관한 죄를 의미) 또는 교사 등을 말하며, 특정 범죄로는 범죄로부터 취득한 무기취득, 범죄에서 유래하는 재물취득 또는 무기거래, 무기거래목적의 점유, 자동화기제조, 고의밀수, 밀수, 사법공무원 등의 뇌물수수, 공무원뇌물수수, 정부보조금사기, 공무원의 신뢰위반, 시정부패, 풍속손상, 포르노, 상습도박, 증액사기, 음란업소영업, 매출알선, 살인, 절도, 강도, 공갈, 범죄적고리(高利), 위조사기, 주식거래조작, 귀금속 관련 사기, 부패 등 비밀범죄, 방화, 화폐위조, 위조화폐소지, 범죄수익 세탁, 범죄조직가담, 테러자금 제공죄 등에 대한 공모, 미수, 사후종범 또는 교사 등이 포함된다.

11) OECD, Comparison of Tax Crimes and Money Laundering.

대한 자금세탁행위에 대해서도 자금세탁방지를 위한 예방 조치·사법조치를 적
용할 수 있도록 권고하고 있는 것이다.

4) 국내법상의 자금세탁의 개념

우리나라는 「특정 금융거래정보의 보고 및 이용 등에 관한 법률(약칭:
「특정금융거래정보법」)」 제2조에서 자금세탁행위를 정의하고 「범죄수익은닉의 규
제 및 처벌 등에 관한 법률(약칭 : 「범죄수익규제법」)」과 「마약류 불법거래 방지에
관한 특례법(약칭: 「마약류불법거래방지법」)에서 자금세탁의 전제가 되는 범죄행위,
범죄수익 등을 규정하고 있다. 「특정금융거래정보법」은 '자금세탁행위'를 ①
「범죄수익규제법」의 특정범죄에 의해 생긴 재산인 '범죄수익' 등의 취득, 처분
또는 발생원인에 관한 사실을 가장하거나 그 '범죄수익'을 은닉하는 행위, ②
「마약류불법거래방지법」에서의 마약류범죄 등에 의해 생긴 재산인 '불법수익'
등의 출처에 관한 수사를 방해하거나 불법수익등의 몰수를 회피할 목적으로 불
법수익등의 성질, 소재, 출처 또는 귀속 관계를 숨기거나 가장하는 행위, ③ 조
세·지방세·관세의 포탈 범죄를 범할 목적 또는 세법에 따라 납부하여야 하는
조세를 탈루할 목적으로 재산의 취득, 처분 또는 발생 원인에 대한 사실을 가장
하거나 그 재산을 은닉하는 행위로 규정하고 있다. 외국과 달리 '탈세목적으로
재산을 은닉, 가장하는 행위'를 포함하고 있는 것이 특징이다. 이 가운데 범죄행
위로 얻은 범죄행위 등의 취득, 처분사실 등을 가장하거나 은닉하는 행위에 대
해서는 범죄로 규정하여 처벌하고 있으나, 탈세목적으로 재산의 취득, 처분사실
을 가장하거나 그 재산을 은닉하는 행위에 대해서는 범죄로 규정하지 않고 금융
회사등의 의심되는 거래보고 대상으로만 규정하고 있다.

(2) 자금세탁의 특성

1) 자금세탁의 일반적인 특성

(ⅰ) 국제범죄성(Transnational Crime)

국제범죄성은 자금세탁범죄의 가장 중요한 특징으로서, 자금세탁이 일반적
으로 한 국가 내에서만 이루어지는 것이 아니고 금융기관, 인터넷, 무역거래,
지하금융시스템(underground banking system) 등 다양한 수단을 동원하여 2개국

이상의 국경을 넘나들며 이루어지고 있다는 것을 뜻한다. 외국의 사례를 보면 캐나다의 경우 범죄자금의 약 80% 이상이 외국의 범죄자금이고, 벨기에의 경우도 범죄자금의 약 90% 이상이 외국으로부터 들여온 것으로 알려지고 있다.

국제적으로 선호되는 자금세탁 경유지로는 금융비밀의 보장이 철저하고 조세면제 또는 낮은 세율의 세금이 부과되는 조세피난처(Tax Haven),[12] 역외금융센터(off-shore financing center)[13]가 운용되는 국가, 그리고 자금세탁 방지조치가 미흡하거나 시행되고 있지 않은 국가들을 들 수 있다.

이러한 자금세탁범죄의 국제범죄성으로 인하여 어느 나라도 더 이상 다른 나라의 범죄자금의 영향으로부터 자유로울 수 없게 된 상황에 이르게 되었으므로, 자금세탁방지를 위한 국제적 공동노력에 적극 동참해야 할 필요성이 제기되고 있다.

(ii) 조직범죄성(Organized Crime)

자금세탁 실행과정을 살펴보면 자금의 실질소유주가 직접 또는 단독으로 자금세탁을 수행하는 경우는 드물고, 은밀하게 구성된 자금세탁 조직에 의해 이행되는 것이 일반적이다. 미국 역사상 가장 규모가 큰 자금세탁사건으로 기록된

---

12) 해외기업을 유치하기 위해 기업에 세제상 우대조치를 부여하는 나라 또는 지역. 조세회피지라고도 한다. 일반적으로 tax haven은 ① tax paradise(면세인 경우) : 소득세, 법인세 등이 부과되지 않고 조세조약을 체결하고 있지 않으며, 회사설립이 간단하다. 바하마, 버뮤다, 케이만제도 등, ② tax shelter(국내소득에는 통상적인 과세를 하지만, 국외소득에 과세하지 않는 경우) : 홍콩, 라이베리아, 파나마, 코스타리카 등, ③ tax resort(특정한 형태의 회사 또는 사업활동에 특별한 세제상의 우대조치를 취하는 경우) : 네덜란드, 스위스, 룩셈부르크, 리히텐슈타인 등으로 나뉜다. tax haven은 주로 다국적기업을 중심으로 한 제조, 판매회사에서 많이 활용된다. 다국적기업 등은 tax haven에 면세회사나 지주회사 등의 자회사를 설립하고, 이 회사를 경유해 기업 활동을 하여 여기서 생기는 이익을 그 기업에 적립해 재투자하므로 본국의 높은 조세부담을 피하는 동시에 조세지불액을 가능한 한 낮춘다. 그 밖에 해운회사가 선적을 라이베리아, 파나마, 그리스 등으로 옮기는 방법도 있으며, 금융, 보험회사 등의 이용도 차츰 활발해지고 있다. 이러한 상황에 대해 각 나라 정부는 세수확보를 위해 특정 외국자회사의 소득을 모회사의 소득과 합산해 과세하는 제도를 도입하는 등 각종 대책을 강구해 tax haven 이용에 규제하기 위해 노력하고 있다.
13) 비거주자간의 금융 및 외환, 자본거래에 대해 조세나 규제를 예외적으로 면제 또는 축소해 줌으로써 비거주자간 금융거래를 중개해 주는 금융센터를 말한다. 이러한 역외금융 센터를 통한 금융거래는 국내금융시장과 거의 단절되는 것이 보통이다. 어느 지역이 역외금융 센터로 발전하기 위해서는 비거주자간의 금융거래에 대해 타 지역이나 본국에서 적용받는 규제를 크게 완화하여야 하며, 금융거래가 효율적으로 이루어질 수 있도록 통신망을 비롯한 사회간접자본이 발달되어야 한다.

'카사블랑카 작전'의 경우, 콜롬비아의 강력한 마약밀매조직인 '칼리 카르텔(Cali Cartel)'과 멕시코 조직인 '후아레즈 카르텔(Juarez Cartel)' 등이 개입된 초대형 사건으로, 이들 조직은 미국에서 밀매한 마약대금을 세탁하기 위하여 사회적 지위가 높은 금융기관 종사자, 세관원, 투자자문인, 변호사 등으로 구성된 자금세탁 전문조직을 운용했던 것으로 확인되었다. 특히 자금세탁방지제도가 정비되어 있는 국가일수록 위와 같은 자금세탁 범죄조직에 의하여 조직적이고 치밀하게 진행되는 것이 특징이다.

(iii) 화이트칼라형 범죄(White-Collar Crime)

자금세탁범죄는 일반범죄와 달리 전문지식 및 기술이 필요한 범죄로서 화이트칼라형 범죄의 특성을 갖추고 있다. 화이트칼라형 범죄는 일반적으로 발견이 어렵고, 개인이나 조직이 경제적 이득을 취하며, 사회적 지위나 직업상 역할을 이용하고, 간접적으로 사회에 미치는 피해가 다른 범죄에 비해 그 규모가 큼에도 많은 사람들이 이것을 범죄로 생각하지 않는다는 점 등을 특징으로 한다.

2) 자금세탁의 단계

(i) 3단계 모델이론의 개념

자금세탁은 단일한 행위가 아니라 일련의 단계로 이루어진 과정이다. 자금세탁을 설명하기 위해서 다양한 모델이론이 제시되고 있으며, 이 중 미국 관세청에 의하여 개발된 3단계 모델이론이 가장 널리 알려져 있다. 자금세탁을 형성하는 단계를 그 특성에 따라서 배치(placement), 반복(layering), 통합(integration)의 3단계로 구분하는 것이다.

배치단계는 범죄행위로 취득한 불법재산을 취급하기 용이하고 덜 의심되는 형태로 변형하여 수사기관에 적발되지 않도록 그 소재를 이전하여 최종적으로는 금융기관에 유입시키는 단계를 의미하며, 반복단계는 금융기관에 유입된 불법재산의 소유자, 출처를 은폐하기 위하여 전자자금이체 등 금융거래를 반복하는 단계를 의미한다. 통합단계는 반복단계를 거쳐 더 이상 출처확인이 불가능한 불법자금을 다른 합법재산과 통합시키는 단계이다.

자금세탁이 실제로 발생하는 사례를 보면 이들 단계 중 일부만 발생하거나 여러 단계가 동시에 혹은 순서가 바뀌어 발생하는 경우도 많지만, 자금세탁을 3

단계로 구분하는 방법은 각 단계별 특성을 명료하게 제시하는 장점 때문에 이론적 연구에서 뿐만 아니라 실무적으로도 광범위한 지지를 받고 있다. 선진국에서는 자금세탁방지제도를 도입하는 데 있어서 이들 3단계 가운데 적발이 가장 용이한 배치단계에 초점을 두어 자금세탁방지제도를 도입하고 있으며, 실무에 있어서는 각 단계별 특성에 맞는 적발기법의 개발이 활발히 진행되고 있다.

(ⅱ) 3단계 모델이론의 용어 재정립

3단계 모델이론에 의하여 다시 정리해 보면 자금세탁의 과정은 ① 금융시스템 내부로의 불법자금 유입, ② 자금출처를 숨기기 위한 반복거래, ③ 합법적인 자산인수를 위해 통합된 자금이 사용되는 과정으로 나누어 볼 수 있다.

기존의 자금세탁단계 관련 용어는 영어의 직접적인 번역에 의한 것으로 원래의 의미를 충실히 표현하지 못함에 따라 수정할 필요성이 제기되어 왔는데, ① '배치'단계는 '예치'단계로, ② '반복'단계는 '은폐'단계로, ③ '통합'단계는 '합법화'단계로 수정하는 것이 보다 적절하다고 하겠다.

'배치'는 placement를 직역한 것인데, 의미상 부적합하다. 1단계의 의미는 "불법자금을 비밀리에 금융기관에 맡기거나 물리적으로 국외로 이송하는 것"으로 '배치'보다는 '예치' 또는 '이전'이 보다 적절한데, placement의 어원이 '자금예치'에서 유래한 것으로 보이므로 '예치'가 더 타당하다고 하겠다.

'반복'은 layering을 의역한 것이나 동일한 행위를 중복하여 행하는 의미로 해석될 수 있어 부적합하며, 특히 무엇을, 왜 반복하는지에 대한 의문이 제기될 수 있다. 2단계의 의미는 "여러 가지 복잡한 금융거래단계를 거쳐서 자금출처를 숨겨 정상적인 금융거래처럼 보이게 하는 것"으로 '은폐'가 가장 타당하다고 하겠다.

'통합'은 integration의 사전적 의미이나, 무엇을, 어디에 통합한다는 것에 대해 의문이 제기될 수 있으며, 최종단계로서의 결과를 나타내기에 부족하다. 3단계는 "추적이 불가능하게 된 불법자금을 정상적인 활동을 통하여 합법재산과 통합시키는 단계로서 허위의 합법적 원천을 창조하는 것"이므로 '합법화'가 가장 타당하다고 하겠다.

(iii) 3단계 모델이론에서의 각 단계별 특성

(a) 예치(Placement) 단계

예치단계란 '범죄행위로부터 취득한 불법재산을 수사기관에 적발되지 않도록 이전하는 단계'이다.

이 단계에서는 범죄로부터 획득한 자금을 비밀리에 금융기관에 맡기거나 물리적으로 국외로 이송하여 대량의 현금을 처분하려고 시도하는 행위가 주로 이루어진다. 그 외 범죄수익을 비밀장소에 은닉하거나, 합법적 사업체의 소득과 합치는 행위도 이 단계에 포함된다. 대부분의 범죄자금이 현금의 형태로 획득되나, 현금은 부피와 무게가 많이 나가고 휴대하기도 어렵기 때문에 보다 이동하기 편리한 형태로 전환되게 되는데, 이 단계에서는 환전상, 송장위조, 대리회사, 현금밀수 등 다양한 방법이 이용된다.

예치단계는 자금세탁행위자의 입장에서는 발각되기 쉬워 자금세탁과정에서 성공하기가 가장 어려운 단계이다. 자금세탁을 요하는 범죄는 일반적으로 막대한 현금을 발생시키는 범죄이다. 자금세탁행위자가 직면하게 되는 첫 번째 문제는 이러한 방대한 현금을 어떻게 은폐단계로 이전시키는가 하는 것이다. 가장 쉬운 방법은 현금을 곧바로 금융기관에 예치시켜 계좌간 이체를 하는 것이지만, 이러한 방법은 법집행기관의 집중적인 감시대상이 되므로 다른 방법을 택하기도 한다. 예를 들면 현금을 자기앞수표, 지급지시서(money order), 여행자수표 등 부피가 가벼운 지급수단으로 전환시키는 것이다. 위와 같은 지급수단은 취급이 쉽고, 금융기관에 예치함에 예치할 때 현금에 비해 의심을 덜 받기 때문이다.

(b) 은폐(Layering) 단계

은폐단계란 '자금세탁행위자가 범죄자금의 출처와 소유자를 감추기 위하여 여러 가지 복잡한 금융거래 단계를 거쳐 거래빈도, 거래량 등에서 정상적인 금융거래와 유사하게 만들어 자금추적을 불가능하게 만드는 단계'이다.

이 단계에서는 주로 자산의 출처 또는 소유자에 대한 허위 서류를 작성하는 방식, 입출금을 반복하거나 전자자금으로 이체(electronic funds transfer)하는 방식, 귀금속을 구입한 후 매각하는 방식 등이 이용되고 있다. 입출금의 반복 또는 전자자금이체는 가장 보편적으로 이용되는 수법으로서 제3자 명의에 의한 차명거래가 이용되기도 하며, 특히 전자자금이체를 이용한 자금세탁은 여러 국가를 거쳐 자금을 이동시키게 되는데, 그 과정에서 케이먼제도, 바하마제도, 네덜란드령 안틸즈 등의 역외국가가 자주 이용되고 있다.

자금세탁행위자들은 은폐단계에서 대부분 역외금융피난처(offshore banking haven)를 이용한 전자자금 이체수법을 이용하고 있는데, 자금이 이들 국가로 유입되는 경우 엄격한 금융비밀 보장으로 인하여 그 원천을 파악하기가 무척 어렵기 때문이다. 조금 더 고도의 은폐단계를 사용하는 자금세탁행위자는 외국에 설립한 위장회사의 계좌를 매개로 하여 자금을 이전시키거나 불법자금을 역외금융 기관에 예치한 후 이를 담보로 다른 국가에서 대출을 받는 수법을 사용함으로써 사실상 원천파악을 불가능하게 만든다. 오늘날 금융거래가 국제화되고 규모가 방대해짐에 따라 은폐단계는 예치단계보다 규제하기가 더욱 어려워지고 있다.

⒞ 합법화(Integration) 단계

합법화단계란 '충분한 반복단계를 거쳐 출처추적이 불가능하게 된 불법자금을 정상적인 금융활동이나 사업활동을 통하여 합법재산과 통합시키는 단계'이다. 즉 합법적인 자금의 외형을 갖게 하는 것이다.

합법화단계는 범죄행위로부터 취득한 수익에 대하여 허위의 합법적 원천을 창조하여 주는 것으로서 통상적으로 위장수출에 대한 허위송장발행 및 수출입가격의 조작행위, 합법적 사업체의 예금계좌에 범죄수익을 예치하여 혼합하는 행위, 위장회사를 통하여 구입한 부동산의 매각행위 등이 그 예이며, 이 단계에서의 자금은 적법, 불법의 구분이 매우 어려워져 이의 적발이 사실상 불가능하다.

⒟ 3단계 모델이론이 적용되는 전형적인 사례

〔예치단계〕 미국에서 활동하는 한 마약조직은 마약밀매대금인 대량의 현금을 캐나다로 밀반출한 후 환전상을 통하여 고액의 여행자수표와 지폐로 교환함으로써 부피를 줄여 항공편으로 런던으로 반출한 다음 금융비밀이 엄격히 보장되는 저지(Jersey)에 본점이 있는 금융기관의 런던지점에 입금하였고, 〔은폐단계〕 런던지점에 입금된 자금은 저지에 소재한 본점에 개설된 위장회사 명의의 14개 계좌로 송금되었으며, 〔합법화단계〕 송금된 자금은 출처를 은폐한 채 저지소재

위장회사들의 대출금(또는 투자금) 명목으로 마약조직이 소유하는 미국 내 회사로 반입된 사례가 있었다.

(3) 자금세탁의 규모

1) 규모의 측정방법

자금세탁규모를 파악하는 방법으로는 일반적으로 미시적인 방법과 거시적인 방법으로 구분되고 있다. 미시적인 방법은 주로 수사자료 또는 재판자료 등 법집행기관의 관련 자료를 토대로 하여 규모를 산출하는 것이고, 거시적인 방법은 통화자료 또는 납세자료 등 거시적인 경제지표를 토대로 규모를 산출하는 방식이다. 그러나 자금세탁범죄는 은밀하게 진행되기 때문에 그 규모를 정확히 산출하는 것은 사실상 불가능하다.

2) 전세계의 자금세탁규모

IMF의 미쉘 캉드쉬(Michel Camdessus) 전 총재는 1998년 2월 FATF 총회에서 세계의 자금세탁 규모가 전 세계 GDP의 2~5% 정도로 5,900억~1조 5천억 달러(1996년 기준)가 될 것으로 추정하였는데, 최저수준으로 비교해 보아도 스페인경제의 총 생산량과 같은 수준이었다.

마약거래를 중심으로 추정한 1990년대의 연구들에 따르면 국제적인 자금세탁의 규모는 대략 3,000~5,000억 달러로 추정된다. 1990년 FATF 제1회 연례보고서에 따르면 마약 범죄로부터 발생하는 자금이동의 규모를 파악하기 위하여 전 세계 마약생산량, 마약수요량, 수사기관에 의한 마약 몰수량 등 3가지 평가수단을 사용하여 조사한 결과 미국과 유럽에서 마약판매량이 연간 약 1,220억 달러에 달하고, 자금세탁규모는 850억 달러에 달하는 것으로 나타났다. UN보고서(1987)는 매년 생산되는 마약생산량을 추정하고, 이에 근거하여 전 세계 마약거래규모가 3,000억 달러에 이를 것이라고 주장하였으며, 1994년 영국 Financial Times지는 매년 전 세계의 자금세탁규모는 전 세계 국민총생산의 2%에 해당하는 5,000억 달러수준이라고 밝혔다. 이 추산 규모는 조직범죄나 탈세를 포함하지 않고 마약거래를 중심으로 추정하였기 때문에 과소추정 되었을 수 있다

한편, 1995년 John Walker는 연간 국제적인 자금세탁규모는 2조 8,500억

달러로서 유럽 및 북미지역에 집중되어 있고, 이 중 절반에 가까운 1조 3,200억 달러의 자금세탁이 미국에서 발생한다고 발표하였다. 반면에 2001년 5월 자금 세탁방지 아·태 그룹(Asia-Pacific Group on Money Laundering : APG)의 사무국장 인 Rick McDonell의 발표에 따르면, 전 세계의 자금세탁 추정액은 총 1조 달 러이며, 그 중 아시아, 태평양 지역에서만 2천억~3천억 달러규모의 자금세탁 이 이루어진다고 한다.

(4) 자금세탁의 수법과 최근 경향[14]

1) 일반적인 자금세탁수법

(ⅰ) 자금세탁수법의 경향과 분류

자금세탁수법은 셀 수 없을 정도로 다양하고 복잡하여 그 한계는 범죄인의 상상력의 한계와 일치한다고 하지만, 다음 3가지 요건을 충족시켜야 한다는 점 에서는 공통된다고 할 수 있다. 즉 ① 자금세탁에 의하여 재산의 진정한 소유자 와 원천을 은닉할 수 있어야 하고, ② 자금세탁진행 도중이나 이후에도 범죄수 익에 대한 통제를 유지할 수 있어야 하며, ③ 자금세탁에 의하여 범죄수익의 형 태를 변경할 수 있어야 한다는 것이다.

자금세탁의 수법은 예치단계, 은폐단계, 합법화단계 등 자금세탁의 단계를 기준으로 분류할 수도 있고, 은행, 비은행, 비금융기관 등 자금세탁이 행해지는 메커니즘을 기준으로 분류할 수도 있다. 본서에서는 자금세탁방지제도가 이전부 터 실시되어 온 나라에서 행해지고 있는 것으로 발표된 수법 가운데 중요한 것 만을 간추려서 기본적인 수법, 복잡한 수법, 새로운 수법으로 구분하여 설명하 기로 한다.

(ⅱ) 기본적인 자금세탁수법

(a) 제3자 명의를 이용하는 수법

자금세탁에 있어서 관련되는 예금계좌의 명의인이나 자동차, 건물 등 재산 의 소유자가 제3자로 되어 있는 경우가 많은데, 이들은 자금의 실제소유자의 하수인으로서 자금의 실제소유자의 실제 소유관계를 은닉하는 역할을 한다. 제

---

14) 이하 법무부, 「범죄수익은닉의 규제 및 처벌등에 관한 법률해설」을 주로 참조.

3자를 이용하는 수법은 외관상 실제소유자와 재산의 관계를 단절시킬 수 있으므로 과거에는 은폐단계에서 주로 이용되었으나, 금융기관의 자금세탁 방지체제가 강화됨에 따라 최근에는 제3자의 명의로 범죄수익을 금융기관에 예금하는 것과 같이 예치단계에서부터 이용되고 있다.

제3자는 대부분 자금소유자가 신뢰할 수 있는 가족이나 친구 또는 범죄행위의 공범관계에 있는 자로서, 자금소유자와 밀접하게 연결되어 있을 뿐만 아니라 자신이 자금세탁에 이용되고 있는 것을 대부분 인식하고 있다. 제3자를 이용하는 수법은 자산의 실제소유자가 진정한 소유관계를 숨기면서 자산을 이용할 수 있는 장점이 있으나, 재산의 실제 이용관계를 조사하는 경우 손쉽게 발각되는 약점이 있다.

(b) 분할거래를 이용하는 수법

분할거래(structuring)란 거액의 현금을 소액으로 나누어 수 개의 금융기관 또는 지점에서 다수예금계좌에 입금하거나 다른 지급수단으로 교환하게 하는 자금세탁 수법이다. 분할거래는 고액현금거래보고제도가 채택되어 있는 경우에는 기준금액 이하로 거래함으로써 보고를 회피하려는 목적에서 사용되고, 의심되는 거래보고제도만 운용되는 경우에도 금융기관으로부터 정상적인 거래로 보임으로써 금융기관의 의심을 사지 않으려는 목적에서 이루어지게 된다. 따라서 분할거래는 주로 예치단계에서 이용되고 있다. 우리나라의 경우 현재 1천만 원 이상의 현금거래를 대상으로 하는 고액현금거래보고제도와 함께 의심거래보고제도도 채택하고 있으나, 의심거래보고제도의 경우 금액과 상관없이 의심되는 경우 의무적으로 보고토록 하고 있기 때문에 고액의 현금을 1천만 원 미만으로 분할 거래하는 경우가 생길 가능성이 있다. 따라서 소액인 경우에도 의심이 되는 경우에는 보고토록 함으로써 분할거래를 이용하는 수법에 대처하고 있다.

(c) 전위사업체를 이용하는 수법

전위사업체(front business)를 이용하는 수법은 자금세탁행위자가 사업체를 위장설립하거나, 실제로 운영되고 있는 사업체를 이용하여 범죄수익을 마치 그 사업체가 합법적으로 취득한 소득인 것처럼 가장하는 수법이다. 전위사업체를 이용하는 수법은 제3자를 이용한 수법과 비교해 볼 때, 수입이 발생하는 것이 당연한 사업체의 속성상 별다른 의심을 받지 않고 범죄수익을 사업체의 수입으로 가장시켜 은행에 입금할 수 있다는 점과 자금의 실제소유자가 1인 주주 또는 지배주주로서 전위사업체를 통하여 자금을 직접 관리할 수 있다는 점을 특징으로 들 수 있다. 전위사업체는 회사, 조합, 자영업 등 다양한 형태를 띠고 있으며, 실제로 영업을 영위하는 사례도 일부 있으나 사업장이 없이 장부상으로만 존재하거나 도박장 등의 범죄 장소를 주소지로 하고 있는 경우가 대부분이다.

범죄수익이 현금형태인 경우가 많으므로 전위사업체를 예치단계에서 이용하는 경우에는 현금취급업체가 주로 이용된다. 따라서 전위사업체는 제조업체보다는 서비스업체인 경우가 많으며, 종업원의 수가 적다는 것이 특징이다. 이러한 사업체의 예로는 술집, 나이트클럽, 식당, 상점, 세탁소, 여행사, 호텔, 환전영업자 등을 들 수 있다.

전위사업체는 자금세탁행위자를 노출시키지 않기 위하여 은폐단계 또는 합법화단계에서도 이용되는 경우가 많다. 이 경우 자금세탁행위자는 제3자를 전위사업체의 대표자나 임원으로 선임하고, 기업체의 정보를 비밀로 하고 있는 역외국가에 전위사업체를 설립하는 경우가 많을 뿐만 아니라 업종도 수출입업체를 택하여 수출입대금 결제명목으로 범죄수익을 이전하는 경우가 많다.

한편 전위사업체가 범죄수익을 합법적 수입으로 가장하기 위해서 조작한 가공거래는 회계조사를 통하여 밝혀 낼 수 있기 때문에 전위사업체를 이용한 자금세탁의 수사에 있어서는 그 영업활동에 대한 회계조사가 가장 효율적인 것으로 알려져 있다.

⒟ 카지노, 경마장을 통한 수법

카지노와 기타 도박 관련 사업은 명백한 법적 근거가 없어도 최근에 얻은 재산에 대해 변명(ready-made excuse)을 할 수 있기 때문에 지속적으로 자금세탁에 이용되어 오고 있다. 카지노가 제공하는 서비스는 다양하지만 인터넷 도박, 사이버 카지노는 높은 수준의 비밀보장과 익명성을 허용하기 때문에 특히 매력적이다. 카지노 외에 마권업자(bookmakers), 도박장(betting shop)들도 자금세탁에 잘 이용되고 있다. 예를 들어 범죄자들은 고객들이 가지고 있는 당첨권(winning betting slips)을 실제가치보다 7~10% 이상 비싼 가격에 사들인 다음 동 당첨권을 현금화함으로써 깨끗한 돈으로 바꾸게 되는 것이다.

불법수익을 세탁하기 위해 범죄자들은 손실을 감수하면서까지 도박을 하는 경우가 있다. 영국의 사례를 보면 범죄자들은 가이드를 고용하여 경기에 참여한 모든 경주마에 대해 동일하게 10만 파운드를 베팅한다. 이 경우 이길 확률에 따라 8만 파운드 정도를 다시 찾을 수 있다고 할 때, 이긴 상금을 수표로 지불받아 이를 은행계좌에 예치하는 것이다. 즉 2만 파운드의 손실을 사업비용으로 쓰면서 합법적인 재산으로 세탁을 하는 것이다.

(e) 금융기관을 통한 초보적 세탁수법

금융기관에서는 자금이 신속하게 이동할 뿐만 아니라 대량으로 거래가 일어나므로 자금세탁행위자는 금융기관을 이용한 세탁행위를 가장 선호하게 된다. 앞에서 언급한 제3자나 위장업체를 이용하여 자금세탁을 하는 경우에도 최종적으로 금융기관을 이용하게 된다. 금융기관을 이용한 자금세탁수법에 있어서 자금세탁행위자가 가장 많은 주의를 기울이는 것은 예치단계이다. 예치단계는 발각될 가능성이 가장 높을 뿐만 아니라, 현실적으로 금융기관을 이용한 자금세탁수법이 대부분 이 단계로 국한되고 있기 때문이다. 예를 들면 자금세탁 행위자는 현금을 은행에 예금하거나 수표 등 다른 지급수단으로 교환하는 정도에 자금세탁 방식을 국한하는 경우가 많다.

금융기관을 이용한 전형적인 자금세탁수법은 예금계좌의 개설을 통한 세탁행위이다. 이 경우 자금세탁행위자가 자신, 제3자 또는 전위사업체의 명의로 계좌를 개설한 후 바로 범죄수익을 입금하여 세탁행위를 하는 사례도 있으나, 범죄수익이 대량의 현금인 경우 이를 바로 입금하는 경우에는 금융기관의 의심을 받을 가능성이 크므로 다수의 지점에서 분할하여 입금하거나 여러 사람의 명의로 개설된 다양한 예금계좌에 분할 입금함으로써 세탁하게 된다.

(iii) 복잡한 자금세탁수법

(a) 역외 국가를 이용하는 수법

역외 국가(Offshore Jurisdiction)란 역외금융센터를 갖고 있는 국가를 의미하며, 역외금융센터는 국내금융시장과는 단절되어 있는 상태에서 비거주자간의 금융거래만을 중개하여 주는 금융센터를 의미한다. 역외금융센터(Offshore Financial Center)는 스위스에서 처음 시작되었지만, 현재는 카리브해, 유럽, 아시아, 아프리카 등 세계 전 지역에서 운영되고 있다.

역외금융센터는 비거주자간 금융거래의 중개를 통하여 소득을 얻기 때문에 비거주자간의 거래를 유치하기 위해서 비거주자의 본국이나 다른 지역과는 차별되는 유인(incentive)을 제공해야 한다. 엄격한 금융비밀보호법 및 기업비밀보호법의 시행, 신속한 기업설립절차, 외국과 조세정보교환의 부재, 국제적 자금세탁방지제도의 도입압력에 굴복하지 않는 정부의 정책, 금융산업에 대한 높은 의존도, 전 세계적으로 통용되는 화폐를 통화로 채택, 대규모 자금유입을 설명할 수 있도록 외국여행객이 많이 방문하거나 고객이 방문하기에 용이한 지역에 위치, 국제적인 통신망의 발달 등을 예로 들 수 있다.

역외 국가는 합법적인 기업들이 본국의 세금이나 규제 회피를 위하여 이용하기도 하지만 금융비밀과 기업비밀이 엄격히 보장되는 특성 때문에 범죄자금의 세탁에도 자주 이용되고 있다. 역외 국가를 자금세탁에 이용하는 전형적인 방법을 간단히 설명하면 다음과 같다. 먼저 범죄수익을 물리적인 운반, 금융기관을 통한 송금, 대체송금시스템을 이용한 가치이전 등의 방법을 통하여 국외로 이전한다. 이때 물리적 운반은 휴대반출이나 컨테이너를 통한 운송이 주로 이용되고, 금융기관을 통한 송금은 수출입대금결제를 가장한 경우가 많다. 국외로 이전된 범죄수익은 역외국가에 송금되게 되는데, 이 경우 개인의 계좌보다 기업의 계좌가 주로 이용된다. 왜냐하면 역외국가의 경우에도 범죄수사와 관련해서는 금융비밀이 완화되는 경우가 많기 때문에 추가로 기업비밀에 의존할 필요가 있기 때문이다. 따라서 자금세탁행위자는 먼저 역외국가에 무기명주식을 소유하는 방법으로 위장기업을 설립하거나 기존 위장기업을 인수하여 그 곳 금융기관에서 동 기업의 명의로 계좌를 개설한 다음 송금을 받게 된다. 이렇게 함으로써 자금세탁행위자는 기업비밀과 금융비밀의 2가지 보호막에 의하여 신분비밀을 보장받게 되고, 나아가 변호사에게 기업설립을 위임한 경우에는 변호사의 비밀준수 의무에 의하여도 보호를 받게 된다.

이러한 역외 국가를 이용한 자금세탁은 한 개의 역외 국가만 이용하는 것이 아니고 여러 역외 국가를 넘나들며 다수의 위장기업을 통해 금융거래가 릴레이로 실행되는 것이 특징이다. 역외 국가를 통한 자금세탁으로부터 발생하는 문제점은 대부분의 역외국 가들이 자금을 유치하기 위하여 철저한 금융비밀과 익명성을 보장하고 있기 때문에 본국의 수사기관이나 금융감독기관이 사법공조를 받기가 극히 곤란하다는 점이다. 따라서 자금세탁행위자가 제 3 자나 위장기업을 이용하는 경우에 실제소유자에 대한 정보를 전혀 협조를 얻지 못하는 것이 가장 큰 장애요소로 등장하고 있다.

(b) 위장기업(shell company)을 이용하는 수법

위장기업은 등록된 주소지에서 제조활동이나 영업활동을 하지 않는 기업, 재단, 신탁 등을 의미하며 명목상 회사(nominee corporation), 주소지회사 (domiciliary corporation), 유령회사(ghost company)라고도 불린다. 위장기업은 주로 상호, 주소지(역외국가에 있어서는 대부분 기업설립전문 변호사의 사무실 주소지와 동일), 임원(대부분 명의상의 임원에 불과), 그리고 주주로 구성되어 있다.

위장기업은 은폐단계에서 주로 이용되게 된다. 자금세탁행위자는 신분을 노출시키지 않고 위장기업명의의 예금계좌를 이용하여 범죄수익을 수령하거나 수령된 범죄수익을 다른 곳으로 이전할 수 있고, 여러 역외국가에 위장기업을 설립하여 자금을 릴레이식으로 이전시킴으로써 자금추적을 불가능하게 만들 수 있기 때문이다. 자금세탁행위자가 신분을 노출시키지 않고 위장기업을 이용하기 위해서는 명목상 임원의 선임과 무기명주식에 의한 회사소유가 가능하여야 하고, 기업비밀이 엄격하게 보장되어 기업소유자의 익명성이 보장되어야 한다. 따라서 대부분의 위장기업은 위와 같은 여건을 제공할 뿐만 아니라, 설립절차도 극히 간단한 역외국가에 설립되고 있다. 그 예로 1980년대에 역외국가인 영국령 버진 아일랜드에는 약 5천 개의 위장기업이 있었으나 1992년에는 약 12만 개, 2019년에는 약 40만 개로 급증하였고, 케이먼군도의 경우 1962년에는 위장기업이 1개도 없었으나 1992년에는 약 2천 5백 개, 2015년에는 약 10만개 가 설립되기에 이르렀다. FATF에 의하면 위장기업은 마약범죄나 조직범죄 외에 뇌물 등 부패행위와 관련해서도 광범위하게 이용되는 것으로 보인다. 필리핀의 마르코스 전 대통령은 재임기간 동안 약 14억 달러에 이르는 전쟁보상금, 세계은행 지원금 등을 횡령하여 스위스은행에 개설한 예금계좌를 이용하여 리히텐슈타인에 설립된 위장재단(shell foundation)의 명의로 동 횡령자금을 은닉한 것으로 알려졌다.

(c) 대출형식을 통한 불법자금 회수수법

대출형식을 통한 불법자금의 회수수법(loan back)은 합법화단계에서 이용되

는 수법이다. 예치단계와 은폐단계를 성공적으로 거치게 되면, 자금세탁행위자는 범죄수익이 합법적인 출처에서 발생한 것으로 위장하여야 한다. 범죄수익을 대출자금으로 위장하는 것은 합법적인 출처를 제공할 뿐만 아니라, 세금혜택도 받을 수 있어 합법적인 소득으로 가장하는 다른 방식보다 유리할 수 있다. 이 경우 개인이나 기업(특히 위장기업)뿐만 아니라 금융기관도 대출자가 될 수 있다. 금융기관이 대출자로 되는 경우에는 자금세탁행위자가 은폐단계를 거친 범죄수익을 담보로 제공하는 형식으로 이루어지는 경우가 많다. 구체적인 실례를 들면 다음과 같다. A국의 마약 밀매자가 역외국가인 B국의 은행계좌에 50만 달러를 은닉하고 있는 경우에 이 자금을 A국에 반입하기 위하여 우선 B국의 은행에서 범죄수익인 50만 달러를 담보로 하여 45만 달러를 대출받은 후 합법적인 자금 5만 달러와 합쳐 50만 달러를 A국의 합법적 사업체인 호텔에 투자한다. 그 후 마약 밀매자는 B국의 은행에 예치되어 있는 범죄수익 50만 달러로 위 대출금 45만 달러와 이자를 변제하게 되는 것이다.

⒟ 무역거래를 이용한 수법

최근 들어 상품과 서비스의 국제거래가 거래당사자의 결제가격 조작의 간편성이라는 장점 때문에 탈세, 재산해외도피 또는 자금세탁 등 범죄행위에 자주 이용된다. 무역거래를 통한 자금세탁이 가능하기 위해서는 양 거래당사자 간의 신뢰관계가 전제되어야 하며, 자금세탁행위자가 수출상과 수입상을 모두 지배할 수 있는 경우에는 매우 손쉽게 국가 간에 범죄수익을 이전시킬 수 있다.

고가거래는 폐품을 정상적인 제품으로 수입하거나 실제가격보다 고가로 거래가격을 조작하여 수입함으로써 차액을 빼돌리는 수법이다. 극단적인 경우에는 물품이나 용역을 실제 거래하지 않고 단지 문서상으로만 수출입이 이루어진 것처럼 가장하는 경우도 있다. 이와 같은 경우는 대부분 자금세탁행위자가 거래의 양당사자를 지배하는 경우에 발생한다.

저가거래를 이용한 자금세탁은 고가거래와 대비되는 방식이다. 예를 들어 설명하면, A국가에서 마약을 판매하여 그 대금을 마약을 공급한 B국가로 송금하기 위하여 마약판매대금으로 A국가에서 고가의 자동차나 비행기, 요트 등을 구입한 후 B국가로 수출하면서 수출대금을 극히 저가로 받거나 아예 받지 않고 판매하여 그 차액만큼 A국가에서 B국가로 송금하는 효과를 보는 것이다.

(ⅳ) 새로운 자금세탁의 경향과 수법

최근 FATF 및 FATF 형태 지역기구인 APG 등에서 논의된 내용을 살펴보면 전자수단을 통한 자금세탁이 점차 증가하고 있음을 알 수 있다.

(a) 전자수단을 이용한 자금세탁

최근 금융부문에서 모바일 결제, 인터넷 결제, 가상자산 등 다양한 영역의 전자 수단 이용이 증가하고 있다. 전자수단은 비대면 형식으로 자금이 신속하게 이전되며, 차명계좌 및 자금운반책이 활용되어 수사 및 증거확보가 어렵다. 자금원천에 대한 정보가 충분히 수집되기 어려워 부패, 위조, 사기, 절도, 사이버범죄 등 타 범죄와의 연계성이 매우 높다. 특히 비트코인 등 가상자산이 새로운 전자지급수단으로 등장하여 익명성이 크게 확대되었다.

전자금융거래에서는 인터넷을 통해 계좌를 개설하거나 신규계좌 신청서를 우편으로 송부 받는 등 금융기관의 직원과 고객 간의 대면 접촉이 없어 본질적으로 자금세탁의 위험을 내포하고 있으며 인터넷을 통해 이루어지는 금융서비스는 거래의 자동화 때문에 고객실시가 적절히 이루어지지 않은 채 고객이 금융기관과 거래를 시작할 가능성이 있다.

전자화폐는 일반적으로는 은행이나 기타 전자화폐발행사가 일정한 화폐가치를 종이나 금속이 아닌 카드나 컴퓨터에 디지털화된 암호형태로 저장하고, 그 지급을 보장하는 것으로 통신망을 통해 자금결제가 이루어지는 화폐로 이해되고 있다. 일반적으로 가치저장수단에 따라 IC 카드형(스마트 카드형)과 네트워크형(인터넷형)으로 분류된다. 전자화폐는 현금과 같은 익명성이 보장되면서도 기존의 현금이 가지고 있던 원격지이동이나 보관상의 어려움이 없고, 비용면에서도 유리하다는 점 때문에 새로운 자금세탁수단으로 악용될 위험성이 매우 높다. 자금세탁의 예치단계에서는 익명성이 보장된 전자화폐로 교환하고 그 전자화폐로 외국화폐나 상품들을 구입하는 등의 방법이 이용될 수 있으며, 은폐단계에서는 금융기관의 직원과 접촉할 필요가 없이 인터넷망과 연결된 자신의 컴퓨터로 범죄수익을 여러 계좌로 즉각적으로 이전시킬 수 있고, 특히 자금세탁의 전형적인 수단으로 많이 이용되는 위장기업을 사이버공간에서 설립하여 전자화폐를 이용한 위장된 전자상거래로 자금세탁을 할 수 있을 것이다. 이러한 위장거래는 사이버공간에서 이루어지므로 세계 곳곳에서 여러 단계를 거칠 수 있고, 네트워크를 통해 전자화폐로 지불함으로써 거래가 신속하게 완료되게 되어 추적이 매우 곤란하게 된다.

디지털 귀금속은 사설기관이 귀금속 등을 통하여 지급을 보증하는 사설전자 지급수단으로서, 사설기관은 고객들이 안심하고 돈을 예치할 수 있도록 실물귀금속을 보유함으로써 계좌주가 요구하면 즉시 태환이 가능하도록 하고 있어 이를 이용하고자 하는 사람은 사설기관에 계좌를 개설한 후 자금 불입을 대행하는 업자를 통해 계정에 자금을 불입하면, 이 사설기관은 전자화폐를 발급해 주고 고객이 이를 수용하면 거래가 종결된다.

하지만 디지털귀금속은 익명성이 보장되며, 자금세탁 방지의무의 적용도 받지 않을 뿐더러 자금 불입을 대행하는 업자들이 실질적으로는 자금이체업무를 하고 있음에도 불구하고 자금세탁 방지의무를 부담하고 있지 않고 있다.

한편 카지노도박, 스포츠 베팅, 인터넷복권 등 인터넷 상에서 이루어지는 도박 산업이 빠르게 성장하고 있다. 이러한 추세에 따라 세계 각국은 과거의 오프라인 카지노가 불법 활동에 연루된 사실에 근거하여 인터넷카지노가 자금세탁이 발원지가 될 수 있다고 추정하고 있다. 이러한 인터넷 도박 사이트는 대부분 역외에 설립되기 때문에 거래에 대한 모니터나 규제 및 감독이 쉽지 않아 자금세탁에 이용되는 사례가 증가하고 있다. 인터넷도박은 자금이 토큰 또는 전자칩으로 교환되므로 불법적으로 취득된 자금의 원천을 위장하는 데 이용될 수 있다. 인터넷 도박 사이트에서 전자화폐가 사용될 수 있다는 점이 자금세탁 가능성을 높이고 있다.

이전의 전통적 지급방식과는 달리 전자 수단은 감독당국의 규제 및 통제가 약한 사각지대에 놓여 있기 때문에 범죄수익을 은닉하고 변형하는 데 대체 수단으로 이용되기 쉽다.

(V) 파생금융상품을 이용한 자금세탁

파생금융상품(financial derivatives)을 이용한 자금세탁은 주로 선물거래(futures trading)와 옵션거래(option)를 통하여 이루어지며, 예치단계를 마친 자금세탁의 은폐, 합법화단계에서 주로 이용된다.

파생금융 상품시장이 자금세탁에 이용되는 이유는 파생금융거래가 유동성과 익명성이 높고, 거래 및 상품의 복잡성을 이용하여 자금 흐름을 복잡하게 만

들어 자금세탁에 대한 조사를 어렵게 할 수 있을 뿐만 아니라, 다른 수단에 비하여 자금세탁비용이 저렴하고 선물시장거래 자체가 리스크와 변동성을 특징으로 하고 있기 때문에 대규모의 이익과 손실이 보편적으로 인식되고 있어 거액의 자금이동이 용이하기 때문이다.

파생금융 상품시장에서 일반적으로 사용되는 수법은 미러 트레이딩(mirror trading)으로 중개인의 협조를 받아 두 개의 상반되는 포지션에 서서 거래를 하는 방법이다. 중개인은 자금세탁자를 위하여 2개의 계정을 개설한 다음 시장에서 등락폭이 큰 상품을 선택하여 1개의 계정은 매입 또는 매도 포지션을 취하고, 나머지 1개의 계정은 반대포지션을 취하여 일방은 이익을 보고 다른 일방은 손해를 보게 함으로써 결제단계에서 정산을 통하여 손해를 본 계정에서는 범죄수익이 인출되고, 이익을 본 계정에는 정상자금이 입금되게 하는 것이다. 이 경우 거래에서 발생하는 중개인의 수수료는 통상 10% 미만으로 자금세탁전문가에 대한 일반적인 수수료수준인 20~30%에 비하여 저렴한 편이다. 영국에서 많이 보고되는 수법은 자금세탁자가 동일계정으로 A, B 두 개의 역외기업을 소유하고 변호사를 대리인으로 앞장 세워 A기업은 선물계약의 매입포지션을 취하고, B기업은 매도포지션을 취하게 하여 A기업의 이익은 B기업의 손실로 대응하게 함으로써 손실에 대한 지급은 범죄수익으로 하고, 이익은 중개인이 발행한 수표로 지급을 받는 것이다.

(Ⅵ) 기업설립 에이전트를 이용하는 수법

주로 위장기업(shell company)을 설립해 주는 경우가 많으나 여러 가지 상업목적을 위해 실제로 기업을 설립하는 경우도 많다. 기업설립의 절차는 나라마다 다르고 복잡하여 가장 규제가 없는 곳을 찾아 목적에 맞는 기업을 설립하여 주는 에이전트가 활발히 활동하고 있다. 이러한 에이전트에 의하여 무역회사, 투자회사, 지주회사, 운송회사, 인터넷거래회사 등이 세워지는데, 이 회사들은 자금세탁이 어느 정도 이루어진 후 자금을 합법적으로 활용하기 위한 은폐단계에서 필요하게 된다. 여러 국가에 세워진 여러 유령회사의 계좌를 거친 자금에 대해서는 독립된 사법권으로 인해 그 출처를 추적하기가 매우 어렵고, 여러 개의 지주회사(holding company)가 등장하면 자금의 진정한 소유자가 누구인지 구분하기도 쉽지 않기 때문이다.

2) 자금세탁 실제사례

(i) 불법마약거래자금 의심거래보고[15]

2001년 1월 씨티은행 마이애미지점은 베네로(Venero, 페루의 전 장성)가 15백만 달러를 현금으로 예금하자 이를 의심거래로 보고하였다. 이를 기초로 미 FBI는 수사를 통해 베네로, 몬테시노스(Montesinos, 페루의 전 국가정보원장)와 게바라(Guevara, 페루의 전 국가정보원관리)를 체포하고 범죄자금을 몰수할 수 있었다.

이들은 페루정부로부터 공금도피, 불법마약거래, 인권침해 등의 혐의로 추적을 받고 있는 상태였는데, FBI는 일찍이 베네로를 몬테시노스의 자금관리인(bagman)으로 지목하고 있었다. 수사결과 몬테시노스는 1990년대 중반부터 마약거래, 방위산업계약 리베이트, 공금횡령, 총포화약밀수 등을 통하여 수수한 자금을 은닉하기 위하여 페루, 스위스, 케이만군도, 파나마, 미국 등 세계적인 은행계좌망과 위장회사망을 운영하였던 것으로 밝혀졌다.

FBI는 우선 페루로부터 체포영장을 발부받아 베네로를 마이애미에서 자금세탁혐의로 체포하였다. 한편 몬테시노스는 은행에 예치되어 있던 자신의 자금 38백만 달러가 FBI의 조사를 계기로 압류당하자 하수인인 게바라로 하여금 은행 강탈을 사주하였다. 이를 계기로 FBI는 은행직원으로부터 동 금액을 강탈하려 한 게바라를 마이애미에서 체포하는 한편, 그를 통하여 몬테시노스의 베네수엘라 은신처를 확인하고, 베네수엘라 군대가 체포토록 하였다. 조사결과 몬테시노스는 불법활동을 통하여 4억 5천만 달러 이상의 자금을 조성한 것으로 알려졌으며, 미국에서 포착된 22.3백만 달러는 벌금으로 압류되었다.

(ii) 러시아 마피아의 자금세탁 사례

러시아 마피아는 5억 달러 규모의 마약판매 수익금을 미국의 뉴욕은행(the Bank of New York)과 역외센터(offshore centers)로부터 이탈리아와 다른 유럽국가에 있는 위장회사를 통하여 러시아로 송금하였는데, 이 과정에서 1998년 8월 Republic National Bank는 관련 금융거래를 의심거래로 보고하였다. 이를 기초

---

15) 미 재무부, 법무부, "2002 National Money Laundering Strategy."

로 미국 FBI의 '러시아 조직범죄 대책단'과 유럽, 스위스 경찰 등에 의하여 운영되고 있던 '거미줄 작전(Operation Spiderweb)'의 18개월에 걸친 조사 끝에 자금세탁범죄가 밝혀졌다.

러시아 마피아는 우호적인 이탈리아회사를 이용하여 허위 송장을 발행하거나 러시아로 상품을 보내는 방식 등을 통하여 자금세탁거래를 합법적인 거래로 가장하였다. 오스트리아 비엔나에 본부를 두고 독일, 아일랜드, 리투아니아, 러시아, 스위스, 우크라이나 등에 사무소를 둔 Nordex사가 자금세탁 센터역할을 하였는데, 이 회사의 설립자가 관계하고 있는 회사 Benex International의 운영자인 피터 베를린(Peter Berlin)과 그의 아내 루시 에드워즈(Lucy Edwards, 뉴욕은행의 회계담당 이사)가 중심역할을 하였으며, 이들은 그 대가로 2백만 달러를 수수한 것으로 밝혀졌다. 또한 이들은 러시아은행과의 거래를 위하여 뉴욕은행에 개설된 코레스(환거래) 계좌를 이용하였는데, 수사기관은 총 11개 계좌에서 22백만 달러를 압류하고, 이 중 8.1백만 달러는 벌금으로 추징하였다.

(iii) 금융기관이 연루된 자금세탁 사례

1970년대에 설립된 BCCI(the Bank of Credit and Commerce International)는 1980년대 들어 70여 개국에 지점을 운영하는 세계에서 가장 큰 개인소유 금융기관이었으나, 1970년대 후반부터 부적절한 해운여신 등으로 재정적으로 압박을 받기 시작하자 자회사와 자산부채를 바꿔치기 하는 수법으로 재무 상태를 건전한 것으로 가장하여 운영하던 중 1991년 '자금세탁' 등 임직원들의 수많은 불법행위가 적발되어 미국 등 7개국의 감독당국에 의하여 업무가 정지되고 결국은 은행을 폐쇄하게 되었다.

1993년 미국 로드아일랜드 프로비던스 법원은 한 은행원의 신고로 체포된 자금세탁혐의자에 대하여 600년의 실형을 선고하였다. 동 은행원은 자금세탁혐의자가 은행서비스의 대가로 상당한 수수료를 지불한 고객이었음에도 불구하고 불법혐의에 대하여 신고함으로써 자금세탁을 적발할 수 있었다.

(iv) 전자수단을 이용한 자금세탁 사례

2004년 캐나다의 한 사람이 훔친 물건을 소지 및 범죄행위 수익금으로 이득을 취한 혐의로 기소되었다. 3년 동안 이 사람은 물건을 훔치거나, 훔친 물건을 구매한 뒤 상업웹사이트에 판매했다. 수익금은 그의 상업 웹사이트 사용자 계좌에 연결된 인터넷 지불시스템 계좌로 들어갔다. 이 사람은 DVD, 컴퓨터 하드웨어와 소프트웨어 등 9,000개가 넘는 상품을 판매했고 총액은 459,000 마국 달러에 달했다. 지역 사법당국은 수익금의 일부로 구매한 188,000 캐나다달러에 해당하는 저축채권(savings bonds)을 발견했다. 이 사람은 2년 수감형과 83,000 캐나다달러의 벌금형에 처해졌다.

현금을 분할하여 입금시키다가 호주의 금융정보분석기구에 의심되는 거래로 보고된 사례가 있었다. 파생상품의 일종으로서, 계약이 체결된 시점과 끝나는 시점 사이에 특정 증권이나 다른 금융상품의 가격의 차이를 교환하기 위해서 체결된 '차액계약(CFD)'에 따라 발생한 이윤이 어느 주요 호주은행에 예금되었다. 보고대상자는 인터넷을 통해서 매매계정(trading account)을 개설할 때, 허위의 신분 서류들을 이용했다는 점이 발견되었다. 같은 날 각기 다른 위치에 있는 지점들을 이용해서 예금되기도 하였다. 조사에 따르면, 그 계좌는 750,000 호주 달러 이상의 자금을 거래하고 가치를 증가시킨 것으로 확인되었다.

3) 자금세탁방지 국제기구에서 논의되는 자금세탁 유형

(i) 부패수익 자금세탁

G20 등 국제기구가 부패 차단을 통한 건전한 경제발전을 추구하기 위해 반부패와 관련된 이슈를 끊임없이 제기하였다. 이에 FATF는 2011년 '부패수익자금세탁(Laundering the Proceeds of Corruption)'을 발간하고, 2012년에는 '부패수익관련 특정위험요소(specific risk factors related to laundering of corruption)'라는 보고서를 발간하였다.

이 보고서들에 따르면 부패수익은 뇌물, 리베이트, 공직자의 자기거래, 공적자금의 횡령 등의 형태로 나타난다. 뇌물의 특정한 사례는 국제적 공조의 중요성을 보여준다. 태국이 아닌 제3국의 국민이 방콕영화제 관리권을 갖기 위해 태국 고위관료에게 뇌물을 준 사건이 있었는데, 뇌물 공여자는 본국의 계좌에서 태국의 계좌를 거치지도 않고 태국 고위관료가 최종수익자인 위장기업이 있는 제3국으로 계좌이체를 하는 방법으로 뇌물을 제공한 것이 드러났다.

업무의 주요결정권을 지닌 정치적 주요 인물들은 자기거래를 통해 사적이
익을 추구하고자 하는 유혹에 쉽게 빠지게 된다. 목재 판매권을 담당하는 서아
프리카의 한 고위공직자는 자기가 최종 수익자인 기업체를 활용하여 낮은 가격
으로 목재를 매매하여 폭리를 취하였다.

부패수익을 자금세탁을 하는 주요방식으로서는 자금세탁범죄자가 현존하는
회사를 운영하거나 조정하면서 회사의 정상적인 활동 내에서 범죄자금을 은닉
하는 방식이 있다. 또한 고객이 변호사 등의 계좌를 이용하여 자금세탁을 하도
록 하거나 기업·재단·신탁 등의 설립 및 운영에 도움을 제공하는 게이트키퍼
로서 관여하는 방법이 있다.

역외 국가는 합법적인 기업들이 본국의 세금회피를 위해서 이용되기도 하
지만 금융비밀과 기업비밀이 엄격히 보장되는 특성을 가지고 있어서 자금세탁
에도 자주 이용된다. 자금세탁행위자가 먼저 역외국가에 무기명주식 등을 이용
해 위장기업을 설립하고 본국 은행으로부터 송금을 받는 방식을 사용하면 자금
세탁행위자는 기업비밀과 금융비밀의 이중 보호막에 의해 성공적으로 자금세탁
을 할 수 있게 된다.

그리고 정치적 주요 인물들은 국내·외적으로 주목을 많이 받고 있기 때문
에 금융거래에 있어서 대리인을 많이 이용한다는 특징이 있다.

(ⅱ) 야생동물 범죄와 관련된 자금의 흐름

2015년 APG 유형론 회의에서는 야생동물의 밀렵과 불법매매를 이용한 범
죄자금의 흐름과 사례가 논의되었다. 야생동물 관련 범죄의 경제적 규모는 연간
7억 230억 달러에 달하며 야생동물 매매의 가장 큰 수요자는 중국, 베트남, 미
국, EU이며, 밀렵과 불법매매조직은 주로 중국, 베트남, 라오스, 캄보디아에 존
재하며, 이들이 취급하는 동물과 부위는 거북이, 범, 호랑이, 천산갑, 상아, 코뿔
소 뿔, 바다거북, 상어지느러미 등인 것으로 알려져 있다.

태국의 경우 경찰과 관세청 공무원이 불법 야생동물 거래조직과 결탁하여
코뿔소의 뿔이 방콕의 주요 공항을 통해 밀매된 사건이 발생하였는데, 태국으로
가방을 운반해 준 업자는 1건당 5백 달러를 수수한 것으로 밝혀졌다. 그리고 거
대한 야생동물 밀수조직이 적발된 사례가 있었는데, 2011년부터 4년간 말레이
시아에서 야생동물을 포획하여 태국을 거쳐 라오스로 이동시키는 과정에서 이

범죄 조직의 자금 흐름의 규모는 약 491억 원에 이르는 것으로 보도된 바 있다.

(ⅲ) 전문 자금세탁업자

FATF는 2018년 6월 '전문 자금세탁업(PMLs: Professional Money Laundering)'에 관한 보고서를 발간하였다. FATF는 범죄수익 취득을 목적으로 전문적으로 AML/CFT 제도나 각종 제재 등을 회피하는 행위를 '전문 자금세탁행위(PMLs: Professional Money Laundering)'로 규정하며, 이에 대처하기 위한 프로젝트를 진행하였다. FATF에 의하면, '전문 자금세탁업자'란, 범죄수익을 발생시킨 개인·단체가 아니라, 그들로부터 대가를 받으면서 범죄수익의 자금 세탁과 은닉을 지원하는 개인·단체를 의미한다.

전문 자금세탁업자들의 목적은 그들의 수익원이 되는 자금세탁행위를 활성화시키는 것이다. 이들은 범죄수익을 일으키는 불법행위 자체에는 개입하지 않는 경우가 일반적이며, 불법행위가 일어나는 과정에서 자금의 원천, 성격, 실제 소유권 등을 실제와 다르게 가장하는 데에 전문성을 발휘한다. 이들은 사업을 위해 인터넷, 웹, SNS 등의 공개적인 플랫폼을 활용하기보다는 기존에 함께 일을 해오던 범죄조직과의 협업을 지속하며, 사업 확장 시에도 다크웹[16]을 사용하는 경우가 많다. 따라서 특정 분야나 거래자금 규모, 사업 광고 등을 단서로 전문 자금세탁업자를 찾아내기는 쉽지 않다.

일반적인 사업모델은 자금의 수취, 세탁, 전달로 이루어진다. 전문 세탁업자들이 자금을 물리적 형태나 전자적인 형태로 수취한다. 최근에는 가상자산이라는 새로운 거래수단이 등장하면서 범죄 전체적으로 활용도가 높아지고 있다. 그 다음으로 전문 자금세탁업자들은 자금의 원천을 추적할 수 없도록 취약한 사업 분야나 국가를 경유하여 거래하여 세탁하는 방식을 주로 사용한다. 이 과정에서 유령회사의 법인계좌를 활용하거나, 서로 다른 의뢰인의 자금을 섞어 다수의 거래를 거친 뒤 재배분하기도 한다. 세탁된 자금은 범죄조직 등에게 다시 전달된다. 이 과정에서 전문 자금세탁업자들에게 중요한 것은 의뢰인에게 송금하는 자금이 자금세탁이나 테러자금조달 등과 관련성이 없도록 가장하는 것이다.

---

16) 특수한 웹브라우저를 사용해야만 접근할 수 있는 웹으로, 익명성 보장은 물론 IP주소 추적이 불가능하도록 고안된 인터넷 영역이다. 일반적인 검색 엔진으로는 찾을 수 없기 때문에 해킹으로 얻은 개인정보, 살인 청부, 경쟁사의 영업비밀 등 주로 불법적인 정보가 거래된다.

이를 위해 전문 자금세탁업자들은 제3자의 계좌를 매수하여 자금을 전달하거나, 귀금속이나 부동산 등의 형태로 자금을 전달한다.

2. 자금세탁방지제도의 개요

(1) 자금세탁방지제도 도입배경

1) 자금세탁의 폐해

(ⅰ) 시장경제원리 저해

자금세탁의 미시경제학적 효과 중 하나는 민간경제영역에 대한 범죄조직의 구축효과이다. 이는 범죄집단이 자금세탁을 위해 흔히 이용하는 전위기업에서 불법수익이 합법적인 경제활동과 뒤섞임으로써 나타나는 현상이다. 미국에서 흔히 사용된 수법 중 하나를 예로 들어 보면 범죄 집단이 마약거래 수익을 위장하기 위하여 피자체인점을 이용할 경우 그 피자 판매회사는 엄청난 불법수익이 있으므로 시장가격보다 월등히 저렴한 가격으로 피자와 서비스를 공급할 수 있고, 어떤 경우는 생산가 이하로도 판매하는 경우가 있을 수 있다. 따라서 전위기업은 정상기업에 비해 월등한 경쟁우위를 지니게 되며, 정상기업이 이러한 전위기업과 경쟁하는 것은 불가능하므로 민간경제영역의 정상기업을 시장으로부터 소외시키고 시장경제원리를 해치는 결과를 초래하게 된다.

(ⅱ) 금융시장의 완전성(the integrity of financial markets) 저해

금융기관이 범죄수익에 의존하여 경영할 경우, 자산, 부채와 그 운용에 있어 심각한 추가적인 도전에 직면할 수 있다. 예를 들면 거액의 범죄자금이 세탁되어 금융기관에 예치될 수는 있으나, 이러한 자금은 법집행기관의 조사개시 등과 같은 비시장요인에 대응하여 전자자금이체 등을 통하여 예고 없이 갑자기 사라지게 되며, 이 경우 유동성부족과 인출러시문제를 야기할 수 있다. 유럽연합은행(the European Union Bank)을 비롯하여 많은 금융기관이 범죄활동에 연루되어 파산의 길을 걷게 되었으며, 특히 사기, 자금세탁, 뇌물사건으로 인한 BCCI의 파산, 자회사의 한 매매인에 의한 고위험파생상품 거래가 원인이 된 1995년의 Barings Bank의 파산 등 1990년대에 발생한 몇몇 금융위기는 중대한 범죄 혹은 사기사건이 그 배경을 이루고 있다.

(iii) 정부의 경제정책 통제력상실

IMF의 미쉘 캉드쉬(Michel Camdessus) 전 총재는 1998년 세계의 자금세탁 규모가 전 세계 GDP의 2~5% 정도로 5,900억~1조 5천억 달러(1996년 기준)가 될 것으로 추정한 바 있다. 몇몇 개발도상국에서는 이러한 불법수익이 정부의 예산을 왜소하게 만들고, 나아가 정부의 경제정책 장악력을 떨어뜨리며, 어떤 경우에는 세탁된 자산규모가 워낙 커 암시장, 더 나아가 소규모 경제단위로 역할을 할 수도 있다. 이러한 세탁자금은 수익률이 높은 곳보다는 발각될 가능성이 적은 곳으로 재투자됨으로써 통화와 이자율을 왜곡시키는 결과를 초래하고, 결과적으로 자산과 상품가격을 인위적으로 조작함으로써 자원배분의 왜곡을 가져와 통화불안의 위험성을 증가시킬 수 있다. 요컨대 자금세탁과 금융범죄는 화폐수요의 변화와 국제자본 흐름, 이자율, 환율 등의 불안정성에 설명할 수 없는 변화를 초래할 수 있으며, 결과적으로 그 예측불가능성으로 인해 경제정책의 통제력상실과 맞물려 건전한 경제정책집행을 어렵게 만들 수도 있다.

(iv) 경제의 왜곡 및 불안정성 증대

자금세탁행위자는 투자를 통하여 이익을 산출하는 것이 아니라 오로지 자신의 수익보호를 최우선시하기 때문에 그 자금이 있는 국가경제에 이익이 되는 분야보다는 자신들의 수익을 가장 잘 은닉할 수 있는 저급한 영역에 투자하게 되는데, 이는 건전한 투자와 경제성장을 해칠 수 있다. 예를 들면 과거 일부 국가에서는 자금세탁행위자들이 빌딩, 호텔 등에 실제 수요가 있어서가 아니라 자신들의 단기이익을 위해 투자를 하였는데, 이러한 산업이 더 이상 자금세탁행위자들에게 필요하지 않게 될 때 투자금을 일시에 회수함으로써 그 국가의 산업이 붕괴되고 경제에 엄청난 손해를 끼친 사례가 있었다.

(v) 정부재정수입 손실

자금세탁은 정부의 조세수입을 감소시켜 재정손실을 초래하게 되고 결국에는 선량한 납세자에게 간접적인 손해를 끼치게 되는데, 이는 세금징수가 어려워진 정부가 이를 만회하기 위하여 범죄수익이 합법적으로 과세될 경우에 비해 일반적으로 세율을 높이기 때문이다.

(vi) 민영화노력에 대한 위협

자금세탁은 민영화를 통하여 경제개혁을 하려는 정부에 위협요소로 작용하기도 한다. 정당한 구매자들보다 높은 가격에 응찰할 수 있는 자금력을 보유하고 있는 범죄 집단의 입장에서는 국유기업을 보유하는 것이 경제적으로 이득이될 뿐만 아니라, 동 기업을 자금을 세탁하는 기지로 활용할 수 있기 때문에 정부 소유기업을 적극적으로 매입하려고 한다. 과거의 예를 보면 범죄집단이 불법수익과 범죄활동을 숨기기 위하여 요트계류장, 리조트, 카지노, 은행 등을 매입한 사례들이 있었다.

(vii) 국가와 금융기관의 평판위험 초래

오늘날과 같은 글로벌화된 경제환경에서는 자금세탁으로 더럽혀진 국가와 금융기관의 평판은 회복되기가 매우 어렵다. 국가는 시장에서 이익창출의 신호역할을 하는 신뢰를 범죄수익의 세탁, 금융사기, 내부자거래, 횡령 등과 같은 자금세탁과 금융범죄에 의하여 침식당하게 되며, 한번 부정적인 이미지를 얻게 되면 정당한 세계경제에 동참할 수 있는 각종 기회를 상실하는 반면, 국제범죄조직을 끌어들이는 범죄의 온상으로 전락할 수 있다. 한 국가가 금융평판에 상처를 입으면 이를 되살리는 것은 매우 어려우며, 문제를 해결하는 데 정부가 엄청난 자원을 투입해야 가능하다.

2) 정부당국 측면에서의 자금세탁방지제도 도입 필요성

(i) 범죄행위의 효율적 규제

자금세탁방지제도는 범죄수익의 규제를 통하여 조직범죄, 마약범죄, 화이트칼라범죄 등 현대적 의미의 중대범죄를 방지하려는 범죄통제수단이다.[17] 이들 범죄는 막대한 경제적 이윤추구를 목표로 하기 때문에 전통적인 범죄통제수단인 징역형이나 벌금형만으로는 이를 억제하기에 부족하므로 범죄수익에 대한 규제만이 가장 효과적인 대처수단으로 인정된다.

즉, 마약범죄, 조직범죄, 화이트 칼라범죄에 있어서 범죄수익은 이들 범죄

---

17) Douglas Kim, Asset Forfeiture : Giving up your constitutional rights, Campbell law review 528(1997).

를 조장하는 요인이 될 뿐만 아니라 범죄조직이 이를 보유·운용하여 장래의 새로운 범죄활동에 재투자하거나 범죄조직의 유지·확대에 이용하고[18] 합법적인 사업 활동에 투자함으로써 정상적인 경제활동에 심각한 악영향을 미치게 된다.[19] 자금세탁방지제도는 이들 중대범죄의 근원인 범죄수익을 박탈하고 보유와 운용을 용이하게 하는 일체의 행위를 처벌하는 등 범죄수익을 철저히 규제함으로써 이들 범죄의 경제적 동기를 제거하고 범죄활동의 계속적 수행을 불가능하게 할 뿐만 아니라 정상적인 사회, 경제활동에 대한 악영향을 방지하게 된다.[20]

(ⅱ) 국제적 자금세탁 방지노력에 적극 동참

오늘날 범죄조직은 국경을 초월한 범죄를 통하여 막대한 수익을 내고 있고, 이러한 범죄수익은 세탁과정을 거쳐 합법적인 사업에 투자되거나 범죄에 재투자되고 있는 실정이다. 이러한 조직범죄는 물론 경제적 이익을 목적으로 하는 일반 중대범죄를 예방하기 위해서는 범죄수익을 추적하여 이를 박탈하는 것이 범죄자를 검거, 처벌하는 것보다 효과적일 수 있다. 이에 G20, OECD 등 국제기구는 국제금융체계 개편의 일환으로 각국에 보다 강력한 자금세탁방지제도를 시행할 것을 권고하고 있는데, 자금세탁 처벌대상을 마약류불법거래에서 여타 중대범죄로 확대하고, 금융정보분석기구를 설치하며, 의심되는거래보고 등 금융기관의 역할을 강화할 것을 강조하고 있다.

FATF는 2000년부터 자금세탁방지에 비협조적이거나 국제금융시스템에 위험요소가 되는 결함을 갖고 있는 국가의 명단을 발표하고, 해당 국가에 대해 예방조치를 강화할 것을 권고하고 있으며, 각국에 대해 이들 국가와의 금융거래에 대해 특별히 주의할 것을 촉구하고 있다.

위와 같은 국제사회의 동향에 비추어 국제기준에 부합하는 제도를 마련하고, 국제적 자금세탁 방지노력에 적극 동참하여 국제사회의 일원으로서 역할을 완수할 필요성이 있다고 하겠다.

---

18) 「마약및향정신성물질의불법거래방지에관한UN협약」 서문 참조.
19) FATF 40개 권고사항 서문 참조.
20) 자금세탁방지제도는 범죄인으로부터 범죄수익을 회수하여 범죄로 인한 사회적, 개인적 손해를 치유하는 기능을 하게 되고, 범죄투쟁에 필요한 재정확보수단이 된다는 필요성이 추가로 제기되기도 한다(U.S. Department of Justice, Drug Agent's Guide to Forfeiture of Assets 3, 1989).

3) 금융분야 측면에서의 자금세탁방지제도 도입의 필요성

(i) 금융기관의 경쟁력제고

고객확인의무(due diligence program) 등 자금세탁 방지체제의 구축은 궁극
적으로는 금융기관에게 비용이 아니라 투자가 된다. 자금세탁방지제도를 통하여
금융사기 및 부실대출 등을 방지할 수 있을 뿐만 아니라 금융기관의 명성을 보
호할 수 있기 때문이다.

(ii) 대내외신인도 향상

금융활동의 국제화에 따라 국제적인 금융상품취급을 위해서는 자금세탁방
지에 대한 대내외 신인도를 향상시킬 필요가 있는데, 특히 검은 돈과 연루되어
해당 기관의 명성이나 평판이 훼손(reputation risk)되지 않도록 해야 한다. 구체
적인 예로는 BCCI(Bank of Credit and Commerce International)의 경우 자금세탁,
자본도피, 탈세행위 등을 지원한 것으로 국제사회에 알려지면서 결국 1991년 은
행 자체가 폐쇄되었고, 시티뱅크는 멕시코 대통령당선자의 부당대출 사건에,
HSBC와 메릴린치는 나이지리아 군사정권의 자금세탁에 연루된 것으로 밝혀져
해당 은행에 대한 비난이 고조되고 신인도가 손상된 바 있다.

(iii) 대내외압력에의 능동적 대처

자금세탁방지를 위한 금융기관의 역할강화를 촉구하는 금융기관내외의 압력
에 능동적으로 대처할 필요가 있다. 2000년 10월 UBS(Union Bank of Switzerland),
씨티은행, 도이치은행, J.P. 모건 등 11개 주요 국제은행은 자금세탁방지를 위한
자율규제지침을 발표하였는데, 동 지침에는 고객확인요건 강화, 비정상적 거래
에 대한 모니터링강화, 보고체제구축, 교육프로그램 개발 등이 포함되어 있다.

금융기관의 역할강화에 대한 단적인 예로는 1998년 러시아의 마약자금
740억 달러 중 700억 달러가 남태평양 소국인 나우루에서 세탁되어 미국 등에
반입된 것으로 드러나자 미국의 일부 은행들이 나우루 은행들과의 환거래계약
을 취소하였고, 미국 재무장관은 이를 높이 평가한 바 있다.

(iv) 금융기관 종사자 입장에서의 필요성

의심되는거래 보고제도는 금융기관 종사자의 전문성과 경험에 의존하는 제

도이므로 이들의 자발적인 협조가 필수적인바, 자금세탁방지법에 따라 자금세탁 방조 내지 공범으로 처벌될 위험을 피하기 위해서도 의심되는거래를 보고할 수 있도록 해야 한다. 보고에 대한 비밀보장, 손해배상 책임면제 등으로 보고자는 보호받을 수 있다.

4) 자금세탁 양상의 변화

자금세탁은 각국의 외환거래 자유화, 금융시장의 세계화, 전자금융의 보편 화 등에 따라 종래의 마약 관련 자금세탁에서 다양한 양상으로 변화하고 있다. 최근에는 자금세탁방지법이 미치지 않거나 효력이 미약한 제3국을 이용한 자 금세탁, 비은행금융기관을 이용한 자금세탁, 범죄조직의 경제력집중화를 배경으 로 첨단기술과 전문브로커를 이용한 자금세탁, 마약과 관계 없는 금융범죄 등으 로 다양해지고 있다. 특히 자금세탁방지법이 마련되어 있지 않거나 규제강도가 약한 제3국이 주거래은행 시스템의 부실로 인해 마약 관련 자금세탁을 비롯한 각종 금융범죄의 온상으로 활용되고 있는데, FATF 회원국이 아닌 아시아 또는 남미 국가의 금융기관 등이 이에 해당되며, 최근에는 구 소련지역(중앙아시아지 역)과 아프리카지역이 자금세탁을 위한 새로운 거래루트로 떠오르고 있다. 2019 년까지 191개국이 1988년에 채택된 UN 비엔나 협약에 가입하였으나, 193개 UN 회원국 중 적도 기니, 키리바시, 파푸아뉴기니, 솔로몬 제도, 소말리아, 남수 단, 투발루는 가입하지 않고 있다.

또한 자금세탁방지법에서 비은행금융기관에 대한 규정이 전반적으로 미흡 한 상황이기 때문에 이를 통한 자금세탁이 일어나고 있는데, 비은행금융기관에 는 증권회사, 보험회사, 환전영업자, 수표지불서비스업자, 저당권설정자, 브로커, 수입업자, 수출업자, 무역회사, 귀금속딜러, 카지노, 속달운송회사, 기타 복잡한 방법으로 자금을 이동시키는 자 등이 포함되어 있다. 특히 규제를 거의 받지 않 는 지하은행업무 시스템으로는 중국 화교 네트워크에서 이뤄지는 "칫·찹 샵 (Chit,/Chop Shop)"과 유럽, 남아시아의 훈디(Hundi), "hawala" 등이 있는데, 특 히 "hawala"와 같은 송금제도의 경우 거래기록을 거의 남기지 않고 트러스트간 신뢰를 통해서 이루어지기 때문에 추적이 어려운 실정이다.

최근에는 범죄자들의 경제력이 커지면서 금융전문가들을 활용한 고도의 자금세탁기술이 지속적으로 개발되고 있고, 범죄조직에 의한 금융기관 경영권 인수 및 정치권과의 결탁가능성도 증대되고 있으며, 전자금융 등 다양한 금융기법을 통해 합법자금과 불법자금을 섞어서 전 세계로 자금을 분산하는 작업을 통해 사법당국의 조사도 피해 나가고 있다. 최근의 신종 금융범죄에서는 위조나 변조가 된 신용장, 위조되거나 도난당한 채권 등이 이용되고 있다.

5) 외국 정부 및 금융권의 동향과 시사점

다수의 국가들이 자금세탁규정을 준수하지 못한 은행에 대해서는 인허가를 취소하거나 영업을 축소시키는 등 강력한 제재규정을 마련하여 시행함으로써 자금세탁방지제도 운영에 적극성을 보이고 있다. 한편 대형 은행과 합병으로 단기간에 급성장한 은행들의 경우 과거의 낡은 시스템으로는 지식과 정보를 적절히 전달하고 처리할 수 없기 때문에 더욱 복잡하고 정교한 기술의 습득과 개발이 요구되고 있으며, 특히 최근의 자금세탁방지 시스템은 자금의 원천과 목적, 그리고 소유자확인에 중점을 두는 등 보다 구체적이고 강화되는 추세에 있다.

일례를 들면 그간 금융비밀이 가장 잘 보장되어 비자금의 안전한 도피처로 알려진 스위스에서도 익명 계좌 개설을 할 수 없는 법률을 제정했다는 사실이 알려지면서 과거의 일반적인 인식이 시급히 변화되어야 한다는 것을 알 수 있다. 그 자세한 내용을 보면 스위스 은행들은 부정 및 테러자금 차단을 위해 2004년 7월부터 익명으로 번호만을 등록하는 은행계좌를 고객에게 개설해 주지 않게 되었다. 스위스은행들의 익명계좌는 지난 한 세기 동안 스위스를 대표하는 특징 중 하나였으나, 최근 스위스정부가 제정한 자금세탁방지법이 이 날부터 발효됨에 따라 고객들은 신분을 밝히지 않고는 계좌를 개설할 수 없게 되었다.

물론 새 법률의 발효에도 불구하고 스위스 내 은행에서 일정 수준으로 사생활을 보호하는 계좌를 개설할 수는 있지만, 스위스로 자금을 들여오려는 자는 반드시 이름을 제출해야 한다. 예를 들어 이름 대신 번호로 계좌를 개설할 수는 있지만, 이 경우에도 은행 측은 고객 개개인의 신원을 파악해 놓아야 한다. 자금세탁방지법 제정은 탈세, 테러자금, 돈 세탁 등을 막는 데 목적이 있다.

(2) 자금세탁방지제도의 체계

1) 자금세탁 방지대책의 구성

자금세탁 방지대책은 형사법분야에서 형성된 자금세탁 억제대책(repressive policy)과 은행법분야에서 발전된 자금세탁 예방대책(preventive policy)으로 구성되어 있다. 자금세탁 방지대책에 있어서 국제적 표준으로 인정되고 있는 FATF의 권고사항도 형사사법제도와 관련된 것(권고사항 4 내지 7, 권고사항 33 내지 40)과 금융법제도와 관련된 것(권고사항 8 내지 29)으로 구성되어 있다.

자금세탁 억제대책은 미국에 연원을 둔 것으로서 자금세탁행위의 범죄화, 범죄수익의 몰수, 추징강화 등을 내용으로 하고, 자금세탁 예방대책은 스위스로부터 기원한 것으로서 금융기관의 역할강화를 내용으로 한다. 그러나 이들 2개의 대책은 비록 연원은 달리하지만 복잡다양하고 고도의 전문성을 띠는 자금세탁행위에 효율적으로 대처하기 위해서는 상호보완적인 기능을 수행할 수밖에 없으므로 국제협약이나 국제기구의 권고사항에서 모두 채택되었고, 이를 국내법으로 수용한 각국의 자금세탁방지제도의 핵심내용이 되었다.

2) 국제적으로 인정되는 기본원칙

(i) 사법제도

(a) 자금세탁행위를 범죄로 규정

가장 필수적이며 기본적인 사항으로서, 범죄행위 또는 불법활동으로부터 유래된 불법수익의 세탁행위를 범죄로 규정하여 처벌할 수 있도록 개별 국가의 입법체제를 정비하는 것이다. 「비엔나협약(1988)」에서 자금세탁행위를 범죄로 규정한 이래 모든 국제기준은 자금세탁행위를 범죄로 규정하고 형사처벌을 하도록 요구하고 있다.

(b) 전제범죄의 확대

전제범죄로 선정되지 않은 범죄로부터 유래한 불법자금에 대한 세탁행위는 처벌할 수 없다. 1990년대 이전까지는 주로 마약류범죄만을 전제범죄로 규정하였지만, 그 후 각국은 전제범죄의 범위를 확대해 왔으며, 1996년 FATF는 권고사항을 개정하여 모든 중대범죄로 그 범위를 확대하도록 의무화하고 있다.

(ⅱ) 금융제도(예방조치)

(a) 의심되는 거래보고(Suspicious Transaction Report)

금융기관이 자금세탁혐의가 있거나 불법자금일 가능성이 있는 의심되는 거래에 대해서 정해진 양식에 의하여 즉시 관계당국에 보고하도록 하는 제도이다. FIU 제도를 도입한 국가 중에서 의심되는 거래보고제도를 도입하지 않은 국가는 하나도 없는 실정이다.

(b) 고객확인의무(Customer Due Diligence)

금융기관의 '고객확인의무'는 두 가지로 정의할 수 있다. 첫째, 단순히 금융거래자의 정확한 신분을 확인하고 그 자료를 보관하는 것을 의미하는 경우로, 이것은 법집행기관이 수사를 전개함에 있어서 가장 기본적이며 필수적인 자료로 활용된다. 둘째, 금융기관종사자는 고객의 거래관행, 행태 등을 지속적으로 관찰하면서 고객의 진정한 신분, 혐의자금의 실제소유자 여부, 범죄 관련 여부 등을 확인하는 것을 의미한다. 이것이 보다 진정한 의미의 '고객확인의무'라고 할 수 있다.

(c) 기록보관(Record Keeping)

「바젤위원회선언」, 「EU 이사회지침」, 「FATF의 권고사항」 등에서 금융기관은 국내외 모든 거래기록을 적어도 5년간 보관하도록 규정하고 있다.

(d) 금융기관의 내부보고체제 구축

「바젤위원회선언」, 「EU 이사회지침」, 「FATF 권고사항」 등에서 금융기관은 자금세탁방지 프로그램을 개발하여 시행하도록 하고 있는데, 그 내용은 관리직 수준의 보고책임자(compliance officer) 지정을 포함하여 내부지침 마련, 보고 및 통제절차 개발, 지속적인 직원훈련프로그램 개발, 유지, 시스템감사 등이 있다.

(e) 국제기준에 부합하는 FIU 설치운영

각종 국제규범 및 「자금세탁에 관한 CICAD 모델법(1998)」 등은 FIU의 개념, 형태, 임무 등에 관해 규정하고 있는데, 각국은 세계 FIU간 협의체인 에그몽그룹이 규정하는 FIU의 정의에 부합하는 제도를 도입하여 운영해야만 동 그룹에 가입할 수 있으며, 세계 각국 FIU와의 국제협력도 가능하다.

(ⅲ) 국제협력

범죄인인도 및 사법공조와 같은 국가차원의 협력분야로부터 일반 정보 및 의심되는 거래정보 교환 등과 같은 FIU간 협력체제까지 그 형식과 분야는 다양하며, 자금세탁범죄의 초국가성이라는 특성 때문에 국제협력의 중요성이 더욱 부각되고 있다.

자금세탁범죄는 국경을 초월하여 발생한다. 금융거래에 대한 감독과 감시는 국가단위로 이루어지므로 자금세탁범죄자는 국가 간 거래에 대해서는 감독당국의 감시가 소홀한 점을 악용하여 자금세탁거래에 이용한다.

자금세탁 방지체제 구축에 있어서 원활한 국제협력을 통하여 이러한 취약점에 대한 대책을 갖추는 것은 필수적이다. 기초적인 협력 장치는 범죄인인도협정 등 사법공조체제를 확립하는 것이며, 각국 FIU간에 자금세탁정보를 원활하게 교환하기 위하여 의정서(Memorandum of Understanding : MOU)를 체결하는 것도 중요한 국제협력 강화방안 중 하나이다.

SECTION 02
테러자금조달차단제도의 개요

1. 테러자금조달의 개요

(1) 테러의 개요

1) 테러의 정의

(ⅰ) 테러 개념에 대한 논의

'테러'란 일반적으로 '사람들에게 공포심을 주거나 요구에 따르도록 하기 위하여 공포나 혁명을 사용하는 것으로 특히 정치적 또는 정책적 수단을 사용하는 것'으로 규정되고 있다. 하지만 테러의 동기, 대상, 범위, 이념 등에 대한 시각차가 매우 커서 테러에 대한 명확한 정의가 확립되지 못하고 있는 실정이다.[21]

---

21) 연성진, 성재현, "테러의 개념과 발생의 현황 및 특징", 한국형사정책연구원, 2016

테러개념의 명시적인 정의를 최초로 시도한 것은 UN이다. UN은 1999년의 「테러자금조달억제를 위한 UN협약」에서 '테러행위'를 '테러자금이 조달되는 목적이 되는 행위'로 간접적으로 규정하고 있다. 이 협약 제2조 1항에 따르면, 테러행위란 '테러관련 조약에 규정되어 있는 행위[22]와 이외의 행위로서 그 행위의 목적이 그 본질이나 내용상 사람을 위협하거나 정부 또는 국제기구에 대하여 특정한 행위를 작위 또는 부작위를 강요한 경우에, 민간인 또는 무력충돌의 상황에서 적대행위에 적극적으로 가담하지 아니한 그 밖의 사람에 대하여 사망 또는 심각한 상해를 야기하려는 의도를 가진 일체의 행위'이다. 이 정의에 따르면 테러가 성립되기 위해서는 범죄행위가 사람의 사망 또는 심각한 상해와 같이 중대한 정도에 해당되어야 하며, 특정한 물건에 대한 폭력행사는 요건이 아니다. 테러 개념 성립의 또 다른 요건은 그 범죄행위가 사람을 위협하고 테러분위기를 조성하거나 그 밖의 방식으로 정부·국제기구의 작위 또는 부작위를 하도록 의도하고 있어야 한다는 점이다. 즉 테러행위자나 테러조직의 현실적인 테러행위의 결과만을 포함하는 것은 아니라는 의미를 내포하고 있다. 나아가 UN은 테러행위는 정치적이거나 이념적인 동기를 가질 필요도 없고 종교적인 동기도 테러개념의 포섭에 고려되지 않는다는 입장을 견지하고 있는 것으로 보인다.[23]

---

22) 「테러자금조달억제를 위한 UN협약」 제2조 제1항 a호에 명시하고 있는 9개의 테러방지국제협약은 다음과 같다.
  ① 1970. 12. 16 헤이그에서 작성된 항공기의 불법납치 억제를 위한 협약
  ② 1971. 9. 23 몬트리올에서 작성된 민간항공의 안전에 대한 불법적 행위의 억제를 위한협약
  ③ 1973. 12. 14 국제연합 총회에서 채택된 외교관등 국제적 보호인물에 대한 범죄의 예방 및 처벌에 관한 협약
  ④ 1979. 12. 17 국제연합 총회에서 채택된 인질억류 방지에 관한 국제협약
  ⑤ 1980. 3. 3 비엔나에서 채택된 핵물질의 방호에 관한 협약
  ⑥ 1988. 2. 24 몬트리올에서 작성된 민간항공의 안전에 대한 불법적 행위의 억제를 위한 협약을 보충하는 국제민간 항공에 사용되는 공항에서의 불법적 폭력행위의 억제를 위한 의정서
  ⑦ 1988. 3. 10 로마에서 작성된 항해의 안전에 대한 불법적 행위의 억제를 위한 협약
  ⑧ 1988. 3. 10 로마에서 작성된 대륙붕상에 고정된 플랫폼의 안전에 대한 불법적 행위의 억제를 위한 의정서
  ⑨ 1997. 12. 15 국제연합 총회에서 채택된 폭탄테러의 억제를 위한 국제협약
23) 한국형사정책연구원, "테러자금조달의 억제를 위한 법제도 설계방안에 관한 연구"(2006년 재정경제부 금융정보분석원 연구용역보고서)

(ⅱ) 각국에서의 테러의 정의

미국의 경우는 간략히 정의된 일반적 개념 내에 테러행위의 유형을 열거하여, 협박 등에 의하여 정부에 영향력을 행사하기 위해 계획된 행동으로서 국제협약 상 테러행위로 열거된 국내 해당범죄들을 범하는 경우를 테러 범죄로 정의하고 있으며,[24] 영국의 법령에서는 일정한 주관적 요건 하에 테러의 객관적 행위태양을 결합하여 정의하여, 테러를 정부의 영향력을 행사하거나 공중을 협박할 목적으로 정치적 · 종교적 · 이념적 목적을 실현할 의도 하에 계획된, 중대한 폭력, 공중의 보건 · 안전에 심각한 위험 창출 등의 행위로 명시하고 있다.[25] 호주도 영국 입법례와 유사하게 테러를 일정한 주관적 요건 하에 테러의 객관적 행위태양을 결합하여 정의하여 정치적 · 종교적 · 이념적 목적을 실현할 의도 하에 정부에 영향력을 행사하거나 강요할 목적 또는 공중을 협박할 목적으로 계획된 일정한 유형의 폭력행위로 규정하고 있다.[26]

우리나라의 경우 「국민보호와 공공안전을 위한 테러방지법」제2조에서 '테러'를 '국가 · 지방자치단체 또는 외국 정부(외국 지방자치단체와 조약 또는 그 밖의 국제적인 협약에 따라 설립된 국제기구를 포함)의 권한행사를 방해하거나 의무 없는 일을 하게 할 목적 또는 공중을 협박할 목적하는 행위'로 규정하고 있다

2) 테러 발생 동향

(ⅰ) 테러 발생의 흐름

20세기 들어 테러 사건이 빈번히 발생하기 시작하였다. 1950년대 후반에 들어와서는 국제민간항공기의 납치 사건이 적지 않게 발생하였고 그 이후에는 항해 · 외교관 관련 테러사건이 빈번하였다. 1990년대에 들어와서는 대량살상형 테러사건이 다수 발생하였다. 1993년 2월에 발생한 세계무역센터 폭파사건, 1995년 3월의 도쿄지하철 사린 살포사건, 1995년 4월에 발생한 오클라호마 미 연방정부기관 입주건물 폭파사건, 1988년 8월에 발생한 탄자니아의 미국 대사관 동시 폭파사건이 대표적이다.

---

24) 18 U.S. Code § 2332b. Acts of terrorism transcending national boundaries
25) Terrorism Act 2000 part I section I
26) Suppression of the financing of Terrorism Act 2002 part5.3

우리나라와 관련된 테러는 1968년 한국대통령관저 습격미수사건, 1970년 국립묘지현충문폭파사건, 1983년 버마 랭군 폭탄사건, 1987년 대한항공폭파사건 등과 같이 주로 정치적 이념에 반대되는 상대방 요인을 암살하거나 납치하는 것이 주를 이루었으나 사회의 이목을 집중시키는 테러는 거의 나타나지 않았다.

2001년 9월 1일에 미국에서 발생한 동시다발 테러(이하, 9.11 테러)는 세계 각국에 큰 충격을 주었다. 9.11 테러의 가장 중요한 특징은 암살, 항공기납치 등과 같은 전통적인 테러방식과는 달리 대규모적인 '무차별 살상테러'라는 신종테러의 양상으로 나타났다는 점이다. 9.11 테러로 인하여 국제사회는 기존의 테러대책만으로는 독가스나 생물무기의 활용, 항공기를 이용한 대규모 자살테러, 자살폭탄테러 등 새로운 유형의 테러에 실효적으로 대응할 수 있는지에 대한 의문을 가지게 되었다. 특히 한국군이 이라크에 파병된 이후인 2004년 6월 2일에는 무역회사에 근무하던 한국인이 이라크 국내에서 무장테러집단에 의해 납치되어 살해당하는 사건이 발생한 적이 있다. 이로 인하여 우리나라 사회에서는 기존의 '한국영토 내'에서의 테러에 대한 우려를 뛰어넘어 '국제적 테러'로부터도 안전할 수 없다는 인식이 확산되었다.[27]

최근에는 프랑스 수도 파리에서 2015년 11월 극장, 식당, 축구장 등 6개의 장소에서 테러가 동시에 발생하였다. 공연장 등 일상생활 공간인 이른바 '소프트 타킷'을 공격대상으로 삼아 약 130여명의 민간인의 목숨을 앗아간 사건은 '어디든지 안전한 공간은 없다'는 공포를 확산시켰다. 이를 주도한 단체인 ISIL(Islamic State of Iraq and the Levant; 이라크-레반트 이슬람 국가)은 2015년 9월 대한민국을 포함한 '십자군 동맹국' 62개국을 발표하고 그 국가의 시민들에게 무차별적 테러를 가할 것이라고 예고하였다. 또한 프랑스 테러를 '폭풍의 시작'이라고 하여 추가적인 테러의 가능성을 열어 두었다.[28] 이후 ISIL은 테러의 주범인 살라 압데스람이 벨기에서 체포된 지 4일 후인 2016년 3월 22일 벨기에 브뤼셀 자반템 국제공항의 출국 층이 있는 아메리칸 항공데스크와 출입문, 시내에 있는 말베이크역과 슈만역에서 일반 민간인을 대상으로 한 테러를 자행하여 34명의 사망자와

---

27) 아주대학교 법학전문대학원, "테러자금조달 방지 체제의 선진화·국제화 방안 연구" (2009년 금융위원회 금융정보분석원 연구용역보고서)
28) 연성진, 성재현, 테러의 개념과 발생의 현황 및 특징, 한국형사정책연구원, 2016

250여 명의 부상자가 발생한 테러를 자행하는 등 테러행위를 지속해오고 있다.

우리나라도 2015년 1월 10일 김군이 ISIL에 가담하는 사건이 발생하였고, 2015년 11월 20일에는 알카에다와 연계된 조직인 '일 누스라'를 추종하는 인도네시아인이 국내에서 검거되는 등 국제적인 테러 조직의 테러 대상국이 되고 있다. 이에 더하여 현재 북한이 핵실험을 거듭하고 있어 우리를 겨냥한 현실적이고 급박한 위협이 되고 있다.

(ii) 최근 테러의 특징29)

최근의 테러 특징으로는 첫째, 정보통신기술이 최대한 활용되고 있다는 점을 들 수 있다. 특히 글로벌 IT 업체가 제공하는 고도의 암호화 된 데이터를 사용하고 있어 테러조직을 추적하기가 매우 어려워졌다. 특히 2015년 프랑스 테러에서는 전송자와 수신자만이 읽을 수 있도록 하는, 최첨단의 '엔드 투 엔드' 암호화 기술이 사용된 것으로 분석된다. 반면에 일상생활에서 구하기가 매우 쉽고 소지를 하고 있더라도 의심을 사거나 사전에 발각될 염려가 매우 낮은 차량, 칼, 도끼 등의 일상생활용품을 테러무기로 이용하는 소위 로테크(low-tech) 테러기법도 빈번히 사용되고 있다.

둘째, 테러 조직이 국제화되고 있다는 점이다. 유럽과 북미, 동남아시아 지역 등과 같이 중동과 북아프리카, 남아시아 등 ISIL의 테러리즘의 거점 지역에서 멀리 떨어진 지역으로 테러위협이 확산되고 있다. ISIL 구성원을 살펴보더라도 중동국가에 한정되지 않고 서유럽과 미국 등 전 세계 국가 출신들로 구성되어 있다는 것을 알 수 있다.

셋째, 최근의 테러조직은 막대한 자금을 가지고 이를 통하여 고성능 무기를 다수 구입하고 구성원들에게 급여를 지급하고 있다는 특징이 있다.

넷째, 종래의 테러는 특정한 국가기관을 대상으로 하였으나 최근에는 불특정 다수를 대상으로 하는 경우가 대부분이며 종종 민간인인 '소프트 타킷'을 대상으로 하고 있어 그 위험성과 심각성이 증대되고 있다.

마지막으로는 테러공격자가 다양해지고 있다는 점이다. ISIL과 같은 전문테러조직 내의 해외 테러조직으로부터 직접적인 지시를 받은 해외 조직원이 이들

29) 연성진, 성재현, 테러의 개념과 발생의 현황 및 특징, 한국형사정책연구원, 2016

테러공격을 감행하는 경우가 나타나는가 하면 온라인 등을 통해 ISIL에 자발적으로 접촉하고 스스로 동기를 부여하여 테러공격을 계획하고 실행에 옮기는 경우도 나타나고 있다.

3) 테러 예방 조치의 중요성과 국제사회의 노력

테러 발생 후 테러를 진압하고 수사하기 위해 체계를 마련하고 국제적으로 협조를 해나가는 것은 당연히 필요한 절차이지만, 이미 수많은 무고한 시민의 목숨이 빼앗긴 후라는 본질적인 한계가 있다. 그러므로 테러를 예방하기 위하여 테러에 대한 종합적이고 체계적인 전략과 정책을 선제적으로 마련하여 추진하는 것이 중요하다. 국민의 생명과 안전을 지키는 역할을 해야 하는 국가로서는 사후진압적인 조치와 함께 테러 예방과 진압을 위한 사전 예방적인 조치도 포함하는, 종합적이고 체계적인 전략을 마련하여 추진해나가야 한다.

테러에 대한 국제적 차원의 대응이 강조되면서 1963년 「항공기내에서 범한 범죄 및 기타행위에 관한 협약(동경협약)」을 시작으로 현재까지 테러에 관한 국제협약 12개가 넘게 체결되어 시행되고 있다. 1970년대 초반까지는 주로 항공기 테러에 관한 국제협약이 주를 이루었으나 그 이후는 항해·외교관·핵물질 관련 국제테러 협약이 체결되었다. 1990년 이후부터 국제협약은 테러자금·폭탄물·폭력적 행위를 근절하는 것에 초점을 맞추게 되었다.

UN은 일찍부터 범죄방지회의를 중심으로 테러의 방지를 위한 노력을 해왔다. 1990년 제8차 UN 범죄방지 및 형사사법 위원회에서는 '조직범죄의 예방과 규제(prevention and control of organized crime)'라는 결의안을 채택하면서 부록으로 조직범죄의 예방과 규제에 관한 지침을 채택하고 범죄인 인도, 상호원조, 형사사건의 이송 등과 같은 형사사법문제의 국제협력에 관한 모범조약을 채택할 것을 총회에 건의하였다. 참가국간에 테러행위가 사회적·정치적 안정을 해치고 인명에 위협을 주고 있다는 점에 인식을 같이하면서 이 결의안이 채택되었다. 이는 테러행위가 급속히 국제화되어 가기 때문에 국제적인 협력을 통하여 대응하여야 한다는 것을 의미한다.

9.11 테러사건 이후 UN 총회는 2001년 9월 12일, 테러행위의 저지와 근절을 도모하고, 실행범과 그 지원자의 책임을 규탄하기 위한 국제협력을 요청하는 결의

를 채택하였고, 2006년 9월에는 'UN 대테러리즘 세계전략(The United Nations Global Counter Terrorism Strategy)'을 채택하였다.

UN 안전보장이사회는 9.11 테러사건 직후 「유엔안보리결의 1373호」를 채택하여 테러에 대한 대응이 개인이나 단체의 정당방위에 근거한 국가의 고유한 권리임을 다시 확인하고, 평화를 침해하는 범죄인, 기관, 후원자를 처단하는 일에 있어서 국가 간에 긴밀하게 협력해야 한다는 사실을 강조하였다. 또한 이 결의에서는 UN 안전보장이사회는 테러에 대하여 실효적인 강제력을 사용할 것임을 밝혔다. 그러나 이러한 유엔의 대응체계는 법적인 구속력이 없고 권고적인 효력만 있다는 한계가 있다.

(2) 테러자금조달의 개요

1) 테러에서의 자금조달의 역할

테러 조직은 테러조직의 설립과 운영, 테러의 예비·음모, 선전과 조직원 모집 · 훈련, 조직원에 대한 급여 · 보상이나 사회적 서비스 지급 등에 자금이 소요된다. 테러 자금은 운용 역량과 직접적으로 연관되어 있기 때문에 모든 테러 단체와 개인 테러리스트에게 있어 자금조달은 매우 중요한 의미를 지닌다. 특히 ISIL처럼 대규모 테러 조직의 경우 영토를 통제하고 있거나 통제할 목적을 가지고 있을 때 수익원을 확보할 필요성이 더욱 커진다. 반면에 개인 테러리스트나 소규모 점조직의 경우는 주로 테러 공격을 실행하는 데 자금이 사용되므로 대규모의 재원이 필요한 것은 아니다.

2) 테러자금조달행위의 정의

테러자금조달행위는 테러행위에 대한 공범의 성격을 갖지만 국제기구와 각국은 이를 별개의 독립범죄로 규정함으로써 테러행위 및 테러자금조달행위를 실효적으로 억제하고자 한다. 테러자금조달행위의 개념은 테러의 개념과 함께 「테러자금조달억제를 위한 UN 협약」에서 정의되고 있다.

이 협약 제1조 제1호는 '자금'의 개념을 "유형·무형 또는 동산·부동산을 불문하고 획득된 모든 종류의 자산과 전자·디지털방식을 포함하여 그 자산에 대한 권한·권리를 나타내는 모든 형식의 법적 증서를 말하며, 그러한 법적 증서로서는 은행신용·여행자수표·수표·우편환·주식·증권·채권·환어음 및 신용장이 있으나 이에 한정되지 아니한다"라고 규정하고 있다. 그리고 제2조 제1항은 '자금조달행위'를 명시하고 있다. 이 조항에 의하면, '이 협약에서 금지하고 있는 행위를 위하여 사용할 것이라는 의도를 가지거나 전부 또는 부분적으로 사용될 것임을 인지하고 직접적·간접적으로 또는 불법적·고의적으로 모든 수단에 의하여 자금을 제공하거나 모금하는 행위'가 '자금조달행위'로 정의된다.

3) 자금세탁과 테러자금조달의 비교

테러자금조달의 출처와 그 사용을 은폐하기 위해 이용되는 기법은 자금세탁에 이용되는 기법과 본질적으로는 차이가 없지만, 자금세탁이란 범죄를 구성하는 행위로부터 생겨난 수익의 불법적 원천을 은폐하기 위하여 처리하는 것이라고 이해되는 반면에, 테러를 지원하기 위해 이용된 자금은 합법적인 출처나 범죄 활동 또는 모두에서 비롯되었을 수 있다는 차이점이 있다. 즉, 자금세탁과 테러자금조달간의 차이는 행위의 불법성에서 찾아볼 수 있다. 자금세탁의 불법내용은 재산적 가치의 "출처"에 있는 것이지만, 테러자금조달행위의 불법내용은 재산적 가치의 "사용"에 있는 것이다. 이처럼 테러리스트들에게는 테러자금조달의 출처의 합법여부와는 관계없이 출처를 가장하는 것이 핵심이 되므로 그만큼 테러자금조달 활동을 적발하기가 쉽지가 않다.

자금세탁과 테러자금조달 과정 비교[30]

구분	자금의 출처	예치	은폐	합법화
자금세탁	범죄행위에서 유래한 현금	현금이 계좌로 입금	자금을 타기관으로 이전	자금이 합법적인 자산을 취득하는 데 이용
테러자금조달	합법적인 자산 또는 범죄에서 유래한 현금	자산이 제도권 금융기관으로 입금	자금을 타기관으로 이전	자금이 테러활동 자금조달에 배분

---

30) 세계은행, "자금세탁방지 및 테러자금조달금지 제도 해설", 2006년 (금융정보분석원 번역 출간 2011년)

(3) 테러자금조달의 수법과 최근 경향[31]

1) 테러자금조달의 방식과 최근의 동향

(ⅰ) 테러자금조달의 전통적인 수법

테러자금은 여러 방식을 통해 조달되는데 전통적인 방식으로는 사적 기부, 비영리조직의 악용과 오용, 현지인 또는 이주민에 대한 강탈, 몸값을 요구하는 납치, 자체 자금 조달, 합법적 상업 단체 운영, 국가차원의 스폰서십 등이 있다. 이러한 방식으로 모금이 이루어지면 모여진 자금은 은행 송금, 자금결제시스템, 물리적인 현금 수송 등을 통해 이동이 된다.

(ⅱ) 최근의 테러자금조달 위협

최근 들어 테러조직이 국제화되고 테러공격자가 다양해지는 한편 불특정 다수가 테러의 대상이 되기도 한다. ISIL과 같이 특정지역을 지배하는 대규모 조직이 거대 자본을 통해 전 세계적 영향력을 형성하는 위험에 더해 개인 테러리스트와 복합성을 지닌 다양한 규모의 테러 점조직이 전 세계 여러 도시에 테러 공격을 가하고 있다. 이러한 테러의 글로벌화라는 특성이 지속됨에 따라 테러 단체와 개인 테러리스트가 자금을 모집하고 관리하는 방법도 변화하고 발전하고 있다. 대규모 테러조직과 달리 고액의 자금이 필요하지 않은 소규모 점조직 테러리스트(small terrorist cells)는 새로운 형태의 테러 위협을 형성하고 있다.

시리아, 이라크 등 분쟁지역으로 여행하는 개인 및 조력자 네트워크로서 테러조직에게 중요한 지원 역할을 수행하는 외국인테러전투원(foreign terrorist fighters)의 경우 자체적인 수익 창출, 조직원 모집을 통한 지원, 네트워크를 활용하여 전통적인 방식으로 이동한 자금 활용 등을 통해 자금 조달을 해왔으나 최근에는 가상화폐나 선불카드와 같은 전자화폐수단을 활용하거나, 소셜미디어를 통해 기부 요청을 하고, 크라우드 펀딩을 활용하여 자금 모집을 하기도 한다.

---

31) 대외경제정책연구원, "외환 · 자본시장 관련 자금세탁 사례 및 방지대책 연구" (2012년 금융위원회 금융정보분석원 연구용역보고서)

2) 테러자금조달의 전통적인 방식

(ⅰ) 현금이나 금괴를 이용한 테러자금조달 사례

(a) 동남아시아 지역에서 현금 운반책을 통한 테러자금조달

동남아시아 지역에서 테러 조직은 법집행기관의 추적을 피하기 위하여 전통적인 은행시스템을 이용하지 않고 현금 운반책을 통하여 자금을 전달하는 경향을 보인다. 2002년 10월 202명을 숨지게 한 발리 폭탄 테러의 배후에는 인도네시아 테러조직이 있었고 이 테러조직은 알카에다의 소속인 것으로 알려져 있다. 알카에다의 작전 부장이 태국에 숨어있었던 이 테러조직의 작전 리더에게 3만 달러의 자금을 제공하였고 이 작전 리더는 여러 명의 현금 운반책을 이용하여 3만 달러를 2개의 현금의 다발로 만들어 수 주간에 걸쳐 발리 폭탄범에게 전달하여 테러를 지원하였다. 이 작전 리더는 다음해 4월에도 태국에서 알카에다로부터 3만 달러를 전달받아 현금 운반책을 통해 인도네시아로 전달하여 그 해 12월 자카르타 메리어트 호텔 폭파 사건을 일으켰다.

(b) 금괴를 이용한 테러자금이동

2001년 아프가니스탄 침략동안, 탈레반과 알카에다 조직원들이 파키스탄을 통해서 자금을 몰래 옮길 때 금괴를 이용한 사실은 널리 알려져 있다. 파키스탄 남부의 도시인 카라치에서 운반원(Courier)과 하왈라 딜러들 역시 금괴를 이용해서 걸프만 지역으로 돈을 옮겼다. 2001년 1월 말에서 12월 초까지 3주의 시간 동안 알카에다는 1천만 달러에 달하는 자금을 현금과 금괴의 형태로 아프가니스탄 밖으로 옮겼다. 2001년 12월 아프가니스탄에 있는 영국군에 의해서 발견된 '알카에다 매뉴얼'을 보면 폭발물을 만들고 무기를 청소하는 방법 뿐 아니라 소형 보트에 금괴를 밀수하고 그것을 몸에 은닉하는 방법까지 포함되어 있었다.

금은 종종 하왈라 딜러들이 장부의 금액을 맞추기 위해 사용된다. 테러리스트들은 금 가치를 평가하기 쉽고, 시간이 지나도 그 가치가 일정하게 유지되기 때문에 금괴로 자산을 보유한다. 동남아시아, 남부와 중앙아시아, 아라비아반도, 북 아프리카 등 세계의 각 지역에서 금을 중시하는 문화가 있어서 금시장이 언제나 형성되어 있기 때문이다.

(ii) 대체송금시스템(자금 또는 가치의 이전 서비스)를 이용한 수법

ⓐ 테러자금조달에 대체송금시스템이 이용되는 방식

대체송금시스템(alternative remittance systems)이란 '비공식 자금 · 가치이전서비스'라고 할 수 있는 것으로 공식적인 은행시스템을 이용하지 않으려는 고객을 대신하여 국가 간에 자금이나 다른 형태의 가치재를 이전하는 것을 의미하며 지하금융시스템(underground banking system)과 협의의 대체송금(alternative remittance)을 포함하는 개념이다.32) 지하금융시스템이란 전화, 팩스 등을 이용하여 상대방국가의 동업자와 연락을 취하거나 제도권 금융기관을 이용하지 않고 현금을 휴대하여 출 · 입국하는 지급수단의 수출입, 무역거래에 있어서의 송장가격 조작, 현금 외의 금괴 등 가치재의 밀수를 통해 가치이전이 이루어지며, 고객의 익명성이 보장되고, 감독기관의 자금추적을 피하기 쉬운 장점이 있다. 협의의 대체송금은 제도권 금융기관을 이용하여 송금을 하지만, 분할거래, 차명거래, 불법자금거래 등을 행하고 있음을 감추기 위해 대체송금업자가 대신 송금을 하는 행위를 가리킨다. 자금이전에 있어 제도권금융기관을 이용하므로 감독기관의 감시가 가능하다.

금융기관을 이용하는 것을 꺼리는 사람들을 대상으로 제도금융권 밖에서 외국에 송금을 대행하여 주는 영업활동인 지하금융시스템은 19세기 서구 은행제도가 도입되기 전부터 민족적, 역사적, 문화적 요인에 의해 형성된 시스템으로 전 세계적으로는 미국의 페소화 암시장 거래수법(BMPE: Black Market Peso Exchange), 인도대륙의 훈디(Hundi), 하왈라(Hawala), 중국 화교 네트워크에서 이뤄지는 칫 · 찹 샵(Chit,/Chop Shop) 등 3개의 대체송금제도가 활발히 이용되고 있는데, 처음에는 아시아의 일부 민족에 의해 행해져 오다가 최근에는 아시아계 민족이 전 세계로 진출함에 따라 유럽, 북미, 아프리카에서도 번창하고 있다.

지하금융시스템은 현실적인 금전의 이동 없이 장부기장 등에 의해 가치의 이동이 이루어진다는 점에서 제도권금융과 다르지 않으나, 비용이 훨씬 저렴하고 규제를 받지 않으며 송금자의 정확한 인적사항 등이 남지 않아 무역 등 합법적인 목적에 이용되기도 하지만 재산의 해외도피(capital flight), 테러자금조달 및

---

32) APG Typologies Working Group on Alternative Remittance & Underground Banking Systems, 2002, Alternative Remittance Regulation Implementation Package.

자금세탁 등 불법적 목적에도 광범위하게 이용된다.

지하금융업자는 송금회사, 일반상점 등 다양한 형태로 존재하는데, 보통은 외국에 동업자가 있어 고객이 외국에 송금을 의뢰하면 의뢰대금과 수수료를 받고 외국에 있는 동업자에게 수령인의 인적사항을 알려 주어 그 수령인에게 지급하도록 하며, 관련 국가 상호간에 송금이 빈번한 경우에는 수수료만 받고 고객끼리 각자가 상대방의 수령인에게 직접 지급하도록 중개하는 방법도 많이 이용된다.

협의의 대체송금(alternative remittance)에 해당하는 것으로서 우리나라에는 환치기가 있다. 환치기업자는 우리나라가 그 동안 외환거래를 엄격히 규제한 데서 기인한 것으로 미국, 일본, 중국 등 우리 교포나 사업체가 많이 진출하고 있거나 호주, 필리핀, 홍콩, 마카오 등 카지노 도박장이 운용되고 있는 외국에 있는 송금회사와 연계되어 대체송금영업을 하고 있다. 이들은 주로 밀수, 재산도피, 도박, 횡령자금의 은닉 등에 많이 이용되고 있는데, 이와 같은 환치기는 관련 법률에 의해 금지되어 있다.

(b) 대체송금시스템이 테러자금조달에 이용되는 방식과 사례

하왈라 시스템을 통하여 A국에서 B국으로 송금하는 경우는 다음과 같은 절차를 통해 이루어진다. A국 고객(송금자)은 A국 대체송금업자(Hawalada)에게 달러 등을 지급하고 B국 고객(수금자)에게로 송금을 요구하면, A국 대체송금업자는 송금자에게 부호표(slip)를 주고, 전화, 팩스 등으로 B국 대체송금업자에게 동일가치의 현지통화를 수금자에게 지급할 것을 요구한다. 송금자는 수금자에게 부호를 알려 주고, B국 대체송금업자는 수금자에게 부호를 확인하여 동일가치의 현지통화를 지급하며, A국 대체송금업자는 상계, 은행계좌 등을 통하여 B국 대체송금업자에게 결제한다.

아프리카에 거주하는 아프리카인이 유럽 국가에 계좌를 보유하고 있었다. 이 계좌에는 서유럽에 등록된 법인들에게서 고액이 입금되었다. 입금된 지 얼마 지나지 않아 그 고객은 중동에 소재한 은행에 계좌를 보유한 중동 소재 법인에게 송금하라는 지시를 내렸다. 유럽 어느 나라의 금융정보분석기구에서 상세 분석을 해보니, 중동에 소재한 수취 은행은 테러조직과 금융연관성을 유지한 혐의가 드러났고, 유럽의 정보기관에 따르면 이 은행은 테러조직과 관계가 있는 또

다른 은행과 협력하여 하왈라 딜러들을 대리하여 자금 이체를 한 것으로 파악되었다. 추가 분석 결과 유럽 국가와 연관성이 없었던 것으로 나타났던 아프라카인의 명의의 계좌는 화학제품 판매 업체인 한 유럽 법인이 주로 의뢰하고, 중동에 소재한 법인으로 보내고자 의뢰한 고액 이체 거래를 위해 미달계정(transit account; 지점이 독립회계제로 되어 있는 경우 본점과 지점 간의 미달사항을 정리하기 위한 계정)으로 이용되었다는 것이 밝혀졌다.

다른 사례로는 유럽에 거주하는 아프리카인이 하왈라 은행거래를 하였다고 보고된 사례이다. 그의 계좌에는 현금과 소액의 이체 방식으로 여러 번 입금되어 있었다. 그 후 수개월에 거쳐 자금이 아프리카 소재 법인으로 다시 이체되었고 그 직후 자금은 그 아프리카인이 거주하는 유럽에 소재한 다른 법인으로 이체되었다. 이 두 법인은 국제자금송금서비스를 이용하였다.

한편, 송금인은 전 세계에 걸쳐 수천 개 이상 산재해 있는 하왈라 점포에서 송금 금액과 약간의 수수료를 내고 비밀번호를 부여 받아 수취인에게 알려주면 수취인은 가까운 하왈라 점포에서 비밀번호를 대고 송금된 자금을 수령할 수 있으며, 이 과정에서 담보를 설정하거나 일체의 서류를 만들거나 하지 않으며 거래가 완료되는 즉시 모든 기록이 폐기 처분되므로 거래자 신분이나 금액 등 증거가 남지 않게 된다.

그 아프라카인에 따르면, 그는 아프리카로 자금을 송금하려는 동료를 위해서 하왈라 거래를 이용하였다고 하지만 그는 거래를 실행한 유럽국가에 소재한 법인에서 어떠한 직위도 보유하지 않았고, 승인된 환전소의 대표로 등록되어 있지도 않았다. 경찰 조사에서 그는 테러 집단의 조직원임이 밝혀졌고, '하왈라'라는 대체송금시스템을 이용해 테러 자금을 조달한 것으로 파악되었다.

(ⅲ) 비영리 조직이 이용되는 사례[33]

(a) 비영리조직의 자금이 테러단체로 전용되는 수법과 실제 사례

비영리조직이 테러자금조달에 이용되는 사례 중 가장 흔한 경우는 재난구호, 인도적 구호활동, 문화사업, 빈곤구제, 교육사업, 종교사업 등을 위하여 비영

---

33) 김·장 법률사무소, "NPO가 테러자금조달에 악용될 위험을 방지하기 위한 연구"(2018년 금융위원회 금융정보분석원 연구용역보고서)

리조직에 모금된 자금이 테러단체로 유입되는 형태이다. 주로 비영리조직의 내부자에 의해 자금의 전용이 이루어지지만 외부자에 의해서도 발생할 수 있다. 또한 외부에서 조성된 자금이 단순히 비영리조직을 거쳐 테러단체로 유입되는 사례도 있는데 이는 당국의 추적을 어렵게 하거나, 테러단체와의 연계가 없는 것처럼 보이게 하여 비영리조직이 단순히 도관으로 이용되는 경우이다. 비영리조직에서 테러단체로 자금이 이전되는 경우 계좌이체, 현금교부, 현금탁송배달, 송금사업자에 위탁, 여행자수표 등의 다양한 방식이 이용되었다.

대표적인 사례는 다음과 같다. 어느 국제 자선단체가 재난사태에 대응하기 위하여 테러단체가 장악한 지역의 사람들에게 그 지역 송금업자(money service business)를 통하여 현금을 배분하는 방식으로 도움을 주고 있었다.

이 자선단체의 파트너였던 조직은 이 인도주의 구조 프로그램을 점검한 결과 문제를 발견하였다. 어떤 경우에는 송금업자가 현금을 수혜자에게 지급하기 전에 세금을 공제하였고, 어떤 경우에는 현금이 지급된 후에 수혜자에게 세금이 부과되었던 것이다. 뿐만 아니라 조사결과에 따르면, 이 지역에서는 자선단체 지원자금의 일정부분이 테러리스트 활동을 위하여 전용되고 있었고, 이러한 것이 이 지역에서 활동하는 자선단체들에게는 일상적으로 받아들여지고 인정되는 것으로 확인되었다. 비영리조직 규제당국과 경찰, 금융정보분석기구의 합동조사가 진행된 후 해당 자선단체는 이 사건에 대하여 전말을 보고하였고 유사 사태의 재발 방지를 위하여 조치를 취하도록 지시 받았다.

⒝ 비영리조직과 테러단체의 연계되는 방식과 실제 사례

비영리조직이 테러단체와 연계되어 테러자금조달에 이용되는 경우도 있다. 구체적으로는 몇 가지 방식이 있다. 하나는 비영리조직 스스로 테러단체를 위하여 적극적으로 활동을 하는 경우로서 비영리조직이 테러단체를 위한 모금행사를 통하여 자금 지원, 무기 구입, 군사 훈련 실시 등의 역할을 하는 것이다.

다른 경우는 비영리조직의 임직이 테러단체와 연계되어 있는 경우이다. 이 경우에 임원은 비영리조직의 경영에 영향력을 행사하여 종국적으로는 테러단체를 지원하게 된다. 이와 유사한 경우를 예를 들면 다음과 같다. 종교목적의 비영리조직으로 등록된 기숙학교에서 테러리스트 감시목록에 등재되어 있는 사람이 허위 신분증을 이용하여 영어교사로 채용되어 학교에 거주하게 되었다. 이 학교의 이사는 이 사람의 신분을 파악하지 못하였기 때문이다. 영어 교사로 채용되었던 자는 테러 혐의자에게 은신처를 제공하였고, 후에 테러관련 혐의로 기소되고 유죄판결을 받았다.

(iv) 법인 · 신탁이 테러자금조달에 이용된 사례

주로 비영리법인의 계좌나 전화카드 유통업이나 음식공급업 등 해외송금이 잘 이루어지지 않을 것으로 예상되는 법인의 계좌를 이용하는 방법으로 법인, 신탁 등이 테러자금조달에 악용되고 있다.

한 인물이 아무런 관련이 없는 국가에 소재한 은행의 각기 다른 지점에서 2개의 계좌를 개설하였다. 첫 번째 계좌는 북아메리카 지역에 설립된 법인 명의로 개설되었고, 두 번째 계좌는 다른 국가에 설립된 법인 명의로 개설되었다. 이 두 법인은 음식 조달 영업을 하는 회사로, 이들 명의 계좌로 주로 상당한 액수의 현금이 입금되었고, 그 후에 동일한 음식 조달 업계에서 영업을 하는 회사들의 의뢰로 외국에서 자금이 이체되었다. 이후 자금은 동일한 업계의 유럽 회사들로 이체되었다. 이러한 방식으로 거래가 진행된 것에 대해 어떤 사업적 이유나 경제적 설명을 찾을 수 없어 당국이 추가적으로 조사를 해보니 계좌를 개설한 인물은 또 다른 국가에서 테러 수사의 대상임이 밝혀졌다.

(ⅴ) 테러조직이 국경 간 자금 이전을 위해 전신송금을 이용한 사례

어느 한 국가에 소재한 테러조직이 전신 송금을 이용하여 자금을 다른 국가로 이전하였고, 이는 결국 폭발장치를 만드는 데 필요한 전자 부품 구매와 안전가옥 임대비용 지불, 자동차 매매 등에 이용되었다. 이 테러 조직은 2개의 국가 간에 자금을 이전하는 수단으로 송금 은행의 연계계좌(bridge account)나 중간계좌(conduit account)를 이용하였다. 국가 간 자금을 이전하는 데 이용된 계좌들은 테러 조직과는 명백한 연관성이 없는 사람들의 명의로 개설되었고 서로 친척이나 친지 관계로 연결된 사람들이었다. 그러므로 필요한 경우 그들 간에 이체 거래에 대해 설명할 수 있는 가족 간의 연관성이 있었다. 주로 테러 조직이 현금으로 입금하는 형태의 자금은 이체되는 계좌로 입금되었다. 일단 자금이 목적지로 입금되면 계좌주는 입금된 채로 그대로 두거나 뮤추얼 펀드 등에 투자하여 은닉되어 조직이 향후에 자금이 필요한 경우 사용할 수 있도록 하였다. 혹은 테러 조직의 재정 담당자가 관리하는 타 은행 계좌로 이체되어 장비나 재료 구

매, 테러 조직의 비밀 활동을 위해 필요한 특별비용을 충당하기 위해 분산 입금
되었다.

3) 테러자금조달 수법의 최근 경향과 사례

(ⅰ) 소셜 펀딩을 이용한 테러자금조달

(a) 소셜 펀딩을 이용한 테러자금조달방식의 특징

소위 '소셜 펀딩(social funding)'이란 특정 프로젝트나 창업을 하기 위해 자
금이 필요한 개인, 단체, 기업 등이 인터넷이나 모바일 채널의 소셜 네트워크 서
비스를 통해 대중(crowd)으로부터 자금을 조달하는 것을 의미한다. 소셜 펀딩이
확산되면서 테러자금조달에 악용되는 사례가 늘고 있다. 그럼에도 불구하고
FATF와 APG와 같은 자금세탁방지 기구는 이러한 유형의 자금조달 형태가 당
국에 의해 적절하게 규제되지 못하고 있다는 문제의식을 제기하고 있다.

'소셜 펀딩'을 이루는 요소는 '소셜 미디어,[34]' '컨텐츠 호스팅 서비스,[35]' 크
라우드 펀딩 서비스,[36]' '인터넷 통신 서비스[37]' 등으로서 이러한 수단들을 활용
한 컨텐츠의 공유가 활발해지고 있다.

소셜 펀딩이 테러자금조달에 취약한 것은 모바일폰 등을 이용함에 따른 접
근의 용이성, 소셜 미디어의 허위 계정과 크라우드펀딩의 익명 기부에 따른 익
명성, 테러리스트·테러조직 상호간의 대화 내용의 암호화, 컨텐츠의 실시간 생
산, 저렴한 비용, 수정의 용이함, 컨텐츠의 선전 도구화라는 특성에 기인한다.

테러리스트와 테러조직은 이러한 이유로 펀딩을 위한 통로로 소셜 펀딩을

---

34) 소셜 미디어를 통해 사용자는 전부 공개되거나 부분적으로 공개되는 컨텐츠를 생산하여 다른
사용자와 연계하고 그들이 생산한 컨텐츠의 주소를 공유할 수 있고 이를 통해 다른 사용자와
상호 작용할 수 있다. 주요한 소셜 미디어의 예로는 페이스북(Facebook), 트위터(Twitter),
인스타그램(Instagram) 등이 있다.
35) 컨텐츠 호스팅 서비스는 유튜브, 블로거 등과 같이 사용자가 글, 사진, 동영상 등의 컨텐츠를
주로 공개 형태로 제작하거나 업로드할 수 있게 해준다.
36) 크라우드펀딩 서비스는 사용자가 프로젝트, 모험적 성격의 시도, 대의를 위해 제안된 시스템
내에서 적은 금액을 많은 개인으로부터 모금할 수 있게 해준다. 주요 크라우드펀딩 서비스에
는 고펀드미(GoFundme.com), 킥스타터(Kickstarter.com) 등이 있다.
37) 인터넷 통신 서비스를 통해 둘 또는 다수의 사용자가 인터넷을 통해 문자메시지, 음성메시지,
영상메시지, 사진메시지 등을 이용해 실시간으로 소통할 수 있다. 주요 서비스로는 왓츠앱
(WhatsApp), 위챗(WeChat), 스냅챗(Snapchat) 등이 있다.

주로 이용한다. 대다수의 펀딩은 금융거래를 위한 시스템이 특별히 도입되어 있지 않지만 최근 들어 위챗페이를 통해 사용자가 모바일 결제도 하고 사용자간 자금 송금이 가능하며, 왓츠앱의 경우 일부 지역에서 P2P 결제서비스를 개시하였고, 크라우드펀딩 서비스로는 카드나 페이팔을 통해 자금 모금이 가능하다. 이러한 특징 때문에 소셜 펀딩을 통해 합법적으로 모금되는 자금들 중 소규모의 불법적 모금행위들은 쉽게 드러나 보이지 않을 수 있다.

(b) 소셜 펀딩을 이용한 기부요청 수법과 실제 사례

'페이스북'이나 '트위터'와 같은 소셜미디어는 테러리스트와 동조자가 기부 캠페인을 홍보하거나 분쟁지역에 있는 개인과 소통하는 데 곧잘 악용되고 있으며, 다수의 소셜미디어 사용자가 범죄자에게 급진적인 사상을 전파하고 다른 사용자가 테러리스트를 지원하거나 테러자금조달 행위에 참여하도록 유도하는 유용한 통로가 되고 있다. 테러리스트의 특징을 묘사한 시각 매체 또한 소셜 미디어를 통해 잠재적 테러 동조자에게 영향을 미치기도 하며, 개인이나 소규모 조직이 테러 조직에 충성을 맹세하고 선언하는 장으로 소셜 미디어가 이용되기도 한다.

2012년에 프랑스에서 설립된 자선단체는 역외의 인도주의 프로젝트를 위해 기금을 모집하여 병원을 설립하는 과정을 소셜 미디어에 게시하면서 기부자들과 소통하였다. 이후 자선단체의 주요 인사가 소셜 미디어를 통해 본인이 지하디스와 만났고 훈련을 받았다고 밝혔으며 자선단체원들은 이슬람의 최대 명절인 이드(Eid)를 기념하는 데 사용할 양을 구매하기 위해 기금을 모금하는 데 소셜 미디어를 이용하였다. 자선단체원들은 현금을 소지하고 있던 중 프랑스 공항 세관에 발각되어 자산이 동결되었으나, 단체원 중 한명이 프랑스를 떠나 테러단체에 합류하여 프랑스로 돌아오기까지 행적을 소셜 미디어에 게시하였다. 소셜 미디어의 공개 메시지와 사진은 이 자선단체가 모금한 자금이 외국인테러전투원을 지원하는 데 사용되었다는 혐의 사실을 밝히는 데 사용되었으며, 프랑스 법집행당국은 이 자선단체를 테러자금조달 혐의로 최초로 기소하였다.

자금을 필요로 하는 수요자가 온라인 플랫폼 등을 통해 불특정 다수 대중에게 자금을 모으는 방식인 크라우드펀딩 서비스는 이용이 편리하고 사용자가 펀딩을 통한 자금모집을 하기 쉬운 구조를 가지고 있어 테러리스트와 테러 조직이 자금을 모을 때도 유용한 통로가 되고 있다. 공공 크라우딩펀딩 캠페인과 관련된 많은 사례가 학교 설립과 같은 인도주의적 명분과 관련과 많은 것으로 보이지만, 실제로는 외국인테러전투원이 분쟁 지역으로 이동하는 데 소요되는 비용을 모금하거나 역외 지역의 테러리스트를 지원하기 위해 해외로 송금하는 자금을 모금하는 경우도 있었던 것으로 밝혀지고 있다.

2016년에는 "최근 우리의 형제가 신자가 아닌 사람의 손에 붙잡혀 수감자가 되었다"라고 주장하는 테러리스트와 그 부인을 지원하기 위한 크라우드펀딩 캠페인이 진행된 적이 있었다. 이틀만에 3천달러가 모금되었으나, 그 테러리스트는 테러자금조달혐의로 기소되었다.

'인터넷 통신 서비스'는 다수의 사용자가 이용할 수 있다는 특성, 다양성, 비공개성, 안전성, 비밀성, 진화된 암호화 방식 등의 특징 때문에 테러단체의 조직적인 자금이동에 이용되는 경우가 있다. 테러 단체가 사적으로 소통하는 데 이용되기도 하며, 테러 지원방법을 논의하고 자금과 계좌 정보를 교환하는 데도 이용되고 있다.

말레이시아의 테러리스트는 형제관계인 편의점 주인에게 왓츠앱을 통해 자신의 자금을 입출금할 것을 지시하며 송금 수수료를 주겠다고 약속하였다. 편의점 주인은 테러스트의 재산일 줄 알면서 자금을 출금하여 ISIL의 활동무대에 가까운 지역에 소재한 여러 이라크 국적자에게 다양한 서비스 제공자를 통해 자금을 송금한 혐의로 징역 8년을 선고받기도 하였다.

(ⅱ) 가상자산을 이용한 테러자금조달 사례

가상자산은 기존 화폐와는 달리 익명성을 갖고 있어서 테러단체 자금 모금 수단으로 적극적으로 악용되는 사례가 발생하고 있다. ISIL의 자금을 추적하였던 인도네시아의 금융거래분석센터의 관계자는 "대표적인 가상자산인 비트코인의 경우 실물 화폐인 지폐나 동전과 달리 암호화된 코드 형태로 이뤄져 있으며 은행을 거치지 않고 거래자들끼리 직접 자금을 주고받을 수 있어 당국의 추적이 어렵다"고 밝힌바 있다. 인도네시아 당국은 2016년 1월 발생한 자카르타 도심 테러에 비트코인과 페이팔이 이용된 것으로 부석한 바 있다. 2015년 시리아로 건너간 인도네시아 출신 ISIL 지도자가 당시 비트코인 등 가상 결제수단을 이용해 인도네시아 내 ISIL 추종세력에 자금을 전달했다고 파악하고 있다.

2015년 9월 독일 공영 도이체벨레 방송도 ISIL이 테러자금 모금 수단으로 가상자산인 비트코인을 활발하게 이용하고 있다고 보도하며, ISIL과 연계된 것으로 추정되는 한 가상 계좌에만 2천 300만 달러(약 270억원) 상당의 비트코인이 같은 해 8월 입금됐으나 거래가 암호화한 플랫폼에서 비밀리에 이뤄지는 것이어서 소유주가 누구인지 파악되지 않았다고 언급하였다. 아울러 ISIL이 학교나 병원 설립을 넘어 자체 화폐를 발행한 시점을 전후해 비트코인이라는 가상자산을 적극 활용하기 시작했다고 보도하였다. ISIL은 영문 홍보 블로그에 올린 글에서 "비트코인은 샤리아(이슬람 율법)에도 부합하고 서방 정보당국의 추적을 피하면서 세계 어디서든 바로 지하드 전사의 주머니에 수백만 달러를 보낼 수 있다"며 비트코인의 사용을 권장하고 있다

유럽연합안보연구소(EUISS)도 보고서에서 전 세계 지지자들의 기부가 ISIL 주요 수입원 중 하나이며, 이들은 당국에 포착될 위험을 최소화하면서 신속하게 송금하기 위해 비트코인 같은 가상자산을 사용한다고 밝힌 바 있으며 반(反)IS 해커그룹인 고스트섹은 2015년 300만 달러 상당의 비트코인이 입금된 계좌를 발견했는데 이는 IS와 관계있는 것으로 알려진 계좌들에서 수천달러씩 송금되는 연쇄구조로 되어 있지만 아직 이 계좌들의 소유주는 밝혀지지 않았다.

2. 테러자금조달차단제도의 개요

(1) 테러자금조달차단제도의 도입

1) 테러자금조달차단을 위한 제도

(ⅰ) 테러자금조달 차단의 필요성

1990년대에 들어와서는 중동지역의 종족 간 갈등, 종교적 대립이 극심해지면서 같은 진영 내에서는 자금을 조달하거나 거처를 제공하면서 대량 살상형 테러사건이 빈번히 발생하였다. 1998년에 반군세력 거점을 공격하면서 이란공관을 점령하여 외교관 9명을 사살하였던 아프가니스탄의 탈레반 정권은 훗날 9.11 테러를 주도한 오사마 빈 라덴에게 도피처를 제공하는 등 아프가니스탄 영토를 국제테러 훈련장으로 지원하였다.

2001년 9.11테러 이후로 테러자금조달의 차단이 국제적 차원에서 중요한

화두로 등장하였다. 9.11테러와 같이 대규모 테러를 위한 테러리스트를 양성하려면 막대한 자금이 투입된다. 테러의 특성상 장기간에 거쳐 은밀하게 준비하는 과정에서 무기구입, 테러리스트 훈련 등에 적지 않은 자금이 소요되기 때문이다. 따라서 테러자금조달 차단조치는 테러리스트의 활동을 위축시키는 핵심적인 테러예방 대책의 하나가 될 수 있다.

테러행위에 선행하는 자금의 이동경로를 조사함으로써 테러조직과 불법자금과의 연관성이 밝혀졌으며, 이를 통하여 테러계획에 관한 인식자료들을 획득할 수 있었다. 물론 9.11사태와 관련된 자금의 이동경로는 그다지 많은 규모는 아닌 것으로 알려졌지만, 이는 테러자금조달행위를 적발하는 것이 얼마나 어려운 것인가에 대한 반증이기도 하다.[38]

(ii) 테러자금조달 차단 제도의 수단

'테러자금조달의 차단'은 '테러행위'와 '테러자금'이라는 두 가지 개념을 전제로 테러자금조달의 방지 · 금지 · 억제를 추진하는 것이다. 국제적으로 테러자금조달의 차단은 두 가지의 기본적인 수단에 의해 이루어지고 있다. 하나는 테러자금조달행위를 형벌에 의하여 처벌함으로써 테러자금조달행위를 하지 못하도록 하는 '테러자금조달행위의 범죄화'이며, 다른 하나는 테러자금으로 사용될 또는 사용되는 자금을 테러에 사용하지 못하도록 하는 '테러자금의 동결'이다. 테러자금조달행위에 대한 대책은 주로 자금세탁과 함께 논의되고 있으며 실제로 자금세탁방지를 위해 설립된 국제기구인 FATF도 자금세탁방지와 함께 테러자금조달 억제를 위한 활동을 하고 있다.

(iii) 테러자금조달 차단과 자금세탁 방지의 유사성

테러자금조달의 출처와 그 사용을 은닉하기 위해 이용되는 수법과 자금세탁에 이용되는 수법은 본질적으로 동일하다고 할 수 있다. 반면에, 테러 지원에 이용된 자금은 범죄 활동 외에 합법적인 출처에서 비롯될 수 있다는 차이점이 있다. 그 합법적인 출처는 예를 들어 테러 활동이나 테러조직을 지원하는 데 이용되는 재단이나 자선단체와 같은 조직들에 대한 현금기부 또는 현금증여, 기타

---

38) 한국형사정책연구원, "테러자금조달의 억제를 위한 법제도 설계방안에 관한 연구"(2006년 재정경제부 금융정보분석원 연구용역보고서)

자산의 기부가 있다. 테러자금조달 차단은 궁극적으로 테러행위의 억제를 목적으로 하고 있기 때문에 일반적인 범죄를 전제로 하고 있는 자금세탁방지와 그 법·정책적 수단의 면에서 다른 접근이 필요하다. 즉 테러자금조달 차단은 그 전제되는 행위가 일반적인 범죄가 아닌 테러행위이기 때문에 그 억제 조치가 매우 신속하게 이루어져야 할 필요성이 있다. 그럼에도 불구하고, 대부분의 국가에서 자금세탁과 테러자금조달은 통합적으로 입법되고 규율되고 있다는 것은 이것은 결국 자금세탁의 방지와 테러자금조달의 차단을 위한 제반 조치들이 매우 유사하다는 것을 의미한다. 자금세탁과 테러자금조달이라는 두 가지 사례에서 공통적으로 적용되는 원칙은 '고객확인의무'이다. 고객확인의무란 고객에 대하여 익명성을 보호하는 쪽으로 행동하는 것이 더 이상 허용되어서는 안 된다는 것을 의미한다.[39]

2) 테러자금조달 차단 제도의 도입 배경

(i) 테러자금조달에 대한 규율의 배경

20세기 들어 테러 사건이 세계적으로 빈번히 발생하기 시작하였다. 1950년대 후반에 들어와서는 국제민간항공기의 납치 사건이 적지 않게 발생하였고 이후는 항해나 폭발물 관련 테러가 빈번히 발행하였다. 테러에 대한 국제적 차원의 대응이 강조되면서 테러조직의 핵심적 활동기반으로 간주되던 테러자금조달에 대한 규율이 정립되기 시작하였다. 1990년대 중반부터는 국제연합과 주요국을 중심으로 테러자금조달 및 자금이동을 예방하고 테러자금조달과 관련된 범죄자의 기소 및 처벌을 통해 국제적인 테러행위를 근절하기 위한 협약이 준비되었다. 1998년 3월에 개최된 G8 테러 전문가회의에서 프랑스는 테러자금을 규제하는 국제조약을 작성할 것을 제안하였고, 다음해인 1999년 2월에 개최된 G8 테러 전문가회의에서 프랑스가 작성한 테러자금을 규제하는 새로운 국제조약의 초안이 제출되어 UN 차원에서 130개 국가들이 1999년 12월 9일에 「테러자금조달억제를 위한 UN 협약(International Convention for the Suppression of the Financing of Terrorism)」에 서명하였다.

---

39) 한국형사정책연구원, "테러자금조달의 억제를 위한 법제도 설계방안에 관한 연구"(2006년 재정경제부 금융정보분석원 연구용역보고서)

1998년 8월 케냐와 탄자니아에서 미국 대사관이 테러공격을 받아 다수의 사상자가 발생하는 사건이 발생하였다, 미국은 이 사건의 배후로 오사마 빈 라덴과 그 조직을 지목하여 기소하였으며, UN 안전보장이사회는 1999년 10월 15일 결의 제1267호를 채택하였다. 이를 통해 UN은 오사마 빈 라덴을 테러행위자로 지목하고 오사마 빈 라덴을 지원한 탈레반 정권의 자금을 동결을 결의하고 있다. 제4조 제b항은 "탈레반 정부에 의해서 직접 혹은 간접적으로 통제되거나 소유되었던 재산으로부터 생산되거나 취득한 자금 혹은 탈레반 정부에 의해 소유 혹은 통제된 것을 인수함으로써 얻게 된 자금을 포함한 다른 금융 자원과 자금은 동결한다. 그리고 영토 내의 어떤 누구에 의해서도 그것들과 다른 자금 혹은 지정된 금융 자원은 탈레반의 이익을 위해서 혹은 직·간접적으로 통제되고 소유된 것을 맡는 것은 할 수 없다"라고 규정하고 있다.

(ii) FATF의 테러자금차단 특별권고사항 제정

FATF는 미국의 9.11 사태가 발생한 지 몇 주후인 2001년 10월 29일과 30일 양일 간 워싱턴 D.C.에서 열린 테러자금조달에 관한 긴급총회에서 FATF의 규제범위를 자금세탁 분야 이상으로 확장시키고 테러자금조달 차단을 위한 8개 특별권고사항을 통과시켰다. 그 내용은 ① 관련된 UN조치의 즉각적인 비준 및 이행, ② 테러자금 조달, 테러행위, 테러조직의 범죄화 및 이들 범죄를 자금세탁의 전제범죄에 포함, ③ 테러리스트 자산의 동결과 몰수, ④ 금융기관의 테러 관련 혐의거래보고 의무화, ⑤ 테러자금 조달에 관한 조사 등에 있어서의 국제협력, ⑥ 대체송금제도에 관한 허가·등록제 시행 및 FATF 권고사항의 준수를 보장, ⑦ 국내외 전신송금에 대해 최초 송금자 정보 관리 등 고객확인 강화, ⑧ 비영리조직 등 단체가 테러자금조달에 악용되지 않도록 보장하는 것 등이다. 이후 2004년 10월 2일 FATF 총회에서는 당시 테러자금조달에 많이 이용되고 있는 현금 휴대 반출입(Cash Couriers)을 규제하기 위하여 특별권고 1개항을 추가하였다.

(2) 테러자금조달 차단을 위한 조치

1) 테러자금조달 행위의 범죄화

(i) 테러자금조달의 범죄화 규율 배경

2001년 9.11사태 이후로 국제사회는 테러에 대한 자금원천을 봉쇄할 것을 목표로 하게 되었다. 그 결과 대부분의 국가에서는 국내법에서 테러자금의 조달을 범죄구성요건으로 규정하고, 테러행위자 또는 테러조직에 대하여 테러실행에 필요한 재산가치를 제공하는 행위를 범죄화하고 있다. 테러자금조달행위를 범죄화하는 이유는 재산가치와 경제적 자원을 동결, 압류함으로써 테러행위자가 재산가치와 경제적 자원을 처분할 가능성을 봉쇄하는 것이다.

2001년 10월에 통과된 FATF 특별권고사항 Ⅱ는 '테러, 테러리스트의 행위 및 테러조직에 대한 자금조달'을 범죄로 인정해야 하며, 각국은 이러한 범죄행위가 자금세탁의 전제범죄로 지정되도록 하여야 한다고 규정하고 있다. 특히 권고사항 주석서는 '각국은 ① 테러행위의 실행을 위하여 자금을 조달하는 행위(to carry out a terrorist act(s), ② 테러단체에 의하여 사용될 자금을 조달하는 행위(by a terrorist organisation), ③ 테러행위자에 의하여 사용될 자금을 조달하는 행위(by an individual terrorist)를 테러자금조달범죄로 처벌해야 한다'는 내용을 포함하고 있다.

FATF의 9개 특별권고사항이 공포되기 전에 많은 국가들이 테러자금조달을 차단하기 위해서 자금세탁방지 수단을 사용할 수 있는 근거가 없었다. 테러자금조달은 자금세탁의 개념정의에 포함되지 않았기 때문이다. 따라서 테러자금차단 특별권고사항의 수립으로 개별국가들이 테러자금을 조달하는 자를 형사처벌할 수 있는 근거가 마련되었고 테러자금조달범죄도 자금세탁의 전제범죄로 하게 함으로써 금융기관의 의심거래보고와 같은 자금세탁방지 수단이 테러자금조달차단에도 활용될 수 있게 되었다.

(ⅱ) 테러자금조달의 범죄화 규율 관련 FATF 권고사항 개정

2012년에는 FATF 권고사항이 전면 개정되었다. 개정 전 권고사항에서 범죄화의 범위로 규정한 '테러, 테러리스트의 행위 및 테러조직에 대한 자금조달'의 개념이 확장되었다. 즉, 테러자금조달의 범죄화는 테러자금조달억제 협약에 의거해야 하며, '테러행위에 대한 자금조달뿐만 아니라 특정 테러행위와의 연관성 여부와 상관없이 테러조직과 개별 테러리스트에 대한 자금조달'을 범죄화하여야 한다고 규정하여 범죄화의 범위를 확대하였다. 자금의 일부 또는 전부가 직접적이든 간접적이든 사용되거나 제공되는 것 모두를 범죄화해야 하는 것이다. 테러자금조달 범죄화의 범위는 최근 들어 FATF의 논의를 통해 더욱 확대되

었다. ISIL의 외국인테러 전투원이 증가함에 따라 권고사항의 주석서를 개정하여 '테러 참가 또는 훈련을 목적으로 다른 국가로 떠나는 개인의 여비'도 규율 대상 자금의 범위에 포함하게 되었다.

2) 테러자금 관련 정밀금융제재

(ⅰ) 테러자금 동결 등의 필요성

테러자금의 동결은 테러행위가 초래할 수 있는 파괴적인 효과를 고려할 때 단순한 사후적인 대책으로 이를 규율하는 것은 불충분하다는 고려에서 도입된 것이다. 테러행위를 사후적인 대책만으로 대응하는 것은 한계가 있어, 테러자금 조달행위에 대한 처벌이 논의가 되었으나 테러조직의 은밀성, 테러행위의 신속성에 비추어 테러행위에 대한 예방의 효과를 극대화하기 위해서는 테러행위에 필요한 자금이 유입되는 것을 사전에 차단하고, 발견된 테러자금을 신속히 봉쇄하는 것이 반드시 필요하다는 공감대가 형성되었다.

(ⅱ) 개정 전 FATF 권고사항의 테러관련 자금·자산의 동결·몰수 규정

2003년에 신설된 FATF 특별권고사항 Ⅲ은 '각국이 테러행위자, 테러단체 및 테러자금을 조달하는 자의 자금과 자산을 지체 없이 동결시키는 조치를 취해야 하고, 이 경우 개별 국가가 취한 조치는 '테러자금조달의 방지와 억제에 관한 UN의 '결의내용과 부합해야 한다'라고 규정하고 있다. 그리고 FATF는 '각국은 관할 기관으로 하여금 테러, 테러리스트, 테러조직에 대한 자금조달에 사용된 재산을 압류하고 몰수하는 것을 가능하게 하는 조치를 이행해야 한다'라고 권고하고 있다. 이러한 목적을 달성하기 위하여 각국은 특별권고사항 Ⅲ에 의거하여 필요한 경우 입법적 조치도 취해야 한다.

(ⅲ) FATF 권고사항의 정밀금융제재

2012년에 개정된 FATF 권고사항에서는 각국이 「테러자금조달 방지 및 억제에 관한 UN 안보리 결의안」에 의해 '지정된' 개인이나 단체의 자금 혹은 기타 자산을 지체 없이 동결하여야 하고, 어떠한 자금이나 기타 자산이 직간접적으로 제공되지 않도록 하여야 한다는 내용이 규정되었다. 테러자금조달과 관련하여 '지정된' 개인과 단체를 대상으로 한 금융제재를 규정함으로써 '정밀 금융제재 (targeted financial sanction)' 이행을 위한 지침이 제공된 것이다.

해당 결의안에 따라 각국은 (ⅰ) 「유엔안보리결의 1267호(1999)」와 그 이후 채택된 결의안 등 유엔 헌장 제Ⅶ장에 따라 유엔 안보리나 유엔 안보리의 권한으로 지정된 개인이나 단체(entity) 또는 (ⅱ) 「유엔안보리결의 1373호(2001)」에 따라 각국이 지정한 그 어떠한 개인이나 단체의 자금 혹은 기타 자산을 지체 없이 동결하여야 하고, 지정된 개인이나 단체에게 혹은 이들의 이익(benefit)을 위해 그 어떠한 자금이나 기타 자산이 직간접적으로 제공되지 않도록 하여야 한다.

FATF 권고사항을 이행하기 위해서는 각국은 위험 평가에 따라 테러자금조달 원천으로 일단 지정하는 경우 지체 없이 그리고 사전 통보 없이, 특정 테러 행위와의 관련성에 관계없이 제재조치를 취해야 한다.

(ⅳ) 정밀금융제재의 사례[40]

2007년 10월, 미국 재무부는 행정명령 13224호에 따라 탈레반(Taliban), 레바논의 히즈발라(Lebanese Hizballah), 하마스(Hamas), 팔레스타인 이슬람 지하드 (Palestinian Islamic Jihad)와 팔레스타인 인민해방전선 총사령부에 대해 지원을 하는 이란의 이슬람 혁명수비대의 쿼즈 부대(the Qods Force branch of Iran's Islamic Revolutionary Guard Corps)를 제재대상자로 지정했다. 쿼즈 부대는 이라크 무장 세력들에게 연합국과 이라크 군인 수천명을 살해 한 이란에서 생산된 개량 로켓, 저격수용 총기, 자동화 무기, 박격포 등을 제공한 것으로 알려졌다.

그리고 미국 재무부는 2007년 10월 행정명령 13224호에 따라 이란 국영은행 사데라트(Iran's state-owned Bank Saderat)를 지정하기도 하였다. 사데라트 은행은 2001년부터 2006년까지 런던에 있는 이란의 중앙은행 지부의 조력을 받아 폭력행위를 지원하는 레바논의 히즈바라 전선을 위하여 5천만 달러를 베이루트에 있는 지부로 송금했다는 혐의를 받았다. 사데라트 은행은 과거 수년 동안 하마스에게 수백만 달러를 송금한 것도 밝혀졌다.

3) 비영리조직에 대한 조치

비영리조직에 대한 규제 필요성은 9.11 테러의 경험에서 비롯된다. 당시 테러에 사용된 자금이 인도적이고 종교적인 비영리조직을 가장한 모금이나 송

---

40) 한국형사정책연구원. "핵 · 대량살상무기(WMD) 확산금융금지 국제기준 이행방안 연구"(2012년 금융위원회 금융정보분석원 연구용역보고서)

금을 통해 조달된 사실이 조사과정에서 광범위하게 드러났기 때문이다.

앞에서 언급되었듯이 자금세탁과 테러자금조달의 중대한 차이점은 관련 자금이 범죄 활동뿐 아니라 합법적인 출처에서 유래할 수 있다는 점이다. 테러자금이 조달될 수 있는 출처는 합법적인 성격을 띠는 것으로서, 테러 활동이나 테러조직을 지원하는 데 이용되는 재단이나 자선단체와 같은 조직들에 대한 현금 기부 또는 현금 증여, 기타 자산의 기부가 있을 수 있다.

FATF는 합법적인 단체뿐만 아니라 자선단체, 종교단체, 교육단체와 같은 비영리조직이 테러리스트에 의해 악용되는 것을 방지하기 위하여 일반적인 성격의 권고사항을 제정하였다. 다만, 권고사항이 구체적이지 못한 이유는, 비영리조직의 범위에 해당하는 각기 다른 단체들이 다양한 법적 형태를 지니며, 조직의 성격이 국가마다 다르기 때문이다.

각국은 FATF 권고사항에 따라 테러자금조달에 악용될 수 있는 단체와 관련된 법규의 타당성을 검토하여야 하며, 비영리조직이 특히 테러자금조달 악용에 취약하므로 각국은 비영리조직이 ① 테러조직을 합법적 단체로 가장하기 위한 수단, ② 자산동결조치를 회피하는 목적 등을 포함하여, 합법적인 단체로서 테러자금을 조달하기 위한 수단, ③ 테러조직의 자금을 합법적 목적에 사용될 것처럼 가장하는 것을 감추거나 은폐하기 위한 수단으로 악용되지 않도록 하여야 한다.

각국은 FATF 권고사항을 이행하기 위해, 테러자금조달에 악용될 소지가 있는 비영리법인에 대한 규제체계를 확립하고, 해당위험에 대한 정기적인 평가를 해야 하며, 이를 위해 비영리조직의 테러자금조달방지 협의회를 구성하고 운영하는 것이 필요하다. 또한 테러자금조달 문제에 관한 교육과 정기적인 모니터링을 실시하고 필요한 경우 제재를 부과해야 한다.

4) 전신송금의 송금인과 수취인의 파악

과학기술에 따른 금융서비스의 발달로 인해 전신송금은 자금세탁이나 테러자금조달 과정에서 가장 빈번하게 사용되는 수단이 되었다. 금융회사 등은 송금서비스를 할 때 송금인, 수취인 등 상세한 정보를 제공하게 되면 비용이 높아지므로 최소한의 정보만을 제공하려는 경향이 있다. 전신송금을 보내는 사람이나 받는 사람이 누구인지에 대한 정보가 불충분하면 불법적인 목적으로 송금된 자금은 송금인이나 수취인과 함께 식별되기 어려울 것이라는 판단에 따라, FATF는 권고사항을 통해 각국이 금융회사가 전신송금 및 관련 메시지에, 요구된 그리고 정확한 송금인 정보와 요구된 수취인 정보를 포함하도록 하고, 그 정보는 일련의 지급 · 결제 과정 내내 전신송금 혹은 관련 메시지와 함께 기록되도록 하여야 하도록 권고하고 있다. 또한 각국은 요구된 송금인과 수취인 정보가 결여된 전신송금을 탐지하기 위하여 금융회사가 전신송금을 감시하도록 하여야 하며 테러행위 및 테러자금조달의 방지 및 억제와 관련된 「유엔안보리결의 1267호(1999)」 및 후속 결의안인 「유엔안보리결의 1373호(2001)」와 같은 관련 유엔 안보리 결의안에 명시된 각각의 의무사항에 따라 금융회사가 전신송금을 처리하는 과정에서 동결 조치를 취하도록 하고, 지정된 개인과 단체와의 거래를 금지하여야 한다.

특히, FATF는 2012년 권고사항 개정을 통해 전신송금시 정보에 송금인뿐만 아니라 수취인 정보까지 포함시키는 등 정보의 범위를 확대하였으며, 그 정보가 과정 내내 전신송금 혹은 관련 메시지와 함께 기록되어야 함을 규정하여 전신송금시 제공해야 하는 정보의 기준을 엄격히 하였다. 아울러 종전 권고사항에 없던, "관련 유엔 안보리 결의안에 명시된 각각의 의무사항에 따라 금융회사가 전신송금을 처리하는 과정에서 동결 조치를 취하도록 하고, 지정된 개인과 단체와의 거래를 금지하여야 한다"는 규정을 추가하여 정밀금융제재의 이행을 강조하였다.

5) 자금 또는 가치의 이전 서비스에 대한 관리 · 감독

'자금 또는 가치의 이전 서비스업(MVTS: money or value transfer services)'은 비공식적이고 감독을 받지 않는 네트워크나 절차를 통해 한 곳에서 다른 장소로 자금이나 가치가 이체되는 금융서비스의 한 유형을 의미한다. 이러한 비공식적인 제도는 많은 국가에서 제도권 밖의 영역에서 운영되어 왔다. 이러한 비공식적인 제도로는 앞서 언급된 페소화 암시장 거래수법(BMPE: Black Market Peso Exchange), 훈디(Hundi), 하왈라(Hawala) 등이 있다. 국경간 직접적인 자금이동이 없어 저렴한 수수료로 신속하고 편리하게 송금할 수 있는 점 때문에 특정지역에서 널리 이용되어 왔다. 그러나 미인가 · 미등록 업체들에 의해 행해질 경우 자금세탁과 테러자금조달의 수단으로 악용될 위험이 매우 높다. 이러한 위험 때문에 FATF는 각국에게 자금 또는 가치 이전 서비스를 제공하는 업자를 인가·등록하여 관리하고 이들의 자금세탁·테러자금조달 위험을 완화하는 조치를 취할 것을 요구하는 것이다.[41]

이에 따라 각국은 자금 또는 가치 이전 서비스를 제고하는 개인이나 법인이 허가를 받거나 등록을 하도록 하고, FATF 권고사항이 요구하는 관련 조치를 이행하고 그 이행을 감독하기 위한 효과적인 이행체제의 대상이 되도록 해야 한다. 각국은 허가를 받지 않거나 등록하지 않고 이 서비스를 제공하는 개인이나 법인을 확인할 수 있어야 하고, 확인이 되는 경우 적절한 제재를 해야 한다.

SECTION 03
대량살상무기확산금융차단제도의 개요

1. 대량살상무기확산금융의 개요

(1) 대량살상무기확산의 개요[42]

1) 대량살상무기 확산(약칭, 확산금융)의 개념

(ⅰ) 대량살상무기의 정의

대량살상무기(WMD: Weapons of Mass Destruction)란 일반적으로 전쟁과 테러에 이용되는 핵무기, 생·화학무기, 미사일 및 운반수단, 재래식 무기를 통칭하는 개념이다. UN 재래식 군비위원회(UN Commission for Conventional Armaments)는 대량살상무기를 '원자폭탄, 방사능물질 폭탄, 치명적 화학무기, 장래에 개발되어 원자폭탄이나 지금 언급된 무기들에 버금가는 위력을 가지는 모든 폭탄'으로 정의하고 있으므로, 대량살상무기를 일반적으로 핵무기 및 이의 운반 수단인 미사일 등 짧은 시간에 대량의 인명을 살상할 수 있는 파괴력을 지닌 무기라고

---

41) 이귀웅, FATF 국제기준 해설, 2016
42) 아주대학교 법학전문대학원, "테러자금조달 방지 체제의 선진화·국제화 방안 연구" (2009 금융위원회 금융정보분석원 연구용역보고서

정의할 수 있다.

미국에서 발생한 9.11 테러 이후 국제사회는 테러 그 자체의 예방과 척결과 테러자금조달의 금지에 정책의 초점을 맞추면서도 다른 한편으로 테러행위자들이 대량살상무기를 입수할 가능성을 차단하기 위하여 관련정책을 다각도로 수립하여 시행해오고 있다. 대량살상무기 그 자체는 주로 군사적 영역에서 군사무기의 일환으로 사용되었으나 테러행위자 내지 테러단체에 대량살상무기나 그 운반수단 및 대량살상무기를 개발, 생산, 보유할 수 있는 부품 내지 물품이 흘러들어갈 경우에는 가공할 위력을 가진 테러사태가 발생할 수 있다는 점에서 이에 대한 철저한 통제가 요구된다.

(ii) 대량살상무기의 확산 실태

서구에서 냉전이 종식된 이후 강대국들에 의해 보유되던 대량살상무기는 최근 개발도상국을 포함한 세계 전 지역으로 확산되고 있다. 핵무기는 무차별 대량살상과 광범위한 지역에 대한 방사능오염 등 그 파괴력이 엄청 커서 국제사회에서 개발이 엄격하게 통제되고 있으나 1998년 인도와 파키스탄의 핵실험, 2002년 이란의 비밀 우라늄 농축시설의 건설, 2006년의 북한의 핵실험과 같이 핵을 보유하고자 하는 욕구는 세계 전 지역으로 확산되고 있다. 원래 핵 비확산조약상의 핵보유국은 5개국이었으나, 현재 인도, 파키스탄, 이스라엘, 이란, 북한, 알제리 등이 핵 프로그램을 보유하고 있는 것으로 알려져 있다.

또한 화학무기와 생물무기는 1925년 제네바의정서에 따라 전쟁 수단으로 사용이 금지된 이후 화학무기금지조약(CWC), 생물무기금지조약(BWC)에서도 그 개발과 생산 및 보유를 금지하고 있다. 그러나 화학무기와 생물무기의 경우에는 비교적 생산비용이 낮고, 제조를 위한 기술습득이 쉬우며, 사전 적발이 어려워 그 개발가능성이 훨씬 높은 것으로 알려져 있다. 이미 제1차 세계대전 중에 독일, 영국, 프랑스 등에 의해 화학무기가 대량으로 사용되었으며, 1980년대 이란 -이라크 전쟁에서도 화학무기가 사용된 전례가 있다. 화학무기의 경우 10개국에서 15개국, 생물무기의 경우 4개국에서 13개국으로 확산되었으며, 이의 운반수단인 탄도미사일 보유국은 9개국에서 28개국으로 확산되었다.

2) 대량살상무기 확산 통제의 필요성

(ⅰ) 대량살상무기의 위험성

우리나라 국방부는, 대량살상무기가 재래식 무기와 구별되는 특징 내지 위험성을 4가지로 제시하고 있다. 첫째, 대량살상무기는 치명적인 살상력을 가지고 있다. 핵무기의 경우 동일 중량의 재래식 폭탄과 비교하여 10만 배 이상의 위력을 지니고 있는 것으로 알려져 있다. 핵폭발 이후의 방사선에 의한 폭발까지 고려하면 그 살상력은 더욱 증대된다. 둘째, 대량살상무기는 사용의 양면성을 가지고 있다. 대량살상무기는 평화적으로 사용되는 것과 동일한 원료로 만들어진다. 예를 들어 미사일 추진체나 유도장치에 적용되는 기술은 통신위성과 인공위성을 운용할 때 사용되는 것이다. 셋째, 대량살상무기는 전략적 목적으로 사용될 수 있다. 전술무기가 전장 내의 목표를 파괴하거나 근접작전을 수행·지원하는 무기체계인 반면 대량살상무기는 장거리의 대규모 표적 또는 핵심표적을 타격할 수 있는 전략무기로서의 의미를 가지고 있다. 넷째, 대량살상무기는 상대적으로 제조·구매 비용이 저렴하다. 대략 1㎢ 안에 있는 인명을 살상하는 데 필요한 평균 비용은 재래식 무기의 획득비용을 10으로 가정하면 핵무기의 경우 재래식 무기의 약 500~600%, 화학무기는 대략 100~200% 밖에 소요되지 않는다고 한다.

(ⅱ) 대량살상무기와 테러의 관련성

⒜ 대량살상무기를 이용한 테러의 위협

종래의 테러는 폭탄이나 총기류에 의한 공격이 주를 이루었으나, 1990년대 이후 과학기술의 발달에 따라 무기의 파괴력과 정밀성의 증가로 살상력이 높아져 그 피해의 범위도 확대되고 있다. 이 시기 이후로 대량살상무기의 테러단체로의 확산이 인류 전체의 생존을 위협할 수 있는 위험성을 지니고 있어 국제사회가 이에 공동으로 대응해야 한다는 공감대가 형성되기 시작하였다.

핵이나 방사능의 경우 이를 이용한 테러의 위협은 구 소련에서의 핵 관리가 엉성한 데 대한 우려감이 고조된 것에 그 배경을 두고 있다. 그리고 9.11 테러의 주범인 알카에다가 핵물질의 입수를 시도하였다는 증거가 있었고, 오사마 빈라덴 자신도 대량살상무기의 획득을 '종교적 의무'라고 언급했다는 점, 현대사회에서 핵 프로그램이 진전되면서 무기를 제조하기 위한 핵물질을 구하기가 쉬워졌다는 점에서 그 위협이 아주 크다는 것을 알 수 있다.

화학무기 테러는 주로 각종 화학제 살포로 이루어지지만 화학공장이나 화학물질 운반차량을 공격하는 수법도 있을 수 있다. 한편, 생물무기 테러와 관련하여 테러리스트들에게 생물무기는 매우 매력적으로 다가온다. 제조비용이 비교적 저렴한 반면, 그 대량살상효과는 매우 크기 때문이다. 또한 핵이나 화학무기와는 달리 효과가 나타나기 전까지는 시간이 소요되고 효과자체도 예측하기 어렵다. 생물무기는 관련 정보를 손쉽게 획득할 수 있고, 제조시설의 소형화가 가능하며 소요비용이 적게 들기 때문에 실제 테러에서는 생물무기가 사용될 가능성이 높아지고 있다.

⒝ 테러지원국가와 대량살상무기

테러지원국가는 일반적으로 국제 테러사건에 관여하거나 지원을 하는 국가를 지칭한다. 2007년 미국은 이란, 시리아 등 중동지역 2개 국가와 아프리카의 수단, 중미지역의 쿠바 그리고 아시아의 북한 등 5개국을 테러지원 국가로 지정한 바 있다. 미국이 지정한 테러지원국가란 '통치자 개인의 이익을 위하여 자국민들에게 위해를 가하고 그 나라의 자원을 낭비하는 국가, 국제법을 준수하려하지 않고 인접국에게 위협을 주면서 조약을 체결하였지만 그 조약을 파기하는 국가, 대량살상무기는 물론이고 기타 첨단 군사기술의 획득을 시도하고, 자국 정권의 공격적인 계획을 수행하기 위하여 협박이나 위협에 이용하는 국가, 세계적인 규모의 테러리즘을 지원하는 국가 등'으로 개념지울 수 있다.

테러지원국가와 테러조직은 구별되는 개념이지만, 이들은 상호 밀접한 관계에 있기도 하다. 테러지원국가와 테러조직은 모두 폭력을 신봉하면서 상호 교류를 통하여 연계되어 있고, 때로는 상호 제휴를 하기도 한다. 특히, 테러지원국가는 영토, 인구, 정부시설, 그 외의 자산을 통제할 수 있는 주권을 가진 집단이기 때문에 테러단체나 테러조직보다 훨씬 더 군사적 공격에 노출될 가능성이 크다고 볼 수 있다.

(2) 대량살상무기확산금융의 개요[43]

1) 대량살상무기확산금융의 정의

대량살상무기확산금융 또는 확산금융(proliferation financing)의 법적 정의는 현재 단일하고 명확하게 정리되어 있지 않고 있다. 따라서 확산금융의 개념에 대한 어떠한 정의도 아직 국제적인 보편적 승인을 얻지 못한 상태이다.

FATF는 확산금융에 대하여 핵, 화학, 또는 생물학 무기, 운송수단 및 관련 물질(정당하지 못한 목적으로 사용되는 기술이나 이중 용도의 물품 포함)의 제조, 취득, 소유, 개발, 수출, 환적, 중개, 운송, 이전, 저장, 사용을 위하여 부분적 혹은 전체적으로 제공되는 자금이나 금융적 서비스라고 잠정적으로 정의한 바 있다.

2) 확산금융의 대표적인 유형과 사례

확산금융 행위자는 전 세계에서 활동하며 필요한 물질을 획득하기 위해 합법적 거래로 가장한다. 불법적인 조달품과 적하물 감시를 피하기 위해 주로 수출통제가 약한 국가나 자유무역지대를 이용하는 등 무역활동을 악용하며 국제금융 시스템의 공식·비공식 부문을 악용하거나 확산 관련 물품거래를 위해 현금에 의존한다. 확산금융 행위자가 공식 국제 금융 시스템을 활용하는 경우 물품의 구입이 합법적으로 보이기 때문에 혐의를 피할 수 있다. 확산금융 네트워크는 일반금융 거래매매 방식을 통해 네트워크 외부 중개상과 공급자에게 대금을 지불한다. 따라서 확산금융 네트워크는 국제금융 시스템을 이용하여 매매 및 사업거래를 이행하며, 불법중개인, 위장기업, 불법무기 거래인을 매개로 활동하기도 한다.

(a) 위장회사와 무역대리인들을 이용한 원료 구매

핵무기 제조를 추진하던 자가 우라늄 농축을 하는 데 필수적인 장비인 원심분리기의 베어링을 제조하는 데 사용될 수 있는 '마그네트'를 구입하기 위하여 위장회사(front company)을 설립하였다. 이 위장회사는 마그네트의 제조와 거래

---

43) 한국형사정책연구원. "핵·대량살상무기(WMD) 확산금융금지 국제기준 이행방안 연구"(2012년 금융위원회 금융정보분석원 연구용역보고서)

와 관련된 외국 관할의 제조 회사의 계약서류에 서명은 하지만, 해당 서류들에 부품들이 대량살상무기를 개발하는 데 사용될 수 있다는 점이 나타나지 않도록 허위로 기재하여 국가기관에 포착되지 않도록 하고, 인접하고 있는 제3의 국가에 소재한 다른 위장회사로 마그네트를 환적하였다. 이 과정에서 무역대리인을 포섭하여 거래를 완결할 금융거래를 수행하도록 하였다. 제3의 국가에서 자금세탁방지 체계가 허술한 은행 몇 개를 물색하여 이미 계좌를 보유하고 있었던 무역대리인은 그 은행을 통해 물품의 취득을 위한 금융행위와 그러한 거래에 사용되는 불법자금을 세탁하였다.

(b) 국가소유의 은행을 활용한 물품 구매

대량살상무기 프로그램과 관련된 물질을 취득하기 위하여 국가소유의 은행의 국외 분점이나 환거래은행을 이용한 사례들이 있었다.

대표적인 사례로는 자국의 탄도미사일 프로그램에 책임 있는 기관 중의 하나로서 알려져 있는 위장회사가 상대국으로부터 특정한 물품을 구입하기 위하여 자국의 수도에서 국가소유의 은행 지점에서 신용장을 개설하고, 자국에서 소유한 은행의 런던 지부는 신용장을 수익자에게 통지하는 통지은행(advising bank)[44]이 되어 특정한 물품에 대한 공급자에게 대금을 적정한 통로로 전달한 경우가 있었다.

(c) 이란 은행들의 확산금융 혐의[45]

미국 정부는 2007년을 전후로 수차례에 걸쳐 이란의 은행들을 확산금융 제재대상자로 지정한 바 있다. 예를 들어 확산금융 제재대상자로 지정된 이란 최대의 은행인 멜리 은행은 핵 및 미사일 개발 프로그램에 대한 민감한 물질을 구입하는 수많은 거래에 대한 금융지원을 한 혐의를 받았다. 당시 멜리 은행은 이슬람혁명수비대(IRGC)가 행한 금융거래를 처리하면서 국제은행거래시스템과의 연관되었다는 점을 감추기 위하여 이슬람혁명수비대의 이름을 삭제하는 금융기

---

44) '통지은행'은 신용장 발행은행이 직접 수출회사인 수익자에게 신용장을 통지하지 않고 수익자 소재지에 있는 환거래은행 또는 자기의 지점을 통하여 통지하는 경우 그 통지를 의뢰 받은 은행을 일컫는다.

45) 한국형사정책연구원. "핵 · 대량살상무기(WMD) 확산금융금지 국제기준 이행방안 연구"(2012년 금융위원회 금융정보분석원 연구용역보고서)

망행위를 했다는 혐의를 받았다.

2. 대량살상무기확산금융차단제도의 개요

(1) 대량살상무기확산금융 차단 제도의 도입

1) 대량살상무기확산 통제 수단

대량살상무기가 테러에 사용되지 않도록 하기 위해서는 일반적으로 두 가지 차원의 대응전략이 요구된다. 첫째, 전략물자수출을 통제한다. 대량살상무기와 그 운반수단인 미사일의 제조, 개발, 사용 또는 보관 등이 이용 가능한 물품이나 소프트웨어 및 기술이 테러행위자나 특정 국가의 수중에 들어가지 않도록 그 수출 내지 반출을 통제하는 것이다.

둘째, 테러행위자나 테러단체, 테러지원국가 등이 이러한 물자들을 입수할 수 있도록 자금을 모집하거나 제공하는 행위를 억제한다.

2) 대량살상무기확산금융 차단의 필요성

민감한 물품을 이전하거나 개발하는 것을 용이하게 하여 국제사회를 불안정하게 하므로 확산행위를 지원하는 금융활동에 대하여 사전에 예방하고 제재하여야 한다.

테러리스트나 테러단체가 대량살상무기 그 자체 또는 대량살상무기를 제조하기 위한 원료나 부품 등을 입수하기 위해서는 그에 소요되는 자금이 필요하다. 이러한 이유로 테러리스트들이 테러의 수단으로 대량살상무기를 획득할 수 없도록 하기 위해서는 우선 그 자금원을 봉쇄해야 한다. 대량살상무기가 테러의 수단으로 기능하는 반면, 테러자금은 이러한 대량살상무기나 그 원료 등을 구입하기 위한 수단으로서의 성격을 지니고 있다.

하지만, 국제사회에서 확산금융을 제재하고 방지하는 것은 상당히 어려운 과제이다. 대량살상무기와 관련된 기본적 부품들은 한편으로는 적법하게 사용될 수 있으므로 불법한 용도로 사용되는 경우를 포착하는 것은 대단히 어려운 문제이다. 하나 이상의 용도로 사용되는 물품은 전문적인 지식을 활용할 때 포착할 수 있다는 어려움이 있어 금융기관은 이러한 물품의 위험성을 인식하지 못하고 확산관련 거래행위에 관여될 수 있다. 나아가, 확산에 민감한 물품이 취득되는 네트워크는 대체로 복잡하다. 확산관련 행위들은 위조되거나 변조된 문서를 사용하고, 여러 단체들이 관련되고, 당국으로 부터의 포착을 피하기 위한 금융거래가 어떻게 연결되어 있고 위법한 물품의 최종 사용자가 누구인지 파악하기가 아주 어려운 형태로 얽혀 있다. 확산금융은 자금이 표면적으로 합법적이고 물품의 최종사용자가 모호한 경우에 해당 행위에 대한 포착이 어렵기 때문에 그 위험이 더욱 더 증가하기도 한다. 따라서 확산활동을 지원하는 금융행위를 제재하고 차단하는 정책은 매우 섬세하고 고도의 전문적인 역량이 동원될 때 비로소 효과적일 수 있다.

3) 대량살상무기확산금융 차단을 위한 국제적 논의

대량살상무기에 대한 국제적 차원의 규범은 일련의 유엔안보리결의에 잘 나타나 있다. 가장 대표적인 것은 2004년 4월 28일 체결된 「테러단체 등 비국가 행위자에 대한 대량살상무기 확산 방지를 주목적으로 하는 유엔안보리결의 제1540호」이다. 이 안보리결의는 모든 UN 회원국이 테러의 목적으로 대량살상무기와 그 운반수단을 개발·획득·생산·보유·운송·이전·사용하는 행위와 이러한 활동에 참가하는 행위 및 이를 지원하고 자금을 조달하는 시도들을 금지하고, 탄도미사일 또는 기타 대량살상무기 관련 프로그램이나 활동에 기여할 수 있는 금융 서비스를 제공하거나 금융 또는 기타 자산과 자원이 이전되는 것을 동결할 수 있는 적절하고 실효적인 법률을 갖추고 있어야 한다는 것을 주요 내용으로 하고 있다.

이란, 북한의 핵무기 및 미사일 프로그램에 대해서도 UN 안전보장이사회 결의를 중심으로 하여 국제적인 다자간의 노력이 진행 중이다.

FATF는 대량살상무기의 확산을 저지하기 위한 유엔안보리결의의 내용 중 금융관련 조항을 각 회원국이 효율적으로 이행할 수 있도록 관련 지침을 마련하고 개정 권고사항에도 반영하였다. 2012 개정된 FATF 권고사항 7은 대량살상무기 확산방지와 관련하여 UN안전보장이사회가 요구하는 일관되고 효과적인 정밀금융·제재의 이행에 관한 내용을 담고 있다.

(2) 정밀화된 금융제재

1) FATF 권고사항의 규정

확산금융에 대한 방지를 위한 FATF의 권고사항의 내용은 자금세탁 및 테러자금조달에 대한 대응책과 매우 긴밀하게 연관되어 있으며 사실상 하나의 구조로 구성되어 있다. 이 중 이란과 북한 등을 직접 대상으로 하는 대량살상무기 확산금융에 대응하는 것은 2012년에 개정되어 신설된 권고사항 7이다. 이 조항은 '확산관련 정밀금융제재(Targeted Financial Sanctions Related to Proliferation)'라는 제목아래 "각국은 대량살상무기의 확산과 이에 대한 자금조달을 방지, 억제 및 방해하는 UN안전보장이사회 결의안을 이행하기 위하여 정밀화된 금융제재를 이행하여야 한다. 이 결의안에 따라 각국은 유엔헌장 제VII장에 의거하여 UN 안전보장이사회의 권한에 따라 지정된 자 또는 단체의 자금이나 자산을 동결해야 하며 어떠한 자금이나 자산도 직·간접적으로 지정인이나 지정단체에 이득을 주거나 활용될 수 있도록 해서는 아니 된다"라고 규정하고 있다.

2) 정밀화된 금융제재의의 효과

정밀화된 금융제재(targeted financial sanction)는 대량살상무기 확산 네트워크를 해체하는 데 적극적이고 효과적인 수단이 될 수 있으며 금융기관들에 확산 관련 정보를 제공하는 수단으로 사용될 수도 있다. 정밀화된 금융제재가 세계 전 지역으로 시행이 되면 지정된 단체들은 제재안을 회피하기 위하여 제3세계의 금융기관들을 쉽게 활용하지 못하게 되므로 그 효과가 극대화되는 것으로 예상된다. 이러한 점에서 UN 차원에서 규제가 이루어져야 할 것이다.

확산행위를 위한 네트워크의 몇몇 단위들은 금융적 수익을 위하여 움직이기 때문에 확산 활동과 관련된 금융과 상거래 영역에 경고를 주기 위해 이들을 공시하는 등의 확산금융방지책들로 이들을 쉽게 무력화할 수 있는 효과도 있다.

이에 따라 미국을 포함한 일부 국가는 UN 안전보장이사회의 결의안과 관계없이 대량살상무가 확산과 관련된 개인과 단체에 대한 정밀화된 금융제재를 가할 수 있는 자체 방안을 수립하였다.

반면에 확산관련 단체가 거래의 관련성을 은폐하는데 정밀화된 금융제재가 악용될 수 있다. 확산행위자가 합법적인 수출업자들과 거래를 하면서 의심을 일으킬 수 있는 통상적이지 않은 금융 메커니즘을 사용하거나 자금세탁에 대한 의심을 발생시키는 패턴의 행위를 유도할 수 있기 때문이다.

3) 정밀화된 금융제재 실행을 위한 금융기관의 의무

정밀화된 금융제재로 금융회사에 주어지는 책임은 소비자 및 금융거래 당사자의 신상을 확인하는 것이다. 금융기관들이 기존의 심사 시스템을 활용하는 방식을 통하여 정밀화된 금융제재를 보다 효과적으로 집행할 수 있다. 대상자 명단과 같은 정보에 기초하여 금융기관은 법률이 요구하는 바에 따라 계좌를 동결하거나 거래를 거절할 수 있다. 정밀금융제재의 효과성을 높이기 위해서는 대상자 명단 정보의 질적 수준, 관할지역간의 협력 그리고 시정조치에 이은 명단 삭제 절차의 효과성을 높여야 할 것이다.

SECTION 04

자금세탁방지제도, 테러자금조달차단제도, 대량살상무기확산금융차단제도의 비교

1. 자금세탁방지제도, 테러자금조달차단제도, 대량살상무기확산금융차단제도의 규정과 내용

(1) 각 제도의 도입 과정

1) 자금세탁방지제도

자금세탁행위는 1988년 「마약 및 향정신성물질의 불법거래 방지에 관한 UN협약(약칭, 비엔나협약)」에서 범죄로 규정된 이래 모든 국제기준에서 형사처벌을 하도록 요구하고 있다. 「비엔나 협약」에서 마약범죄가 전제범죄로 규정되었다. FATF는 「비엔나 협약」을 반영하여 1990년 마약자금세탁을 억제하기 위한 40개의 권고사항을 제정하였고 권고사항을 개정하여 '중대범죄'로 그 범위를 확대하도록 의무화하였다.

마약범죄 이외의 초국가적 조직범죄에 대해서도 대응해야할 필요성이 대두되어 2000년 「국제조직범죄방지에 관한 UN 협약(약칭, 팔레모협약)」이 체결되면서 전제범죄가 국제인신매매, 불법이민, 납치 등 각종 조직범죄 등으로 확대되었다.

2) 테러자금조달차단제도

1990년대 중반부터는 UN과 주요국을 중심으로 테러자금조달 및 자금이동을 예방하고 테러자금조달과 관련된 범죄자의 기소 및 처벌을 통해 국제적인 테러행위를 근절하기 위한 협약이 준비되었다. 1999년 12월 「테러자금조달 억제를 위한 UN 협약(International Convention for the Suppression of the Financing of Terrorism)」이 서명되었고, 1998년 8월 케냐와 탄자니아에서 미국 대사관이 테러공격을 받아 다수의 사상자가 발생하는 사건이 발생하자 UN 안전보장이사회는 1999년 10월 결의 제1267호를 채택하였다.

미국의 9.11 사태가 발생한 지 몇 주후인 2001년 10월 FATF 테러자금조달에 관한 긴급총회에서 FATF의 규제범위를 자금세탁 분야 이상으로 확장시키고 테러자금조달 차단을 위한 8개 특별권고사항을 통과시켜 '테러, 테러리스트의 행위 및 테러조직에 대한 자금조달'을 범죄로 인정해야 하며, 각국은 이러한 범죄행위가 자금세탁의 전제범죄로 지정되도록 하여야 한다고 규정하였다. 2012년에는 FATF 권고사항이 전면 개정되어 테러자금조달에 관한 사항들도 40개 권고사항 틀 내로 편입되었다.

3) 대량살상무기확산금융차단제도

대량살상무기에 대해서는 2004년 4월에 체결된 「테러단체 등 비국가 행위자에 대한 대량살상무기 확산 방지를 주목적으로 하는 유엔안보결의 제1540호」한 국제적 차원의 규범이 마련되었다. 그 후 이란, 북한의 핵무기 및 미사일 프로그램에 대해서도 UN 안전보장이사회 결의를 중심으로 하여 국제적인 다자간의 노력이 진행되어, FATF는 대량살상무기의 확산을 저지하기 위한 UN 안전보장이사회결의의 내용 중 금융관련 조항을 각 회원국이 효율적으로 이행할 수 있도록 관련 지침을 마련하고 개정된 권고사항에도 반영하였다. 2012년에 개정된 FATF 권고사항 7은 대량살상무기 확산방지와 관련하여 UN안전보장이사회가 요구하는 일관되고 효과적인 정밀금융제재의 이행에 관한 내용을 담고 있다.

(2) 우리나라에서의 법제화

자금세탁방지제도는 2001년에 제정된 「범죄수익규제법」과 「특정금융거래정보법」으로 제도화되었고 테러자금조달차단제도는 2007년 12월에 공포된 「공중협박자금조달금지법」으로 제도화되었다.

대량살상무기확산금융차단제도는 2014년 5월 「공중협박자금조달금지법」 개정으로 제도화되었다.

(3) 공통적 특징

1) 범죄화

FATF 권고사항, UN 협약 등 국제기준과 국내법에 따르면 자금세탁행위도 별도의 범죄로 처벌하는 등 자금세탁을 범죄화하고 있다. 「범죄수익규제법」에 따르면 범죄수익의 취득·처분 사실을 가장하거나 그 재산을 은닉하는 행위를 5년 이하의 징역 또는 3천만원 이하 벌금에 처하며 범죄수익 또는 범죄수익에서 유래한 재산 등은 몰수, 추징이 가능하다. FATF 권고사항은 각국이 범죄수익을 몰수·추징하는 체제를 구축하도록 하고 있으며 테러자금도 범죄수익으로 몰수하도록 하고 있어 우리나라의 「범죄수익규제법」도 범죄로 취득한 모든 경제적 이익을 박탈함으로써 특정범죄를 조장하는 경제적 요인을 근원적으로 제거할 수 있도록 하고 있는 것이다.

국제기준에 따라 테러자금조달 행위도 범죄화해야 하므로 「공중협박자금조달금지법」도 공중협박자금조달행위에 대해 10년 이하 징역 또는 1억원 이하 벌금에 처하는 등 공중협박자금조달을 범죄화하고 있으며, 공중협박자금조달도 2009년 3월 법 개정으로 자금세탁 전제범죄로 지정됨에 따라 관련 자금도 범죄수익으로 규정되어 몰수대상이 된다. 다만, 테러자금조달행위가 범죄수익으로 인정된 경우를 제외하고, 테러조직이나 테러리스트의 자금 또는 자산을 직접 몰수할 수 있는 규정은 없다.

2) 의심되는 거래보고

FATF 권고사항 20에 따르면 금융기관 등은 자금세탁과 테러자금조달 관련 의심거래를 보고할 의무가 주어진다. 우리나라에서도 「특정금융거래정보법」에 따라서 금융회사 등은 금융거래와 관련하여 자금세탁이나 공중협박자금조달로 의심되는 합당한 근거가 있는 경우 FIU에 보고해야 한다.

3) 위험기반접근방식(RBA)

FATF 권고사항 1은 각국과 금융기관 등이 자금세탁과 테러자금조달 위험 평가 및 적절한 위험 완화조치를 이행하도록 하는 내용을 담고 있어 RBA는 자금세탁방·테러자금조달(ML/FT) 방지에 적용되고 있다.

2. 자금세탁방지제도, 테러자금조달차단제도, 대량살상무기확산금융차단제도 간의 차이점과 동향

(1) 대량살상무기확산금융차단제도의 특수성

FATF 권고사항과 우리나라 법령은 대량살상무기확산금융의 경우 개인·단체의 자금동결만을 요구하고 있으며, 범죄화나 의심금융거래보고, 위험기반접근방식(RBA)의 규정은 적용하지 않고 있다.

(2) 정밀금융제재

테러자금조달차단제도, 대량살상무기확산금융차단제도는 정밀금융제재를 포함하고 있다. FATF 권고사항에 따르면 각국은 테러자금조달 방지 및 억제에 관한 유엔안보리 결의안과 대량살상무기 확산과 이에 대한 자금조달을 방지, 억제 및 금지하는 유엔안보리 결의안을 이행하기 위하여 정밀화된 금융제재를 이행하여야 한다. 이에 따라 각국은 지정된 개인이나 단체의 자산 등을 지체 없이 동결하여야 하고, 지정된 개인이나 단체에게 혹은 이들의 이익을 위해 그 어떠한 자금이나 기타 자산이 직간접적으로 제공되지 않도록 하여야 한다.

다만, 우리나라는 「공중협박자금조달금지법」에 따라 '즉시 동결 메커니즘'

은 없이 '거래제한'만 적용하고 있다.

(3) FATF의 위험기반접근방식(RBA) 관련 권고사항 개정 동향

FATF는 2020년 8월 현재 대량살상무기확산금융에도 위험기반접근방식(RBA)을 적용하기 위하여 FATF 권고사항 1의 개정안을 마련하고 이에 대한 민간으로부터 의견청취를 진행하고 있다. 개정안은 확산금융에서 '위험'을 '자금동결 의무의 위반 가능성'으로 규정하고 확산금융에도 RBA를 적용하여, 국가·금융회사등이 확산금융 위험평가 및 적절한 위험 완화조치를 이행하도록 하고자 한다.

자금세탁방지·테러자금조달 등 관련 국제기구

1. FATF

(1) FATF 설립 배경과 국제규범의 발전

마약범죄를 퇴치하기 위하여 마약범죄 수익자금의 세탁을 불법화하는 입법
이 1980년대부터 미국, 영국, 호주 등의 국가들에서 개별적으로 추진되기 시작
했다. 마약 관련 자금세탁문제에 관하여 미국은 이미 1970년대부터 관심을 보이
고 있었으며, 미국을 비롯하여 영국, 호주 등도 1980년대에 자금세탁 관련 법률
을 제정하였다.

이후 1980년대 말에서 1990년대 초반에 들어서면서 마약자금세탁에 국제
적으로 공동대응하기 위한 움직임이 나타났다. 선진국들의 자금세탁방지기구인
FATF(Financial Action Task Force on Money Laundering)는 1989년 파리에서 개최
된 G7 정상회의에서 마약자금 등의 세탁방지와 이를 위한 국제공조의 중요성을
인식한 정상들의 지시에 따라 설립되었다. 1989년 7월 16일 G7 정상은 파리에
서 '경제선언문(Economic Declaration)'에서 마약문제와 싸우기 위해 금융조치 임
시기구(a financial action task force)를 소집할 것을 결의하였고, 8월에는 당시 프
랑스 재무차관(Denis Samuel-Lajeunesse)이 FATF 첫 의장을 맡았다.

최초의 FATF 총회는 1989년 9월 프랑스 재무부에서 개최되었다. 미국, 일본, 영국, 프랑스, 캐나다, 독일, 이탈리아 등 G7 국가와 스웨덴, 네덜란드, 벨기에, 룩셈부르크, 스위스, 오스트리아, 스페인, 호주 등 금융강국 8개국 등 15개국의 재무·법무·내무·외교부, 경찰, 관세청 등에서 참석하여 실무그룹이 구성되기도 하였다.

FATF 40개 권고사항은 1990년 2월 미국 워싱턴에서 개최된 제3차 총회에서 확정되어, 5월에 열린 FATF 재무장관 회의에서 승인되었다. 40개 권고사항은 기본적으로 마약 관련 자금세탁을 다뤘으며, 무기밀매에 관한 내용도 포함되었다.

G7 정상은 1990년 7월 미국 휴스턴에서 40개 권고사항을 담은 FATF 보고서를 지지(endorse)하고, 권고사항의 완전한 이행을 위해 즉시 조치할 것을 약속한다고 선언하였다. 1991년 7월 런던에서는 모든 국가가 자금세탁과의 국제적 전쟁에 참전하고 FATF의 활동에 협력할 것을 촉구하기도 하였다.

이어 1991년 7월 G7 정상은 FATF 사무국을 OECD에 두는 것을 지지하였다. FATF는 OECD의 특별기구(special body)로서, 그 사무국은 OECD본부 내에 소재하고 있으면서도 독자적 의사결정기구를 지니게 되었다. FATF는 독립적인 별개의 기구로서 정부 간 임시조직(task force)으로 출발하였으나 국제법인격 없이 FATF 각료회의에서 정기적으로 강령(mandate)을 갱신하며 연장해왔다. 2004년 2월 총회에서 8년을 연장하였고 그 후에도 2020년까지 연장하는 등 사실상 항구조직으로 발전해 가고 있다. FATF는 자금세탁에 대응하는 정책의 개발과 촉진을 목적으로 하는 정부 간 기구로서 설립되어 이러한 정책을 통하여 범죄수익이 장래의 범죄활동에 사용되는 것을 예방하고 합법적인 경제활동을 저해하지 않도록 하는 것을 목적으로 한다.

FATF가 1990년 40개 권고사항을 담은 보고서를 발간한 이후 마약범죄뿐만 아니라 다른 중대범죄들도 국제적·조직적으로 행해짐에 따라 자금세탁행위의 전제범죄 범위를 확대하고, 범죄수사 등 형사사법활동을 국가간 상호협력 하에 진행해야 할 필요성을 인식하게 되었다. FATF는 1996년 6월, 40개 권고사항을 개정하여 자금세탁행위의 전제범죄를 중대범죄로 확대하였다. Egmont Group은 1997년 제5차 연차총회에서 'FIU의 정의'를 확정하는 한편, 국가 간 공조체제구축을 위하여 자금세탁정보의 체계적이고 효율적인 처리를 담당하는 단일의 행정기관으로서의 금융정보분석기구(Financial Intelligence Unit : FIU) 설립을 지원하는 역할을 강화하였다. 또한 자금세탁의 전제범죄에 마약 이외의 범죄들을 포함시킴으로써 자금세탁범죄의 성립범위를 확대하는 방향의 입법을 각국이 추진할 수 있도록 다수의 자금세탁방지 관련 국제협약들이 체결되었다.

2001년 9월 11일 발생한 미국 테러사건은 자금세탁방지 관련 국제규범을 획기적으로 강화하는 계기로 작용하였다. 테러방지를 위한 자금세탁방지제도의 효용성과 중요성이 다시 한 번 확인되었고, 전 세계적 협력에 의한 자금세탁방지제도 구축의 필요성이 더욱 강조되었다. 자금세탁기법의 발달과 다양화, 9.11 사태에 따른 국제환경의 변화 등에 대응하기 위하여 2001년부터 제 2 차 40개 권고사항의 개정 작업을 진행한 결과, 새로운 40개 권고사항을 2003년 6월 베를린총회에서 채택하였다. 이후 FATF는 전 세계적인 테러자금 차단활동에 중요한 역할을 하였다.

2012년에는 규제대상에 대량살상무기 확산금융을 포함시키는 등 규율 대상 범위를 지속적으로 확대하였다. FATF 권고사항은 현재 200개 이상의 국가에서 자금세탁방지의 표준으로 채택되고 있다.

(2) 주요 활동

FATF는 회원국 수의 증가 및 각 지역별 FATF 형태의 지역기구와의 연계를 강화하고 있다. 과거에는 회원국 확대 문제에 폐쇄적인 입장을 견지했었으나 범세계적인 자금세탁방지 네트워크를 확립하기 위해 2002년 이후 러시아, 남아프리카공화국과 중국 등을 새로운 회원국으로 받아들였고, 2009년에는 한국의 가입을 승인하였다.

FATF의 주요 활동은 세 가지로 분류해 볼 수 있다. 첫째는 국경을 초월하여 발생하는 자금세탁·테러자금조달에 공동 대응하기 위해 40개 권고사항과 같은 국제기준을 마련하고, 각 국가의 이행 현황을 평가하는 활동이다. 둘째 활동은 FATF 기준에 부합하는 8개의 FATF 지역기구(FSRB: FATF−Style Regional Body)와 업무적으로 협력하여 비회원국들이 FATF의 권고사항을 채택하고 이행하도록 권고하고 비협조 국가 및 국제기준 미이행 국가에 대한 금융제재를 결정

하는 것이다. 셋째는 자금세탁·테러자금조달 수법 등을 연구하고 대응 수단을 개발하는 것이다.[1]

1) 회원국현황

2020년 현재 FATF에는 OECD 회원국 37개 중 27개국,[2] OECD 비회원국인 홍콩, 싱가포르, 중국, 아르헨티나, 브라질, 러시아, 남아프리카공화국, 인도, 말레이시아, 사우디아라비아 10개국 등 총 37개국과 유럽위원회(European Commission), 걸프협력위원회(Gulf Cooperation Council) 등 2개 국제기구가 기관회원으로 가입해 있다. 즉 FATF에는 총 39개의 국가 및 기구가 가입해 있으며, 2020년 현재 옵저버 국가로는 인도네시아가 있다. 우리나라는 2006년 8월

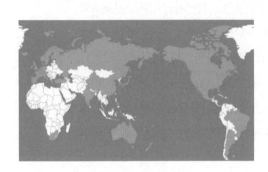

FATF 회원국 현황(2020년 4월 기준)

지역	OECD 국가	非 OECD 국가	국제기구
유럽(21개)	영국, 아일랜드, 아이슬란드, 독일, 프랑스, 네덜란드, 벨기에, 스위스, 룩셈부르크, 오스트리아, 이탈리아, 스페인, 포르투갈, 그리스, 스웨덴, 노르웨이, 핀란드, 덴마크, 이스라엘	러시아	European Commission
미주·기타 (8개)	미국, 캐나다, 멕시코	브라질, 아르헨티나, 남아공, 사우디아라비아	GCC(Gulf Cooperation Council)
아·태(10)	한국, 호주, 뉴질랜드, 일본, 터키	홍콩, 싱가포르, 중국, 인도, 말레이시아	
계(39개)	27개국	10개국	2개

---

1) 국제기준 마련은 「Section3. FATF 국제기준」에서, 각국 이행 현황 평가는 「Chapter4. 우리나라의 자금세탁방지·테러자금조달차단 제도 이행 현황과 과제」에서, 미이행 국가에 대한 제재 등은 본 Section에서 다룬다. 자금세탁·테러자금조달 수법은 「Chapter1. 자금세탁방지·테러자금조달차단·대량살상무기확산금융차단 제도의 개요」에서 다루었다.

2) OECD 회원국 중 FATF 가입국은 영국, 아일랜드, 아이슬란드, 독일, 프랑스, 네덜란드, 벨기에, 룩셈부르크, 오스트리아, 스위스, 이태리, 스페인, 포르투갈, 그리스, 스웨덴, 노르웨이, 핀란드, 덴마크, 터키, 미국, 캐나다, 멕시코, 한국, 호주, 뉴질랜드, 일본, 이스라엘 등 27개국이다.

옵저버 국가가 되었고, 2009년 10월 정회원으로 가입하였다. FATF에 가입하지 못한 OECD 회원국은 폴란드, 헝가리, 체코, 슬로바키아, 칠레, 슬로베니아, 에스토니아, 라트비아, 리투아니아, 콜롬비아 등 10개국이다. IMF, WB, OECD, Interpol, UNODC(유엔마약범죄사무소) 등 경제·사법 분야 23개 국제기구도 옵저버로서 참여하고 있다.

2) 국제기준 미이행 국가에 대한 대응

(ⅰ) 2000년~2008년, 자금세탁방지 비협조국가(NCCT) 선정 및 점검

FATF는 40개 권고사항에 대한 회원국 및 비회원국의 이행을 촉구하고 연례 자체평가와 상호평가를 통해 회원국의 자금세탁방지제도 이행상황을 감독하였다. FATF는 1998년 세계 다수 국가들이 적절한 자금세탁방지를 하지 않고 있다고 판단하여 점검프로세스를 도입하기로 결정하였다. 2년여의 논의 끝에 2000년 2월 FATF 총회에서 이행이 부진한 국가의 선별을 위한 기준[3]을 마련하여 자금세탁 방지체계가 갖추어지지 않거나 비협조적인 국가에 대해서는 자금세탁방지 비협조국가(Non-Cooperative Countries & Territories: NCCT)로 선정하여 대응조치를 취하기 시작하였다.

NCCT 선정경위를 살펴보면 2000년 2월 26개국을 우선 검토대상국가로 선정하여 2000년 6월 총회에서 러시아, 필리핀, 이스라엘 등 15개 국가의 명단을 발표하였으며, 2001년 8개국을 추가하고 4개국을 제외한 이래 더 이상의 지정은 없었다. 다만 제도가 개선된 국가들이 계속적으로 명단에서 제외되었다. 2001년 이후 추가지정이 없었던 이유는 NCCT 지정에는 금융규제의 허점(loopholes), 다른 규제요건의 장애요소, 국제협력의 장애요소, 자금세탁행위를 방지·적발할 자원 부족 등 4개 분야의 25개 기준이 적용되었는데, 이후 FATF 40개 권고사항이 개정되고 테러자금조달 관련 특별권고사항이 채택되면서 지정기준이 국제기준에 부합되지 않게 되었기 때문이다.

2002년 이후의 비협조국 제외현황을 살펴보면 2002년 10월 총회에서 러시아, 도미니카, 마샬군도, 니우 등 4개국이 제외되어 비협조국가가 11개국으로 감소한 이후 2004년 2월 7개국으로 감소하였다. 그리고 2004년 6월 총회에서

---

3) 『Criteria for defining Non-Cooperative Countries & Territories』

자금세탁방지 비협조국가 선정내역

관련 총회	결정내용
2000년 6월 총회	• 검토대상 26개 국가에 대한 실사결과 NCCT 15개국 명단발표 - 러시아, 리히텐슈타인, 필리핀, 이스라엘, 레바논, 파나마, 도미니카, 바하마, 케이만군도, 쿡군도, 마샬군도, 나우루, 니우, 세인트 키츠 네비스, 세인트 빈센트 그레나딘
2001년 6월 총회	• 기존 명단에서 4개국을 제외하고 6개국 추가(총 17개국) - 리히텐슈타인, 파나마, 바하마, 케이만군도 제외 - 헝가리, 과테말라, 미얀마, 이집트, 나이지리아, 인도네시아 추가
2002년 6월 총회	• 헝가리, 이스라엘, 레바논, 세인트키츠네비스 등 4개국 제외(총 15개국)
2003년 6월 총회	• 세인트 빈센트 그레나딘 제외(총 9개국)
2004년 6월 총회	• 과테말라 제외(총 6개국) - 인도네시아, 필리핀, 미얀마, 나이지리아, 나우루, 쿡군도
2006년 6월 총회	• 나이지리아 제외(총 1개국) - 미얀마
2006년 10월 총회	• 미얀마 제외

과테말라를 제외한 후 2005년에는 인도네시아, 필리핀, 쿡군도, 나우루를, 2006년에는 나이지리아와 미얀마를 제외함으로써 이제 NCCT 명단에는 더 이상 아무런 국가도 남지 않게 되었다. 하지만 이들 국가의 제도개선 진전 상황에 대한 FATF의 점검은 2008년까지 계속되었다.

이들 NCCT에 대해서는 FATF 권고사항 21에 따라 회원국 금융기관들에게 비협조국가의 개인, 기업, 금융기관과의 사업, 거래에 특별한 주의를 기울일 것을 요청하였으며, NCCT 지정 후 별다른 개선사항이 없는 국가에 대해서는 일정 시한을 두고 자금세탁방지 관련 법령을 현저한 수준까지 개선하지 않을 경우 추가제재를 취할 것이라는 경고를 하였다. 추가제재란 ① 금융기관에게 NCCT와 관련된 거래의 실제소유자에 대한 강력한 확인조치요청, ② NCCT 국가의 은행이 FATF 회원국에 지점, 지부를 개설하려 할 때 불승인조치, ③ NCCT와 관련된 거래에 대해서 보고하도록 하는 조치, ④ 비금융부문에 대해서도 이들 국가와 거래시 주의할 것을 요청하는 것 등이다.

FATF는 2002년 10월 총회에서 NCCT 지정 후 제도개선이 미진한 나이지리아와 우크라이나에 대해 2002년 12월 15일까지 입법조치 등 전반적인 제도개선을 하지 않을 경우, 추가제재조치를 자동적으로 적용할 것임을 발표하였다. 그 이후 2002년 12월 14일 입법에 성공한 나이지리아에 대해서는 추가제재를 가하지 않았고, 우크라이나에 대해서는 같은 해 12월 15일 추가제재를 취하였다가 입법조치 등이 완료된 2003년 2월 추가제재를 해제한 바 있다.

(ⅱ) 2006~2009년, 제도 미이행국 관련 성명서 발표

FATF는 'NCCT 지정'이 성공적 성과를 거둠에 따라 2004년 비협조국과 관련한 새로운 프로세스인 'Tour de Table(go round the table: 회원국들의 토의로 지정한다는 의미)'를 도입하기로 하였다. 이는 FATF 및 산하 지역기구회원국이 국제협력을 추진하는 과정에서 특정 국가가 자금세탁 및 테러자금조달방지(AML/CFT) 제도를 이행하지 않음으로 인해 어려움을 겪을 때 FATF 총회에서 이 문제를 제기하고 해결할 수 있는 기회와 절차를 제공한다는 취지의 프로세스로서 이 프로세스에 따라 2007년 10월 이란의 AML/CFT 제도 미이행문제에 관한 성명서가 발표되기도 하였다. 그 이후 추가적으로 우즈베키스탄, 파키스탄, 투르크메니스탄, 상투메 프린시페, 사이프러스 북부지역 등 5개 국가 및 지역에 대한 성명서가 발표되었고, FATF는 금융회사 등이 동 국가의 개인 및 법인과 거래 시 강화된 고객확인 의무이행 등 특별한 주의조치를 이행할 것을 촉구하였다. 특히 제도개선을 위한 의지를 전혀 보이지 않고 테러자금조달차단 제도를 이행하지 않는 등 위험성이 높은 이란에 대해서는 각국이 특별한 주의조치 이외에 적절한 대응조치를 적용할 것이 촉구되었다.

FATF는 'Tour de Table'를 도입하면서 국제기준 미이행국가 선별 및 제재 시스템에서 중요한 2가지 변화를 가져왔다. 첫 번째는 FATF에서 점검을 담당하는 실무그룹으로 ICRG(International Cooperation Review Group)를 출범시킨 것이다. ICRG의 역할은 AML/CFT 관련 국제협력을 점검하여 필요한 행동·조치를 총회에 건의하고, NCCT 절차 후속조치를 관리하며, 'Tour de Table' 절차를 실행하는 것이었다.

'Tour de Table' 시행 과정에서 FATF 성명서(public statement)가 발표되기 시작하였다. 종전 NCCT 절차는 FATF가 발표한 명단과 미비사항을 언급하는 수준의 NCCT 후속 이행상황을 설명하는 자료를 공표했으나, FATF 성명서는 해당국에 대한 구체적인 제도개선을 요구하고 회원국이 조치할 사항을 언급하였다. 2007년 10월 이란에 대해 최초로 성명서를 채택하였다.

그 후 FATF는 성명서에 발표된 6개국 정부와의 고위급면담 및 기술지원

등을 통하여 AML/CFT 제도 개선을 유도하였으며, 실제로 어느 정도의 성과도
있었다. 하지만 대상국 선정에 적용되는 명확한 기준과 일관성이 결여되고, 제
재의 실효성이 부족하다는 등의 문제가 지적되어 FATF 내부에서도 'Tour de
Table'를 개선할 필요성이 제기되었으며, G20에서도 FATF가 비협조국 선정 프
로세스를 개선하고 강화할 것을 요구하였다.

"tour de table"에 의한 성명서 발표(2008~2009)

FATF 총회	"tour de table"로 성명서 등재된 국가
2008년 6월	우즈베키스탄, 이란, 파키스탄, 투르크메니스탄, 상투메 프린시페(5개국) + 북부 사이프러스 진전사항 환영
2009년 6월	이란, 우즈베키스탄, 투르크메니스탄, 파키스탄, 상투메 프린시페

(ⅲ) 2010년~2016년 G20의 협력 요청 및 ICRG 프로세스 도입

G20은 2009년 4월 1일 선언문 발표를 통해 금융위기 대처와 관련하여 조
세피난처를 포함한 비협조적인 국가들에 대한 대응의 필요성을 강조하였으며,
같은 날 발표된 '금융시스템 강화에 관한 선언문'에서는 FATF가 각국의
AML/CFT 국제기준 이행상황을 평가하고 검토하는 프로세스를 개정하고 보다
활성화할 것을 요구하였다.

아울러 G20은 2009년 9월 피츠버그정상회의 합의문을 통하여 자금세탁 및
테러자금조달에 대한 대응과 관련한 그간의 FATF 성과를 치하하고, 2010년 2월
까지 고위험지역 리스트를 발표해 줄 것을 요청하였다.

FATF는 그간 축적된 상호평가의 성과를 바탕으로 국제기준 미이행 국가를
선별, 제재하는 새로운 절차의 도입을 결정하였다. 제도 이행에 대한 상호평가
결과가 아주 저조하거나 상호평가를 받지 않거나 보고서가 미공개된 국가는
ICRG에 회부되고, 이어 하부 실무그룹인 지역점검그룹(RRG: Regional Review
Group)의 기초·예비조사, FATF의 승인, ICRG의 세부조사, 성명서 발표, 모니
터링 및 후속조치, 대응조치를 받게 하였다.

이어 FATF는 2009년 6월 사전점검 대상국으로 총 39개국을 선정하고, 4개
지역 그룹별로 동 국가들에 대한 사전점검을 실시하였다. 이 과정에서 FATF는
먼저 'ICRG 프로세스 회부 기준'에 해당하는 84개국을 선정한 후 우선순위 기준

에 따라 은행산업 규모 50억 달러 이상인 국가 32개국, 상호평가 미 수검국 중 중요국가인 북한, 케냐 등 2개국, 과거 NCCT 지정·검토 국가 5개국 등 39개국을 RRG의 예비조사 대상국으로 선정하였다. FATF는 이 국가들 중에서 AML/CFT 제도에 전략적(strategic) 결함이 있는 25개국을 선정하여 해당 국가가 FATF에 협력의사 및 제도개선 의지를 표명하였는지 여부에 따라 분류하여, 제도개선의지를 표명하지 않은 국가들을 대상으로 2010년 2월 성명서를 발표하였다. 이에 따라 성명서에 발표된 3개국도 제도 이행이 미진하여 이 성명서에 포함되었다. 제도개선의지를 표명하고 이행계획을 수립한 그룹의 20개국은 '지속적 점검 프로세스(on−going process)'의 리스트에 기재하여 AML/CFT 국제기준 이행상황을 평가·검토를 받도록 하였다.

⒜ 대응조치(counter-measures)를 촉구하는 FATF 공개성명서 채택
  : 이란, 북한

FATF는 ICRG 점검절차에 의한 점검 결과를 바탕으로 해마다 3회 개최되는 FATF 총회에서 성명서를 발표하였다. 2012년 2월 총회에서는 2009년 6월 사전점검 대상으로 선정된 국가중 AML/CFT 제도에 전략적인(Strategic) 결함이 있는 25개국 중에서 제도개선의지를 표명하지 않으면서 해당국가가 발생시키는 지속적이고 상당한 위험에서 국제금융시스템을 보호하기 위하여 FATF 회원국과 각국에게 '대응조치(counter−measures)'를 촉구하는 나라로서 '이란'을 선정하였다. 이에 따라 FATF는 각국에게 자국의 금융기관이 이란 기업이나 이란 금융기관과의 거래관계에서 특별한 주의(special attention)를 취하도록 권고할 것을 촉구하였다. 이에 대하여 FATF는 2009년의 이란에 대한 성명서에서도 적시하였듯이 각국이 이란으로 인해 발생되는 자금세탁·테러자금조달(ML/FT)의 위험으로부터 금융부분을 보호할 수 있도록 효과적인 '대응조치'를 갖추도록 촉구하였다. 그리고 FATF는 각국에게 대응조치를 우회하거나 회피하여 이뤄지는 환거래 관계를 차단하도록 요청하고 각국이 자국에 이란 금융기관 지점 등이 개설을 요청받게 되면 자금세탁·테러자금조달(ML/FT)의 위험을 고려하도록 했다. 대응조치에 대한 각국의 조치의 편차가 크고 실효성이 떨어진다는 지적이 제기되어 2012년에 개정된 FATF 권고사항 19의 주석서에서 대응조치(counter−measures)의 9가지 예를 들었다.[4]

2011년 2월 총회에서 북한에 대해서도 각국이 대응조치를 취하도록 하는 성명서가 채택되어 이란과 북한에 대한 대응조치 요구는 2016년 2월까지 이어졌다.

　(b) 해당국의 전략적인 결함으로부터 발생하는 위험을 고려할 것을
　　 촉구하는 성명서

2010월 2월 FATF 총회에서는 2009년 6월 사전점검 대상으로 선정된 국가 중 AML/CFT 제도에 전략적(strategic) 결함이 있는 25개국 중에서 제도개선의지를 표명하지 않은 앙골라, 북한, 에콰도르, 에티오피아 등 4개 국가를 선정하여 각국이 해당국의 전략적인 결함으로부터 발생하는 위험을 고려할 것을 촉구하는 공개성명서가 채택되었다.

그리고 이미 AML/CFT 제도에 전략적 결함이 있어 'Tour de Table' 대상국가로서 선정된 바 있는 파키스탄, 투르크메니스탄, 상투메 프린시페 등 3개 국가도 제도 이행이 미진함을 이유로 성명서에 포함되었다.

이들 국가들은 AML/CFT 제도 이행에 진전이 있다고 평가되면 성명서에서 제외되었다. 2011년 2월 총회에서 북한이 '대응조치' 대상 국가의 리스트에 포함되어 해당국가가 더 이상 존재하지 않았으나, 2011년 6월 총회에서 볼리비아, 쿠바, 에티오피아, 케냐, 미얀마, 스리랑카, 시리아, 터키가 'FATF 성명서'의 대상이 되었고, 1년 후에는 탄자니아, 태국, 베트남, 예멘, 인도네시아, 나이지리아, 가나, 에콰도르, 미얀마 등이 추가되어 대상국가가 18개국으로 확대되었다.

2014년 이후는 대상국들의 전략적인 결함이 보완되면서 이 리스트상의 국

---

4) FATF 권고사항 19에 대한 주석 2항 : 국가들이 취할 수 있는 '대응조치' 및 이와 유사한 위험 완화 효과를 갖는 기타 조치에는 (a) 금융기관에 강화된 확인조치의 특정 요소를 적용하도록 요구, (b) 강화된 관련 보고 메커니즘 도입 또는 금융거래의 체계적 보고 도입, (c) 해당국가의 금융기관 자회사, 지점 또는 대표사무소의 설립 거절, 또는 그 외에 적절한 AML/CFT시스템을 갖추지 않은 국가의 금융기관이라는 사실을 고려, (d) 해당국가에 금융기관의 지사 또는 대표사무소의 설립을 금지하거나, 해당 지사 또는 대표사무소가 적절한 AML/CFT시스템을 갖추지 않은 국가에 있을 것이라는 사실 고려, (e) 확인된 국가 또는 그 국가에 있는 자와의 거래관계 또는 금융거래를 제한, (f) 금융기관이 CDD절차의 요소를 수행하기 위해 해당국가에 소재한 제3자에 의존을 금지, (g) 금융기관이 해당국가에 있는 금융기관과의 제휴관계를 검토 및 수정, 또는 필요 시 종료할 것을 요구, (h) 해당국가에 근거지를 둔 금융기관의 지사 및 자회사에 대해 더 높은 감독 검사 및/또는 외부감사 기준 적용, (i) 해당국가에 소재한 지점 및 자회사를 둔 금융그룹에 대한 더 높은 외부감사 기준의 적용 등이 있음

FATF 공개성명서 발표 대상국

총회	Public Statement (FATF 공개성명서)	
	각국에 대응조치 촉구 (counter-measures)	각국이 해당국의 ML/FT 위험을 고려할 것을 촉구
2010년 2월 총회	이란	앙골라, 북한, 에콰도르, 에티오피아
		("tour de table" 대상국가로서 이행이 미진) 파키스탄, 투르크메니스탄, 상투메 프린시페(총 7개국)
6월 총회	이란	북한, 상투메 프린시페(2개국)
10월 총회	이란	북한(2개국)
2011년 2월 총회	이란, 북한	-
6월 총회	이란, 북한	볼리비아, 쿠바, 에티오피아, 케냐, 미얀마, 스리랑카, 시리아, 터키(8개국)
2012년 6월 총회	이란, 북한	볼리비아, 쿠바, 에콰도르, 에티오피아, 가나, 인도네시아, 케냐, 미얀마, 나이지리아, 파키스탄, 상투메 프린시페, 스리랑카, 시리아, 탄자니아, 태국, 터키, 베트남, 예멘(18개국)
2013년 6월 총회	이란, 북한	에콰도르, 에티오피아, 인도네시아, 케냐, 미얀마, 나이지리아, 파키스탄, 상투메 프린시페, 시리아, 탄자니아, 터키, 베트남, 예멘(13개국)
2014년 2월 총회	이란, 북한	알제리, 에콰도르, 에티오피아, 인도네시아, 미얀마, 파키스탄, 시리아, 터키, 예멘(9개국)
2014년 6월 총회	이란, 북한	알제리, 에콰도르, 인도네시아, 미얀마(4개국)
2015년 6월 총회	이란, 북한	알제리, 미얀마(2개국)
2015년 10월 총회	이란, 북한	미얀마(1개국)
2016년 2월 총회	이란, 북한	-

※ FATF는 "공개성명서"와 별도로 '국제적 AML/CFT 이행수준 제고를 위한 지속적인(On-going) 프로세스' 국가리스트를 별도로 발표

가들은 일부가 성명서 외 '지속적 점검 프로세스'상의 리스트에 등재되거나 리스트에서도 완전히 제외되면서 그 규모가 감소하였고 2015년 10월 미얀마가 제외되면서 리스트에 어떠한 국가도 등재되지 않게 되었다.

(c) 국제적 AML/CFT 이행수준 제고를 위한 지속적인(on-going) 프로세스

2010월 2월 FATF 총회에서는 2009년 6월 사전점검대상으로 선정된 국가 중 AML/CFT의 전략적인 결함에 대응하기 위해 FATF와 함께 수립한 이행 계획을 이행하는지 지속적(on-going)으로 점검받게 되는 20개국을 선정하였다. 다

만 이 국가들은 FATF 성명서의 대상은 아니므로 각국이 해당국과 거래를 할 때 특정한 조치가 요구되지는 않았다.

2010년 2월 총회에서는 예멘, 터키, 태국, 우크라이나, 트리니다드 토바고, 시리아, 수단, 스리랑카, 카타르, 파라과이, 나이지리아, 네팔, 미얀마, 모로코, 케냐, 인도네시아, 볼리비아, 그리스, 아제르바이잔, 앤티가바부다 등 20개국을 대상국으로 발표하였으며 2016년 2월에는 대상국이 아프가니스탄, 보스니아 헤르체코비나, 기아나, 이라크, 라오스, 미얀마, 파푸아뉴기니, 시리아, 우간다, 바누아투, 예멘 등 11개 국가로 감소하였다.

(iv) 2016년~2019년 공개성명서 및 지속점검 프로세스 운영

(a) FATF의 공개성명서 채택: 북한에 대한 대응조치, 이란에 대한 유예

2016년 6월 우리나라 부산에서 개최된 FATF 총회에서는 회원국과 각국에게 북한에 대해 대량살상무기확산 금융의 금지를 촉구하는 FATF 성명서를 채택하였다. 북한은 이미 FATF 최고수준 제재(counter-measure)를 받고 있었으므로 제재 수준이 상향 조정된 것은 아니지만 성명서에서 최초로 북한의 대량살상무기확산 및 관련 금융활동에 우려를 표명하면서 안보리결의에 따른 정밀금융제재 적용을 촉구하였다는 점이 이전의 성명서와는 달랐다. 아울러 FATF는 성명서를 통해 회원국에 대해 이미 개설된 북한 금융기관의 자회사·지점 등이 있는지 여부 및 관련 금융거래에 대해 점검할 것을 요청하였다.

반면에, 성명서는 이란에 대해서는 테러자금조달금지법 입법 등 그동안의 제도개선 실적을 감안하여, FATF 최고수준의 제재인 '대응조치(counter-measure)'의 적용을 유예하되 각국에 자국의 금융기관이 이란 측과의 거래시 강화된 주의의무(enhanced due diligence)를 요청하도록 하는 등 이란을 소위, Black list로 분류하였다. 다만, 1년 내 개선조치(action plan)를 이행하지 않으면 최고수준의 제재로 복귀한다는 단서를 덧붙였다.

북한과 관련된 성명서와 관련하여 2016년 10월 총회에서는 제5차 핵실험 등 북한의 위협에 대응하기 위하여 기존의 북한 공개성명서에 2016년 3월에 채택된 「유엔안보리결의 2270호」 내용을 추가, 반영하였다. 이에 따라 각국이 북한 은행과 환거래관계를 종료해야 하게 되는 등 대북 금융제재가 한층 더 강화되었다. 2017년 7월 총회에서는 북한의 확산금융에 대응하기 위하여 각국이

FATF 권고사항과 대북제재 관련 유엔안보리결의를 효과적으로 이행할 것을 촉구하는 성명서가 채택되었다. 북한과 관련된 FATF 국제기준을 충실히 이행하기 위해 북한에 대한 '정밀금융제재'를 신속히 적용하고 기관 간 협력을 강화하는 것이 주요내용이다. 그리고 이 성명서는 총회 개최 이전에 체결된 대북제재 관련 유엔안보리 결의(2270호, 2371호, 2375호, 2321호 등)[5]를 각국이 충실히 이행하도록 촉구하고 있다. FATF가 자금세탁·테러자금조달 금지 외에 '확산금융'에 대한 별도의 성명서를 채택한 것은 매우 예외적인 경우로서, 국제사회의 북한 핵실험에 대한 깊은 우려를 나타낸 것으로 볼 수 있다.

이란에 대한 성명서와 관련하여 2017년 6월 총회에서는 이란의 제도 개선 실적을 평가하여 전신송금 및 현금운반과 관련하여 그간의 제도를 개선한 실적이 있음을 감안하여 최고수준 제재인 '대응조치' 부과 여부에 대한 결정을 추가적으로 1년간 더 유예하기로 하여 이란에 대한 '대응조치' 부과를 총 2년 유예하게 되었다. 이후 2018년 6월 총회에서도 이란에 대해서는 '대응조치' 부과가 유예되었으나, 2018년 10월 총회의 성명서는 이란의 FATF 국제기준 이행을 위한 관련 법령의 신속한 입법 등을 촉구하였다.

2019년 2월 총회에서는 이란의 제도 이행에 대한 점검 회의를 개최하여 이란에 대해 이전보다 더 강력한(tougher) 어조의 성명을 통해 액션플랜의 이행을 촉구하고 2019년 6월로 정해져 있는 이행 기한을 지키지 못한다면 이란에 기반을 둔 금융기관에 대한 강화된 감독 시행 등 이란에 대해 강화된 조치를 취할 것임을 경고하였다.

(b) 국제적 AML/CFT 이행수준 제고를 위한 지속적인 프로세스

FATF는 기존과 동일하게 AML/CFT의 전략적인 결함에 대응하기 위해 FATF와 함께 수립한 계획을 이행하는지 지속적(on-going)으로 점검받게 하는 프로세스를 운영하였다. 국가마다 차이는 있으나, 이들 국가는 제도 이행에 대한 계획을 수립하고 고위급 이행확약 서한을 제출하였으나 개선조치가 불충분하다고 평가받은 국가들이다.

---

5) 대북제재 결의의 주요내용: ① 북한 은행의 회원국내 지점·사무소 신규 개설 등 금지, 기존 지점 폐쇄 및 거래활동 종료(2270호), ② UN 회원국 금융기관의 북한내 사무소·은행계좌 개설 등 금지(2270호), ③ 북한 공관 및 공관원의 금융계좌 개설 제한(2321호) 등

2016년 6월 총회에서는 직전 총회에서 발표한 대상국가들 중에서 미얀마와 파푸아뉴기니를 제외한 아프가니스탄, 보스니아 헤르체코비나, 기아나, 이라크, 라오스, 시리아, 우간다, 바누아투, 예멘 등 9개국을 '지속 점검 국가'로 선정하였다. 2019년 10월 기준으로 시리아와 예멘을 제외한 7개국은 대상국가에서 제외되었고, 바하마, 보츠와나, 캄보디아, 가나, 아이슬란드, 몽골, 파키스탄, 파나마, 트리니다드토바고, 짐바브웨 등 10개국이 추가되었다.

ⓒ FATF 회원국으로서 지속적인(on-going) 프로세스(ICRG 프로세스) 회부

2014년부터 변경된 방식으로 실시된 상호평가에서 FATF 정회원 국가 중 최초로 아이슬란드가 2018년 ICRG 프로세스에 회부(referral)되었다.

2018년 2월 FATF 총회에서는 아이슬란드에 대한 FATF 상호평가 결과 보고서에 대한 토론이 이루어졌다. 아이슬란드는 OECD 회원국이자 1인당 GDP 약 7만 달러 수준(2016년 기준 세계 7위)의 상당한 경제규모를 지닌 국가임에도 불구하고 국제협력을 제외한 대부분 사항에서 FATF가 요구하는 기준에 미달하는 것으로 평가되었다. 국가 전반의 자금세탁·테러자금조달 방지 능력을 평가하는 국가위험평가 및 그 결과에 따른 보완조치가 부실한 점이 전반적인 상호평가 결과에 부정적인 영향을 미쳤고 자금세탁·테러자금조달과 관련한 수사나 몰수 실적이 낮고, 법인·단체의 실제소유자에 대한 정보 공유가 미흡하다는 점이 문제점으로 지적되었다.

ICRG는 이후 1년간 아이슬란드의 후속조치 사항을 모니터링하고, 1년의 유예기간 개선이 있었는지를 평가하였다. 2019년 6월 FATF 총회에서 아이슬란드의 제도 이행에 진전이 있었지만, 2019년 10월 총회에서 몽골, 짐바브웨와 함께 '제도 개선 조치가 불충분'하여 '지속적 점검'이 필요한 국가로 리스트에 등재되었다.

한편, 터키도 2019년 10월 총회에서 논의된 상호평가 결과에서 테러자금 등에 대한 동결이 적시에 이루어지지 않는 등 AML/CFT 체계가 미흡한 것으로 판단되어 ICRG 프로세스에 회부(referral)되었다. ICRG는 아이슬란드와 마찬가지로 터키에 대해서도 1년간 후속조치 사항을 모니터링하고, 1년의 유예기간 후에도 개선 여부를 평가하게 된다.

(ⅴ) 2020년 이후, 고위험국가 및 강화된 점검 대상 국가

FATF는 그간 AML/CFT 체계가 취약한 국가를 2개의 문서로 나누어 매년 3회 총회마다 공개되었다. AML/CFT 체계가 취약한 국가들의 리스트를 공개하는 프로세스는 효과적이었던 것으로 평가된다. 2020년 2월까지 100개의 국가에 대한 평가가 이루어졌고 80개 국가에 대한 평가가 공개되었다. 이 80개 국가 중 60개 국가가 제도 개선을 이루어내어 리스트 공개 프로세스에서 제외되었다.

2020년 2월 FATF총회에서는 공개되는 문서의 명칭 변경이 이루어졌다. 기존의 '공개성명서(public statement)'는 '조치를 요하는 고위험 국가(high-risk jurisdictions subject to a call for action)'로 변경되었고, 기존의 '국제적인 AML/CFT 제도이행'을 진전시키기 위한 지속적 점검 프로세스(improving global AML/CFT compliance: on-going process)'는 '강화된 점검 대상 국가(jurisdictions under increased monitoring)'로 명칭이 변경되었다.

이와 동시에 2020년 FATF는 이란이 2018년 1월로 약속된 제도개선 이행 시한이 상당 기간 경과 했음에도 제도개선이 이루어지지 않음에 따라 일시 유예하였던 '대응조치'를 2016년 6월 다시 적용하기로 하고 이란을 '조치를 요하는 고위험 국가'의 리스트에 등재시켰다.

'조치를 요하는 고위험 국가'는 자금세탁·테러자금조달·확산금융(ML/FT/PF) 방지체계의 중대한 전략적 결함(significant strategic deficiencies)이 있는 것으로 평가된 국가이므로, FATF는 해당국가가 발생시키는 지속적이고 상당한 위험에서 국제금융시스템 보호를 위하여 각국이 강화된 고객확인의무조치(enhanced due diligence measures)를 취하거나 아주 심각한 경우, 대응 조치(counter-measures)를 취할 것을 촉구하고 있다.

반면에 같은 총회에서 FATF는 '강화된 점검 대상 국가'였던 트리니다드 토바고는 현저히 개선된 것으로 판단하여 명단에서 제외하는 대신 알바니아, 미얀마, 바베이도스, 자메이카, 니카라과, 모리셔스, 우간다 등 7개국을 '강화된 점검 대상 국가' 리스트에 포함시켰다.

고위험 국가 및 강화된 점검대상 국가

총회	FATF 공개성명서 (Public Statement)		지속적 점검(On-going process)
	대응 조치 (counter-measures)	강화된 주의의무조치 (enhanced due diligence measures)	제도 개선조치가 불충분한 국가
2016년 6월 총회	북한	이란	아프가니스탄, 보스니아 헤르체코비나, 기아나, 이라크, 라오스, 시리아, 우간다, 바누아투, 예멘 (9개국)
2017년 6월 총회	북한	이란	보스니아 헤르체코비나, 에티오피아, 이라크, 시리아, 우간다, 바누아투, 예멘(7개국)
2018년 6월 총회	북한	이란	에티오피아, 파키스탄, 세르비아, 스리랑카, 시리아, 트리니다드토바고, 튀니지, 예멘(8개국)
2019년 6월 총회	북한	이란	바하마, 보츠와나, 캄보디아, 가나, 에티오피아, 파키스탄, 파나마, 스리랑카, 시리아, 트리니다드토바고, 튀니지, 예멘(12개국)
총회	조치를 요하는 고위험 국가 (High-risk jurisdictions subject to a call for action), 소위 "black list'		강화된 점검 대상 국가 (Jurisdictions under increased monitoring) 소위 'grey list'
2020년 2월 총회	북한, 이란		알바니아, 바하마, 바베이도스, 보츠와나, 캄보디아, 가나, 아이슬란드, 자메이카, 모리셔스, 몽골, 미얀마, 니카라과, 파키스탄, 파나마, 시리아, 우간다, 예멘, 짐바브웨 (18개국)

3) 주요 활동내역

(ⅰ) 2000년대의 주요활동

(a) 1998~1999년의 활동

스페인, 핀란드, 룩셈부르크, 아일랜드, 홍콩, 뉴질랜드, 아이슬란드, 싱가포르, 포르투갈, 터키, 아루바, 네덜란드에 대한 상호평가가 이루어져 2차 상호평가가 완결되었다. 또한 권고사항을 준수하지 않은 가입국에 대한 대응정책이 오스트리아, 캐나다, 일본, 싱가포르에 적용되었다.

자금세탁 유형 및 대응책에 대한 연례조사보고서를 발표하였는데, 이 기간의 연구는 유로통화단위 및 거액은행수표, 역외금융 센터문제, 외국법인의 수혜자신원 확인, 새로운 지불수단개발로 제기되는 문제, 금시장이 자금세탁에 이용될 가능성 등에 초점을 맞추었다.

(b) 1999~2000년의 활동

아르헨티나, 브라질, 멕시코 3개국이 정식 회원국으로 가입하였고, 바하마, 버뮤다, 이스라엘, 모나코 등 26개 국가(지역)의 자금세탁방지제도를 평가한 후 이 중 15개국을 NCCT로 분류하여 사업관계 및 거래시 특히 주의하도록 권고하고, 향후 시정하지 않을 경우 대응조치를 채택할 것임을 발표하였다.

2000년 연례회의에서 인터넷상 은행거래의 취약성, 여타 송금시스템의 확산 등 현행 및 향후 자금세탁 위협문제를 검토하고, 이행절차에 관한 지침 및 정보교환 연락창구 마련, 회원국 FIU의 조세당국으로의 정보전달상의 문제점 검토 등의 과제에 착수하였다.

(c) 2000~2001년의 활동

자금세탁방지제도의 확산과 관련하여 ECB(European Central Bank)와 Europol에 FATF의 옵저버의 지위를 부여하였다.

FATF 40개 권고사항 이행감독과 관련하여 바레인, 쿠웨이트, 오만에 대한 상호평가를 실시하였고, 자금세탁 방지활동에 대한 자체평가를 실시한 결과 FATF 회원국이 법적, 국제적인 협력문제를 다루는 권고사항을 이행하는 데 큰 어려움이 없음을 인식할 수 있었다. 그러나 FATF 권고사항의 해석이나 응용면에서 문제가 발생하고 있다는 점이 2000년 10월 FATF 총회에서 제기되었고, 이러한 문제제기가 FATF 40개 권고사항 개정작업을 촉진시켰다.

자금세탁의 추세와 기법, 대응조치에 대한 연구를 노르웨이의 주관으로 진행하였다. 주요 연구이슈로는 온라인 뱅킹, 인터넷 카지노, 신탁재산과 비기업적 수단을 이용한 자금세탁, 변호사, 공증인, 회계사 및 그 외의 전문가집단에 대한 자금세탁 방지의무 부과, 현금의 역할, 테러자금조달 등이 있었다.

(d) 2001~2002년의 활동

자금세탁방지제도 확산과 관련하여 아프리카개발은행(African Development Bank)과 Egmont Group에 옵저버 지위를 부여하였고, 러시아에 대해서는 2003년 초에 옵저버 지위를 부여하고 차기 총회에서 남아프리카공화국과 함께 정식 회원으로 승인하기로 하였다. 또한 국제금융기구와의 협조체제를 발전시키는 데 주력하였으며, 자금세탁방지와 테러자금조달차단에 관한 국제적 방법론을 활용하여 평가할 수 있는 기회를 가졌다.

FATF 40개 권고사항 이행감독과 관련하여 회원국들을 대상으로 자체평가를 실시하였고, 걸프협력위원회(Gulf Cooperation Council)와 연계하여 아랍에미리트와 카타르에 대한 상호평가를 실행하였다.

FATF 40개 권고사항에 관한 포괄적인 재검토를 진행하여 그 동안 논의되었던 자금세탁위험이나 자금세탁방지제도에 관한 새로운 제안을 담은 공식협의보고서(public consultation paper)를 발간하였다. 또한 각각의 국가, 국제기구, 금융부문, 이익집단 등으로 하여금 FATF의 40개 권고사항 수정작업에 대한 의견을 표명할 수 있는 기회를 제공하였고, 이를 개정안에 반영하였다.

(e) 2002~2003년

FATF 40개 권고사항 개정작업을 성공적으로 완료하고, 2003년 6월 18일부터 발효시켰다. 40개 권고사항 주요 개정내용은 ① 자금세탁 전제범죄 기준강화, ② 고객확인의무의 확대 및 고위험 고객 및 거래에 대한 강화된 고객확인 실시, ③ 변호사, 카지노, 부동산중개인 등 6개 전문직에 대한 의심되는 거래보고 의무부과, ④ 신탁 등 법률관계와 법인에 대한 투명성강화 등이다.

FATF는 이 기간 동안 러시아연방과 남아프리카공화국을 FATF의 정식회원으로 받아들였고, 테러자금조달차단을 위한 8개 특별권고사항에 대한 해석과 적용지침을 발전시켜 전 세계 국가가 동 권고사항을 수용토록 하는 한편, 자기평가질문서에 대한 답변서를 130여 개 국가로부터 접수하였다.

IMF와 세계은행은 FATF 40개 권고사항과 8개 특별권고사항을 자금세탁과 테러자금 조달차단을 위한 국제표준으로 승인하였고, FATF 권고사항의 준수여부 평가를 위한 공동평가방법론(a common methodology)에 합의하고, 2003년 말부터 이를 사용하기로 하였다.

(f) 2003~2004년

FATF의 활동기한을 2012년까지로 연장하였다.

테러자금 조달차단 관련 특별권고사항 Ⅲ에 대한 모범사례와 특별권고사항 Ⅱ에 대한 주석을 제정하는 등 동 권고사항 이행을 위한 지침을 마련하였다.

FATF 권고사항의 이행여부에 대한 2004년도 평가방법론을 제정하고 이를 사용하기로 하였다.

IMF/WB, FSRBs 등 국제기구와의 협력을 강화하고, 멕시코, 사우디아라비아, 아르헨티나, 브라질의 상호평가보고서를 채택하였다.

(g) 2006~2007년

중국의 자금세탁방지제도는 여전히 개선의 여지가 많은 것으로 평가되었지만, 회원국들은 중국의 전략적 중요성 및 그간 가시적인 성과를 이룬 점 등을 들어 중국의 회원가입을 지지함으로써 2007년 중국의 정회원가입이 승인되었다.

2006년 2월 총회에서는 8년 만에 최초로 회원국 확대 문제가 논의되었는데, 11개국이 가입을 희망하였으나 한국에만 옵저버 지위가 부여되었다.

FATF 형태의 지역기구의 발전을 돕기 위한 노력의 일환으로 지역기구들의 준회원신청을 검토하여 APG(아시아·태평양), GAFISUD(남미), Council of Europe(유럽)을 FATF의 준회원으로 승인하였다.

(h) 2008~2010년

2006년 한국에 옵저버 지위가 부여됨에 따라 2008년 한국에 대한 상호평가를 실시한 결과 2009년 한국이 정회원으로 가입할 것을 승인하였다.

비협조국선정 프로세스를 개선하여 4개 지역 그룹별로 동 국가들에 대한 사전점검을 실시하고, 중대한 결함이 있는 국가의 정부가 FATF와의 협력의사 및 제도개선 의지를 표명하였는지 여부에 따른 성명서를 발표하였다.

대량살상무기확산 방지 관련 FATF의 정책개발 및 협의에 관한 현황보고서가 채택되었다.

(ii) 2010년대의 주요활동

(a) 2010~2011년

FATF 국제기준 개정을 위한 검토가 계속되었다. 가용자원이 우선순위에 따라 배분되어야 한다는 원칙하에 가장 큰 위험에 가장 많은 주의를 기울이도록 하는 '위험기반접근방식(RBA : Risk Based Approach)', 국내 정치적 주요인물(PEPs)에 대한 강화된 고객확인의무 도입, 「UN 반부패협약」을 필수적으로 이행해야 하는 협약으로 규정하는 방안이 검토되었다. 이와 함께 FATF는 G20 요청에 따라 부패범죄에 관하여 검토를 수행하여 '부패 차단을 위한 FATF 권고사항의 사용설명서'를 작성하였다.

　　2010년 6월 G20 재무장관회의에서는 국제기준 제정을 담당하는 기구들이 금융소외자 포용(financial inclusion)을 위해 기여할 수 있는 방안을 모색할 것을 요구하였다. FATF는 APG, World Bank와 함께 금융소외자 포용 및 은행 접근이 어려운 계층을 위한 혁신적인 금융상품의 개발을 위한 AML/CFT문제를 다룸에 있어 선진국 및 개도국의 경험을 반영해야 하는 데 합의하고, 2011년 6월 '금융소외자 포용에 관한 FATF 지침서'를 제정하였다. 아울러 민간부문을 포함한 금융소외자 포용을 위한 프로젝트 그룹을 조직하기도 하였다.

　　자금세탁과 테러자금조달의 5가지 유형에 대한 연구가 진행되어, '신지급수단(new payment methods)', '신탁 및 회사 설립 전문가', '조직적 해적 및 인질 납치', '부패수익세탁', '인신매매와 이주자 밀입국'에 관련된 자금세탁 유형론 보고서들이 발간되었다.

(b) 2011~2012년

　　2012년 2월 총회에서 FATF 권고사항이 개정되었다. 주요 개정 내용은 테러자금조달 관련 9개 특별권고사항을 40개 권고사항에 통합, 대량살상무기 확산금융 규제를 FATF 권고사항으로 편입, 국내 정치적 주요인물의 고위험 거래에 대한 고객확인 강화를 통한 부패 차단, '위험기반접근방식(RBA: Risk Based Approach)'을 정책·감독·검사·이해 등에 전면적으로 적용, 신탁 등 법률관계와 법인의 실제소유자 정보 관리를 통한 투명성 강화, 조세범죄의 자금세탁 범죄 포함 의무화 등이다.

　　권고사항 이행에 대한 제3차 라운드 상호평가를 2012년에 종료하고 2013년부터 제4차 라운드를 진행하기로 하였다.

　　2012년 6월 총회에서는 '금융수사 지침서', '부패수익세탁 관련 특정위험요소'와 '담배의 불법무역거래'등 세 유형에 대한 보고서의 발간이 승인되었다.

(c) 2012~2013년

　　2013년 2월 총회에서는 새로운 FATF 국제기준 이행평가 방법론이 확정·발표되었다. 이는 2012년 2월에 발표된 FATF 개정 권고사항에 대한 각국의 이행을 평가하기 위한 것이다. 새로운 평가방법론은 종전의 FATF 49개 권고사항별 기술적 이행 평가방법론을 개정한 'FATF 40개 권고사항의 기술적 이행 평가

방법론'과 AML/CFT 제도의 효과적 작동 여부를 별도로 평가할 방법론이 필요하여 도입된 '각국의 자금세탁방지·테러자금조달차단 제도의 효과적 작동 여부를 평가하는 효과성 평가방법론'으로 구성되어 있다.

FATF 권고사항 개정에 따라 지침서나 모범규준의 개정 작업이 이루어졌다. 2012년 10월 총회에서는 '몰수에 관한 모범사례(Best Practices)'와 '지속적 자산회수를 위한 체계'를 개정하였다. 2013년 6월 총회에서는 '선불카드, 모바일지급, 인터넷기반 지급서비스 지원에 대한 RBA 지침서', '대량살상무기확산금융 차단을 위한 유엔안보리의 금융제재규정 이행을 위한 지침서', '정치적 주요인물(PEPs)에 대한 지침서'를 채택하였고 '비영리조직의 악용 차단에 관한 모범사례집'과 '테러·테러자금조달 관련 정밀금융제재에 관한 모범사례집'을 업데이트하였다.

유형론 연구가 이루어져 관련된 3개의 보고서가 발간되었다. ML/FT 리스크를 더 잘 측정할 수 있도록 하기 위해 '국가위험평가(NRA) 지침서'가 발간되었고 2013년 6월 총회에서는 '화폐위조 관련 자금세탁·테러자금조달'과 '법률전문가의 자금세탁·테러자금조달 취약성'에 관한 보고서가 채택되었다.

(d) 2013~2014년

우리나라는 2014년 6월 총회에서 FATF 제3차 라운드 상호평가를 졸업하였다. 2009년 상호평가 당시 고객확인제도, 자금세탁 의심거래보고, 테러자금조달 금지제도 등 16개 핵심·주요 권고사항 중 9개를 이행하고 있지 않다는 평가를 받았으나, 그 이후 3~4년간의 입법 추진과 금융회사등의 적극적인 제도참여를 통해 이행 등급을 인정받게 된 것이다.

2014년 6월 총회에서는 금융위원회 신제윤 위원장이 FATF 부의장을 수임하여 2015년 7월부터 1년간 의장직을 수행하게 되었다. 2013년 10월 총회에서 FATF 상호평가 제4차 라운드절차가 채택되어, 2014년부터 4차 라운드가 개시되었다.

부패차단을 위한 타 국제기구와의 협력이 계속되어 2013년 10월 총회에서 '부패차단을 위한 FATF 권고사항 활용방안'이 발표되었고, 정밀금융제재에 UN 안보리 결의를 효과적으로 반영하기 위하여 UN과 긴밀한 협의를 지속하였다.

유형론과 관련한 여섯 개의 보고서가 발표되었다. 2013년 10월 총회에서는 '자금세탁·테러자금조달에서의 하왈라 및 유사서비스 제공자의 역할', '서아프리카의 테러자금조달', '다이아몬드 거래를 통한 자금세탁·테러자금조달' 보고서가 승인·발표되었다. 2014년 6월 총회에서는 '가상통화의 정의와 잠재적 AML/CFT 리스크', '비영리조직이 테러리스트에 악용되는 리스크', '아프가니스탄의 아편 불법 생산·거래 관련 자금의 흐름'이라는 세 개의 보고서를 채택하였다.

(e) 2014~2015년

위험기반접근방식(RBA)의 도입에 따라 특정 고객군, 특정 금융서비스, 특정 지역의 고객 등에 대하여 거래를 제한하거나 중단하는 이른바 거래기피 (de-risking) 현상이 나타나 FATF는 이에 대한 해결책을 모색하였다.

개정된 FATF 권고사항에 따라 FATF는 새로운 지침서와 모범사례를 채택 하였다. 2014년 10월 총회에서는 신탁 등 법률관계와 법인이 자금세탁이나 테 러자금조달에 이용되지 않도록 하기 위한 '투명성과 실제소유자에 대한 지침서' 를 채택되었고, '은행분야의 RBA 지침서'가 공개되었다. 2015년 6월 총회에서는 '가상통화에 대한 RBA 지침서'를 채택하고 '비영리조직의 악용 차단에 관한 모 범사례집'이 개정되었다.

ML/FT 리스크·경향·수법과 관련한 연구도 지속되었다. 'ISIL 테러조직의 자금조달', '금과 관련된 ML/FT 리스크와 취약성' 보고서가 발표되었다.

(f) 2015~2016년

이 기간 동안 FATF는 테러자금조달과 관련된 권고사항과 주석서 등을 개 정하였다.

FATF 권고사항 5는 테러자금조달을 범죄화할 것을 규정하고 있고, 주석서 는 자금의 일부 또는 전부가 직접적이든 간접적이든 사용 또는 제공되는 것 모 두를 범죄화해야 한다고 규정되어 있었는데, 2015년 10월 총회에서 제5조의 주 석서를 개정하여 그 범위는 ISIL의 외국인테러전투원(foreign terrorist fighters) 이 증가하는 것에 대응하기 위하여 '테러 참가 또는 훈련을 목적으로 다른 국가로 떠나는 개인의 여비'도 규율 대상의 자금의 범위에 포함하도록 하였다.[6]

또한, 2016년 6월 총회에서는 FATF 권고사항 8과 주석을 개정하였다. 그 동안 비영리조직은 권고사항 8은 비영리조직의 범위와 활동의 다양성을 고려하 지 않고 비영리조직 모두를 잠재적 테러활동 후원자나 범죄 집단으로 규정하는

---

6) 이귀웅, FATF 국제기준 해설, 2016

것으로 비춰진다는 우려가 지속적으로 제기되었었다. 이에 FATF는 테러자금 조달의 실제 사례를 조사하고 비영리조직들의 의견을 반영하여, 비영리조직의 긍정적 기여를 인정하는 한편 FATF에서의 비영리조직의 정의를 신설하고, 정의된 비영리조직에 대해서만 FATF 권고사항이 적용된다는 사실을 명시하였다. 또한 비영리조직 분야의 테러자금조달 위험도 평가를 의무화하고 위험기반접근방식 (RBA)의 도입을 의무화하였다.[7]

ML/FT 리스크·경향·수법과 관련하여 전년도에 이어 테러자금조달에 대한 연구가 집중적으로 이루어졌다. 2015년 10월 총회에서는 전년에 발표된 'ISIL 테러조직의 자금조달'의 후속 보고서로서 '새롭게 부각되는 테러자금조달 리스크'에 대한 보고서가 발간되었고 '현금운반을 통한 자금세탁' 보고서도 채택되었다.

2016년 6월 부산에서 개최된 FATF 총회에서는 교육연구기구로서 같은 해 9월 부산에서 설립된 'FATF TREIN' 설립목적, 지배구조 등에 관한 양해각서(안)과 TREIN 운영위원회 구성(안)이 승인되었다.

(9) 2016~2017년

FATF는 테러자금조달차단을 위한 노력을 지속하여 2016년 10월 총회에서 FATF 권고사항 5의 주석서를 추가로 개정하였다. 유엔안보리결의 2199호와 2253호 등을 반영하여 테러지원을 위한 경제적 지원의 범위에 원유나 천연자원도 포함될 수 있도록 테러자금의 범위를 '자금'뿐만 아니라 '다른 자산'으로 확대하였다. 그리고 FATF는 2016년 10월 '테러자금조달의 범죄화에 관한 지침서'도 발간하였다.

대량살상무기확산금융 차단과 관련하여 FATF는 유엔안보리결의를 반영하여 FATF 권고사항 5의 주석서의 용어를 일부 개정하였다.

2014년 이후 환거래서비스 제공 은행(correspondent banking)[8]들이 자금세탁방지, 테러자금조달차단 제도 준수를 함에 따라 고객확인에 대한 비용이 증가하고 관련 리스크가 커짐에 따라 거래규모가 작거나 위험지역 소재 고객에 대해 환거래서비스를 축소업무를 축소(de−risking)하는 경향을 보이자 G20 등은 해

---

7) 이귀웅, "FATF 국제기준 해설", 2016
8) 고객이 외국의 거래상대방에게 송금하는 경우 고객은행의 송금업무를 대행하여 거래상대방에게 송금해주는 대행 은행

결방안을 모색하였다. 이에 FATF는 '환거래서비스 제공 은행에 관한 지침서'를 발간하여 ML/FT 리스크는 위험접근방식을 통해 고객별로 관리되어야 하며 기피되어서는 안된다고 강조하였다.

국제협력 측면에서 FATF는 2016년 10월 GIABA(서아프리카 지역기구), GABAC(중부아프리카 지역기구) 등 아프리카 지역의 FATF 형태 지역기구와 협력하여 '서아프리카와 중부아프리카의 테러자금조달'에 관한 보고서를 발간하였다.

(h) 2017~2018년의 활동내역

FATF는 2016년에 이어 2018년 2월 총회에서도 테러자금조달차단을 위하여 전략별로 새로운 세부 실행계획을 마련하였다. 이에 앞서 2018년 1월에는 '테러리스트 채용 목적의 자금조달'에 관한 보고서를 발간하였다.

이 기간 동안 금융혁신이 AML/CFT 체계에 미치는 영향 등에 대응하기 위하여 '핀테크(Fintech)[9] 및 레그테크(Reg Tech)[10]' 포럼을 개최하여 디지털 아이디, 분산원장과 같은 이슈에 대해서 논의하였다.

ML/FT 리스크·경향·수법과 관련하여 FATF는 에그몽그룹과 공동으로 '실제소유자 은폐'에 관한 보고서를 발표하였고, 2011년 발간한 인신매매 보고서를 업데이트하여 '인신매매에 따른 자금흐름'이라는 보고서를 발표하였다. 그리고 2018년 6월 총회에서는 '전문 자금세탁업(PMLs: Professional Money Laundering)'에 관한 보고서도 발간하였다.

(i) 2018~2020년

FATF는 2018년 10월 가상통화(virtual assets)와 관련하여, FATF 권고사항 15를 개정하고, FATF의 의지와 권고 내용을 명확히 하기 위해 공개성명서를 발표하였다. '가상통화' 용어를 '가상자산(virtual asset)'으로 결정하고, '가상자산 서비스 제공자(virtual asset service providers)'에 대해 자금세탁방지·테러자금조달차단 의무를 부과하기 위하여 'FATF 권고사항'을 개정하였다. 공개성명서에서는 가상통화는 화폐(fiat currency)가 아니며, 자금세탁 또는 테러자금조달 용도로 악

---

9) 핀테크란, 금융(finance)'과 '기술(technology)'이 결합한 서비스 또는 그런 서비스를 하는 회사를 뜻하며, 여기서의 기술은 정보기술(IT)을 의미

10) 레그테크란, 규제(Regulation)와 기술(Technology)의 합성어로서, 정보통신 기술을 활용해 법규 준수, 준법 감시, 내부통제 등의 규제 준수 업무를 효율화하는 기술

용되지 않도록 국가가 조치를 취해야 한다는 것이 강조되었으며, 권고사항 개정은 자금세탁방지를 목적으로 하는 것이며, 가상자산 관련 사업의 안정성 확보나 투자자 보호를 위한 것은 아님이 강조되었다.

「유엔안보리결의 2462호(2019년 3월 23일 채택)」와 G20 정상회의 및 G20 재무장관회의의 요청 및 지지에 따라 2019년 6월 총회에서는 가상자산 관련 주석서와 지침서를 확정하고, 공개성명서를 채택하였다. 공개성명서에서는 FATF는 가상자산을 이용한 범죄와 테러의 위협이 중대(serious)하고 긴급(urgent)하다고 판단하여, 각국에게 가상자산 관련 국제기준의 조속한 이행(prompt action)을 요청하는 것이며 허가·신고 절차를 마련하는 대신, 각국의 개별적 결정에 따라 가상자산 관련 행위를 금지(prohibit)하는 것이 가능함을 언급하였다. 아울러, FATF는 각국의 가상자산 관련 새로운 국제기준 이행상황을 모니터링하고, 2020년 6월 총회에서 각국의 입법 진행상황 및 가상자산 취급업소의 이행현황 등을 점검할 계획임을 밝혔다.

한편, 2020년 2월 총회에서는 소위 '스테이블코인(stablecoin)11)과 관련된 ML/FT 위험 분석결과와 이에 대한 FATF 국제기준 적용방안에 대해 2020년 7월 G20에 보고하기로 하였다.

한편, FATF는 디지털 금융거래와 디지털신분증12)을 활용한 고객확인 수요가 증가함에 따라 이를 활용하여 고객확인을 하는 경우 FATF 권고사항을 적용하는 것과 관련된 지침서(guidance)를 2020년 2월 총회에서 채택하였다.

이 지침서는 정부기관뿐 아니라 민간부문도 디지털신분증 제도의 작동원리를 더욱 명확히 이해할 수 있도록 하고, 고객확인과 검증, 지속적인 고객확인에 관한 FATF 의무사항들이 디지털신분증 제도의 주요 요소들과 부합하는지에 관한 설명을 제공하고 있다. 한편, FATF는 회원국에게 자국 내 이해관계자들에게 동 지침서를 전파하고 고객확인 관련 규정과 지침을 마련할 때 이 지침서의 내용을 고려할 것을 권장하였다.

---

11) 리브라(Libra)와 같이 법화(法貨) 또는 상품 등과 연동하는 가상자산

12) 온라인(디지털) 또는 다양한 환경에서 개인의 공식적 신원을 주장(assert)하고 증명(prove)하기 위한 전자적 수단을 통칭, 생체인식 기술, 스마트폰 활용 검증 등이 활용되며 신원확인(proofing and enrolment)과 검증(authentication)이 핵심요소임

이와 함께 FATF는 금융기관이나 비금융사업자별로 계속적으로 RBA 지침서를 발간하였다. 이 기간 동안 생명보험 분야, 증권분야, 비금융사업자인 변호사, 회계사, 신탁 등 법률관계와 법인, 가상자산과 가상자산 서비스 제공 사업자 등에 대한 지침서가 공개되었다.

의장과 부의장 선출과 임기에도 변화가 있었다. FATF는 2019년 2월 총회에서 독일대표인 재무부 금융시장정책국 부국장을 차기 부의장국으로 선출하였다. 종전에는 부의장은 1년간 수임 후 의장도 1년간 맡게 되었지만, 이후로는 임기변경이 됨에 따라 독일 대표는 부의장만 2년간 맡게 되었다.

우리나라의 자금세탁방지 및 테러자금조달차단 제도의 운영에 대해 진행한 상호평가와 관련하여 2020년 2월 FATF 총회에서는 우리나라에 대한 상호평가의 결과를 토의하였다. 우리나라는 직면하고 있는 자금세탁·테러자금조달 위험을 잘 이해하고 있으며, 견실한 법률적·제도적 장치를 바탕으로 긍정적인 성과 (some good results)를 내고 있다고 평가를 받았다. 특히 제도 운영을 위해 금융정보를 효과적으로 활용하고, 범죄수익 환수도 좋은 성과를 내고 있다는 평가도 있었다.

반면에, 변호사·회계사 등 특정 비금융사업자와 전문직(DNFBPs)도 자금세탁·테러자금조달(AML/CFT) 의무를 이행해야 하며, 금융회사 등의 AML/CFT 이행 감독을 강화할 필요가 있다는 지적이 있었다. 그리고 FATF 측은 신탁 등 법률관계와 법인이 자금세탁에 악용되지 않도록 해야 하며, 자금세탁범죄 수사·기소에 우선순위를 두는 제도개선이 필요하다고 언급하였다.

2. Egmont Group(에그몽 그룹)

(1) 설립배경

1995년 이후 여러 나라의 금융정보분석기구(FIU)가 상호협조체제를 구축하기 시작했다. 1995년 6월 미국과 벨기에는 전 세계 FIU간의 회의를 브뤼셀에서 개최하고 FIU간의 협력증진을 위하여 Egmont Group(에그몽 그룹)을 출범시켰는데, Egmont Group의 명칭은 첫 번째 회의를 브뤼셀의 에그몽-아랜버그 궁전(Egmont-Arenberg Palace)에서 개최한 것에서 유래한다.

Egmont Group의 설립목적은 각국 FIU간의 국제협력을 강화하고 FIU의 신규설립을 지원하며, 자금세탁방지를 위해 국제기구들과의 협력을 강화하는 데 있다.

(2) 주요 현황

1) 회원국

Egmont Group의 회원국으로 가입하기 위해서는 에그몽 그룹이 정의한 기준을 이행해야 한다. 그 기준은 '의심되는 거래보고제도 도입, 국내의 법 또는 규정에 의한 금융정보 보고체계 확립, 자금세탁관련 금융정보처리기구의 설치' 이다. 2019년 기준으로 Egmont Group은 159개 국가(지역)의 FIU를 회원으로 두고 있는데 이는 전 세계 FIU 조직이 있는 208개국 중 약 76%에 해당한다. 우리나라는 2002년 6월에 가입하였다.

2) 주요 사업

Egmont Group이 추진하는 주요 사업으로는 각국 FIU간 자금세탁 관련 금융거래정보 교환 체계화·활성화 및 비밀 보호, FIU 미설립국의 설립 지원, FIU 관련 교육, 정보교환 보안 전산망(Egmont Web) 운영 등 FIU 운영을 효율화할 수 있도록 지원하는 것 등이 있다.

3) 주요 활동

Egmont Group의 2016/2017 연차보고서에 따르면 2016~20117년의 1년간 총회 1회, 실무회의 1회 및 중간회의 등 총 여덟 번의 회의가 개최되었으며 연인원 800여 명이 참석하였다. 회원국 FIU간 정보교류 연 22,532건, 회원국 FIU에서 접수한 의심거래보고는 연 2.7백만 건이었다. CTR 등 기타 금융거래보고는 연 488백만 건이었다. Egmont Group 회의를 통해 체결된 회원국 간 MOU는 연간 63건이었으며 에그몽 교육기구인 ECOFEL은 다자간 정보교류, FIU의 국내·외 역할 등에 대한 주제로 연 12회 교육을 실시하여 각국 FIU 전문가 277명이 참석하였다.

에그몽그룹 총회 개최 현황

회차	개최지	개최시기	회차	개최지	개최시기
제1차	브뤼셀	1995년 6월	제14차	사이프러스	2006년 6월
제2차	파리	1995년 11월	제15차	버뮤다	2007년 5월
제3차	샌프란시스코	1996년 4월	제16차	서 울	2008년 5월
제4차	로마	1996년 11월	제17차	카타르	2009년 5월
제5차	마드리드	1997년 6월	제18차	콜롬비아	2010년 6월
제6차	부에노스아이레스	1998년 7월	제19차	아르메니아	2011년 7월
제7차	브라티슬라바	1999년 5월	제20차	상트페테르스부르그	2012년 7월
제8차	파나마	2000년 6월	제21차	남아공 썬시티	2013년 7월
제9차	슈빙겐	2001년 6월	제22차	페루 리마	2014년 6월
제10차	모나코	2002년 6월	제23차	바베이도스	2015년 6월
제11차	시드니	2003년 7월	제24차	마카오	2017년 7월
제12차	건지	2004년 6월	제25차	시드니	2018년 9월
제13차	워싱턴 D.C.	2005년 6월	제26차	헤이그	2019년 7월

(3) 구　　성

1) 사무국 설치와 운영

출범 초기에는 회원국들이 번갈아 가며 일종의 사무국(permanent administrative support)을 설치하여 행정지원을 하였다. 미국의 FinCEN은 초기 4년 동안 자발적인 행정지원을 제공하였고, 이후 2년 주기로 바뀌어 네덜란드의 MOT가 2000년까지 담당하였으며, 2001년부터 3년간 영국의 NCIS가 담당한 데 이어 2004년 11월부터는 벨기에의 CTIF-CFI가 행정지원 업무를 담당하였다.

이후 회원국 수가 증가하고 국제사회에서 Egmont Group의 역할이 증대하면서 2007년 캐나다 토론토에 사무국을 설치하고 사무국의 공식 활동이 시작되었다. 이와 함께 모든 회원국에 재원 분담을 요구하였다. 2019년에는 사무국이 같은 캐나다에 있는 오타와로 이전하였다.

2) 실무그룹

산하 실무그룹으로는 회원·지원·이행 실무그룹(Membership, Support, Compliance WG: MSCWG), 정책·절차 실무그룹(Policy and Procedure WG: PPWG), 정보교환 실무그룹(Information Exchange on ML/FT WG: IEWG), 기술원조·교육 실무그룹

(Technical Assistance & Training WG: TATWG)이 있다.

회원·지원·이행 실무그룹(MSCWG)은 가입 요건과 신규 회원국 가입 승인을 논의하고 제재를 담당한다. 정책·절차 실무그룹(PPWG)은 FIU간 정보교류의 장애요인 분석 및 해결방안을 마련하며, 중요 우범정보에 대하여 자발적 정보제공을 활성화 하도록 권고하고 다자간 MOU 체결을 통해 FIU간 정보교환의 한계를 극복하고 협력을 증진할 수 있는 방안을 모색한다. 정보교환 실무그룹(IEWG)은 불법자금이동에 사용되는 기반구조 및 위험지표를 논의하고 범죄유형정보를 발표하며 관련 범죄사례를 공유하고 추가적으로 도출 가능한 범죄위험지표를 논의한다. 기술원조·교육 실무그룹(TATWG)은 기술지원 및 교육 강화 플랫폼을 개발한다.

(4) 우리나라의 후원국 활동

2013년부터 우리나라는 방글라데시와 공동으로 부탄의 Egmont Group 회원가입을 후원하였다. 이 과정을 통해 부탄의 Egmont Group 가입 자격이 2020년 1월 실무그룹회의(MSCWG)에서 논의되었다. 양국이 합동으로 제출한 부탄의 회원가입 자격심사 결과 보고서를 토의하고 보고서를 만장일치로 승인되었다. 부탄은 같은 해 7월 총회 FIU 원장회의에서 회원자격이 부여되었고, 부탄에 대한 우리나라의 후원국 역할은 사실상 종료되었다.

3. FATF 형태 지역 기구

(1) 개관

FATF 형태 지역기구(FATF-Style Regional Body: FSRB)는 각 지역에서 자금세탁방지와 테러자금조달차단의 국제기준이 이행되도록 하는 데 중요한 역할을 한다. FATF가 전세계 모든 국가들을 평가·점검하는 데 한계가 있기 때문에, FATF 기준에 부합하는 9개 지역기구와 협력하여 업무를 추진한다.

FSRB는 FATF의 준회원으로서의 지위를 가지며 FATF와 함께 지역별로 RRG(Regional Review Group: 지역점검그룹)를 구성하여 FATF 회원국과 비회원국의 AML/CFT 체계와 제도 이행현황을 평가하여 국제기준 미이행 국가를 선별·

FATF 형태 지역 기구(FSRB) 개요

APG (아시아/태평양, 41개국)	한국, 중국, 일본, 대만, 홍콩, 마카오, 몽골, 싱가포르, 인도네시아, 말레이시아, 캄보디아, 필리핀, 미얀마, 태국, 브루나이, 베트남, 라오인민민주공화국, 네팔, 인도, 파키스탄, 방글라데시, 스리랑카, 아프가니스탄, 부탄, 미국, 호주, 뉴질랜드, 캐나다
CFATF (카리브해, 27개국)	앵귈라, 안티구아 바부다, 아루바, 바하마, 바베이도스, 벨리즈, 버뮤다, 버진 아일랜드, 케이먼군도, 쿠라카오, 도미니카 연방, 도미니카 공화국, 엘살바도르, 그레나다, 과테말라, 가이아나, 아이티, 자메이카, 몬트세랫, 세인트 키츠네비스 연방, 세인트 루시아, 세인트 마틴, 세인트 빈센트그레나딘, 수리남, 트리니다드 토바고, 턱스 앤 케이커스 제도, 베네수엘라
EAG (구소련, 9개국)	벨라루스, 중국, 인도, 카자흐스탄, 키르기즈스탄, 러시아, 타지키스탄, 투르크메니스탄, 우즈베키스탄
ESAAMLG (동남아프리카, 18개국)	앙골라, 보츠와나, 코모로, 에티오피아, 케냐, 레소토, 말라위, 모리셔스, 모잠비크, 나미비아, 르완다, 남아프리카공화국, 스와질랜드, 세이셸, 탄자니아, 우간다, 잠비아, 짐바브웨
GAFILAT (남미, 16개국)	아르헨티나, 볼리비아, 브라질, 칠레, 콜롬비아, 코스타리카, 쿠바, 에콰도르, 과테말라, 온두라스, 멕시코, 니카라과, 파나마, 파라과이, 페루, 우루과이
GIABA (서아프리카, 15개국)	베닌, 부르키나파소, 카보베르데, 코트디부아르, 감비아, 가나, 기니비사우, 기니, 라이베리아, 말리, 니제르, 나이지리아, 세네갈, 시에라리온, 토고
MENAFATF (중동/북아프리카, 19개국)	알제리, 바레인, 이집트, 모리타니, 요르단, 쿠웨이트, 레바논, 리비아, 모로코, 오만, 팔레스타인, 카타르, 이라크, 사우디아라비아, 수단, 시리아, 튀니지아, UAE, 예멘
Moneyval (유럽, 34개국)	알바니아, 안도라, 아르메니아, 아제르바이잔, 보스니아 헤르체고비나, 불가리아, 크로아티아, 사이프러스, 체코, 에스토니아, 지브롤터, 조지아, 건지, 헝가리, 교황청, 맨섬, 이스라엘, 저지, 라트비아, 리히텐슈타인, 리투아니아, 몰타, 몰도바, 모나코, 몬테네그로, 폴란드, 루마니아, 러시아, 산마리노, 세르비아, 슬로바키아, 슬로베니아, 마케도니아, 우크라이나
GABAC (중앙아프리카, 6개국)	카메룬, 중앙아프리카공화국, 차드, 콩고, 적도기니, 가봉

제재하는 역할을 담당한다.

FATF의 일부 회원국은 FSRB의 회원국이기도 하다. FATF가 현재 승인한 9
개 FSRB는 위의 표와 같다.

(2) APG

1) 설립배경

FATF는 1993년부터 Commonwealth Secretariat와 연대하여 범세계적인 전
략으로 아시아·태평양 지역에서 자금세탁에 관한 '인식제고(awareness raising)'
프로그램을 시작하였다. 1993년 4월에 첫 심포지엄이 싱가포르에서 개최된 데
이어 1994년 11월~12월에 걸쳐 두 번째 심포지엄이 개최되었다. 동 심포지엄에는
아·태지역 16개국이 참가하여 FATF 권고사항을 이행할 것을 결의하였다.

1995년에는 FATF 아시아사무국(Asia Secretariat)이 호주의 재정지원으로 설
립되어 다른 국제기구와 협력하여 역내국가의 자금세탁 방지조치를 지속적으로
지원해 나갔다. 동 사무국의 주요 목표는 자금세탁방지법을 제정, 시행하겠다는
역내국가의 합의를 도출하고, 역내 자금세탁방지기구를 설립하는 데 있었다.

1997년 2월 태국 방콕에서 열린 제4차 심포지엄에서 APG(Asia/Pacific
Group on Money Laundering: 자금세탁방지 아·태 그룹) 설립에 대한 합의가 이루어
졌으며, 동 회의에 참가한 13개국이 APG 회원국이 되겠다는 의사표시를 하였다.
이후 1997년 2월 호주에 사무국을 두고 동 기구가 설립되었으며, 1998년 3월 제
1차 연례회의에서 회원가입의사를 표시했던 13개국 이외에 한국, 피지, 인도
등 3개국도 참가하여 16개 회원국으로 출발하였다. 2020년 현재 41개 국가가
회원국으로 가입해 있으며 북한, 프랑스, 독일, 키리바티, 미크로네시아, 러시아,
투발루, 영국 등 8개국과 아태경제협력기구(APEC), 아시아개발은행(ADB) 등 28
개 국제기구가 옵저버 회원으로 참여하고 있다.

2) APG의 목적/임무

APG의 목적은 FATF의 권고사항에 제시된 대로 국제적인 자금세탁 방지
기준의 채택, 이행을 촉진하는 것이다. 여기에는 의심되는 거래 보고 및 조사,
금융정보기구(FIU)의 설립, 상호법률지원, 재산몰수, 본국송환, 범죄수익 등을

처리하는 법을 제정하는 것도 포함된다.

APG의 활동목적은 자금세탁의 성격, 범위, 영향에 관한 이해를 제고하고, 자금세탁방지를 위한 종합적인 조치에 대하여 합의하며, APG가 인정하는 종합적인 자금세탁 방지조치를 시행하고, 조치·기준 및 이행상황에 관하여 체계적이고 정기적으로 검토하는 것이다.

또한 APG의 임무는 전 세계적인 자금세탁문제에 대해 지역차원에서 공동의 해결책을 제시하는 것으로 APG 사무국의 임무는 다음과 같다.

첫째 회원국과 기타 관련국가에 자금세탁에 관한 전문기술 및 인력을 제공하고, 둘째 APG 총회(연례회의) 및 작업반, FATF 등에 대한 자문 및 보고를 하며, 셋째 APG 총회 및 기타 회의의 기획 및 수행을 담당하고, 넷째 호주와 외국당국(특히 외국의 법집행기관) 간 연계, 자금세탁방지 사안에 대한 조언 및 정보를 제공하며, 다섯째 APG의 작업 및 그 지역적인 전략을 발전시키기 위해 관련 국제, 지역기구와 효과적인 협력관계를 수립하고 유지시켜 나가고, 여섯째 정보교환 메커니즘 및 금융수사기술의 향상 등 기술적인 지원과 훈련전략을 수행하며, 일곱째 아·태지역 국가들의 자금세탁방지제도에 대한 평가와 관련된 평가메커니즘을 마련하고 이를 수행한다.

4. 기타 국제기구의 자금세탁방지 관련 주요 활동

(1) IMF/WB의 주요 활동

1) AML/CFT 평가

국제금융기구들인 IMF(International Monetary Fund: 국제통화기금)와 WB (World Bank: 세계은행)의 역할이 동일하지는 않다. IMF의 역할은 본질적으로 거시경제적 측면에서 전 세계의 금융안정성을 감독하는 것이며, WB의 기본적인 역할은 전 세계의 빈곤을 퇴치하기 위해 각국의 기반구조를 개선하고 개발도상국의 환경 개선을 위한 대출, 제도적 역량 개발을 위한 대출 및 기술 지원을 제공하는 것이다.

하지만, IMF와 WB 두 기관은 자금세탁과 테러자금조달은 예측되지 않은 국경 간 자금이체로 인해 자금수요의 예측이 불가능한 변화, 금융기관과 금융시스템의 건전성에 위험 등을 불러올 수 있다는 데 공감하고 경제 개발과 안정된 금융 제도 구축 단계에 있는 국가에 대해 미치는 경제적·정치적·사회적 악영향 등을 고려하여 AML/CFT에 대한 동일한 목표를 가진다는 데 인식을 같이하였다.13)

이에 따라 회원국 금융시스템 전반의 안정성에 대한 평가보고서를 작성하는 금융부문평가 프로그램(Financial Sector Assessment Program : FSAP)에 AML/CFT 부문을 새로 추가하기로 하고, 이 분야에 대한 평가기준(통합평가방법론)을 FATF 와 공동으로 개발하였다.

FATF는 2004년 2월 총회에서 그 동안 IMF와 FATF가 공동으로 개발해 온 통합평가방법론을 승인하였으며, IMF와 WB도 2004년 정기총회에서 승인을 받 아, FATF 상호평가와 IMF/WB 금융부문평가(FSAP)에 동 방법론을 동시에 적용 함으로써 평가의 일관성을 한층 더 강화하였다.

AML/CFT의 평가영역은 건전성 규제부문(은행, 증권, 보험), 건전성 비규제부 문(환전영업자, 신탁회사 등), 법집행부문으로 구분하여 규정, 기관역량, 규정이행 의 효과성에 대한 평가로 구성되었다.

2000년대에는 IMF/WB의 전문가(staff)가 FATF 또는 FATF 형태 지역 기구 의 평가에 참여하지 않았다. 하지만 2012년 FATF 권고사항이 개정되고, 2013년 FATF 상호평가 방법론이 개정되면서 평가대상국의 AML/CFT 제도의 효과적 이 행 여부에 대한 평가가 도입되어 관련 국제기구의 평가의 일관성이 더 강하게 요구됨에 따라 IMF/WB가 FATF 상호평가에 공동으로 참여하게 되었다.

2) 제도적 역량 개발 지원

IMF/WB는 남미, 러시아 등 특정 지역의 AML/CFT 관련 공무원을 활용하 여 특정 안건에 대해 교육 컨퍼런스를 개최하였으며, AML/CFT 제도를 구축하 거나 개선하고자 하는 국가에 다양한 형태의 기술 지원(technical assistance)을 제 공하고 있다. FSAP의 결과와 독자적인 검토 결과를 기준으로 기술 지원이 필요 한 곳을 결정한다.

---

13) 세계은행, "자금세탁방지 및 테러자금조달금지 제도 해설", 2006년 (금융정보분석원 번역 출 간 2011년)

3) 연구 및 분석

2000년대 IMF/WB는 '하왈라'라고 불리는 비공식적인 자금송금제도가 발전해온 역사적, 사회경제적 맥락을 조사하고, 이에 대한 규제 및 감독 대응방안을 연구하였다. 2002년 APEC 재무장관들의 주도로 대체송금제도의 이용을 장려하는 제도 연구를 실시할 때 WB는 송금흐름의 규모를 측정하는 기반을 마련하고 공식적인 채널 대비 비공식적인 채널에 대한 동기를 분석하며 AML/CFT 국제기준을 준수하는 송금서비스의 제공 시에 제도권 금융부문의 역할을 조사하는 보고서를 작성하였다.

IMF의 경우 최근 가상자산, 부패의 비용과 감소 전략, 환거래은행 거래 기피, 이슬람금융 등과 AML/CFT 제도의 관계에 대해 연구하기도 하였다.

(2) UN의 주요 활동

1) 개관

UN은 2020년 현재 193개국을 회원으로 두고 있는 대규모 국제기구이자 전 세계적으로 자금세탁에 대응하기 위한 중대한 활동을 시작한 최초의 국제기구로서 AML/CFT 부분에서 중요한 위상을 차지하고 있다. 아울러 UN의 국제조약이나 협약(convention)은 법적인 효력을 가지므로 이를 채택하면 개별 국가들은 헌법과 법제도에 따라 이를 서명, 비준, 이행해야 하고, UN의 안전보장이사회는 개별 국가의 별도의 조치와는 상관없이 결의(resolution)를 통해 모든 회원국을 구속할 권한을 가지기도 한다.

2) UN 협약 제정

UN은 일찍부터 마약거래방지에 관해 전 세계의 규범이 되고 있는 「비엔나협약」을 제정하여 마약과 관련된 수익 등에 대한 자금세탁의 범죄화 및 몰수를 포함하는 형사처벌, 범죄인 인도 및 사법공조 등에 관하여 규정하고 있다. 1998년 6월 '세계 마약문제에 대처하기 위하여' 개최된 UN 총회 제20차 특별회의는 마약 및 향정신성물질의 불법거래 및 이와 깊이 관련된 테러집단 및 다국적 조직범죄의 위협에 대처하기 위해서는 통합되고 균형 있는 접근방법

(integrated and balanced approach)에 의한 국제적 협력이 필요하다는 점을 강조
하면서, 'UN 자금세탁방지를 위한 정치적 선언 및 행동계획(1998. 6.)」'을 선언하
여 관련 국제규범14)에 대한 인식을 같이 함을 확인하고, ① 범죄수익의 확인,
동결, 압류 및 수색, ② 국제적 협력 및 사법공조, ③ 고객신분확인 및 금융기록
보관, ④ 의심되는 거래보고 등의 조치를 취할 것을 촉구하였다. 그 밖에 「국제
조직범죄방지에 관한 UN 협약(2000. 7.)」, 「테러자금조달억제를 위한 UN 협약
(1999. 12.)」 등도 채택되었다.

3) UN 안전보장이사회 결의

9.11테러사태 이후 국제사회가 테러와 관련된 단체, 개인의 금융자산을 동
결하는 등 국가간 공조를 강화함에 따라, UN은 이에 대한 주도적 역할을 담당
하게 되었다. 2001년 9월 28일 UN 안전보장이사회는 「테러활동의 방지와 억제
를 위해 테러행위에 대한 자금지원금지, 테러조직의 금융자산 동결 등에 관한
결의안(유엔안보리결의 1373호)」을 채택하였다.

이에 앞서 UN은 「유엔안보리결의 1267호(1999)」을 통해 오사마 빈 라덴
을 테러행위자로 지목하고 오사마 빈 라덴을 지원한 탈레반 정권의 자금의 동결
을 결의하였고 「유엔안보리결의 1333호(2000)」에서는 오사마 빈 라덴과 알카에
다의 자금 동결을 결의하였다.

대량살상무기에 대한 국제적 차원의 규범도 일련의 UN 안보리결의에 잘
나타나 있다. 가장 대표적인 것은 2004년 4월 28일 체결된 「테러단체 등 비국
가 행위자에 대한 대량살상무기 확산 방지를 주목적으로 하는 UN안보리결의
1540호」이며, 2006년 이후 핵무기 등 대량살상무기개발을 이유로 이란과 북한
에 대해 정밀금융제재를 부과하는 결의안들을 채택하였다.

4) AML/CFT 관련 실무 부서

UN은 자금세탁과 테러 등에 대응하기 위하여 1997년부터 유엔마약범죄사

---

14) ① 1988년 비엔나협약상의 마약거래 관련 자금세탁의 범죄화 및 마약거래수익의 확인, 추적,
동결 또는 압류 등에 관한 규정, ② FATF 40개 권고사항, ③ 1996년 10월 미주기구
(Organization of American States : OAS)의 마약남용통제위가 승인한 '서반구의 마약방
지전략'안, ④ 1990년 유럽이사회협약, ⑤ 기타 국제기구들이 표출한 정치적 의지 등

무소(United Nations Office on Drugs and Crime; UNODC) 산하에 자금세탁 및 테러 방지를 위한 글로벌 프로그램 분과(Global Programme against Money Laundering and Terrorism Prevention Branch)를 두어 회원국들의 요청이 있는 경우 기술 관련 전문지식, 교육훈련 및 조언을 제공하여 AML/CFT과 관련된 국제적인 조치의 효과성을 증대하는 연구지원 프로젝트를 운영하도록 하고 있다.

SECTION 02
자금세탁방지·테러자금조달차단 등 관련 국제규범

1. UN의 금세탁방지·테러자금조달차단 등 관련 주요 협약

(1) 마약 및 향정신성물질의 불법거래 방지에 관한 UN 협약
(비엔나협약, 1988. 11.)

1) 협약 채택 배경

20세기 들어 미국이 주도하여 국제기구를 중심으로 마약에 관한 국제적 관리와 감시체계 수립을 추진하였으나, 마약류를 좀 더 체계적으로 관리해야 할 필요성이 커졌다. 이에 따라 1961년 UN이 마약통제 권한을 갖게 되었다. 한편 1960년에 들어와 마약 이외에 환각제, 각성제, 수면제, 진정제, 항우울제 등 향정신성물질의 사용이 확대되어 1971년 마약류 단일 협약의 규제내용을 향정신성물질에도 적용되는 등 규제수준이 강화되자 이를 회피하기 위하여 범죄조직을 통한 국경간 불법 거래가 활성화되었다. 이에 대응하여 미국 주도로 마약류의 생산 및 판매에 대한 규제를 강화했을 뿐만 아니라 마약류의 불법거래 및 수익에 대한 처벌을 강화하고 국제 공조를 강화해야한다는 필요성이 제기되어 종래의 UN 협약을 보완하여 「마약 및 향정신성물질의 불법거래 방지에 관한 UN 협약(비엔나협약)」이 채택되었다.

이 협약은 마약거래방지에 관한 전 세계의 규범이 되고 있으며, 2020년 현재까지 191개국이 비준하였다. 우리나라는 1996년 「마약류 불법거래 방지에 관한 특례법」(약칭: 「마약류 불법거래 방지법」)을 제정하고, 1998년 12월 동 협약을 국회에서 비준하였다.

2) 주요 내용

「비엔나 협약」은 마약 등 관련 범죄수익의 자금세탁 행위의 범죄화 및 몰수를 포함하는 형사처벌, 범죄인인도 및 사법공조 등에 관하여 다음과 같이 규정하고 있다.

(i) 마약범죄의 정의(제 3 조 제 1 항 (a))

마약 및 향정신성물질 관련 범죄를 규정하고 있다.

(ii) 자금세탁행위의 범죄화(제 3 조 제 1 항 (b))

마약 관련 범죄로부터 발생한 재산임을 알면서 그 재산의 불법적인 출처를 은닉 또는 위장할 목적으로 행하는 재산의 전환이나 양도행위와 그 재산의 본래 성질, 출처, 소재, 처분, 이동, 권리 및 소유권을 은닉 또는 위장하는 행위가 고의적으로 행하여진 경우를 국내법상 범죄로 구성하기 위한 필요조치를 취해야 한다.

(iii) 몰 수(제 5 조 제 1 항)

각 당사국은 ① 마약 관련 범죄로부터 발생한 수익 또는 이러한 수익에 상응하는 가치의 재산, ② 마약 관련 범죄에 사용하였거나 사용하려고 하였던 마약, 향정신성물질, 기타 도구 등을 몰수할 수 있도록 필요한 조치를 취해야 한다.

(iv) 국제협력(제 6 조, 제 7 조 등)

마약 관련 범죄는 당사국간에 체결된 범죄인 인도 범죄에 포함되는 것으로 보며(제 6 조 제 2 항), 당사국은 마약 관련 범죄에 관한 수사, 기소 및 사법절차에 대하여 최대한 사법공조를 해야 한다(제 7 조 제 1 항).

(2) 국제 조직범죄 방지에 관한 UN 협약[15](팔레모협약, 2000. 11.)

1) 추진경과

1980년대 미국정부가 '마약과의 전쟁'을 치르고 비엔나 협약이 체결되고

---

15) UN Convention against Transnational Organized Crime.

난 후 마약범죄 이외의 초국가적 조직범죄에 대해서도 대응해야 할 필요성이 대두되었다. 구공산권의 몰락과 냉전흐름이 종결된 후 러시아 마피아, 이탈리아 마피아 등 범죄조직의 활동범위가 세계 여러 지역으로 확산되면서 국제 공조의 필요성이 부각되었다.

1994년 11월 이탈리아 나폴리에서 UN 경제사회이사회가 주도하여 '조직범죄 대책마련을 위한 각료회의'가 개최되었다. 이 각료회의에서 국제조직범죄에 대한 국제사회의 적극적 대응을 요청하는 '나폴리 정치 선언 및 세계 행동 계획'이 채택되어 조직범죄 방지를 위한 국제공조의 기틀이 마련되었다. 1996년 10월 제51차 UN 총회는 국제조직범죄협약의 성안을 UN의 우선과제로 설정하였고, 1998년 10월 제52차 총회는 동 협약안 성안을 위한 정부 간 임시위원회설립을 결의하였다. 같은 해에 개최된 G8 정상회담에서도 각국은 국제협약의 필요성을 지지하였다. 이어서 1999년 1월 제1차 임시위원회 개최 후 2000년 7월까지 협약문안을 협의하기로 하고, 지속적인 협의가 이루어져 2000년 7월 17일부터 7월 28일까지 열린 제10차 임시위원회에서 「국제조직범죄방지에 관한 UN협약(팔레모협약)」의 문안이 성안되어 2000년 11월 UN총회에서 공식 채택되었다. 「팔레모 협약」은 자금세탁 전제범죄를 마약에서 각종 조직범죄 등으로 확대한 것에 의의가 있다.

동 협약에 대한 서명을 위한 회의가 2000년 12월 11일부터 12월 15일까지 이탈리아 팔레모에서 개최되었는데, 당시 우리나라를 비롯하여 전 세계 121개국이 동 협약에 서명하였으며(2000. 12. 13.), 2002년 12월 12일까지 추가서명을 위해 UN 본부에 개방되었다. 동 협약은 40개 국가가 비준서 등을 기탁하고 나서 90일이 경과한 후 발효되기로 규정되어 있었으므로(협약 제38조) 48개 국가의 비준 후 2003년 9월 27일 발효되었다. 우리나라는 2013년 4월 형법을 개정하고, 협약안 서명 12년만인 2015년 5월 국회의 비준동의를 거쳐 11월 5일 비준서를 기탁하여 같은 해 12월 5일 동 협약이 발효되었다. 2020년 현재 190개국이 동 협약에 가입해 있다.

2) 협약의 내용

동 협약은 본 협약과 3개의 부속의정서로 구성되어 있다. 본 협약에서는 국제적 조직범죄의 진압 및 예방을 위한 국가 간 협력의무, 범죄단체 가입처벌, 범죄수익의 몰수, 자금세탁행위 처벌, 부패행위처벌, 당사국간 기술 및 정보협력, 범인 인도 및 사법공조 등을 규정하고 있다. 한편 부속의정서는 ① 여성 및 아동 인신매매방지 의정서, ② 이민자 불법운송방지 의정서, ③ 총기류 불법제조 및 거래방지 의정서로 구성되어 있다.

동 협약에서의 자금세탁방지 관련 규정을 살펴보면 다음과 같다.

(i) 조직범죄단체(Organized Criminal Group)의 정의(제 2 조의2)

경제적 이득이나 기타 다른 물질적 이득을 얻기 위해 당사국에서 4년 이상의 자유형으로 처벌할 수 있는 중대범죄를 수행할 목적으로 구성된 조직화된 3인 이상의 단체로 규정한다.

(ii) 조직범죄단체 가담행위의 처벌

조직범죄의 이행뿐만 아니라 조직범죄단체에의 가입, 조직범죄행위의 사주, 방조, 교사 및 모의행위까지 모두 처벌한다.

(iii) 자금세탁행위의 처벌(제 4 조 및 제 4 조의2)

범죄수익임을 알면서도 문제가 된 자산의 불법적 성격을 은닉, 가장하거나 범죄에 연루된 자를 돕기 위해 문제된 자산을 이전, 변환하는 행위를 처벌한다.

이를 위해서는 자금세탁방지를 위한 규제, 감독체제(고객확인, 기록보존, 의심되는 거래보고)를 도입하고, FIU 설치를 고려하며, 국내외 정보를 교환하고, 국제기구의 권고사항을 가이드라인으로 이용한다.

(iv) 몰수(제 7 조, 제 7 조의2, 제 7 조의3)

범죄수익의 몰수 및 국제적 몰수이행을 위한 당사국간 협력절차 등을 규정하고, 범죄수익을 국내법에 따라 처분하되 타 당사국이 몰수대상자산 등을 범죄피해자의 보상에 사용하기 위해 동 자산의 이전을 요청하는 경우 이를 우선적으로 고려한다.

(v) 특별수사기법의 도입(제15조)

조직범죄에 대한 효과적 대응을 위해 통제배달(controlled delivery), 전자감시 등 특별수사기법을 도입하고, 이러한 수사기법의 효과적인 시행을 위하여 당사국간 협력을 해야 한다.

이외에 타국에서의 범죄기록 인정(제17조), 사법방해의 처벌(제17조의2), 증인의 보호(제18조), 범죄피해자의 보호(제18조의2), 조직범죄의 예방(제22조) 등을 규정하고 있다.

(3) 테러자금조달의 억제를 위한 UN 협약[16](1999. 12.)

(a) 경 과

UN은 1990년대 중반부터 테러자금조달 및 자금이동을 예방하고, 테러자금조달과 관련된 범죄자의 기소와 처벌을 통해 국제적인 테러행위를 근절하고자 협약 채택을 준비하였다. 1994년 12월 UN 총회에서 '국제테러리즘 근절조치에 관한 선언'을 채택한 후 1996년 12월 'UN 총회 결의 51/210'을 통해 테러방지 국제협약을 마련하기 위한 'UN 국제테러리즘 특별위원회(Ad Hoc Committee on Terrorism)'를 설치하였다. 동 특별위원회는 1997년부터 테러자금 조달억제에 관한 국제협약의 문안을 준비하였다. 약 3년간에 걸친 협약문안에 대한 협상을 거쳐 1999년 12월 9일 제54차 UN 총회에서 「테러자금조달의 억제를 위한 UN 협약」을 정식으로 채택하였다.

동 협약은 2000년 1월 20일에서 2001년 12월 31일까지 UN 본부에서 서명을 위해 개방되었으며, 총 22개 국가가 동 협약에 비준하거나 가입하는 경우 발효하도록 되어 있었다. 9.11테러 이후 UN 회원국들이 본격적으로 동 협약에 서명하기 시작하였고, 22개국이 비준 등을 완료한 2002년 4월 10일부터 정식 발효되었다. 2020년 현재 189개국이 비준하였거나 가입절차를 완료한 상태이다. 우리나라는 2001년 1월 9일 동 협약에 서명하고, 2004년 2월 17일 비준서를 유엔에 기탁하여 같은 해 3월 18일 발효되었다.

(b) 협약의 내용

「테러자금조달의 억제를 위한 UN협약」은 전문, 28개 조문, 부속서로 구성되어 있으며, 테러자금 세탁행위의 범죄화, 테러 관련 범죄수익의 몰수, 사법공조 등 법률체제를 정비하고, 고객신분의 확인, 의심되는 거래보고 제도의 채택,

---

16) International Convention for the Suppression of the Financing of Terrorism.

관련 금융기록의 보관 등 금융체제도 정비하도록 규정하고 있다. 동 협약의 주요 내용을 살펴보면 다음과 같다.

1) 자금(fund)의 정의(제 1 조)

유형, 무형, 동산, 부동산 등 모든 종류의 자산 및 이들 자산에 대한 권리를 나타내는 법적 증서를 자금으로 정의하고 있다.

2) 협약상 범죄행위(제 2 조)

이 협약의 부속서에 열거된 조약에서 정한 범죄를 행할 목적으로 자금을 제공하거나 모금하는 행위 등을 범죄로 규정하고 있다. 각국은 부속서 조약 중 해당 국가가 가입하지 않은 조약상의 범죄행위에 대해서는 이 협약의 적용을 배제하는 선언을 할 수 있다. 부속서에는 항공기 불법납치, 외교관 등 국제적 보호 인물에 대한 범죄, 폭탄테러 등 12개 조약이 열거되어 있다.

3) 범죄수익몰수 등(제 8 조)

협약의 당사국은 테러자금의 확인, 발견, 동결, 몰수를 위해 국내법원칙에 합치되는 적절한 조치를 취하여야 한다.

4) 금융거래보고 등 범죄예방을 위한 조치(제18조)

협약의 당사국은 금융기관 등에게 고객의 신분확인을 위한 가장 효율적인 조치를 활용토록 하고, 비정상적인 거래에 대한 특별한 주의 및 의심되는 거래 보고를 요구하는 조치를 하여야 한다. 또한 당사국은 수익자가 확인되지 않는 계좌의 개설금지, 고액거래 보고의무, 모든 거래기록의 5년간 보존의무 등의 조치를 고려하여야 한다.

이 밖에도 동 협약에서는 법인의 책임능력 및 제재를 규정하고 있으며, 기타 관할권 설정, 범죄인인도, 불인도시 소추의무 등은 「폭탄테러 억제협약」의 규정 등을 준용하고 있다.

(4) UN 반부패협약(메리다협약, 2003. 10.)

1) 배경 및 경과

1990년대에 들어와 우리나라 등 신흥공업국이 국제시장에 본격적으로 참여하게 되자 미국 등 선진국은 신흥공업국을 견제하기 위해 뇌물제공 없는 공정한 경쟁을 요구하기 시작하였다. 아울러 1995년 WTO 설립으로 '블루(노동)라운드', '그린(환경)라운드' 등과 함께 반부패 라운드가 국제적 이슈로 대두되었다. 국제상거래상 뇌물공여행위가 공정한 경쟁을 저해하여 전 세계적인 자원의 흐름을 왜곡시킬 뿐만 아니라 일종의 무역장벽으로 작용 세계 경제의 지속가능한 발전을 해친다고 인식하게 된 것이다.

하지만, 무역개방 압력을 우려하는 개도국의 반대로 WTO 내에서 반부패 라운드가 진전되지 못하고 대신 OECD, UN 등에서 논의를 주도하여 국제거래에서 외국공무원에 대한 뇌물제공을 범죄로 규정하는 것을 주요 내용으로 하는 「OECD 뇌물방지협약」이 체결되었다.

그러나 이 OECD 협약은 국제상거래 뇌물제공 문제라는 협소한 주제만을 다루고 있어 예방, 범죄화, 수익몰수, 국제협력 등 반부패 관련 종합적 내용을 다룰 수 있는 전 세계적인 국제규범의 마련이 여전히 필요하여 선진국, 후진국을 막론하고 통용될 단일의 반부패 국제규범인 「UN 반부패협약」이 체결되었다.

2000년 12월 4일 제55차 UN총회에서 「국제조직범죄방지에 관한 UN협약」과는 별도로 부패 방지를 위한 국제협약을 효율적으로 제정하기 위해 마약통제 및 범죄예방국(ODCCP: 현 UN 마약범죄사무소(UNDOC)) 산하에 특별위원회를 설치할 것을 결의하고 2002년 1월 21일부터 2003년 10월 1일까지 7차에 걸친 부패방지협약 성안을 위한 특별회의가 개최되었다. 이 특별회의에서 총 8장 71개 조항으로 구성된 협약 최종 합의안이 도출되어 2003년 10월 31일 제58차 UN총회에서 동 협약안이 공식 채택되었다.

2003년 12월 9일부터 12월 11일까지 멕시코 메리다에서 협약 서명을 위한 고위급 회의가 개최되었다. 협약의 발효를 위해서는 30개국의 비준이 필요하였기 때문에 30개 이상의 국가들의 비준을 거쳐 2005년 12월 14일 동 협약이 정식 발효되었다. 우리나라는 2003년 12월 10일 서명하였으나, 2008년 2월 29일 국회 동의를 거쳐 같은 해 3월 27일 비준하여 같은 해 4월 26일 발효되었다. 2020년 현재까지 187개국이 비준을 하였다.

2) 협약의 내용

동 협약은 공공과 민간의 부패문제를 아우르고, 부패에 대한 예방적 조치와 처벌적 조치를 함께 고려하는 종합적 접근방식을 택한 최초의 세계적 반부패 규범으로 평가받고 있다. 예방, 자산몰수, 국제협력 의무 등 종합적인 반부패 프레임워크를 도입하여 부패와의 전쟁에서 이정표가 되는 성과를 이루어냈다.

제1장(일반조항), 제2장(예방조치), 제3장(범죄화), 제4장(국제협력), 제5장(자산회수), 제6장(기술지원 및 정보교류), 제7장(이행체제), 제8장(최종 조항)으로 나누어 71개 조로 구성되어 있으며, 이 협약의 대상이 되는 공무(public function) 및 공무원의 범위는 광의로 규정하여 외국공무원·국제기구공무원도 그 대상에 포함된다.

이 협약은 공공부문뿐만 아니라 사적부문에 대하여도 부패방지정책 및 제도를 수립하고 중수뢰 등 처벌을 규정하였으며 뇌물, 권한남용, 영향력 행사, 부패로 인한 부당이득, 부패수익의 세탁, 폭력·협박·매수 등을 통한 사법 방해 등을 범죄화하고 각국이 국내법으로 처벌토록 규정하고 있다. 부패사범에 대한 범죄인 인도·형사사법공조, 정보 교환 등 국제공조 제도도 구축하도록 하고 있으며 외국으로 유출시킨 부패수익 자산을 몰수하여 '본국(country of origin)'에 반환하는 제도를 신설하였다. 협약 당사국 총회를 통해 각국의 이행실태를 모니터할 수 있는 제도·기구를 설립하도록 하는 규정도 포함되어 있다.

2. UN안전보장이사회의 제재결의(제재대상자에 대한 정밀금융제재 포함)

유엔 안전보장이사회(안보리)는 국제평화와 안전유지에 대한 일차적 책임을 지고 유엔회원국에 대해 구속력을 갖는 결정을 할 수 있는 유일한 기관이다. 평화에 대한 위협, 평화의 파괴 또는 침략행위의 존재 여부를 결정하고, 국제평화와 안전의 유지, 회복을 위하여 권고를 하거나 강제조치를 집행한다.

유엔 회원국 내에서 법적인 효력을 갖기 위해서는 회원국들의 서명, 비준,

이행이 요구되는 국제협약과는 달리 유엔 헌장의 제Ⅶ장에 따라 국제평화와 안보에 대한 위협에 대응하여 통과된 유엔안보리결의안은 모든 유엔 회원국에게 구속력을 지닌다.

안보리는 산하에 제재위원회를 두고 있다. 유엔헌장 제41조는 안보리가 국제평화와 안전유지를 위해 군사적 조치 이외의 강제조치를 취할 수 있음을 규정하고 있다. 안보리는 국가 또는 단체가 국제사회의 평화를 위협할 경우 무력을 사용하지 않는 범위 내에서 경제 및 무역제재, 무기금수, 여행금지 등 다양한 강제조치를 통해 압력을 행사하여 문제의 해결을 시도한다.

제재위원회는 안보리에서 규정한 상황 별 제재의 이행 감시 기능을 수행한다. 2020년 현재 안보리 산하에 13개의 제재위원회가 활동하고 있다.

안보리는 제재위원회 외에도 AML/CFT와 관련하여 테러방지를 위한 '대테러위원회(Counter-Terrorism Committee: CTC)', 대량파괴무기 확산 방지를 위한 '1540 위원회' 등도 두고 있다.

(1) 유엔안보리결의 1373호(대테러위원회 소관)

유엔안보리가 2001년 9월 28일에 결의한 제1373호를 채택함에 따라 회원국들은 테러자금조달 행위를 범죄화하도록 요구받게 되었다. 이 외에도 회원국들은 테러조직에 모든 형태의 지원 거부, 테러행위에 연루된 개인, 조직·단체의 자금 또는 자산의 동결, 테러리스트에게 피난처나 능동적·수동적 지원 금지, 범죄 수사와 계획된 테러행위에 대한 정보 공유 시 타 국가와의 협력이 요구된다.

UN 안보리결의 제1373호 주요 내용

• 테러자금조달 차단 관련
- 테러행위에 대한 자금조달(financing)을 방지하고 억제
- 테러와 직·간접적으로 관련된 모든 자금조달의 범죄화(criminalize)
- 테러자행, 시도, 준비 관련 금융자산 및 경제적 재원의 즉각동결(freeze): 정밀금융제재
- 테러행위에 대한 자금지원 및 관련자은신처 제공거부(deny safe haven)
- 테러를 위한 자금조달, 계획, 시행 등 테러와 관련된 모든 행위의 범죄화 및 테러의 심각성을 반영한 처벌수준결정

• 테러 관련 협약가입 관련
- 「테러자금조달억제를위한UN협약」을 포함한 테러와 관련된 모든 국제협약의 철저한 이행을 촉구
- 테러범에 대하여 정치적 명분에 기초한 난민지위불인정 등 난민지위의 남용방지를 촉구

(2) 유엔안보리결의 1540호(1540 위원회 소관)

2003년 9월 유엔 총회에서 부시 미국 대통령은 테러집단에 대한 대량살상무기 확산 저지를 위하여 수출통제 체계를 강화할 것을 요구하면서 이를 위한 안보리 결의 채택을 제안하였다. 안보리는 수개월의 토의를 거쳐 2004년 4월 28일 만장일치로 결의 1540호를 채택하고, 모든 회원국에게 대량살상무기 비확산·수출통제 입법과 집행을 의무화하고 관련 국내조치 결과를 담은 국가보고서(national report)를 6개월 이내에 제출토록 결정하였다. 동 결의 이행을 위해 안보리 산하에 1540 위원회가 설치·운영되었다.

「유엔안보리결의 1540호」는 테러리즘에 대한 결의 1373호에 이어 안보리 두 번째로 특정 국제안보 위협이 아닌 일반적 안보위협에 대해 유엔헌장 제VII장의 권능을 인용한 조치이다. 특히, 동 결의는 종래의 비확산 조치와는 달리 불법거래와 관련한 대응수단에 금융조치까지 포함하였다는 특징이 있다.

UN 안보리결의 제1540호 주요 내용

• 제1항: 비국가행위자(non-State actor)의 대량살상무기 제조, 획득, 보유, 운송, 사용 등에 대한 지원 금지
• 제2항: 비국가행위자의 테러 목적 대량살상무기 획득, 보유, 운송, 사용 등을 위한 공범, 지원, 자금조달의 금지 → 정밀금융제재
• 제3항: 대량살상무기의 계량, 방호, 국경통제, 불법거래와 중개 탐지 및 저지 등 국내 조치 집행. 대량살상무기의 국내 수출통제와 환적통제 체제 수립, 발전 및 유지
• 제10항: 대량살상무기 불법거래 방지를 위해 국내법적 권한과 법률, 국제법의 범위 내에서 국가간 협력적 행동을 촉구

(3) 정밀금융제재 관련 결의안

유엔은 특정 대상을 목표로 하는 정밀 제재(targeted)를 도입하고 확대해왔다. 제재대상자에 대한 정밀 금융제재·자산동결 등을 실시하게 되면 대상국 전반에 대한 제재에 비해 일반 국민들에게도 인도적 피해를 덜 초래하기 때문이다.

1) ISIS/알카에다 제재 관련 유엔안보결의 제1267호 및 후속 결의[17]
(1267/1989/2253 위원회 소관)

제1267호 결의(1999년)에 따라 구성된 제재위원회(현재 1267/1989/2253 위원회)가 탈레반, 오사마 빈 라덴과 알카에다 등 테러관련자를 지정하고 유엔안보리는 회원국들이 유엔 헌장 제Ⅶ장에 따라 지정대상자들이 소유하거나 통제하는 단체의 자산을 동결하도록 요구했다. 초기 제1267호(1999.8.5.) 결의는 탈레반을 다루었고, 이후 제1333호(2000.12.19.) 결의가 오사마 빈 라덴과 알카에다를 다루었다. 이후 제1363호(2001.6.30)에서는 모니터링 체계가 구축되었고 초기 리스트(제1390호, 2002.1.16.)가 통합되었다.

1267/1989/2253 위원회는 자산이 동결되어야 할 개인과 단체의 명단을 발표하고, 회원국들의 제의를 근거로 명단에 추가사항 또는 삭제사항을 결정하는 절차를 운영한다.

2) 對이란 제재 관련 제2231호 결의 등

2002년 이란의 반정부단체인 「National Council of Resistance of Iran」 (NCRI)'이 핵개발과 연계된 Natanz 우라늄 농축시설 및 Arak 중수 생산시설 등 2개의 IAEA 미신고 시설을 폭로한 것을 계기로 이란이 장기간 동안 IAEA 안전조치 협정을 위반해 왔다는 것이 명백해져, 국제사회는 이에 강한 우려를 표명하였고, IAEA는 이란에 대해 우라늄 농축·재처리 관련 활동 중단을 요구하였

---

17) 제1333호(2000), 제1363호(2001), 제1390호(2002), 제1452호(2002), 제1455호(2003), 제1526호(2004), 제1617호(2005), 제1730호(2006), 제1735호(2006), 제1822호(2008), 제1904호(2009), 제1988호(2011), 제1989호(2011)

對이란 경제제재 관련 주요 UN 안보리결의 내용

* 제1737호(2006년): 미사일 체계 개발과 관련된 대이란 수출통제, 이란의 핵활동 유관 10개 단체 및 12명의 자연인에 대한 자산동결, 제재위원회 설치(2016년 1월 해제)
* 제1929호(2010년): 보험 및 재보험 등의 금융서비스 제공 금지(2016년 1월 해제)
※ 2015년 포괄적공동행동계획(JCPOA) 타결
* 제2231호(22015년): 이란 제재에 관한 안보리결의 폐지, 지정명단 개정

다. 2006년에 들어와 안보리는 이란이 국제원자력기구(IAEA)의 요청에 따라 우라늄 농축 및 재처리 활동을 중단할 것을 촉구하는 유엔안보리결의를 채택하였으나 이란이 이를 따르지 않자 같은 해 12월 이란의 우라늄 농축 및 재처리, 핵무기 개발에 기여할 수 있는 물품 및 설비, 기술의 공급·판매·이전을 금지, 이란의 핵활동 유관 10개 단체 및 12명의 자연인에 대한 자산을 동결할 것을 내용으로 하는 「유엔안보리결의 1737호」를 만장일치로 채택하였다. 이후에도 이란이 국제사회의 요구에 응하지 않자 안보리는 후속 결의를 채택하였다. 2010년 6월에는 대이란 제재 수준을 크게 높인 「유엔안보리결의 1929호」가 채택되어 무기 금수가 확대되고 보험 및 재보험 등의 금융서비스 제공이 금지되었다.

2013년 6월 이란 대선에서 온건개혁 성향의 하산 루하니가 대통령으로 당선되면서 이란과 국제사회의 핵협상이 새로운 국면을 맞이하여 국제사회의 대이란 제재가 완화되기 시작하였다. 2015년 7월 14일에 이란 핵합의인 '포괄적 공동행동 계획(JCPOA: Joint Comprehensive Plan of Action)'이 타결되고, 이란이 핵합의안의 의무사항을 이행했음을 IAEA가 확인한 이후 「유엔안보리결의 2231호」가 채택되어 UN가 부과했던 대부분의 제재가 2016년 1월 해제되었다. 다만, 금융 및 은행 거래, 에너지 및 석유화학, 해운·조선·항만운송, 자동차, 금 및 기타 귀금속, 흑연 및 반가공금속 등의 교역관련 2차 제재가 해제 대상에 포함되었으나 미국과 이란 간 직접 교역 및 금융거래 등을 제한하는 1차 제재는 그대로 유지되었다. 그리고 「유엔안보리결의 2231호」에는 "JCPOA 참여국(안보리 4개 상임이사국과 독일) 중 어느 한 국가가 안전보장이사회에 이란이 약속을 준수하지 않는다고 통보해 올 경우, 안전보장 이사회는 '제재의 종료를 유지하는 결

의안'에 대하여 표결을 해야 하며, 통보 후 30일 내에 동 결의안이 채택되지 않으면 기존의 제재 조치들이 다시 적용되게 된다."고 하는 스냅백(snap back) 조항이 포함되었다.

3) 유엔안보리결의 제1718호 및 후속 결의[18] 등 對북한 제재
   (1718 위원회 소관)

1993년 3월 북한이 핵확산금지조약(NPT) 탈퇴를 선언하자 유엔 안보리가 최초로 북한의 핵과 미사일 문제와 관련해 결의를 채택하였다. 이는 제재는 아니었지만 유엔 안보리가 북한의 핵 문제와 관련해 채택한 최초의 결의였다.

2006년 10월 북한이 1차 핵실험을 실시하자 안보리는 「유엔안보리결의 1718호」를 채택하였다. 이 결의는 북한의 핵실험을 유엔헌장 7조의 '평화에 대한 위협과 파괴'로 규정하고 재래식 무기 및 사치품의 거래금지, 북한의 대량살상무기 관련 종사자들의 여행 통제, 제재 대상 개인·단체에 대한 자산동결을 규정하였다. 아울러 제재 결의 이행을 감시할 대북제재위원회인 1718위원회를 발족시켰다.

2006년 1차 핵실험 이후부터 2017년까지 총 10차례 걸쳐 채택된 대북 경제제재 관련 유엔안보리결의는 대량살상무기 관련 개인·단체를 지정해 자산을 동결하고, 입국·경유를 금지시키고 있다.

다만, 2013년까지의 유엔안보리 결의는 대량살상무기 활동, UN 대북제재 회피에 기여할 수 있는 금융서비스, 자산·재원의 제공을 금지하는 등 대량살상무기제재의 성격이 강하였으나 2016년에 채택된 「유엔안보리결의 2270호」부터는 대량살상무기 개발과 관련 없는 북한 내 금융활동까지 금지하는 등 경제일반에 영향을 끼치는 방향으로 제재의 성격이 변화되었다.

---

18) 제1718호(2006.10.14), 제1874호(2009.6.13), 제2087호(2013.1.22), 제2094호(2013.3.7), 제2270호(2016.3.2), 제2321호(2016.11.30), 제2356호(2017.6.2), 제2371호(2017.8.5), 제2375호(2017.9.11), 제2397호(2017.12.2)

對북한 경제제재 관련 주요 UN 안보리결의 내용

대량살상무기활동·UN결의 회피에 기여가능한 금융지원 등 금지 〈2006년∽2013년〉

• 제1718호(2006년, 1차 핵실험 후): 대량살상무기관련, 자산동결·여행통제 등의 제재에 대한 대상자지정

• 제1874호(2009년, 2차 핵실험 후): 대량살상무기관련 금융서비스 제공, 자산·재원 제공, 대북무역 공적 금융지원 등의 금지

• 제2087호(2013년, 장거리미사일발사 후): 북한 금융기관 관련 모든 활동에 대한 감시 강화 촉구 등

• 제2094호(2013년, 3차 핵실험 후): 대량살상무기활동·UN결의 회피에 기여가능한 금융서비스, 자산·재원(북한 향·발 Bulk Cash 이전 포함) 제공, 대북무역 공적 금융지원 등의 금지. 대량살상무기활동·UN결의 회피에 기여가능한 북한 은행의 회원국內 지점·사무소 신규개설, 합작투자 등 금지 회원국 금융기관의 북한內 사무소 신규개설, 은행계좌 개설 등 금지 등

대량살상무기개발과 관련 없는 북한의 금융활동까지 금지 〈2016년∽2017년〉

• 제2270호(2016년, 4차 핵실험 후): 북한은행의 회원국內 지점·사무소 신규개설, 합작투자 등 금지, 기존 지점·사무소 등 폐쇄

• 제2321호(2016년, 5차 핵실험 후): 회원국의 북한內 금융기관 전면 폐쇄, 대북 무역 금융지원 전면 금지(대량살상무기활동 연관성 조건 완전 삭제), UN결의 회피목적의 bulk cash 이용가능성 우려 재강조

• 제2371호(2017년, ICBM급 탄도미사일 발사 후): 북한과의 합작사업 신설·확대 금지, 금융서비스 제공 일반회사들도 금융기관으로 간주

• 제2397호 (2017년, ICBM급 탄도미사일 발사 후): 북한과의 합작사업 설립·운영 금지

---

4) 유엔안보리결의 제2178호 등 ISIL, ANF 등 관련 제재 결의
   (1267/1989/2253 위원회 소관)

2014년 유엔 안보리는 시리아·이라크사태의 악화를 초래한 외국인 테러전투원(Foreign Terrorist Fighter: FTF) 문제에 대처하기 위하여 FTF의 이동과 이에 대한 지원을 차단하고, 국내법상 FTF 및 관련자 처벌을 명시할 것을 내용으로 하는 안보리결의 제2178호를 결의하였다.

유엔안보리는 2015년 ISIL·ANF(Al−Nusrah Front) 등의 주요 자금원인 원

UN 협약, UN 안보리 결의 및 FATF 국제기준 개정 경과

1988	▸ 비엔나 협약(마약류와 향정신성 물질의 불법거래 방지 협약)

1990	▹ FATF 40개 권고사항 제정

1996	▹ FATF 40개 권고사항 개정(마약자금 외에 중요범죄로 범위 확대)

1999	▸ 테러자금조달 억제 협약(테러자금조달의 범죄화와 처벌)
	▸ 유엔안보리결의 제1267호(탈레반 등에 대한 정밀금융제재)

2000	▸ 팔레모 협약(초국가 조직범죄 대응을 위한 국제협약)

2001	▸ 유엔안보리결의 제1373호(테러자금조달 관련 자체 정밀금융제재)

2003	▸ 반부패 협약(부패수사 협조, 해외은닉 부패자산 환수 등)
	▹ FATF 40개 권고사항 개정(테러자금조달 관련 정밀금융제재 등 테러자금조달에 관한 8개의 특별권고사항 추가, 2004년 1개의 특별권고사항 추가)

2006 ~2017	▸ 유엔안보리결의 제1718호(2006)및 후속결의 9회: 북한 관련 지정자 정밀금융제재
	▸ 유엔안보리결의 제1737호(2006), 제1929호(2010) 등: 이란 관련 지정자 정밀금융제재 → 유엔안보리결의 제2231호(2015)에 따라 해제

2012	▹ FATF 40개 권고사항 개정(9개 특별권고사항을 40개 권고사항에 흡수·통합, 위험기반접근방식 도입. 전제범죄에 부패·조세범죄 추가)

유·문화재 거래, 인질 몸값, 기부금 차단에 중점을 두고 각 회원국이 석유제품, 모듈식 정제장치 등의 거래를 차단하는 경우 30일내에 1267/1989/2253 위원회에 보고할 것을 결의하는 「안보리결의 2199호」를 채택하였다.

2015년에는 ISIL을 지원하는 개인과 단체들까지 제재 대상 명단에 포함하고 모든 회원국들이 결의상 조치 이행관련 접촉점(focal point)을 지정하고, 결의 채택 120일내 결의안에 명시된 조치 이행과 국가차원의 접촉점을 지정하여 보고서를 제출할 것을 요청하는 「안보리결의 2253호」를 채택하였다.

3. FATF 권고사항의 제·개정 연혁

(1) FATF 권고사항 제정(1990년)

1988년 마약관련 범죄수익의 자금세탁을 범죄화하고 그 수익을 몰수하는 것을 규정한 「마약 및 향정신성물질의 불법거래 방지에 관한 UN 협약(비엔나 협약)」이 체결되었고, 국제결제은행(BIS)은 은행의 고객확인 의무 등을 내용으로 하는 '자금세탁을 목적으로 하는 은행제도의 범죄적 사용방지에 관한 선언'을 발표하였다. 이 영향으로 1990년 FATF는 마약자금세탁을 억제하기 위한 40개의

1990년~1995년 FATF 40개 권고사항의 주요내용

분류	번호	상세내용
A. 권고사항의 일반체계	1~3 (3개)	비엔나협약의 즉시 이행 금융비밀법 권고사항 이행방해 안 됨 자금세탁 관련 효과적 법집행체계 구축
B. 자금세탁과 싸우기 위한 국가 법률체계 개선	4~8 (5개)	비엔나 협약에 따른 자금세탁의 범죄화 다른 중대범죄 자금세탁 범죄 확대고려 객관적 사실로 자금세탁 범죄성 적용 직원뿐만 법인도 범죄처벌 적용 범죄수익 몰수 시스템 구축
C. 금융시스템의 역할 강화	9~29 (21개)	권고 12~29: 은행 및 비은행기관 적용 권고들이 가급적 넓게 적용되어야 함 권고 적용 비은행기관/전문직 리스트 고객확인 실제 계좌주 정보취득 위한 합리적 조치 최소 5년간 기록보관 복잡하고 비정상적 거래에 특별 주의 의심거래보고의 허용 또는 의무화 의심거래보고 사실 고객 알림 금지 의심거래보고 시에는 지침을 따름 의심 경우 지원/거래관계 중단, 계좌폐쇄 은행, 금융기관 등에 대한 감독 권고사항을 이행할 관계당국의 지정 금융기관의 이행을 지원하기 위한 지침 범죄자 등의 금융기관 소유/통제 금지
D. 국제협력의 강화	30~40 (11개)	국경간 자금흐름 평가를 위한 기록 고려 국제 당국의 자금세탁기법 수집/제공 요청/자발적 의심거래의 국경간 교환 국제사법공조를 위한 협력 양자/다자 네트워크를 활용한 국제협력

분류	번호	상세내용
		범죄수익 몰수를 위한 국제협약 권장 국제적 협력을 통한 수사 등의 권장 범죄수사등의 사법공조를 위한 절차확립 외국의 확인/동결/압류/몰수 요청에 대응 사법권 충돌을 방지하기 위한 장치 마련 범죄인 인도 등을 위한 절차 마련

권고사항을 제정하였다. 동 권고사항은 자금세탁에 대처하기 위하여 각국이 취해야 할 법률제도와 수사, 금융시스템 및 규제, 국제협력에 대한 각종 필요조치의 포괄적인 청사진을 제시한 것이었다. 대부분의 사항이 '의무'보다는 '권고'로 표현되었다.

(2) FATF 권고사항 1차 개정(1996년)

FATF 40개 권고사항은 6년간의 운영 경험을 바탕으로 1996년 2월 총회에서 개정사항이 합의되었다. 자금세탁 전제범죄의 범위가 마약범죄에서 중대범죄로 확대된 것이 가장 큰 특징이다.

권고사항의 적용대상을 비금융사업자와 전문직으로 확대하였다. 금융시스템의 역할을 강화하기 위하여 의심거래보고가 의무화 되었고, 종전에는 개인고객에만 고객확인을 의무화하였으나, 고객확인이 법인고객에 대해서도 의무화되었다. 위장기업(shell corporations)에 대해서도 각국이 특별한 주의를 기울일 것을 권고하였다.

새로운 자금세탁 기법의 사용에 대한 방지장치를 마련할 것과 국경 간 현금이동에 대한 모니터링·적발 절차 도입을 검토할 것을 권고하였으며, 통제배달(controlled deliveries)[19]의 도입을 적극 권장하였다.

---

19) 통제배달(controlled delivery)은 불법물품이 한 국가 또는 여러 국가에 걸쳐서 우편배달이나 사람에 의한 운반되는 것을 사법기관의 감시 하에 허용하여 불법물품을 수령하는 마약거래자들이나 범죄조직을 알아내기 위한 수사기법이다. 통제배달은 마약뿐 아니라 자금세탁, 불법무기, 사기, 음란물, 위조여권, 위조지폐 등이 수사에 광범위하게 활용될 수 있다. 국제조직범죄에 대한 유엔협약에서는 통제배달은 범죄를 조사하거나 범행에 참가한 자를 수사하기 위한 목적으로 사법기관의 감시하에 그 정을 알면서 불법물품을 어느 한 국가나 다수국가의 영역에서 반출하거나 그 영역을 통과 또는 국내로 반입하는 수사방법을 의미한다고 규정하고 있다.

1996년~2003년 FATF 40개 권고사항의 주요내용

분류	번호	주요내용
A. 권고사항의 일반체계	1~3 (3개)	비엔나협약의 완전한 비준과 이행 금융비밀법 권고사항 이행방해 안 됨 자금세탁 관련 효과적 법집행체계 구축
B. 자금세탁과 싸우기 위한 국가 법률체계 개선	4~7 (4개)	비엔나 협약에 따른 자금세탁의 범죄화 객관적 사실로 자금세탁 범죄성 적용 직원뿐만 법인도 범죄처벌 적용 범죄수익 몰수 시스템 구축
C. 금융시스템의 역할 강화	8~29 (21개)	권고 10~29: 은행 및 비은행기관 적용 비금융사업자 및 전문직 권고적용 검토 고객확인 실제 계좌주 정보취득 위한 합리적 조치 최소 5년간 기록보관 익명성을 지향하는 새 기술에 대한 주의 복잡하고 비정상적 거래에 특별 주의 범죄유래 자금 의심 시 보고의무 의심거래보고 금융회사/임직원의 보호 의심거래보고 사실 고객 알림 금지 의심거래보고 등 경우 지침준수 의무 내무통제절차, 지속적 교육, 내부감사 해외지점 및 현지법인의 의무준수 조치 권고사항 미준수 고객과 거래 주의 국경간 현금수송 적발/모니터링 이행 고액현금거래 보고의 필요성/효용 고려 수표, 신용카드 등 통한 자금거래 투명화 위장기업의 자금세탁 악용 가능성, 대응 은행, 금융기관 등에 대한 감독 권고사항을 이행할 관계당국의 지정 금융기관의 이행 지원하는 지침 범죄자 등의 금융기관 소유/통제 금지
D. 국제협력의 강화	30~40 (11개)	국경간 자금흐름 평가를 위한 기록 고려 국제 당국의 자금세탁기법 수집/제공 요청/자발적 의심거래의 국경간 교환 국제사법공조를 위한 협력 양자/다자 네트워크를 활용한 국제협력 범죄수익 몰수를 위한 국제협약 권장 국제적 협력을 통한 수사 등의 권장 범죄수사등의 사법공조를 위한 절차확립 외국의 확인/동결/압류/몰수 요청에 대응 사법권 충돌을 방지하기 위한 장치 마련 범죄인 인도 등을 위한 절차 마련

(3) 테러자금조달 차단을 위한 2차 전면개정(2003년)

1) 개정 배경

FATF는 자금세탁기법의 발달과 다양화, 9.11테러 사태에 따른 국제환경의 변화 등에 대응하기 위하여 2001년부터 40개 권고사항의 개정작업을 진행하였다. FATF는 2001년 10월 29일에서 30일까지 양일간 미국 워싱턴 D.C.에서 열린 테러자금조달에 관한 긴급총회에서 FATF의 임무를 자금세탁 분야에서 더 확장시키고, 테러자금조달 차단을 위한 범세계적인 노력에 역량과 전문적 식견을 집중시킬 것임을 밝혔다. Clarie Lo FATF 의장은 "오늘 FATF는 테러자금조달과의 전쟁에 대한 새로운 국제기준을 공포하였는데, 우리는 전 세계 모든 국가에 이를 채택, 이행하도록 요청해야 한다. 특별권고사항의 이행은 테러리스트와 그 옹호론자들의 국제금융 체제에 대한 접근을 차단할 것이다"라고 하였다. 이 긴급총회에서 FATF는 회원국에게 테러자금조달에 대한 특별권고사항 마련에 합의하였다.

테러자금 조달차단 관련 특별권고사항에 관하여 2001년 12월 31일까지 FATF 회원국들이 자기평가(self-assessment)를 실시하고, 2002년 6월까지 특별권고사항을 이행하도록 하였다. 또한 회원국들이 UN 안보리결의에 따라 동결한 테러리스트자산의 총액을 정기적으로 발표하도록 하였다. 2002년 2월 FATF 총회에서는 FATF 회원국뿐만 아니라 전 세계를 대상으로 자기평가를 확대 실시하기로 하고, 각국에 9월 1일까지 답변서제출을 요청하여 2003년 6월 말까지 우리나라를 포함하여 130개국이 답변서를 제출하였다.

2002년 10월 FATF 총회에서는 회원국들과 비회원국들의 자기평가결과를 발표하였다. FATF 회원국에 대한 평가결과 미이행으로 평가된 사항은 대부분 권고사항 2(테러자금조달의 범죄화) 및 권고사항 4(테러자금과 관련된 의심되는 거래 보고의무화)였던 것으로 나타났다.

2003년에 2차 개정작업을 완료하고 같은 해 6월 18일 베를린총회에서 회원국이 만장일치로 승인함으로써 한층 강화된 FATF 권고사항이 발효되었다.

2) 2차 개정 권고사항의 주요 내용

1996년 개정에 이어 두 번째로 전면 개정된 FATF 권고사항은 전반적 체계 개편을 포함하여 5개 부문에서 내용이 강화되었다. 처벌대상이 되는 범죄의 범위는 각국이 정할 수 있도록 하되 조직범죄, 테러범죄, 인신매매, 마약, 환경범죄 등 20개 종류의 중요 범죄는 필수전제범죄로 반드시 포함하도록 하였다.

또한 고객확인의무(customer due diligence)의 범위를 확대하여 계좌의 실제 소유자(beneficial owner)에 대한 신분확인 의무강화, 계좌개설 후에도 고객의 신분 등을 지속적으로 확인할 것 등의 의무사항을 구체적으로 나열하고, 외국정치인, 코레스 뱅킹 등 자금세탁위험이 높은 대상에 대해서는 강화된 확인의무를 부과하도록 하였다.

아울러 전문직에 대해서도 자금세탁방지의무를 부과토록 하였다. 변호사, 회계사, 카지노, 부동산중개인, 귀금속상, 회사전문가 등 6개 전문직업인에게 고객확인의무 및 의심되는 거래보고의무를 부과하되, 고객을 대신하여 일정 활동을 준비 또는 수행할 경우(prepare for or carry out)에 고객확인의무를 부담하고, 이들이 고객의 금융거래 활동에 관여할 때(engaged in financial transaction) 의심되는 거래보고의무를 부과토록 하였다. 다만, 변호사 등의 직업상 비밀과 관련될 경우 보고의무를 면제할 수 있도록 하였다.

각국에 금융정보분석기구(FIU)의 설립을 의무화하였고 법인과 법률관계의 투명성 강화를 위한 국제기준을 도입하였다.

이후 2004년 10월 FATF 총회에서는 최근 테러자금조달에 많이 이용되고 있는 현금휴대반출입(Cash Couriers)을 규제하기 위한 권고사항을 1개 추가하였다. 주요 내용은 세관 등 관계당국이 현금 등의 휴대반출입을 탐지하고, 불성실신고 또는 테러자금이라는 의심이 되는 경우 현금반출입을 제한하며, 필요한 경우 몰수조치까지 할 수 있도록 권한을 부여토록 하는 것이다.

2003년~2012년 FATF 40 + 9 권고사항의 주요내용

분류	번호	주요내용
A. 법률제도	1~3 (3개)	자금세탁의 범죄화 자금세탁 범죄성/법인의 자금세탁 처벌 범죄수익 몰수/잠정 시스템 구축
B. AML/CFT를 위한 금융 회사와 DNFBPs의 조치	4~25 (22개)	금융비밀유지 법률의 이행방해 금지 고객확인, 실소유자 확인, 모니터링 등 PEPs(외국인 PEPs 의무화, 국내: 선택) 국경간 환거래계약에 대한 조치사항 익명성을 지향하는 새 기술에 대한 주의 제3자 고객확인 대행 시 기준 최소 5년간 의무적 기록보관 복잡하고 비정상적 거래에 특별 주의 DNFBPs의 고객확인 의무 의심거래보고 의무 의심거래보고 관련 금융회사/임직원 보호 내부통제절차, 지속적 교육, 내부감사 DNFBPs의 의심거래보고 의무 AML/CFT 의무위반 법인(금융회사) 제재 위장은행 설립/거래관계 금지 고액현금거래보고 도입 권장 지정 이외 NFBPs에 대한 의무적용 검토 비협조국가 금융/회사/개인 특별한 주의 해외지점 및 현지법인의 의무준수 조치 금융회사 등에 대한 규제 및 감독 DNFBPs에 대한 규제 및 감독 금융회사 등에 대한 지침, 피드백 제공
C. AML/CFT 시스템을 위한 제도적 조치	26~34 (9개)	FIU 설립 법집행기관의 ML/FT 수사 책임 수사를 위한 법집행기관의 권한 감독기관의 AML/CFT 이행감독 권한 AML/CFT 관련기관에 대한 자원 제공 정책/감독/법집행 효과적 협력 메커니즘 종합적인 통계 작성 법인과 법률관계의 악용방지, 투명성
D. 국제협력	35~40 (6개)	UN협약 이행 AML/CFT 수사 · 기소 관련 사법공조 국제적 정보교환 관련 쌍방가벌성 완화 압수 · 동결 · 몰수 관련 국제협력 범죄인 인도 관련 국제협력 다른 형태의 국제협력
E. 테러자금조달 차단을 위한 특별권고사항	Ⅰ~Ⅸ (9개)	TF(테러자금조달) 관련 UN협약/안보리결의 비준 테러자금조달의 범죄화 테러자산의 동결과 몰수

분류	번호	주요내용
		테러 관련 의심거래 보고
		테러자금조달 관련 국제협력
		대체송금 서비스업자의 AML/CFT 의무
		전신송금 시 완전한 정보 제공
		비영리기관(NPO)의 테러자금 악용 방지
		불법 현금휴대 반출입 통제 시스템

(4) FATF 권고사항 3차 전면 개정(2012년)

1) 개정 개요

FATF는 2009년 2월 총회에서 그간 제3차 라운드 상호평가 과정에서 제기된 일부 권고사항의 문제점을 개선하고, 효과성 평가 방안을 도입하기 위하여 권고사항 개정 논의를 시작하였다.

FATF는 2년여의 작업 끝에 개정 권고사항을 2012년 2월 16일 보도자료 배포와 기자회견을 통해 발표하였고, 그 이후 이를 실천하기 위한 실무적인 방법론을 논의하였다.

FATF 권고사항은 두 가지 사항에 역점을 두고 개정되었다.[20] 첫째, 대량살상무기 확산금융 등과 같은 새로운 위험에 대응할 수 있도록 권고사항의 범위를 확대하였고, 투명성 제고와 부패 방지를 위한 기준을 강화하였다. 둘째, 저위험 분야에는 간소화된 조치를 취할 수 있도록 유연성을 부여함으로써 금융회사와 특정 비금융사업자(other designated sectors)가 고위험 분야에 자원을 집중할 수 있게 되었다.

테러자금조달차단과 관련한 9개 특별권고사항은 40개 권고사항에 흡수·통합되었다.

2) 주요 개정사항

(ⅰ) 위험기반접근방식(The Risk-based approach) 도입

각국은 자국의 자금세탁 및 테러자금조달 위험을 이해하고 이러한 위험에

---

20) FATF의 보도자료(2012.2.15.), 금융정보분석원 보도자료 'FATF 권고사항(자금세탁방지 국제기준) 개정(2012.2.15.)'에서 재인용

대응하기 위하여 고위험에는 강화된 조치를 취하고 저위험에는 간소화된 조치로 대응하는 자금세탁방지 및 테러자금조달차단(AML/CFT) 체제를 갖추어야 한다. 위험기반접근방식을 사용함으로써 각국은 특정 행위·부문의 위험에 한정된 자원을 효과적으로 집중하여 낮은 비용으로 효율적인 AML/CFT 체제를 구축할 수 있을 것으로 기대된다.

(ii) 국제기구의 요구를 반영하여 새로운 위협에 대응
(New Threats & New Priorities)

(a) 대량살상무기확산 금융 차단

FATF는 새롭고 복잡한 위협과 G20 등 국제사회가 설정한 과제에 우선순위를 두고 대응하고 있으며 이를 위해 UN안전보장이사회의 요구에 따라 대량살상무기확산금융을 차단하기 위하여 일관적이고 효과적인 '정밀화된 금융제재(targeted financial sanction)'를 이행하기 위한 별도의 권고사항을 신설하였다.

(b) 부패와 고위공직자(PEPs) 대응 강화

부패를 척결하기 위하여 국내 고위공직자(PEPs: Politically Exposed Persons)가 고위험 거래를 하는 경우 금융기관이 고객확인 의무를 강화하도록 하였다.

(c) 조세범죄를 자금세탁 전제범죄화

자금세탁 전제범죄에 조세범죄를 추가하게 함으로써 조세범죄에 따른 범죄수익에도 자금세탁방지를 위한 예방조치·사법조치를 적용할 수 있게 되었다. 또한, 밀수범죄가 관세범죄와 관련된 전제범죄임을 명확히 하였다.

(iii) 투명성(Transparency) 강화

신탁 등 법률관계와 법인의 소유권·지배구조와 전신송금 참여자가 불투명한 경우, 범죄와 테러자금조달에 악용될 위험이 높아지므로 FATF는 신탁 등 법률관계와 법인, 기업의 실제소유자·지배구조에 대한 신뢰할 수 있는 정보의 확보를 의무화하여 투명성 기준을 한층 강화하였다. 또한 전신송금시 제공해야 하는 정보의 기준도 엄격히 하였다. 투명성을 강화하는 국제사회의 노력으로 인해 범죄자와 테러리스트들은 자신의 행위를 은폐하기가 더욱 어렵게 될 것으로 기대된다.

(ⅳ) 국제협력(International Cooperation) 강화

국제적으로 심화되는 자금세탁·테러자금조달 위협에 대응하여, 정부기관·금융회사 간 국제협력의 범위를 확대하였다. FATF는 권고사항 개정에 따라 수사, 감독 및 기소를 위한 국제적 정보교환이 보다 효과적으로 이루어지고 각국의 범죄자금 추적, 동결, 몰수 및 환수를 용이하게 할 것으로 내다봤다.

(ⅴ) 집행기관의 역할(Operational Standards) 명확화

개정 권고사항은 법집행기관 및 금융정보분석기구(Financial Intelligence Unit)의 역할과 기능을 명확히 하였다.

(ⅵ) 테러자금조달차단(Combating Financing of Terrorism) 관련 사항을
   40개 권고사항에 편입

테러자금조달은 FATF 권고사항의 주요 과제로서, 테러자금조달과 관련한 9개 특별권고사항은 권고사항 전면 개정을 통해 40개 권고사항에 흡수·통합되었다. 이는 테러자금조달이 일시적인 문제가 아니고, 테러자금조달 금지를 위한 조치가 자금세탁방지 조치와 밀접한 연관이 있다는 사실을 보여준다.

(ⅶ) 금융기관의 의무 명확화(Clarifying obligations)

개정 권고사항은 금융부문의 당시의 변화를 반영하여 금융회사의 의무를 명확히 하였으며, 고객확인 이행에서 현실적인 어려움을 겪었던 국가들을 위해 고객확인제도의 의무사항을 명확히 하는 등 각국이 지난 권고사항을 이행하면서 얻은 경험을 반영하였다.

(ⅷ) 포괄성(Inclusive)

개정 권고사항은 민간협의 포럼(Private Sector Consultative Forum) 등을 통해 민간과 시민사회의 의견을 포괄적으로 반영할 수 있도록 하였다.

20014년 이후 FATF 권고사항의 체계

분류	번호	주요 내용
A. AML/CFT 정책과 국가적 조정	1~2	위험평가와 RBA 적용 국가적 협력과 조정
B. 자금세탁과 몰수	3~4	자금세탁 범죄 몰수와 잠정조치
C. 테러자금조달과 확산금융	5~8	테러자금조달 범죄 테러자금조달 관련 정밀금융제재 WMD 확산금융 관련 정밀금융제재 비영리단체(NPO)
D. 예방조치	9~23 (14개)	금융비밀유지 법률 고객확인 (CDD) 기록보관 고위공직자(PEPs) 환거래은행(Correspondent banking) 자금/가치 이전 서비스(MVTS) 새로운 금융기법 전신송금 제3자 의존 내부통제, 해외 지점/자회사 고위험국가 의심거래보고(STR) 정보누설(Tipping-off)과 비밀유지 DNFBPs: 고객확인 DBFBPs: STR 등 기타 수단
E. 법인과 법률관계의 투명성과 실소유자	24~25	법인의 투명성과 실소유자 법률관계의 투명성과 실소유자
F. 권한당국의 권한과 책임, 다른 기구적 조치	26~35 (10개)	금융회사에 대한 규제 및 감독 감독기관의 권한 DNFBPs에 대한 규제 및 감독 FIU(금융정보분석기구) 법집행기관과 조사당국의 책임 법집행기관과 조사당국의 권한 현금휴대반출입(Cash couries) 관리 통계 지침과 피드백 제재
G. 국제협력	36~40(5개)	국제협약의 이행 국제사법공조 국제사법공조: 동결과 몰수 범죄인 송환 기타 국제협력

FATF 권고사항 제개정 연혁[21]

연도	주요내용
1990	• 마약자금세탁을 억제하기 위한 40개 권고사항 제정
1996	• 마약자금 외에 중요범죄로 범위 확대
2001	• 테러자금조달에 관한 긴급총회에서 '테러자금조달에 관한 특별권고사항' 8개항에 합의 – 관련 UN협약의 즉각적인 비준 및 이행, 테러관련 혐의거래보고, 대체송금제도에 대한 규제, 전신송금에 대한 강화된 고객확인의무 등
2003	• 자금세탁기법의 발달 및 9·11테러에 따른 국제환경의 변화 등에 대응하기 위하여 개정 권고사항을 발표 – 자금세탁의 처벌범위 확대, 금융기관의 자금세탁·테러자금조달 방지 의무 강화 등
2004	• 특별권고사항에 현금휴대반출입 규제와 관련한 1개항 추가
2012	• 자금세탁위험에 따라 차등화된 조치를 취하는 위험기반접근방식(RBA) 도입 • 전제범죄에 조세범죄(tax crime), 부패 및 뇌물수수 추가, 9개 특별권고사항을 40개 권고사항에 흡수·통합
2013	• DNFBP(특정 비금융사업자) 비밀보장 조항 적용 관련 사항 명확화(권고사항 37 및 40 개정)
2015	• 테러리스트 관련 UN 안보리결의 2178호 이행하기 위하여 '테러 참가 또는 훈련을 목적으로 다른 국가로 여행하는 경비'를 조달하는 행위도 범죄화(권고사항 제5조 주석서 개정)
2016	• 비영리단체(NPO)에 대한 감독 및 모니터링 강화(권고사항 제8조 개정) • 제재대상이 되는 테러자금의 범위에 기타 자산(other assets) 포함(권고사항 제5조 개정)
2017	• 확산금융 관련 정밀금융제재 명확화 및 관련 UN 안보리 제재 요구사항 반영(권고사항 7조 개정) • 금융그룹 내 의심스러운 거래 정보 공유 요건 명확화(권고사항 제18조 주석서 개정) • 의심스러운 거래 보고 관련 정보누설 및 비밀보장 명확화(권고사항 제21조 개정)
2018	• AML/CFT 의무사항과 자료보안 및 개인정보 보호 규정간 적용 명확화, 국내 관계 기관간 정보공유 활성화(권고사항 제2조 개정) • 가상자산 및 가상자산 사업자에 대한 AML/CFT 의무 부과(권고사항 제15조 개정)
2019	• 가상자산 및 가상자산 사업자에 대한 FATF 기준 적용 관련 세부요건 마련(권고사항 제15조 주석서 추가)

21) 금융감독원, 자금세탁방지 검사업무안내서, 2019.11

SECTION 03
FATF 국제기준

1. FATF 국제기준22)의 구성

(1) FATF 권고사항

FATF 권고사항(The FATF Recommendations)은 법적 구속력이 있는 다자협약은 아니지만, FATF 회원국은 권고사항을 이행할 것을 약속23)해야 하며 FATF가 고위험국가(High-risk jurisdictions subject to a call for action)를 지정하고 상호평가를 통해 강화된 점검(Jurisdictions under increased monitoring) 대상 국가를 선정하여 해당하는 조치를 취함으로써 사실상 구속력을 발휘하고 있다.

즉, FATF 권고사항에는 권고사항을 이행하지 않는 국가에 대한 제재 규정, 회원자격 박탈 규정 등 국제'법'에서만 발견되는 규정이 존재하며, 권고사항의 문맥과 목적 등을 종합적으로 감안할 때, 사실상 법적구속력(*de facto* legal binding force)을 갖고 있다고 볼 수 있다.

FATF 권고사항은 첨부되어 있는 주석서(Interpretive Notes)와 용어설명(General Glossary) 등을 통해 구체화되며, FATF는 다양한 지침서(Guidance)와 모범사례(Best Practices)를 제공하여 권고사항의 이행을 돕고 있다.

(2) 평가방법론24)

'평가방법론(Methodology for Assessment)'은 상호평가(Mutual Evaluation)를 통해 FATF가 각국의 국제기준 이행을 점검하고, 이행이 부진한 국가를 제재하기 위하여 구체적인 평가방법과 평가요소를 제시하는 보조적인 문서이다. FATF 권고사항과 주석서를 토대로 작성되며 FATF 권고사항에 우선하거나 권고사항을 변경할 수는 없다. 현재는 권고사항을 법령 등을 통해 구현했는지 여부를 평

---

22) International Standards on Combating Money Laundering and the Financing of Terrorism & Proliferation,

23) FATF에 가입하기 위해서는 40개 권고사항을 3년 내에 이행할 것과 그 이행상황에 대해 상호평가를 받을 것을 약속하여야 한다.

24) 자세한 사항은 chapter 4에서 설명한다.

가하는 '기술평가'와 실효적인 AML/CFT 시스템이 갖춰야할 11개 즉시성과(IO : Immediate Outcome)의 달성 여부를 평가하는 '효과성 평가'로 구성된다.

2. FATF 권고사항의 주요내용[25]

FATF 권고사항(FATF의 주제별 분류)

A - AML/CFT 정책과 조정			
1	위험평가와 위험기반 접근방식의 적용	2	국가적 협력과 조정
B - 자금세탁과 몰수 관련 법률제도			
3	자금세탁 범죄화	4	몰수와 잠정조치
C - 테러자금조달과 확산금융			
5	테러자금조달 범죄화	6	테러 테러자금조달 관련 정밀금융제재
7	확산금융 관련 정밀금융제재	8	비영리조직
D - 예방조치			
9	금융회사의 비밀유지 법률	10	고객확인제도(CDD)
11	기록보관	12	정치적 주요인물
13	환거래은행	14	자금 또는 가치의 이전 서비스
15	새로운 기법	16	전신송금
17	제3자 의존	18	내부통제, 해외지점과 자회사
19	고위험 국가	20	의심거래보고제도
21	정보누설과 비밀유지	22	특정 비금융사업자·전문직: 고객확인
23	특정 비금융사업자·전문직: 기타 수단		
E - 신탁 등 법률관계와 법인의 투명성과 실제소유자			
24	법인의 투명성과 실제소유자	25	법률관계의 투명성과 실제소유자
F - 권한당국의 권한과 책임, 다른 제도적 조치들			
26	금융회사에 대한 규제와 감독	27	감독기관의 권한
28	특정 비금융사업자·전문직에 대한 규제와 감독	29	금융정보분석기구
30	법집행기관과 조사당국의 책임	31	법집행기관과 조사당국의 권한
32	현금휴대반출입 관리	33	통계
34	지침과 피드백	35	제재
G - 국제협력			
36	국제협약의 이행	37	국제사법공조
38	국제사법공조: 동결과 몰수	39	범죄인 송환
40	기타 국제협력		

---

25) 이해를 돕기 위하여 FATF 권고사항을 크게 세 개 부문으로 나누어 주요내용을 설명하였으며, 권고사항의 순서를 따르지는 않았다.

FATF 권고사항은 4대 핵심제도인 '자금세탁방지, 테러자금조달 차단, 대량 살상무기 확산금융 차단, 국제협력'을 중심으로 7개 분야에 걸쳐 금융기관과 감독당국 등의 의무를 규정하고 있다. 권고사항 중 핵심권고사항은 권고사항 3(자금세탁의 범죄화), 권고사항 5(테러자금조달의 범죄화), 권고사항 10(고객확인제도), 권고사항 11(기록보관), 권고사항 20(의심거래보고제도)이다.

(1) 제도와 운영·법집행 기관

1) 자금세탁행위에 대한 처벌과 범죄수익의 동결·몰수의 법제화

FATF 권고사항은 범죄를 통하여 조성한 자산을 금융시스템을 이용해서 유통하여 합법화하는 것을 차단하는 것을 목적으로 한다.

(ⅰ) 자금세탁의 범죄화[권고사항 3 상단]

자금세탁을 별도의 범죄로 처벌하는 것이 자금세탁방지(AML) 체계 구축의 출발점이다. 자금세탁의 범죄화로 인해 AML 관련 예방조치의 이행을 강제할 수 있고, 결백한 것으로 보이는 행위를 명백한 범죄행위와 결부시켜 불법수익을 처리하는 자의 행위가 범죄가 되게 한다. 그리고, 법집행기관들이 사법공조체계 등에 의지하여 보다 효과적으로 국제적인 자금세탁행위를 추적하여 기소할 수 있게 한다.[26]

「비엔나 협약(1988년 11월 채택)」은 '자금세탁'을 '범죄행위로부터 발생한 자산이라는 사실을 알면서 당해 자산의 출처를 은닉하거나 위장할 목적으로 또는 범죄자들의 법적 책임 면탈을 도울 목적으로 해당 자산을 전환하거나 양도하는 행위, 당해 자산의 성질·출처·소재·처분·이동·권리·소유권을 은닉하거나 가장하는 행위, 당해 자산을 취득·소지·사용하는 행위 중 어느 하나'로 정의한다.

권고사항 3에 대한 주석서 5에 따르면 전제범죄가 국내에서 발생한 경우는 물론이고, 다른 나라에서 발생한 경우까지 확대되어야 하는 것으로 명시하고 있다. 어떤 행위가 행해진 국가에서는 전제범죄가 아니었지만 수익이 세탁된 국가에서 발생하였다면 범죄로 성립될 수 있는 행위에 의해 범죄수익이 발생한 경우에도 자금세탁범죄가 될 수 있다.

---

26) 세계은행, 자금세탁방지 및 테러자금조달금지 제도 해설, 2006년(금융정보분석원 번역 출간 2011년)

【권고사항 3. 자금세탁범죄(Money Laundering offence)】

각국은 「비엔나 협약」과 「팔레모 협약」에 기초하여 자금세탁행위를 범죄화하여야 한다(criminalise). 각국은 전제범죄의 범위를 최대한 확대한다는 관점에서(with a view to including the widest range of predicate offences), 모든 중대범죄(serious offences)에 자금세탁 범죄(crime of money laundering)를 적용하여야 한다.

【권고사항 4. 몰수와 잠정조치(Confiscation and Provisional Measures)】

각국은 「비엔나 협약」, 「팔레모 협약」 및 「테러자금조달억제 협약」에 명시된 조치와 유사한 법적조치 등을 취하여 자국의 권한당국이 선의의 제3자의 권한을 침해하지 않으면서 다음에 명시된 사항을 동결이나 압류 또는 몰수할 수 있도록 하여야 한다 : (a) 세탁된 재산(property), (b) 자금세탁 혹은 전제범죄의 범죄수익, 또는 해당 범죄에 사용되었거나 사용될 의도가 있는 수단, (c) 테러리즘, 테러행위 혹은 테러조직의 범죄수익 또는 이들의 자금조달에 사용되었거나 사용을 위해 할당되거나 또는 사용될 의도가 있는 재산 또는 (d) 이에 상응하는 가치가 있는 재산.

해당 조치사항을 통해 권한당국은 다음과 같은 권한을 가져야 한다: (a) 몰수 대상 재산을 확인·추적·평가할 권한, (b) 해당 재산의 거래·이전 또는 처분을 막기 위하여 동결 및 압류 등의 잠정조치를 취할 권한, (c) 몰수대상 재산을 국가가 동결·압류 혹은 회복할 권리를 방해하는 행위를 저지하거나 무효화시키기 위한 대책을 취할 권한, (d) 적절한 수사권한.

각국은 자국법(principles of their domestic law)이 허용하는 범위내에서, 범죄수익, 범죄수단 등을 유죄판결 없이 몰수할 수 있도록 하는 조치(독립몰수제도)나, 범죄자에게 몰수대상재산의 정당한 원천을 밝히도록 요구하는 조치의 적용을 고려하여야 한다.

(ⅱ) 중대범죄를 자금세탁의 전제범죄로 지정[권고사항 3 하단]

자금세탁의 전제범죄는 범죄수익을 세탁하는 경우 자금세탁범죄로 이르게 하는 수익을 창출하는 기본 범죄 활동이다.

권고사항 3에 대한 주석서 2는 각국이 전제범죄의 범위를 최대한 확대한다는 관점에서 모든 중대범죄에 자금세탁범죄를 적용할 것을 규정하고 있다. 전제범죄를 지정하는 방법에는 전제범죄를 모든 범죄로 하는 방법, 중대한 범죄의 범주 또는 적용 가능한 형량을 기준으로 전제범죄화 하는 기준식 접근법, 전제범죄 목록을 정하는 나열식 접근법, 위의 방법들을 결합하여 지정하는 방법 등이 있다. 다만, 각국은 테러자금조달, 테러조직과 개별 테러리스트에 대한 자금조달에 대해서는 재량 없이 이 행위들을 범죄화하여 전제범죄로 지정되도록 해야 한다.

권고사항 3에 대한 주석서 4는 각국은 어느 방법을 택하든 최소한, 지정된 범죄 범주 내에 다양한 범죄를 포함해야 한다고 규정하고, 용어설명(General Glossary)에서 21개 범죄를 나열하고 있다.[27)]

2012년에 개정된 권고사항에서는 '조세범죄(tax crimes)'가 자금세탁의 전제범죄에 추가됨에 따라 조세범죄를 통해 취득한 재산을 자금세탁하는 경우, 조세범죄와는 별도로 처벌하고 관련 범죄수익을 몰수해야 한다. 또한 금융기관은 조세범죄와 관련하여 자금세탁행위로 의심되는 거래를 FIU에 보고해야 하며, 조세당국은 조세범죄와 관련한 자금세탁행위를 조사하는 경우 FIU에 정보 요구를 할 수 있게 되었다.

(ⅲ) 범죄수익을 몰수·추징하는 체제를 구축[권고사항 4]

2012년에 개정된 권고사항에 따라 각국은 「비엔나 협약」과 「팔레모 협약」에 명시된 조치와 더불어 「테러자금조달억제 협약」에 명시된 조치와 유사한 조치를 취해야 하게 되었으며, 조치의 기준이 되는 범위가 확대되는 등 동결, 몰수, 압류에 대한 규정이 강화되었다.

아울러 개정된 권고사항은 법집행기관이 동결·압류·몰수할 수 있는 재산

---

27) 조직범죄단체 및 폭력행위 가담(participation in an organised criminal group and racketeering), 테러자금조달을 포함한 테러행위(terrorism, including terrorist financing), 인신매매와 밀입국 알선거래(trafficking in human beings and migrant smuggling), 아동성 착취를 포함한 성 착취(sexual exploitation, including sexual exploitation of children), 마약 및 향정신성물질의 불법매매(illicit trafficking in narcotic drugs and psychotropic substances), 불법무기밀매(illicit arms trafficking, illicit trafficking in stolen and other goods), 부패와 뇌물수수(corruption and bribery), 사기(fraud), 화폐위조(counterfeiting currency), 상품위조와 상표도용(counterfeiting and piracy of products), 환경범죄(environmental crime), 살인 및 중대한 신체 상해(murder, grievous bodily injury), 납치와 불법감금 및 인질잡기(kidnapping, illegal restraint and hostage-taking), 강도 또는 절도(robbery or theft), 관세와 소비세 관련을 포함한 밀수(smuggling; including in relation to customs and excise duties and taxes), 직접세와 간접세에 관련된 조세범죄tax crimes related to direct taxes and indirect taxes), 강요(extortion), 위조(forgery), 해적(piracy), 내부자거래 및 시장조작(insider trading and market manipulation)

및 수단을 '세탁된 재산(property), 자금세탁 혹은 전제범죄의 범죄수익, 또는 해당 범죄에 사용되었거나 사용될 의도인(intended for use) 수단, 테러리즘, 테러행위 혹은 테러조직의 범죄수익 또는 이들의 자금조달에 사용되었거나 사용을 위해 할당되거나 또는 사용될 의도인 재산, 이에 상응하는 가치가 있는 재산'으로 명시하였다.

FATF는 각국에 자국법(principles of their domestic law)이 허용하는 범위에서, 유죄판결 없이 몰수할 수 있도록 하는 조치인 독립몰수제도(non-conviction based confiscation)의 도입을 검토할 것을 권고하고 있다.

2) 테러자금조달과 확산금융

FATF는 테러자금의 조달 또는 사용을 사전적으로 차단하기 위한 규정을 2001년에 도입하였고, 대량살상무기 확산금융을 차단하기 위한 정밀금융제재를 2012년에 본격적으로 도입하였다.

【권고사항 5. 테러자금조달범죄】

각국은 「테러자금조달 억제 협약」에 의거하여 테러자금조달을 범죄화하여야 하며, 테러행위에 대한 자금조달뿐만 아니라 특정 테러행위 또는 테러행위들과의 연관성 여부와 상관없이 테러조직과 개별 테러리스트에 대한 자금조달도 범죄화하여야 한다. 각국은 이러한 범죄행위가 자금세탁 전제범죄로 지정되도록 하여야 한다.

【권고사항 6. 테러와 테러자금조달 관련 정밀금융제재】

각국은 테러자금조달 방지 및 억제에 관한 유엔 안보리 결의안을 이행하기 위하여 정밀화된 금융제재를 이행하여야 한다. 이 결의들은 각국이 (ⅰ) 유엔 헌장 제Ⅶ장에 따라 유엔 안전보장이사회에 의해 또는 유엔 안전보장이사회의 권한으로, 유엔안보리결의 1267호(1999)와 후속 결의에 따라 지정된 개인이나 단체(entity) 또는 (ⅱ) 유엔안보리결의 1373호(2001)에 따라 각국이 지정한 그 어떠한 개인이나 단체의 자금 혹은 기타 자산을 지체 없이 동결하여야 하고, 지정된 개인이나 단체에게 혹은 이들의 이익(benefit)을 위해 그 어떠한 자금이나 기타 자산이 직간접적으로 제공(available)되지 않도록 하여야 한다.

【권고사항 7. 확산금융 관련 정밀금융제재】

각국은 대량살상무기 확산과 이에 대한 자금조달을 방지, 억제 및 차단(disruption)하는 유엔안보리결의를 이행하기 위하여 정밀금융제재를 이행하여야 한다. 이 결의안에 따라 각국은 유엔 헌장 제VII장에 의거하여 유엔 안전보장이사회 또는 그 권한에 의하여 지정한 그 어떠한 개인이나 단체의 자금 혹은 기타 자산을 지체 없이 동결하여야 하고, 지정된 개인이나 단체에게 혹은 이들의 이익을 위해 그 어떠한 자금이나 기타 자산이 직간접적으로 제공되지 않도록 하여야 한다.

【권고사항 8. 비영리조직】

각국은 테러자금조달에 악용될 수 있는 취약성을 가진 것으로 확인된 비영리조직에 관련된 법규의 타당성을 검토하여야 한다. 각국은 비영리조직이 다음과 같은 목적으로 악용되지 않도록 보호하기 위하여, 비영리조직에 대해 위험기반접근방식에 따라 초점을 맞춘, 비례적인 조치를 적용하여야 한다.
  (a) 테러조직을 합법적 단체로 가장하기 위한 수단
  (b) 자산동결조치를 회피하는 목적 등을 포함하여, 합법적인 단체로서 테러자금을 조달하기 위한 수단
  (c) 테러조직의 자금을 합법적 목적에 사용될 것처럼 가장하는 것을 감추거나 은폐 (obscure)하기 위한 수단

(ⅰ) 테러자금조달을 범죄화 함 [권고사항 5]

2012년 권고사항이 개정되기 전 특별권고사항에서 범죄화의 범위로 규정한 '테러, 테러리스트의 행위 및 테러 조직에 대한 자금조달'의 범위가 2012년 개정을 통해 더욱 확대되었다. 개정 권고사항에 따라 각국은 「테러자금조달 억제 협약(1999년 12월 채택, 2002년 4월 발효)」에 의거하여 테러자금조달 자체를 범죄화해야 하며, '테러행위를 실행하기 위하여 자금을 조달하는 행위뿐만 아니라 특정 테러행위 또는 테러행위들과의 연관성 여부와 상관없이 테러조직에 의하여 사용될 자금·자산을 제공·모집하는 행위와 개별 테러리스트에 의하여 사용될 자금·자산을 제공·모집하는 행위'도 범죄화해야 한다.

권고사항 5에 대한 주석서 3이 2015년에 개정됨에 따라 각국은 자금·자산이 직접적으로 사용 되는 경우뿐 아니라 간접적인 자금·자산 지원도 범죄화해야 하게 되었다. 주석서 3은 테러 행위 및 훈련을 할 목적으로 타국으로 떠나는 개인에 대한 여비 지원도 테러자금조달로서 처벌해야 한다고 규정한다.

권고사항 5에 대한 주석서 2도 2016년에 추가로 개정되었다. 유엔안보리결의 2199호와 유엔안보리결의 2253호 등을 반영하여 테러지원을 위한 경제적 지원의 범위에 원유나 천연자원도 포함될 수 있도록 테러자금의 범위를 '자금(funds)'뿐만 아니라 '다른 자산(other assets)'으로 확대하였다.

(ii) 테러관련자·단체 자금의 즉시 동결 또는 정밀금융제재 도입[권고사항 6][28]

이 권고사항 6에 따라 각국은 테러리스트, 테러단체 및 테러자금을 조달하는 자의 자금과 자산을 지체 없이 동결시키는 조치를 취해야 하고, 이 경우 개별 국가가 취한 조치는 테러자금조달의 방지 및 척결과 관련된 유엔안보리 결의 내용과 부합해야 한다. '동결(freezing)'은 국가내의 해당기관이 특정한 자금이나 자산의 양도, 변경, 처분, 이동을 금지하거나 제한하여 자금이나 자산이 이전되거나 분산되는 것을 방지하는 권한을 가지는 것을 뜻한다.

2012년에 개정된 권고사항에서는 유엔 헌장에 의거하여 유엔안보리가 지정하였거나 또는 그 권한에 의하여 '지정된' 개인이나 단체의 자금 혹은 기타 자산을 지체 없이 동결하여야 하고, 어떠한 자금이나 기타 자산이 직간접적으로 제공되지 않도록 하여야 한다는 내용을 추가함으로써 테러자금조달과 관련하여 '지정된' 개인과 단체를 대상으로 한 금융제재인 '정밀 금융제재(targeted financial sanction)'을 이행하기 위한 지침을 제공하게 되었다.

「유엔안보리결의 1267호(1999)」와 후속 결의들은 각국이 알카에다, 탈레반, 오사마 빈 라덴 또는 이들과 관련된 개인과 기관의 점유나 통제 하에 있는 자금과 자산을 지체 없이 동결해야 한다고 규정[29]하고 있다.

---

28) 아주대학교 법학전문대학원, "테러자금조달 방지 체제의 선진화·국제화 방안 연구" (2009 금융위원회 금융정보분석원 연구용역보고서

29) 유엔안보리결의 1267호에서의 테러자금 동결 규정 : 탈레반 정부에 의해서 직접 혹은 간접적으로 통제되거나 소유되었던 재산으로부터 생산되거나 취득한 자금 혹은 탈레반 정부에 의해 소유 혹은 통제된 것을 인수함으로써 얻게 된 자금을 포함한 다른 금융 자원과 자금은 동결한다. 그리고 영토 내의 어떤 누구에 의해서도 그것들과 다른 자금 혹은 지정된 금융 재원은

「유엔안보리결의 1373호(2001)」는 「유엔 안보리결의 1267호」와는 다르게 테러행위자의 이름으로 행위하거나 테러행위자의 지시로 행위하는 테러행위자·기관의 자금과 자산을 각국이 지체 없이 동결[30]하도록 규정하고 있으며, 자산동결의 대상이 되는 개인과 기관을 지정할 권한을 개별 국가에 일임하고 있다.

(ⅲ) 확산금융에 대한 정밀금융제재 도입[권고사항 7]

2012년에 신설된 권고사항 7에 따라 각국은 대량살상무기 확산금융과 관련하여 유엔 안보리가 지정한 개인이나 단체에 대해 정밀금융제재를 시행하여야 한다. 이 권고사항이 신설되면서 FATF의 관할 업무범위가 '자금세탁방지 및 테러자금조달 금지'에서 '대량살상무기 확산금융 금지'까지로 확장되었다.

(ⅳ) 비영리조직에 대한 조치[권고사항 8]

비영리조직에 대한 권고사항은 종전 특별권고사항 Ⅷ으로 규정되어 있었으나 2012년 FATF 권고사항으로 편입되었다. 비영리조직에 대한 규제는 9.11테러 등에서 그 필요성이 제기되었다.

각국은 테러자금조달에 악용될 수 있는 비영리조직과 관련된 법규의 타당성을 검토해야 하고 테러조직이 합법적인 비영리조직으로 가장하거나 또는 합법적인 비영리조직을 테러자금 조달을 위한 도관(conduits)으로 이용한다거나 비영리조직가 합법적으로 조성한 자금을 테러자금으로 전용되지 않도록 하여야 한다.

권고사항 8은 비영리조직이 테러자금조달에 악용되는 것을 방지하기 위한 각국의 조치로서 '비영리에 대한 교육 등 지원(outreach), 위험기반 감독(supervision) 또는 감시(monitoring), 효과적인 정보수집과 조사(investigation), 국제적인 협력체계 수립 등을 제시하고 있다.

탈레반의 이익을 위해서 혹은 직간접적으로 통제되고 소유된 것을 맡는 것은 할 수 없게 된다. 단, 경우에 따라 인도적인 이유로 위원회에 의해서 승인된 것은 제외한다.

30) 유엔안보리결의 1373호에서의 테러자금 동결 규정 : 테러행위를 실행하거나 실행하려고 시도하는 자, 혹은 테러행위를 촉진시키거나 테러행위에 참여하는 자, 그리고 이러한 자에 의하여 직간접적으로 소유되고 통제되는 단체 혹은 그러한 단체나 개인의 지시에 따라 그들을 대표하여 활동하는 단체의 경제적 자원이 나 금융상의 다른 자산이나 자금, 그리고 그러한 자와 그와 관련된 개인이나 단체에 의해 직간접적으로 소유되고 통제되는 재산으로부터 발생되고 파생된 자금까지 지체 없이 바로 동결한다.

2016년 6월 총회에서는 FATF에서의 비영리조직의 정의를 신설하여, 정의
된 비영리조직에 대해서만 FATF 권고사항이 적용된다는 사실을 명시하였다. 또
한 비영리조직 분야의 테러자금조달 위험도에 대한 평가를 의무화하고 위험기
반접근방식(RBA)의 도입을 의무화하였다.[31]

3) 금융정보분석기구(FIU) 및 법집행기관·조사당국의 책임과 권한 등

자금세탁방지와 테러자금조달 차단에 관한 책임자들은 정보 분석과 금융수
사 등을 위해 특정한 종류의 금융정보에 접근할 수 있어야 한다. FIU와 법집행
기관들은 그 과정에서 중요한 역할을 담당하고 있다.

(ⅰ) 금융정보분석기구(FIU)[권고사항 29]

각국은 정보의 수집과 분석 및 제공을 담당하는 FIU를 설립하여야 한다.
2012년 개정 전 권고사항에서의 정보 수집등의 범위가 '자금세탁이나 테러자금
조달에 관련된 의심되는 거래 보고 및 기타 정보'로 규정되어 있었으나, 개정 권
고사항에서는 '의심되는 거래 보고, 자금세탁 및 이와 연관된(associated) 전제범
죄와 테러자금조달과 관련된 기타 정보'로 개념이 다소 확대되었다.

주석서에 따르면 FIU가 수행하는 분석은 FIU가 수집하고 보유한 정보에
가치를 더해야 한다. 분석 방식 중 '운영 분석'은 이용·입수 가능하고 취득 가능
한 정보를 이용하여 특정 대상을 식별하고, 특별한 활동 또는 거래를 추적하여,
그 특정 대상과 범죄, 자금세탁, 전제범죄 또는 테러자금조달 범죄수익 간의 연
결고리를 확인하는 것이다. '전략 분석'은 다른 권한당국이 제공한 자료를 포함
하여 이용·입수 가능하고 취득 가능한 정보를 이용하여 자금세탁 및 테러자금
조달과 관련된 동향·패턴을 식별하는 것이다. 전략 분석된 정보는 FIU나 다른
국가 단체가 자금세탁 및 테러자금조달의 위협 및 취약성을 확인하는 데에 사용
된다. 전략 분석은 FIU 또는 AML/CFT제도 내의 기타 단체의 정책과 목표를 설
정하는 데에 도움이 될 수 있다.

(ⅱ) 법집행기관과 수사당국의 책임[권고사항 30]

권고사항 30은 각국이 관련 법집행기관에게 자금세탁 및 연관된 전제범죄,

---

31) 이귀웅, FATF 국제기준 해설, 2016

【권고사항 29. 금융정보분석기구】

각국은 (a) 의심스러운 거래보고와 (b) 자금세탁, 이와 연관된(associated) 전제범죄와 테러자금조달과 관련된 기타 정보의 수집과 분석 그리고 분석된 정보의 제공을 담당하는 중앙행정기관(national centre)으로서 FIU를 설립하여야 한다. FIU는 보고기관(reporting entities)으로부터 추가정보를 취득할 수 있어야 하고 제반 기능을 제대로 수행하기 위하여 필요한 금융, 행정 및 법집행 정보에 시의 적절하게 접근할 수 있어야 한다.

【권고사항 30. 법집행기관과 조사당국의 책임】

각국은 지정된 법집행당국이 자국의 AML/CFT 정책의 틀 내에서 자금세탁 및 테러자금조달 관련 수사에 대한 책임을 지도록 하여야 한다. 이러한 지정된 법집행당국은 적어도 모든 대규모 범죄수익 관련 사건에서 자금세탁, 테러자금조달 및 이와 연관된(associated) 전제범죄를 수사할 때 사전적 병행 금융수사(pro-active parallel financial investigation)를 전제하여야 한다. 이때에는 연관된 전제범죄가 자국 관할권(jurisdiction) 외부에서 이루어진 경우가 포함되어야 한다. 각국은 권한당국이 몰수대상이거나, 몰수대상이 될 수 있는, 또는 범죄수익으로 의심되는 재산을 신속하게 확인·추적, 동결·압류 조치를 개시하는 것에 대한 책임을 지도록 하여야 한다. 또한 각국은 필요시 여러 분야의 전문가들로 구성된 금융자산수사팀(multi-disciplinary groups specialised in financial or asset investigation)을 영구적으로 또는 임시로 운용하여야 한다. 각국은 필요한 경우 외국의 관련 권한당국과의 합동수사가 이루어지도록 하여야 한다.

【권고사항 31. 법집행기관과 조사당국의 권한】

자금세탁, 테러자금조달 및 이와 연관된 전제범죄에 대해 수사를 하는 경우, 권한당국은 수사, 기소 및 관련 조치 수행에 필요한 모든 서류 및 정보에 접근할 수 있어야 한다. 이는 금융기관, 특정 비금융사업자와 전문직 및 기타 개인이나 법인이 소유하고 있는 기록의 작성, 개인·건물의 수색, 증인 진술 확보, 증거 압수와 확보를 위한 강제조치의 사용권한을 포함한다. 각국은 권한당국이 자금세탁, 이와 연관된 전제범죄와 테러자금조달을 수사하는 경우 이에 적절한 폭넓은 수사기법을 최대한 사용할 수 있도록 하여야 한다. 이러한 수사기법은 비공개 조사(undercover operation), 통신 감청(intercepting communications), 컴퓨터시스템 접근(accessing computer systems) 및 통제 배달(controlled delivery)

을 포함한다. 또한, 각국은 개인·법인의 계좌 소유 및 관리(control) 여부를 시의 적절하게 확인할 수 있는 효과적인 메커니즘을 갖고 있어야 한다. 각국은 또한 소유자에게 사전 공지 없이 권한당국이 자산을 확인할 수 있는 절차를 마련하는 메커니즘을 가지고 있어야 한다. 자금세탁, 이와 연관된 전제범죄 및 테러자금조달을 수사하는 경우, 권한당국은 FIU가 보유한 모든 관련정보를 요구할 수 있어야 한다.

【권고사항 32. 현금휴대반출입 관리】

각국은 세관신고시스템(declaration system) 및/혹은 정보공개시스템(disclosure system) 등을 통해 현금(currency)과 무기명지급수단(bearer negotiable instrument)이 물리적으로 국경 간 이전되는 것을 적발할 수 있도록 조치를 마련하여야 한다. 각국은 테러자금조달이나 자금세탁 또는 전제범죄와 관련 있다고 의심되거나 허위로 신고·공개된 현금이나 무기명지급수단의 휴대반출입을 차단하거나 제한할 수 있는 법적 권한을 권한당국에 부여하여야 한다. 각국은 거짓 신고·공개를 하는 자에 대하여 효과적이고, 위반사항에 비례하며, 억제력이 있는 제재조치를 마련하여야 한다. 현금이나 무기명지급수단이 테러자금조달, 자금세탁 또는 전제범죄와 연관된 경우, 각국은 권고사항 4에 따른 법적조치를 포함하여 현금이나 무기명지급수단을 몰수할 수 있는 조치를 적용하여야 한다.

테러자금조달 관련 수사·기소·처벌·동결·압류·몰수 등을 할 수 있도록 하는 책임을 부여할 것을 규정한다.

2012년 개정 권고사항에서는 법집행당국의 수사범위를 전제범죄까지 포함시켰으며, 사전적 수사기법 개발의 필요성을 명시하였다. 그리고 전제범죄가 자국 관할권 밖에서 이루어진 경우까지 포함하여 규정함으로써 수사범위를 명확하게 규정하였으며 몰수대상이거나, 몰수대상이 될 수 있는, 또는 범죄수익으로 의심되는 재산을 신속하게 확인, 추적 및 동결·압류 조치를 개시하는 것에 대한 권한당국의 책임도 명시하였다.

권고사항 30에 대한 주석서에 따르면 '병행 금융수사'란, 자금세탁, 테러자금조달, 전제범죄에 대해 전통적인 범죄수사와 병행하여 수행되는 금융수사를 말한다. 금융수사는 범죄활동과 관련된 재무 조사로서 범죄 네트워크, 범행 규모의 정도 확인, 몰수 대상이거나 대상이 될 수 있는 범죄수익, 테러자금 또는 기타 자산을 확인하고 추적하는 것과 형사소송절차에 사용될 수 있는 증거를 확보하는 것을 의미한다.

(ⅲ) 법집행기관과 조사당국의 권한[권고사항 31]

권고사항 31은 자금세탁 및 연관된 전제범죄와 테러자금조달 수사·기소·몰수 등의 책임을 부여한 법집행기관과 수사당국에 대한 책임에 대응하는 권한을 부여한다. 수사 기법의 하나로 언급된 '통제 배달'은 행정 밀수 물품을 중간에서 적발하지 않고 감시 통제 속에서 유통되도록 한 후 최종 유통 단계에서 적발하는 것을 일컫는다. 권고사항은 이와 아울러 권한당국이 개인 또는 법인의 계좌 소유·관리 여부를 시의 적절하게 확인할 수 있고, 소유자에게 사전 공지 없이 자산을 확인할 수 있는 메커니즘을 가지고 있어야 한다고 규정하고 있다.

(ⅳ) 현금휴대 반출입 관리(Cash Couriers)[권고사항 32]

국경 간에 현금과 현금에 상응 하는 것을 휴대한 개인이나 단체는 종종 'Cash Couriers'로 일컬어진다. 권고사항 32는 테러자금조달을 억제하기 위한 9개의 특별권고사항 중 하나로서 2004년에 채택되었다. 테러리스트와 기타 범죄자들이 금전을 한 국가에서 다른 국가로 운송하여 범죄수익을 세탁하거나 테러활동의 자금을 조달할 수 없도록 하기 위해서 특별권고사항의 하나로 도입되었던 것이다.

개정된 권고사항에서는 적용 요건이 테러자금조달이나 자금세탁과 더불어 전제범죄와 연관된 경우가 추가되어 그 범위가 확대되었다.

(2) 민간부문의 예방조치와 법인 등의 투명성 강화

1) 고객확인과 기록보관

고객확인은 금융기관이 자금세탁과 테러자금조달을 적발, 억제하고 방지할 수 있도록 해줄 뿐만 아니라 금융기관, 고객 및 전반적인 금융시스템에 기여한다. 기록보관은 특히 자금세탁과 테러방지의 방지와 적발에 중요하다. 잠재적인 고객이 자신의 기록이 보관된다는 사실을 알고 있다면 불법적인 목적으로 금융기관의 이용을 시도할 가능성이 낮아질 것이다. 기록보관은 관련자의 적발과 해당기관이 관련자를 추적하는 것을 지원할 금융자료를 제공해준다.

【권고사항 9. 금융회사의 비밀유지 법률】

각국은 금융기관의 비밀 유지에 관한 법률(financial institution secrecy laws)이 FATF 권고사항 이행에 걸림돌이 되지 않도록 하여야 한다.

【권고사항 10. 고객확인제도(CDD)】

금융기관의 익명계좌 또는 가명계좌 개설은 금지되어야 한다. 금융기관은 다음과 같은 경우 고객확인을 이행할 의무가 있다: (a) 거래관계(business relation)를 수립하는 경우 (b) 다음과 같은 일회성 거래행위(occasional transactions)를 하는 경우: (i) 기준금액(미화/유로화 15,000)을 초과하는 거래, (ii) 권고사항 16의 주석서에 의해 규제되는 전신송금 (c) 자금세탁 또는 테러자금조달이 의심되는 경우 (d) 기존에 확보된 고객확인정보의 진위나 타당성이 의심되는 경우.

금융기관이 고객확인을 이행하여야 한다는 원칙은 법률로 규정되어야 한다. 각국은 개별 고객확인 의무를 법률로 할지 또는 기타 강제력이 있는 수단(other enforceable means)으로 할지 등을 결정할 수 있다. 취해져야 할 고객확인 조치는 다음과 같다: (a) 신뢰성 있고 독립적인 문서·데이터 또는 정보를 이용하여 고객을 확인하고 신원을 검증할 것 (b) 실제소유자의 신원을 확인하고, 실제소유자의 신원을 검증하기 위한 합리적인 조치를 취하여 금융기관이 그 계좌의 실제소유자가 누구인지 파악할 수 있어야 함. 고객이 법인 및 신탁 등 법률관계의 경우, 금융기관은 그 법인 및 신탁등 법률관계의 소유권과 지배구조를 파악하여야 함 (c) 거래관계의 목적 및 성격에 대한 정보를 이해하고, 필요시 이에 관한 정보를 확보할 것 (d) 거래관계에 대한 지속적인 고객확인 절차 이행(ongoing due diligence) 및 거래관계 수립 이후 실시된 거래에 대한 면밀한 조사를 수행하여 고객, 고객의 사업 및 위험도 기록, 그리고 필요한 경우 자금출처에 대해 금융기관이 파악하고 있는 바가 실제 거래 내용과 일치하도록 할 것.

금융기관은 위의 (a)~(d)의 모든 고객확인 조치를 이행할 의무가 있으며, 이때 본 권고사항에 대한 주석서와 권고사항 1(위험기반 접근방식)에 대한 주석서를 적용하여 해당 조치의 범위를 결정하여야 한다.

금융기관은 고객 및 실제소유자의 신원검증을 거래관계 수립 이전 또는 거래관계를 유지하는 동안, 또는 일회성 거래를 수행하기 전에 이행할 의무가 있다. 다만 자금세탁 및 테러자금조달 위험이 효과적으로 관리되고 있고 정상적인 거래를 위하여 불가피한 경우, 각국은 금융기관이 거래관계 수립 후 합리적으로 수행 가능한 최단기간 내에 검증절차를 수행할 수 있도록 할 수 있다.

금융기관은 위의 (a)~(d)에 해당하는 의무사항을 위험기반 접근방식에 따라 조치의 정도는 조절 가능하지만 이행할 수 없을 경우에는 계좌개설, 거래관계수립 또는 거래이행을 하지 않도록 해야 하고, 이미 수립된 거래관계는 종결하여야 하며, 해당 고객에 대한 의심거래보고 여부를 고려하여야 한다.

본 권고사항은 모든 신규 고객에게 적용되어야 하고, 금융기관은 중요성과 위험을 기초로 기존 고객에게도 본 권고사항을 적용하여야 하며, 적정한 시기에 기존 거래관계에 대한 고객확인을 이행하여야 한다.

【권고사항 11. 기록보관】

금융기관은 권한당국의 정보제공 요구가 있을 경우 이에 신속하게 대응하기 위하여 국내 및 국제 거래에 대한 모든 필수적인 기록을 최소 5년 이상 보관할 의무가 있다. 이러한 기록은 범죄행위를 기소하기 위하여 필요한 경우 증거로 제시될 수 있도록 관련 금액과 통화종류 등을 포함한 개별 거래내역을 충분히 파악할 수 있도록 하여야 한다. 금융기관은 예를 들어 복잡하고 비정상적인 대규모 거래의 배경과 목적을 파악하기 위해 질의하는 등 수행한 모든 분석결과를 포함하여 고객확인 조치를 통해 입수한 모든 고객확인 정보(여권, 신분증, 운전면허증, 기타 이와 유사한 서류 등 공식적인 신원 확인 서류의 사본 또는 기록), 계좌파일, 업무서신 등에 관한 기록을 거래관계가 종료된 후 또는 일회성 거래를 한 날로부터 최소 5년 이상 보존하여야 한다. 금융기관이 거래에 대한 기록과 고객확인 조치를 통해 취득한 정보를 보존하도록 하는 의무는 법률로 규정되어야 한다. 정당한 권한을 가진 권한당국은 고객확인 정보 및 거래 기록을 이용할 수 있어야 한다.

(i) 금융기관의 비밀유지 법률[권고사항 9]

법률제도에서 중요한 점은 일관되면서 조화롭게 적용되는 법과 규정을 갖추는 것이다. FATF 권고사항과 충돌이 있을 가능성이 큰 분야는 금융기관의 비밀유지법이다. 금융정보의 비밀을 공개되는 것으로부터 보호하는 일반법을 마련하고 있는 국가들이 있다. 이 일반법은 금융기관의 의심되는 거래 보고와 같은 특정한 요구사항과 충돌될 수 있다. FATF는 각국이 AML/CFT 요구사항을 이행하기 위해 금융기관 비밀유지법이 FATF 권고사항 이행을 금지하지 않도록 보장해야 한다고 규정하고 있다.

(ⅱ) 고객확인제도[권고사항 10]

FATF는 금융기관이 어떠한 고객에게도 익명이나 가명으로 계좌를 개설하는 것을 금지하고 있다.

2012년에 개정된 권고사항에서는 '금융기관이 고객확인을 이행하여야 한다는 원칙은 법률로 규정되어야 한다. 각국은 법률 또는 기타 강제력이 있는 수단(other enforceable means)을 통해 개별 고객확인 의무를 어떻게 부과할지 결정할 수 있다'고 규정하여 고객확인 의무가 반드시 이행되어야 하는 강제적인 사항임을 명확히 하였다.

개정 전 권고사항에서는 고객확인 조치와 관련하여 '위험에 비례하여 그 범위가 정해질 수 있다'고 세부적으로 규정했으나, 개정된 권고사항에서는 '권고사항 1(위험기반 접근방식)에 대한 주석서'에 부합하도록 고객확인 조치를 적용하도록 하였다.

실제소유자 확인 대상에 관해서는 개정 전 권고사항에서 법인과 법률관계로 국한하였지만, 개정된 권고사항에서는 실제소유자 확인 대상에 '개인'을 명시적으로 포함하였다.

(ⅲ) 기록보관[권고사항 11]

범죄행위를 기소하기 위하여 필요한 경우 국내 및 국제거래에 대한 모든 필수적인 기록이 증거로 제시될 수 있도록 그 기록들을 최소 5년 이상 보관할 의무를 금융기관에게 부과하고 있다.

개정된 권고사항은 '금융기관은 거래에 대한 기록과 고객확인조치를 통해 취득한 정보를 법에 의해 보존할 의무가 있다'는 내용을 추가하여 금융회사의 거래기록과 관련된 보존 의무가 반드시 지켜져야 하는 사항임을 명시하였다.

2) 특정 고객·행위에 대한 강화된 고객확인

FATF 권고사항은 금융기관이 일반적으로 수행하는 고객확인 외에도 강화된 고객확인조치를 수행하여야 한다고 규정하고 있다.

【권고사항 12. 정치적 주요인물(PEPs)】

금융기관은 고객 또는 실제소유자로서의 외국의 정치적 주요인물(PEPs: Politically Exposed Persons)에 대하여 일반적인 고객확인 절차에 더하여 다음의 조치를 취할 의무가 있다: (a) 고객 또는 실제소유자가 정치적 주요인물인지 여부를 확인할 수 있는 적절한 위험 관리 시스템(risk management systems) 운용 (b) 이러한 거래관계를 수립하거나 기존 고객인 경우, 이러한 거래관계를 지속하여도 된다는, 고위 관리자의 승인 취득 (c) 재산 및 자금의 출처를 확인할 수 있는 합리적인 조치 (d) 거래관계에 대한 강화된 모니터링을 지속적으로 수행.

금융기관은 고객 또는 실제소유자가 국내의 정치적 주요인물이거나 국제기구의 요직에 재임 중인지 또는 재임해온 개인인지 여부를 결정하기 위한 합리적인 조치를 취할 의무가 있다. 이러한 개인과 고위험의 거래관계를 수립하는 경우, 금융기관은 (b), (c) 및 (d)에 언급된 조치를 취할 의무가 있다. 모든 종류의 정치적 주요인물에게 적용되는 의무사항은 그 정치적 주요인물의 가족과 측근에게도 적용되어야 한다.

【권고사항 13. 환거래은행】

금융기관은 국경 간 환거래은행(cross-border correspondent banking)과 기타 유사한 거래관계에 대하여 일반적인 고객확인 조치와 함께 다음의 조치를 취하여야할 의무가 있다: (a) 요청 금융기관(respondent institution)의 사업 성격을 완전히 이해하고, 그 기관이 자금세탁방지 및 테러자금조달차단과 관련하여 수사 또는 규제대상이 되었는지 여부를 포함한 기관의 평판과 감독의 품질을 공개된 정보를 통하여 판단할 수 있도록 충분한 정보를 수집, (b) 요청 금융기관의 자금세탁방지 및 테러자금조달차단 조치를 평가, (c) 새로운 환거래 계약을 수립하기 전 고위 관리자의 승인을 취득, (d) 각 금융기관의 책임사항을 명확히 이해, (e) 대리지불계좌(payable-through-account)의 경우, 요청 은행(respondent bank)이 환거래 계좌를 직접 사용할 수 있는 고객에 대해 고객확인 조치를 수행하는 것과 환거래 은행의 요청에 따라 해당 고객에 관한 적절한 고객확인 정보를 제공하는 것을 충족시켜야 함.

금융기관은 위장은행과 환거래계약 관계를 맺거나 이를 지속하는 것이 금지되어야 한다. 금융기관은 요청기관이 그들의 계좌가 위장은행에 의해 이용되는 것을 금지한다는 것을 확인하도록 요구된다.

【권고사항 14. 자금 또는 가치의 이전 서비스】

각국은 자금 또는 가치의 이전 서비스(MVTS)를 제공하는 개인이나 법인이 허가를 받거나 등록을 하도록 하고 FATF 권고사항이 요구하는 관련 조치를 이행하고 그 이행을 감독하기 위한 효과적인 이행체제의 대상이 되도록 하는 것을 명확히 해야 한다. 각국은 인가를 받지 않거나 등록하지 않고 MVTS를 제공하는 개인이나 법인을 확인할 수 있어야 하고, 확인시 적절한 제재를 가하여야 한다.
대리인의 역할을 하는 모든 개인이나 법인 역시 권한당국에 의해 허가를 받거나 등록을 하도록 하고, 또는 MVTS 제공자가 MVTS 제공자와 대리인이 소재한 국가에서 권한당국이 확인할 수 있는 현재 대리인 목록을 보유해야 한다. 각국은 대리인을 이용하는 MVTS 제공자들이 대리인을 그들의 AML/CFT 프로그램에 포함시키고 프로그램을 준수하도록 모니터링 해야 한다.

(ⅰ) 정치적 주요인물(고위공직자)[권고사항 12]

종전의 FATF 권고사항은 "정치적 주요인물(고위공직자)"을 '외국에서 주요 공직에 있거나 있었던 적이 있는 개인'으로 정의하였으나, 개정된 권고사항 12는 적용대상을 '국내의 정치적 주요인물'과 '국제기구의 정치적 주요인물'까지로 확대하였다.

개정된 권고사항은 고객이 국내 고위공직자인지 여부를 확인하고 국내 고위공직자와의 거래 관계가 고위험으로 평가되는 경우, 외국의 고위공직자와 같이 고위경영진의 승인, 거래자금의 원천 확인 및 강화된 모니터링을 이행하도록 규정하였다.

아울러 '모든 종류의 정치적 주요인물에게 적용되는 의무사항은 그 정치적 주요인물의 가족과 측근에게도 적용되어야 한다'는 내용을 추가하여 의무사항이 적용되는 범위를 본인뿐 아니라 가족과 측근에까지 확대하였다.

(ⅱ) 환거래은행[권고사항 13]

환거래는 느슨한 태도를 가진 국가에서 적절한 고객확인절차를 거치지 않고 국제금융시스템에 접근할 수 있는 유용한 수단이 될 수 있다. 금융기관은 국경 간 환거래계약(cross－border correspondent banking)과 기타 유사한 거래관계

에 대하여 일반적인 고객확인 조치와 함께 거래상대방에 대한 정보를 통해 환거
래가 초래할 수 있는 위험을 충분히 알아야 하며, 거래상대방에 대한 평판 및
AML/CFT관점에서 감독결과를 파악하여야 한다. 환거래 상대 은행이 AML/CFT
에 대한 적절한 조치를 취하는지 파악하여야 하고 새로운 환거래를 하기 위해서
는 금융기관 차원의 판단이 미리 이루어져야 한다.

　　권고사항 13의 주석서에 따르면 대리지불계좌(payable-through accounts)란
제3자가 자기 스스로를 위한 금융거래를 위해 제3자가 직접 사용하는 환거래계
좌를 의미한다. 금융기관은 요청 은행이 대리지불계좌를 이용하는 고객에 대한
고객확인의무를 이행하였으며, 환거래 상대 은행이 요청해오는 경우 관련 고객
확인정보를 제공할 수 있는지 확인해야 한다.

　　(ⅲ) 자금 또는 가치의 이전 서비스[권고사항 14]

　　'자금 또는 가치의 이전 서비스(MVTS)'는 일반적으로 비공식적이고 감독을
받지 않는 네트워크나 절차를 통해 한 곳에서 다른 장소로 자금이나 가치가 이
체되는 금융서비스의 한 유형을 일컫는다. 페소화 암시장 거래수법(BMPE: Black
Market Peso Exchange), 인도대륙의 훈디(Hundi), 하왈라(Hawala) 등이 대표적인
서비스이다.

　　FATF 권고사항 14는 각국이 자금 또는 가치의 이전 서비스(MVTS)를 제공
하는 개인이나 법인이 인가받거나 등록하고, FATF 권고사항에서 요구되고 있는
관련 조치를 이행하는지 감독받고 확인받기 위한 효과적인 감시체계의 대상이
되도록 하게 한다. 각국은 인가를 받지 않거나 등록하지 않은 개인이나 법인이
MVTS를 제공하는 것을 확인할 수 있어야 하고, 확인시 적절한 제재를 가하여야
한다.

　　이 권고사항은 비공식적인 MVTS를 폐지하는 것을 목적으로 하지는 않는
다. 대부분의 경우 이 서비스는 제도권 금융을 이용하는 것이 어려운 사람들에
게 귀중한 서비스를 제공한다. 그럼에도 불구하고 MVTS가 자금세탁과 테러자
금조달에 이용된 적이 있어, 이 권고사항은 그러한 경우에 대비하여 MVTS에
AML/CFT 규제를 적용하는 것을 목적으로 한다.

3) 고객확인·위험관리와 관련한 기타 규정

【권고사항 15. 새로운 기법】

각국과 금융기관들은 (a) 새로운 금융상품 개발 및 신규 업무 취급 그리고 이들이 제공되는 방법과 (b) 신규 상품 및 기존 금융상품을 위하여 새로 개발되었거나 개발되고 있는 금융기법(new technologies)의 사용으로 인해 유발될 수 있는 자금세탁 또는 테러자금조달 위험을 확인하고 평가하여야 한다. 금융기관들은 새로운 금융상품, 업무취급 혹은 금융기법을 개시하기 이전에 이러한 위험평가를 실시하여야 한다. 금융기관들은 확인된 위험요소를 관리하고 경감시키기 위한 적절한 조치를 취하여야 한다.

가상자산으로부터 유발되는 위험을 관리하고 경감하기 위하여, 각국은 가상자산 사업자를 자금세탁방지·테러자금조달차단 목적으로 규제해야 하며 가상자산사업자에 대해 인·허가를 하거나 신고·등록을 받고, 가상자산사업자가 FATF 권고사항에서 요구하는 조치를 준수하는지 확인하고 모니터링 할 수 있는 효과적 체계를 구축하여야 한다.

【권고사항 16. 전신송금】

각국은 금융기관이 전신송금 및 관련 메시지에, 요구가 된 정확한 송금인(originator) 정보와 요구된 수취인(beneficiary) 정보를 포함하도록 하여야 하고, 그 정보는 일련의 지급·결제의 전 과정에서 전신송금 또는 관련 메시지와 함께 유지되도록 하여야 한다.

각국은 요구된 송금인 또는 수취인 정보가 결여된 전신송금을 탐지하기 위하여 금융기관이 전신송금을 감시하고 적절한 조치를 하도록 하는 것을 명확히 하여야 한다.

각국은 테러행위 및 테러자금조달의 방지 및 억제와 관련된 유엔안보리결의 1267호(1999)와 그 후속 결의, 유엔안보리결의 1373호(2001) 등 관련 유엔안보리결의에 명시된 각각의 의무사항에 따라 금융기관이 전신송금을 처리하는 과정에서 동결 조치를 취하도록 하고, 지정된 개인과 단체와의 거래를 금지하는 것을 명확히 시행하도록 해야 한다.

【권고사항 17. 제3자 의존】

각국은 아래에 제시된 기준이 충족되는 경우에 금융기관이 고객확인 조치의 (a)~(c)의 조항을 이행하거나 새로운 거래를 개시하는 업무를 제3자에게 위탁할 수 있도록 할 수 있다. 이러한 위탁이 허용된 경우, 고객확인 조치에 대한 최종책임은 제3자에게 업무를 위탁한 금융기관에 있다. 충족되어야 할 기준은 다음과 같다: (a) 제3자에게 고객확인을 위탁한 금융기관은 권고사항 10에 명시되어 있는 고객확인 조치 중 (a)-(c)의 조항에 명시되어 있는 필수정보를 즉시 획득, (b) 금융기관은 제3자에게 고객확인 정보의 복사본과 기타 고객확인 수행과 관련된 문서를 요구할 때, 이를 지체 없이 제공받을 수 있도록 하는 만족할 만한 수준의 조치를 적절히 할 것, (c) 금융기관은 제3자가 감독당국의 규제, 감독, 또는 점검을 받으며, 권고사항 10과 11에 따른 고객확인과 기록보관 의무를 준수하는 조치를 만족할 만한 수준으로 하고 있다는 점을 확인, (d) 조건을 충족하는 제3자가 소재할 수 있는 국가를 결정할 때 각국은 해당 국가의 위험정보를 고려해야 함.

금융기관과 고객확인을 위탁받는 제3자가 같은 금융그룹에 소속되어 있고 해당 금융그룹이 권고사항 10, 11, 12에 따른 고객확인과 기록보관의무 및 권고사항 18에 따른 자금세탁방지 및 테러자금조달차단 프로그램을 실시하는 경우, 그리고 해당 금융그룹의 고객확인과 기록보관의무 및 AML/CFT 프로그램의 효과적인 이행이 전체 그룹 차원으로 권한당국의 감독을 받고 있다면, 관련 권한당국은 해당 금융기관이 금융그룹의 프로그램을 통해 상기 (b)와 (c)의 기준을 충족하고 있다고 볼 수 있으며, 고위험 국가의 위험이 금융그룹의 AML/CFT 정책으로 그 위험이 적절하게 경감되는 경우 당국은 기준 (d)를 위탁의 필수전제조건이 아니라고 판단할 수 있다.

(i) 새로운 기법[권고사항 15]

2012년에 개정되기 전 권고사항은 "새로운 기법"을 '새로운 금융기법이나 개발 단계에 있는 기법'으로 인해 생겨날 수 있는 자금세탁 위험이라고 넓은 범위로 규정한 것에 비해, 개정된 권고사항에서는 자금세탁 또는 테러자금조달을 유발할 수 있는 새로운 금융기법 대상을 '(a) 새로운 금융상품 개발 및 신규 업무 취급 그리고 이들이 제공되는 방법과 (b) 신규 및 기존 금융상품을 위하여 새로 개발된 또는 개발되고 있는 금융기법'으로 구체화하고 있다.

전세계적으로 가상자산의 거래가 증가하자 FATF는 2018년 10월 총회에서 가상자산은 화폐(fiat currency)가 아니며, 자금세탁 또는 테러자금조달 용도로 악용되지 않도록 국가가 조치를 취해야 함을 강조하면서 권고사항 15를 개정하였다. '가상통화' 등으로 혼용되었던 용어를 '가상자산(virtual asset)'으로 결정하고, '가상자산 서비스 제공자(virtual asset service providers)'에 대해서도 자금세탁방지·테러자금조달차단 의무를 부과하였다.

(ⅱ) 전신송금[권고사항 16]

이 권고사항은 전신송금을 보내는 사람이 누구인지에 대한 정보를 취득하여 불법적인 목적으로 송금된 자금이 송금자와 함께 식별될 수 있게 하기 위해 테러자금조달 차단을 위한 8개 특별권고사항에 포함되었었다.

2012년에 개정된 권고사항에서는 전신송금시 정보에 송금자뿐만 아니라 수취자 정보까지 포함시킴으로써 정보의 범위를 확대하였으며, 그 정보가 일련의 지급·결제의 전 과정에서 전신송금 혹은 관련 메시지와 함께 유지되어야 함을 규정하여 전신송금시 제공해야 하는 정보의 기준을 엄격히 하였다. 아울러 종전 권고사항에 없던, '관련 유엔 안보리 결의안에 명시된 각각의 의무사항에 따라 금융기관이 전신송금을 처리하는 과정에서 동결 조치를 취하도록 하고, 지정된 개인과 단체와의 거래를 금지하여야 한다'는 문구를 추가하여 정밀금융제재의 이행을 강조하였다.

FATF는 가상자산사업자와 관련하여 권고사항 15의 개정에 이어 2019년 6월 주석서를 개정하면서 가상자산사업자에게 전신송금에 관한 권고사항 16을 비롯하여 금융기관에 적용되는 권고사항들을 적용하기로 하였다. 이에 따라 가상자산사업자는 가상자산 송금인과 수취인의 이름과 주소지 등 관련 정보를 수집하고 당국이 요구하는 경우 정보를 제공할 수 있어야 하게 되었다.[32) 이에 업계에서는 가상자산의 기술 특성상 수신자의 정보까지 수집하기 곤란한 경우가 많아 권고사항 16을 이행하기가 곤란하다는 의견을 제기하였다.

그 후 1년간 간 FATF는 회원국과 가상자산사업자의 이행현황을 점검하고 그 결과를 2020년 6월 총회에서 논의하였다. 총회에서는 회원국의 법제 도입 및 민간부문의 이행을 위한 기술개발 등 현황에 비추어 볼 때 민간과 당국의 모두의 발전이 있었으며, 현 시점에서 권고사항을 추가 개정하는 것은 불필요하다는 결론이 내려졌다.

(ⅲ) 제3자 의존[권고사항 17]

권고사항 17은 고객확인 업무를 제3자에게 위탁할 수 있도록 한다. 다만 일정한 기준이 충족되어야 하며 이러한 위탁이 허용된 경우, 고객확인 조치에

---

32) 일명, Travel Rule의 준수

대한 최종책임은 제3자에게 업무를 위탁한 금융기관에게 주어진다. 즉 금융기관은 권고사항 10에 규정된 고객확인 조치에 관해 필요한 정보를 즉시 획득해야 하며 요청에 따라 고객확인과 관련된 식별 데이터 및 다른 관련 문서의 복사본이 지체 없이 제3자로부터 이용할 수 있어야 하고, 제3자는 권고사항 10과 11에 따라 고객확인과 기록보관 사항에 대해 규제되고, 감독·감시되어야 한다.

4) 금융기관의 내부통제 등

내부통제는 기본적으로 회사의 회계부정 등에 대처하는 회사내부의 관리·통제시스템을 의미하는 것으로서 FATF는 내부통제와 관련하여 금융기관과 금융그룹이 자금세탁과 테러자금조달에 이용되는 것을 방지하는 내부방침과 절차를 수립하고 유지하도록 요구하고 있다.

【권고사항 18. 내부통제, 해외지점과 자회사】

금융기관은 자금세탁 및 테러자금조달을 방지할 수 있는 프로그램을 이행할 의무가 있다. 금융그룹은 그룹 차원의 자금세탁 및 테러자금조달 방지를 위한 프로그램을 이행할 의무가 있다. 이 프로그램에는 AML/CFT 목적을 위한 그룹 내 정보 공유정책 및 절차가 포함되어야 한다. 금융기관은 FATF 권고사항을 이행하기 위하여 본국에서 이행되고 있는 AML/CFT 조치와 일관된 조치를 금융그룹의 자금세탁 및 테러자금조달 방지 프로그램을 통해 해외 지점과 지배 지분 보유 자회사에 적용할 의무가 있다.

【권고사항 19. 고위험국가】

금융기관은 FATF가 성명서를 통해 촉구한 국가의 개인·법인·금융기관과의 거래관계 및 거래활동에 대해 강화된 고객확인 조치를 적용할 의무가 있다. 적용될 강화된 고객확인 조치는 위험도에 비례적이고 효과적이어야 한다. 각국은 FATF의 촉구에 따라 적절한 대응조치를 취할 수 있어야 한다. 또한 각국은 FATF와 별도로 자체적인 대응조치를 취할 수 있어야 한다. 이러한 대응조치는 위험의 정도에 비례적이고 효과적이어야 한다.

(ⅰ) 내부통제, 해외지점과 자회사[권고사항 18]

권고사항 18에 따라 금융기관은 자금세탁과 테러자금조달에 이용되는 것을 방지하는 내부방침과 절차를 수립하고 유지할 의무가 있다. 2012년에 개정된 권고사항은 그룹 차원의 자금세탁 및 테러자금조달 방지를 위한 프로그램을 이행해야 하며 이 프로그램에는 그룹 내 정보 공유정책 및 절차가 포함되어야 함을 명시하였다. 이에 더하여 해외 지점 및 자회사까지 포함하는 그룹 차원에서의 프로그램 공유가 이루어져야 함을 명확히 하고 있다.

(ⅱ) 고위험국가[권고사항 19]

금융기관은 권고사항 19에 따라 FATF가 촉구한 국가의 개인, 법인·금융기관과의 거래관계 및 거래활동에 대해 강화된 고객확인 조치를 적용할 의무를 진다. 2012년 개정되기 전 권고사항에서는 금융기관이 '특별한 주의'를 기울여야 한다고 광범위하게 규정한 것과 달리, 개정된 권고사항에서는 '강화된 고객확인 조치를 적용'해야 한다고 명확하게 규정하고 있다. 그리고 종전 국제기준에서는 각국이 '적당한 대응수단을 마련'해야 한다고 광범위하게 규정하고 있었으나, 개정된 권고사항에서는 'FATF의 촉구에 따라 적절한 대응조치' 및 'FATF와 별도로 각국의 자체적인 대응조치' 두 가지 측면에서 조치를 취할 수 있어야 한다고 명시하였다.

강화된 고객확인 조치 및 적절한 대응조치와 관련하여 '위험도에 비례적이고 효과적'인 위험기반 접근방식의 개념을 적용하였다.

5) 금융기관의 의심거래보고와 비밀유지

의심거래보고는 당국의 정보획득 측면에서는 가장 중요한 권고사항이다. 하지만 보고기관 임직원이 의심거래보고를 하게 되는 경우 부작용이 발생할 수 있어 임직원을 보호하기 위한 권고도 같이 규정되었다.

【권고사항 20. 의심거래보고】

금융기관은 특정 자금(funds)이 범죄수익이거나 테러자금조달과 연관이 있다고 의심되는 경우 또는 의심할 만한 합당한 근거(resonable ground to suspect)가 있는 경우, 법률에 따라 그 의심내용을 금융정보분석기구(FIU)에 보고할 의무가 있다.

【권고사항 21. 정보누설과 비밀유지】

금융기관과 금융기관의 이사, 임원(officers) 및 직원(employees)은: (a) 선의에 의하여(in good faith) 금융정보분석기구(FIU)에 의심거래보고를 한 경우, 비록 그 배경이 되는 범죄행위가 무엇인지 정확히 알지 못하고 불법행위가 실제 일어나지 않았더라도(regardless of whether illegal activity actually occurred), 계약서나 그 어떠한 법률, 규정 또는 행정적 조치(administrative provision)에 의하여 부과된 정보누설 금지의무를 위배하더라도 형사 또는 민사상의 책임을 지지 않는다. (b) 의심거래보고 또는 관련 정보가 FIU에 보고되었다는 사실을 공개(disclosing, 소위 "누설(tipping-off)")하지 않도록 법으로 금지하여야 한다. 이 조항은 권고사항 18에서 규정된 정보공유를 저해하는 것은 아니다.

(ⅰ) 의심거래보고[권고사항 20]

권고사항 20에 따라 금융기관은 합리적 근거에 의해 범죄행위 자금으로 혹은 테러자금조달과 관련 있다고 의심하는 경우, 법에 따라 액수에 관계없이 미수에 그친 거래까지 포함하여 모든 의심 거래를 즉시 금융정보분석기구에 보고하여야 한다.

(ⅱ) 정보누설과 비밀유지[권고사항 21]

권고사항 21과 같은 '개인정보보호' 조항은 보고한 금융기관 임직원이 의심거래를 보호함에 따라 파생될 수 있는 각종 부작용을 방지하여 금융기관이 모든 의심거래를 보고하도록 권고하는 데 도움이 된다. 2012년에 개정된 권고사항은 선의에 의한 의심거래보고의 경우 계약·법률뿐만 아니라, 규정 또는 행정적 조치에 의해 부과된 정보누설 금지의무를 위배하더라도 책임지지 않도록 그 적용기준을 완화하였다. 2017년 총회에서는 의심스러운 거래 보고 관련 정보누설 및 비밀보장을 명확히 하기 위하여 금융그룹 내 정보 공유가 저해되지 않는다는 내용이 추가되었다.

6) 특정 비금융사업자와 전문직(DNFBPs)

특정 비금융사업자와 전문직도 2003년에 FATF 권고사항의 적용 대상이 되었다. 특정 비금융사업자와 전문직에 적용 가능한 권고사항은 금융기관에 비해 좀 더 제한적이다.

【권고사항 22. 특정 비금융사업자와 전문직 : 고객확인 】

국제기준 10, 11, 12, 15, 17에 명시되어 있는 고객확인 및 기록보관 의무는 다음과 같은 상황에서 특정 비금융사업자와 전문직(DNFBPs; Designated Non-Financial Businesses and Professions)에게 적용된다. (a) 카지노에서 고객이 기준금액 이상의 금융거래를 행하는 경우 (b) 부동산 중개인(real estate agent)이 고객을 위하여 부동산 매매와 관련된 거래에 참여하는 경우 (c) 귀금속상과 보석상이 고객과 기준금액 이상의 현금거래를 하는 경우 (d) 변호사, 공증인, 기타 독립적 법률전문직 및 회계사(lawyer, notaries, other independent legal professionals and accountant)가 고객을 위하여 다음 활동과 관련된 거래를 준비하거나 수행하는 경우

- 부동산 매매
- 고객의 자금·증권 또는 기타 자산의 관리
- 은행 예금·적금계좌 또는 증권거래계좌의 관리
- 회사 설립, 경영, 관리에 관여
- 법인 및 신탁 등 법률관계(legal persons or arrangements)의 설립·운영·관리 및 사업체의 매매
- (e) 신탁 및 회사설립전문가(trust and company service providers)가 고객을 위하여 용어설명(glossary)에 명시된 활동과 관련된 거래를 준비하거나 수행하는 경우

【권고사항 23. 특정 비금융사업자와 전문직 : 기타 조치】

권고사항 18~21에 명시되어 있는 의무사항은 모든 특정 비금융 사업자와 전문직에게 적용되며 이와 관련하여 다음 사항을 유의하여야 한다. (a) 변호사, 공증인, 기타 법률전문직 및 회계사는 고객을 위하여 또는 고객을 대신하여 권고사항 22(d)에 명시된 활동과 관계된 금융거래를 행하는 경우(engaged in) 의심거래를 보고할 의무가 있다. 각국은 회계감사업무

(auditing)와 같은 회계사의 기타 직무활동에 대해서도 의심거래보고 의무를 확대하도록 권
고된다(strongly encouraged). (b) 귀금속상과 보석상은 고객과 기준금액 이상의 현금거
래를 행하는 경우 의심거래를 보고할 의무가 있다. (c) 신탁 및 회사설립 전문가는 고객을
위하여 또는 고객을 대신하여 권고사항 22(e)에 명시된 활동과 관련된 거래를 하는 경우
고객에 대한 의심거래를 보고할 의무가 있다.

(i) 특정 비금융사업자와 전문직: 고객확인[권고사항 22]

권고사항 22는 변호사, 공증인, 기타 법률전문직 및 회계사, 부동산중개업
자, 귀금속상, 카지노사업자, 신탁 및 회사설립전문가 등 자금세탁 혐의를 발견
하거나 적발하기 용이한 업종의 종사자에 대해 금융기관에 적용되는 권고사항
들 중 고객확인과 기록보관의 의무 및 정치적 주요인물, 새로운 기법, 제3자 의
존 등과 관련된 권고사항이 적용되도록 한다.

카지노나 귀금속상과 보석상은 일정 금액 이상의 현금을 거래하는 경우, 부
동산중개인은 부동산 매매거래를 하는 경우 권고사항의 의무가 적용되며, 변호
사, 회계사 등이 고객을 위하여 부동산 매매, 고객의 자금·증권 기타 자산 관
리, 예금·적금·증권거래 계좌 관리, 회사·법인 등 설립, 사업체 매매 등과 관
련된 거래를 준비하거나 수행하는 경우 이 권고사항이 적용된다.

신탁 및 회사설립 전문가는 고객을 위하여 법인의 설립대리인이나 타인을
위한 명목상 주주의 역할을 수행하거나 신탁 수탁자 및 유사 역할 수행 등 관련
거래를 준비하거나 수행하는 경우 권고사항 22가 적용된다.

(ii) 특정 비금융사업자와 전문직: 기타 조치[권고사항 23]

권고사항 23은 특정 비금융사업자와 전문직 종사자에게 의심거래보고 의무
를 부과하고 고객에게 의심거래 보고 사실 누설 금지의무도 함께 부과하고 있
다. 아울러 금융기관의 내부통제 의무, 고위험국가 관련 권고사항과 관계되는
의무도 부과한다.

귀금속상과 보석상은 고객과 기준금액 이상의 현금거래를 행하는 경우 의
심거래를 보고할 의무가 발생하며 신탁 및 회사설립 전문가는 고객을 위하여 또
는 고객을 대신하여 권고사항 22(e)에 명시된 활동과 관련된 거래를 행하는 경
우 고객에 대한 의심거래를 보고할 의무를 부과받는다.

변호사, 공증인, 기타 법률전문직 및 회계사는 고객을 위하여 또는 고객을 대신하여 부동산 매매, 고객의 자금·증권 기타 자산 관리, 예금·적금·증권거래 계좌 관리, 회사·법인 등 설립, 사업체 매매와 관계된 금융거래를 행하는 경우(engaged in) 의심거래를 보고할 의무를 진다.

종전의 권고사항에서의 '변호사, 공증인과 기타 법률전문직 및 회계사는 독립적 활동을 수행하는 동안 획득한 정보가 직업상 비밀보장 또는 직업적 특권에 해당되는 경우에는 의심거래보고의무를 부담하지 아니한다.'는 내용은 개정 권고사항에서 삭제되었다.

7) 법인과 신탁등 법률관계의 투명성과 실제소유자

그간 법률전문가 등의 지원 아래 설립된 법인이나 신탁 등 법률관계들이 실제소유자의 명의를 은닉하는 수단으로 악용되어 대형 자금세탁 사건에 연루되는 경우가 많아 FATF는 회원국이 권고사항을 더욱 잘 이행하도록 촉구하고 있다.

【권고사항 24. 법인의 투명성과 실제소유자】

각국은 자금세탁이나 테러자금조달 목적으로 법인이 악용되는 것을 방지하는 조치를 취하여야 한다. 각국은 법인의 실제소유자 및 지배구조에 대한 적절하고, 정확하며 시의 적절한 정보를 권한당국이 시의 적절하게 입수하거나 접근할 수 있도록 하여야 한다. 특히, 법인이 무기명 주식 또는 무기명 주식증서, 또는 명목 주주나 명목이사를 허용하는 각종 수단을 발행할 수 있도록 허용하는 국가들은 해당 법인들이 자금세탁 또는 테러자금조달에 악용되지 않도록 하는 효과적인 조치를 강구하여야 한다. 각국은 권고사항 10과 22의 의무사항을 수행하는 금융기관 및 특정 비금융사업자와 전문직도 실제소유자 및 지배구조에 대한 정보에 접근을 가능하게 하는 조치를 마련할 것을 고려하여야 한다.

【권고사항 25. 신탁 등 법률관계의 투명성과 실제소유자】

각국은 자금세탁이나 테러자금조달 목적으로 신탁 등 법률관계가 악용되는 것을 방지하는 조치를 취해야 한다. 특히, 각국은 위탁자, 수탁자, 수익자 정보 등 신탁에 대한 적절하고, 정확하며 시의 적절한 정보를 권한당국이 시의 적절하게 입수하거나 접근할 수 있도록 하여야 한다. 각국은 권고사항 10과 22의 의무사항을 수행하는 금융기관과 특정 비금융사업자와 전문직도 실제소유자 및 지배구조에 대한 정보에 접근을 가능하게 하는 조치를 마련할 것을 고려하여야 한다.

(ⅰ) 법인의 투명성과 실제소유자: 고객확인[권고사항 24]

자금세탁이나 테러자금조달 목적으로 법인이 악용되는 것을 방지하도록 하기 위하여 권고사항 24가 도입되었다. 각국은 법인의 실제소유자 및 지배구조에 대한 적절하고, 정확하며 시의 적절한 정보를 권한당국이 시의 적절하게 입수하거나 접근할 수 있도록 하여야 한다.

법인의 투명성을 저해하는 요소로서, 종전 권고사항은 '무기명 주식'을 언급하였지만, 개정 후 권고사항은 '무기명 주식 또는 무기명 주식증서, 또는 명목주주나 명목이사를 허용하는 각종 수단의 발행 허용'으로 그 범위를 보다 확대하였다.

또한 실제소유자 및 지배구조에 대한 정보 접근을 할 수 있는 범위를 종전에는 '금융기관'으로 국한되었지만, 권고사상의 개정으로 그 범위가 '특정 비금융사업자와 전문직'까지로 확대되었다.

(ⅱ) 신탁 등 법률관계의 투명성과 실제소유자: 고객확인[권고사항 25]

신탁 등 법률관계에 대해서도 법인에 준하여 투명성 보장 장치를 도입할 것이 요구되고 있다. 권고사항 25를 이행하기 위해 각국은 자금세탁이나 테러자금조달 목적으로 법률관계가 악용되는 것을 방지하는 조치를 취해야 한다.

특히, 위탁자, 수탁자, 수익자 정보 등 신탁에 대한 적절하고, 정확하며 시의 적절한 정보를 권한당국이 시의 적절하게 입수하거나 접근할 수 있도록 하여야 한다.

권고사항 24와 같이 권고사항 25도 실제소유자 및 지배구조에 대한 정보 접근을 할 수 있는 범위를 '금융기관'뿐만 아니라 '특정 비금융사업자와 전문직'으로까지 확대하고 있다.

8) 금융기관 및 특정 비금융사업자와 전문직(DNFBPs) 대한 규제 및 감독

금융기관을 통제 또는 경영하는 특정 개인·단체나 범죄자가 자금세탁에 관여하는 경우 국가가 그것을 방지하고 적발하는 것이 쉽지 않기 때문에 규제와 감독은 그러한 범죄자나 개인·단체가 자금세탁과 테러자금조달에 가담하는 것을 방지하는데 기여한다.

【권고사항 26. 금융기관에 대한 규제와 감독】

각국은 금융기관이 적절한 규제와 감독의 대상이 되도록 해야 하며 FATF 권고사항을 효과적으로 이행하도록 하여야 한다. 권한당국 또는 금융당국은 범죄자나 그 관련자가 금융기관의 중대한 영향력을 미칠 수 있는 지분(significant interest) 또는 지배지분을 소유하거나 이에 대한 실제소유자가 되는 것 또는 금융회사의 경영권을 가지는 것을 방지하기 위하여 필요한 법적·규제적 조치를 하여야 한다. 각국은 위장은행의 설립 혹은 운영을 허용하여서는 아니 된다. 건전성 규제 관련 바젤위원회의 핵심원칙을 적용 받는 금융기관들의 경우, 건전성을 목적으로 적용되고 자금세탁 및 테러자금조달과도 관련 있는 규제와 감독조치가 AML/CFT 목적을 위하여 유사한 방법으로 적용되도록 하여야 한다. 이것은 AML/CFT 목적을 위한 통합적 그룹 감독에도 적용되는 것을 포함하여야 한다.
건전성 규제 관련 바젤위원회의 핵심원칙을 적용 받지 않는 그 외의 금융기관은 허가를 받거나 등록을 해야 하고, 관련 분야의 자금세탁 및 테러자금조달의 위험을 고려하여 AML/CFT를 위한 적절한 규제와 감독 혹은 모니터링을 받아야 한다. 최소한 자금 또는 가치 이전의 서비스를 제공하거나 환전업을 영위하는 기업들은 허가를 받거나 등록을 해야 하고, 국가적 AML/CFT 의무사항의 준수 여부를 점검하며 확실히 이행하도록 하는 효과적인 모니터링 체제의 대상이 되어야 한다.

【권고사항 27. 감독기관의 권한】

감독기관은 검사권한을 비롯하여 자금세탁 및 테러자금조달을 방지하기 위한 금융기관의 의무 이행 여부를 감독 또는 모니터링하고 이를 확인할 수 있는 적절한 권한을 가져야 한다. 감독기관은 금융기관의 AML/CFT 의무사항 이행 여부 모니터링과 관련된 정보를 금융기관에게 요구할 수 있으며 금융기관이 이러한 요구사항에 응하지 않는 경우 권고사항 35

에 의거한 제재를 부과할 수 있는 권한을 가져야 한다. 감독기관은 상황에 따라 금융기관의 사업허가를 취소, 제한 또는 정지시킬 수 있는 권한을 포함하여 일정한 범위의 징계처분과 금융제재를 부과할 수 있는 권한을 가지고 있어야 한다.

【권고사항 28. 특정 비금융사업자와 전문직에 대한 규제와 감독】

특정 비금융사업자와 전문직은 다음과 같이 명시된 규제 및 감독조치를 적용받아야 한다.
(a) 카지노는 필수적인 AML/CFT 조치의 효과적 이행을 보장하는 종합적인 규제 및 감독의 대상이 되어야 함. 최소한:
  • 카지노는 허가를 받아야 함
  • 권한당국은 범죄자나 그 관련자가(associate) 카지노에 중대한 영향력을 미칠 수 있는 지분(significant interest) 또는 지배지분을 소유하거나 이에 대한 실제소유자가 되는 것 또는 카지노의 경영권을 가지거나 운영자 되는 것을 방지하기 위하여 법적·규제적 조치를 취하여야 함
  • 권한당국은 카지노의 AML/CFT 의무사항 준수 여부를 효과적으로 감독해야 함
(b) 각국은 기타 특정 비금융사업자와 전문직(other categories of DNFBPs)의 AML/CFT 의무사항 준수 여부를 모니터링하고 확인하기 위한 효과적인 이행체제를 갖춰야 함. 이는 위험기반접근방식으로 행해져야 함. 이는 권한당국이나 적절한 자율규제기구(SRB: self-regulatory body)에 의하여 수행될 수 있음. 단, SRB가 수행하는 경우 SRB는 그 회원들의 자금세탁 및 테러자금조달 방지 의무의 이행 여부를 확인할 수 있어야 함. 또한 감독기관이나 SRB는 또한 (a) 일례로, 적격성 심사를 토대로 한 평가를 토대로, 범죄나 그들의 측근들이 전문적으로 소유한 것으로 되거나, 또는 중대한 영향력을 미칠 수 있는 지분 또는 지배지분을 소유하거나 그 실제소유자가 되는 것, 또는 경영권을 소유하는 것을 방지하기 위한 필요한 조치를 해야 함. (b) AML/CFT 의무를 준수하지 못한 경우에는 권고사항 35에서 규정한 대로 효과적이고, 비례적이며, 억제적인 제재를 부과해야 함

【권고사항 34. 지침과 피드백】

권한당국과 감독기관, 자율규제기구(SRB)는 금융기관 및 특정 비금융사업자와 전문직이 자금세탁 및 테러자금조달 방지를 위한 국가적 조치를 이행하고, 특히 의심되는 거래를 적발하고 보고하는데 도움이 될 지침을 마련하고 피드백을 제공해야 한다.

【권고사항 35. 제재】

각국은 권고사항 6과 8내지 23에서 명시되어 있는 개인이나 법인이 자금세탁방지 및 테러자금조달차단 의무사항을 준수하지 않는 경우에 대해 다수의 효과적·비례적·억제적 형사·민사 또는 행정 제재조치를 할 수 있어야 한다. 제재조치는 금융기관과 특정 비금융사업자와 전문직에게만 적용될 뿐 아니라 이들의 이사급과 고위관리급 인사에게도 부과될 수 있어야 한다.

(ⅰ) 금융기관에 대한 규제와 감독[권고사항 26]

권고사항 26은 각국이 금융기관이 적절한 규제와 감독의 대상이 되도록 해야 하며 FATF 권고사항을 효과적으로 이행하도록 하여야 한다는 것을 주요 내용으로 한다. 개정된 권고사항에서는 '각국은 위장은행의 설립 혹은 운영을 허용하여서는 아니 된다'라는 문구를 추가하였다.

건전성 규제 관련 바젤위원회의 핵심원칙을 적용 받는 금융기관에 대해서는, 건전성 목적으로 적용이 되고 자금세탁 및 테러자금조달과도 관련 있는 규제와 감독조치를 AML/CFT 목적을 위해서도 유사한 방법으로 적용하여야 한다. 개정권고사항에 따르면 AML/CFT 목적을 위한 금융기관의 본사와 지점, 자회사에 대한 통합적 그룹 감시와 위험관리의 효과적인 이행도 감독 대상이 된다.

(ⅱ) 감독기관의 권한[권고사항 27]

감독기관은 검사권한 등 자금세탁 및 테러자금조달을 방지하기 위한 금융기관이 의무를 이행하는지 여부를 감독, 모니터링하고 이를 확인할 수 있는 적절한 권한을 가져야 한다. 그리고 감독기관은 금융기관이 의무 이행 여부 모니터링과 관련된 정보를 금융회사로부터 요구할 수 있으며 금융기관이 이러한 요구사항에 응하지 않는 경우 권고사항 35에 의거한 제재를 부과할 수 있는 권한을 가져야 한다.

개정 권고사항은 감독기관의 권한이 상황의 심각성에 따라 비례하고 폭넓어야 한다는 위험기반 접근방식의 개념을 적용하고 있으며, 종전의 권고사항에 징계처분, 금융제재 및 사업허가 취소, 제한 또는 정지와 같은 감독기관의 구체적인 권한 범위를 추가적으로 명시하였다.

(iii) 특정 비금융사업자와 전문직에 대한 규제와 감독[권고사항 28]

카지노는 필수적인 AML/CFT 조치의 효과적 이행을 보장하는 종합적인 규제 및 감독의 대상이 되어야 한다. 카지노의 경우 최소한 허가는 받아야 하며, 권한당국은 범죄자나 그 관련자가 카지노에 중대한 영향력을 미칠 수 있는 지분 또는 지배지분을 소유하거나 이에 대한 실제소유자가 되는 것 또는 카지노의 경영권을 가지거나 운영자 되는 것을 방지하기 위하여 법적·규제적 조치를 취하여야 한다.

개정 권고사항은 카지노 외 기타 특정 비금융사업자와 전문직의 의무사항 준수여부를 모니터링 함에 있어 위험기반접근방식으로 이루어져야 함을 명시하였으며, 적절한 자율 규제기구가 감독할 경우, 그 회원들의 의무 이행 여부를 확인할 수 있어야 함을 규정하고 있다.

(iv) 지침과 피드백[권고사항 34]

권한당국과 감독기관 및 자율규제기구(SRB)는 가이드라인과 피드백을 통해 금융기관 및 특정 비금융사업자와 전문직이 AML/CFT 조치를 이행하고, 특히 의심거래를 적발하고 보고하는 데 도움이 될 수 있도록 해야 한다.

(v) 제재[권고사항 35]

각국은 민간부문의 예방조치를 규정하고 있는 권고사항 6 및 8 내지 23에 명시되어 있는 개인이나 법인이 자금세탁방지 및 테러자금조달차단 의무사항을 준수하지 않는 경우를 대비하여 다수의 효과적, 비례적, 억제적 형사, 민사 또는 행정 제재조치를 할 수 있어야 한다.

개정 권고사항은 금융기관 및 특정 전문직과 비금융 사업자뿐만 아니라 이사급 및 고위관리급 인사에게도 제재조치가 부과될 수 있어야 한다고 규정함으로써, 종전 권고사항과 달리 제재조치 대상의 범위를 명확히 하였다.

(3) 국내 정책조정, 기관간 협력 및 국제협력

1) 자금세탁방지(AML)/테러자금조달차단(CFT) 정책과 조정

국내에서 상호협력하고 조정하는 것은 국제협력의 전제조건이 된다. 한편, FATF 개정 권고사항은 RBA(위험기반접근방식)의 중요성을 강조하고 이를 포괄적으로 적용할 것을 권고하였다.

【권고사항 1. 위험평가와 위험기반접근방식의 적용】

각국은 자국의 자금세탁과 테러자금조달 위험을 확인·평가하고 이해하여야 하며 위험평가를 조정할 당국 혹은 메커니즘 지정 등을 포함한 조치를 하여야 하고, 위험을 효과적으로 경감시킬 수 있도록 재원을 사용해야 한다. 각국은 그 위험평가에 기초하여, 자금세탁 및 테러자금조달 방지 또는 그 위험에 대한 경감조치가 확인된 위험에 상응하도록 하기 위해 위험기반접근방식을 적용하여야 한다. 이 접근은 AML/CFT 체제 전반에 걸쳐 재원을 효율적으로 배분하고 FATF 권고사항을 위험수준에 따라 이행하기 위한 주요 기틀이 되어야 한다. 보다 높은 위험이 확인된 경우, 각국은 자국의 AML/CFT체제가 해당 위험에 적절하게 대응할 수 있도록 해야 한다. 보다 낮은 위험이 확인된 경우, 각국은 특정 조건 하에서 일부 권고사항에 대하여 간소화된 조치를 이행하기로 결정할 수 있다.

각국은 금융기관과 특정 비금융사업자 및 전문직(DNFBPs)이 자신의 자금세탁 및 테러자금 조달 위험을 확인·평가하고 이를 경감시킬 수 있는 조치를 취하도록 의무화하여야 한다.

【권고사항 2. 국가적 협력과 조정】

각국은 확인된 위험을 참고하여 국가적 AML/CFT 정책을 수립해야 하며 이를 정기적으로 검토하여야 한다. 각국은 이러한 정책을 책임지는 당국을 지정하거나, 조정체계 또는 다른 운영체계를 가져야 한다.

각국은 정책당국, FIU, 법집행기관, 감독기관 및 기타 권한당국이 정책 입안과 운영 단계에서 상호 협력할 수도 있도록 하고, 필요한 경우 자금세탁, 테러자금조달 및 대량살상무기 확산금융 방지에 관한 정책과 활동을 개발하고 실행하는 것을 국내적으로 조정하고 정보를 교환할 수 있도록 하는, 효과적인 운영체계를 명확히 갖추어야 한다. 이를 위해 데이터 보호 및 개인 정보 보호 규칙, 기타 유사한 조항과 AML/CFT 의무사항이 양립할 수 있도록 관계 당국이 서로 협력하고 조정해야 한다.

【권고사항 33. 통계】

각국은 자국의 AML/CFT 시스템의 효과성 및 효율성에 대한 종합적인 통계를 작성하여야 한다. 여기에는 수집·제공된 의심되는 금융거래보고, 자금세탁 및 테러자금조달 관련 수사·

기소·유죄판결, 동결·압류·몰수된 재산, 사법공조 및 기타 국제협력 요청에 관한 통계가 포함되어야 한다.

(i) 위험평가와 위험기반접근방식의 적용[권고사항 1]

권고사항 1은 2012년 개정과정에서 신설되었다. 권고사항 1에 따르면 각국은 자국의 자금세탁 및 테러자금조달 위험을 확인, 평가하고 이해하여야 하며, 위험을 효과적으로 경감시킬 수 있도록 위험평가를 총괄할 당국을 지정하고 재원을 사용하여야 한다. 각국은 위험에 대한 경감조치가 확인된 위험에 확실하게 상응하도록 하기 위해 위험기반접근방식을 적용하여야 한다.

그리고 각국은 금융회사와 특정 비금융사업자와 전문직이 자신의 자금세탁 및 테러자금조달 위험을 확인·평가하고 이를 경감시킬 수 있는 조치를 취하도록 의무화하여야 한다.

(ii) 국가적 협력과 조정[권고사항 2]

2012년 FATF는 기존의 권고사항에 더해 위험이 반영된 국가적 AML/CFT 정책을 마련하고 정기적으로 검토하며 그러한 정책을 책임지는 당국을 지정하거나, 총괄체계 등을 갖춰야 한다는 내용을 추가함으로써 정기적인 검토를 위한 메커니즘 확립의 필요성을 제시하였다.

종전의 권고사항은 자금세탁과 테러자금조달 방지에 대한 규율이었으나, 개정된 국제기준에서는 자금세탁, 테러자금조달 뿐만 아니라 대량살상무기확산금융과 같은 새로운 위험에도 대응할 수 있도록 국제기준의 범위를 확대하여 이와 관련된 정책 개발 및 이행방안 마련을 위한 상호협력을 촉구하고 있다.

2018년에는 AML/CFT 의무사항과 자료보안 및 개인정보 보호 규정간 적용을 명확히 하고 국내 관계 기관간 정보공유를 활성화할 수 있도록 권고사항이 개정되었다.

(iii) 통계[권고사항 33]

권고사항 33은 자금세탁방지제도에서 가장 기본적인 영역인 의심거래보고의 접수 및 제공, 기소와 몰수, 자산 동결·압류·몰수, 국제 형사 사법공조 및 기타 국제협력에 관한 통계를 작성할 것을 권고하고 있다.

FATF 상호평가 제4차 라운드에서 효과성 평가를 도입하면서 효과성을 입증할 수 있는 적절한 통계와 자료의 중요성이 부각되었다.[33] FATF는 효과성 평가를 준비하는 각국이 참고할 수 있도록 별도의 지침서[34]를 마련하여, 권고사항에서 규정한 4가지 통계 외에 추가적으로 필요한 정량적·정성적 통계에 대해 설명하고 있다.

2) 국제협력

조직범죄와 테러자금조달 등의 활동이 국경 간에 이루어지는 빈도가 높아지면서 전 세계 여러 기관 간의 신속한 정보교환과 효과적인 국제협력은 자금세탁방지와 테러자금조달차단 성공의 전제조건이 되었다.

(ⅰ) 국제협약의 이행[권고사항 36]

각국은 마약 및 향정신성물질의 불법거래 방지에 관한 UN 협약인 「비엔나 협약(1988)」, 국제조직범죄방지에 관한 UN 협약인 「팔레모협약(2000)」, UN 반부패협약인 「메리다 협약(2003)」, 「테러자금조달의 억제를 위한 유엔 협약(1999)」을 비준하고 완전하게 이행하여야 한다.

(ⅱ) 국제사법공조[권고사항 37]

권고사항 37은 정보교환과 관련한 국제협력에 대한 내용을 규정하고 있는 권고사항으로서 각 국가는 자금세탁, 전제범죄 및 테러자금에 대한 조사, 집행과 관련하여 가급적 광범위한 법률적 상호지원이 신속하게 이루어질 수 있도록 하여야 한다는 것을 주요 내용으로 하고 있다.

이에 따라 각국은 공조 요청이 있는 경우 상호협력이 시급히 이루어질 수 있도록 하여야 하며, 상호협력은 불합리한 제약조건에 의해 방해받지 않도록 하여야 한다.

(ⅲ) 국제사법공조: 동결과 몰수[권고사항 38]

권고사항 38은 범죄자산과 관련한 국제협력에 대해 규정하고 있다. 2012년에 개정된 권고사항은 외국의 몰수 요청에 대해 '해당 당국은 자국법의 기본원

---

33) 이귀웅, "FATF 국제기준 해설", 2016
34) FATF, "Guidance on AML/CFT-realted data and statistics", 2015년 10월

【권고사항 36. 국제협약의 이행】

각국은 「비엔나 협약(1988)」, 「팔레모 협약(2000)」, 「국제연합 부패방지 협약(2003)」, 테러자금조달억제 협약(1999)」에 가입하고 이를 완전하게 이행하기 위한 즉각적인 조치를 하여야 한다. 또한 해당되는 국가들인 경우 사이버범죄에 관한 유럽 협약(2001)」,「 테러방지에 관한 미주협약(2002)」, 「범죄수익 자금세탁, 수색, 압류, 몰수 및 테러자금조달에 관한 유럽 협약(2005)」 등 기타 국제협약들을 비준하고 이행하는 것이 권장된다.

【권고사항 37. 국제사법공조】

각국은 자금세탁, 연관된 전제범죄와 테러자금조달의 수사, 기소 및 관련 사법절차(proceedings)에 관한 최대한 폭넓은 사법공조를 신속하고, 건설적이며 효과적으로 제공하여야 한다. 각국은 사법공조를 제공하기 위한 적합한 법적 근거를 갖추어야 하며, 필요한 경우 공조를 강화하기 위한 조약, 협정 또는 기타 운영체계를 마련하여야 한다. 특히, 각국은:

(a) 사법공조를 금지하거나 비합리적인 또는 부당한 제한조건을 두어서는 아니 된다.

(b) 사법공조 요청에 대해 시의 적절하게 우선순위를 두고 이를 이행하기 위한 명확하고 효율적인 절차를 갖추고 있어야 한다. 각국은 요청의 효과적인 전달과 이행을 위하여 중앙당국 또는 기타 준비된 공식적 운영체계를 사용하여야 한다. 요청에 대한 진행상황을 모니터링하기 위하여 사례 관리 시스템을 운용하여야 한다.

(c) 범죄행위가 재정문제(fiscal matters)와 관련 있는 것으로 판단된다는 이유만으로 사법공조 요청을 거부하여서는 아니 된다.

(d) 금융기관 또는 특정 비금융사업자와 전문직이 비밀 혹은 기밀유지의 법적의무가 있다는 이유로 사법공조 요청을 거부하여서는 아니 된다(다만, 변호사 특권 또는 비밀 엄수가 적용되는 경우는 제외한다).

(e) 수사 또는 조사의 순수성(integrity)을 보호하기 위하여 의뢰받은 사법공조 요청과 해당 내용에 대한 기밀을 자국법의 근본적인 원칙에 의거하여 유지하여야 한다. 공조를 요청받은 국가가 기밀유지 의무를 지킬 수 없는 경우, 공조를 요청한 국가에 이를 즉시 알려야 한다.

각국은 쌍방가벌성 요건이 부재하더라도 공조요청에 강압적 행위가 수반되어 있지 않다면 사법공조를 제공하여야 한다. 각국은 쌍방가벌성 요건이 부재한 경우에도 폭넓은 사법공조를 제공할 수 있도록 하는 조치를 채택할 것을 고려하여야 한다.

사법공조를 위하여 쌍방가벌성이 요구되는 경우, 양국 모두 해당 범죄에 전제되는 행위를 불법화하고 있다면, 양국이 해당 범죄행위를 같은 유형의 범죄로 분류하는지 여부 및 해당 범죄행위를 동일한 용어로 지칭하는지 여부와 관계없이 사법공조를 위한 쌍방가벌성의 요건이 충족된 것으로 간주되어야 한다. 각국은 권고사항 31에서 규정한 권한과 수사기법 및 자국의 권한당국에 주어진 권한과 수시기법 중:

(a) 금융기관이나 그 외의 개인·법인으로부터 정보, 문서 혹은 증거(재무기록 포함)의 생산(production), 수색과 압류와 관련된 모든 것들과 증언의 채증,

(b) 그 외의 다른 광범위한 권한과 수사기법들이 사법공조 요청에 따라 사용될 수 있도록 하고, 국내 체제와 일관성이 있다면 해외 사법당국 또는 법집행당국이 국내 관련기관(counterparts)에 직접 공조를 요청하는 경우에도 사용될 수 있어야 한다. 2개 이상의 국가에서 기소 대상이 되는 사건의 경우, 관할권의 의견충돌을 피하기 위하여, 공정성(interests of justice)의 관점에서 피고인을 기소하기 가장 적합한 장소를 결정하기 위한 운영체계를 기획하고 적용하는 방안을 검토하여야 한다.

각국은 사법공조 요청시, 요청사항을 시의 적절하고 효율적으로 수행하기 위하여 긴급 여부 등 요청사항의 완전한 사실·법률 정보를 제공하는 최선의 노력을 하여야 하며, 신속한 수단으로 요청사항을 전달하여야 한다. 각국은 사법공조 요청에 앞서 사법공조를 받기 위한 법적 요건과 형식적 절차를 확인하는 최선의 노력을 하여야 한다.

사법공조의 책임을 지고 있는 당국은 적절한 재정적, 인적, 기술적 재원을 제공 받아야 한다. 각국은 당국 임직원들이 비밀보장 등과 같은 높은 전문성을 유지하고, 높은 성실도(integrity)와 능력을 갖추기 위한 관련 절차를 마련하여야 한다.

【권고사항 28. 특정 비금융사업자와 전문직에 대한 규제와 감독】

특정 비금융사업자와 전문직은 다음과 같이 명시된 규제 및 감독조치를 적용받아야 한다.

(a) 카지노는 필수적인 AML/CFT 조치의 효과적 이행을 보장하는 종합적인 규제 및 감독의 대상이 되어야 함. 최소한:
- 카지노는 허가를 받아야 함
- 권한당국은 범죄자나 그 관련자가(associate) 카지노에 중대한 영향력을 미칠 수 있는 지분(significant interest) 또는 지배지분을 소유하거나 이에 대한 실제소유자가 되는 것 또는 카지노의 경영권을 가지거나 운영자 되는 것을 방지하기 위하여 법적·규제적 조치를 취하여야 함
- 권한당국은 카지노의 AML/CFT 의무사항 준수 여부를 효과적으로 감독해야 함

(b) 각국은 기타 특정 비금융사업자와 전문직(other categories of DNFBPs)의 AML/CFT 의무사항 준수 여부를 모니터링하고 확인하기 위한 효과적인 이행체제를

갖춰야 함. 이는 위험기반접근방식으로 행해져야 함. 이는 권한당국이나 적절한 자율
규제기구(SRB: self-regulatory body)에 의하여 수행될 수 있음. 단, SRB가 수행하
는 경우 SRB는 그 회원들의 자금세탁 및 테러자금조달 방지 의무의 이행 여부를 확인
할 수 있어야 함. 또한 감독기관이나 SRB는 또한 (a) 일례로, 적격성 심사를 토대로
한 평가를 토대로, 범죄나 그들의 측근들이 전문적으로 소유한 것으로 되거나, 또는 중
대한 영향력을 미칠 수 있는 지분 또는 지배지분을 소유하거나 그 실제소유자가 되는
것, 또는 경영권을 소유하는 것을 방지하기 위한 필요한 조치를 해야 함. (b)
AML/CFT 의무를 준수하지 못한 경우에는 권고사항 35에서 규정한 대로 효과적이고,
비례적이며, 억제적인 제재를 부과해야 함

【권고사항 38. 국제사법공조: 동결과 몰수】

각국은 세탁된 재산, 자금세탁·전제범죄 및 테러자금조달의 수익, 이러한 범죄행위에 사용
되었거나 사용될 의도가 있는 수단, 또는 이에 상응하는 가치의 재산에 대하여 외국의 확
인, 동결, 압류 및 몰수 요청이 있는 경우, 이에 대하여 신속한 대응을 취할 수 있는 당국이
갖춰져 있어야 한다. 이 당국은 자국법의 기본원칙과 일관되지 않는 경우를 제외하고 유죄
판결 없는 몰수제도(non-conviction based confiscation) 기반의 법적 절차와 관련 잠정
조치를 기반으로 한 외국의 요청 등에도 대응할 수 있어야 한다. 각국은 또한 이러한 재산,
수단 또는 이에 상응하는 가치의 재산을 관리하는 효과적인 운영체계를 구축하고 있어야
하고, 몰수된 재산을 상호 배분하는 문제를 포함한 압류 및 몰수 소송절차를 조정하기 위한
장치도 마련하여야 한다.

【권고사항 39. 범죄인 송환】

각국은 자금세탁 및 테러자금 조달 관련 범죄인 송환 요청을 과도하게 지체하지 않고 건설
적이고 효과적으로 이행하여야 한다. 각국은 또한 테러리즘, 테러행위나 테러단체에 대한
자금조달 혐의를 받고 있는 개인에게 피난처를 제공하지 않도록 가능한 한 모든 조치하여
야 한다. 특히, 각국은:
(a) 자금세탁 및 테러자금조달을 범죄인 송환이 가능한 범죄로 규정하여야 한다.
(b) 필요시 범죄인 송한 요청을 우선순위로 하는 것을 포함하여 이를 시의 적절하게 이행하
기 위한 명확하고 효율적인 절차를 두어야 한다. 요청에 대한 처리의 진행상황을 모니
터링하기 위하여 사례 관리 시스템이 운용되어야 한다.
(c) 요청의 이행에 대해 비합리적이거나 부당한 제한조건을 두어서는 아니 된다.

(d) 범죄인 송환을 위한 적합한 법률체제를 마련해야 한다.

각국은 자국민을 송환해야 하며, 국적만을 근거로 범죄인 송환을 하지 않는 국가의 경우, 타국의 범죄인 송한요청을 받은 후 요청사항에 명시된 범죄를 기소하는 목적으로 해당 사건을 자국의 권한당국에 송치하여야 한다. 권한당국은 자국법상으로 중죄(offence of a serious nature)를 처리하는 방식과 마찬가지로 해당 범죄에 대한 판결과 사법절차를 행하여야 한다. 관련 국가들은 기소절차의 효율성을 위하여 절차와 증거 측면에서 특히 서로 협력하여야 한다.

범죄인 송환을 위하여 쌍방가벌성이 요구되는 경우, 양국 모두 해당 범죄에 전제되는 행위를 불법화하고 있다면, 양국이 해당 범죄행위를 같은 유형의 범죄로 분류하는지 여부 및 해당 범죄행위를 동일한 용어로 지칭하는지 여부와 관계없이 사법공조를 위한 쌍방가벌성의 요건이 충족된 것으로 간주되어야 한다.

각국은 자국법의 기본원칙과 일관되도록 해당 당국(appropriate authorities) 간 긴급인도 구속(provisional arrests) 요청서 직접전달 허용, 구속영장 혹은 재판에 의한 범죄인 송환, 공식 범죄인 송환 절차 포기에 동의한 개인에게 간소화된 범죄인 송환 절차를 적용하는 등 간소화된 범죄인 송환절차를 마련하여야 한다.

범죄인 송환의 책임을 지고 있는 당국은 적절한 재정적·인적·기술적 재원을 제공 받아야 한다. 각국은 관련 당국 임직원들이 비밀보장 등과 같은 높은 전문성을 유지하고, 높은 성실도(integrity)와 능력을 갖추기 위한 관련 절차를 마련하여야 한다.

【권고사항 40. 기타 국제협력】

각국은 자국의 권한당국이 자금세탁, 연관된 전제범죄 및 테러자금조달과 관련된 폭넓은 국제협력을 신속하고, 건설적이며 효과적으로 제공할 수 있도록 하여야 한다. 각국은 이를 자발적으로 또는 상대의 요청에 의하여 행하여야 하고, 국제협력을 제공하기 위한 법적근거가 있어야 한다. 각국은 권한당국이 국제협력을 위하여 가장 효율적인 수단을 사용하도록 권한을 부여하여야 한다. 권한당국이 양해각서와 같은 양자간 또는 다자간 협정(들)이 필요할 경우, 가장 넓은 범위의 외국의 해당기관들과 시의 적절하게 협의되어야 하고 서명되어야 한다.

권한당국은 정보 요청 또는 다른 종류의 지원 요청을 효과적으로 전달하고 이행하기 위하여 명확한 경로나 운영체계를 사용하여야 한다. 권한당국은 공조요청의 우선순위를 정하여 시의 적절하게 이행할 수 있고, 받은 정보를 보호할 수 있는 명확하고 효율적인 절차를 갖추고 있어야 한다.

칙과 일관되지 않는 경우를 제외하고 유죄판결 없는 몰수제도(non-conviction based confiscation: 소위, 독립몰수제도) 기반의 소송절차와 관련된 잠정조치를 기반으로 한 요청 등에도 대응할 수 있어야 한다'고 규정하여 유죄판결 없는 몰수제도 기반의 소송절차와 관련된 메커니즘 확립의 필요성을 명시하였다.

또한 새로 개정된 권고사항에서는 종전 권고사항에 명시된 몰수된 재산을 상호 배분하는 문제를 포함하여 전반적으로 압류 및 몰수 소송절차를 관리하는 방식을 마련해야 함을 규정하였다.

(ⅳ) 범죄인 송환[권고사항 39]

권고사항 39는 범죄인 송환과 관련한 공식적 국제협력에 대하여 권고하고 있다. 이 권고사항은 최대한 폭넓은 사법공조를 제공할 수 있도록 쌍방가벌성 요건이 충족되었다고 간주할 수 있는 범위를 규정하고 있으며 범죄인 인도의 책임을 지고 있는 당국이 재원을 제공받아야 하며, 당국 임직원들이 전문성 및 성실도와 같은 능력을 갖추기 위한 절차를 마련해야 한다고 규정하고 있다.

(ⅴ) 기타 국제협력[권고사항 40]

자금세탁, 전제범죄, 테러자금조달 관련 국제협력은 가능한 폭넓고 신속하게 이루어져야 하며, 정보교환은 정보 취득시 즉각 이루어져야 할 뿐 아니라 요청에 응하는 것이 되어야 한다. 상호협력을 위한 제도적 틀을 마련하고, 효율적으로 이루어져야 하며, 안전한 메커니즘과 채널을 이용하여야 한다.

국제협력은 다른 일에 비해 우선권이 주어져야 하며 요청시 시의적절하게 응하여야 하고, 교환된 정보는 안전하게 보호되어야 한다. 양자간 협정이나 다자간 협정이 필요한 경우 적절한 논의가 이루어져야 하며, 협력에 따른 결과를 요청받는 경우 정보의 유용성에 대한 피드백이 이루어져야 할 것이다.

주요국의 자금세탁방지/테러자금조달·확산금융 차단 관련 법령과 기관

1. 미 국

(1) 개관

종래에는 미국의 자금세탁 방지법령으로는 대표적으로 1970년 탈세, 자금세탁과 기타 금융범죄를 근절하기 위한 제도로 제정된 「은행비밀법(Bank Secrecy Act)」과 1986년에 제정된 「자금세탁규제법(Money Laundering Control Act)」 등의 연방 법률이 있었다.

2001년 9.11 테러 공격에 대응하여 미국 의회는 반테러 법안인 「테러차단에 필요한 수단을 제공함으로써 미국의 단결을 꾀하고 국력을 강성하게 하기 위한 법률(PATRIOT Act; The Uniting and Strengthening America by Providing Tools Required to Intercept and Obstruct Terrorism Act of 2001, 이하 '애국법')」을 제정하여 「은행비밀법(Bank Secrecy Act)」의 적용대상을 광의의 '금융기관'으로 확대하고 미국 재무부에게 자금세탁·금융범죄를 범한다고 판단되는 미국 외 국가나 금융기관과 미국 금융기관과의 환거래를 금지시키는 권한을 부여하였다.

미국에서의 테러자금조달 차단과 대량살상무기확산금융 차단은 법률, 대통령 행정명령, UN 안전보장이사회 결의안 등에 근거하여 중복적으로 이루어지고 있다.

(2) 법률 제도

1) 자금세탁방지제도

(i) 「자금세탁규제법(Money Laundering Control Act of 1986)」의 개요

1984년 조직범죄에 관한 대통령위원회의 권고에 의하여 제정된 미국의 「자금세탁규제법」은 자금세탁의 범죄화와 「은행비밀법」에 규정된 고액현금거래보고제도의 강화를 골자로 한다. 「자금세탁규제법」은 1988년 「비엔나협약」과 1990년 「유럽이사회협약」 등 국제협약에 직접적인 영향을 미쳤으며, 각국의 자

금세탁방지법의 모범이 된 법률로서 매우 중요한 의미를 지니고 있다.

「자금세탁규제법」은 자금세탁범죄를 화폐수단세탁죄(Monetary Instrument Laundering Crime, 18 U.S.C §1956)와 금융거래죄(Monetary Transactions Crime, 18 U.S.C. §1957)의 2개 유형으로 규정하고 있다.

(ⅱ) 전제범죄 : 특정불법행위(specified unlawful activity)

「자금세탁규제법」은 이들 범죄의 전제범죄로 18 U.S.C §1956 (c)(7)에서 살인과 유괴, 도박, 방화, 강도, 공갈, 뇌물, 사기, 위조, 밀수, 마약거래, 테러리즘, 지적재산권침해 등 200여 개의 특정불법행위(Specified Unlawful Activity)를 열거하고 있다.

구체적으로는 ① 음란물이나 마약을 취급하는 과정에서 발생하는 살인, 유괴, 도박, 방화, 강도, 절도, 갈취, ② 뇌물수수, 스포츠 관련 뇌물수수, 화폐위조, 주간(州間) 운송절도, 연금 및 복지기금 횡령, 신용카드거래 관련 갈취, 사기, 도박정보의 전송 관련 범죄, 우편사기, 전송사기, 금융기관사기, 국적취득 관련 범죄, 위조여권 관련 범죄, 사법권 및 범죄수사방해 관련 범죄, 증인협박, 아동 성적착취 관련 범죄, 절도차량의 운송, 전자기기상표의 불법복제, 저작권 관련 범죄, 불법복제상품의 거래, 차량부품의 밀거래, ③ 노동조합의 임금지급 제한과 관련된 범죄, 노동조합기금의 횡령, ④ 증권판매사기, 마약의 불법적 생산, 수출, 취득, 위장, 매매 등과 관련된 범죄, ⑤ 「은행비밀법」상의 기소가능 행위, ⑥ 불법외국인의 입·출국 관련 범죄, ⑦ 항공기파괴 및 공항폭력 관련 행위, 상품밀수입, 자금조달을 위한 수수료 및 선물증여 등이 이에 포함된다.

「애국법」의 제정에 따라 전제범죄의 범위가 확대되었다. 종래에는 전제범죄의 종류 중 부정행위(corrupt practices)가 누락되어 있어 외국공무원들은 미국은행을 이용하여 뇌물세탁을 해왔었다. 하지만, 「애국법」은 외국에서의 부정행위도 전제범죄의 일종으로 포함하고 있어, 외국에서의 뇌물, 절도나 횡령, 공금횡령 장물을 미국 금융기관에 예치하는 것은 불법이 된다. 국제협약 등이 범죄인의 인도나 기소의무를 부과하는 범죄들도 자금세탁의 전제범죄로 규정하고 있다.

(ⅲ) 자금세탁범죄

자금세탁범죄 중 화폐수단세탁죄는 ① 국내경제거래에 의한 자금세탁과 ② 화폐수단의 국외이송에 의한 자금세탁으로 구분되는데, 전자는 특정불법행위를 조장하거나 세금을 회피할 목적으로 또는 재산의 성질, 소재, 출처, 귀속관계를 은닉하거나 법률상의 보고의무를 회피하기 위한 것이라는 것을 인식하면서 특정불법행위의 수익에 관련된 경제거래를 하는 행위이며, 후자는 특정불법행위를 조장할 목적으로 또는 특정불법행위와 관련되었다는 사실을 인지하면서 재산의 출처를 은닉하거나 법률상 보고의무를 회피할 목적으로 재산을 해외로부터 미국으로 또는 미국으로부터 해외로 이송, 이전하는 행위이다. 금융거래죄는 특정불법행위로부터 파생되고, 그 가액이 1만 달러를 초과하는 재산에 관한 금융거래에 고의로 관여하는 죄이다.

(ⅳ) 법정형

화폐수단세탁죄에 대해서는 20년 이하의 구금형이나 50만 달러 이하의 벌금 또는 거래에서 유래한 재산가치의 2배 이하 중 고액의 벌금에 처하게 된다. 금융거래죄는 10년 이하의 구금형이나 화폐수단세탁죄와 동일한 벌금형에 처하게 된다.

(ⅴ) 범죄수익의 몰수, 보전

자산몰수프로그램의 기본취지는 자산몰수를 통해 범죄자가 범죄로부터 얻은 수익을 몰수함으로써 범죄수익이 다시 범죄에 사용되는 것을 방지함은 물론 공공의 안전을 보장하기 위한 것이다. 미국법상 범죄수익의 몰수제도는 형사절차와 관계없이 법을 위반하여 얻은 재산 자체에 대하여 민사소송 또는 행정처분의 형식으로 몰수할 수 있는 민사몰수(civil forfeiture)와 형사절차에서 유죄를 선고받은 피고인에 대하여 인정되는, 즉 기소에 따르는 범법자에 대한 처벌인 형사몰수(criminal forfeiture)의 두 제도가 있다. 이 두 가지 몰수제도는 결과는 같으나 절차에 있어서 차이가 있다.

ⓐ 형사몰수제도

① 형사몰수의 개요

이 제도의 근본목적은 범법자 개인(in personam)에 대한 처벌의 한 방편으로 범죄재산을 몰수하는 것이다. 형사몰수는 기본적으로 개인에 대한 것이고, 정부는 범죄로부터 얻은 수익금이나 재산에 대해 기소한다. 이는 형사사건에 있어서 유죄판결을 선고받은 피고인에 대한 형벌로서 특정재산에 대하여 몰수를 명하는 것이며, 해당 재산은 몰수의 이유가 된 범죄가 행해진 시점에 국가에 귀속되게 된다. 피고가 유죄를 인정하면 판사 앞에서 형사몰수의 절차가 진행된다.

형사몰수가 가능한 범죄는 법률에 개별적으로 규정되어 있는데, 주요한 범죄는 「RICO법」 범죄와 마약류범죄 등이다. 「RICO법(the Racketeer Influenced and Corrupt Organizations Act of 1970)」은 1970년 미국 연방의회가 조직범죄와 마약범죄가 국가안전을 위협하는 수준에 이르렀다고 판단하여 강력한 범죄수익 몰수제도를 중심으로 하여 제정한 법이다.

형사몰수의 대상재산은 범인이 범죄의 결과로서 직·간접적으로 취득한 수익 또는 그로부터 유래한 재산이며, 피고인의 작위 또는 부작위에 의하여 몰수대상재산의 소재가 판명되지 않거나 제3자에게 이전되거나 가치가 현저히 감소된 경우에는 당해 재산의 가치한도 내에서 피고인의 다른 재산을 몰수할 수 있다.

② 테러가담자에 대한 몰수[35]

「RICO법」은 테러행위에 대해 한층 더 강화된 몰수를 규정하고 있다.[36] 테러행위자가 어떤 재산도 남겨 두지 않게 해서 다시는 정부나 시민에 대하여 테러행위를 저지르지 못하도록 무력화시키기 위해서 테러행위의 계획과 실행에 가담한 자의 모든 재산은 그 재산이 테러행위와 관련성이 있는지 여부에 상관없이 몰수가 허용된다.

③ 자산몰수기금

미 법무장관은 「범죄규제포괄법(Comprehension Crime Control Act of 1984)」에 의해 불법자산을 몰수할 수 있으며, 이 자산을 통해 자산몰수기금(Assets Forfeiture Fund)을 몰수작업의 비용으로 사용할 수 있도록 허가하는 권한을 가지고 있다. 이 기금은 일반조사비용으로도 사용할 수 있다.

몰수작업비용으로는 자산운용 및 처분, 제3자의 이해관계, 법집행기관간 균등분배, 사건 관련 비용, 데이터자동화과정 장비, 특별계약서비스, 교육 및 출

---

35) 강석구 외 5인, 주요 해외국 법집행기관의 금융거래추적 운영 실태에 대한 연구, 한국형사정책연구원, 2017년
36) 18 USC 981(a)(1)(g)

판 비용, 다른 프로그램의 작동비용, 마약의 저장, 보호, 처분비용, 몰수재산을 확인하기 위한 비용, 몰수에 대한 보상 등이 있다. 일반수사비용으로는 정보제공에 대한 보상, 증거확보비용, 운송장비비용, 관련 기관간 합동작전비용 등이 있다.

④ 보전제도

형사몰수를 위한 보전제도로는 처분금지명령제도가 있다. 처분금지명령은 검사의 청구에 의하여 법원이 명령을 발하는 방법에 의하여 이루어지는데, 기소 후뿐만 아니라 기소 전에도 행할 수 있다.

다만, 기소 전 처분금지명령의 경우에는 대상재산에 관한 이익을 가지고 있는 자에 대하여 사전에 고지 또는 심문의 기회를 부여하지 않으면 안 되고, 그 효력은 원칙적으로 90일을 초과할 수 없다. 또한 기소 전 처분금지명령의 특수한 형태로는 일시적 처분금지명령이 있는데, 이 경우에는 명령발부에 있어서 사전에 고지 또는 심문할 것을 요하지 않고 명령을 발부한 후 심문을 요구하나, 그 명령의 효력은 10일을 초과할 수 없다.

(b) 민사몰수제도

민사제도의 목적은 법위반시 이용된 재산을 몰수하고 범법자가 불법적으로 얻을 수 있는 이윤을 제거하기 위한 것으로서, 민사몰수는 형사몰수와 달리 개인에 대한 처벌이 아니라 불법적으로 사용된 재산 그 자체(in rem)에 대한 처분행위로서 범법자가 행한 행위와는 별도의 법적 조치이다.

민사몰수는 형사사건의 유죄와 관계없이 행하는 몰수로서, 다시 소송절차를 거치지 않고 행정기관이 특정재산에 대하여 행하는 행정절차와 국가가 원고가 되고 몰수대상재산이 피고가 되는 민사대물소송의 판결에 기하여 행하는 법적인 절차로 나눌 수 있다. 민사몰수가 가능한 범죄는 법률에 개별적으로 규정되어 있는데, 주요한 것으로는 마약범죄, 음란물에 관한 범죄 등이 있다. 몰수대상재산은 범죄로부터 직·간접적으로 취득한 총수입 또는 이로부터 유래한 재산 등이다. 몰수판결이 확정되는 경우에는 몰수가 명하여진 재산에 관한 일체의 권리, 권한 또는 이익이 몰수의 이유가 된 범죄가 행해진 시점에 있어서 국가에 귀속된다. 국가가 민사몰수소송을 제기한 후 법관이 대상재산의 압류영장(Warrant for the Arrest)을 발부함에 따라 민사몰수를 위한 보전이 이루어진다.

2) 테러자금조달 차단 제도[37]

(ⅰ) 테러자금 조달행위의 범죄화

테러자금조달 또는 테러단체에 대한 자금조달과 직접적으로 관련된 미국의
연방 범죄으로서는 ① 일정한 범죄에 대한 실질적 지원의 제공,[38] ② 지정된 외
국테러단체에 대한 실질적 지원이나 자원의 제공,[39] ③「테러자금조달억제협약
이행법(The Suppression of the Financing of Terrorism Convention Implementation
Act, 2002년)」에 따른 테러자금의 제공과 모집,[40] ④ 외국테러단체에 대한 실질
적 지원이나 테러행위에 사용되었거나 사용될 자금의 은닉과 위장[41]이 있다.

(ⅱ) 테러리스트·단체 지정 및 자산 동결 : 행정명령 제13224호(2001년)

미국은「유엔안보리결의 1267호(1999년)」및 후속 결의안과「유엔안보리결
의 1373호(2001년)에 따라 해당 결의안에 따라 지정한 개인이나 단체의 자금 혹
은 기타 자산을 지체 없이 동결하기 위한 의무를「행정명령 제13324호(Executive
Order No. 13224, 2001년)」에 따라 이행하고 있다.

「국제비상경제권한법(International Emergency Economic Powers Act, IEEPA)」[42]
에 따라 미국 대통령이 제정한 행정명령(Executive Orders)은 지정된 개인이나 조
직에 대하여 자금을 제공하는 것을 금지하고 있으므로, 2001년 9월 23일 부시
대통령은「국제비상경제권한법」에 따라 국가비상사태를 선언하고,「행정명령
제13324호」를 발동하였다.

「행정명령 제13324호」에는 테러행위를 하거나 테러행위에 관여한 개인 및

---

37) 아주대학교 법학전문대학원, "테러자금조달 방지 체제의 선진화·국제화 방안 연구" (2009 금
    융위원회 금융정보분석원 연구용역보고서
38) 18 USC 2339A
39) 18 USC 2339B
40) 18 USC 2339C(a)
41) 18 USC 2339C(c)
42) 중대하고 심각한 국제적 위협에 국가가 노출되었을 경우에 정부가 "국가 비상사태"를 선언하
    여 경제에 관한 여러 가지의 권한을 대통령이 일시적으로 갖는 것을 인정하는 법률이다. 이러
    한 권한에는 관할권 내에 있는 자산을 포착하고, 일정한 외국환 거래를 금지하며, 외국 통화
    와 관련된 금융기관 사이의 지불을 금지하고, 외국 통화의 수출입을 금지할 수 있는 권한이
    포함되어 있다(50 U.S.C. § 1702).

조직의 리스트가 포함돼 있고 미국의 관할 하에 있는 모든 자에 대하여 지정된 테러리스트들을 위하여 보유하고 있는 재산의 봉쇄와 자산의 동결, OFAC[43]에 대한 보고를 요구한다.

3) 대량살상무기확산금융 차단 제도

(ⅰ) 행정명령 제13382호(2005년)

행정명령 제13382호는 대량살상무기의 확산 혐의로 지정된 자(disignated person)의 자산을 동결시키며, 피지정자와 미국인 간의 모든 거래는 금지된다. 미국 내에 피지정인이 보유하는 자산은 동결된다. 행정명령 제13382호는 발령 당시에는 북한, 이란, 시리아에 있는 8개의 기관에 적용되었으나, 재무부와 국무부가 추가적인 대량살상무기의 확산자와 확산행위 지원자(WMD proliferators and their supporters)를 선정하여 지정할 수 있다고 규정하고 있어 이에 따라 추가적인 개인과 단체가 지정되었다.

(ⅱ) 포괄적 대(對)이란제재법(CISADA: Comprehensive Iran Sanctions Accountability and Divestment Act of 2010)[44]

2010년 7월 발효된 「포괄적 대이란제재법(CISADA)」은 금융제재와 관련해서 외국의 금융기관이 대량살상무기 및 운반체계를 획득·개발 및 확산하는 활동을 조력하거나 대량살상무기 확산과 관련된 자금세탁행위를 하는 것을 금지하고 있다.

이란의 대량살상무기 확산 활동과 관련이 있다고 지목되어 동결된 재산이나 재산에서 유래하는 이익의 보유자와 거래를 하거나 금융서비스를 제공하는 행위를 금지하고 있다. 더 나아가 외국의 금융기관이 이란 중앙은행과 다른 이란의 금융기관의 활동을 조력하는 모든 행위를 금지하고 있다.

(ⅲ) 행정명령 제13466호(2008년)

북한의 기관도 「적성국교역법(TWEA : Trading with the Enemy Act, 1917)」에

---

43) OFAC은 미국 재무부 산하 해외자산관리국(Office of Foreign Assets Control)으로 이란, 쿠바 등에 대한 해외 경제제재 업무를 담당

44) 김앤장 법률사무소, "몰수 및 자산동결 관련 FATF 국제기준 이행방안 연구"(2014년 금융위원회 금융정보분석원 연구용역보고서몰수

따른 행정명령 제13382호에 의거하여 대량살상무기의 확산 혐의로 지정된 자의 자산을 동결시키며, 피지정자와 미국인 간의 모든 거래는 금지되는 규정이 적용되고 있었으나, 6자회담 합의(2007년 10월)로 북한이 비핵화 조치를 일부 이행하자 2008년 10월 조지 W. 부시 행정부는 북한을 「적성국교역법」 적용 대상에서 제외하게 되었다.

북한에 대한 「적성국교역법」 적용이 중단됨에 따라 대북 제재도 상당 부분 자동적으로 해제되는 문제가 발생하자 조지 부시 행정부는 새로운 행정명령인 제13466호를 시행하여 「적성국교역법」에 따라 동결되었던 자산을 계속 동결하거나 거래가 금지되도록 하였다.

(3) 금융제도 및 예방조치

「은행비밀법(Bank Secrecy Act)」은 금융기관이 송금과 관련된 상세한 기록을 유지할 것을 요구하고 있다. 이 송금기록의 유지에 관한 제도적 장치가 미국 연방의 법집행자들이 자금세탁을 추적하고 방지하며 금융기관이 불법적인 행위에 관여하는 것을 예방하는 기초가 되었다. 동법에 따르면, 자금세탁 활동에 연루되었다는 것이 포착되면 해당 금융기관의 자산은 몰수대상이 되기 때문에, 금융기관들은 자금세탁을 촉진하는 행위에 관여되지 않기 위하여 고객의 정보를 미리 수집하는 동기를 가지게 되었다.[45]

2001년 9월 11일 테러 공격에 대응하여 미 의회는 「애국법」을 제정하고, 후속조치로 「애국법」 제3편인 「국제자금세탁규제 및 테러리스트 방지 금융법(International Money Laundering Abatement and Anti-Terrorist Financing Act)」을 제정하여 자금세탁관련 규정에 많은 변화를 도모했다. 애국법은 테러자금조달을 범죄로 규정하고 기존 은행법에 고객신분확인 절차, 금융기관과 해외 위장은행(shell banks)과의 거래 금지, 금융기관의 주의의무(due diligence) 절차 마련, 외국 은행 간 환거래나 프라이빗 뱅킹의 경우 강화된 고객확인의무, 금융기관과 미국 정부와의 정보공유 확대와 같은 규정을 추가함으로써 그 준수 효과를 증대시켰다.

---

45) 한국형사정책연구원. "핵·대량살상무기(WMD) 확산금융금지 국제기준 이행방안 연구"(2012년 금융위원회 금융정보분석원 연구용역보고서)에서 재인용

1) 은행비밀법과 적용대상

「은행비밀법」의 정식명칭은 「은행기록과 통화 및 외환거래보고법(Bank Records and Currency and Foreign Transaction Reporting Act)」으로서 12 U.S.C. §1829 (b)(미국 연방법전 제12편 제1829 (b)조)와 12 U.S.C.(Banks and Banking) §1951-1959, 31 U.S.C.(Money and Finance) 5311-5314, 5316-5330에 조문화되어 있으며, 금융회사에 현금보고서 제출, 고객 신분확인 실시, 금융거래 기록보존 의무를 부과하고, 법집행기관이 범죄, 탈세 등의 조사 및 자금세탁범죄 기소 시 증거로 활용할 수 있도록 법집행기관에 유용한 수단을 제공하는 데 목적이 있다. 「은행비밀법」은 은행, 증권사, 통화환전상, 카지노 등을 적용대상으로 하고 있었으나, 2001년 9·11테러 이후에는 적용대상기관을 증권브로커, 딜러, 신용카드사, 뮤추얼 펀드, 자금이체회사 등으로까지 확대하였다. 보험회사는 2005년부터 적용 대상이 되었다.

「은행비밀법」은 고객확인 및 기록보존, 보고제도 및 금융기관 내부의 자금세탁방지 프로그램의 실시를 주요 내용으로 하고 있다.

미국 연방규정(CFR: Code of Federal Regulations)도 금융기관의 자금세탁방지 의무 등에 대해 명시하고 있다. 제31편(Money and Finance)의 Chapter X part 1020에서는 자금세탁방지를 위한 내부통제(BSA/AML 준수 프로그램)의 최소요건을 정의하고 있다.

2) 고객확인의무 및 기록보존의무

(i) 고객확인의무(Customer Due Diligence: CDD)

금융기관 등은 계좌를 개설할 때 고객의 신분을 확인하여야 하며, 원칙적으로 미화 1만 달러 이상 거래하는 경우에도 고객의 신분을 확인하여야 한다. 고객신분확인과 관련된 기록은 5년간 보존하도록 하고 있다.

ⓐ 고객 신원확인

금융기관은 고객 신원을 확인했다는 합리적 믿음을 갖도록 하기 위하여, 2003년부터 도입된 고객 신원확인 프로그램(Customer Identification Program: CIP)을 운영할 때 고객정보의 종류, 신원 검증절차 등을 상세히 기술하는 절차를 포함하여야 한다. 금융기관은 개인고객으로부터는 이름, 생년월일, 주소, ID번호 등을 제공받아야 하고, 법인고객에게는 법인 인허가 서류, ID번호 및 기타 재무제표, 법인개요, 설명자료 등을 제공받아야 한다.[46]

(b) 실제소유자 확인제도

금융회사는 법인에 대한 실제소유자를 확인하고 검증해야할 의무가 있다. 검증은 서면에 근거하여 이행해야 하며, 위험에 기반하여 합리적이고 실행 가능한 수준으로 수행해야 한다.[47]

(c) 환거래계약에 대한 주의의무

외국은행이 미국 내 은행에 환거래계약을 요청하는 경우 미국 내 은행은 해당 환거래요청 은행에 대한 주의의무를 수행해야 한다. 환거래요청 은행의 실제 존재 여부, 지배구조, 영업활동, 소재지 등 자금세탁위험을 파악하고 자금세탁위험 통제절차의 효과성을 평가해야 한다. 은행의 실체가 없거나, 정보수집이 어려운 경우 계좌개설을 중단하고, 고위험인 경우 강화된 고객확인의무를 수행해야 한다.[48]

(d) 프라이빗뱅킹 계좌에 대한 주의의무

미국 금융기관은 非미국인을 위해 개설되어 유지되는 프라이빗뱅킹 계좌에 대한 주의의무를 이행해야 한다. 외국의 정치적 주요인물인지 여부, 자금 원천, 거래목적 등을 파악하고, 거래 모니터링에 대한 주의의무도 실행해야 한다. 그리고 해당 계좌가 자금세탁에 이용되지 않도록 합리적인 통제절차를 마련해야 한다.[49]

(ⅱ) 금융기록보존의무

(a) 지급수단 판매기록

은행은 3천 달러에서 1만 달러에 이르는 은행수표, 어음, 자기앞수표, 우편

---

46) 31 CFR 1020.220
47) 31 CFR 1020.230
48) 31 CFR 1010.610
49) 31 CFR 1010.620

환, 여행자수표에 대한 각각의 현금교환에 대해 기록을 유지해야 한다. 이 기록
들은 거래자의 신분을 확인할 수 있는 기록들이 포함되어 있어야 한다.

(b) 자금이체 기록보존
(Funds Transfer Record keeping and Travel Rule Requirements)

은행은 반드시 3천 달러 이상의 자금이체 각각에 대한 기록을 보존하여야
한다. 이 기록에는 자금이전의 원천지가 어디인지, 은행 자신이 중개지인지 혹은
받은 것인지에 대한 정보가 수록되어야 한다. 은행 자신이 원천지이거나 혹은 중
개지일지라도 자금이전이 계속되는 한 다음 은행에 관련 정보를 보내야 한다.[50]

3) 내부통제시스템구축 의무

(a) BSA/AML 준수 프로그램

금융회사는 BSA/AML 준수 프로그램에 따라 자금세탁방지를 위한 내부통
제 관련 정책, 절차, 시스템 등과 관련하여 이사회 승인을 통해 서면화하여야 하
며, 이 과정에서의 정책과 절차 등은 실제 이행과정과 부합하여야 한다.[51]

BSA/AML 준수 프로그램은 외국 금융회사의 환거래계좌 및 프라이빗 뱅킹
계좌에 대한 주의의무, AML 프로그램의 최소 요건으로서의 적절한 내부통제시
스템, BSA/AML 준수 여부를 상시 모니터링할 책임자 지정, 관련 임직원에 대한
교육, 고객 확인을 위한 적절한 위험기반 절차, 연방감독당국의 AML 프로그램
관련 규정 준수 등을 주요 내용으로 하고 있다.

(b) OFAC 규제

OFAC은 미국내외로 금융자산이 반출입되는 경우 제재조치 대상자의 거래
가 포함되어 있는지에 대해 감시 및 통제하는 기관으로서, 제재조치 대상을 발표
하고, 미국 내 금융회사가 OFAC 규정(Economic Sanctions Enforcement Guideline)
을 위반할 경우 벌금을 포함한 제재 조치를 가한다. 이에 금융기관은 OFAC 규
제 준수를 위한 내부통제시스템을 갖추어야 하며, 감독당국은 금융회사를 검사
할 때 당해 금융회사가 처리하거나, 경유하거나, 회사를 대상으로 하는 다양한

---

50) 31 CFR 103.33 (e)와 (g).

51) 31 CFR 1010.210

상품, 서비스, 고객, 거래, 지리적 위치 등을 고려하여 OFAC 규제 준수 여부를
점검·평가한다.

4) 보고의무

보고제도는 고액현금거래보고(CTR: Currency Transaction Report), 지급수단
반출입보고(CMIR : Report of International Transportation of Currency or Monetary
Instruments), 의심거래보고(SAR: Suspicious Activity Report), 해외금융 계좌보고
(FBAR: Report of Foreign Bank and Financial Accounts) 등이 있다. 1972년에 도입
된 고액현금 거래보고는 1만 달러 이상의 현금거래가 행해지는 경우 국세청에
신고하는 것이고, 지급수단 반출입보고는 출입국시 1만 달러 이상 현금이나 금
융수단을 소지하는 경우 미국 세관에 보고하는 것이다. 1996년에 도입된 의심거
래보고는 5천 달러 이상의 금융거래 중 자금세탁의 의심이 되는 거래를 미국의
금융정보분석기구(FIU)인 FinCEN에 보고토록 하는 것이고, 해외금융 계좌보고
는 외국소재 은행에 1만 달러 이상 계좌를 보유하는 경우 재무부에 보고하도록
하는 것이다.

금융기관은 의심되는 거래보고 담당자의 임명, 독립된 검사기능, 직원 훈련
연수 등 금융기관내부의 자금세탁방지 프로그램을 실시하여야 한다.

(ⅰ) 고액현금 거래보고(CTR)

1만 달러 이상의 각각의 거래에 대하여 반드시 거래 후 15일 이내 성명,
주소, 금액, 실행일, 수취인 은행 정보 등을 국세청양식(IRS Form 4798)에 기입하
여 국세청에 보고하여야 한다. 국세청은 금융정보분석기구인 FinCEN과 정보를
공유한다. 대상거래에는 금융기관의 입·출금, 통화교환 및 기타 지불과 송금 등
이 포함된다. 만일 금융기관이 다수의 거래가 동일인에 의해 혹은 동일인을 위
해 이루어졌고 현금 1만 달러 이상이 출금되었다는 것을 인지하였다면, 금융기
관은 다수의 거래를 반드시 하나의 거래로 취급해야 한다.52)

(ⅱ) 의심거래보고(SAR)

「은행비밀보호법」이 효과적으로 운용되기 위해서는 의심되는 거래가 적절

---

52) 31 USC section 5313, 31, CFR 103.22.

한 시기에 보고되어야 한다. 따라서 은행은 특정거래의 혐의사항에 대해 적절한 결정을 내릴 시간을 충분히 갖도록 보고기한 내에 보고의무를 준수해야 한다.

재무부와 통화감사관실, 기타 연방은행감독관은 1996년 2월 혐의거래보고에 관한 규정을 제정하였다. 1996년 3월 이후 모든 은행은 다음과 같은 사항이 발견되면 30일 이내에 FinCEN에 의심거래보고를 해야 하며 보고기한은 최장 30일까지 추가 연장이 가능하다.[53] 즉 ① 금액과 상관없이 금융회사 내부자가 관련된 범죄 행위 ② 합계 5천 달러 이상의 거래로 연방법을 위반하였고 혐의자가 확인된 경우, ③ 혐의자의 확인과 상관없이 합계 2만 5천 달러 이상의 연방법을 위반하는 거래, ④ 잠재적인 자금세탁 혹은 「은행비밀법」을 위반하는 5천 달러 이상의 거래에서 은행이 혐의를 인지하였거나 거래에 혐의가 있다고 인지한 경우로서 구체적으로는 거래자금이 불법적인 자금에서 유래되었을 때, 혹은 불법자금을 숨기거나 위장하거나 의도할 때, 연방정부의 보고의무 사항을 피하기 위한다는 것을 인지할 때, 「은행비밀법」을 위반하려고 계획하는 것을 인지할 때, 은행이 상황을 파악하여 정상적인 거래사유를 설명할 수 없다고 인지하는 경우 등이 이에 해당된다.

의심거래보고와 관련한 모든 기록 및 그 원부 또는 관련 거래기록 역시 보고일로부터 5년간 보존되어야 한다.[54]

5) 금융기관에 대한 제재 규정[55]

「은행비밀법」이 제정되기 전에는 미국의 금융기관들은 자신에게 부과된 의무를 이행하지 않거나 보고를 하는 경우에도 형식에만 그쳤다. 따라서 형벌규범을 통하여 보고의무를 확보할 필요가 있었다. 이에 반해 「은행비밀법」은 보고의무에 위반한 경우의 제재를 명시하고 있다.[56]

「은행비밀법」은 그 위반사항에 대하여 매우 엄격한 민·형사벌을 규정하고

---

53) 31 USC section 5318.

54) 31 CFR 103.18(d)

55) 본서 'Chapter 7 금융회사등에 대한 자금세탁방지제도 등 관련 감독·검사·제재'의 'Section2 미국 당국의 금융기관에 대한 감독·제재의 특수성'에서 추가적인 내용을 서술함

56) 아주대학교 산학협력단, "미국 FinCEN의 자금세탁 방지제도 운영실태 연구"(2008년 금융위원회 금융정보분석원 연구용역보고서)

있으며, 특히 1992년 법 개정을 통해 자금세탁범죄로 처벌받은 금융기관의 면허나 자격을 박탈하는 소위 사형규정(Death Penalty)도 두고 있다.

「은행비밀법」이 「애국법(USA PATRIOT Act, 2001)」에 의해 개편되면서 자금세탁방지의무 의무 위반에 대한 제재도 강화되었다.

(i) 민사상 제재(Civil Penalty)[57]

(a) 민사상 제재의 특징과 부과 절차

민사상 제재는 행정적 절차를 통해 부과되는 것으로서, 「은행비밀법」은 미국 정부 또는 미국 재무부 장관(Secretary of the Department of Treasury)을 민사상 제재의 부과주체로 하고 있다. 미국법상 민사상 제재는 주로 사후적 구제 또는 예방적 목적을 위해 부과되며 일반적으로 징벌적 목적을 의도하지는 않는다.

민사상 제재 금액은 그 위반사유, 규모, 거래의 복잡성, 심각성, 지속기간, 조사에 대한 금융기관의 협력 정도 등을 고려하여 FinCEN이 세부적으로 조정한다.[58] 동일 위반사유로 지급된 금원이 있는 경우 그 금액은 민사상 제재에서 공제된다.[59]

(ii) 형사적 제재

형사적 제재는 민사상 제재와 달리 행정청의 임의적인 판단으로 부과될 수 없으며, 원칙적으로 고의적인 법령 위반의 경우에만 부과될 수 있다. 형사적 제재를 부과하기 위해서는 미국 법무부의 기소와 법원의 유죄판결이 필요하며, 유죄판결을 위해서는 미국 법무부가 문제되는 범죄행위를 합리적 의심이 없는 정도로 입증해야 한다.

(iii) 국제 자금세탁 규정 위반의 경우: 민사상 제재와 형사적 제재 병과 가능

① 외국 고객에 대한 고객확인 준수사항을 위반한 경우,[60] ② 외국 위장은행의 미국 내 계좌개설 방지를 위한 절차적 준수사항을 위반한 경우,[61] 또는 ③

---

57) 31 USC section 5321 (a)～(d).

58) 31 CFR 1010.821

59) 31 USC Section 5321(a)(2)

60) 31 USC Section 5318(i)

61) 31 USC Section 5318(j))

국제적 자금세탁 방지를 위해 미국 재무부 장관이 부과한 특별조치(special measures)를 미국 내 금융기관이 준수하지 않은 경우[62] 재무부 장관은 $1,000,000을 상한으로 하여 거래금액의 2배 이상의 민사상 제재금(civil money penalty)을 부과할 수 있다.

재무부 산하기관인 OFAC이 각종 법률과 행정명령 등에 근거하여 외교정책·안보 목표에 따라 경제제재대상자를 지정하여 미국내 금융기관이 이들 제재대상자와의 거래를 거절하도록 하고, 같은 재무부에 소속된 FinCEN이 애국법에 따라 미국 외 국가나 금융기관이 자금세탁·금융범죄를 범한다고 판단할 합당한 근거가 있는 경우 '자금세탁우려대상'으로 지정하면 미국 금융기관은 지정대상 금융기관의 환계좌를 개설할 수 없게 하고 있으므로 이 제재 규정을 통해 미국 금융기관이 이를 위반하는 경우 민사상 제재 또는 형사상 제재 모두 부과될 수 있다는 것을 알 수 있다. 미국 정부가 '제재대상자'나 '자금세탁우려대상'이 미국 금융시스템으로 접근하는 것을 차단하려는 목적이 포함돼 있으므로 미국 금융기관의 규정 위반시에 제재 강도가 높은 것으로 보인다.

(4) 관계 기관

1) 미국 재무부(Department of Treasury)

재무부는 「은행비밀법」에 따라 금융기관에 자금세탁방지 프로그램의 운영, 특정한 금융거래보고서의 제출, 금융거래 보존에 대한 의무 부과 권한을 부여받아 「은행비밀법」과 관련된 시행규칙 내지 지침을 제정할 포괄적인 권한을 보유하며, 재무부 장관은 「은행비밀법」상 민사상 제재의 부과권한을 보유한다. 재무부 장관은 「은행비밀법」를 위반하고 있는 것으로 판단되는 자에 대해 관할 법원에 그 위반 행위의 금지 명령을 청구할 수 있다. 이러한 금지 명령의 청구가 민사상 제재의 부과의 전제조건이 되는 것은 아니지만 금지명령의 위반은 별도의 민사상 제재의 부과 사유를 구성한다.

---

62) 31 USC Section 5318A

2) FinCEN(Financial Crimes Enforcement Network: 금융범죄정보분석처)

(ⅰ) 개요

⒜ 설치 및 기능

1990년 4월 재무부 산하에 차관급 소속기관으로 FinCEN이 설립되었고 이후 1994년 재무부 내의 금융집행실과 FinCEN이 통합되었다. 그 후 FinCEN은 2002년 9월 6일 「애국법」에 따른 재무부 명령 제180 – 1호에 따라 재무부 내의 하나의 국(Bureau)으로 격상되면서 '테러 및 금융정보 차관'(Under Secretary for Terrorism and Financial Intelligence)의 직할기구로 편성되었다. FinCEN은 「애국법」의 제정에 따라 기존의 자금세탁에 대한 분석업무 이외에 테러자금에 대한 분석업무도 맡게 되었다.[63]

FinCEN은 재무부로부터 「은행비밀법」 등과 관련된 행정적 업무와 집행권한을 위임받아 AML/CFT 관련 법률의 집행규정을 제정할 책임을 지게 되었으며 국내외 금융범죄에 대한 법집행 업무를 지원하고 기관 간, 국가 간 협력을 하며 미국 정책담당자들에게 국내외 금융범죄의 경향과 패턴에 대한 전략적인 분석결과를 제공하고 있다. 그리고 FinCEN은 불법자금을 추적하고, 입수한 자료를 평가하며, 이에 기초한 형사소추를 함에 있어 전문적인 확대재생산자로서의 역할을 담당한다.

또한 FinCEN은 금융기관의 「은행비밀법」 관련 법령 준수여부를 검사할 권한을 보유하며 해당 규정 및 해석에 대한 지침 제공, 규제산업에 대한 외부교육, 연방은행기관 기능성조사 및 민사상 제재의 집행 등과 관련 업무를 행한다.

⒝ 조직 및 업무

2020년 현재 정원은 약 340명이며 원장 및 7개의 운영국(Division) 등으로 이루어져 있다. 운영국 외에 최고자문위원실은 재무부에 보고하는 체계를 갖추고 있으며 FinCEN에 대하여 법률 서비스를 제공한다.

심사분석국(Intelligence Division)은 「은행비밀법」상 자료와 그 밖의 다른 정보를 분석하여 국내 법집행기관, 정보기관에게 그 정보를 제공하고 외국 금융정

---

63) 31 USC Section 310

보분석기구의 요구를 지원한다. 전략운영국(Strategic Operation Division)은 미국의 법집행기관 및 외국의 금융정보분석기구(FIU)와 연락을 취하고 국내 법집행 및 규제 기관들을 위하여 「은행비밀법」상 자료에 직접적인 접근을 준비한다.

정책국(Policy Division)은 「은행비밀법」을 위반한 금융기관들에 대하여 적절한 집행조치를 취하며, 금융기관, 법집행기관 및 규제기관들에 대하여 홍보하고, 정교한 자료 추출과 「은행비밀법」에 따른 각종 보고에 대한 복잡한 분석을 통하여 포괄적인 분석적 지원을 제공한다.

기술국은(Technology Division)은 「은행비밀법」 자료의 수집과 처리에 관련된 다양한 역할을 수행하고 FinCEN의 일상적인 운영을 지원하는 기술적 기반을 관리한다. 자료의 보관기간은 내부지침에서 '해당연도＋10년'로 규정하고 있으며 집행국(Enforcement Division)의 특별 조사관이 FinCEN 내외부 시스템의 쿼리기록을 분석하여 정보의 제공·활용의 적정성을 감사한다. FinCEN 시스템 전반은 기술국에서 관리하지만, 하위 전산시스템은 민간에서 구매하여 해당 업체가 관리하는 경우가 많다. 운영국(Management Division)은 FinCEN의 재정과 자산의 보전을 확보하고 건전한 회계, 보고 및 재정관리 정책의 이행을 확보하며, FinCEN의 경영계획, 인적 자원, 교육 및 기타 경영서비스를 제공한다.

3) FinCEN의 활동성과

FinCEN은 자금세탁을 예방, 파악하기 위한 정책을 수립, 감독, 집행하고, 자료의 수집, 분석, 배포, 피드백, 감독, 조사 등을 담당하고 있다. 보고대상기관으로부터 보고되는 의심되는 거래(SAR), 고액현금거래(CTR), 카지노현금거래(CTRC), 지급수단수출입(CMIR), 외국은행계좌(FBAR), 고액수취거래(IRS8300), 혐의지역거래(GTR)를 심사분석대상으로 하고 있다. 고액현금 거래보고는 연간 약 1,500만 건이 보고되는 등 자료가 방대하므로 보고된 기록은 저장을 한 상태에서, 범죄예방, 재산소재지파악 등을 위하여 필요한 경우 조회하고 있다. 의심거래보고(SAR)는 종래 고액현금 거래보고(CTR) 등만으로는 자금세탁방지의 실효성이 낮다는 분석에 따라 1992년 도입되어 매년 약 2백만 건을 금융기관 등으로부터 보고받고 있다. 지급수단수출입(CMIR)보고는 매년 약 2십만 건을 보고받고 있다.

4) OFAC(Office of Foreign Assets Control: 해외자산관리국)

(ⅰ) 설치 및 기능

OFAC은 FinCEN과 같이 재무부 산하에 설치된 기관으로서 미국 정부의 외교정책 및 국가안보 목표에 따라 경제제재(economic sanctions)를 관리·집행하는 기관이다.

OFAC은 적성국교역법(TWEA, 1917년 제정), 국제경제긴급사태권한법(IEEPA, 1976년 제정) 등에 따라 적성국의 자산 동결을 목적으로 한다. 이란, 쿠바 등에 대한 해외 경제제재 업무를 담당하며 국제 테러, 마약밀매와 관련된 국가·단체·개인 등 제재조치대상에 대하여 미국 관할지역에서의 거래를 금지하거나 제한한다.

(ⅱ) 업무

구체적으로 OFAC은 미국 내외로 금융자산이 반출입되는 경우 제재조치대상자의 거래가 포함되어 있는지에 대해 시스템을 통해 제재조치대상 관련 무역금융 등 거래를 스크린하고, 서류 심사를 통해 확인 점검 하는 등의 감시와 통제업무를 수행한다.

금융기관과 직접 관련된 업무로서는 OFAC이 발표한 제재조치 대상에 대상과 미국 내 금융기관이 거래하는 등 미국 내 금융기관이 OFAC 규정(Economic Sanctions Enforcement Guideline)을 위반할 경우 벌금을 포함한 제재를 부과하는 것이 있다. 금융기관은 OFAC 규정 준수를 위한 내부통제시스템을 갖추어야 한다. 금융감독 당국은 금융기관에 대한 검사를 수행하는 과정에서 OFAC 규제 준수 여부를 점검한다.

2. EU

(1) 범죄수익의 세탁, 수색, 압류 및 몰수에 관한 유럽이사회(EC) 협약
(유럽이사회협약, 1990. 11.)

1) 배 경(전문)

전문에서는 ① 유럽이사회(Council of Europe) 회원국들의 통일성을 증진하고 국제적인 범죄로부터 사회를 보호하기 위한 공동의 형사정책(common criminal policy)의 필요성, ② 중대범죄(serious crime)에 대처하는 효과적 방법의 하나로 범죄수익의 박탈 필요성, ③ 이러한 목적을 성취하기 위한 효율적인 국제협력체제의 필요성 등에 동 협약 마련의 기본취지가 있다고 밝히고 있다.

2) 국가별 차원의 법률체제 정비(제1장, 제2장)

제1장에서는 자금세탁의 전제범죄(predicate crime)를 자금세탁의 대상인 수익을 발생시킨 범죄라고 정의하여 이를 마약 관련 범죄에 한정하지 않고 있으며, 제2장에서는 몰수(제2조), 몰수를 위한 조사 및 보전조치(제3조), 자금세탁범죄의 정의(제6조) 등 국내적 차원의 조치에 관하여 규정하고 있다.

3) 국제협력(제3장)

제3장에서는 국제협력차원의 조치에 관하여 수사의 지원 및 몰수, 분쟁의 해결 등을 규정하고 있다.

(2) 자금세탁을 목적으로 금융제도가 이용되는 것을 방지하기 위한 유럽연합이사회지침(자금세탁관련 EU 이사회지침, 1991. 6)

1) 배 경

1991년 6월 10일 유럽공동체이사회(Council of Europe Community)는 유럽공동체국가들의 금융시장 통합이 가속화되면서 금융분야의 통합이 가져오는 자본이동의 자유와 금융서비스 제공의 자유가 범죄수익의 세탁에 이용되는 것을 방지하기 위하여 「자금세탁관련 EU 이사회지침(EU Council Directive on Prevention of the Use of the Financial System for the Purpose of Money Laundering : EU

Directive)」을 제정하였다.

동 지침은 자금세탁방지는 각 회원국의 국내사회를 위협하는 마약거래를 비롯한 조직범죄(organized crime)를 억제하는 가장 효과적인 수단으로서 이미 마약분야에서 「비엔나협약(1988)」에 의하여 실현되었으며, 기타 범죄에 관하여는 「유럽이사회협약(1990)」에서 제시된 바와 같은 형사적 수단(penal means) 및 국제적 사법공조를 통하여 이루어져야 한다는 내용을 내포하고 있고, 형사적 접근뿐만 아니라 금융제도의 역할 역시 중요하다는 판단 아래 「유럽이사회의권고(1980)」와 「바젤위원회선언(1988)」에 기초하여 작성되었다.

EU의회가 제정하는 법령은 크게 규정(regulation)과 지침(directive)으로 구분되며, '규정'은 EU 회원국 전역에 직접적인 효력을 가지는 반면, 「자금세탁관련 EU 이사회지침」과 같은 '지침'은 개별 회원국이 국내법을 제정하여 합의된 사항을 이행해야 하는 입법적 목표를 제시하는 역할을 한다.

2) 경과 및 내용

(ⅰ) 1차 지침

1차 지침은 1991년 6월 채택되어 각 회원국이 1993년 1월 1일 이전까지 동 지침의 이행에 필요한 국내법령을 제정할 것을 의무화함으로써 유럽공동체회원국의 자금세탁 방지법령의 법적 근거가 되었다.

(ⅱ) 2차 지침

1999년 7월 자금세탁방지제도의 규제대상인 범죄활동의 범위를 넓히고, 점차 자금세탁에 노출되는 위험이 커지는 비금융부문의 금융활동에 대해서도 규제하기 위하여 1차 지침에 대한 수정안이 유럽의회에 의해 제출되었다. 동 수정안은 2001년 9월 승인되어 같은 해 12월 발효되었다.

(ⅲ) 3차 지침

2005년 9월 20일 유럽연합이사회는 개정된 FATF 40개 권고사항 및 9개 특별권고사항의 이행을 강화하기 위한 「제3차 자금세탁관련 EU 이사회지침」을 공식 채택하였다. 이에 앞서 유럽의회는 2005년 5월 26일 동 지침을 승인하였으며 2005년 초부터 유럽의회, 유럽연합이사회, 그리고 EC 간 동 지침에 대한 논의가 계속되어 왔었다.

3차 지침은 종래 자금세탁방지의무를 지니고 있는 독립적인 법률전문직 종사자나 신탁 및 회사서비스전문업체, 부동산중개업자, 카지노업자, 회계사 등으로 하여금 테러자금조달의혹이 있는 거래의 보고, 사업관계나 거래에 있어 실제소유자 확인, 그리고 위험에 근거한 고객확인절차를 도입하도록 하고 있다.

「제3차 자금세탁관련 EU 이사회지침」은 일회성 및 다중거래를 모두 포함하여 EUR 1,500 이상의 상품을 현금으로 거래한 경우에도 적용되었으며, EU 회원국들은 2007년까지 이를 도입하게 되었다.

(ⅳ) 4차 지침

FATF의 권고사항이 2012년 개정되고, 2013년에는 평가방법론이 개정되어 2014년부터 FATF 상호평가 제4차 라운드가 개시됨에 따라, EU는 2015년 5월 2005년에 제정·시행되었던 「제3차 자금세탁관련 EU이사회 지침」을 폐지하고, 「제4차 자금세탁관련 EU이사회 지침」을 제정·발표하였다. 4차 지침은 2017년 6월 26일까지 신규 의무를 준수하도록 하였다.

「제4차 자금세탁관련 EU이사회 지침」은 궁극적 실제소유자(Ultimate Beneficial Owner) 확인과 강화된 고객확인(Customer Due Diligence) 제도, 강화된 고객확인 절차가 적용되는 '정치적 주요 인물(Politically Exposed Persons: PEPs)'의 범위 확대, 고액 현금보고 거래(CTR) 최소 금액을 기존 1거래일 15,000유로 이상에서 10,000유로 이상으로 강화, AML/CFT 위험의 적절한 식별, 평가, 완화 조치의 증거 제시를 강제하는 '위험기반접근방식(Risk Based Approach) 확대' 등을 주요 내용으로 하고 있다.

금융기관에 대한 제재 금액의 최저 기준도 마련되었다. 각 회원국은 수범기관이 준수해야 하는 고객확인, 의심거래보고, 기록보관, 내부통제 등의 의무의 위반이 심각(serious)하거나, 반복적(repeated)이거나, 조직적(systematic)이거나 또는 이와 같은 성격을 복합적으로 가질 경우, 금전적 제재를 포함한 최소한의 행정적 제재 및 조치(administrative sanctions and measures) 대상이 되도록 법령을 시행할 의무를 부담하게 되었다.

행정적 제재 부과 사유가 있는 경우 회원국이 최소한 부과해야 하는 행정적 제재의 최대 한도는 최소 해당 위반 행위로 인하여 취득한 범죄 수익의 두 배 또는 EUR 1,000,000로 규정되었고 제재 부과 대상이 금융기관인 경우 최소

EUR 5,000,000 또는 관리기구에 의하여 승인 받은 장부상 총 연간 매출의 10%에 해당하는 금액을 부과할 수 있다.

(ⅴ) 5차 지침

EU는 2018년 7월 9일 「5차 자금세탁관련 EU이사회 지침」을 발효시켜 각 회원국들로 하여금 2020년 1월 10일까지 이를 이행할 의무를 부과하였다.

「제5차 자금세탁관련 EU이사회 지침」은 4차 지침에 비하여 투명성 부분을 아래와 같이 개선하였다. 가상 자산 플랫폼, 조세 관련 서비스 및 예술품 거래 등으로 적용대상을 확대하고 일반 대중에게 EU 기반 기업들의 소유 관계(Beneficial Ownership) 정보의 접근을 허용하였다. 고객확인과정에서 소유관계 대장(Beneficial Ownership Register)을 참조할 의무를 부과하였으며 회원국들로 하여금 정치적 주요 인물(PEPs)에 해당하는 국가 공무원 및 국가 기능의 리스트 창설 의무를 부과하였다. 아울러 회원국은 고위험 제3국으로부터의 재정적 흐름을 위한 엄격히 강화된 고객확인무를 실행해야하며 EU 전반에 걸쳐 은행 계좌 및 금고의 익명성을 종료하고 관련 정보의 중앙 접근 메커니즘을 구축해야 한다.

부동산 소유자에 대한 정보에 대하여 공공기관의 접근을 허용하고, 선불식 카드 구매자들의 파악 및 전자 화폐(e-money) 사용 시 낮은 한도(threshold)를 적용하도록 하는 한편, EU 관련 당국 간 협력 및 정보 교환을 강화하도록 하였다.

(ⅵ) 6차 지침

EU는 2018년 11월 12일 기존 지침에서 형사처벌 조항을 개정한 「제6차 자금세탁관련 EU이사회 지침」을 공개하고 2020년 12월 3일까지 회원국에게 이를 이행할 의무를 부과하였다.

자금세탁과 관련된 22개의 범죄유형을 정의하고, EU 전역에 걸쳐 자금세탁방지 관련 범죄의 성격을 통일시켰다. 자금세탁범죄의 방조 및 미수를 범죄로 정의하는 한편 자금세탁의 개념에 대한 포괄적 정의도 제공하였다.

중대한 범죄에 대하여 최소 5년의 징역형을 부과하며 법인에 대한 형사책임을 확대하였다. 부패 및 인신매매와 같은 중대한 범죄에 대한 가중적 요소를 적용하고 기업 범죄의 경우 '관리 실패'로 인한 관리자 개인에 대한 형사 책임도 부과하게 되었다.

3. 영 국

(1) 개 관

영국의 자금세탁 방지법령으로서는 1994년의 「마약거래범죄법(Drug Trafficking Offences Act 1994, 1986년 「마약거래범죄법」의 대체법률)」, 2003년의 「형사사법법(Criminal Justice Act 2003)」, 2002년의 「범죄수익규제법(Proceeds of Crime Act)」, 2000년의 「테러리즘법(Terrorism Act 2000, 1989년 「테러방지법」의 대체법률)」과 「자금세탁규정(Money Laundering Regulations 2017: MLR) 등이 있다. 전자의 법률들이 마약범죄, 정식기소범죄, 테러범죄와 관련하여 자금세탁의 처벌과 범죄수익의 몰수를 규정한 형사실체법이라면, 후자인 「자금세탁규정」은 금융기관의 고객확인 절차, 기록보관 및 내부보고 절차를 규정한 금융절차규정이다.

영국은 브렉시트(Brexit) 이후 기존 EU 법에 의해 규율되던 경제제재 및 자금세탁방지 관련 법령의 공백에 대비하기 위하여 「Sanctions and Anti-Money Laundering Act 2018」를 제정하였고 2018년 5월 23일자로 발효되었다. 이에 따라 영국의 각 행정부처는 영국이 EU에서 탈퇴한 이후에도 동법에 근거하여 자체적으로 자금세탁방지와 테러자금조달 차단을 위한 시행령을 제·개정하거나 폐기할 수 있게 되었다. 아울러 영국은 동 법령에 근거하여 자체적으로 FATF 권고사항 지속적으로 준수하고, 자금세탁과 테러자금조달과 관련하여 발생하는 문제들을 다룰 수 있는 권한을 확보하게 되었다.

(2) 법률제도

1) 자금세탁방지제도

(ⅰ) 전제범죄

자금세탁의 전제범죄는 마약거래범죄, 테러범죄 및 법정형이 6월 이하의 징역 또는 5천 파운드 이하의 벌금으로 정하여진 약식기소범죄를 제외한 모든 정식기소범죄(indictable offences)와 성 관련 시설범죄 등 몇 개의 약식기소범죄가 해당한다.

(ii) 자금세탁범죄

자금세탁범죄는 대표적 법률인 「형사사법법」에 의하면 범죄수익을 은닉 또는 이전하는 죄(제93조 C), 타인의 범죄수익 보유를 원조하는 죄(제93조 A), 범죄수익을 취득, 소유 또는 사용하는 죄(제93조 B)로 구성되어 있다. 이 경우 주관적 구성요건은 반드시 범죄수익이라는 사실을 알게 된 경우에 한정되는 것이 아니라, 의심이 있거나 의심할 만한 합리적 근거가 있는 경우도 포함된다. 또한 범죄수익임을 알게 된 경우나 의심 또는 의심할 만한 합리적 근거가 있는 경우에 경찰에 신고를 하면 죄를 범하지 않은 것으로 규정하고 신고사실을 누설하는 것을 범죄로 규정하고 있다.

(iii) 처벌규정

자금세탁범죄에 대하여는 정식기소의 경우에는 14년 이하의 구금형 또는 벌금에, 약식기소의 경우에는 6월 이하의 구금형 또는 법정한도 이하의 벌금에 처하도록 하고, 신고사실의 누설에 대하여는 약식기소는 자금세탁범죄와 동일하나 정식기소의 경우에는 5년 이하의 구금형 또는 벌금에 처하도록 규정하고 있다.

(iv) 범죄수익의 몰수, 보전

범죄수익 몰수처분 법제가 1988년에 제정된 「형사사법법」과 1994년에 제정된 「마약거래범죄법」으로 이원화되어 있었으나, 형사정책적 측면에서 범죄수익을 보다 효과적으로 몰수·추징하기 위하여 관련 법률을 통합한 「범죄수익규제법(Proceeds of Crime Act)」이 2002년에 제정되었다.

영국은 동일한 보통법국가이기도 한 미국이 민사몰수제도도 인정하는 것과 달리 형사몰수제도만 인정하고 있다. 범죄수익의 몰수가 인정되는 범죄는 자금세탁범죄의 전제범죄와 동일하며, 몰수는 법원이 유죄로 인정되는 피고인이 대상범죄행위로부터 이익을 취득하였음을 인정하는 때에 피고인에게 지불할 금액을 정하여 그 금액의 납부를 명하는 몰수명령을 발하는 방법에 의한다.

또한 광범위한 범죄수익의 추정제도를 두어 대상범죄가 정식기소범죄인 경우에는 피고인이 당해 소송절차에서 2개 이상의 대상범죄에 대하여 유죄로 인정되거나 소송절차개시 전 6년 이내에 1회 이상 대상범죄에 대하여 유죄로 인정

되었던 경우에, 그리고 대상범죄가 약물거래범죄인 경우에는 모든 경우에 소송
절차개시 전 6년간 피고인에게 이전된 재산은 피고인이 범죄행위에 의하여 취
득한 이익으로 추정할 수 있도록 규정하고 있다.

범죄수익의 보전제도와 관련해서는 고등법원이 검사의 청구에 의하여 보전
명령을 발하도록 하고 있고, 소송절차 개시 후 뿐만 아니라 개시 전에도 보전명
령을 발할 수 있으나 법원이 합리적으로 인정하는 기간 내에 당해 범죄에 관한
소송절차가 개시되지 않는 경우에는 법원은 보전명령을 취소하도록 규정하고
있다.

2) 테러자금조달 및 대량살상무기금융 차단 제도

영국은 자금세탁과 함께 테러자금조달 방지를 위한 체계적 법률 구조도 완
비하고 있다는 평가를 받고 있다. 테러자금조달범죄의 적용 범위는 충분히 광범
위하며, 효과적인 테러리스트 자산 동결 체제를 구축하고 있다는 것이다.[64]

영국은 9.11테러 이전인 2000년 7월 자국의 북아일랜드 문제와 국제 테러
에 대비하기 위해 테러혐의자의 수사 및 처벌, 테러자금 차단 등을 내용으로 하
는 테러에 대한 기본법으로서 「2000년 테러법(Terrorism Act 2000)」을 제정하였
다. 동법은 테러 관련 자금조달규정을 위반하는 경우 벌칙과 함께 그 자금에 대
한 정보공개 및 몰수명령을 규율하였다.

2001년 9.11 테러 이후 영국은 12월 14일에 「2001년 반테러범죄보안법
(Anti-Terrorism, Crime and Security Act 2001, 이하 「반테러법」)」을 제정하여 테러
행위와 관련한 정보 공개, 테러자금억제를 위한 동결 명령 등을 규정하였다.

그 후 2005년 7월 런던 지하철 폭탄테러사건을 계기로 보다 강화된
「2006년 테러법(Terrorism Act 2006)」을 제정하게 되었다. 이 법은 「2000년 테
러법」을 대폭 개정하고 테러리즘 관련 새로운 범죄를 추가하였다. 「2006년 테
러법(Terrorism Act 2006) 별표1 제9조)」은 「2000년 테러법(Terrorism Act 2000)」의
제15조(테러자금조달), 제16조(테러자금의 사용 혹은 소유), 제17조(테러를 위한 자금준
비), 제18조(테러자금세탁)의 규정을 위반하는 것을 테러자금범죄라고 규정하였다.

---

64) 아주대학교 법학전문대학원, "테러자금조달 방지 체제의 선진화·국제화 방안 연구" (2009년
    금융위원회 금융정보분석원 연구용역보고서)

「2008년 테러대응법(the Counter-Terrorism Act 2008)」은 테러리즘 방지에 관한 포괄적인 대응을 규정하고 있는데 대량살상무기에 대한 방지 대책도 이 법에 규정되어 있다. 동법은 테러리스트 금융과 자금세탁뿐만 아니라 핵무기, 방사능 무기, 화학 무기, 생물학 무기와 같은 대량살상무기의 확산활동도 주된 규율 대상으로 삼고 있다는 점을 밝히고 있다. 동법 제62조에 따르면, 재무부가 대량살상무기 확산을 포함한 테러리스트의 금융, 자금세탁 및 기타 행위들에 대응한 행위들을 할 수 있다.

「2008년 테러대응법」이 기초가 되어 이후 이란에 대한 금융제재 명령으로 확산활동을 방지하고 제재하기 위한 구체적인 금융제재안이 발령되었다. 재무부는 동법에 따라 2011년 이란에 대한 금융제재 명령을 발효했다.

(3) 금융제도 및 예방조치

1) 금융규제의 적용대상

자금세탁방지를 위한 금융기관규제는 「자금세탁규정(1993년 제정, 2007년 및 2017년 개정)」에 의한다. 「자금세탁규정(Money Laundering Regulations 또는 MLR)」은 1991년의 「자금세탁관련 EU이사회 지침」의 이행을 위하여 제정된 것으로서 특정금융업자(relevant financial business)가 자금세탁방지를 위하여 의무적으로 취하여야 할 조치를 규정하고 있다. 특정금융업자는 은행, 증권, 보험회사 등 금융기관에 한정되지 않고 일정한 금융서비스를 제공하는 경우를 포괄하기 때문에 변호사나 회계사도 투자상담을 하여 주는 경우에는 적용대상이 된다. 「자금세탁규정」은 제4차 「자금세탁관련 EU이사회 지침」을 반영하기 위하여 2017년 6월 개정, 발효되었다.

금융기관 중 「금융서비스·시장법(Financial Services and Markets Act 2000 또는 FSMA)」에 의하여 승인된 기관으로서 환전, 송금 및 현금화 서비스를 제공하는 기관에 대해서는 금융행위감독청(Financial Conduct Authority: FCA)이 자금세탁방지규정에 대한 감독 및 집행기능을 수행한다.[65] FCA의 감독을 받는 금융기관이 자금세탁방지와 관련된 MLR 규정을 위반할 경우, FSMA 및 FCA의 내부

---

65) Money Laundering Regulations 7

가이드라인이 적용·준용된다.[66] 단 전문 직종인 변호사, 회계사 등의 경우에는 해당 직종의 규제기관(예를 들어 Solicitor의 경우 Law Society)이 자금세탁관련 규정의 준수를 감독하거나 조사할 권한을 보유하고 있다.

　FCA 혹은 여타 기관에 의하여 감독되지 않는 고액취급자,[67] 금전서비스 제공자,[68] 신탁 또는 회사 서비스 제공자,[69] 회계 서비스 제공자, 부동산 중개업자 등은 국세·관세청(HM Revenue & Customs)이 MLR 규정 및 내부 가이드라인에 따라 MLR 규정에 대한 감독 및 집행기능을 수행한다.

2) 금융기관 등의 의무

　특정금융업자가 취하여야 할 구체적인 조치로는 ① 영국 금융정보분석기구(FIU)인 NCA(National Crime Agency, 국가범죄수사청)에 보고할 의심되는 거래보고책임자의 임명 등 자금세탁방지를 위하여 필요한 내부시스템을 갖추고, ② 예금계좌의 개설 등 거래관계를 개시하는 경우, 1회성 거래로서 거래금액이 1만 5천 유로(EURO) 이상인 경우, 자금세탁의 의심이 되는 경우, 거래금액이 1만 5천 유로 미만인 분할거래를 통하여 사실상 1만 5천 유로 이상의 거래를 하고 있다고 보이는 경우, 그리고 타인을 대리한 거래로 보이는 경우에는 거래상대방 또는 본인의 신분을 확인하며, ③ 원칙적으로 거래가 완결된 날로부터 5년간 금융거래 관련 기록을 보관하고, ④ 자금세탁사실을 알게 되거나 의심스러울 경우「자금세탁규정」에 따른 내부보고절차에 따라 보고하며, ⑤ 피고용인에 대하여 자금세탁방지 관련 교육을 정기적으로 실시하는 것 등이 있다. 특정금융업자가 위와 같은 조치를 이행하지 않는 경우에는 2년 이하의 구금 또는 벌금에 처하게 된다.

　영국은 세계적인 국제금융센터 중 하나로 유명한 금융기관들이 많기 때문

---

66) FCA Handbook, The Decision Procedure and Penalties manual (DEPP) Chapter 6
67) 고액 취급자(High Value Dealers)는 최소 하나 혹은 연계된 물품 관련 거래 예컨대 미술품 경매당 EUR 10,000 이상의 현금을 취급하는 자를 의미(MLR 14(1)(a))
68) 금전 서비스 제공자(Money Service Providers, MSPs)는 환전 또는 송금 서비스를 제공하는 자를 의미(MLR 3)
69) 신탁 또는 회사 서비스 제공자 (Trust or Company Service Provides)는 회사 설립 업무를 하거나 혹은 회사의 이사나 파트너십의 구성원으로 근무하는 경우 등을 포함

에 자금세탁에 대한 위험이 높은 편이다. 자금세탁 관련 업무는 내무부 소속기
관인 NCIS(National Criminal Intelligence Service: 범죄정보처) 내의 경제범죄기구
(Economic Crime Unit: ECU)가 담당하며, 80명으로 운영되고 있다. 자금세탁처벌
과 관련한 조항은 「형사사법법(Criminal Justice Act, 1988, 1993)」, 「마약거래법
(Drug Trafficking Act, 1994)」, 「테러방지법(Prevention Terrorism Act, 1989)」에 규
정되어 있고, 의심되는 거래보고는 「자금세탁에 관한 규칙(Money Laundering
Regulations, 1993)」 등에 규정되어 있다. 영국은 2007년 7월 새로운 「자금세탁
방지규정(Money Laundering Regulations 2007)」을 발표하여 자금세탁방지의무 부
과 대상을 부동산중개인, 회사설립대행사, 소비자금융업체 등으로 확대하고, 실
제소유자의 정의에 관한 자세한 지침을 제시하였다.

(4) 금융정보분석기구(NCA)

1992년 경제범죄부(Economic Crime Unit: ECU)가 국립범죄정보청(National
Criminal Intelligence Services) 산하에 설치되어 영국의 자금세탁관련 금융정보분
석을 전담하기 시작하였다. ECU가 NCIS에 소속되어 있기 때문에 영국의 FIU를
언급할 경우 통상 NCIS로 지칭하였다. 우리나라 금융정보분석원은 2002년 10월
7일 영국 런던에서 NCIS와 자금세탁 관련 정보교환에 관한 양해각서(MOU)를
체결한 바 있다.

그 후 조직범죄가 증가하고 다양해지면서 이에 대응하여 2002년 「범죄수익
규제법(Proceeds of Crime Act 2002)」이 제정되었고, 2005년에는 「중대조직범죄
대책법(Serious Organised Crime and Police Act 2005 또는 SOCPA)」이 제정되었다.

2006년 4월 내무부 주도로 「중대조직범죄대책법(SOCPA)」에 근거하여 국가
범죄수사단(National Crime Squad), 국가범죄정보청(National Criminal Intelligence
Service) 및 국세·관세청(HM Revenue & Customs)의 수사첩보부문을 통합하여 중
대조직범죄수사청(SOCA, Serious Organized Crime Agency)이 설립되었다.

SOCA는 금융정보분석기구(FIU)로서의 모든 권한을 부여받아 국가적 위협
이 되고 있는 심각한 조직범죄에 효율적으로 대처할 수 있도록 운영되었다. 의
심되는거래보고 자료에 대한 처리, 분석을 담당하였고 필요한 경우 분석한 정보
를 영국경찰청, 법집행기관 등에 제공하였다.

2013년 SOCA는 아동보호센터(Child Exploitation and Online Protection Centre) 등을 흡수하면서 2013년 10월 7일 내무부(Home Office) 산하 수사기관인 NCA(National Crime Agency, 국가범죄수사청)으로 확대 개편되었다.

NCA에서는 4,000여 명이 조직범죄, 국경범죄, 사기범, 사이버범죄 등 업무를 관장하고 있으며 최근에는 조직범죄, 무기·마약 밀거래, 인신매매, 국제적인 사이버범죄나 경제범죄 등에 관심을 기울이고 있는 것으로 알려져 있다.

4. 독   일

(1) 개 관

독일정부는 「자금세탁관련 EU이사회 지침」에 따라 우선적으로 1992년 7월 15일 「조직범죄방지법(OrgKG)」을 제정하여 같은 해 9월 22일부터 시행하였고, 이를 바탕으로 형법 제261조를 신설하여 일정한 범죄행위로부터 유래하는 물건에 대하여 형사소추기관의 수사를 방해하거나 곤란하게 하는 자금세탁행위가 형사처벌을 받게 되었다. 그러나 이것만으로는 범죄행위를 통하여 획득된 이익을 효과적으로 찾아내는 데 미흡한 점이 있었다. 이러한 법률적 공백을 메우고 1991년 6월 10일 체결된 「자금세탁관련 EU이사회 지침」에 따른 의무를 충실히 이행하기 위하여 연방정부는 1992년 4월 8일 「중대한 범죄 행위로부터의 이득의 탐지에 관한 법률」 초안을 연방의회에 제출하였으며, 심의과정에서 많은 논란이 거듭된 끝에 1993년 9월 24일 「자금세탁방지법(Geldwaschegesetz: GwG)」이 의결되어 1993년 11월 30일부터 효력이 발생됨에 따라 자금세탁방지를 위한 제반 의무가 금융기관에 부과되게 되었다.

9·11테러 후인 2002년에는 「자금세탁방지법(Gesetz zur Verbesserung der Bekämpfung der Geldwäsche und der Bekämpfung der Finanzierung des Terrorismus: Geldwäschebekämpfungsgesetz)」이 제정되었다. 동법은 종전의 「자금세탁법(Gesetz über das Aufspüren von Gewinnen aus schweren Straftaten: Geldwäschegesetz)」을 개정한 것으로서, 금융거래에 있어서의 본인확인의 강화와 의심거래에 관한 정보를 일원적으로 집약하는 금융정보분석기구(FIU)의 설치 등을 규정하고 있다.

　　2011년 12월에는 2010월 2월 FATF 상호평가에서 지적된 자금세탁방지 및 테러자금조달방지 관련 미비점을 보완하고 「제3차 자금세탁관련 EU이사회 지침」을 완전히 이행하기 위하여 「자금세탁방지의 개선을 위한 법률(Gesetz zur Optimierung der Geldwäscheprävention)」을 시행함으로써 종래의 「자금세탁법(Geldwäschegesetz)」이 개정되었다

　　2017년에 들어와서는 6월 23일 「제4차 자금세탁관련 EU이사회 지침」이 시행됨에 따라 지침의 내용을 반영하여 종래의 「자금세탁법(Geldwäschegesetz)」을 재·개정하였다.

(2) 법률제도

1) 전제범죄

　　전제범죄행위의 종류에 대하여는 「형법」 제261조 제 1 항에 열거되어 있다. 이에 의하면 전제범죄행위로는 중범죄, 「마약류에관한법률」 제29조 제 1 항 제 1 문 제 1 호 또는 「기초물질감시법」 제29조 제 1 항 제 1 호 위반의 경범죄, 범행의 계속적인 수행을 위하여 결성된 단체의 구성원에 의해 영업적으로 행하여진 「형법」 제246조를 위반한 경범죄, 「형법」 제129조의 범죄단체 구성원이 범한 경범죄가 포함된다. 여기서 중범죄라 함은 1년 이상의 자유형이 정해져 있는 범죄를 의미하고(형법 제12조 제 1 항), 경범죄라 함은 1년 미만의 자유형 또는 벌금형이 정해져 있는 범죄를 의미한다(형법 제12조 제 2 항). 또한 법개정을 통하여 전제범죄행위의 목록에 범행의 계속적인 수행을 위하여 결성된 단체의 구성원에 의하여 영업적으로 행하여진 횡령죄(형법 제246조), 사기죄(제263조, 제264조), 배임죄(제266조), 문서위조죄(제267조), 가중증수뢰죄(제332조, 제334조)가 추가되었다. 독일의 경우 조직범죄와의 효과적인 투쟁을 위하여 전제범죄 행위목록을 비교적 광범위하게 인정하고 있다.

2) 자금세탁범죄

　　자금세탁범죄의 유형은 ① 전제범죄로부터 유래한 재산을 은닉 또는 출처를 위장하거나 출처의 수사 또는 재산의 발견, 몰수, 압류, 보전을 방해 또는 곤란하게 하는 행위, ② 범죄로부터 유래한 재산을 취득, 보관, 사용하거나 제 3 자

에 대하여 제공하는 행위로 규정되어 있다.

3) 법 정 형

이들 범죄에 대한 처벌은 3개월 이상 5년 이하의 자유형에 처하고, 행위자가 영업적 또는 범죄조직의 일원으로 행하는 경우에는 6개월 이상 10년 이하의 자유형에 처한다. 특히 입증의 곤란을 완화하고 효과적인 형사소추를 확보하기 위하여 행위자가 중대한 과실로 당해 재산이 전제범죄로부터 유래한 것임을 알지 못하고 이들 행위를 한 경우에도 2년 이하의 자유형 또는 벌금에 처하도록 규정하고 있다.

4) 몰수와 박탈

독일은 몰수제도에 관하여 일원적인 입법태도를 취하고 있다. 즉 몰수에 관한 일반규정을 형법에 마련하여 모든 범죄에 대해 통일적으로 적용하고 있으며, 자금세탁범죄와 관련된 몰수도 역시 형법의 몰수조항에 따르도록 하고 있다.

특히 우리나라의 경우와는 달리 독일의 몰수제도는 물건의 몰수(Einziehung)와 재산적 이익의 박탈(Verfall)로 구분하여 규정하고 있다. 즉 박탈은 범죄행위의 대가로 또는 범죄행위로 인하여 취득한 이익을 국고에 귀속시키는 것이고, 몰수는 범죄행위의 생성물 또는 그 수단을 국고에 귀속시키는 것이다. 양자는 모두 원칙적으로 주형에 부가되는 부가적 처분이지만, 예외적으로는 독립적인 선고가 가능하다.

5) 재 산 형

1992년 「조직범죄방지법」에 의하여 형법전에 도입된 제43조의a(재산형)는 일반적으로 확대박탈과 마찬가지로 조직범죄에 대한 투쟁을 강화하기 위한 수단으로서 '입증책임의 완화를 통한 불법재산의 박탈'을 목적으로 하고 있다. 법원은 동법에서 규정하고 있는 특정범죄의 경우, 종신자유형 또는 2년 이상의 자유형과 함께 행위자의 재산가치를 한도로 하는 일정한 금액의 납부를 선고할 수 있다.

(3) 테러자금조달 및 대량살상무기확산금융 차단 제도

독일은 EU의 회원국으로서, 테러자금조달의 차단과 확산금융 규제에 관한 국제규범의 이행에 관한 지침 등에 근거해서 테러 관련 행위자 내지 자금동결의 대상자에 대해 구체적인 조치를 취하고 있다. 그와 같은 조치를 이행하기 위하여 독일 연방은행 금융제재서비스센터(Servicezentrum Finanzsanktionen der Deutschen Bundesbank)는 독일의 금융기관들이 자금동결 등에 관한 EU의 집행명령을 준수하고 있는지를 감독하고 있다. 동결된 자금의 예외적 사용허가에 관한 사항도 독일 연방은행 금융제재서비스센터의 관할에 속하므로, 가령 자산동결의 대상자가 독일에 소재하는 금융기관에 예금계좌 등을 개설하고 있는 경우에 예외적 사용허가를 위해서는 독일 연방은행 금융제재서비스센터에 신청해야 한다. 다만, 그 신청에 따라 독일 연방은행 금융제재서비스센터는 유럽연합의 회원국 및 유럽연합 이사회 및 집행위원회와 협의를 거쳐 자금의 예외적 사용을 허가하게 된다. 연방경제·수출통제청(Bundesamt für Wirtschaft und Ausfuhrkontrolle) 등은 경제적 자원의 동결에 관한 사항을 관할하고 있다.[70]

EU는 그동안 확산금융 규제를 위한 UN안전보장이사회의 결의와 관련해서 일련의 집행명령을 발해왔으며, 독일은 그 집행명령을 이행하고 있다.

(4) 금융제도

1) 자금세탁방지법과 적용대상

9.11 테러사태 이후 자금세탁 및 테러방지 강화대책을 지속적으로 추진하기 위한 방안으로 「자금세탁방지법」의 적용대상 기관을 확대하고, 연방범죄수사청(BKA) 내에 금융정보분석기구(FIU)를 설립하는 것을 골자로 하는 「자금세탁법」 개정안이 2002년 8월 공포되어 9월부터 시행되었다. 적용대상기관을 금융기관에 한정하던 것을 개정안에서는 자영업자로까지 확대하여 은행, 보험사 등 금융기관직원뿐만 아니라 변호사, 세무사, 공증인, 부동산중개사, 보험설계사, 경매소, 카지노 등에도 동일한 의무를 부과하였다.

70) 아주대학교 산학협력단, "테러자금조달 방지 체제의 선진화·국제화 방안 연구"(2009년 금융위원회 금융정보분석원 연구용역보고서)

2) 고객확인의무와 기록보관의무

금융기관은 1만 5천 유로 이상의 현금,「유가증권예탁법」제 1 조 제 1 항에 따른 유가증권, 귀금속의 예치 또는 인출시 사전에 거래상대방의 신분을 확인해야 하고(자금세탁방지법 제 2 조 제 1 항), 고객의 신분이나 실질적 권리자를 확인한 내용을 기록하여 6년간 보관해야 하며, 카지노의 경우에는 1천 유로 이상의 거래인 경우에 고객의 신원을 확인하여야 한다. 「자금세탁방지법」제 6 조에 의하면 금융기관이나 도박장은 체결된 거래행위나 그 거래행위를 이행하는 것이 형법 제261조에 따른 자금세탁에 기여하거나 기여할 것이라는 사실이 확인되는 경우, 일반적인 신분확인의무가 있는 거래행위에 적용되는 1만5천 유로의 한도액과 관계 없이 동법 제 2 조 제 1 항, 제 3 조 제 1 항, 제 4 조 제 1 항에 따른 신분확인의무가 부과된다.

3) 의심거래보고의무

의심거래는 금액의 다과를 불문하고 모두 연방범죄수사청 내의 FIU에 보고하되, 변호사, 세무사 등이 자기거래가 아닌 '법률자문'이나 '소송대리' 과정에서 취득한 의심되는 거래정보에 대하여는 신고의무를 면제하고 있다.

4) 내부적 예방조치의무

「자금세탁방지법」제14조에 의하면 일련의 사업체와 개인이 자금세탁목적에 남용되는 것을 방지하기 위하여 위 사업체와 개인에 대하여 일정한 내부적 예방조치를 취하도록 의무를 부과하고 있다. 이러한 예방조치의무자의 범위는 동법 제 1 조 제 1 항 및 제 2 항에 규정된 의무자 중 일부와 추가적으로 기업과 개인이 포함된다(제14조 제 1 항). 예방조치를 취할 의무가 있는 자는 자금세탁행위의 소추시 형사소추기관을 위한 대화상대방으로서 기업의 관리인을 확정하고, 자금세탁행위를 방지하기 위한 기업의 내부규칙과 절차를 발전시키며, 거래행위를 담당하는 종사자들의 신뢰성을 보증하고, 종업원들에 대하여 자금세탁수법에 대한 정기적인 교육을 실시할 의무를 부담한다(제14조 제 2 항).

5) 제재규정

금융기관 등이 고객의 신분을 확인하지 않거나 이를 기록, 보관하지 않는 경우에는 질서위반죄에 해당하는 것으로 하여 최고 20만 마르크 이하의 행정벌에 처하도록 규정하고 있다. 다만, 금융기관 등이 의심되는 거래보고를 하지 않은 것에 대하여는 모든 금융기관의 종사자가 자금세탁과 관련한 개개의 사정을 인식할 수 없다는 점을 이유로 질서위반죄에 포함시키지 않고 있다.

(5) 관계기관71)

금융정보분석기구(Finacial Intelligence Unit: FIU), 연방금융감독청(BaFin) 등이 자금세탁방지 업무를 주로 수행하고 있다. FIU는 혐의거래 분석 및 검찰 등과 함께 자금세탁 위반행위에 대한 사법처리를 주로 담당하며, BaFin은 관련 법규 및 전산 시스템의 시행과 금융기관에 대한 감독 등을 주로 담당하고 있다.

1) 금융정보분석기구(FIU)

독일의 FIU는 2002년 8월 「자금세탁방지법」 개정과 함께 설립되어 연방범죄수사국(BKA) 조직에 속하였으나, 2017년 하반기에 연방 세관 관리 본부(General Customs Directorate)로 이전하고 직무 범위가 확대되었다. 2008년 7월에는 FIU의 기능이 강화되어 정원이 165명에서 457명으로 증원되었고 자금세탁 관련 모든 정보에 접근 할 수 있는 권한을 부여 받았다.

다른 나라의 FIU처럼 의심거래 보고를 통한 자금세탁 범죄 조사, 각종 평가보고서 작성 및 타국 FIU간의 협력업무 등을 수행한다. 금융기관 등으로부터의 자금세탁 의심거래 보고(STR), 고액현금거래 보고(CTR)를 취합, 분석하여 검찰 등 사법당국에 정보를 제공한다. 자금세탁 혐의거래 보고에 대한 통계적 평가, 연차보고서 발간, 유관기관과 자금세탁기법이나 유형에 대한 정보공유 등도 실시하고 있다.

「자금세탁방지법」에 따른 금융기관 등으로부터의 의심거래72) 보고건수는

---

71) 금융감독원, 독일의 자금세탁방지 규제 현황 조사 및 시사점, 2019년
72) 보고의무대상자는 금융기관뿐만 아니라 소매업자, 카지노업자, 변호사 등 비금융기관도 포함

꾸준히 증가하여 2017년에는 연간 총 59,845건이 보고되어 전년 대비 11.6% 증가하였다. 금융기관의 보고건수가 48,141건으로서 80.4%를 차지하며, 금융기관 이외 기관으로서는 송금 등 금융서비스 제공업체(Finanzdienstleistungsinstitute)가 5,053건으로 보고 건수가 많았다.

2) 연방금융감독청(BaFin)

BaFin은 2003년부터 은행, 증권거래기관 및 기타 신용기관 등 감독대상 금융회사에 대한 자금세탁 방지 및 테러자금조달 차단 업무를 전담하고 있다. 이를 통해 감독대상 금융기관의 건전성 및 안정성을 확보하고 평판 리스크 및 물적 피해를 최소화하고자 한다.

BaFin 내 자금세탁방지국(ReferatGW)은 총 6개의 팀으로 구성되어 감독대상 금융회사의 감독·검사, 전자 계좌 시스템 운영, 국제협력 등의 업무를 수행하고 있다.

최근 BaFin은 독일 대형은행 이외 외국계은행들에 대해서도 자금세탁방지 업무전반에 대한 감독을 확대해 가고 있다.

5. 호 주

(1) 개 관

1980년대 호주에서는 자금세탁에 관한 우려와 관심이 증대함에 따라 이러한 범죄가 횡행하는 것을 방지하기 위하여 1980년대 후반 자금세탁방지를 위한 일련의 법률을 제정하였다. 범죄수익의 향유와 이를 이용한 후속범죄행위의 방지를 목적으로 하는 「범죄수익법(Australian Proceeds of Crime Act, 1987)」, 범죄수사를 위한 국제적 협력체제구축을 목적으로 하는 「국제형사사법공조법(Mutual Assistance in Criminal Matters Act, 1987)」, 호주의 금융거래 정보관리의 근거가 되는 「금융거래보고법(Financial Transaction Report Act: FTRA, 1988)」[73]을

한다.

73) 최초의 법률명은 「1988년 현금거래보고법(the 1988 Cash Transaction Report Act: CTRA)」 이었다.

제정하여 시행해 오고 있었다.

2002년에는 「테러자금조달억제법(Suppression of the Financing of Terrorism Act)」이 제정되어 테러자금 조달행위의 범죄화, 혐의거래보고 등과 함께 테러 관련자 지정 및 테러자산 동결에 관한 사항이 규정되었고,[74] 2006년 제정된 「자금세탁방지 및 테러금융차단법(the Anti-Money Laundering and Counter-Terrorism Financing Act 2006.: AML/CFT Act)」은 금융, 도박, 금괴 거래자, 특정업무에 종사하는 사업가 또는 전문직에게 고객확인의무, 기록 보관, 의심스러운 거래보고, 고액거래보고, 국제송금보고 등의 의무를 부과한다.

확산금융행위는 대외제재의 일반 규정인 「독립 제재법(Autonomous Sanctions Act 2011)」과 확산금융행위에 대한 내용을 규정하고 있는 「독립 제재 규정 (Autonomous Sanctions Regulations 2011)」에 따라 외교통상부장관이 개별 제재안을 공표함으로써 규제가 이루어진다.

(2) 법률제도

「범죄수익법」은 범죄로부터 파생한 재산을 동결, 몰수할 수 있도록 규정하고 있으며, 자금세탁과 관련된 규제조항으로는 동법 제81조의 '자금세탁죄'와 제82조의 '범죄수익혐의가 있는 재산소지 등 죄'가 있다.

1) 자금세탁죄

자금세탁죄의 전제범죄는 중대범죄(serious crime)인 특정범죄 2개 유형과 획정범죄로 구분할 수 있다. 특정범죄의 2개 유형은 마약 관련 범죄와 「범죄수익법」 제83조의 조직적 사기죄(Organized Fraud)를 의미한다. 마약 관련 범죄는 호주국외에서 실행되었더라도 만일 호주국내에서 실행되었다면 연방법, 「수도특별지역법(Australian Capital Territory Act)」 또는 주법(州法)상의 정식기소 범죄를 구성하게 될 작위 또는 부작위로 '마약물질에 관련이 있는 것'이며, 조직적 사기죄는 정부를 상대로 한 사기나 구(舊) 세법상 판매세와 관련된 탈세 등 공공사기범죄(public fraud offence)를 3회 이상 범한 경우를 의미한다. 획정범죄는 연방법

---

74) 한국형사정책연구원, "테러자금조달의 억제를 위한 법제도 설계방안에 관한 연구"(2006년 재정경제부 금융정보분석원 연구용역보고서)

또는 「수도특별지역법」에 의해 정식으로 기소할 수 있는 범죄(indictable offence)로서 광범위하게 규정되어 있다.

자금세탁죄의 구성요건은 ① 금전 기타 재산이 상기 전제범죄의 수익인 경우에 그 재산과 관련된 거래에 직접 또는 간접으로 관여하였거나(제 3 항 제 ⓐ 호) 그 재산을 수취, 소지, 은닉, 처분 또는 호주국내에 반입하였을 것(제 3 항 제 ⓑ 호), ② 그 재산이 어떤 유형의 불법활동으로부터 직접 또는 간접으로 유래하거나 취득되었다는 것을 인식하거나 합리적으로 이를 인식하고 있었을 것 등이다(제 3 항 제 ⓑ 호).

자금세탁죄의 법정형은 범인이 자연인인 경우에는 20년 이하의 자유형 또는 20만 호주달러 이하의 벌금에 처하거나 이를 병과하고(제 2 항 제 ⓐ 호), 범인이 법인인 경우에는 60만 호주달러 이하의 벌금에 처해진다(제 2 항 제 ⓑ 호).

2) 범죄수익혐의가 있는 재산소지 등 죄

범죄수익혐의가 있는 재산소지 등의 죄의 전제범죄는 자금세탁죄의 전제범죄와 동일하다. 동죄의 구성요건은 ① 자금 또는 기타 재산이 범죄수익일 것이라는 의심이 합리적인 경우에 그 재산을 수령, 소지, 은닉, 처분하거나 호주 국내에 반입하였을 것(제82조 제 1 항), ② 그 재산이 어떤 유형의 불법활동으로부터 직접 또는 간접으로 유래하거나 취득하였다고 의심할 만한 합리적인 이유가 없었음을 피고인측이 입증하여야 할 것(동조 제 2 항) 등이다. 동죄의 법정형은 범인이 자연인인 경우에는 2년 이하의 자유형 또는 5천 호주달러 이하의 벌금에 처하거나 이를 병과하고(제 1 항 제 ⓐ 호), 범인이 법인인 경우에는 1만 5천 호주달러 이하의 벌금에 처해진다(제 1 항 제 ⓑ 호).

3) 범죄수익 몰수보전

법원은 정식기소범죄로 유죄판결을 받은 자에 대하여 몰수명령(Forfeiture Order)에 의해 '오염된 재산(범죄실행에 사용된 재산, 범죄실행과 관련된 재산 또는 범죄로 취득한 수익)'의 전부 또는 일부를 호주연방을 귀속처로 몰수할 수 있다(동법 제19조 이하).

또한 법원은 정식기소범죄로 유죄인정을 받은 자가 범죄로 인하여 취득한 이익을 전부 소비하였다 하더라도 벌금명령(Pecuniary Penalty Order)에 의해 이에 상당하는 금액을 추정, 계산하여 지불하게 할 수 있다(동법 제24조 이하).

법원은 일정한 경우에는 보전명령(Restraining Order)에 의해 피고인재산의 전부 또는 일부 및 제3자의 특정재산을 대상으로 이에 대한 처분을 금지시킬 수 있다. 보전명령을 면하기 위해서는 피고인측이 그 재산이 오염되지 않은 재산이라는 점 등을 입증하여야 한다(동법 제34조 이하).

특히 피고인이 중대범죄로 유죄판결을 받은 경우에는 일정 요건 아래 보전명령을 받은 재산은 자동적으로 호주연방에 몰수된다(동법 제30조 이하).

(3) 금융제도

1) 「범죄수익법」상의 기록보존 의무

「범죄수익법」에 의하면 자치경찰직원(police officer)은 특정인의 계좌를 통해서 이루어진 거래에 관한 정보를 제공할 것을 금융기관에 요구할 수 있는 명령(order)[75]을 발부받을 수 있다. 동법은 금융거래에 관한 원본을 7년간 보존할 것을 규정하고 있는데, 이는 돈의 흐름을 추적하거나 범죄수익의 특정 등을 위하여 보존을 의무화한 것이라 할 수 있다.[76]

2) 「금융거래보고법」상의 금융거래업자(Cash Dealers)의 의무

세법의 원활한 집행을 주된 목적으로 하고 연방법 등 기타 법률의 원활한 집행을 부차적인 목적으로 규정하여 탈세방지를 통한 주세(州稅) 수입의 극대화에 주안점을 두고 있는 「금융거래보고법」에 따르면, 금융거래업자(cash dealers)[77]는 계좌를 개설하는 자 또는 대여금고 등의 개설을 신청하는 자의 신원을 확인하여야 한다.[78]

---

75) 이 명령은 법원판사가 발부한다.

76) 이러한 금융거래의 흔적(관계서류 등)을 "money trail" 및 "paper trail"이라 한다. cf. Conseil fédéral suisse, Message concernant la modification du Code pénal suisse du 12 juin 1989, p. 974.

77) 이는 금융기관, 금융회사, 보험회사, 보험 취급업자, 증권 및 금융 파생상품거래 중개업자, 유닛·트러스트의 수탁자나 관리자, 카지노 등의 총칭이다.

78) 현재 이를 위해 「금융거래보고법」에 따라 도입된 Australia's 100 point identity verification

또한 동법에 의하면 금융거래업자(cash dealer)는 1만 호주달러 이상 상당화폐나 이에 상당하는 외화의 거래(고액현금거래), 카지노 등의 도박장에서 이루어진 1만 호주달러 이상 상당의 도박거래(고액도박거래), 1만 호주달러 이상 상당화폐나 이에 상당하는 외화의 소지 또는 우편에 의한 호주 국내외로의 반출입(국제현금반출입), 액수에 상관없는 전신환 및 현금이체거래(국제자금 이체거래)를 FIU인 AUSTRAC에 보고하여야 한다. 의심거래의 경우에는 탈세, 법률위반 또는 범죄활동에서 유래하는 금전을 포함한 거래(현금거래 여부를 불문)일 것이라는 의심을 갖기에 충분한 합리적인 이유(reasonable grounds)가 있는 때에는 그 거래를 AUSTRAC에 보고하여야 한다.

2006년 이후부터는 「자금세탁방지 및 테러자금차단법(Anti-Money Laundering and Counter-Terrorism Financing Act 2006 또는 AML/CTF Act)」에 근거하여 관련 거래가 보고되었을 경우 「금융거래보고법」에 근거하여 보고할 필요가 없게 되었다. 따라서 「금융거래보고법」에 근거하여 의무의 준수가 계속 요구되고 있는 자는 「자금세탁방지 및 테러자금차단법(AML/CTF Act)」에 근거한 보고의무가 없는 금융거래업자(Cash Dealers)에 한정된다. 「자금세탁방지 및 테러자금차단법」은 은행업, 예금수취, 대출, 보험, 연금운영서비스들을 제공하는 금융기관이나 자연인에 대하여 고객확인의무, 기록 보관, 의심스러운 거래보고, 고액거래보고, 국제송금보고를 부여하고, 세부 규정들을 통하여 자금세탁방지 시스템을 구축하고 실행하도록 하고 있다. 호주 정부는 호주의 AML/CFT 시스템이 국제적인 기준을 충족시킴으로써 호주 기업이 자금세탁과 테러자금조달에 이용되는 리스크를 감소시키고, 범죄활동 및 테러 관련 조사대상정보를 필요로 하는 조사기관의 요구에 응하기 위한 것 등을 목적으로 「자금세탁방지 및 테러자금차단법」을 도입하였다고 한다.[79)]

「자금세탁방지 및 테러자금차단법」은 2007년 8월 개정되어 제6조에서 부동산업자, 정해진 금액 이상으로 거래를 하는 귀금속의 거래자, 특정한 거래를 준비하거나 수행하는 변호사, 공증인, 다른 독립된 법적 전문가와 회계사, 신탁회사 등에게도 자금세탁방지 의무를 부과하였다.

---

system이 활용되고 있다.

79) 손영화, "자금세탁방지업무를 위한 금융기관의 내부통제체계의 구축", 2015년

3) 금융기관에 대한 제재

AUSTRAC은 자금세탁방지의무를 위반하는 금융기관을 상대로 민사적 금전제재(civil penalty) 부과 명령이 내려지도록 호주연방법원(Federal Court of Australia)에 신청할 고유 권한을 가지고 있다, 위반행위 당 민사적 금전제재의 최대 금액은 2천 1백만 호주달러로서 원화 기준 약 170억원에 해당한다. 법원을 통한 과징금의 부과 외에도, AUSTRAC은 법원의 명령 없이 확약서 제출 단독 명령, 시정조치 명령 등의 기타 제재조치를 집행할 수 있는 권한을 보유하고 있다.

(4) 금융정보분석기구(AUSTRAC)

1) 개요

호주는 1988년 「현금거래보고법(Cash Transaction Report Act: CTRA)」을 제정하여 1989년 법무부 산하에 '현금거래보고기관(Cash Transaction Report Agency)'이라는 이름으로 FIU를 설치하여 운영하기 시작하였다. 그러나 현금거래보고만을 접수함에 따른 한계에 부딪힘에 따라 「Public Service Act(1992)」에 의거하여 1992년 동 기관의 명칭을 현재와 같이 AUSTRAC(Australian Transaction Report and Analysis Centre: 금융거래정보분석센터)으로 개칭하고, 현금거래보고 외에 의심되는 거래, 고액도박거래, 국제간 송금거래, 국제현금반출입 등을 추가로 보고받도록 하였다. 총 330명으로 구성되어 있으며 원장 산하에 운영부원장(국제, 정보정책과 전략, 검사, 심사분석) 법인부원장(재무, 성과관리, 자산관리, IT, 법규정)을 두고 있으며, 내부감사, 의사소통담당, 조직 변화관리 임원도 두고 있다.

2) 업무내용

각종 금융거래를 보고(의심거래는 2015년 기준 8만여 건)받아 데이터 베이스에 구축하고 자체 개발한 정보분석시스템을 통해 보고된 거래를 분석 한 후 조세기관, 법집행기관, 안보관련기관에 금융정보를 제공한다. 법집행기관은 AUSTRAC에서 제공받은 분석보고서에 대해 피드백을 제공하며 AUSTRAC에서 제공하는 TRAQ Enquiry Syetem을 통해 직접 TRAQ 데이터베이스에 접근하여 필요한 정보를 검색하기도 한다.

6. 일   본

(1) 개   관

일본에서는 마약범죄 등 약물범죄가 세계적인 규모로 확대되고 점점 심각한 상태를 초래하면서 마약범죄 등 약물범죄에 대한 규제를 위해서는 약물거래의 처벌만이 아니라 그 거래로부터 얻어지는 막대한 자금을 효과적으로 박탈할 필요가 있다는 국제적인 추세에 입각하여 1991년 10월 2일에 「국제적 협력 하에 규제약물에 관한 부정행위를 조장하는 행위 등의 방지를 위한 마약·향정신성의약품관리법 등의 특례에 관한 법률(이하 「마약특례법」)」이 제정되어, 1992년 7월 1일 발효되었고. 약물범죄의 수익 등에 관한 의심거래신고제도가 정비되어 1993년 시행되었다.

이 「마약특례법」은 자금세탁행위를 처벌하는 법률이다. 이 법률은 ① 불법수익 등 은닉죄(제9조)를 정하여 약물범죄로부터 취득한 불법수익 등의 가장, 은닉행위를 처벌하는 등의 규정을 두고 있다. 또한 자금세탁행위 자체는 아니지만 이에 기여하는 것으로 ② 불법수익 등을 수수하는 행위를 처벌하고 있다(제10조, 불법수익 등 수수죄).

그러나 점차 증가하고 있는 조직범죄에 효과적으로 대응하기 위해서는 마약류범죄뿐만 아니라 일반중대범죄로 확산하여 규제할 필요성이 제기되어 1999년 8월 12일 관련된 3개의 법률, 즉 ① 「조직범죄의 처벌 및 범죄수익의 규제 등에 관한 법률(약칭: 「조직범죄처벌법」)」, ② 「범죄수사를 위한 통신감청에 관한법률」, ③ 「형사소송법의 일부를 개정하는 법률」을 제정하였는데, 그 중 「조직범죄처벌법」이 자금세탁행위를 처벌하는 규정을 포함하고 있다.

「조직범죄처벌법」이 2000년 시행됨에 따라 의심거래신고의 대상이 되는 범죄가 일정한 중대범죄로 확대되었고 금융청에 일본의 FIU에 해당되는 특정금융정보관 및 특정금융정보실(JAFIO)이 설치되었다.

2002년에 일본은 「유엔안보리결의 1373호」의 실시를 위해 「공중 등 협박목적의 범죄행위를 위한 자금의 제공 등의 처벌에 관한 법률」을 제정했다. 동법은 테러자금의 제공 및 수집 등을 범죄화했고, 그 부칙을 통해 「조직범죄처벌법」을 개정했으며, 테러자금의 의심이 있는 거래에 관한 신고의무를 금융기관에 부과했다. 또한, 「금융기관 등에 의한 본인확인 등에 관한 법률(이하 「본인확인법」)」
에 의해 금융기관 등에 고객본인확인 및 본인확인기록·거래기록의 작성·보존 등
의 의무가 부과되었다.[80]

FATF가 권고사항을 개정하면서 제도 이행 사업자의 범위를 금융기관 이외
로 확대하는 것을 권고함에 따라 일본은 2007년 3월 「범죄에 의한 수익의 이전
방지에 관한 법률(이하, 「범죄수익이전방지법」)」을 제정하여 규율 대상의 범위가 금
융기관 등으로부터 금융리스 사업자, 신용카드 사업자, 부동산 거래업자, 보석·
귀금속 등 취급사업자, 우편물 수취 서비스업자·전화접수 대행업자, 사법서사,
행정서사, 공인회계사, 세무사, 변호사 등으로 확대되었다.

2008년 3월에 「범죄수익이전방지법」이 전면적으로 시행되면서 종래 「본인
확인법」, 「조직범죄처벌법」에 근거하고 있던 고객 본인확인 및 의심거래의 신
고는 동법에 근거하여 실시하게 되었다. 이에 따라 「본인확인법」 및 「조직범죄
처벌법」 제5장(의심스러운 거래의 신고)은 폐지, 삭제되었다.[81]

(2) 법률제도

「조직범죄처벌법」은 자금세탁행위를 처벌하는 규정으로 범죄수익 등 은닉
죄(제10조)를 규정하고 있다. 이는 「마약특례법」이 전제범죄를 약물범죄에 한정
하고 있음에 대하여, 전제범죄를 '일정한 중대범죄'로 확대하여 중대범죄로부터
취득한 범죄수익 등을 가장, 은닉하는 행위를 처벌하는 것이다. 또한 동법은 범
죄수익 등을 수수하는 행위도 처벌하고 있다(제11조). 나아가 자금세탁행위가 금
융기관 등을 이용하여 이루어지는 점이 많다는 사실에 입각하여 동법은 '의심스
러운 거래'에 대한 금융기관 등의 보고를 의무화하고 있다.

1) 자금세탁범죄

(ⅰ) 범죄수익 등 은닉죄

「조직범죄처벌법」 제10조는 다음과 같이 범죄수익 등 은닉죄를 규정하고

---

80) 한국형사정책연구원. "핵·대량살상무기(WMD) 확산금융금지 국제기준 이행방안 연구"(2012
년 금융위원회 금융정보분석원 연구용역보고서)
81) 손영화, 자금세탁행위 및 공중협박자금조달행위에 관한 일고찰, 2011년

있다. 즉 범죄수익 등 은닉죄의 유형은 ① 범죄수익 등의 취득 또는 처분에 대하여 사실을 가장하는 행위, ② 범죄수익 등을 은닉하는 행위, ③ 범죄수익의 발생원인에 대하여 사실을 가장하는 행위라 할 수 있다. 이들 행위는 범죄수익 등의 보관을 용이하게 하는 것으로 장래의 범죄활동에 대한 재투자, 사업활동에 대한 투자를 통하여 합법적인 경제활동에 대한 악영향의 발생이라는 위험을 발생시키는 것이라 할 수 있다.

(ii) 범죄수익 등 수수죄

「조직범죄처벌법」 제11조에 의한 범죄수익 등 수수죄의 행위유형은 「마약특례법」 제 7 조의 약물범죄수익 등 수수죄와 대동소이하다. 즉 '정황을 알면서 범죄수익 등을 수수하는 행위'이다. 이는 '범죄수익 등 은닉죄'와 같이 범죄수익의 보관, 운용을 용이하게 하는 것이라는 점에서 처벌대상이 된 것이라 할 수 있다. 예컨대 밀매인에게 장소를 빌려 주는 명목으로 현금을 수수하는 것과 유사한 유형이라 할 수 있다.

2) 범죄수익의 몰수, 보전

「마약류특례법」과 「조직적범죄처벌법」은 자금세탁범죄의 전제범죄로부터 취득한 범죄수익 등을 몰수하도록 하고, 몰수가 불가능한 경우에는 피고인의 재산으로부터 추징을 하도록 하고 있다. 몰수, 추징은 부가형(附加刑)으로서 마약류범죄로 인한 범죄수익 등에 대하여는 필요적 몰수, 추징을 하는 반면에, 일반 중대범죄로 인한 범죄수익 등에 대하여는 임의적 몰수, 추징을 한다.

마약류범죄로 인한 범죄수익에 대한 몰수와 관련해서는 입증책임을 완화하여 일정한 경우에는 범죄수익 등으로 추정되게 하였다. 또한 몰수, 추징의 대상이 되는 재산의 처분을 금지하기 위한 보전제도가 공소제기 전후에 인정되는데, 그 효과는 보전명령에 위반한 처분이 당해 몰수, 추징보전절차에 관련된 한도 내에서만 효과가 부정되는 상대적 무효를 채택하고 있다.

3) 테러자금조달 및 대량살상무기확산금융 차단[82]

(ⅰ) 테러자금조달 차단

9.11테러 사건 이후 2002년 3월 「공중 등 협박 목적의 범죄행위를 위한 자금의 제공 등의 처벌에 관한 법률안」, 「금융기관 등에 의한 본인확인 등에 관한 법률안(본인확인법)」, 「외환 및 외국무역에 관한 법률의 일부를 개정하는 법률안」이 국회에 제출되어 각각 통과되었다. 「외환 및 외국무역에 관한 법률의 일부를 개정하는 법률안」은 「UN안전보장이사회의 결의 제1373호」가 테러리스트 등의 자산을 지체 없이 동결하는 것을 각국에 요구함에 따라 기존의 「외환 및 외국무역에 관한 법률」에 따른 자산동결 등의 조치를 한층 더 효과적으로 실시하기 위해 테러리스트 등의 지정에 필요한 정보를 가지고 있는 외무성, 경찰청 및 법무성 등 관계부처에 의한 정보제공 등의 근거가 되는 규정을 정비하고, 종래의 금융기관 등에 의한 고객의 본인확인에 관한 노력규정을 의무화하며 국내로부터 외국으로의 일정 금액을 초과하는 송금에 더해 비거주자 예금 등의 자본거래 등을 본인확인의무의 대상거래로 하고 있는 것을 주요내용으로 하고 있다.

(ⅱ) 대량살상무기확산금융 차단

「외환 및 외국무역에 관한 법률」에 따른 금융규제는 테러행위 내지 테러조직의 활동에 직접적으로 사용될 자금 외에 대량살상무기 확산과 관련이 있는 자금에 대해서도 규제한다.

우선, 「외환 및 외국무역에 관한 법률」 제16조에 따르면, 재무성 장관은 일본이 체결하고 있는 조약 등을 성실하게 이행하기 위해여 필요하다고 인정하는 때, 특히 국제평화를 위한 국제적인 노력에 기여할 필요가 있다고 인정하는 때 또는 법률 제10조 제1항에 의한 내각회의의 결정이 행해진 때에는, 그와 같은 견지에서 허가 또는 승인이 행해져야 하는 거래 또는 행위와 관련이 있는 지불에 해당되는 경우 등을 제외하고는, 외국에 지불하고자 하는 거주자나 비거주자 또는 비거주자에게 지불하고자 하는 거주자 등에 대하여 「외국환관리령」 등이

---

82) 한국형사정책연구원. "핵·대량살상무기(WMD) 확산금융금지 국제기준 이행방안 연구"(2012년 금융위원회 금융정보분석원 연구용역보고서)

정하는 바에 따라 당해 지불 등에 대해 허가를 받을 의무를 부과할 수 있다.

또한 「외환 및 외국무역에 관한 법률」 제21조에 따르면, 제24조 제1항의 특정 자본거래에 해당되는 경우를 제외하고는 아무런 제한 없이 이루어진 거주자 또는 비거주자에 의한 자본거래에 관해서 일본이 체결하고 있는 조약 등의 성실한 이행을 방해하고 국제평화를 위한 국제적인 노력에 기여하는 것을 방해하는 사태가 발생해서 법률의 목적을 달성하기 곤란하다고 인정되는 때 또는 제10조 제1항에 의한 내각회의의 결정이 행해진 때에는 재무성 장관은 당해 자본거래를 행하고자 하는 거주자 또는 비거주자에게 「외국환관리령」이 정하는 바에 따라 당해 자본거래에 대해 허가를 받을 의무를 부과할 수 있다. 이처럼 「외환 및 외국무역에 관한 법률」은 테러행위자에 대해서 혹은 대량살상무기 확산자금의 조달과 관련이 있는 자 등과의 예금계약·신탁계약·대부계약 등 자본거래를 허가제로 규정하고 있다.

(3) 금융제도

「범죄수익이전방지법」 제8조는 금융기관에 대한 '의심되는 거래보고의무'를 규정하고 있다. 이에 따라 설치된 '범죄수익이전방지 관리관(JAFIC : Japan Financial Intelligence Center)'은 금융 관련 업계, 단체와의 정기적인 정보교환이나 수사당국 등과의 연대를 통하여 효과적인 자금세탁행위 대책을 검토하며 금융기관의 의심되는 거래보고제도를 적절하게 운용하도록 노력하고 있다.

1) 특정사업자의 정의(「범죄수익이전방지법」 제2조 제2항)

「범죄수익이전방지법에 따른 조치의 대상이 되는 특정사업자로는, 「조직범죄처벌법」 및 「본인확인법」에서 종래 대상이 되어온 금융기관 등과 아울러 파이낸스리스업, 신용카드업, 택지건물거래업, 보석·귀금속상, 우편수취대행업·전화접수(전자접수)대행업, 법률·회계전문가인 변호사 또는 변호사법인, 사법서사 또는 사법서사법인, 행정서사 또는 행정서사법인, 공인회계사 또는 감사법인, 세무사 또는 세무사법인 등 43개의 사업자가 지정되어 있다.

2) 고객확인의무(「범죄수익이전방지법」 제4조~제7조)

특정사업자 중 은행, 보험회사, 신탁회사, 기타 금융기관 등, 파이낸스리스

사업자, 신용카드사업자 등은 고객과 일정한 거래를 할 때 본인특정사항, 거래를 하는 목적, 직업 또는 사업내용. 실제소유자, 자산 및 수입의 상황 등을 확인해야 한다.

특정사업자는 고객확인을 실시한 경우 즉시 확인기록을 작성하여야 하며 해당 특정거래계약이 종료된 날로부터 7년간 이를 보존하여야 한다. 특정사업자가 특정업무에 관한 거래를 한 경우, 즉시 거래기록을 작성하여야 하며 해당 거래가 이루어진 날로부터 7년간 이를 보존하여야 한다.

3) 의심되는 거래보고의무(「범죄수익이전방지법」제8조)

특정사업자 중 금융기관등, 파이낸스리스사업자, 신용카드사업자 등은 특정업무에서 수수된 재산이 범죄에 의한 수익인 것으로 의심되거나 고객이 특정업무에 관하여 자금세탁을 하고 있는 것으로 의심되는 경우에는 즉시 행정청에 신고하여야 한다.

4) 환거래계약(Correspondent Agreement) 체결시 확인의무(「범죄수익이전방지법」제9조)

특정사업자 중 금융기관 등은 외국은행과 환거래계약을 체결하려고 하는 경우에는 상대방의 체제를 확인하여야 한다.

5) 외환거래관련통지의무(「범죄수익이전방지법」제10조)

특정사업자 중 금융기관 등이 외국환거래를 위탁하려고 하는 경우에는 고객에 관한 본인특정사항을 우선 통지해야 한다.

(4) 금융정보분석기구(JAFIC)

1) 개   요

1999년 6월 금융감독청의 발족과 함께 FIU 준비실이 설치되었고, 「마약류특례법(1992)」 시행 이후 2000년 2월 「조직적범죄처벌및범죄수익의규제등에관한법률(1999)」이 시행됨으로써 대장성, 금융감독청, 관세청, 법무성, 후생성의 13명의 직원으로 구성된 JAFIO(특정금융정보실)가 금융감독청 소속기관으로 설치되어 수사권이 없는 순수 금융정보기관으로 운영되었다.

2017년 3월에 제정된 「범죄수익이전의 방지에 관한 법률」에 따라 2007년 4월부터는 FIU 기능이 국가공안위원회·경찰청(범죄수익이전방지 관리관)으로 이관되었다. 경찰청 형사국 조직범죄대책부에 둔 범죄수익이전방지 관리관(JAFIC : Japan Financial Intelligence Center)은 일본의 새로운 FIU로서 동법으로 정해진 국가공안위원회의 사무를 보좌하는 역할을 담당하고 있다.

2) 업무내용

조직범죄에 대한 자금세탁방지제도를 도입하면서 현금거래관행, 금융기관 부담 등을 고려하여 의심되는거래보고제도(STR)만 도입하였고, 정보제공기관은 검찰, 경찰, 세관, 후생성 마약단속반으로 모든 기관에 동일하게 제공하고 있다.

일본은 금융비밀이 법률에 의하여 보장되고 있지 않고 금융기관과 고객 간의 거래계약에 따른 묵시적 의무로 이해되고 있다. 금융기관은 자체의 권리를 지킬 필요가 있는 경우 및 재판소, 검사, 세무당국, 금융당국의 요청이 있는 경우에는 금융거래내역을 제공하고 있다. JAFIC은 금융감독청 장관의 보조기관으로 영장 없이 금융거래내역을 제공받고 있다.

「마약특례법」에 근거한 1992~1998년 동안에는 의심되는 거래보고가 매년 10여 건에 불과하였으나, 「조직적범죄처벌법」 시행 이후에 의심되는 거래보고가 비약적으로 증가하였다.

우리나라의 자금세탁방지제도

1. 금융정보분석원(KoFIU) 설립 이전의 입법추진 노력

1993년 8월 12일 「금융실명거래및비밀보장에관한긴급재정경제명령」이 전격적으로 시행되면서 지하경제 및 자금세탁의 심각성이 인식되기 시작하였다. 이어서 1994년 전직대통령 비자금사건 등 대형 금융관련 사건이 터지면서 자금세탁방지제도 도입의 필요성이 본격적으로 제기되었다. 이를 반영하여 1994년 12월 7일 당시의 민주당은 「자금세정규제에관한법률안」을 성안하여 국회에 제출하였으나 경제위축 및 경기악화의 우려가 있다는 이유로 법제화되지 못하였다.

한편 국내외적으로 심각한 사회문제가 되고 있었던 마약류범죄에 강력대처하고, 「마약및향정신성물질의불법거래방지에관한UN협약」에 가입하기 위해 1995년 12월 6일 「마약류불법거래방지에관한특례법」(약칭: 「마약류불법거래방지법」)을 제정하여, 마약류범죄와 관련된 자금세탁행위를 범죄로 규정함으로써 이를 처벌할 수 있는 근거를 마련하였다. 이 법률은 금융회사등의 종사자가 범죄자금임을 알게 된 때 수사기관에 직접 신고토록 규정하고 있었으나, 금융회사등의 의심스러운 거래보고제도 및 이를 분석할 FIU 조직(예: 금융정보분석원)을 함께 고려하지 않았기 때문에 보고실적이 미미하였다.

1997년 7월 금융실명제를 보완하기 위해 당시 재정경제원은 「금융실명거래및비밀보장에관한법률안」(약칭: 「금융실명법」) 과 「자금세탁방지에관한법률안」
을 국회에 제출하였으나, 1997년 12월 「금융실명거래및비밀보장에관한법률안」
만 수정 통과되었고 「자금세탁방지법안」은 국회에서 제대로 심의되지 못한 채
제15대 국회 임기만료와 함께 자동 폐기되고 말았다. 당시의 「자금세탁방지에관
한법률안」은 자금세탁행위를 처벌할 수 있는 중대범죄의 범위를 마약류범죄 외
의 범죄로까지 다소 확대하기는 하였으나, 그 선정기준 및 범위가 국제기준에
비하여 미흡하고 의심되는 거래보고제도 도입, FIU 설치, 금융회사등의 내부보
고시스템 구축을 고려하지 않아 복잡다기한 자금세탁 관련 금융거래정보를 효
율적으로 수집, 분석, 제공하는 데에는 사실상 한계가 있었다.

　　한편 법률제도측면 이외에 금융거래보고제도 측면에서는 각 기관의 고유목
적에 따라 금융거래정보의 수집 및 관리가 개별적으로 이루어지고는 있었으나,
검찰청, 경찰청, 국세청, 관세청, 한국은행 등 관계기관 간에 정보공조가 제대로
이루어지지 않아 유기적인 감시, 관리체계가 미흡한 점이 있었다.

2. 자금세탁방지 관련 법률제정 추진배경 및 주요 경과

　　정부는 2000년 4월 재정경제부에 대외금융거래정보시스템 구축기획단(FIU
구축기획단)을 설치하여 자금세탁방지제도 도입을 다시 추진하였다. 정부는 금융
기관 등을 이용한 범죄자금의 세탁행위를 차단함으로써 건전하고 투명한 금융
거래질서를 확립하는 동시에 자금세탁행위를 처벌하고, 범죄수익을 몰수, 추징
함으로써 중대범죄의 경제적 동기를 근원적으로 제거하여 범죄의 확산을 방지
하고자 자금세탁방지제도 도입을 다시 추진하게 된 것이다. UN 등 국제사회가
각국에 자금세탁 방지체계를 강화할 것을 촉구하는 상황에서 우리나라도 관련
제도를 정비하여 국제적인 자금세탁 방지노력에 적극 동참할 필요성도 있었다.
2001년 1월부터 시행될 예정이었던 제 2 단계 외환자유화조치에 대한 보완대책
으로 FIU를 설치하여 외환자유화를 악용한 불법자금의 유출입을 감시하기 위한
제도적 장치를 만들고자 한 것도 제도도입을 본격적으로 다시 추진하게 된 중요
한 배경 중의 하나이다.

(1) 법률안 국회 제출

정부는 FATF 권고사항, 외국의 입법례, 국내 관련 제도에 대한 조사와 공청회 등을 거쳐 자금세탁방지 관련 2개 법률안, 즉 「특정금융거래정보의보고및이용등에관한법률안(약칭: 「특정금융거래정보법」)」과 「범죄수익은닉의규제및처벌등에관한법률안약칭: 「범죄수익규제법」)」을 마련하고, 2000년 11월 21일 국무회의의 결을 거쳐 2000년 11월 23일 국회에 제출하였다. 국회는 「특정금융거래정보법안」은 재정경제위원회(이하, 재경위)에, 「범죄수익규제법안」은 법제사법위원회(이하, 법사위)에 각각 회부하였다.

(2) 법률안 국회상임위 상정 및 심의

국회 법사위는 2000년 12월 6일 「범죄수익규제법안」을 상정하고 대체토론 등을 거쳐 법안심사소위에 회부하였다. 재경위는 2001년 2월 12일 이후 3회에 걸쳐 법안심사소위를 열어 「특정금융거래정보법안」을 심사하고, 2월 20일 재경위 전체회의에서 법안을 의결하여 법사위에 이송하였다. 재경위에서 수정된 주요 내용은 금융정보분석원(FIU)[1]의 조직명칭을 법률에 규정하고 KoFIU의 독립적 업무수행에 관한 규정을 두며, 금융기관 등의 의심되는 거래 보고기준을 "의심할 만한 상당한 이유"에서 "의심되는 합당한 근거"로 하여 보고기준을 명확히 하고, ③ 검찰청의 지청장 등의 KoFIU에 대한 정보요구권을 삭제하고 수사기관 등의 정보요구 절차를 강화하며, 관계공무원 등에 특정금융 거래정보를 요구하는 경우에도 처벌되도록 하여 금융거래의 비밀보장을 강화하는 것 등이었다.

2001년 3월 2일 법사위 주관으로 공청회가 개최되어 「정치자금에관한법률」(약칭: 「정치자금법」) 위반행위를 자금세탁으로 처벌되는 전제범죄에 포함시킬지 여부에 대해 관계전문가 등으로부터 법률안에 대한 의견을 들었다. 여야는 일부 의원들의 반대에도 불구하고 당초 정부안의 입법취지를 존중하여 「정치자금법」 위반행위는 포함하지 않고, 법안내용을 일부 수정하여 3월 9일 국회 본회의에서 의결하기로 합의하였다.

---

1) 2001. 11. 28. 출범 이후 금융정보분석원은 영문 고유명칭으로 KoFIU(Korea Financial Intelligence Unit)를 사용하고 있다.

(3) 법률안 국회본회의 통과

9월 들어 여당과 야당 간에 FIU의 계좌추적권을 국제거래에 한정하여 허용하는 방안에 대해 합의가 이루어지고, 9월 3일 법사위를 열어 전체회의에서 의결하기로 하였다. 다만, FIU의 계좌추적권 등은 재경위소관인 「특정금융거래정보법안」 관련 사항이므로 재경위의 수정의결을 거쳐야 하는 문제가 있어 여야 합의로 수정안을 마련하여 통과시키기로 하였다. 그러나 법사위 법안심사소위에서는 다시 여야합의안에 대한 이견이 제기되어 소위원회에서 합의의결하지 못한 채 심의를 종결하고, 논의된 내용을 수정안형식으로 전체회의에 보고하였다. 이어진 전체회의에서도 축조심사 및 토론과정에서 정치자금 관련 혐의정보의 선관위통보 문제, FIU의 계좌추적권 범위를 국제거래에 한정하는 문제 등에 관해 일부 의원들의 반대의사 표명이 있었다. 결국 법사위 전체회의에서 표결에 의하여 찬성 10인, 반대 3인으로 법률안이 의결되었으며, 9월 3일 오후 국회 본회의에서 통과되었다.

국회에서 통과된 법률안은 2001년 9월 14일 정부로 이송되었으며, 9월 18일 국무회의에서 법률공포안이 의결되었다. 2001년 9월 27일 드디어 「특정금융거래정보의보고및이용등에관한법률」(법률 제6516호)과 「범죄수익은닉의규제및처벌등에관한법률」(법률 제6517호)이 제정되었고, 법률부칙에 의해 2001년 11월 28일부터 시행되었다.

$\boxed{\text{SECTION 02}}$

특정금융거래정보법

1. 특정금융거래정보법 개요

「특정금융거래정보법」은 금융거래를 이용한 자금세탁행위를 예방하기 위한 법률이다. 이 법률은 자금세탁방지제도의 구축에 있어서 「범죄수익규제법」 및 「공중협박자금조달금지법」과 상호보완관계를 이룬다. 「특정금융거래정보법」은 금융회사등으로 하여금 자금세탁범죄에 적대적 환경을 조성하게 함으로써 금융회사등이 자금세탁범죄에 이용되는 것을 방지하는 데 1차적 목적이 있고, 업무수행과정에서 자금세탁정보 및 공중협박 자금조달 정보를 수사기관 등에 제공함으로써 「범죄수익규제법」의 실효성을 확보하는 데 2차적 목적이 있다.

「특정금융거래정보법」은 다음과 같은 3가지 기본원칙에 중점을 두고 있다.

첫째는 자금세탁방지제도와 예금비밀 보장원칙 간의 균형을 유지하는 것이다. 이를 위하여 특정금융 거래정보의 제공요건을 구체화하고, 특정금융 거래정보 누설에 대한 처벌규정을 두는 등 특정금융 거래정보의 수집, 관리, 제공 절차에 대하여 엄격한 통제장치를 마련함으로써 선량한 개인의 금융비밀이 침해되지 않도록 하였다.

둘째는 금융회사등의 부담을 최소화하면서 자금세탁방지제도를 이행할 수 있도록 하는 것이다. 이를 위해 국제기준과는 달리 의심되는 거래보고에 기준금액을 설정하였고, 「특정금융거래정보법」 당시에는 고액현금거래보고제도를 도입하지 않았다가 의심되는 거래보고제도를 보완하기 위하여 충분한 검토를 거친 후 동 제도가 시행되었다.

셋째는 국제사회의 자금세탁 방지노력에 동참할 수 있도록 하는 것이다. 자금세탁범죄는 국제사회의 공동대응이 필요한 범죄이다. 법률에서는 FATF 40개 권고사항을 국내여건과 법제도가 허용하는 범위 내에서 최대한 수용함으로써 국제기준에 부합하는 제도를 만들어 외국과의 국제협력이 용이하도록 하였다.

2. 특정금융거래정보법 주요 개정 경과

(1) 고액현금거래보고제도 및 고객확인의무제도의 도입

1) 고액현금거래보고제도의 도입과 보고기준금액 인하

불법자금거래 차단의 효율성을 제고하고 FATF 등 자금세탁방지 국제기구의 자금세탁방지 국제기준 강화에 부응하며, 금융기관의 대외 신인도를 제고하기 위하여 「특정금융거래정보법」 개정을 추진하게 되었다.

2002년 참여연대와 대선유권자연대는 고액현금거래보고제도 도입을 청원

입법하였으며, 대통령선거 당시 민주당은 "자금세탁방지법의 강화"를 핵심공약으로 설정하는 한편, 같은 해 11월에는 고액현금거래보고제도 도입을 위한 의원입법안을 제출하였다.

2003년 들어서는 고액현금거래보고제도 도입문제가 국세청과 청와대 등에 의해 공식 제기되었으며, 동년 9월 KoFIU는 자금세탁방지제도개선 기본방안을 발표하였고, 그 후 불법자금과 관련한 사회적인 비판과 이의 방지를 위한 공감대가 형성되어 동년 12월 부패방지위원회 주관으로 "불법자금거래 근절을 위한 공개토론회"가 개최되어 불법자금조성 대응방안과 자금세탁방지제도의 강화가 심도 있게 논의되었다.

2004년 2월 18일 대통령주재 반부패관계기관협의회에서 재경부는 국가차원의 부패방지 대책의 일환으로 불법자금 거래차단을 위하여 고액현금거래보고제도와 고객확인의무의 도입을 주요 골자로 하는「「특정금융거래정보법」 개정안을 보고하였고, KoFIU는 이튿날부터 3월 9일까지 법률개정안을 입법예고하였다. 그 후 금융회사등의 의견수렴을 거쳐 6월 정부안을 확정하여 국회에 제출하기에 이르렀으며, 동년 12월 29일 국회 본회의에서 일부 개정 법률안이 통과되어 2005년 1월 17일 공포되었다. 금융회사등의 준비기간을 감안하여 개정법률 시행 후 1년이 경과한 날부터 시행하였다.

제도 도입 당시 보고 기준금액은 5천만원이었으나, 제도 시행 당시 시행령 부칙에 기준금액과 이행시기를 명시하여 2008년부터는 3천만원, 2010년부터는 2천만원으로 단계적으로 인하하였다. 이후 호주·미국 등 주요국은 자금세탁·테러 위험성이 높아짐에 따라 현금 사용에 대한 규제와 감시를 강화하였고 정부는 해외 주요국 제도와 정합성을 제고하기 위하여 고액현금거래보고제도를 도입한 미국, 캐나다, 호주 등의 기준금액(1만 달러) 수준인 1천만원으로 인하하기 위하여 2018년 시행령 개정을 예고하고, 2019년 7월부터 보고기준금액을 인하하였다.

2) 고객확인의무의 도입 및 제도 강화

고객확인의무제도는 법률 개정 후 1년이 경과한 날인 2006년 1월 18일부터 시행되었다. 고객확인의무제도에 따라 금융회사등은 계좌의 신규개설 또는 2천만 원 이상의 일회성금융거래시 거래당사자의 신원에 관한 사항을 확인해야 했으나, 신원확인만으로는 고객확인의무제도가 충분히 이행되었다고 보기는 부족한 면이 있었다. 그래서 2007년 법률개정을 통해 금융회사등이 스스로 고객유형 및 거래유형에 따라 자금세탁의 위험도를 평가하여 차등화된 고객확인의무제도를 적용토록 하고, 적절한 내부통제절차를 업무지침에 반영토록 하는 내용의 강화된 고객확인의무제도를 도입하였다.[2]

2014년 5월 금융회사등에게 금융거래의 실제소유자확인 의무를 부과하는 것을 주요 내용으로 하는 특정금융거래정보법과 동법 시행령이 개정되어 2016년 1월 1일 시행되었다. 이에 따라 기존에 금융거래 시 고객에 대한 신원확인의무를 부담하던 금융회사등은 기존에 금융거래 시 고객에 대한 신원사항 확인에 추가하여 고객의 '실제소유자'를 확인할 의무도 부담하게 되었다. 이에 더하여 개정법은 고객이 신원확인 등을 위한 정보의 제공을 거부하여 금융회사등이 고객확인을 할 수 없는 경우 거래 거절을 의무화하고 의심거래보고 여부를 검토하도록 하였다.

(2) FATF 국제기준에 상응하는 금융회사등의 예방조치 강화

1) 의심거래보고 기준금액 폐지

2013년 개정 전 특정금융거래정보법은 금융회사등이 금융거래와 관련하여 수수한 재산이 불법재산으로 의심되는 경우 보고하는 의심거래보고제도의 기준금액을 원화 1천만원, 외화 5천 달러 이상인 경우의 의심거래보고에 대해서만 의무적으로 보고하도록 하고 기준금액 미만의 의심거래에 대해서는 임의적으로 보고할 수 있도록 정하고 있었다. 하지만 의심거래보고 기준금액이 설정되어 있어 기준금액 미만의 자금세탁 의심거래에 대해서는 면죄부를 주고 있고, 기준금액 미만의 분할거래를 할 경우 자금세탁으로 적발할 수 없는 문제점에 대한 지적이 있어 왔다. FATF도 우리나라에 대해 "모든 의심거래는 금액에 관계없이 보고되어야 한다"라고 규정한 권고사항 20 주석서를 위반하고 있다고 지속적으로 지적해왔다. 정부는 이러한 제도적 문제점을 해소하고 FATF 권고사항을 이행하기 위해 의심거래보고 기준금액을 폐지하여 금융회사등이 금액에 관계없이

---

2) 금융정보분석원, 「2007 자금세탁방지 연차보고서」, 2008년.

모든 의심거래를 보고하도록 하는 법률개정안을 2012년 11월 국회에 제출하였다. 이 법률 개정안은 2013년 7월 국회 본회의를 통과하여 같은 해 11월 14일 시행되었다.

2) 전신송금 시 송금정보 제공 근거 신설

FATF 권고사항 16을 이행하고 여러 은행을 이용한 분산송금을 하는 경우 수취 금융회사의 의심거래 여부 판단을 돕기 위하여 2013년 특정금융거래정보법 개정시 전신송금제도를 도입하였다. 이에 따라 금융회사등은 100만원을 초과하는 국내 전신송금 시 송금인과 수취인의 성명 및 계좌번호를 수취금융회사등에 제공하고, 1,000달러를 초과하는 해외 전신송금을 하는 경우에는 송금인의 주소 또는 주민등록도 추가적으로 제공하게 되었다.

3) 금융회사등의 내부통제 강화

특정금융거래정보법은 2019년 개정 전 금융회사등이 자금세탁방지를 위해 준수해야 할 업무지침 제정·운용 의무만을 부과하고 있었으며, 업무지침 지침에 규정할 사항, 임직원의 업무지침 준수 여부를 금융회사등이 감독해야 할 의무 등은 규정하고 있지 않고 있었다. 2018년 민병두 의원과 제윤경 의원이 대표발의한 법안 개정안은 금융회사등이 내부 업무지침에 규정해야 할 일부 사항을 법률에 규정하고 그 밖의 사항을 시행령으로 열거 하도록 하고, 금융회사등에 내부 임직원의 업무지침 준수 여부를 감독하도록 의무를 부과하는 것을 포함하고 있다. 이 개정안은 2019년 7월부터 시행되었다.

4) 금융회사등에 의무이행 관련 자료·정보의 보관의무 부과

FATF는 자금세탁 등과 관련된 범죄발생시 증거 수집이 가능하도록 금융회사 등이 '필요한 모든 거래기록'과 '고객 확인 자료'를 감독당국으로부터 요구받는 경우 즉시 이 자료들을 제공할 수 있도록 최소 5년간 보관할 것을 규정하고 있으며, 이러한 기록보관의무를 각국의 법률로 규정할 것을 요구하고 있다. 2019년 1월 법률 개정을 통해 금융회사등에 대해서 자금세탁방지의무 이행과 관련한 기록을 '금융거래관계가 종료된 날'로부터 5년간 보관할 의무를 부과하게 되었다. 이 규정은 2019년 7월 시행되었다.

5) 자금세탁방지의무 대상 금융회사등의 범위 확대

2007년 12월 「특정금융거래정보법」의 개정에 따라 2008년 12월부터는 카지노사업자에 대해서도 자금세탁 방지의무를 부과하여 카지노의 영업환경에 맞춰 의심되는 거래 및 고액현금 거래보고, 고객확인제도 등을 이행하도록 하였다.

2010년 이후 가상자산을 이용한 자금세탁 등 범죄발생 위험이 급증함에 따라 이를 예방하기 위하여 G20 및 FATF 등은 주로 2018년과 2019년에 걸쳐 국제기준을 개정하고, 각 국가에 개정된 국제기준의 이행을 촉구하였다. 이에 따라 FATF 권고사항을 이행하고, 자금세탁 등 범죄행위를 예방하기 위하여 가상자산 사업자에 대해 자금세탁행위의 효율적 방지를 위한 의무를 부과하고, 금융회사가 가상자산 사업자와 금융거래를 수행할 때 준수해야 하는 사항을 규정한 특정금융거래정보법 개정안이 다수의 국회원들의 발의로 국회에 상정되어 정무위 대안이 마련되어 2019년 11월 25일 정무위에서 의결되었고, 2020년 3월 5일 본회의에서 의결되었다. 법률 공포안은 공포 후 1년이 경과된 시점에 시행될 예정으로서 2020년 9월 현재 KoFIU는 시행령 등 하위 법규를 마련하는 한편, 관계 부처 및 이해 관계자들과의 협의를 통하여 개정 법률의 원활한 이행을 위해 노력하고 있다.

(3) 법집행기관에 대한 특정금융거래정보제공 확대

1) 국세청 · 관세청에 대한 특정금융거래정보제공 확대

2007년에는 법률개정을 통해 원화거래를 이용한 조세포탈(5억 원 미만의 조세부정 환급도 포함)의 경우에도 특정금융 거래정보를 제공할 수 있도록 법률을 개정하였다. 종전에는 조세포탈 목적 자금세탁행위의 경우 외국환거래 그 밖의 대외거래를 이용하여 재산을 은닉한 경우 등으로 한정되어 있어 국세청이 조세포탈 범칙의 조사에 필요한 금융거래정보를 확보하는 데 한계가 있었다. 이에 따라 조세포탈 목적으로 원화거래를 이용하여 그 재산을 은닉하는 행위도 자금세탁행위의 범위에 포함함으로써 금융정보분석원장은 조세포탈 범칙사건의 조사에 필요한 특정금융거래정보를 국세청장에게 제공할 수 있게 되었다.

2011년에는 당시 「특정금융거래정보법」은 국세청장이 자금세탁과 관련된 조세 범칙사건을 조사하는 경우에 KoFIU에 대해 특정금융거래정보의 제공을 요구할 수 있도록 하고 있었다. 하지만 국세 행정의 측면에서는 조세범칙사건 조사로만 한정되어 있는 정보 활용범위를 국세의 부과·징수 업무로 확대해야 하며, 특히 KoFIU에 보고된 고액현금거래보고 정보가 은닉된 세원을 발굴하는 데 도움이 되는 정보라는 주장이 제기되었다. 이에 따라 2011년 5월 24일 국회 기획재정위원회(이하, 기재위) 의원이 국세청의 특정금융거래정보 제공요구의 범위를 확대하는 개정안을 발의하였다.

　하지만 이 법률 개정안에 대해서는, 특정금융거래정보법의 입법 목적에 '탈세방지'가 추가되는 등 자금세탁방지 관련 법률의 입법목적이 근본적으로 변경되고, 범죄자금과 무관한 정상 금융거래를 다수 포함하는 고액현금거래 정보를 국세청이 제한 없이 열람할 수 있도록 함으로써 헌법상 사생활 비밀보호 원칙을 훼손할 소지가 있다는 등의 비판이 제기되었다. 이에 국회 정무위원회(이하, 정무위)는 수정대안을 제시하여 국세청에 대한 정보제공 요건을 조세 범칙사건의 조사뿐만 아니라 "범칙혐의 확인을 위한 세무조사 업무"까지 일부 확대하는 것으로 정리하였다. 이 수정 대안은 2012년 2월 27일 국회 본회의를 통과하였고, 2012년 3월 21일부터 공포되어 법률 개정안 중 국세청에 대해 정보제공을 일부 확대하는 것을 규정한 조항은 즉시 시행되었다.[3]

　2012년 9월에는 관세청에 대한 같은 내용의 법률개정안이 발의되었다. 정무위 소속 유일호 의원은 KoFIU가 관세청에게 관세 범칙 사건 조사를 위해서뿐만 아니라 관세법칙 혐의 확인을 위한 세무조사를 위해서도 정보를 제공할 수 있도록 하는 「특정금융거래정보법」 개정을 대표 발의하여 같은 해 11월 22일 국회를 통과하고 12월 11일 공포·시행되었다.

　2012년 8월 28일 이한구의원은 소위 '지하경제 양성화' 입법으로 불리는 특정금융거래정보법 개정안을 대표 발의하였다. KoFIU에 보고 또는 통보되는 특정금융거래정보를 국세청의 탈세 적발·방지에 적극 활용하도록 하는 것을 주요 내용으로 담고 있었다. 이 개정안과 2012년 11월에 제출된 정부입법안, 2013년 2월에 발의된 박영선 의원안 등을 통합하여 조정한 개정안이 2013년 7월 2일 국회 본회의를 통과하고 8월 13일 공포되어 11월 14일부터 시행되었다.

---

3) 금융정보분석원, 2011 "자금세탁방지 연차보고서"(2012년 10월)

법 개정에 따라 자금세탁행위 범위에 조세탈루 목적으로 재산을 가장·은닉한 경우가 추가되었다. 아울러 국세청 및 관세청에 대한 특정금융거래정보 제공요건을 "조세·관세 탈루 혐의 확인을 위한 조사업무 및 조세·관세체납자에 대한 징수업무"로까지 확대하고, 국세청 등에 제공하는 특정금융거래정보에 고액현금거래보고 원본의 정보를 포함하였다.[4]

2) 특정금융거래정보 제공 기관 확대

2005년에는 「특정금융거래정보법」에서 정치자금 관련 혐의정보를 중앙선관위에만 제공토록 하는 규정을 삭제함으로써 선관위단독 제공제도를 폐지하여 정치자금 관련 혐의정보도 여타 정보와 동일하게 검찰청, 경찰청, 국세청 등 관련 법집행기관에 제공할 수 있게 되었다.

2012년 9월에는 해양경찰청도 경찰청과 마찬가지로 KoFIU 정보를 제공받고 관련 정보의 제공을 요구할 수 있도록 하여 법집행기관으로 추가하는 내용의 특정금융거래정보법 개정안이 발의되어 같은 해 11월 국회를 통과하고 12월 11일 시행되었다.

국회는 관세청에 대한 정보제공확대와 해양경찰청을 법집행기관으로 편입하는 의원입법안을 의결하면서 부대의견으로 '국회는 특별검사의 임명등에 관한 법률 제정시 특별검사가 KoFIU원장에게 특정금융거래정보의 제공을 요구하거나 KoFIU원장으로부터 특정금융거래정보를 제공받을 수 있는 법적근거를 마련한다'라고 규정하여 특별검사가 KoFIU의 정보를 활용할 수 있는 명시적 근거를 마련하였다.[5]

2020년 이전에는 KoFIU가 조세탈루혐의 확인을 위한 조사업무와 조세체납자에 대한 징수업무와 관련하여 특정금융거래정보를 제공하고 있었으나, 그 대상을 국세당국인 국세청장, 관세당국인 관세청장으로 한정하고 있어 지방세 업무에는 활용할 수 없었다. 이에 따라 2019년 지방세 업무추진의 실효성을 높이려는 취지로 전해철 의원이 대표 발의한 법 개정안이 국회에 제출되었다. 2020년 4월 이 법에 따른 자금세탁행위에 지방세 포탈 관련 내용을 포함시키고,

---

4) 금융정보분석원, "2013 자금세탁방지 연차보고서"(2014년 11월)
5) 금융정보분석원, "2012 자금세탁방지 연차보고서"(2013년 9월)

KoFIU원장이 특정금융거래정보를 제공할 수 있는 기관에 행정안전부장관을 추가하여 지방세 관련 형사사건의 수사, 탈루혐의 확인이나 체납징수 업무 등에 특정금융거래정보를 제공받아 활용할 수 있도록 하는 내용의 법 개정안이 국회 본회의를 통과하였다. 특히 이 법상 '조세'의 개념에 지방세가 명시적으로 포함되었다.

(4) 제도의 실효성 제고

1) 금융회사등에 대한 제재조치 구체화

금융회사등의 자금세탁방지 업무의 실효성을 제고하기 위하여 2013년 개정 법률 시행을 통해 금융회사 및 임직원에 대한 제재 조치를 해임권고, 6개월 이내의 직무정지, 문책경고 등으로 구체적으로 규정하였고, 금융회사등이 시정명령을 이행하지 아니하거나 기관경고를 3회 이상 받은 경우 등에는 금융정보분석원장이 해당 금융회사등의 영업에 관한 행정제재, 처분의 권한을 가진 관계 행정기관의 장에게 6개월의 범위에서 그 영업의 전부 또는 일부의 정지를 요구할 수 있도록 하였다.

또한 금융회사등의 자금세탁방지 업무에 대한 감독·검사자가 감독·검사에 필요한 금융거래정보 등을 필요·최소한의 범위에서 금융회사의 장에 요구할 수 있도록 하였다.

2) 과태료 부과한도 인상 및 부과대상 확대

2019년 과태료의 상한을 상향시키는 것을 내용으로 하는 「특정금융거래정보법」이 개정·시행되었다. 자금세탁방지 등을 위한 감독 및 제재의 강화를 요구하는 FATF 권고사항을 이행하고 2019년에 실시할 예정이었던 FATF 상호평가에 대비하기 위해 2018년 1월 정무위 민병두 의원이 주요국의 감독 강화 추세를 반영하여 법 개정안을 마련하여 국회에 발의하였다. 과태료 부과 사유가 추가되었고, 과태료 상한이 1천만원에서 3천만원 또는 1억원으로 상향 조정되었다.

3) 검사자료의 외국 감독기관 제공관련 협조 근거 도입

2019년 1월 법개정을 통해 금융정보분석원 또는 검사를 위탁받은 기관의

장은 외국의 금융감독 · 검사 기관과 검사와 관련한 상호 협조를 할 수 있도록 하고, 감독 · 검사자료 등은 엄격한 제한 내에서만 제공하거나 제공할 수 있도록 하였다.

(5) 특정금융거래정보 남용방지

1) 특정금융거래정보 등의 보존 및 관리

국민의 사생활 비밀 보호를 강화하고, 활용 가능성이 없는 정보의 영구적인 보관과 관리를 금지하기 위하여 특정금융거래정보 등 KoFIU가 보유한 정보의 보존기간을 설정하는 내용을 골자로 하는 「특정금융거래정보법」 개정안이 2014년 통과되어 2016년 1월 시행되었다.

2) 고액현금거래 통보제도

2013년 국세청 등에 제공하는 특정금융거래정보의 범위에 고액현금거래보고 원본의 정보를 포함시키는 것을 내용으로 하는 법을 개정할 때 금융거래정보의 무분별한 제공을 방지하고 개인의 사생활과 금융거래정보를 통제 · 관리권을 실질적으로 보장하기 위하여 KoFIU가 국세청 등에게 고액현금거래보고 정보를 정리 · 분석 없이 거래정보를 제공한 날로부터 10일 이내에 명의인에게 제공한 거래정보의 주요 내용 및 사용 목적 등을 통보하는 것을 원칙으로 하는 조항도 법에 추가하였다.

3) KoFIU 내 정보분석위원회 설치

2013년 특정금융거래정보 활용 확대를 위한 법을 개정할 때 금융정보분석원장이 특정금융거래정보를 법집행기관에 제공하는 경우에는 정보분석심의위원회의 심의를 거쳐 제공하도록 함으로써 특정금융거래정보 제공의 공정성과 중립성을 보장하도록 하는 내용의 법 조항을 추가하였다. 심의회는 법에 따라 KoFIU원장과 심사분석 총괄책임자, 시행령으로 정하는 자격을 가진 사람 등 3인으로 구성 · 운영되고 있다.

3. 특정금융거래정보법 주요 내용

(1) 적용대상 금융회사등, 금융거래의 정의(법 제2조)

1) 금융회사등의 정의

(i) 법률에서의 '금융회사등'의 범위

법 제2조 제1호는 동법의 적용대상인 '금융회사등'을 규정하고 있다. 이 법에 규정된 금융회사등에는 「금융실명법」 제2조 제1호에 규정한 금융회사등과 「관광진흥법」에 따라 허가를 받은 카지노사업자, 법 제2조 제2호의 규정에 의한 금융거래를 하는 자로서 대통령령으로 정하는 자가 해당된다.

우리나라에서 영업하는 카지노사업자들은 「외국환거래법」상의 환전영업자로서 일부 자금세탁방지의무를 부담하였지만, 전면적으로 자금세탁방지제도를 시행한 것은 아니었다. 하지만 카지노를 이용한 대규모 자금세탁사례들이 밝혀지면서 카지노사업자에 대해 완전한 자금세탁방지의무를 부과하여야 한다는 사회적 여론이 제기되었다. 또한 FATF에서도 개정권고사항을 통해 카지노사업자를 자금세탁의위험이 가장 높은 비금융사업자 중 하나로 분류하고 자금세탁 방지의무 부과와 종합적인 규제 및 감독체계를 마련할 것을 권고해 왔다. 이에 따라 2007년 12월 21일 카지노사업자에게도 금융회사등의 수준의 자금세탁 방지의무를 부과하도록 「특정금융거래정보법」을 개정하여 2008년 12월 22일부터 시행하였다. 보고대상금액 및 기준은 제도도입 초기의 어려움 등을 감안하여 일반 금융회사와 다른 기준을 적용하도록 하였다.

(ii) 시행령상의 '금융회사등'의 범위

「특정금융거래정보법」 시행령 제2조에서는 신용보증기금, 투자일임업자, 중소기업창업투자회사 및 벤처투자조합, 환전영업자, 소액해외송금업자, 전자금융업자, 자산규모 500억원 이상의 대부업자 등을 금융회사등에 포함하고 있다. 자금세탁은 규제가 약한 곳으로 이동하기 마련이므로 원칙적으로 금융거래를 수행하는 모든 금융회사를 적용대상으로 하고, 환전영업자, 소액해외송금업자, 전자금융업자와 같은 비금융회사도 FATF 권고사항을 반영하여 적용대상 금융회사등에 포함하였다.

또한 시행령에서는 금융회사등의 범위에 금융정보분석원장이 정하여 고시하는 자도 포함하고 있는데, 「특정금융거래정보 보고 및 감독규정」에서는 법령에서 정한 금융회사등의 '자회사'를 금융회사등의 범위에 포함시키고 있다.

(ⅲ) 자금세탁방지 의무부과 대상인 비금융회사 범위의 확대

「외국환거래법」 개정을 통해 비금융사의 독립적인 해외송금업무가 2017년 7월부터 가능하도록 전문외국환업무 취급업자가 신설되어 「특정금융거래정보법 시행령」 개정을 통해 소액해외송금업자로 등록한 비금융회사에게도 자금세탁방지의무가 부과되었다.

2019년 7월부터는 '전자금융업자'와 '자산규모 500억원 이상의 대부업자'도 동법 시행령 개정에 따라 자금세탁방지의무를 이행하고 있다.

2020년 3월 특정금융거래정보법 개정으로 2021년 3월부터 가상자산 사업자에 대하여 자금세탁방지의무가 부과되게 되었다. 이에 따라 가상자산 사업자는 신고 수리를 위한 요건을 갖추어 KoFIU에 신고할 의무, 고객확인, 의심거래 보고 및 관련자료 보관 등 기본적인 자금세탁방지의무, 이용자별 거래 내역 분리 등 추가적인 의무가 부과된다.

2020년 8월 25일 시행령 개정에 따라 「온라인투자연계금융업 및 이용자 보호에 관한 법률」 제5조에 따라 등록하는 P2P업체들도 2021년 5월부터 '온라인투자연계금융업자'로서 자금세탁방지의무를 이행해야 한다.

2) 금융거래의 정의

법 제2조 제2호는 금융거래를 「금융실명법」에 규정된 금융거래, 파생상품시장에서의 거래, 카지노사업장에서의 칩과 현금 · 수표의 교환 거래, 타 대통령령으로 정하는 것으로 규정하고 있다. 시행령에서는 대출, 보증, 보험, 공제 등과 「여신전문금융업법」에 의한 신용카드 등 업무에 따른 거래, 「외국환거래법」에 따른 외국환업무에 따른 거래(이하, 외국환거래), 「전자금융거래법」에 따른 전자금융거래(이하, 전자금융거래), 「대부업 등의 등록 및 금융이용자 보호에 관한 법률」에 따른 대부 및 대부채권매입추심 업무에 따른 거래 등을 금융거래에 포함하고 있다.

3) '금융회사등'과 '금융거래등'의 재정의

2020년 3월 '가상자산사업자'도 자금세탁행위 및 테러자금조달행위 방지의 무가 부과되는 '금융회사등'의 범위에 포함되는 것을 내용으로 하는 법률 개정이 이루어지면서 '금융거래등'도 새롭게 정의되었다. 의심거래·고액현금거래 보고 및 자료보존 등의 대상에 가상자산 거래를 포함하게 된 것이다. 이 법률 개정은 2021년 3월에 시행된다.

4) 불법재산 및 자금세탁행위의 정의

법 제 2 조 제 3 호 및 제 4 호는 각각 불법재산과 자금세탁행위를 정의하고 있다. 불법재산에는 「범죄수익규제법」에 의한 범죄수익 등, 「마약류불법거래방지법」의 불법수익 등, 「공중협박자금조달금지법」의 공중협박자금이 해당한다.

한편 자금세탁행위를 크게 두 가지로 정의하고 있다. 첫째로 「범죄수익규제법」에 의한 범죄수익 등과 「마약류불법거래방지법」에 의한 불법수익 등을 은닉하거나 가장하는 행위를 자금세탁행위의 개념에 포함하고 있는데, 이러한 행위는 「범죄수익규제법」과 「마약류불법거래방지법」에 의해 처벌대상이 되며, 이와 관계된 재산 등은 몰수, 추징할 수 있다.

둘째로 법 제 2 조 제 4 호 다목에 의해 조세범죄를 범하거나 조세를 탈루할 목적으로 재산의 취득, 처분 등을 가장하는 행위 등도 자금세탁행위에 해당된다. 이러한 행위는 「범죄수익규제법」에 의해 처벌되지는 않으며, 「특정금융거래정보법」 제 4 조의 규정에 의한 의심거래 보고대상이 된다. 이와 같이 탈세목적의 재산의 은닉, 가장행위를 자금세탁행위의 개념에 포함시키게 된 것은 그와 같은 행위를 처벌하지는 않더라도 의심거래 보고대상으로 하여 조세포탈의 방지와 고소득자영업자의 과표양성화 등 조세정의를 확립하고 외환자유화를 악용한 불법재산도피 등을 방지하기 위함이다.

(2) 금융정보분석원(KoFIU) 설치6)(법 제3조)

법 제 3 조는 금융위원회7) 소속으로 금융정보분석원(KoFIU)8)을 두도록 규정하고 있다. 금융회사등이 자금세탁 의심거래를 수사기관 등에 직접 신고하지 않고 금융정보분석원을 경유하도록 별도의 조직을 신설한 이유는 금융정보분석원이 심사분석을 통해 혐의가 인정되는 거래만을 수사기관 등에 제공하도록 여과 장치를 둠으로써 대다수 선량한 고객의 금융거래 정보가 수사기관 등에 직접 노출되지 않도록 금융비밀을 보호하기 위함이다. 또한 FATF 등 국제기구의 권고사항과 외국의 입법례와 같이 FIU를 설치하여 자금세탁 관련 혐의정보를 효율적으로 수집, 분석, 제공하고, 외국 FIU와 국제공조체제를 구축하기 위함이었다.

금융정보분석원은 금융위원회의 소속기관으로 설치되어 있으나 그 직무수행의 독립성을 확보하기 위하여 그 권한에 속하는 사무를 독립적으로 수행하며, 그 소속 공무원은 이 법에 의한 업무 외에 다른 업무에 종사하지 못한다. 한편 금융정보분석원의 정원, 조직, 운영에 관한 사항은 업무의 독립성과 정치적 중립성 등을 고려하여 대통령령으로 정하도록 규정하고 있다.

(3) 의심되는 거래의 보고(STR) 의무(법 제4조)

1) 의무보고 기준금액의 단계적 인하 및 폐지

법 제 4 조는 금융회사등의 의심되는 거래보고(약칭, STR)9)의무를 규정하고 있다. 금융회사등은 금융거래와 관련하여 수수한 재산이 불법재산이라고 의심되는 합당한 근거가 있거나, 금융거래의 상대방이 자금세탁행위나 공중협박 자금조달 행위를 하고 있다고 의심되는 합당한 근거가 있는 경우 그 사실을 지체 없이 금융정보분석원장에게 의무적으로 보고하여야 한다. 법 제정시 보고의무가 부과되는 기준금액이 설정되었으나 그 이후 단계적으로 인하되었고, 2013년에는

---

6) 금융정보분석원의 조직과 기능에 대한 상세내용은 본 장의 "4. 금융정보분석원의 설립과 기능" 참조.

7) 2008년 정부조직개편에 따라 기존의 '재정경제부'장관 소속에서 '금융위원회' 소속으로 이관되었다.

8) KoFIU는 'Korea Financial Intelligence Unit'을 의미

9) STR은 'Suspicious Transaction Report'를 의미

기준금액 제도가 폐지되었다. 「범죄수익규제법」과 「공중협박자금조달금지법」에 따라 금융회사등이 관할 수사기관에 신고한 경우도 KoFIU에 보고하여야 한다.

  2) 의심되는 거래의 보고의 주요 내용

  「범죄수익규제법」이 금융회사등의 종사자 등 개인에 신고의무를 부과하고 있는 것과 달리 의심거래보고에 대해서는 금융회사등에 보고의무를 규정하였다. 금융회사등의 직원을 보고주체로 하게 되면 직원 개개인의 업무 관련 지식이나 경험의 차이로 인해 보고기준에 일관성이 없게 되고, 보고 불이행에 대한 책임을 면하기 위하여 약간의 의심이 있는 거래까지도 보고할 것이 우려되기 때문이다.

  법에서는 보고대상을 '의심되는 합당한 근거가 있는 경우'로 규정하고 있는 바, 그 의미는 금융회사등이 일반적 지식과 경험을 전제로 해당 금융거래의 형태를 판단하였을 때, 수수한 금융자산이 불법재산이라는 의심이 있거나 또는 자금세탁행위 또는 공중협박 자금조달 행위를 하고 있다는 의심이 되는 경우를 의미하고, 구체적으로는 각 사안마다 금융회사등이 그 업무과정에서 파악하고 있는 고객의 직업, 사업내용, 당해 고객의 평소 거래상황, 송금방법, 양태 등 개개의 요소를 종합적으로 고려하여 판단하게 된다. 이 경우 금융회사등에 제공되는 혐의거래 참고유형은 보고대상 여부를 판단하는 데 유용한 가이드라인이 될 수 있다.

  의심되는 거래보고 의무는 반드시 고객과의 금융거래가 완성되어 금융자산을 수수하여야만 금융회사등의 보고의무가 발생하는 것이 아니고, 고객과의 금융거래가 있지 않더라도 그 업무과정에서 '금융거래상대방이 자금세탁행위나 공중협박 자금조달 행위를 하고 있다고 의심되는 합당한 근거'가 있는 경우에도 금융회사등이 보고할 수 있다.

  제6항에 금융회사등의 종사자의 비밀준수 의무를 규정하여 의심되는 거래보고를 단서로 개시되는 자금세탁 범죄수사의 실효성이 보장되도록 하였다. 이는 FATF의 권고사항 21을 수용한 것이다.

  의심되는 거래보고와 관련한 형사책임에 대해서는 의심되는 거래보고는 법령에 의한 행위로서 당연히 「형법」제20조(정당행위)의 적용을 받게 되어 별도로 규정하지 않았으나, 민사책임과 관련하여서는 고의, 중과실을 제외하고 선의로 의심되는 거래보고를 한 경우에는 민사적 책임을 면제한다.

(4) 고액현금거래보고제도(CTR)의 도입(법 제4조의2)[10]

1) 고액현금거래보고제도의 내용과 도입취지

고액현금거래보고(약칭, CTR)[11]제도는 금융회사등이 5천만 원의 범위 안에서 대통령이 정하는 금액 이상의 현금(외국통화 제외)이나 현금과 유사한 기능의 지급수단으로서 대통령이 정하는 것을 지급하거나 영수한 경우, 그 사실을 KoFIU에 보고하는 것을 그 내용으로 한다. 정부는 금융회사등의 종사자의 판단에 의존하게 된다는 점에서 주관적 성격으로 한계를 갖는 의심되는 거래 보고 제도를 보완하고, 일정한 금융거래에 관하여 일률적인 기준에 따라 금융회사등으로 하여금 보고하도록 하여 객관적 자료에 근거한 심사분석을 통하여 범죄예방활동의 실효성을 제고하기 위하여 고액현금 거래보고의 도입을 추진하다. 시행에 따른 금융회사등의 부담을 최소화하고 그 준비에 만전을 기하는 차원에서 「특정금융거래정보법」 일부 개정 법률안이 공포된 날로부터 1년이 경과한 날인 2006년 1월 18일부터 시행되었다. 고액현금거래보고제도는 미국, 호주, 캐나다, 대만, 태국 등 세계 여러 나라에서 시행되고 있는 제도이기도 하다.

2) 제도 도입시 보고기준금액 및 조정 시기를 정한 사유

정부는 우리나라 국민들의 현금선호 경향, 금융회사등의 보고부담, 외국사례 등을 종합적으로 고려할 때 보고기준금액을 처음부터 낮게 설정하기보다는 시간적 간격을 두고 순차적으로 하향조정함으로써 제도의 실효성을 단계적으로 강화해 나가는 것이 바람직한 것으로 판단하였다. 이에 따라 제도시행 초기에는 고액현금 거래보고 대상을 동일한 금융회사등에서 동일인의 명의로 이루어지는 1거래일간 현금거래(현금의 지급 또는 영수) 합산액이 5천만 원 이상인 경우로 정하는 한편, 보고 기준금액을 2008년부터는 3천만 원으로, 2010년부터는 2천만 원으로 낮추는 내용의 경과부칙을 「특정금융거래정보법 시행령」에 반영하게 되었다. 2010년 중반에 들어와서 국제적으로 자금세탁 · 테러 위험성이 높아짐에

---

10) 금융정보분석원, "2005년도 자금세탁방지업무에 관한 연차보고서"(2006년 6월).
11) CTR은 'Currency Transaction Report'를 의미

따라 현금 사용에 대한 규제와 감시를 강화하는 추세를 반영하여 고액현금거래 보고제도를 해외 주요국 제도와 정합성을 제고하는 수준으로 개선하기 위하여 시행령 개정을 추진하였다. 2019년 7월부터는 약 미화 1만 달러 수준으로 보고 기준금액을 정한 미국, 캐나다, 호주 등과 유사하게 기준금액을 1천만원으로 변경하였다.

다만, 금융거래의 액수가 기준금액에 미치지 못하더라도 금융회사등이 금융거래의 상대방이 고액현금거래보고를 회피할 목적으로 금액을 분할하여 금융거래를 하고 있다고 의심되는 합당한 근거가 있는 경우에는 그 사실을 KoFIU에 보고해야 한다.

3) 고액현금 거래보고 중계기관의 지정의 법적 근거 마련

고액현금거래보고제도 시행 초기 자료처리의 효율성을 위해 은행, 증권업계의 경우 KoFIU가 지정한 중계기관 전용망을 통하여 간접보고를 하였고, 고액현금 거래보고 건수가 많지 않은 보험업계 등의 경우 공중망을 통하여 직접 KoFIU에 보고하였다. 그러나 「특정금융거래정보법」상 보고중계기관에 관한 명시적 규정이 없었기 때문에 보고중계기관의 업무종사자가 고액현금 거래보고 정보를 누설할 경우 관련법상 그 종사자를 처벌할 수 있는 근거규정이 명시되지 않고 있었다.

2007년 법률개정을 통하여 보고중계기관의 법적 근거를 명시적으로 규정하기 위해 금융정보분석원장이 대통령령이 정하는 바에 따라 고액현금거래 보고 중계기관을 지정, 운영할 수 있도록 하는 법적 근거를 마련하였다. 중계기관 업무종사자는 KoFIU 소속 공무원과 마찬가지로 보고내용누설 금지의무를 부담하며, 위반시 형사처벌을 받게 되었다.

4) 고액현금거래보고 예외 대상 기관의 축소

법률에서는 국가, 지방자치단체, 및 그 밖에 대통령령으로 정하는 공공단체와의 거래에 대해서는 금융회사등의 고액현금거래보고의무를 면제하고 있다. 동법 시행령은 법률에서 규정하는 공공단체의 범위를 공공기관, 정부출연 연구기관, 지방공사 등으로 정하고 있었으나, 금융회사등이 보고대상 거래와 면제대상

거래를 구분하는 과정에서 실무상 불편이 가중된다는 의견이 있었다. 정부는 공공단체의 경우도 자금세탁 위험성이 없다고 단정 지을 수 없다고 판단하여 공공단체의 범위를 규정하는 시행령 조항을 삭제하기 위하여 2018년부터 시행령 개정을 추진하였다. 이에 따라 2018년 7월부터는 금융회사등에 공공단체와의 금융거래에 대해서도 고액현금거래 의무를 부과하였다.

(5) 금융회사등의 내부통제구축 의무(법 제5조)

1) 금융회사등의 내부통제구축 의무

금융회사등이 자금세탁방지를 위하여 내부체제를 구축하는 것은 자금세탁방지를 위한 필수적 요소이며, FATF 권고사항 및 미국, 영국 등 대부분 국가의 법률에도 규정되어 있다. 법 제5조에 의해 금융회사등은 보고책임자를 임명하고, 자금세탁행위 방지를 위한 업무지침작성, 임직원에 대한 교육, 연수 등을 실시하여야 한다.

2019년 1월에는 법률 개정을 통해 금융회사등이 내부 업무지침에 규정해야 할 일부 사항을 법률에 규정하고 그 밖의 사항을 시행령으로 열거 하도록 하였다. 법률에는 금융거래에 내재된 자금세탁행위 등의 위험을 분석, 평가하여 위험도에 따라 관리 수준을 차등화하는 업무체계의 구축 및 운영에 관한 사항, 자금세탁방지 업무를 수행하는 부서와 독립된 부서 등에서 자금세탁방지 업무수행의 적절성 등을 검토·평가하고 이에 따른 문제점을 개선하기 위한 업무체계의 마련 및 운영에 관한 사항을 명시하였다.

2) 금융회사등에 내부통제구축 감독 의무 부과

2019년 1월 법률 개정시 금융회사등에 내부 임직원의 업무지침 준수 여부를 감독하도록 의무를 부과함으로써 동 의무 위반 시 1억원 이하의 과태료 부과가 가능하게 되는 법개정도 이루어졌다.

3) 금융회사등의 내부통제구축 의무 일부 면제 가능

종전에는 법상 일부면제의 근거가 없음에도 불구하고, 시행령 제10조제2항에서 다음과 같이 일부면제 조항을 두고 있는 문제가 있어 2018년 2월 시행령 개정이 이루어졌다. 그리고 2019년 1월 법개정을 통해 금융회사등에 관한 의무부과의 전부 또는 일부면제 조항을 별도 항에 명시함으로써 현행법의 문리적 해석상 전부면제만 가능한 것으로 되어 있는 규정을 금융회사등의 주된 거래유형·거래규모 등에 따라 일부면제도 가능하도록 법을 보완하였다.

(6) 고객확인의무제도의 도입(법 제5조의2)

1) 금융회사등의 고객확인의무(Customer Due Diligence : CDD)의 도입[12]

금융회사등이 자신의 서비스가 자금세탁 등 위법행위에 이용되지 않도록 고객의 신원, 실제소유자 여부 및 거래목적 등을 파악하는 등 고객에 대하여 합당한 주의를 기울여야 하는 의무를 고객확인[13]의무라 한다. 이는 의심되는 거래보고, 기록보관의무와 함께 자금세탁방지에 관한 국제기구인 FATF 권고사항의 핵심내용 중 하나이며, 외국의 선진금융기관들은 이미 고객알기정책(Know Your Customer : KYC Policy)이라는 이름으로 스스로 고객, 거래유형에 따라 자신이 거래하는 고객에 대한 정보를 확보하고자 노력해 오고 있었다. 이에 따라 정부는 2005년 1월 「특정금융거래정보법」 개정을 통해 금융회사등으로 하여금 고객이 계좌를 신규로 개설하거나 대통령령이 정하는 금액 이상으로 일회성금융거래를 하는 경우 대통령령이 정하는 거래당사자의 신원에 관한 사항을 확인하고, 나아가 고객이 자금세탁행위를 할 우려가 있는 경우 실제 당사자 여부 및 금융거래의 목적을 확인하도록 하는 내용의 고객확인의무제도를 도입하였다.

우리나라의 고객확인의무제도는 20년 앞서 도입된 금융실명제와 비교할 때 금융거래의 투명성을 제고하기 위한 것이라는 측면에서는 유사하지만, 고객확인의무에 따른 고객확인의 경우 금융실명제에서의 실지명의(성명 및 주민등록번호 등)뿐만 아니라 주소와 연락처 등은 물론 금융거래를 하는 고객이 자금세탁을 할 우려가 있는 경우에는 실제 당사자 여부 및 금융거래의 목적까지 확인하게 된다는 점에서 금융실명제와 차이가 있다.

---

12) 금융정보분석원, "2005년도 자금세탁방지업무에 관한 연차보고서"(2005년 6월).
13) 1990년대 중반 미국 중앙은행인 FRB가 '고객알기(Know-Your-Customer: KYC)'라는 표현을 처음 사용하였다가 이후 '고객확인'라는 용어로 대체되면서 우리나라도 처음에는 '고객확인'를 '고객확인'이라는 용어를 사용하게 되었다.

2) 법상 고객확인의무의 내용

(ⅰ) 고객확인 대상

2019년 이전에는 금융회사등은 계좌의 신규개설이나 2천만원(미화 1만 달러) 이상의 일회성 금융거래시 고객의 신원을 확인해야 했다. 금융회사등의 신원확인 사항은 고객의 종류에 따라 약간의 차이가 있으나, 주로 실지명의, 주소, 연락처, 업종 등이 포함된다.

한편, 금융실명법은 금융거래 시 고객의 실명을 확인토록 하면서 실명이 확인된 계좌에 의한 계속거래에 대해서는 실명확인을 생략하도록 하고 있다. 2019년에 개정되기 전 시행령은 금융실명법상 개념을 차용하여 일회성 금융거래를 '금융회사등에 계좌를 개설하지 않은 거래'로 정의하였다. 이에 따라 무통장 송금, 외환송금 및 환전 등이 일회성 거래로 간주되었으나, 여신, 보험 등과 같이 실명법이 적용되지 않는 거래의 경우 계좌 개념이 모호하여 일회성 거래 구분이 불명확하여 금융회사의 실무상 적용에 혼선이 생겼고 금융 고객에게 불편을 초래하기도 하였다.

또한, 일회성 금융거래 중 일정 금액 이상(한화 2,000만원, 외화 1만 달러 상당)의 거래에 대해 고객확인의무 부과하는 것은 FATF가 요구하는 금액기준에 미흡하였다. FATF 권고사항은 일회성 금융거래 중 고객확인의무 부과 거래를 '1,000달러(약 100만원) 이상의 전신송금, 3,000달러 이상의 카지노거래, 기타 미화 15,000달러(약 1,500만원)를 초과하는 거래'를 대상으로 규정하고 있기 때문이다.

이에 따라 2018년 시행령 개정을 추진하였다. 국제기준과 해외입법례를 반영하여 일회성 금융거래의 정의를 변경하고, 고객확인의 대상을 국제기준 수준으로 강화하였다. 일회성 금융거래의 정의를, 동일 금융회사에서 고객확인 미실시 대상 고객이 하는 일회적인 금융거래로 변경하였으며, 일회성 금융거래의 거래형태를 세분화하였고, 기준금액은 제도를 강화하는 수준으로 조정하였다. 종전에는 외화표시 외국환거래는 1만 달러, 그 외에는 2천만원을 기준금액으로 설정하였으나, 시행령 개정을 통해 전신송금의 경우 100만원 또는 그에 상당하는 외화, 카지노의 경우 300만원 또는 그에 상당하는 외화, 외화표시 외국환거래는 10,000달러, 기타의 경우 1,500만원으로 기준금액을 설정하였다.

(ⅱ) 실제소유자 확인

⒜ 실제소유자 확인제도의 도입

금융회사등은 실제 거래당사자 여부가 의심되는 등 금융거래의 상대방이 자금세탁행위나 공중협박 자금조달 행위를 할 우려가 있는 경우, 실제 당사자 여부 및 금융거래의 목적을 확인해야 한다. 즉 금융회사등은 거래자에 대하여 신원확인 후, 거래자 이외에 실제소유자가 존재하는지 여부(예 : 금융거래되는 자금이 거래자의 소유인지 여부 등)를 확인할 의무가 있다. 다만, 종전에는 실제 당사자의 신원을 확인하는 문제는 금융회사등이 리스크관리차원에서 자율적으로 판단하며, 금융거래의 목적확인은 고객이 실제소유자의 신원을 밝히는지 여부에 상관없이 확인해야 했다. 원칙적으로 금융거래 전에 고객확인을 하여야 하나, 금융거래의 성질 등으로 인하여 불가피한 경우에는 금융거래 후 고객확인을 할 수 있도록 하였던바, 이러한 거래유형을 감독규정에서 정하도록 하였다.

2016년부터는 시행령 개정을 통해 금융회사등이 추가적으로 실제소유자를 확인하도록 하고 있으며 고객이 개인인 경우와 법인·단체인 경우에 따라 확인 내용이 다르게 규정되어 있다. 금융회사등은 개인 또는 법인인 고객이 계좌를 신규로 개설하거나 일정금액 이상 일회성 금융거래를 하는 경우 실제소유자를 확인해야 한다.

⒝ 고객이 개인인 경우 실제소유자의 확인

개인고객인 경우에는 금융회사등은 원칙적으로 계좌의 명의인을 실제소유자로 보며 실제소유자가 따로 존재한다고 밝히거나 타인을 위한 거래를 하고 있다고 의심될 경우에 실제소유자를 확인해야 한다.

⒞ 고객이 법인 또는 단체인 경우서 고객의 지배지분 소유자 또는 최다 출자자가 자연인인 경우의 실제소유자의 확인과 현행 제도의 문제점(시행령 제 10 조의 5 제2항)

고객이 법인 또는 단체인 경우에는 우선 25% 이상 지분증권을 소유한 주주등(고객의 지배지분 소유자)을 확인해야 한다. 이 경우 자연인을 확인할 수 없다면 해당 법인 또는 단체의 최대 지분을 소유한 주주등[14](고객의 최다 출자자) 또

---

14) 「특정금융거래정보법 시행령」 제10조의 5에서 '주주등'은 '주식, 그 밖의 출자지분(그 주식, 그 밖의 출자지분과 관련된 증권예탁증권을 포함)을 소유하는 자'을 일컬음

는 그 대표자·업무집행사원 또는 임원 등의 과반수를 선임한 주주등(고객의 임원 등의 과반수 선임자)을 실제소유자로 확인하되, 해당 법인 또는 단체를 사실상 지배하는 자(고객의 사실상의 지배자)가 고객의 최다 출자자, 고객의 임원 등의 과반수 선임자와 다를 경우 '고객의 사실상의 지배자'를 실제소유자로 확인한다. 이 경우에도 자연인을 확인할 수 없는 경우에는 마지막으로 '해당 법인 또는 단체의 대표자'를 실제소유자로서 그 성명, 생년월일 및 국적(그 실제소유자가 외국인인 경우)을 확인하여야 한다.

한편, 이 경우 '사실상 지배하는 자'를 확인할 수 없으면 최종적인 실제소유자를 확인하지 않고 단순히 그 대표자를 실제소유자로 처리하는 것이 가능하기 때문에 제도를 개선할 여지가 있다고 볼 수 있다. 즉 '고객의 사실상 지배자'에 대한 구체적 개념이 규정되지 않은 상황에서 비영리법인이나 집합투자기구와 같이 최대지분 소유자나 임원 등 과반수를 선임한 자를 찾는 것이 태생적으로 거의 불가능한 법인 또는 단체고객에 대한 실제소유자 확인은, 많은 경우 고객을 '사실상 지배하는 자'가 누구인지에 대한 고민 없이 해당 법인 또는 단체의 대표자를 확인하는 것으로 귀결될 수밖에 없기 때문이다.[15]

(d) 고객이 법인 또는 단체이면서 고객의 지배지분 소유자 또는 최다 출자자도 법인 또는 단체인 경우의 실제소유자 확인(시행령 제10조의5 제3항)

앞서 설명한, 고객이 법인 또는 단체인 경우라고 하더라도 고객의 25% 이상 지분을 소유한 주주등(고객의 지배지분 소유자) 또는 고객의 최대 지분 소유 주주등(고객의 최다 출자자)이 자연인이 아니라 '다른' 법인 또는 단체인 경우에는 그 '다른' 법인 또는 단체의 지배지분 소유자, 또는 그 '다른' 법인 또는 단체의 최다 출자자 또는, 그 '다른' 법인 또는 단체의 임원 등의 과반수 선임자, 또는 '다른' 법인 또는 단체의 중요한 경영사항에 대하여 사실상 영향력을 행사할 수 있는 자연인이 그 다른 법인 또는 단체의 지배지분 소유자, 또는 그 다른 법인 또는 단체의 최다 출자자와 다를 경우 그 사실상 영향력을 행사할 수 있는 자연인을 실제소유자로 확인한다.

그 '다른' 법인 또는 단체의 지배지분 소유자, 또는 그 '다른' 법인 또는 단

---

15) 심지원, "자금세탁방지법령에서의 실제소유자 개념 고찰", 서울대학교금융법센터 BFL 제91호 2018.9

체의 최다 출자자 '또 다른' 법인 또는 단체인 경우에는 그 '또 다른' 법인 또는 단체의 지배지분 소유자, 또는 최다 출자자 또는, 임원 등의 과반수 선임자 또는, 사실상의 지배자 중 어느 하나에 해당하는 자연인이 있으면 그를 실제소유자로서 그 성명, 생년월일 및 국적을 확인해야 한다.

이 과정들에서 지배지분 소유자, 최다 출자자, 임원 등의 과반수 선임자, 사실상의 지배자에 해당하는 자가 여러 명인 경우에는 의결권 있는 발행주식총수를 기준으로 소유하는 주식 등의 수가 가장 많은 주주 등을 기준으로 확인하여야 한다. 다만, 금융거래를 이용한 자금세탁행위 및 공중협박자금조달행위를 방지하기 위하여 필요하다고 인정되는 경우에는 이들 중 전부 또는 일부를 확인할 수 있다.16)

3) 강화된 고객확인제도의 시행17)(법 제5조의2 제1항 제2호)

2006년부터 시행된 고객확인의무제도는 금융회사등으로 하여금 거래당사자의 신원에 관한 사항은 확인하도록 하였으나, 금융회사등이 자금세탁 등 위법행위에 연루되지 않기 위해 고객을 충분히 파악하거나 금융회사등 스스로 고객 및 금융거래·상품별 자금세탁의 위험도를 평가하고 거래의 목적, 배경 등을 파악하도록 한 것은 아니었다. 즉 제도도입 당시에는 FATF 권고사항이 요구하는 '위험도가 높은 유형(higher risk categories)의 고객이나 거래관계에 대하여 강화된 고객확인(enhanced customer due diligence: EDD)'은 아직 실시하지 않고 있었으며, 고객확인에 있어서도 금융회사등의 실행부담을 완화하는 '리스크기반접근법(The Risk-based Approach to Combating Money Laundering and Terrorist Financing)'을 도입하지 않고 있었다. 이에 따라 모든 고객과거래에 대한 획일적인 고객확인보다는 고객의 업종과 금융상품 및 지역 등에 따라 위험도를 분류하고, 그 위험도에 따라 고객확인을 달리하면서도 효율성을 강조하는 위험기반 접근방식의 강화된 고객확인제도의 도입이 요구되고 있었다. 이러한 필요성을 반영하여 2007년 12월 21일 특정금융거래정보법에 강화된 고객확인제도(EDD) 도입을 위한 법적 근거를 마련하고, 1년의 준비기간을 거쳐 2008년 12월 22일부

---

16) 김양곤, "자금세탁방지법상의 실제소유자의 확인 및 검증에 관한 소고", 2018년
17) 금융정보분석원, "2007년 자금세탁방지 연차보고서(2008년 6월)"

터 제도를 시행하게 되었다. 우리나라의 금융회사등도 스스로 고객과 상품의 자금세탁위험도를 분류하고, 그 위험도에 따라 차별화된 고객확인을 수행하게 된 것이다.

4) 고객확인의 시기(시행령 제10 조의6 제3항)

FATF 권고사항 10은 기존에 확보된 고객확인정보의 진위나 타당성이 의심되는 경우 등 일정한 경우에 금융회사등이 고객확인을 이행한다고 규정하고 있어 「특정금융거래정보법 시행령」에서도 금융회사등이 거래당사자의 신원에 관한 사항에 관하여 이미 확인한 고객과 다시 금융거래를 하는 경우에는 고객확인을 하지 않아도 되도록 하면서, 기존 확인사항이 사실과 일치하지 않을 우려가 있거나 그 타당성에 의심이 있는 경우에는 다시 고객확인의무를 이행하도록 하였다.

5) 거래 거절(법 제5조의2 제4항, 제5항)

금융회사등은 고객확인이 불가능한 경우 해당 거래의 개시를 거절하거나 기존 거래를 중단하고, 해당 거래에 대해 KoFIU에 의심거래의 보고 여부를 검토해야 한다.

(7) 전신송금 시 정보제공(Travel Rule, 법 제5 조의 3)

2013년에는 FATF 권고사항 16을 이행하고 복수의 은행을 이용한 분산송금 시 금융회사등의 의심거래 여부 판단을 돕기 위하여 전신송금제도를 도입하였다. 이에 따라 금융회사등은 100만원을 초과하는 국내 전신송금 시 송금인과 수취인의 성명 및 계좌번호를 수취금융회사등에 제공하고, 1,000달러를 초과하는 해외 전신송금 시에는 송금인과 수취인의 성명 및 계좌번호와 함께 주소, 주민등록번호(법인인 경우에는 법인등록번호, 외국인인 경우에는 여권번호 또는 외국인 등록번호)를 제공하게 되었다.

전신송금 시 정보제공 의무를 규정하고 있는 FATF 권고사항 16은 미국 연방규정(CFR ; Code of Federal Regulations)의 '자금이전 및 운반에 관한 기록보관 요구사항(Funds Transfer Record keeping and Travel Rule Requirements)[18]'에서 유

---

18) 31 CFR 103.33(e),(g) : 은행은 3천 달러 이상이 되는 자금을 발송, 중개 또는 수신하였을 경우 이에 대한 기록을 보전해야 하며, 이 경우 보관자료를 해당 금융기관이 자금의 이전에 있

래하여, 전신송금에 관한 규정을 'Travel Rule'로 칭하기도 한다. 'Travel Rule'은 2019년 FATF가 각국에 가상자산 사업자에게도 의무를 부과하도록 함에 따라 쟁점이 되기도 하였다. 전 세계적으로 가상자산 사업자들은 '사업자가 고객확인을 통해 송금인의 정보는 알 수 있지만, 수취인의 정보를 기술적으로 파악하기 어려운 것이 현실이며, 가상자산을 가상자산 거래소가 아닌 개인지갑으로 전송할 경우 특히 문제가 될 수 있다'는 의견을 제기하였다.

(8) 의무이행 관련 자료·정보 보존(법 제5조의 4)

2019년 이전에는 금융회사등이 법 제4조 제1항에 따른 의심거래보고를 한 경우 관련자료를 5년간 보존하도록 하고 있었다. 하지만, 2019년 1월 법률 개정을 통해 보존대상의 범위에 의심거래보고 관련자료 외에도 고액현금거래보고(CTR) 관련자료, 고객 확인자료, 전신송금의 송금인 및 수취인에 관한 정보 등 금융회사등의 의무 수행과 관련된 금융거래자료 등을 금융거래등의 관계가 종료한 때부터 5년간 보존하도록 하였다.

(9) 법집행기관에 대한 정보제공(법 제7조 및 제7조의2)

KoFIU는 자금세탁범죄에 대한 정보를 수집, 분석하는 기능을 수행할 뿐 자금세탁범죄에 대한 수사권이 없으며, 실제 수사, 조사는 법령에 의하여 수사, 조사권한이 부여되어 있는 법집행기관이 행하게 되므로 KoFIU가 법집행기관에 이들 정보를 제공하는 것이 필요하다.

FIU가 법집행기관에 정보를 제공하는 방식은 국제적으로 미국, 호주 방식과 벨기에, 프랑스 등 유럽 방식이 병존하고 있다. 미국, 호주 방식은 FIU가 자금세탁정보를 관리만 하고 법집행기관이 직접 FIU의 데이터 베이스에 접속하여 필요한 자료를 입수하는 방식이고, 벨기에 등 유럽 방식은 FIU가 접수된 의심되는 거래정보를 다른 행정기관의 자료, 상업용 자료, 금융자료와 대조하는 등의 방법으로 심사분석하여 그 가운데 자금세탁혐의가 있다고 인정되는 자료만 여과하여 수사기관에 제공하는 방식이다.

어서 어떠한 역할을 했느냐에 따라 달리 결정된다. 또한 은행이 자금의 이전에 있어서 발송자 또는 중개자의 역할을 한 경우 일정한 정보를 다음 단계의 은행에게 제공해야 한다.

「특정금융거래정보법」은 유럽 방식을 채택하고 있는데, KoFIU가 모든 자료를 법집행기관에 공개하는 것이 아니라 불법재산 또는 자금세탁행위와 관련된 형사사건의 수사 등에 필요하다고 인정되는 정보에 국한하여 제공토록 함으로써 수집된 자료에 포함되어 있는 선량한 고객의 금융비밀 등이 수사기관에 노출되지 않도록 하였다. 금융정보분석원장은 금융회사등으로부터 보고받은 정보(의심거래보고 정보, 고액현금거래보고 정보) 및 외국 FIU로부터 제공받은 정보 중 특정형사사건등의 수사등과의 관련성이 있다고 인정된 정보, 앞서 규정된 정보 또는 고액현금 거래보고 정보와 외국환거래정보를 정리 · 분석한 정보(이하 "특정금융 거래정보"라고 함)가 형사사건의 수사, 조세탈루혐의 확인을 위한 조사업무, 조세체납자에 대한 징수업무, 관세 범칙사건 조사, 관세탈루혐의 확인을 위한 조사업무, 관세체납자에 대하 징수업무 및 「정치자금법」 위반사건의 조사, 금융감독업무 또는 테러위험인물에 대한 조사에 필요하다고 인정되는 때에는 검찰총장, 경찰청장, 해양경찰청장, 국세청장, 관세청장, 중앙선거관리위원회, 금융위원회 또는 국가정보원장(이하, 검찰총장등)에 관련 정보를 제공한다.

검찰총장등은 특정형사사건의 수사등을 위하여 필요하다고 인정하는 경우에는 금융회사등으로부터 보고받은 정보(의심거래보고 정보, 고액현금거래보고 정보) 및 외국 FIU로부터 제공받은 정보 중 특정형사사건등의 수사등과의 관련성이 있다고 인정된 정보 또는 고액현금 거래보고 정보와 외국환거래정보를 정리 · 분석한 정보를 금융정보분석원장에게 요구할 수 있다.

금융정보분석원장이 특정금융거래정보를 검찰총장 등에게 제공하는 경우에는 정보분석심의위원회의 심의를 거쳐 제공해야 한다.

한편, 금융정보분석원장이 금융회사등으로부터 보고받은 고액현금거래보고 정보를 정리 · 분석 없이 검찰총장에게 제공하는 경우에는 검찰총장 등의 통보유예 요청이 없는 한 거래정보를 제공한 날로부터 10일 이내에 명의인에게 제공거래정보의 주요 내용 및 사용 목적 등을 통보하여야 한다.

(10) 외국 FIU와의 정보교환(법 제8조)

법 제8조는 KoFIU가 공식적인 외교절차를 거치지 않고 외국의 FIU와 직접 자금세탁정보를 교환할 수 있다는 것과 이를 위한 요건, 절차 등을 규정하고 있다. 자금세탁방지를 위한 국제협력필요성이 증가됨에 따라 에그몽그룹이 각국의 FIU간에 자발적인 정보제공을 강력히 요청하고 있고, FIU간 정보교환이 활발히 전개되고 있으므로 우리나라도 이에 동참할 필요성에 의해 규정된 것이다.

KoFIU가 외국의 FIU에 정보를 제공하기 위해서는 일정한 요건을 충족하여야 하는바, 통상 외국의 FIU와 양해각서(MOU)의 체결을 통해 요건충족을 보증받게 된다. 외국 FIU와의 정보교환에는 '목적 외의 다른 용도로 사용되지 않을 것, 정보제공사실의 비밀이 유지될 것, 금융정보분석원장의 사전동의 없이는 외국의 형사사건의 수사나 재판에 사용되지 아니할 것 등'의 요건이 충족되어야 한다.

(11) 특정금융 거래정보의 비밀보장(법 제9조)

KoFIU의 소속 공무원, KoFIU 전산시스템의 관리자 및 관련 용역 수행자, 중계기관에 종사하는 사람, 수취 금융회사에 종사하는 사람, 제공된 특정금융거래정보와 관련된 특정형사사건의 수사등에 종사하는 사람, 감독 및 검사를 한 자, KoFIU의 정보분석심의원회의에 참여하거나 그 업무에 종사하게 된 사람은 직무상 알게 된 특정금융 거래정보를 누설하거나 목적 외의 다른 용도로 사용할 수 없도록 하고 있으며, 이를 위반한 자는 5년 이하의 징역 또는 5천만 원 이하의 벌금에 처해진다. 또한 누구든지 KoFIU의 소속 공무원 등 앞서 열거된 자에게 특정금융 거래정보 등을 제공할 것을 요구하거나 목적 이외의 용도로 사용할 것을 요구할 수 없다.

이외에도 특정금융 거래정보는 재판에서 증거로 사용할 수 없으며, 금융회사등의 종사자는 당해 보고와 관련된 사항에 관하여 증언을 거부할 수 있도록 규정하는 등 국민의 금융비밀을 보장하기 위한 여러 제도적 장치를 마련하고 있다.

(12) 심사분석을 위한 자료수집권한(법 제10조)

금융정보분석원장은 특정금융 거래정보의 분석을 위하여 필요한 경우에는 관계행정기관, 신용정보 집중기관 및 금융회사등에게 행정자료, 신용정보자료, 「외국환거래법」에 규정된 외국환업무에 따른 거래를 이용한 금융거래 정보자료의 제공을 추가적으로 요구할 수 있다. KoFIU의 자료수집권은 앞서 법률제정과정에서 살펴본 바와 같이 국회 법안심의과정에서 일부 제한되었다.

(13) 금융회사등에 대한 감독, 검사

1) 국내 금융회사등에 대한 감독, 검사(법 제11조)

금융정보분석원장은 금융회사등의 의심되는 거래보고의무, 고액현금 거래 보고의무, 내부보고체제 구축의무 및 고객확인의무 등에 대해 감독, 검사권을 보유하고 있다. 법 제11조 제6항에서는 KoFIU의 검사권을 금융감독원장, 기타 대통령령이 정하는 자에게 위탁할 수 있도록 규정하고 있다. 이에 따라 시행령 에서는 금융회사등 별로 개별 감독기관에 검사권을 위탁할 수 있는 규정을 두고 있으며, 구체적인 예를 들면 은행, 금융투자, 보험 등 일반적인 금융회사등은 금 융감독원장, 새마을금고중앙회는 행정안전부장관, 환전영업자는 관세청장 등에 게 검사권을 위탁할 수 있도록 규정하고 있다.

2) 외국 금융감독 · 검사기관과의 업무 협조(법 제11조 2)

외국 금융감독기관이 외국 법령을 위반한 행위에 대하여 목적 · 범위 등을 밝혀 이 법에서 정하는 방법에 따른 검사를 요청하는 경우 금융정보분석원장은 이에 협조하여 검사자료를 외국 금융감독기관에 제공할 수 있다. 검사자료 제공 을 위해서는 제공 목적 외 사용금지, 검사자료 및 제공사실의 비밀 유지 등의 요건이 충족되어야 한다.

4. 「특정금융거래정보법」 관련 쟁점 사항

(1) 의심되는 거래보고와 「금융실명법」상 비밀보장과의 관계

1) 「금융실명법」상 비밀보장규정의 저촉 여부

「금융실명법」 제4조는 금융회사등에 종사하는 자는 명의인의 서면상의 요 구나 동의 없이 그 거래정보 등을 타인에게 제공하거나 누설하여서는 아니 되 며, 누구든지 금융회사등에 종사하는 자에게 거래정보 등을 요구할 수 없다고 규정하고 있다.

그러나 「특정금융거래정보법」은 제12조(다른 법률과의 관계)에서 의심되는 거래보고 및 특정금융 거래정보의 심사분석, 제공은 「금융실명법」 제4조(금융 거래의 비밀보장)에 우선하여 적용됨을 명시적으로 규정하고 있다. 따라서 의심되는 거래보고에 대하여서는 「특정금융거래정보법」이 우선 적용되므로, 금융회사 등의 의심되는 거래보고는 「금융실명법」 제4조에 위반되는 것이 아니다.

2) 국제논의 동향

각국은 정상적인 금융거래에 대하여는 금융비밀 보장원칙을 견지하되 불법 자금의 세탁행위 등 보호할 가치가 없는 금융거래는 금융정보분석기구(FIU)에 보고토록 의무화하고, 비밀누설 및 목적 외 사용을 금지함으로써 공익과 사익을 적절히 조화시키고 있다.

그리고 FATF 권고사항도 금융비밀보호법이 의심되는 거래보고 등 자금세탁방지제도의 이행을 방해하지 않을 것을 요구하고 있다.

3) 「특정금융거래정보법」상 금융거래 비밀보장을 위한 제도적 장치

(ⅰ) 금융회사등에 종사하는자의 보고사실 누설금지

금융회사등의 종사자는 자금세탁이 의심되는 거래를 보고하고자 하거나 보고한 경우 그 사실을 거래상대방을 포함하여 다른 사람에게 누설하여서는 아니 되며, 위반시 1년 이하의 징역 또는 1천만 원 이하의 벌금에 처하게 된다.

(ⅱ) KoFIU 소속 공무원 등의 특정금융거래정보 누설금지 및 목적 외 사용금지

KoFIU의 소속 공무원, KoFIU 전산시스템의 관리자 및 관련 용역 수행자, 중계기관에 종사하는 사람, 수취 금융회사에 종사하는 사람, 제공된 특정금융거래정보와 관련된 특정형사사건의 수사등에 종사하는 사람, 감독 및 검사를 한 자, 정보분석심의원회의에 참여하거나 그 업무에 종사하게 된 사람은 특정금융거래정보를 누설하거나 목적 외 용도로 사용하여서는 아니 되며, 위반시 5년 이하의 징역 또는 5천만 원 이하의 벌금에 처하게 된다.

(ⅲ) 법집행기관 등에 대한 엄격한 정보제공절차

KoFIU는 관계기관에서 모인 전문인력을 중심으로 특정금융거래정보를 법집행기관에 제공할지 여부를 최종판단하며, 특정거래 금융정보를 법집행기관에 제공한 때에는 제공된 정보의 내용 및 제공사유 등을 제공일로부터 5년간 기록,

보관하는 등 법집행기관 등에 대한 정보제공도 엄격히 통제하고 있다.

(2) KoFIU의 역할과 타 정부기관역할과의 관계

1) 법집행기관과의 차이

(ⅰ) 수사 및 조사권

검찰청, 경찰청, 해양경찰청, 국세청, 관세청, 중앙선거관리위원회, 금융위원회, 국가정보원 등 법집행기관은 수사권 및 조사권을 보유하고 자체 정보 및 KoFIU가 제공하는 정보를 바탕으로 기관의 설립목적에 따라 조직범죄, 탈세조사, 밀수, 외환사범, 금융 관련 범죄 등의 조사 및 제재조치를 담당한다.

(ⅱ) KoFIU의 심사분석

KoFIU는 순수한 정보기구로서 수사권이나 능동적으로 금융거래정보를 수집할 권한은 없으며, 금융회사등으로부터 보고받은 의심되는 거래정보 등을 분석하여 법집행기관에 제공하는 여과기능 및 양 기관과의 매개역할을 함으로써 각 기관의 부담을 경감시켜 주고 있다.

2) 외환모니터링 역할

(ⅰ) 외환정보 집중기관과 정보활용기관

한국은행은 외환전산망 등 외환정보의 집중기관으로서 외환시장을 모니터링하여 기획재정부와 함께 외환시장 안정대책을 수립하고 있으며, 국세청과 관세청은 외환정보를 각 기관의 목적에 따라 활용한다.

(ⅱ) 불법외환거래 대처

KoFIU는 불법외환거래와 탈세목적의 외환거래를 방지하기 위한 기구로서 외환정보 집중기관의 정보도 활용하지만, 금융회사등으로부터의 의심되는 거래보고 및 고액현금 거래보고를 통해서도 정보를 수집한다.

3) 금융감독측면

(ⅰ) 포괄적 감독, 검사

금융감독원 등 금융감독기구는 금융회사등에 대한 건전성감독 등 일상적인 업무에 대한 포괄적인 감독, 검사권을 보유하고 있다.

(ii) 의심되는 거래보고 및 내부보고체제 수립의무에 대한 감독, 검사

KoFIU의 금융회사등에 대한 감독, 검사권은 의심되는 거래보고, 고액현금 거래보고, 내부보고체제 수립, 고객확인의무 및 전신송금에 한정된 것으로 KoFIU 조직의 슬림화 및 검사업무의 효율화를 위해 KoFIU가 기존의 개별 감독 기관에 검사업무를 위탁할 수 있도록 법률에 규정하였다.

(3) 가상자산 관련 구체적인 규제 방향

1) 가상자산 관련 특정금융거래정보법 개정 취지와 개정 주요 내용

(i) 특정금융거래정보법 주요 개정 내용

2020년 3월 5일 국회 본회의를 통과한 「특정금융거래정보법」 개정안은 가 상자산 사업자가 준수해야 할 자금세탁방지 의무와 금융 회사가 가상자산 사업 자와 거래시 준수해야 할 의무 등을 규정하고 있다. 가상자산 사업자는 금융회 사의 사업자에 대한 실명확인 입출금계정을 발급받고, 정보보호 관리체계 인증 (약칭, ISMS)을 받은 후 KoFIU에 신고해야 할 의무가 있다. 이에 따라 고객확인, 의심거래보고 및 관련자료 보관 등의 일반적인 AML/CFT 의무가 발생하고, 이 용자별 거래 내역 분리 등 가상자산업자에게 고유한 의무도 부과된다.

가상자산 사업자와 거래하는 금융회사등은 '고객인 사업자의 대표자, 거래 목적 등 기본 사항과 가상자산 사업자의 신고 수리 여부 및 예치금 분리보관 등' 을 확인해야 한다. 가상자산 사업자가 KoFIU에 미신고하거나 자금세탁 위험이 특별히 높다고 판단되는 경우 등에는 금융회사등은 그 금융거래를 의무적으로 거절·종료해야 한다. 감독은 KoFIU가 수행하며, KoFIU는 금융감독원에 검사 권한을 위탁할 수 있다.

(ii) 특정금융거래정보법 개정의 기대 효과

법 개정을 통해 가상자산 사업자는 이용자에 대한 신원을 확인하고, 자금세 탁이 의심되는 거래발생 시 KoFIU에 보고해야 할 의무를 부담하므로 가상자산 을 이용한 자금세탁 등 범죄행위를 예방하고, 투명한 거래질서 확립에 기여할 수 있을 것으로 기대된다. 아울러 FATF 등 국제기구는 지속적으로 제도의 이행

상황 등을 점검하고, 그 결과를 공개할 예정이므로, 법 개정과 이행을 통해 국가 신인도 제고에 기여할 수 있을 것이다.

2) 하위 법규에서 구체화될 사항

「특정금융거래정보법 시행령」 개정안을 마련하고 가상사업자가 ISMS 인증을 취득하는데 장시간이 소요되는 점을 감안하여 개정 법률은 공포 후 1년이 경과된 시점에 시행되며, 기존 가상자산 사업자는 개정 법률 시행일로부터 6개월 이내에 신고하도록 경과규정을 두었다.

이 법률 개정은 가상자산 관련 자금세탁방지를 위해 가상자산 사업자는 물론 금융회사에 대해서도 의무를 부과하는 내용의 법률 개정안인 만큼, 2020년 10월 현재 KoFIU 등 관계 행정기관은 하위 법규 마련 과정에서 업계, 민간 전문가 등의 의견을 적극적으로 수렴하고 있다. 2019년 11월 국회 정무위는 법 개정안을 논의하는 과정에서 '가상자산 사업자의 신고 요건 및 직권말소 요건 중 실명확인 입출금 계정 서비스 이용과 관련해서 개시 기준 및 조건을 시행령에서 정하도록 하는 내용 등을 반영하고 시행령 위임사항과 관련하여서는 금융위원회는 입출금 계정 개시 기준·조건에 대한 시행령 입안 과정에서 법률 개정의 취지가 제대로 반영될 수 있도록 국회와 긴밀히 협의한다'는 부대의견을 법률 개정안에 첨부하였기 때문이다.

언론보도와 업계 등에 따르면 시행령 개정의 주요 쟁점은 가상자산사업자의 범위, 익명성이 강화된 '다크코인'의 거래 금지 여부, 실명확인계좌 발급 기준 등이다. 가상자산 사업자의 범위와 관련하여 암호화폐를 다루는 모든 기업이 「특정금융거래정보법」 대상이 되는 것이냐는 혼란이 있었다. 금융당국에 따르면 2020년 8월 기준으로 국내에 59개 거래소가 운영 중인 것으로 파악되고 있다. 정부는 법 시행 초기에는 자금세탁방지 우려가 높은 사업자부터 의무를 부과키로 하고, 가상자산 거래소, 수탁(custody)사업자, 지갑 서비스 기업 등을 의무부과대상 사업자로 우선 포함할 계획을 갖고 있는 것으로 전해진다. 다만 가상자간과 원화 간 환전 서비스를 제공하지 않는 사업자는, 실명 인증 가상계좌 발급 대상에서 제외될 것으로 알려졌다.

다크코인 취급 금지 조항도 마련될 것으로 알려진다. 다크코인은 송신자와 수신자를 추적할 수 없는 익명성을 가진 암호화폐를 통칭하는 용어다. 다크코인은 암호화폐 송수신자의 신원을 확보해야 하는 규정인 전신송금 규정(Travel Rule)에 정면으로 배치될 수 있으나 다크코인 여부 등에 대한 판별이 기술적으로 어렵지 않다는 문제점이 있는 것이 사실이다.

제도 시행을 준비하기 위한 업계·전문가 간담회 등에서는 '가상자산을 매도할 때는 가상자산 사업자 계정을 통해 은행의 이용자 계좌로 돈이 입금되는데, 이 경우 입금되는 자금의 원천을 은행이 파악하는 데 한계가 있으므로 가상자산 거래소 역시 다른 금융회사등처럼 거래소 간 전신을 송금하는 경우나 거래소에서 은행으로 돈을 보내는 경우 전신송금에 준하는 정보를 제공할 수 있어야 한다'는 지적들도 제기된 바 있다.

(4) 고객확인의무와 실명확인의무의 재정립 필요성

1) 고객확인의무와 실명확인의무의 개념 및 구별

(ⅰ) 실명확인의무

실명확인은 「금융실명법」 제3조에 따라 금융회사등에 대해 '거래자의 실지명의'에 의하여 금융거래를 하여야 할 의무를 부과하는 것이다. 거래자의 실지명의는 개인인 경우 성명, 주민번호를 의미하며 법인의 경우 명칭과 사업자번호가 해당되며 외국인인 경우 성명과 외국인등록번호가 해당된다. 이 의무를 위반하는 경우 신분상제재가 가해져, 금융회사의 임직원에 대하여 3천만원 이하의 과태료를 부과한다.

(ⅱ) 고객확인의무

고객확인의무는 「특정금융거래정보법」 제5조의2에 따라 금융회사등의 금융상품이 자금세탁 등 불법행위에 이용되지 않도록 고객의 신원확인 및 검증, 실제소유자 여부확인 및 거래목적을 파악하는 등의 고객확인 의무를 부과하는 것이다. 「금융실명법」에 의한 실명 이외에 주소·연락처, 외국인의 경우 국적 등을 추가로 확인해야 하고, 의심되는 경우 실제소유자 및 금융거래 목적을 확인해야한다. 위반시 신분상 제재는 부과되지 않고, 강화된 고객확인조치(EDD)를 하지 않은 경우 금융회사등에 대하여 6천만원 이하의 과태료가 부과된다. 일반적인 고객확인조치(CDD)를 취하지 않은 경우는 1천 8백만원 이하의 과태료가 부과된다.

(ⅲ) 금융실명제와 고객확인제도의 비교

고객확인의무(CDD)는 혐의거래보고(STR)와 함께, 자금세탁방지 목적을 위해서는 금융회사등의 주관적 · 전문적 판단에 기초하는 것이 효율적이라는 이념에 기초하고 있는 제도인 반면, 금융실명제는 실지명의라는 객관적 · 일률적인 기준에 의하여 운용되는 제도이므로 금융회사등의 판단여지가 없다는 것이 특징이다. 즉, 금융실명제는 금융거래시 실지명의에 의한다는 절차적 측면이 강조되고, 고객확인제도는 고객의 일정한 정보의 수집에 초점이 맞추어져 있다.

(ⅳ) 금융실명법상 실제소유자 차명계좌사용 억제

그간 금융실명제에 대해 불법목적의 차명거래의 문제점이 지적되자 2014년 11월 「금융실명법」이 개정되어 불법재산의 은닉, 자금세탁, 공중협박자금조달, 강제집행의 면탈 등 불법목적의 차명거래 금지를 명문화하였고, 위반시 형사적 처벌이 가능하게 되었다. 그리고 법 개정을 통해 차명계좌 소유권이 '계좌명의자'에게 있다고 추정하는 원칙이 도입되었다. 이전까지는 실제소유자와 계좌명의자가 합의하면 차명거래가 허용되어 실제소유자의 소유권으로 인정되었다. 법 개정안에서는 실제소유자로 인정받기 위해서 소송을 통해 권리구제를 받아야 하고, 이 과정에서 불법 행위를 목적으로 금융실명제를 위반한 사실이 발견되면 처벌을 받게 되었다.[19]

실명확인제도, 고객확인제도(CDD) 및 강화된 고객확인제도(EDD) 비교

금융실명법	특정금융정보법상 고객확인제도(CDD)	
	(2006.1월 도입)	고위험고객: 강화된 고객확인(EDD)
성명, 주민번호	성명, 주민번호 + 주소, 연락처 +실제소유자에 관한 사항(2016.1.1.부터 시행)	성명, 주민번호, 주소, 연락처, 실제소유자에 관한 사항 + 거래목적, 거래자금의 원천

---

19) 성균관대학교 경영연구소, "금융실명제와 고객확인제도에 대한 재고찰 및 금융회사의 대응방안에 관한 연구", 제4회 금융지도자 자금세탁방지 전문가과정 논문집, 2016

2) 고객확인과 실명확인을 일원화하는 방안 모색 필요

금융실명법은 제3조에서 명의인의 실명확인의무를 부과하며, 특정금융거래 정보법은 제5조의2에서 명의인과 실제소유자 모두를 고객확인의무 대상으로 하고 있는 등 고객확인과 실명확인이 이원화되어 있어서 고객과 접점이 있는 창구에서 혼선이 빚어지고, 고객확인에 일관성이 결여될 우려도 있다.

그리고, 고객확인의무 위반에 대한 과태료는 금융회사 직원에게 부과되지만, 금융회사등의 입장에서는 실명확인과 고객확인의무의 위반으로 과태료를 이중적으로 부과 받게 될 소지도 있다,

실명확인과 자금세탁방지의무를 일관되게 적용하기 위해서는 금융실명을 확인하는 경우 필요시 거래의 목적과 자금원천 등 추가적인 정보를 파악하도록 해야 한다. 이를 위해서는 금융실명법을 특정금융거래법과 통합하여 단일법화하는 방안을 검토하는 것도 필요해 보인다. 금융실명법과 특정금융거래법은 금융거래의 투명성을 제고함으로써 불법행위를 억제하는 동일한 목적을 지니고 있다. 하지만 두 법은 현재 의무이행의 내용, 주체, 대상, 제재 등에 있어서 차이를 지니고 있으며 이에 따라 엄밀한 일관성을 유지하기가 곤란할 수 있는 상황이다. 따라서 두 법을 통합함으로써 상충 가능성을 해소하고 정책목적의 일관성을 실현하는 것이 바람직하다. 단일법이 이루어진다면, 자금세탁 및 여타 불법행위의 전제범죄를 금융실명확인의 기본 대상으로 하는 넓은 의미의 법해석이 가능하게 되어 금융실명법과 특정금융거래정보법간 비일관성이 극복되고, 효과적인 법집행이 가능하게 될 것이다.[20]

---

20) 김자봉, "금융실명제도의 비교법적 연구– 미국의 고객확인제도(CIP)와 우리나라의 실명확인 제도/고객확인제도의 비교를 중심으로", 은행법연구 제12권 제2호(2019. 11)

공중협박자금조달금지법[21]

1. 공중협박자금조달금지제도의 도입

(1) 「공중협박자금조달금지법」 제정

1) 정부의 테러자금조달금지법(안)」 국회 제출

우리나라는 2004년 2월 「테러자금조달의 억제를 위한 국제협약」(International Convention for the Suppression of the Financing of Terrorism)에 서명, 비준하였다. 당시 재정경제부 KoFIU는 국제협약을 이행하기 위하여 「테러자금조달금지법(안)」을 마련하여 2007년 1월 국회에 제출하였다. 이후 이 법률안은 국회의 심사과정을 거쳐 법안은 2007년 11월 22일 국회 재경위에 의해 폐기되었고 동 위원회는 대안으로 「공중협박자금조달금지법」을 제시하여 현행 「공중협박자금조달금지법」이 제정되는 계기가 되었다.

금융및경제법안등심사소위원회는 2007년 11월 14일 「테러자금조달금지법(안)」을 심사한 결과, '테러' 및 '테러자금'의 개념은 국제적으로도 커다란 논란거리가 되고 있는 정치적 개념으로 이를 법률로서 규정할 경우 정치적, 종교적, 이데올로기적 편견을 유발할 가능성이 높고, 테러방지를 위해 필요한 경우에는 당시 입법이 추진되고 있었던 테러관련기본법(가칭)에서 '테러' 및 '테러자금'에 관한 개념을 규정하여야 할 것이므로, 이 제정법률안을 본회의에 부의하지 않기로 하였다. 또한 이 제정법률안의 '테러자금'을 '공중 등 협박목적을 위한 자금'으로 대체하고, 테러자금동결명령 등에 대하여는 행정부의 권한 남용이 우려된다는 이유로 이를 삭제한 공중 등 협박목적을 위한 자금조달행위의 금지에 관한 법률안 을 제안하기로 하였다. 이에 따라 국회 재경위는 11월 15일 「공중 등 협박목적을 위한 자금조달행위의 금지에 관한 법률(안)」을 위원회 대안으로 제안하기로 의결하고 이 법의 목적조항에 테러자금조달의 억제를 위한 국제협약 의 이행을 위한 것임을 명시하는 한편, 동 국제협약에 열거된 테러행위와 관련이 있는

---

21) 금융정보분석원, 「2008 자금세탁방지 연차보고서」 2009

자금을 '공중 등 협박목적을 위한자금(이하 공중협박자금)'으로 정의하고, 공중협박자금조달의 규제를 위해 그 개인·법인 또는 단체를 금융거래제한대상자로 지정하여 고시할 수 있도록 하고, 공중협박자금을 모집·제공한 자 등에 대한 벌칙규정을 두는 등 테러자금조달의 억제를 위한 국제협약의 이행을 위해 필요한 최소한의 사항만을 규정하고자 하였다. 위원회 대안과 정부 제출안의 차이점 중의 하나는 정부제출안에 있었던 자금동결명령제도가 삭제된 것이었다.22)

2) 「공중협박자금조달금지법」의 시행

「공중 등 협박목적을 위한 자금조달행위의 금지에 관한 법률(이하「공중협박자금조달금지법」)이 2007년 12월 제정·공포되어 2008년 12월 22일 시행되었다. 동법 시행령과 「공중 등 협박목적을 위한 자금조달행위의 금지 관리규정」도 같은 날 함께 시행되었다. 2007년 12월 21일 제정된 동 법률은 1년간의 준비기간을 거쳐 2008년 12월 22일부터 시행된 것이다.

이 법은 「테러자금 조달의 억제를 위한 국제협약」을 이행하기 위한 법적 장치로서 동 국제협약에서 요구하고 있는 테러자금의 개념정의, 테러자금조달의 범죄화, 테러자금의 동결(거래제한) 등에 관하여 규정하고 있다.

(2) 「공중협박자금조달금지법」개정 경과

1) 테러관련 거래제한 제도 개선 추진23)

2009년 6월 FATF 상호평가에서 FATF는 우리나라의 「공중협박자금조달금지법」이 테러자금조달차단 국제기준에 미달한다고 평가하고, 테러자금조달차단 제도를 국제기준에 맞춰 개선할 것을 권고하였다. 정부는 우리나라가 FATF 정회원국으로서, 또한 2010년 G20 의장국으로서의 국격을 고려할 때 글로벌스탠더드에 부합하는 테러자금조달차단제도를 조속히 갖출 필요가 있다고 판단하였다.

FATF 지적사항은 크게 세 가지였다. 첫째는 금융거래제한대상자로 지정된 자의 '금융회사의 금융거래'만 제한함에 따라 「테러자금 조달의 억제를 위한 국

22) 아주대학교 법학전문대학원, "테러자금조달 방지 체제의 선진화·국제화 방안 연구" (2009년 금융위원회 금융정보분석원 연구용역보고서)
23) 금융정보분석원, 2010 자금세탁방지 연차보고서(2011년 11월)

제협약」에서 요구하고 있는 공중협박자금의 동결이 이루어지지 못한다는 지적
이었다. 둘째 지적은 테러리스트 및 테러단체에 대한 자금지원을 범죄화하지 않
고 있다는 점이었으며, 셋째 지적사항은 금융거래제한자에게 자금을 제공한 자
에 대해서도 처벌규정을 마련할 필요성이 있다는 내용이었다.

이 지적사항을 반영하기 위하여 정부는 지적 사항의 개선을 담은 「공중협
박자금조달금지법」 일부 개정안을 2010년 10월 29일 국회에 제출하였다. 이 개
정안에 대한 논의는 순조롭게 진행되어 2011년 3월 정무위원회 심의를 통과하
고, 6월 법제사법위원회의 의결을 거쳐 8월 23일 본회의를 통과하였다. 개정 법
률은 2012년 9월 16일 시행되었다.

2) 테러자금조달 · 대량살상무기확산 관련 정밀제재 등 정비[24]

2011년 법 개정 이후에도 국제협약과 FATF의 권고사항을 성실히 이행하기
위해 테러리스트 · 테러조직에 대한 자금조달을 포괄적으로 금지하고, 대량살상
무기 확산 관련자의 금융거래를 제한하며, 금융거래 제한제도 위반행위에 대한
처벌조항을 정비할 필요성이 제기되었다. 이에 KoFIU는 「공중협박자금조달행
위의금지법」 개정을 추진하여 2014년 1월에 법개정안을 국회에 제출하였고
2014년 5월 「공중 등 협박목적 및 대량살상무기확산을 위한 자금조달행위의 금
지에 관한 법률」이 국회를 통과하여 시행되었다.

2. 「공중협박자금조달금지법」의 주요 내용 및 현황

(1) 법의 목적(제 1 조)

이 법은 「테러자금조달의 억제를 위한 국제협약」과 대량살상무기확산 방지
와 관련된 유엔안보리결의 등 이행을 목적으로 한다.

다만, '대량살상무기확산 방지와 관련된 유엔안보리결의 이행'은 FATF 권
고사항 7의 정밀금융제재를 의미한다. 하지만, 이 법은 목적조항에서 테러자금
조달을 범죄화는 FATF 권고사항 5의 「테러자금조달의 억제를 위한 국제협약」

---

24) 금융정보분석원, 2014 자금세탁방지 연차보고서(2014년 10월)

이행만을 명시하고 있고, FATF 권고사항 6에 해당하는 '테러자금조달 방지·억제와 관련된 유엔안보리 결의'를 명시하지 않아 고시로서 테러자금조달 차단을 목적으로 거래제한대상자를 지정하고 있는 것에 대한 근거가 불명확한 점이 있다.

(2) '공중 등 협박목적을 위한 자금'과 '대량살상무기확산자금'의 정의 (제2조 제1호)

「공중협박자금조달금지법」은 테러행위에 대한 직접적 인정의 규정을 두는 대신 테러자금의 개념을 정의하는 방식을 취하고 있다. 다만, 국내 법률에 '테러'에 관한 명확한 개념정의가 없는 현실을 감안하여 '테러자금'이라는 용어 대신 '공중 등 협박목적을 위한 자금(이하 공중협박자금)'이라는 용어를 사용하였으며, 이 법률은 테러자금을 "국가, 지방자치단체 또는 외국정부(국제기구 포함)의 권한 행사를 방해하거나 의무 없는 일을 하게 할 목적으로 또는 공중을 협박할 목적으로 하는 일정한 유형의 폭력, 파괴행위에 이용하기 위하여 모집, 제공되거나 운반, 보관된 자금이나 재산"으로 정의하고 있다.

'대량살상무기확산자금'이란 대량살상무기확산에 사용하기 위한 자금 또는 재산으로 규정하고 있으며 대량살상무기확산은 핵무기, 화학무기, 생물무기, 또는 앞서 언급한 무기의 운반수단을 제조, 취득, 보유, 개발, 운송, 이전 또는 사용하는 행위로 정의하고 있다.

(3) 금융거래 제한대상자 지정고시 및 금융거래 허가제도(제4조, 제6조)

1) 금융거래 제한대상자의 지정 범위

금융위원회는, 우리나라가 체결한 조약 및 국제법규를 성실히 준수하기 위하여, 또는 국제평화와 안전유지에 기여하기 위하여 공중협박 또는 대량살상무기확산의 규제가 필요한 경우로서, 개인, 법인 또는 단체가 공중협박 또는 대량살상무기확산과 관련되어 있는 것으로 판단되는 때에는 그 개인, 법인 또는 단체를 금융거래 제한대상자로 지정하여 고시할 수 있다.

2) 금융거래 제한의 범위

금융거래 제한대상자로 지정된 자가 금융회사등과의 금융거래 및 그에 따른 지급, 영수 행위를 하거나 동산, 부동산, 채권 및 그 밖의 재산 또는 재산권에 관한 양도, 증여 등 처분행위와 그 점유의 이전 및 원상의 변경을 하고자 할 경우에는 대통령령이 정하는 바에 따라 금융위원회의 허가를 받아야 한다.

2012년 법 개정 이전에는 금융거래 제한대상자로 지정된 자는 금융회사등과의 금융거래 및 그에 따른 지급, 영수 행위를 제한받았다. 2009년 FATF 상호평가에서 우리나라의 금융거래제한제도는 금융거래를 제한하는 것일 뿐 완벽한 동결제도는 이행하지 못하고 있다는 지적을 받았다. 또한 금융자산에 대한 금융거래를 제한할 뿐, 동산·부동산에 대한 동결을 하고 있지 못하는 점에 대해서도 지적이 있었다. 다만, 2009년 6월 19일 시행된 개정 「범죄수익은닉규제법」에 의하면 공중협박자금조달과 관계된 자금 또는 재산에 대해서도 몰수보전조치가 가능하게 되었으므로 동산·부동산에 대한 몰수보전은 동결제도로서의 효과가 있다고 평가된다. 다만 '지체 없는' 동결제도로서 부족함이 있다는 지적이 있었으므로 2012년 법개정을 통해 금융거래제한제도를 동산·부동산에 대해서도 확대하도록 하였다.

3) 허가신청권자

금융거래제한대상자는 대부분 외국인 또는 외국법인이므로 금융거래를 위해서 외국인·외국법인이 직접 금융위원회에 허가신청을 하여야 하는 문제점이 있었다. 따라서 허가신청권자를 거래제한대상자 이외에 그 상대방에게까지 확대하도록 하였다.

4) 금융거래 제한대상자 지정·고시

(ⅰ) 금융거래등 제한대상자 지정 및 지정취소에 관한 규정

금융위원회는 동법 제4조 제1항에 따라 고시를 통해 공중협박 또는 대량살상무기확산과 관련되어 있는 것으로 판단되는 개인·법인·단체를 금융거래등제한대상자로의 지정 및 지정 취소를 위한 절차를 안내하고 있다.

(ⅱ) 금융거래등제한대상자 지정

⒜ UN 안전보장이사회 또는 각 위원회가 지정한 자

금융위원회는 UN 안전보장이사회 결의(또는, 유엔안보리 결의) 제1267호

(1999년)·제1989호(2011년) 및 제2253호(2015), 제1718호(2006년), 제2231호(2015년), 제1988호(2011년) 및 각 후속결의 또는 동 이사회 결의 제1267호(1999년)·제1989호(2011년) 및 제2253호(2015), 제1718호(2006년), 제2231호(2015년), 제1988호(2011년)에 의하여 구성된 각 제재위원회(Security Council Committee)가 지정한 자를 금융거래등 제한대상자로 지정한다.

(b) 금융위원회가 지정한 자

국제평화와 안전유지를 위한 국제적 노력에 특히 기여하기 위하여 공중협박자금조달 및 대량살상무기확산의 규제가 필요한 경우로서 금융위원회가 UN 안전보장이사회 결의 제1373호(2001년) 및 UN 안전보장이사회 결의 제1718호(2006년)와 그 후속결의 등에 따라 지정한 자도 금융거래등의 제한대상자로 지정된다.

(ⅲ) 금융거래등제한대상자 지정 취소 절차

(a) UN 안전보장이사회 또는 각 위원회가 지정한 자

「금융거래등 제한대상자 지정 및 지정취소에 관한 규정」등에 따르면 UN 안전보장이사회 결의 또는 관련 제재위원회에 의하여 지정된 개인·단체가 지정기준을 충족하지 않는다고 판단하는 경우 관련 유엔 제재위원회에 지정 취소를 요청하거나, 금융위원회에게 지정 취소 요청을 대신하도록 신청할 수 있다.

(b) 금융위원회가 지정한 자

금융위원회의 지정과 관련하여 이의가 있는 경우 동법 제4조제7항 및 동법 시행령 제3조의 규정에 의하여 이의를 신청할 수 있으며, 금융위원회는 이의 신청 등에 의하여 개인 또는 단체가 지정기준을 더 이상 충족하지 않는다고 판단하는 경우 그 지정을 취소한다.

금융위원회에 의하여 지정된 개인·법인 또는 단체가 이름이 같거나 유사하여 의도치 않게 금융거래등이 제한된 경우에는 금융위원회에 이의신청을 할 수 있으며, 금융위원회는 이의신청이 합당하다고 판단하는 경우 지체 없이 조치해야 한다.

5) 금융거래 허가 위반에 대한 벌칙

금융거래등 제한대상자가 허가 없이 금융거래등 행위를 한 경우 또는 금융거래등 제한대상자로 지정되었다는 사실을 알면서 허가를 받지 아니하고 금융거래등 행위를 한 금융거래등 제한대상자의 상대방은 3년 이하의 징역 또는 3천만원 이하의 벌금으로 처벌한다. 금융거래등 제한대상자의 지정 제도의 실효성을 제고하기 위하여 제한대상자의 거래 상대방도 허가를 받지 않거나 거짓·부정한 허가를 받은 후 거래행위를 한 경우에 처벌하고, 거래 미수행위에 대해서도 제한대상자 및 그 상대방을 처벌한다.

(4) 공중협박 자금조달 금지행위의 적용대상(제5조)

누구든지 공중을 협박할 목적 등으로 행하는 행위를 하거나 하려고 하는 개인, 법인 또는 단체를 이롭게 할 목적으로 자금 또는 재산을 제공·모집·운반 보관하거나 이를 강요·권유한 자는 10년 이하의 징역 또는 1억원 이하의 벌금으로 처벌받게 된다. 특정 테러행위와 직접적 연관이 없는 경우에도 테러단체 또는 테러리스트에 대한 자금 지원을 처벌해야 한다는 FATF의 국제기준을 이행할 수 있는 근거가 된다.

(5) 공중협박 자금조달 행위의 범죄화(제6조)

2012년 법 개정 이전에는 테러행위와 관련된 자금지원, 즉 테러행위에 직접 자금을 조달하는 경우만을 처벌하고 있었다. 이에 대해 FATF는 테러행위와 관련된 자금뿐만 아니라, 테러단체 또는 테러리스트에 대해 자금을 지원하는 행위를 금지할 것을 권고하였다. 하지만, 당시 법에는 테러단체 또는 테러리스트에 대한 개념정의가 없으므로 거래제한대상자로 지정된 테러관련자에게 자금을 모집·제공하는 행위까지 처벌범위를 확대하도록 2012년 법이 개정되었다.

한편 동 법률은 법인의 대표자나 법인 또는 개인의 대리인·사용인 및 그 밖의 종업원이 그 법인 또는 개인의 업무와 관련하여 공중협박 자금조달 행위를 한 경우, 그 행위자를 벌하는 외에 그 법인 또는 개인에 대하여도 해당 벌금형을 부과하도록 규정하고 있다.

FATF가 2009년 6월 상호평가보고서에서 테러자금조달에 대한 예비·음모죄가 없음을 지적함에 따라 이를 시정하는 한편, 테러자금조달을 위한 예비·음모행위 자체의 위험성이 크고, 테러의 법익 침해정도가 중대하므로 예비·음모를 별도로 처벌할 필요성이 있어 2014년 법 개정을 통해 예비·음모죄도 3년 이하의 징역 또는 3천만원 이하의 벌금에 처하도록 하고 있다.

(6) 금융회사등 종사자의 수사기관 신고 등 의무 등(제5조, 제6조)

금융회사등(그 종사자를 포함)은 허가 없이 금융거래 제한대상자로 지정고시된 자의 금융거래 및 그에 따른 지급, 영수업무를 취급해서는 안 되고, 이를 위반할 경우 3년 이하의 징역 또는 3천만 원 이하의 벌금으로 처벌받는다. 또한 금융회사등의 종사자가 금융거래와 관련하여 수수한 재산이 공중협박자금이라는 사실을 알게 되거나 금융거래의 상대방이 허가를 받지 않고 금융거래 및 그에 따른 지급, 영수를 하고 있다는 사실, 기타 공중협박자금의 모집, 제공행위를 하고 있다는 사실을 알게 된 때에는 지체 없이 그 사실을 수사기관에 신고하여야 하며, 그 위반시 2년 이하의 징역 또는 1천만 원 이하의 벌금으로 처벌받게 된다.

「공중협박자금조달금지법」의 시행에 맞춰 「특정금융거래정보법」에 의하여 융회사등이 KoFIU에 보고하는 의심거래보고의 대상범위가 공중협박 자금조달 행위로까지 확대되었다. 즉 「특정금융거래정보법」은 종전의 '불법재산 또는 자금세탁행위' 이외에 금융회사로 하여금 금융거래와 관련하여 금융거래의 상대방이 공중협박 자금조달 행위(「공중협박자금조달금지법」 제6조 제1항)를 하고 있다고 의심되는 합당한 근거가 있는 경우, 그 사실을 금융정보분석원장에게 보고하도록 규정하고 있다(「특정금융거래정보법」 제4조 제1항).

(7) 「외국환거래법」의 보완(제3조 제1항)

외국환거래에만 적용되는 「외국환거래법」과 달리 「공중협박자금조달금지법」은 모든 금융거래를 포괄하며 외국거래에도 당연히 적용된다. 따라서 「공중협박자금조달금지법」은 외환 관련 금융거래만을 제한하는 「외국환거래법」의 문제점을 해소하고, 이를 보완하는 효과가 있다. 그러나 다른 한편으로는 금융거래 제한대상자로 지정된 자가 「외국환거래법」상의 외환거래를 하는 경우에는 기획재정부장관 또는 한국은행총재의 허가와는 별도로 「공중협박자금조달금지법」에 따른 허가도 받아야 한다.

3. 「공중협박자금조달금지법」의 개선 과제

(1) 국제기준의 충실한 반영

1) 이행입법의 특성

「공중협박자금조달금지법」은 「테러자금조달 억제를 위한 국제협약」의 이행입법으로 2008년 제정되었으며, 대량살상무기확산 관련 유엔안보리 결의의 이행입법으로서 2014년 개정되었다. 이 법은 테러 및 대량살상무기확산 전반에 대해 규율하기 보다는 테러·대량살상무기확산 자금 봉쇄를 목적으로 하여 테러 자금조달을 범죄화하고 테러 및 대량살상무기확산 행위 관련자에 대해 정밀금 융제재를 실행하는 것을 주요 내용으로 한다. 우리나라 정부는 2019년 3월 기준 UN등이 지정한 알카에다·탈레반 관련자 등 총 724개의 개인·단체와 미국 행정명령 등 및 한국 독자지정 등에 의해 685개의 개인·단체 등 총 1,409개의 개인·단체를 지정하고 있다.

FATF는 테러 위협 급증, 핵·대량살상무기 확산에 따라 자금세탁방지 외 테러자금조달·대량살상무기확산 차단 관련 국제기준을 강화하고 있으며 이와 관련한 상호평가평가 기준도 더욱 엄격해지고 있다.

이에 따라 강화된 국제기준을 반영할 수 있도록 관련 법률을 개정함으로써 상호평가 및 후속조치 평가에 대비할 필요성이 커지고 있다.

2019년 4월 정무위 정태옥 의원은 이러한 국제기준을 반영하여 법 개정안을 대표발의 하였으나, 법 개정안은 법안소위에서 논의되지 못하고 20대 국회 폐회와 함께 폐기되었다. 하지만, 이 법개정안에 포함된 사항은 향후 법 개정 방향에 참고가 될 수 있을 것이다.[25]

---

[25] 이하, 국회 정무위원회, 공중 등 협박목적 및 대량살상무기확산을 위한 자금조달행위의 금지에 관한 법률 일부개정법률안 검토보고서(2019.8) 참조

2) 금융거래등 제한대상자 지정절차 개선

FATF 권고사항 6에 대한 평가방법론은 유엔안보리결의 지정 제한대상자에 대한 자금동결이 지체 없이(without delay) 이루어질 것도 요구하고 있다. 현행법은 유엔안보리결의 지정 및 금융위원장 지정 모두 제한대상자 지정에 기재부·외교부·법무부 장관의 동의를 요구하고 있어 국제기준을 충족하기 어려운 측면이 있다. UN 결의가 있는 경우 기획재정부·외교부·법무부 장관의 사전동의 없이 즉각 금융거래등제한대상자로 지정할 수 있도록 함으로써 대상자에 대한 금융거래등의 제한이 필요하다는 국제사회 공감대가 형성된 경우 우리나라에서도 즉각적으로 반영할 수 있도록 한다면 국제공조 강화에 기여할 수 있을 것으로 보인다.

3) 거래제한 대상의 범위 명확화

FATF 권고사항은 동결의무가 제한대상자가 일부 또는 전부를 직·간접적으로 소유·통제하는 자산 등 뿐만 아니라, 동결자산에서 유래한 자산 및 제한대상자의 대리인 또는 그 지시·통제 하에 있는 자의 자산 등에까지 적용되어야 한다고 규정하고 있다. 현행법은 제한대상자의 금융거래 및 처분 등을 금지하고 있으나, 거래제한 대상이 되는 자산 범위에 대한 규정은 없으며 제한대상자의 거래금지만으로는 제3자가 제한대상자를 대리하여 또는 그 지시·통제에 따라 소유한 재산을 처분하는 것을 금지하지는 못한다.

이에 따라 법에 따른 규제대상을 금융거래등제한대상자가 아닌 금융거래등이 제한될 필요가 있는 자산을 중심으로 규율하고 해당 자산의 범위를 열거함으로써 자산거래를 통해 이루어지는 테러자금조달을 효과적으로 금지하는 데 기여할 수 있을 것으로 보인다.

4) 권한당국의 권한 강화

FATF는 자산동결의무 이행을 위한 법적 근거를 갖출 것을 요구하고 있으므로 FIU가 거래제한 대상자의 재산 현황을 파악할 수 있는 법적 근거를 마련하는 것이 필요하다.

아울러 FATF 권고사항은 금융기관이 자산동결 등 정밀금융제재 의무 이행을 위해 취한 조치에 대해 권한당국에 보고하도록 규정하고 있다. 현행법은 금융회사등이 제한대상자의 금융거래에 대해 관할 수사기관에 보고하도록 규정하고 있으나 조치 후 KoFIU에 대한 신고의무는 규정하고 있지 않다. 그러므로 금융회사가 자산동결 의무에 따라 취한 조치에 대해 KoFIU에 지체 없이 신고하도록 규정하는 것이 필요하다.

5) 테러자금제공 금지 대상의 범위 명확화

2016년 2월 FATF 권고사항 주석서가 개정되었다. 테러 행위·훈련 목적으로 타국으로 여행하는 개인에 대한 여비 지원도 테러자금조달로서 처벌해야 한다고 규정한 것이다. 하지만, 현행법은 테러행위자에 대한 자금제공·모집을 포괄적으로 금지하고 있으며 여비지원 등 테러를 목적으로 한 간접적인 행위를 포섭하지 못한다는 지적이 있다. 타국에서의 테러행위 및 테러리스트 훈련의 경우에도 테러행위·테러단체 등과 관련성이 없을 수 있기 때문이다. 이에 따라 테러자금의 직접 또는 간접적인 제공을 금지함으로써 FATF 권고사항 중 여비 제공 등 현행법에서는 포섭하지 못하지만 규제의 필요성이 있는 테러자금 제공행위의 금지 근거를 마련하는 것이 바람직하다.

(2) 「국민보호와 공공안전을 위한 테러방지법(2016.3)」반영

1) '테러'의 정의 활용

현행법은 테러자금에 관하여만 정의하고, 테러의 개념을 간접적으로만 규정하고 있다. 그간 테러관련기본법이 제정되지 않아, '테러'에 대한 일반적 정의 규정이 없어 법문이 간결하지 않다. 하지만 2016년 「국민보호와 공공안전을 위한 테러방지법(약칭, 테러방지법)」의 제정으로 우리법상 '테러'에 대한 정의조항이 도입되었으므로 '공중 등 협박목적'을 '테러'로 변경할 수 있게 되었으므로 제명, 목적 및 정의 규정 개정을 검토할 필요가 있다.

2) 금융위원회의 금융회사등에 대한 지급정지 요청 권한 신설

테러방지법 제9조 제2항은 "국가정보원장은 … 테러에 이용되었거나 이용될 가능성이 있는 금융거래에 대하여 지급정지 등의 조치를 취하도록 금융위원장에게 요청할 수 있다"고 규정하고 있으나 현행법상 국가정보원장으로부터 요청을 받은 금융위원장이 해당 금융거래를 지급정지할 수 있는 법적 근거가 없는 상태이다.

테러방지법 실효적 작동을 위한 법적 근거를 마련하기 위해서는 금융회사등이 금융위 요청을 받은 경우 지급정지 등의 조치를 취하도록 하고, 실효성 확보를 위해 위반시 과태료 조항도 도입해야 한다.

(3) 금융위원회의 금융회사등에 대한 감독·검사 권한 신설

현행법상으로는 금융회사등의 「공중협박자금조달금지법」 준수 여부를 점검하고 과태료 부과 여부를 결정하기 위한 근거 규정이 미비하므로 금융위원장이 금융회사등을 감독·검사할 수 있는 근거규정을 마련할 필요가 있다.

(4) 몰수·동결제도 개선 검토[26]

1) 민사몰수제도(또는 독립몰수제도) 도입 검토

(ⅰ) 민사몰수제도의 개념과 장점

현행법상으로는 테러조직이나 테러리스트의 자금 또는 자산을 직접 몰수할 수 없다. 하지만 법 체계상 몰수제도에 테러조직이나 테러리스트의 자금 또는 자산을 직접 몰수하는 내용을 반영하는 것도 어렵다. 다만, 미국 등에서 테러조직 등의 자금 또는 자산을 몰수하는 데에 이용되고 있는 민사몰수 또는 독립몰수와 유사한 제도를 도입할 수 있는지 검토할 필요가 있다.

민사몰수는 범죄자인 사람이 아닌 재산 자체를 대상으로 하며, 형사소송 절차와는 별개의 민사소송절차 또는 행정절차에 의해 이루어진다. 따라서 검사의 기소나 법원의 유죄판결 없이도 몰수가 가능하다.[27] 형사몰수절차에서처럼 몰

---

26) 주로 김·장 법률사무소, "몰수 및 자산동결 관련 FATF 국제기준 이행방안 연구", (2014년 금융위원회 금융정보분석원 연구용역보고서)를 참조

27) 미국에서의 민사몰수는 기본적으로 행정 몰수(administrative forfeiture)와 재판상 몰수 (judicial civil forfeiture)로 나눌 수 있다. 행정몰수의 경우 (ⅰ) 수사기관이 직접 불법재산을 발견하고 이를 압수 또는 압류한 후 (ⅱ) 몰수행정고지서를 몰수대상재산의 이해관계인에게 통지하고, (ⅲ) 이에 대하여 이해관계인이 별도의 이의 신청이 없으면 몰수가 확정되게 된다. 재판상 몰수는 공소제기 여부와 무관하게 몰수인이 불법재산을 대상으로 몰수선고를 구하는 소송을 법원에 제기하여 판사의 몰수선고에 따라 불법재산에 대한 소유자의 권리를

수가 선고된 이후에야 압류가 행해지는 것이 아니라 소송이 재산의 압류로부터 시작된다.

특히 범죄자가 도망하였거나 사망한 경우 형사몰수 방법으로는 범죄수익환수가 불가능하나, 민사몰수로는 가능하다는 장점이 있다.

(ⅱ) 민사몰수제도 도입 방안

실무상 몰수의 범위가 협소하고 절차가 엄격한 형사몰수제도만을 운용하고 있는 우리나라의 경우 테러자금 및 대량살상무기확산자금의 즉각적이고 포괄적인 몰수를 위해서는 미국 등의 민사몰수제도와 유사한 제도를 도입하는 것이 필요하다.

그러나 새로운 몰수제도는 우리 헌법상의 재산권 보장 내지는 적법절차 원리 등과 충돌할 수 있으며, 미국과 달리 원칙적으로 몰수가 형의 일종이므로 민사절차 또는 행정절차로 처리하는 것이 기존의 법체계에 부합하는지 의문이 제기될 수도 있다.

민사몰수를 도입할 경우 해외 사례를 참고하여 필요한 절차적·실체적 요소를 추출한 후 보완 또는 변경하여 헌법에 위배될 소지를 최소화하는 방향으로 입법을 모색하는 것이 바람직할 것이다.

2) 동결 명령 도입 가능성 검토

(ⅰ) 동결 명령제도의 효과

동결 명령제도는 법원의 몰수·추징보전명령에 의하지 않고 테러방지를 위해 신속한 금융 관련 조치가 필요한 경우 테러의 혐의가 있는 자금의 동결명령을 내릴 수 있는 권한을 부여하는 것을 핵심으로 한다.

(ⅱ) 동결 명령제도 도입 방안

하지만 자금동결명령 제도는 필연적으로 행정부의 권한 남용 및 헌법상 재산권에 대한 과잉금지원칙 위반의 소지가 있다.

정부가 2006년에 국회에 제출한 「테러자금조달의 억제를 위한 법률안」에

박탈하는 방식임. 즉, 형사법원의 판단이 아닌 민사 법원의 판단을 거쳐 몰수가 이루어지게 된다.

서는 금융정보분석원장이 보고한 테러혐의거래 등에 관하여 테러의 방지를 위해 긴급한 금융관련 조치가 필요한 경우 재경부 장관이 동결명령을 발령할 수 있도록 하였다. 하지만 금융및경제법안등 심사소위원회 심사과정에서 행정부의 권한 남용이 우려 된다는 이유로 「공중협박자금조달금지법」 제정 과정에서 삭제되고 금융거래 제한조항만 남게 되었다.

따라서 동결명령제도를 도입하기 위해서는 동결명령의 남용문제를 방지하기 위한 조치가 함께 마련되어야 하므로 자금동결의 대상이 되는 재산을 명확히 규정하고, 자금동결 명령을 발할 수 있는 상황을 긴급한 경우로 엄격히 제한하며 동결명령에 대한 견제를 위하여 사후적으로라도 관계부처 장관이 동결명령에 대한 협의를 거치도록 하는 등의 보완조치가 법상으로 규정된다면 행정부의 권한남용 가능성 및 헌법상 과잉 금지 원칙 위반 등의 법리적 문제는 어느 정도 해결할 수 있을 것이다.

SECTION 04

범죄수익규제법

1. 법률내용

「범죄수익 은닉의 규제 및 처벌에 관한 법률(이하, 범죄수익규제법)」은 중대범죄와 관련된 범죄수익의 가장, 은닉행위를 규제하고, 중대범죄와 관련된 범죄수익의 몰수, 추징에 관한 특례를 규정함으로써 중대범죄를 조장하는 자금세탁을 억제하여 중대범죄를 근원적으로 제거하고자 하는 법률로서, 자금세탁에 대한 처벌, 범죄수익의 몰수, 추징의 확대 및 보전제도의 도입, 몰수, 추징재판의 집행 및 보전을 위한 국제적 공조제도 등을 규정하고 있다. 조직범죄, 거액경제범죄, 부패범죄 등 2020년 현재 52개 법률의 특정범죄로부터 얻은 범죄수익의 은닉, 가장행위(자금세탁행위)를 5년 이하의 징역 또는 3천만 원 이하의 벌금으로 처벌하고, 범죄수익 또는 범죄수익에서 유래한 재산 등은 몰수, 추징이 가능하도록 규정하고 있는 것이 특징이다.

(1) 특정범죄(제2조)

특정범죄는 이 법이 규정하는 자금세탁범죄 및 몰수, 추징의 대상인 범죄수익발생의 전제가 되는 범죄(전제범죄)로서, 이 법 별표에 규정된 중대범죄와 제2조 제2호 나목의 죄로 구분된다.

1) 중대범죄(제2조 제2호 가목)

중대범죄는 별표에 규정된 죄를 "재산상의 부정한 이익을 취득할 목적"으로 범한 경우에 성립한다.

별표에 규정된 주요 범죄는 다음과 같다.

(i) 죄질이 중대한 범죄 : 살인, 강도 등
(ii) 범죄조직이 수익을 목적으로 직업적, 반복적으로 행하는 범죄 : 공갈, 폭력행위, 밀수, 「성매매방지법」 위반 등
(iii) 경제활동분야에서 고액의 범죄수익을 목적으로 행하는 범죄 : 「특정경제범죄가중처벌등에관한법률」 제3조(사기 등), 「자본시장법」 위반 등
(iv) 부패 관련 범죄 : 뇌물죄, 「정치자금에관한법률」 위반, 「변호사법」 위반 등
(v) 외환자유화에 편승한 불법재산 유출범죄 : 「대외무역법」 제53조(수출입가격조작) 등
(vi) 주요국에서 널리 자금세탁의 전제범죄로 선정한 범죄 : 통화위조죄, 문서위조죄 등

2) 제2호 나목의 죄

제2호 나목의 죄는 「성매매방지법」 위반 등 6종의 범죄로서, 이들 범죄에 관계된 자금 또는 재산은 그 범죄에 의하여 생기거나 보수로서 얻은 재산에 해당하지는 않으나, 조직범죄와 관련되거나 국제협력 또는 외환자유화의 원활한 추진을 위하여 규제할 필요성이 높은 범죄를 규정한 것이다. 그 내용은 다음과 같다.

(i)「성매매알선등행위의처벌에관한법률」 제19조 제2항 제1호 : 성매매알선업자에 대한 자금제공죄
(ii)「폭력행위등처벌에관한법률」 위반 제5조 제2항 및 제6조 : 폭력행위 등을 목적으로 하는 단체 또는 집단의 구성, 유지를 위한 자금제공죄

（ⅲ）「국제상거래에있어서외국공무원에대한뇌물방지법」제 3 조 제 1 항 : 외국공무원
　　 에 대한 뇌물공여죄

（ⅳ）「특정경제범죄가중처벌등에관한법률」제 4 조 : 해외재산도피죄

（ⅴ）「국제형사재판소관할범죄의처벌등에관한법률」제 8 조～제16조 : 전쟁범죄

（ⅵ）「공중등협박목적을위한자금조달행위의금지에관한법률」 제 6 조 제 1 항, 제 4
　　 항 : 공중협박자금조달죄

(2) 범죄수익 등(제 2 조)

범죄수익 등은 범죄수익, 범죄수익에서 유래한 재산 및 이들 재산과 이들
재산 외의 재산이 혼화된 합쳐진 재산으로 구성된다.

1) 범죄수익

범죄수익은 중대범죄의 범죄행위에 의하여 생긴 재산 또는 그 범죄행위의
보수로서 얻은 재산과 제 2 조 제 2 호 나목에 규정되어 있는 범죄와 관계된 자
금 또는 재산으로 구성된다.

（ⅰ）중대범죄의 범죄행위에 의하여 생긴 재산 또는
　　 그 범죄행위의 보수로서 얻은 재산

본 규정은 동산, 부동산과 같은 물건만을 몰수대상으로 규정하고 있는 「형
법」제48조 제 1 항과는 달리 중대범죄의 보수로서 얻은 재산도 범죄수익에 포
함한다. 따라서 예금채권과 같은 금전채권, 특허권, 회원권 등의 무체재산권, 채
무면제, 상계 등과 같은 소극적 재산의 감소(예컨대 청부살인의 대가로 기존 채무를
면제받거나 상계한 경우)도 몰수, 추징대상에 포함된다.

（ⅱ）제 2 조 제 2 호 나목에 규정되어 있는 범죄와 관계된 자금 또는 재산

제 2 조 제 2 호 나목의 범죄와 관계된 자금 또는 재산이란 각 자금 등 제공
죄의 구성요건에 있어서 객체가 되는 것을 의미한다. 즉 「성매매방지법」위반죄
의 경우에는 자금, 토지, 건물, 「폭력행위등처벌에관한법률」위반죄의 경우에는
자금, 「국제상거래에있어서외국공무원에대한뇌물방지법」위반죄의 경우에는 뇌
물, 「특정경제범죄가중처벌등에관한법률」위반죄의 경우에는 도피재산, 「공중등
협박목적을위한자금조달행위의금지에관한법」위반죄의 경우에는 자금, 재산이

범죄수익에 해당된다.

2) 범죄수익에서 유래한 재산

범죄수익에서 유래한 재산은 범죄수익의 과실로서 얻은 재산, 범죄수익의 대가로서 얻은 재산, 이들 재산의 대가로서 얻은 재산, 기타 범죄수익의 보유 또는 처분에 의하여 얻은 재산으로 구성된다. 이 경우 범죄수익의 과실로서 얻은 재산은 천연과실과 법정과실을 의미한다. 즉 범죄수익인 가축의 새끼, 범죄수익인 임야의 석재, 토사, 범죄수익인 금전의 대차에 따른 이자, 범죄수익인 토지, 건물의 임대차에 따른 집세, 지대가 이에 포함된다.

(ⅰ) 범죄수익의 대가

범죄수익을 유상양도 또는 교환함에 있어서 반대급부를 의미한다(범죄수익인 보석의 매각대금, 범죄수익인 토지와 교환한 건물 등).

(ⅱ) 이들 재산(범죄수익의 과실 또는 대가)의 대가

이들 재산의 유상양도 또는 교환에 따른 반대급부로서, 위 임대료 또는 매각대금으로 구입한 주식이 이에 해당한다.

(ⅲ) 그 밖의 범죄수익의 보유 또는 처분에 의하여 얻은 재산

범죄수익인 현금을 예금한 경우, 그 예금채권, 범죄수익에 저당권을 설정한 후 수수한 대출금 등이 이에 해당한다.

3) 혼화재산

(ⅰ) 개   념

혼화재산이란 범죄수익 또는 범죄수익에서 유래한 재산과 이들 재산 외의 재산이 합쳐진 재산으로 수량 또는 금액단위의 분할이 가능하고, 이에 의하여 그 재산적 가치에 변화가 없는 것에 한한다. 예를 들어 범죄수익 5,000만 원과 금융회사 대출금 5,000만 원으로 주택을 구입한 경우에 그 주택은 불가분재산이므로 혼화재산에 해당하지 않는다.

(ⅱ) 유   형

혼화재산은 범죄수익과 범죄수익에서 유래한 재산이 혼화된 재산(범죄수익

인 예금채권과 이자), 범죄수익 또는 범죄수익에서 유래한 재산과 이들 재산 외의
재산이 합쳐진 재산(상습도박으로 얻은 현금과 합법적 영업수익인 현금), 범죄수익 및
범죄수익에서 유래한 재산과 이들 재산 외의 재산이 혼화된 재산(범죄수익인 예금
채권과 이자가 들어 있는 계좌에 합법적 영업대금이 예금된 경우) 등으로 구분된다.

(ⅲ) 효   과

혼화재산은 그 전체가 범죄수익 등의 은닉죄 및 범죄수익 등의 수수죄의
대상이 되지만, 범죄수익 등의 몰수와 관련해서는 자금세탁범죄의 대상이 되지
않은 이상 불법재산의 부분만이 대상이 된다.

(3) 자금세탁범죄 등(제3조, 제4조)

자금세탁범죄는 범죄수익 등의 은닉, 가장, 범죄수익 등의 수수행위를 의미
한다.

1) 범죄수익 등의 은닉, 가장죄

(ⅰ) 객관적 구성요건

(a) 범죄의 주체

범죄의 주체에는 제한이 없어 특정범죄의 본범도 범죄의 주체가 된다. 왜냐
하면 자금세탁행위가 처벌근거가 되는 이유는 장래의 특정범죄를 조장하는 행
위일 뿐만 아니라 건전한 금융거래질서를 침해하는 행위이기 때문이므로 자금
세탁행위의 경우 본범도 처벌대상이 되며, 본범은 처벌되지 않는 불가벌적 사후
행위 또는 증거인멸죄와는 법적 성격이 다르다.

(b) 행위의 객체

취득, 처분에 관한 사실을 가장하거나 은닉하는 행위의 객체는 범죄수익 등
으로 범죄수익, 범죄수익 유래재산, 혼화재산이 모두 객체가 될 수 있지만, 발생
원인에 관한 사실을 가장하는 행위의 객체는 범죄수익의 제공자에 의하여 범하
여지기 때문에 범죄수익에 한정된다. 그러나 혼화재산에 대하여 가장, 은닉행위
를 한 경우에는 혼화재산 전부에 대하여 본죄가 성립한다.

(c) 행   위

범죄수익 등의 취득, 처분에 대한 사실을 가장하거나 범죄수익의 발생원인에 대한 사실의 가장 또는 특정범죄조장 등의 목적으로 범죄수익 등을 은닉하는 경우로 구분된다. 예를 들어 취득에 관한 사실의 가장으로는 취득원인을 가장하는 행위와 그 귀속을 가장하는 행위가 있고, 취득원인을 가장한 경우로는 차용 또는 상품거래, 정당한 사업수익을 가장하여 장부와 전표 등을 조작하는 행위 등이 있으며, 귀속에 관한 사실의 가장인 경우는 범죄수익인 현금을 가명, 제3자 명의로 예금 또는 저금하거나 재산을 가장, 양도하는 행위 등이 있고, 처분에 대한 사실의 가장인 경우는 가명 또는 제3자 명의로 재산을 구입하거나 계좌이체하는 행위 등이 이에 해당한다.

(ii) 주관적 구성요건(고의)

본죄의 주관적 구성요건으로서의 고의는 대상재산이 범죄수익 등이라는 인식과 이를 가장, 은닉하려는 의사 모두를 필요로 한다. 이 경우 고의는 확정적일 필요는 없고 미필적인 것으로도 충분하다. 단, 제3자의 고의에 있어서는 특히 범죄수익 등에 대한 인식이 문제될 것이나, 범죄수익 등에 대한 인식은 당해 재산이 특정범죄에 의하여 생긴 것이라는 인식이 있으면 족하다.

(iii) 처   벌

본조의 죄는 5년 이하의 징역형 또는 3,000만 원 이하의 벌금형에 처한다(제1항 본문). 징역형과 벌금형은 병과할 수 있고(제6조), 법인에 대하여도 양벌규정에 의하여 본조의 벌금형을 부과한다(제7조).

(iv) 미수, 예비, 음모

범죄수익 은닉, 가장죄는 미수, 예비, 음모 등도 처벌된다. 본죄의 예비행위의 예로는 범죄수익의 은닉장소를 준비하는 행위, 범죄수익을 은닉하기 용이한 재산으로 전환하는 행위(예를 들면 현금으로 무기명채권을 구입하는 행위), 매도한 권총대금을 송금받기 위하여 제3자 명의로 예금계좌를 개설하는 행위, 외국에 은닉하기 위하여 현지법인을 설립하는 행위 등을 들 수 있다.

(ⅴ) 죄수 및 다른 범죄와의 관계

(a) 죄   수

동일한 범죄수익 등에 대하여 수 개의 가장, 은닉행위가 행해진 경우에 동일한 범의로 계속되었다면 포괄적 일죄가 성립하나, 수회에 걸쳐 가장, 은닉행위가 이루어지고 다른 범죄수익 등이 혼재한 경우에는 별개의 범죄가 성립한다.

(b) 불가벌적 사후행위와의 관계

불가벌적 사후행위는 재산범죄에 의하여 취득한 재물을 이용, 처분하는 행위가 별도의 범죄구성요건에 해당하더라도 기존 재산범죄의 가벌성에 포함되어 있기 때문에 별죄를 구성하지 않지만, 자금세탁행위는 특정범죄의 조장과 건전한 금융거래질서의 침해라는 새로운 사회적 법익을 침해하는 범죄이므로 불가벌적 사후행위가 되지 않는다.

(c) 증거인멸죄와의 관계

증거인멸죄는 사법기능을 해하는 국가적 법익에 대한 죄임에 비하여, 본죄는 특정범죄를 조장하고 건전한 금융거래질서를 침해하는 사회적 법익에 대한 죄라는 측면에서 구별된다. 구체적으로 범죄의 주체와 관련하여서 증거인멸죄는 기대가능성의 관점에서 본범자를 제외하나 본죄는 특정범죄의 본범자를 포함하고, 증거인멸죄의 행위객체는 증거방법인 사람 또는 유체물임에 비하여 본죄의 객체에는 무형적 이익도 포함된다.

2) 범죄수익 등의 수수죄

(ⅰ) 객관적 구성요건

(a) 주   체

본죄의 주체는 특정범죄의 본범 이외의 모든 자를 의미한다. 특정범죄의 정범 또는 공동정범은 본죄의 주체가 될 수 없기 때문에 공동정범 사이에 범죄수익 등을 수수, 양도, 보관하여도 별도로 범죄수익 등의 수수죄가 성립하지 아니하나, 본범에 대한 협의의 공범, 즉 교사범 또는 방조범은 스스로 특정범죄를 실행한 자가 아니라 가공한 자에 불과하므로 본죄의 주체가 될 수 있다.

⒝ 행   위

본죄의 행위는 범죄수익 등을 '수수'하는 것이다. 수수란 유상, 무상을 불문하고 범죄수익 등의 소유권을 취득한 경우, 또는 형식적으로는 소유권을 취득하지 않은 경우라도 사실상 자기 재산과 같이 사용, 처분할 수 있는 지배관계를 갖기에 이르게 된 경우로 증여, 매매, 채무변제, 소비대차에 의하여 범죄수익 등의 소유권을 취득하는 경우뿐만 아니라 임대차계약, 질권설정 또는 보관위탁 등의 방법으로 범죄수익 등을 인도받아 보관하는 행위도 수수에 해당한다.

본죄는 '범죄수익 등의 은닉, 가장죄'와는 달리 미수나 예비를 벌하지 아니한다.

(ⅱ) 주관적 구성요건

본죄는 고의범으로 그 정황을 안다고 함은 수수하는 재산이 범죄수익 등이라는 사실을 인식하는 것을 의미하고, 본범의 범죄수익 등의 처분 또는 운용에 조력할 의사가 있을 필요는 없다.

다만, 고의의 경우 미필적 인식만으로 족하다고 하여도 수수하는 재산이 실제 범죄행위에 의하여 발생한 것이라는 인식은 요구되는 것이므로 의심이나 불안 정도의 심리상태만으로는 부족하고, 그 재산이 범죄수익 등이라는 개연성이 존재하는 구체적인 상황 하에서 위와 같이 인식할 필요가 있다. 또한 범죄수익 등인 정에 대한 인식은 재산을 수수할 당시에 있어야 하므로, 범죄수익 등임을 모르고 수수한 자가 그 후 그 정황을 알면서 계속 보관하더라도 본죄는 성립하지 않는다.

(ⅲ) 단서의 규정

본조는 단서에서 법령상 의무이행으로서 제공된 범죄수익 등을 수수하는 행위와 채권자가 상당한 재산상 이익을 제공하는 계약으로 계약시 선의인 채권자가 그 계약에 의한 채무이행으로서 제공된 범죄수익 등을 수수하는 행위는 처벌하지 않는 것으로 규정하여 본죄의 특수한 위법성조각사유를 규정하고 있는바, 전자의 경우는 그 자체가 특정범죄를 조장한다는 요소가 희박하기 때문이고, 후자의 경우는 보호할 가치가 있는 일상적인 경제거래로 거래의 안전성을 확보하기 위한 것이다.

'법령상의 의무이행'이란 그 이행이 법령에 의해 의무로 규정되어 있는 것으로 국가기관 등의 조세공과, 벌과금의 징수, 「민법」상 부양의무이행에 의한 배우자 등의 재산수수 등이 이에 해당한다.

(ⅳ) 죄수 및 다른 범죄와의 관계

⒜ 죄   수

수개의 특정범죄에 의하여 발생한 범죄수익 등을 1회에 수수한 경우에는 단순일죄가 성립한다. 반대로 1개의 특정범죄에 의하여 발생한 범죄수익이라도 각기 다른 기회에 수회에 걸쳐서 수수한 경우에는 수개의 범죄수익 등 수수죄가 성립하며 경합범으로 처벌된다. 계속적 거래관계에 기하여진 일련의 수수행위는 단일한 범의에 기한 포괄적 일죄에 해당한다.

⒝ 범죄수익 등 은닉죄와의 관계

범죄수익 등을 수수하는 행위가 동시에 범죄수익 등의 은닉행위를 방조하는 것인 때에는 범죄수익 등 수수죄와 범죄수익 등 은닉방조죄가 성립하고, 양죄는 상상적 경합의 관계에 있게 된다. 예컨대 특정범죄의 본범자가 범죄수익인 현금을 차명으로 은행에 예금하는 경우, 은행직원이 수령한 현금이 범죄수익이라는 것과 이를 차명계좌에 입금하여 은닉하는 것이라는 정황을 알면서 이를 수령한 때에는 범죄수익 등 수수죄와 범죄수익 등 은닉방조죄의 상상적 경합범으로 처벌되고, 또한 범죄수익 등을 수수하는 자가 단지 인식의 정도를 넘어서 범죄수익 등을 은닉하려고 하는 자와 공모를 한 경우에는 당연히 범죄수익 등 은닉죄의 공동정범만 성립할 뿐이고 범죄수익 등 수수죄는 성립하지 않는다.

한편 범죄수익 등을 수수한 자가 본죄가 성립한 후에 수수한 범죄수익을 가장, 은닉하는 행위가 범죄수익 등 은닉죄에 해당하는지가 문제가 되는바, 본범으로부터 정을 알고 범죄수익 등을 수수한 자는 본범자와 뜻이 통하여 스스로 범죄행위를 행함에 의하여 범죄수익 등을 취득한 것이므로, 수수자가 범죄수익 등을 가장, 은닉하는 경우 그 행위에 의하여 특정범죄에 재투자되거나 합법적 경제활동에 투자될 우려가 있는 범죄수익 등의 처분, 운용이 용이하게 되는 것은 본범과 다를 바가 없으므로 범죄수익 등 은닉죄가 성립한다.

(4) 금융기관 등의 신고 등(제5조)

1) 요   건

금융기관 등에 종사하는 자가 범죄수익 등의 수수 등에 관한 다음의 신고 의무를 위반하는 경우에 본죄에 해당된다. 금융기관 등에 종사하는 자는 아래의 경우에 다른 법률의 규정에 불구하고 지체 없이 관할수사기관에 신고하여야 하는데, 신고사항이란 금융거래와 관련하여 수수한 재산이 범죄수익 등이라는 사실을 알게 된 때 및 금융거래의 상대방이 제3조의 죄에 해당하는 행위를 하고 있다는 사실을 알게 된 때를 의미한다.

위의 신고사실을 금융거래의 상대방 및 그의 관계자에게 누설하는 경우에도 역시 본죄에 해당한다.

2) 법 정 형

2년 이하의 징역 또는 1천만 원 이하의 벌금에 처해지며, 이 경우 징역과 벌금의 병과가 가능하며, 법인도 처벌하는 양벌규정이 존재한다.

(5) 몰수 및 추징

1) 몰   수(제8조, 제9조)

(ⅰ) 동법상 몰수제도의 특징

동법 제8조 제1항은 몰수대상재산에 있어서 「형법」 제48조를 확대하고 있다. 즉 「형법」 제48조에 의한 몰수는 물건에 대하여만 가능하지만, 이 법 제8조 제1항에 의한 몰수는 물건에 한정되지 않고 은행예금, 대출채권, 무체재산권 등 무형적 이익을 포함한 사회통념상 경제적 가치가 있는 이익을 포괄한다.

「형법」 제48조에 의해서는 범죄행위로 인하여 발생하였거나 이로 인하여 취득한 물건 또는 그 대가로 취득한 물건만이 몰수가 가능하나 제1항에 의해서는 특정범죄에 의하여 취득한 재산이 전환되거나 변형된 경우에도 특정되어 추적이 가능한 한 그 전환된 재산을 몰수할 수 있다.

제1항의 몰수는 「형법」 제48조와 마찬가지로 임의적 몰수로서 법관의 자

유재량에 의하여 몰수 여부가 결정되도록 하고 있다. 비록 「마약류불법거래방지에관한특례법」 또는 「공무원범죄에관한몰수특례법」은 범죄수익 등에 대한 철저한 박탈을 위해서 필요적 몰수제도를 채택하고 있으나, 이 법의 적용대상인 특정범죄에는 피해자가 있는 범죄 등 다양한 유형의 범죄가 포함되기 때문에 구체적인 사항에 따라 몰수 여부를 결정하도록 하는 것이 타당한 경우가 적지 않을 것을 감안하여 임의적 몰수제도를 채택하고 있다.

(ii) 몰수대상재산

제1항 각 호의 재산 중 제1호 및 제2호는 자금세탁범죄 여부와 관계없이 범죄수익 및 범죄수익 유래재산에 대한 몰수를 규정한 것이지만, 제3호 내지 제5호는 자금세탁범죄와 관련이 있는 재산의 몰수를 규정하고 있다.

ⓐ 제1호, 제2호의 재산

제1호 및 제2호의 재산은 제2조 제2호 및 제3호에 규정된 범죄수익 및 범죄수익으로부터 유래하는 재산을 말한다.

ⓑ 제3호의 재산

제3조 또는 제4조의 범죄행위에 관계된 범죄수익 등이라 함은 범죄수익 등 은닉죄 또는 범죄수익 등 수수죄의 객체가 되는 범죄수익 등을 의미한다.

ⓒ 제4호의 재산

제4호의 재산은 범죄수익 등 은닉죄 및 범죄수익 등 수수죄의 범죄행위에 의하여 생긴 재산 또는 그 범죄행위의 보수로서, 범죄행위에 의하여 생긴 재산이란 범죄행위에 의해 처음으로 생성되거나 범인이 취득한 재산을 말하고, 범죄행위의 보수로서 얻은 재산이란 범죄행위를 실행하는 보수로서 범인이 취득한 재산을 말한다.

ⓓ 제5호의 재산

제5호의 재산은 제3호 및 제4호의 규정에 의한 재산의 보유, 처분에 기하여 취득한 재산을 의미한다. 따라서 자금세탁범죄의 보수로서 받은 돈을 예금하여 이자가 발생한 경우에 그 이자도 몰수대상이 된다.

(ⅲ) 범죄피해재산의 예외

(a) 규정의 취지

제3항은 제1항 각 호의 몰수대상 재산이 범죄피해재산인 때에는 몰수할 수 없음을 규정하고 있는바, 그 이유는 범죄수익 등은 본래 범죄자로부터 박탈하여야 하나 피해자가 그 재산에 대하여 정당한 권리를 갖고 있는 경우에 범죄수익 등을 몰수하는 것은 피해자의 범인에 대한 손해배상청구권 등 사법상 청구권을 실현하기가 곤란하게 되기 때문이다.

(b) 범죄피해재산의 종류

범죄피해재산이란 재산에 관한 죄, 「특정범죄 가중 처벌등에 관한 법률」 제5조의2 제1항 제1호(재산, 재산상 이익취득목적 미성년자 약취, 유인), 제2항 제1호(미성년자 약취, 유인 후 재산, 재산상 이익취득, 요구)의 죄, 「채무자 회생 및 파산에 관한 법률」 제650조(사기파산죄), 제652조(일정한 지위에 있는 자의 사기파산 및 과태파산죄), 제654조(제3자의 사기파산죄)의 죄 등의 범죄행위에 의하여 그 피해를 받은 자로부터 취득한 재산 또는 그 재산의 보유나 처분에 기하여 취득한 재산을 의미한다.

(ⅳ) 몰수의 요건

몰수대상재산 또는 혼화재산이 범인 외의 자에게 귀속되지 아니하는 경우에 한해 몰수가 가능하다. 다만, 범인 외의 자가 범죄 후 그 정황을 알면서 그 몰수대상재산 또는 혼화재산을 취득한 경우(그 몰수대상재산 또는 혼화재산의 취득이 제4조 단서에 해당하는 경우를 제외한다)에는 그 몰수대상재산 또는 혼화재산이 범인 외의 자에게 귀속된 경우에도 이를 몰수할 수 있다.

지상권, 저당권 그 밖의 권리가 그 위에 존재하는 재산을 몰수하는 경우에 범인 외의 자가 범죄 전에 그 권리를 취득한 때, 또는 범죄 후 그 정을 알지 못하고 그 권리를 취득한 때에는 그 권리를 존속시킨다.

2) 추   징(제10조, 제10조의2)

동법 제10조 제1항은 제8조 제1항의 몰수에 대응하여 임의적 추징을 규정하고, 제2항은 범죄피해재산인 경우에 추징의 금지를 규정하였다.

(ⅰ) 추징의 요건

제8조 제1항의 규정에 의하여 몰수할 재산을 몰수할 수 없거나, 그 재산의 성질, 사용상황, 그 재산에 관한 범인 외의 자의 권리유무 그 밖의 사정으로 인하여 이를 몰수함이 상당하지 아니하다고 인정될 때 추징이 가능하다.

ⓐ 재산을 몰수할 수 없는 때

재산을 몰수할 수 없을 때라 함은 사실상 또는 법률상의 이유로 재산의 몰수가 불가능한 경우를 말한다. 즉 몰수대상재산이 판결 당시에 멸실되었거나 소재가 불명하여 사실상 몰수할 수 없는 경우, 몰수대상재산을 선의의 제3자가 취득하였기 때문에 제9조 제1항에 의하여 몰수할 수 없는 경우 등이 이에 해당한다.

ⓑ 몰수하는 것이 상당하지 않다고 인정될 때

재산의 몰수가 불가능한 것은 아니지만 제반 사정을 고려할 때 몰수함이 상당하지 않다고 인정되는 경우로서, 형법 제48조 제2항과는 달리 본조는 재산의 몰수가 가능하더라도 특별한 사정으로 인하여 몰수함이 상당하지 아니하다고 인정되는 경우에도 법관의 재량에 의하여 추징으로의 전환을 인정한 것이다.

예컨대 특허권 등 무체재산권이나 임차권의 경우와 같이 국가에 의한 관리가 곤란하여 몰수가 상당하지 않는 경우나 몰수대상재산인 부동산이 임대되어 제3자가 이를 점유하고 있는 경우, 선의의 제3자의 저당권이 설정되어 있어 그것이 실행된 경우에 잉여금이 예상되지 않는 경우에는 일반적으로 몰수는 상당하지 않다고 할 것이다.

(ⅱ) 추징의 방법
① 추징대상자

추징은 범인에 대하여만 가능한바, 범인에는 공동정범, 교사범, 방조범 등 공범 일체가 포함되므로 공범 전체로부터 추징이 가능하다. 공범에 대한 추징은 원칙적으로 개별적으로 추징을 하여야 하나, 개별적으로 추징금액을 산정할 수 없을 때에는 평등하게 분할한 가액을 추징한다.

② 추징가액의 산정시기

우리 판례는 판결선고시설을 따르고 있다(대판 1991. 5. 28. 선고 91도352).

(ⅲ) 범죄피해재산의 추징금지

제10조 제2항은 제8조 제1항 각 호의 재산이 범죄피해재산인 때에는 동조 제3항에 의하여 이를 몰수할 수 없도록 하고 있는 것과 같은 취지로 추징도 할 수 없는 것으로 규정하고 있다.

(ⅳ) 추징 집행의 특례(제10조의2)

다중인명피해사고 발생에 형사적 책임이 있는 개인, 법인 및 경영지배 · 경제적 연관 또는 의사결정에의 참여 등을 통해 그 법인을 실질적으로 지배하는 자에 대한 추징은 범인 외의 자가 그 정황을 알면서 취득한 몰수대상재산 및 그로부터 유래한 재산에 대하여 그 범인 외의 자를 상대로 집행할 수 있도록 하고 있다. 다만, 몰수대상재산이라고 하더라도 범인 외의 자가 몰수대상 재산이라는 사정을 알지 못하는 경우 추징집행을 할 수 없도록 하고 있다.

(ⅴ) 몰수 · 추징의 집행을 위한 검사의 처분(제10조의3)

검사의 몰수 · 추징 집행을 위한 강제처분 및 금융정보조사 근거 규정이다. 검사는 이 법에 따른 몰수 · 추징의 집행을 위하여 필요하다고 인정되면 그 목적에 필요한 최소한의 범위에서 관계인의 출석 요구 및 진술의 청취, 서류나 그 밖의 물건의 소유자 · 소지자 또는 보관자에 대한 제출 요구, 특정금융거래정보의 제공 요청, 과세정보의 제공 요청, 금융거래의 내용에 대한 정보 또는 자료의 제공 요청, 그 밖의 공공기관 또는 단체에 대한 사실조회나 필요한 사항에 대한 보고 요구 등의 처분을 할 수 있다.

3) 몰수보전 및 추징보전제도(제12조)

동법 제12조는 몰수, 추징제도가 원활히 기능하는 데 필요한 몰수보전 및 추징보전의 절차를 마련하기 위하여 「마약류특례법」 제33조 내지 제63조를 준용하도록 규정하고 있다.

보전절차는 장래에 행해질 몰수명령 또는 추징명령의 집행이 확보될 수 있도록 대상재산의 처분을 일시적으로 금지하기 위한 절차로서, 자금세탁범죄와 특정범죄를 범죄수익 등의 규제를 통해 효율적으로 진압하기 위해서는 수사 또는 재판진행중에 대상재산을 보전시키는 제도를 도입한 것이다.

(6) 범죄수익등의 추정(제10조의 4)

「아동·청소년의 성보호에 관한 법률」에 따른 아동·청소년이용음란물제작·배포 등의 죄와 「성폭력범죄의 처벌 등에 관한 특례법」에 따른 카메라 등을 이용한 촬영, 허위영상물 등의 반포 등의 죄에 관계된 범죄수익 등을 산정할 때에는 범죄행위를 한 기간에 범인이 취득한 재산으로서 그 취득한 재산이 범죄수익 등의 금액 및 재산 취득 시기 등 제반 사정에 비추어 그 죄를 범하여 얻은 범죄수익 등으로 형성되었다고 볼 만한 상당한 개연성이 있는 경우에는 그 죄에 관계된 범죄수익 등으로 추정한다.

2. 법률 관련 쟁점사항

(1) 몰수·추징 등 관련 법개정 사항

1) 범죄수익 추징 집행의 실효성 확보 규정의 적용 대상 확대

추징집행은 범인에 대해서만 가능하기 때문에 범죄자가 범죄로 얻은 범죄수익을 가족·친지나 측근 등 제3자의 명의로 은닉하여 추징집행을 회피하는 문제를 해결하기 위하여 2013년 「공무원범죄특례법」이 개정되어 추징의 집행대상 확대 규정(제9조의2)과 검사의 몰수·추징 집행을 위한 강제처분 및 금융정보조사 근거 규정(제9조의3)이 신설되었다. 동 규정이 도입됨에 전두환 전 대통령이 미납추징금 전액 납부약속을 하기에 이르렀다. 법무부는 「공무원범죄특례법」 개정에 따른 입법효과를 바탕으로 김우중 전 회장 등 '대우그룹 분식회계사건' 관계자에 대한 미납추징금 납부를 강제하기 위한 「범죄수익규제법」 개정안을 2013년 11월 국회에 제출하였다. 2014년 4월 발생한 세월호참사를 계기로 그해 11월 법개정안이 국회를 통과하였다.

법 개정 주요 내용은 추징의 집행대상 확대(제10조의2 신설)하고, 검사의 몰수·추징 집행을 위한 강제처분 및 금융정보조사 근거를 마련(제10조의3 신설)하기 위한 것으로서 「공무원범죄특례법」 제9조의2와 제9조의3과 그 내용이 동일

하지만, 추징 집행대상이 공무원이 아닌 일반인까지 확대되었다는 점에 특징이 있다.[28]

법 개정을 통해 몰수·추징의 집행을 면탈하려고 가족 등 다른 사람의 명의로 재산을 은닉하는 행위가 증가하여 몰수·추징의 집행률이 저조한 문제점이 개선 가능하게 되었다. 범죄단체의 조직 등 특정범죄와 관련된 불법 재산의 형성을 방지하고 추징제도의 실효성을 높이기 위하여 다른 사람의 명의로 은닉된 재산도 추징의 집행 대상이 될 수 있도록 하였다.

2) 입증 부담의 완화

최근 사회적으로 문제되고 있는 디지털 성폭력 범죄의 경우 범죄의 특성상 불특정 다수의 가해자가 특정되지 않는 경우가 많고, 이 경우 개별 범죄사실의 특정 및 개별범죄와 범죄수익 간 관련성 입증이 어려워 범죄수익환수가 좌절되는 경우가 발생하였다.

이에 따라 2020년 5월 법 개정을 통해 「아동·청소년의 성보호에 관한 법률」에 따른 아동·청소년이용음란물제작·배포 등의 죄와 「성폭력범죄의 처벌 등에 관한 특례법」에 따른 카메라 등을 이용한 촬영, 허위영상물 등의 반포 등의 죄에 대해서는 범죄수익에 관한 입증책임을 완화함으로써 범죄수익의 보다 원활한 환수에 기여할 것이 기대된다.

(2) 전제범죄와 자금세탁행위의 관계

1) 자금세탁행위

「특정금융거래정보법」에 따르면 전제범죄와 관련한 자금세탁행위는 '「범죄수익규제법」의 특정범죄에 의해 생긴 재산인 '범죄수익'등의 취득, 처분 또는 발생원인에 관한 사실을 가장하거나 그 '범죄수익'을 은닉하는 행위, 「마약류불법거래방지법」에서의 마약류범죄 등에 의해 생긴 재산인 '불법수익'등의 출처에 관한 수사를 방해하거나 불법수익등의 몰수를 회피할 목적으로 불법수익등의 성질, 소재, 출처 또는 귀속 관계를 숨기거나 가장하는 행위'이다.

---

28) 홍찬기, "범죄수익 몰수·추징제도의 문제점과 개선방안", 2014년

'조세범죄를 범할 목적 또는 세법에 따라 납부하여야 하는 조세를 탈루할 목적으로 재산의 취득, 처분 또는 발생원인에 대한 사실을 가장하거나 그 재산을 은닉하는 행위'도 자금세탁행위로 정의된다.

2) 전제범죄 체계

(ⅰ) 특정범죄(「범죄수익규제법」상 범죄)

특정범죄는 중대범죄와 법정형이 5년 미만이더라도 현실적으로 조직범죄의 자금원이 되는 것으로 인정되는 범죄로 구성된다. 후자에 포함되는 범죄는 ① 「성매매알선 등 행위의 처벌에 관한 법률」제19조 제 2 항 제 1 호(성매매알선 등 행위 중 성매매에 제공되는 사실을 알면서 자금·토지 또는 건물을 제공하는 행위), ② 「폭력행위 등 처벌에 관한 법률」제 5 조 제 2 항, 제 6 조(제 5 조 제 2 항 죄의 미수), ③ 「국제상거래에 있어서 외국공무원에 대한 뇌물방지법」제 3 조 제 1 항, ④ 「특정경제범죄 가중처벌 등에 관한 법률」제 4 조, ⑤ 「국제형사재판소 관할 범죄의 처벌등에 관한 법률」제 8 조~제16조, ⑥ 「공중 등 협박목적을 위한 자금조달행위의 금지에 관한 법률」제 6 조 제 1 항, 제 4 항(제6조 제1항 제1호의 미수)의 죄에 관계된 자금 또는 재산과 관계되는 범죄로서 ①, ②, ④, ⑤의 범죄는 중대범죄종에 포함되기도 한다.

(ⅱ) 「마약류불법거래방지법」상 범죄(2종)

「마약류 불법거래 방지에 관한 특례법」에 의한 죄(제 6 조, 제 9 조, 제10조)와 「마약류 관리에 관한 법률」에 의한 죄(제58조 내지 제61조)가 해당된다.

3) 탈세 관련 내용정리

「범죄수익규제법」상의 탈세 관련 전제범죄의 내용을 살펴보면 조세포탈의 가중처벌 대상(거액의 탈세)에는 거액의 탈세유형 중 부정환급만 해당(조세포탈죄를 범하고 부정환급받은 세액이 연간 5억 원 이상인 경우: 「특가법」제 8 조 위반)되고 「관세법」위반행위의 가중처벌 대상에는 포탈, 감면, 부정환급이 모두 포함(「특가법」제 6 조 위반)된다.

한편 조세·관세포탈 범죄를 범할 목적 또는 세법에 따라 납부하여야 하는 조세를 탈루할 목적으로 재산의 취득, 처분 또는 발생 원인에 대한 사실을 가장하거나 그 재산을 은닉하는 행위, 즉 탈세목적의 자금세탁 행위(「특정금융거래정보법」)는 전제범죄는 아니지만 의심되는 거래보고대상이 된다. 즉 탈세목적의 자금세탁 행위는 「범죄수익규제법」에서 규정한 자금세탁범죄에 해당되지는 않지만 「특정금융거래정보법」에 의한 의심되는 거래보고대상이다.

4) 내국세 관련 입법시 검토사항

(ⅰ) 「범죄수익규제법」 규정

연간 탈세합계액이 5억 원 이상인 탈세범죄 중 부정환급의 경우만 전제범죄에 포함(「특가법」상 조세포탈의 가중처벌)된다. 그 이유는 자금세탁과 탈세범죄가 유사한 측면이 있고 일반국민의 탈세범죄 규제요구도 있으나, 탈세범죄의 법리에 의하면 사실상 자금세탁범죄의 전제범죄로 될 수 있는 것은 부정환급의 경우에 불과하기 때문이다.

(ⅱ) 외국의 사례

미국, 독일, 일본, 프랑스 등 대다수 국가에서 탈세범죄를 자금세탁범죄의 전제범죄에 포함하지 않고 있다.

첫 번째 이유는 탈세범죄와 자금세탁범죄는 그 성격이 정반대로서 자금세탁범죄의 규제목적에 부합하지 않기 때문이다. 탈세범죄와 자금세탁범죄의 차이점은 ① 탈세범죄는 법리상 범죄수익이 발생하는 경우가 사실상 없고 합법적이거나 불법적인 재산 모두가 대상이 될 수 있으며, ② 자금세탁범죄는 범죄수익의 불법원천을 가장하기 위한 최초거래에서 범죄행위가 성립하지만, 대부분의 탈세범죄는 나중에 발생한다는 점이다. ③ 탈세범죄의 성격은 세금의 납부라는 소극적 이익 감소를 목적으로 하는 것에 불과하여 탈세범죄에 의해서는 자금세탁의 대상이 될 수 있는 특정한 재산이 발생하지 않기 때문이다. 그에 반해 유사점으로서는 탈세범죄는 거액의 범죄수익을 발생시킬 뿐만 아니라, 범행과정에서 합법적인 소득을 은닉, 가장하기 위해 자금세탁수법이 사용된다는 것을 지적하고 있다.

두 번째 이유는 탈세범죄는 범죄수익보다 합법적 사업활동의 수익과 관련하여 더 많이 발생할 수 있는 점을 고려할 때, 탈세범죄를 전제범죄에 포함할 경우 일반국민들이 금융기관의 의심거래 보고를 통하여 자신들의 거래내역이 세무당국에 노출될지도 모른다는 막연한 불안심리를 갖게 되어 금융거래가 위축될 가능성이 있는 점을 들 수 있다.

(3) 「범죄수익규제법」의 비자금 관련 특정범죄

1) 비자금보관단계

비자금이 아직 사용되지 않은 상태로 회사에 보관되고 있는 단계는 통상 「특정범죄가중처벌등에관한법률」 제 8 조(조세포탈의 가중처벌))에 해당하므로, 「범죄수익규제법」 제 2 조 별표에 의하여 보관단계에 있어서 규제장치가 마련되어졌다.

2) 비자금사용단계

기업이 비자금을 개인적 축재, 뇌물, 로비자금, 접대비 등에 사용하기 위하여 세탁하는 것을 규제하기 위하여 「범죄수익규제법」 제 2 조 별표에 「특정경제범죄가중처벌등에관한법률」 제 3 조(횡령, 배임), 「특정범죄가중처벌등에관한법률」 제 2 조(뇌물), 「형법」 제129조 내지 제132조(뇌물수수 등), 「변호사법」 제111조(공무원취급사건 등에 대한 금품수수 등), 「상법」 제622조(특별배임)의 죄를 특정범죄로 규정하고 있다.

(4) 범죄수익몰수의 자산기금제도의 도입 검토

1) 몰수자산기금 도입의 필요성

우리나라의 현행 자금세탁방지법규에 의하면 '범죄수익 등'과 '불법재산'에 대한 몰수제도를 규정하고 있어 우리나라의 경우에도 상당량의 화폐와 물건이 몰수제도를 통해 국고에 귀속되고 있는 실정이다. 그러나 이들 몰수제도규정은 필요적 몰수 및 임의적 몰수, 추징 등을 규정하고 있을 뿐 몰수 내지는 추징한 재산의 처분에 대하여는 아무런 규정도 두고 있지 않다.[29] 그러나 미국의 「포괄

---

[29] 이와 관련하여서는 「국가안전법」상의 죄를 범한 자로부터 몰수하거나 국고로 귀속된 금품을 국가안전보장을 위하여 신속하고 유효적절하게 처리, 즉 대통령의 승인을 얻어 이를 직접 사용 또는 처분할 수 있도록 규정한 「몰수금품등처리에관한임시특례법」(일부개정 1999. 1. 21. 법률 제5681호)이 있을 뿐이다. 그 외의 경우에는 몰수금품은 국고로 귀속되어 일련의 과정을 거쳐 일반회계로 처리된다.

몰수법(Comprehensive Forfeiture Act, 1984)」은 약물범죄 등의 범죄수익 등에 대하여 민사몰수(civil forfeiture)를 통해 취득한 금품을 약물수사국과 연방수사국이 사용하는 것을 인정하고 있으며,[30] 법무부에 몰수자산기금(Asset Forfeiture Fund)을 창설하여 민사몰수 및 형사몰수재산을 처분한 수입에서 집행비용을 공제한 나머지를 이 기금에 적립하여 몰수작업 또는 일반조사의 비용 및 법집행경비(형사소추비용, 약물중독자치료 내지는 중독예방과 교화 또는 다른 공공계획, 교도소건설비용 등에의 투입)로 지출할 수 있도록 함으로써 중대범죄 및 그로 인한 돈 세탁범죄 등의 예방에 적극적으로 대처하고 있다.[31]

우리나라 「범죄수익규제법」의 입법목적이 '특정범죄와 관련된 범죄수익의 몰수 및 추징에 관한 특례를 규정함으로써 특정범죄를 조장하는 경제적 요인을 근원적으로 제거하여 건전한 사회질서 유지기능을 충실히 하려는 것'이라는 점을 감안할 때, 자금세탁 방지법규의 몰수제도에 의해 몰수 내지는 추징한 재산의 효과적인 운용을 통하여 법집행기관이 의욕을 가지고 자금세탁 방지업무를 수행할 수 있도록 강구함과 동시에 KoFIU 등 관련 기관의 제반 활동을 위한 재원을 확보할 수 있는 법적 근거를 마련할 필요가 있다 할 것이다.

2) 몰수기금의 설립과 활용방안

1999년 UN에서 성립된 「자금세탁, 몰수및범죄수익과관련한국제협력에관한모델법률」 및 FATF의 권고사항은 각국으로 하여금 가능한 경우 몰수재산의 전부 또는 일부를 법집행, 건강, 교육, 기타 적절한 목적에 사용할 수 있도록 몰수자산기금을 설치, 운영할 것을 권고하고 있다. 이에 따라 미국, 영국, 캐나다, 호주, 이탈리아, 룩셈부르크, 스페인, 태국 등은 불법행위로 인하여 취득하거나 불법행위에 사용된 범죄인의 재산을 박탈함으로써 범죄를 진압, 예방하기 위하여 몰수한 재산을 환가한 후 이를 몰수기금으로 운영하고 있다. 즉 민사몰수 및 형사몰수재산을 처분한 수입에서 법집행비용을 공제한 잉여금을 이 기금에 적립하여 몰수작업 또는 일반조사의 비용 및 법집행경비(형사소추비용, 약물중독자치

---

30) 예를 들면 몰수한 마약밀매조직의 고속정이나 비행기 등을 수사에 사용하는 경우를 들 수 있다.

31) 이와 유사한 제도로 미국 재무성에는 세관몰수기금이 설립되어 있다.

료 내지는 중독예방과 교화 또는 다른 공공계획, 교도소건설비용 등에의 투입)로 지출할 수 있도록 함으로써 중대범죄 및 그로 인한 돈세탁범죄 등의 예방에 적극적으로 대처하고 있는 것이다.

(ⅰ) 몰수자산기금제도의 도입 및 특별법의 제정

FATF 회원국의 대부분이 몰수자산기금제도를 운영하지 않는 주된 이유는 이 제도의 운영이 정부의 예산회계 원칙, 즉 국고통일의 원칙과 예산단일의 원칙에 반한다는 것이다. 그러나 우리나라의 경우에는 오늘날 공공수요가 증대됨에 따라 이를 충족시키기 위한 재원을 국민의 조세수입에 의한 정부예산만으로 조달할 수 없다는 현실과 국회에 의해 통제되는 예산제도로는 복잡다기한 행정수요에 능동적, 탄력적으로 대응하기 어렵다는 점에서 정부가 특정부분의 육성, 개발을 촉진하기 위하여 원활한 자금지원이 필요하거나 정부가 직접 수행하는 사업에 수반되는 자금의 운용, 관리를 위하여 일반회계원칙의 예외로 기금제도를 설치, 운영하고 있다. 이처럼 우리나라는 예산회계원칙에 대한 많은 예외를 인정하고 있기 때문에 반드시 정부의 예산회계 원칙을 이유로 몰수자산기금제도를 도입할 수 없는 것은 아니라 할 것이다.

범죄수익 몰수재산을 기금으로 조성하는 경우에는 국회의 통제 아래 운영되는 특별회계와는 달리 각 부처에서 각 중앙관서장의 결정에 따라 자율적으로 운영할 수 있기 때문에 합목적성의 차원에서 자율성과 탄력성이 보장된다는 장점을 가질 수 있다. 미국에서 운용되는 몰수자산기금제도를 보더라도 몰수재산의 분배는 행정몰수의 경우 몰수자산의 가치가 100만 달러를 넘지 않는다면 연방수사기관이 그 공정한 분배의 양을 결정할 수 있고, 사법몰수 또는 형사몰수의 경우에는 몰수자산의 가치가 100만 달러를 넘지 않는다면 연방검사가 그 분배의 양을 결정하고 있으며, 몰수자산의 가치가 100만 달러를 넘는 경우에는 법무부차관이 그 공정한 분배의 양을 결정하고 마샬 서비스에서 그 분배집행을 담당하고 있다. 이처럼 미국은 몰수자산기금의 운용방법에 대하여 국회의 통제를 받는 것이 아니라 중앙관서의 장의 결정 등에 따라 탄력적으로 운영하고 있는 것이다. 만일 몰수자산기금제도가 도입된다면, 우리나라의 경우에도 이러한 기금운용형식이 도입취지에 부합하다 할 것이다.

한편 특별법의 제정과 관련하여서는 미국의 경우 1984년 「포괄범죄통제법

(The Comprehensive Crime Control Act)」을 제정하여 이를 기초로 미 법무부에 몰수자산기금(Asset Forfeiture Fund)을 설치하고 법무부장관이 주무장관이 되어 회계연도의 제한을 받지 않고 특정한 법집행목적에 위 기금에 포함된 재산을 분배, 운영하고 있으며, 캐나다의 경우에도 1993년 제정된 「압류재산관리법(The Seized Property Management Act)」에 따라 공공사업부장관(the Minister of Public Works and Government Services)이 몰수재산을 관리처분한 후 법무부장관이 정한 분배율에 따라 각 법집행기관에 분배하고 있다. 호주의 경우에는 1987년 제정된 「범죄수익법(The Proceeds Crime Act)」과 1991년 개정된 「형사소송법」 제120조를 근거로 몰수자산기금이 설치되어 법무부장관이 주무장관이 되고, 법무부에 소속된 파산관재인(Official Trustee on Bankruptcy)이 구체적인 몰수재산 처분 및 분배 등의 업무를 담당하고 있다.

　우리나라의 경우에도 몰수자산기금을 예산 외로 운영하기 위해서는 특별법의 제정이 필요하며, 이 특별법에는 외국의 입법례나 우리나라 「범죄수익규제법」처럼 몰수자산기금에 귀속될 재산과 연관된 범죄유형, 몰수자산기금에 귀속되는 재원, 기금의 사용처, 몰수자산의 귀속절차, 몰수자산의 관리 및 처분, 분배방법, 기금참여기관, 기금운용의 주체 등이 명시되어야 할 것이며, 아울러 독립된 보안처분으로서의 몰수, 즉 사법몰수제도의 근거도 마련되어야 할 것이다.

(ⅱ) 몰수자산 기금운용의 주체

　몰수재산은 범죄와 관련이 있는 것으로 형사몰수가 아닌 독립몰수라 하더라도 검사가 몰수명령을 구하는 소를 법원에 제기하면서 소송대상이 된 재산이 범죄와 관련되어 있음을 입증하여야만 몰수자산기금에 귀속하게 된다. 이러한 절차는 결국 범죄수사를 담당하는 부서에서 주관할 수밖에 없기 때문에 대부분 법무부장관이 몰수자산 기금운용의 주체가 되고 있다. 특히 우리나라의 경우에는 앞에서 언급하였듯이 현행법상 압류물과 몰수재산에 대한 관리 및 처분을 검사의 권한으로 규정하고 있으므로, 몰수자산기금에 관한 사무도 검찰에서 담당하는 것이 보다 타당하다고 볼 수 있다.

　또한 향후 미국의 독립제도가 국내에 도입된다고 한다면, 이러한 사법몰수도 검사의 청구에 의한 판사의 판결로 이루어진다 할 것이므로 몰수판결의 집행도 결국 검사에 의하여 이루어지는 점에서 같은 맥락으로 이해할 수 있다. 그렇지만 몰수자산기금과 관련된 사무는 수사사무라기보다는 법무행정에 가까우며, 그 업무내용 중에는 다른 정부부처 소속 법집행기관(예를 들어 관세청, 경찰청, KoFIU 등)과의 재산분배 문제, 외국정부와의 재산분배 문제 등이 포함되어 있고, 검찰은 경찰이나 다른 법집행기관과 마찬가지로 위 몰수자산기금으로부터 일정 기여정도에 따른 기금을 분배받을 수 있는 수혜기관이므로 스스로 그 기금을 운영하는 것은 부적절할 수도 있다. 따라서 우리나라에 몰수자산기금이 도입되는 경우에는 법무행정을 책임지고 있는 법무부장관이 위 몰수자산기금의 운용주체가 되는 것이 바람직하다고 할 것이다.

(5) 새로운 몰수제도의 도입과 몰수·추징제도의 일원화

1) 독립몰수제도(또는 민사몰수제도) 도입 검토[32]

형사재판을 통한 몰수에는 법적 한계가 있을 뿐만 아니라, 많은 시간과 노력이 소요될 수밖에 없어 현행 몰수제도의 개선이나 법집행기관에 대한 동기부여가 없는 한 계속적인 활성화를 기대하기 어렵다 할 것이다. 미국 등의 예에서처럼 마약사범이나 조직범죄 등에 대한 효과적인 대응과 아울러 몰수기금제도의 활성화를 위해서는 형사재판절차와는 무관하게 불법재산을 수사기관이 직접 몰수하거나 불법재산에 대한 몰수를 독립하여 법원에 청구할 수 있는 민사몰수제도의 도입이 요구된다.

한편, 우리나라 대법원과 헌법재판소는 기본적으로 몰수와 추징을 부가적 형벌설의 입장에서 이해하고 있다. 몰수대상물이 범죄와 관련을 가지고 있고, 이에 대한 효과로서 국가가 재산권을 강제로 박탈한다는 점을 부정할 수는 없다. 따라서 형사공판의 부수적 효과로서만 부과되던 몰수나 추징을 독립된 절차에서 부과할 수 있도록 한다고 하더라도, 이 절차는 형사절차의 일종으로 구성하는 것이 타당하므로, 우리나라의 경우 피고인에 대한 유죄판결 혹은 공소제기와 별개로 진행되는 새로운 몰수절차를 도입하더라도 형사절차의 궤도 위에서 설계되어야 한다는 견해가 있다. 이러한 맥락에서는 유죄판결 혹은 공소제기와

---

32) Chapter 3. 공중협박자금조달금지법'에서 좀 더 상세히 언급하였음

별개로 진행되는 독립된 몰수절차라는 관점에서 "독립몰수"라는 용어를 사용하는 것이 적절하다는 의견이 제기된다.[33]

2) 독립몰수제도 도입을 위한 법개정 방안

법무부는 몰수관련제도의 개정 내용을 포함한 형법(총칙)개정안을 2011년 4월에 제출하였으나, 2012년 국회임기만료로 폐기된 바 있다. 이때 제출된 형법 개정안을 통해 당시 우리정부는 특별법상의 몰수규정까지 형법전에 편입하여 이를 통일적으로 규정하지 않고 종전과 같이 특별법상의 몰수규정을 별도로 두어 이원적 체제를 유지하고자 했던 것을 알 수 있다. 이 형법 개정안은 기존의 형법상 몰수는 원칙적으로 공소제기되어 유죄선고를 하는 경우 가능한 것이지만 피의자 소재불명으로 인한 기소중지, 기소유예 등 공소제기를 하지 못하는 경우, 정신장애 등으로 인해 치료감호만 선고된 경우 등의 경우에도 몰수를 허용할 필요성이 있으므로, 그와 같은 사유가 있을 때에는 법원의 선고로 몰수할 수 있도록 한 것이었다.

이러한 방식과는 대조적으로 현행 「범죄수익규제법」이 몰수특례법의 일반법으로서 역할을 하고 있다는 점을 고려하여 범죄수익규제법을 중심으로 몰수특례법을 단일화하는 방식이 입법경제상 합리적이라는 견해[34]도 있으며 「범죄수익규제법」의 성격 자체를 범죄수익에 대한 몰수·추징과 독립몰수제도에 대하여 규정한 일반법으로 변경하면서, 독립몰수에 관한 내용과 절차에 대한 일반규정을 도입하고 민사몰수제도의 적용대상이 되는 자금이나 재산에 대하여 열거적으로 규정함으로써 범죄수익은닉규제법의 개정으로 '독립몰수제도' 자체를 도입하는 방식은 고려해 볼 수 있다는 의견도 있다.[35]

그러나, 어차피 몰수특례규정의 단일화를 위해 범죄수익규제법을 대대적으로 전면개정하는 것은 새로운 법률의 제정과 다르지 않다는 점을 고려한다면 기존 법률의 활용을 굳이 고집할 이유가 없으므로 범죄수익의 몰수와 관련하여 독

---

33) 김구슬, "범죄수익몰수제도의 문제점과 개선방안(독립몰수의 도입을 중심으로(2015년)"
34) 홍찬기, "범죄수익 몰수·추징제도의 문제점과 개선방안", 2014년
35) 김·장 법률사무소, "몰수 및 자산동결 관련 FATF 국제기준 이행방안 연구", (2014년 금융위원회 금융정보분석원 연구용역보고서)

립몰수라는 새로운 제도를 도입하려는 시점에서는 이를 포함하여 범죄수익의
몰수 전반에 통일적으로 적용될 새로운 특별법을 제정하는 것이 타당할 것으로
보인다는 견해도 있다.[36]

3) 몰수·추징제도 단일화 논의

앞에서 살펴본 바와 같이 우리나라에서 독립몰수제도의 도입 등 새로운 몰
수·추징제도를 도입하는 과정에서의 걸림돌 중의 하나는 단일한 몰수특례법이
존재하지 않다는 사실이다.

우리나라는 「공무원범죄특례법」, 「마약류특례법」, 「범죄수익규제법」, 「정
치자금특례법」, 「부패재산특례법」을 제정하여 경제적 이익을 목적으로 하는 범
죄에 대응하기 위한 여러 몰수특례법을 제정하였으나 몰수특례법 난립으로 범
죄수익 몰수추징제도는 실무상 적극적으로 활용되지 못하는 형편이다. 이와 같
은 문제를 해결하여 범죄수익 몰수·추징제도가 본래의 입법목적을 달성하기 위
해서는 범죄수익 몰수·추징제도를 단일화하여 체계적합성을 확보함과 동시에
제도의 실효성 확보를 위한 제도적 장치들을 마련해 둘 필요가 있다.[37]

몰수·추징제도를 단일화하는 방법 중 하나로서 「범죄수익규제법」을 몰수
특례법의 일반법으로하여 동법을 중심으로 몰수특례법을 단일화하는 방식이 고
려될 수 있을 것이다.

SECTION 05
우리나라 자금세탁방지등 제도의 운용 현황

1. 금융정보분석원(KoFIU)의 설립과 기능

(1) 금융정보분석기구(FIU)의 정의

에그몽그룹(Egmont Group)에 따르면 금융정보분석기구(Financial Intelligence

---

36) 김구슬, "범죄수익몰수제도의 문제점과 개선방안(독립몰수의 도입을 중심으로(2015년)"
37) 홍찬기, "범죄수익 몰수추징제도의 문제점과 개선방안", 2014년

Unit: FIU)는 '자금세탁 및 테러자금조달을 방지하기 위하여, 자국의 법적인 근거 (by national legislation or regulation)에 따라 금융거래정보를 수집(receiving), 분석 (analyzing)하고, 자금세탁 및 테러자금조달이 의심되는 거래에 대한 정보를 담당 기관(competent authorities)에 제공(disseminating)하는 업무를 담당하는 중앙 정부기구(a central, national agency)'로 정의된다.

세계 각국은 금융정보분석기구를 설치하고 자금세탁방지 시스템을 마련하여 국가간 공조체제를 구축하고 있다. 2019년 현재 에그몽그룹에는 우리나라를 포함한 159개 국가의 FIU가 가입되어 있는데 이는 전세계 FIU 조직이 있는 208개국 중 약 76%에 해당한다.

(2) 금융정보분석기구의 설립 필요성

1) 국제적 기준 부합의 전제

금융정보분석기구란 자금세탁 · 테러자금조달 의심 금융거래의 정보의 수집, 분석, 배포를 담당하는 단일한 국가기관으로서, 우리나라가 국제적 기준에 부합하는 자금세탁방지제도를 도입하기 위해서는 그 설립이 불가결하였다.

FIU 제도는 1990년대 초반 미국(FinCEN)에서 시작된 이후 영국(NCA), 프랑스(Tracfin), 캐나다(FINTRAC), 이탈리아(UIF), 일본(JAFIC) 등 대부분의 선진국으로 확대되어 자금세탁 방지대책에 있어서 주도적 역할을 해오고 있고, UN, FATF 등 각종 국제기구에서도 그 설립을 강력히 권고하고 있어 국제적 기준에 부합하는 자금세탁방지제도로 공인받기 위해서는 도입이 반드시 필요하였다.

UN은 2000년 11월 채택한 「국제조직범죄방지 협약」에서 당사국에 자금세탁 방지조치로 FIU 설립을 요구한 바 있고, FATF도 2000년 6월 러시아, 필리핀 등 15개 자금세탁방지 비협조국가(Non-Cooperative Country or Territories: NCCT)를 지정한 후로 '고위험국가' 등을 선정하였는데, 그 지정기준에 'FIU 미설립'을 포함함으로써 각국에 FIU 설립을 강력히 요구하였다.

2) 자금세탁방지제도에서의 FIU 제도의 역할

(i) 선량한 고객의 금융거래 비밀보장원칙과의 조화

금융기관이 수사기관에 직접 의심되는 거래를 신고토록 하는 경우에는 양

기관 간의 이해관계가 충돌될 우려가 있고, 금융기관의 입장에서는 선량한 고객의 금융정보까지 수사기관에 노출될 가능성과 고객으로부터 책임추궁가능성에 대한 부담이 있기 때문에 의심되는 거래를 원활하게 보고하기를 기대하기 어렵게 된다. 우리나라의 경우 「마약류불법거래방지법」은 금융기관으로 하여금 마약류 관련 자금세탁범죄를 검찰총장에게 신고하도록 규정하고 있었으나 그 신고 실적은 미미하였다. 따라서 금융기관과 수사기관의 이해관계를 완충(buffering)시키고 신뢰관계를 형성시켜 의심되는 거래보고제도가 원활히 운영되게 하기 위하여 양 기관의 중개자로서 KoFIU를 설치한 것이다. 의심되는 거래보고를 분석, 여과(filtering)하여 자금세탁의심이 인정되는 정보만을 수사기관에 제공함과 동시에 선량한 고객의 금융정보는 보호함으로써 금융거래 비밀보장원칙이 존중되는 가운데 자금세탁방지제도를 시행할 필요가 있었던 것이다.

(ii) 자금세탁정보의 체계적이고 효율적인 처리

FIU는 자금세탁정보를 일원적으로 관리하면서 이들 정보만을 집중적으로 분석하여 그 결과를 수사기관에 제공하기 때문에 자금세탁 정보처리의 효과가 극대화될 수 있다.

즉 금융기관이 수사기관에 개별적으로 신고하는 경우에는 관련 정보가 분산되어 통합적으로 관리할 수 없게 될 뿐만 아니라, 수사기관이 매 신고건마다 조사하여야 하므로 업무부담이 증가되는 문제가 생기게 된다. 따라서 이들 정보를 통합적으로 관리하는 특별기관으로 FIU를 설치하여 전문가집단이 분석업무를 수행함으로써 자금세탁정보의 처리효과가 극대화될 뿐만 아니라, 자금세탁혐의가 인정되는 자료만 수사기관에 제공함으로써 동 기관의 업무부담을 경감시켜 주게 된다.

한편 독일은 FATF 회원국임에도 불구하고 강력한 지방분권화로 인해 FIU 제도를 갖추지 못하여 금융기관이 직접 수사기관에 의심되는 거래를 보고하도록 되어 있었으나, FATF 등이 정보관리의 효율성제고의 취지로 FIU 설립을 지속적으로 요구한 결과 FIU 제도를 도입하는 법안이 2002년 시행되어 FIU가 설립되었다.[38]

---

38) 독일 FIU는 2017년 초까지 독일연방범죄수사국(BKA) 조직에 속하였으나 2017년 하반기 재

(ⅲ) 국제적 자금세탁범죄 관련 정보교환의 창구

불법자금의 국제적 이동 및 자금세탁범죄의 국제적 특성에 효율적으로 대처하기 위해서는 외국과의 신속한 정보교환이 요구되는데, 각국은 FIU가 그 창구역할을 하고 있으므로 우리나라도 금융정보분석원(KoFIU)을 통하여 이에 동참하고 있다.

각국은 FIU로 하여금 비밀준수 및 상호주의원칙 하에 자금세탁정보를 교환하도록 하고 있고, 특히 각국 FIU로 구성된 에그몽그룹은 회원국간 인터넷전용망을 구축하여 정보교환을 실시하고 있으므로 이들 국가와 정보교환을 위해서는 FIU 설립이 필요하였다.

(3) 금융정보분석원(KoFIU)의 조직과 기능

1) 조직 및 운영

원장 및 2실 4과의 체제로 조직된 금융위원회 소속기관으로서 금융위원회, 법무부, 국세청, 관세청, 경찰청, 선거관리위원회, 금융감독원 등 관계기관의 전문인력으로 구성되어 있으며, 업무수행의 독립성, 중립성이 법률로써 보장되어 있다.

2) 주요 기능

의심되는 거래보고 등의 관련 자료를 심사, 분석하여 불법재산, 자금세탁행위 또는 공중협박 자금조달 행위라고 판단되는 때에 관련 자료를 검찰청, 경찰청, 국세청, 관세청, 금융위원회, 선관거관리위원회, 국가정보원 등의 법집행기관에 제공한다.

아울러 금융회사등의 자금세탁 방지업무에 대한 감독, 검사 및 교육, 홍보를 실시하고, 자금세탁행위와 공중협박 자금조달 행위의 방지 등에 필요한 지침을 작성, 운용하며, 금융회사등의 자금세탁 방지를 위한 교육, 훈련을 지원하고, 자금세탁행위의 가능성이 높은 혐의거래 참고유형을 금융회사등에 제공하기도

무장관 볼프강 쇼이블레 Wolfgang Schauble(CDU)에 의해 세관(ZOLL) 관리본부(General Customs Directorate)로 이전하고 직무 범위가 확대되었음

자금세탁방지 및 테러자금조달금지 제도 업무체계

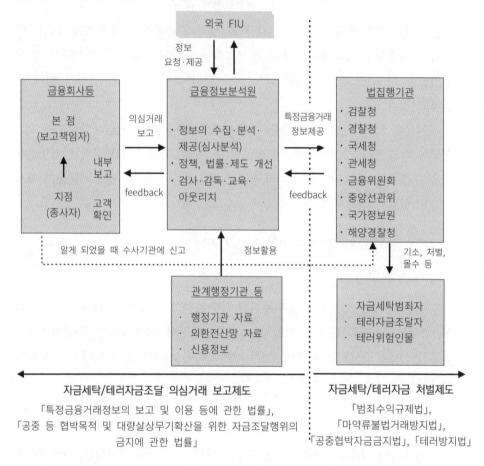

한다. 또한 특정금융 거래정보의 효율적인 관리 및 활용을 위한 전산시스템을 구축, 운영하는 한편, 외국 금융정보분석기구와의 업무협조 및 정보교환업무도 수행하고 있다.

(4) 의심되는 거래보고의 접수 및 제공

1) 기본 원리

금융정보분석기구(FIU)는 일반적으로 ① 금융회사등과 금융 관련 기관이 보고하는 범죄적 자금의 거래에 관련된 금융정보를 입수하고, 관련 정부기관으로부터 분석에 필요한 정보를 제공받아 총체적인 금융정보 데이터 웨어하우스를 구축하며, ② 동 데이터 베이스를 분석하여 범죄와의 연관성이 포착된 거래에 대하여 법집행기관에 분석결과를 제공하고, ③ 의심되는 거래보고정보의 통계 및 분석, 정보제공결과와 법집행기관으로부터 제공받은 피드백(feedback) 결과를 금융회사등에 제공한다.

KoFIU는 대다수 선량한 고객의 금융비밀을 보호하기 위해서 여과기능(filtering)을 강화하고 정보이용기관을 한정하는 한편, 법집행기관에 제공할 수 있는 정보의 범위를 특정금융 거래정보로 한정하고 있다. 이때의 '특정금융 거래정보'는 ① 금융회사등이 보고한 의심되는 거래보고정보, ② 외국 FIU로부터 제공받은 정보, ③ 이들 정보와 금융회사등이 보고한 고액현금 거래보고 정보 및 외국환거래자료 등을 정리, 분석한 정보를 의미한다.

2) 특정금융 거래정보의 수집

특정금융 거래정보 시스템을 구성하는 데이터는 금융회사등의 의심되는 거래보고와 고액현금 거래보고 및 외국 FIU로부터 제공받은 정보 등의 특정금융 거래정보, 외국환자료 및 동 보고의 분석을 위한 관계행정기관 자료, 신용정보 집중기관 자료, 신용정보기관 등의 상업데이터로 이루어져 있다.

2019년의 경우 의심되는 거래보고는 926,947건, 고액현금 거래보고는 1,566만건, 외국 FAIU로부터 제공받은 정보는 274건이었다.

KoFIU는 외환전산망을 통해 일정범위의 외환거래 자료를, 관세청으로부터는 지급수단 수출입자료를 통보받아 목적에 맞게 재가공하여 사용하며, 관계행정기관 자료와 신용정보 집중기관의 자료는 특정금융 거래정보의 분석을 위해 필요한 경우 당해 기관에 요청하여 입수할 수 있다.

3) 특정금융 거래정보의 분석

(ⅰ) 의심되는 거래보고 등 특정금융 거래정보의 심사분석

의심되는 거래보고 등 특정금융 거래정보의 심사분석 업무는 금융회사등 등으로부터 보고된 의심되는 거래가 자금세탁 · 테러자금조달 혐의가 있어 법집행기관의 업무에 필요하다고 인정되는지 여부를 파악하기 위한 과정이다. 의심되는 거래보고 등 특정금융 거래정보의 분석을 위해서 필요하다고 인정되는 경

우에는 금융회사등으로부터 관련 자료를 열람, 복사하거나 행정기관 및 신용정
보 집중기관에 자료를 요청하여 분석업무에 사용한다. 그러므로 이 과정에서는
분석대상이 되는 데이터의 수집이 무엇보다 중요하다. 수집된 데이터는 FIU의
업무에 맞게 재가공하여 데이터 웨어하우스를 구축하며, 각 유관기관으로부터
수집된 데이터는 무결성을 보장하고 정기적으로 갱신하여 데이터의 신뢰도를
높여야 한다.

(ii) 전략적 심사분석

전략적 심사분석(strategic analysis)이란 의심되는 거래보고의 분석과는 별도
로 외환거래자료, 지급수단 수출입자료, 신용불량정보 등 입수하는 모든 자료를
연계하여 자금세탁행위와의 관련성이 의심되는 혐의거래를 추출, 분석하는 것이
다. 국제적으로는 미국, 호주, 태국 등 대량의 금융거래 자료가 보고되고 있는
국가의 FIU에서 활발히 실시하고 있다.

전략적 심사분석에서는 혐의정도가 높은 거래를 유형화하고, 거래금액, 거
래횟수 등 관련 변수들에 일정한 가중치를 부여하여 거래의 혐의 정도를 계량화
하는 룰 베이스(rule base)[39] 및 스코어링(scoring) 모델[40]을 개발하여 활용하고
있다. 룰은 과거 혐의거래보고의 유형 및 패턴, 통계자료 및 경험을 바탕으로 개
발되었고, 스코어는 거래와 거래에 연관된 사람의 특징을 바탕으로 결정된다.
2006년 고액현금 거래보고가 시행된 이후에는 외환거래자료뿐만 아니라 고액현
금 거래자료까지 포함하여 종합적으로 자료를 분석함으로써 자금세탁행위 적발
에 활용하고 있다.

4) 특정금융 거래정보의 제공 및 정보교류

(i) 특정금융 거래정보 제공의 방식

특정금융 거래정보를 제공하는 방식에는 자금세탁정보를 관리만 하고 수사
기관이 직접 FIU의 데이터 베이스에 접속하여 필요한 자료를 입수하는 미국 방

---

39) rule-based learning(규칙기반학습) : 주어진 입력에 대해서 결과값을 도출하는 방법으로
　　 if-then 방식이라고도 한다. 확고한 규칙(rule)에 따라 학습 및 예측을 하는 방법이다.
40) scoring model : 계량화가 불가능한 부문에서도 정성적인 평가를 할 수 있는 모델. 기준의
　　 설정, 평가 척도의 구성, 가중값의 결정, 모델의 작성과 검증 따위의 순서로 이루어진다.

심사분석업무 처리절차

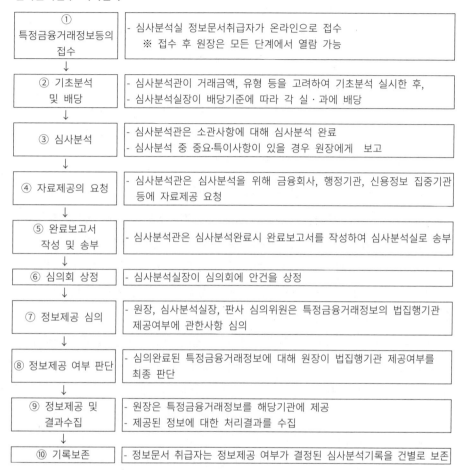

① 특정금융거래정보등의 접수	- 심사분석실 정보문서취급자가 온라인으로 접수 ※ 접수 후 원장은 모든 단계에서 열람 가능
② 기초분석 및 배당	- 심사분석관이 거래금액, 유형 등을 고려하여 기초분석 실시한 후, - 심사분석실장이 배당기준에 따라 각 실·과에 배당
③ 심사분석	- 심사분석관은 소관사항에 대해 심사분석 완료 - 심사분석 중 중요·특이사항이 있을 경우 원장에게 보고
④ 자료제공의 요청	- 심사분석관은 심사분석을 위해 금융회사, 행정기관, 신용정보 집중기관 등에 자료제공 요청
⑤ 완료보고서 작성 및 송부	- 심사분석관은 심사분석완료시 완료보고서를 작성하여 심사분석실로 송부
⑥ 심의회 상정	- 심사분석실장이 심의회에 안건을 상정
⑦ 정보제공 심의	- 원장, 심사분석실장, 판사 심의위원은 특정금융거래정보의 법집행기관 제공여부에 관한사항 심의
⑧ 정보제공 여부 판단	- 심의완료된 특정금융거래정보에 대해 원장이 법집행기관 제공여부를 최종 판단
⑨ 정보제공 및 결과수집	- 원장은 특정금융거래정보를 해당기관에 제공 - 제공된 정보에 대한 처리결과를 수집
⑩ 기록보존	- 정보문서 취급자는 정보제공 여부가 결정된 심사분석기록을 건별로 보존

식과 FIU가 접수된 의심되는 거래정보를 심사분석하여 자금세탁혐의가 있다고 인정되는 자료만 여과하여 수사기관에 제공하는 벨기에 등의 유럽 방식이 있는데, KoFIU는 유럽 방식을 채택하여 불법재산 또는 자금세탁행위와 관련된 형사사건의 수사 등에 필요하다고 인정되는 정보에 국한하여 제공한다. KoFIU는 특정금융거래정보법 제7조에 따라 특정금융 거래정보를 심사분석하여 혐의가 있는 경우에는 검찰총장, 경찰청장, 해양경찰청장, 국세청장, 관세청장, 중앙선거관리위원회, 금융위원회 또는 국가정보원장에 제공한다.

2019년의 경우 검찰총장에게 1,924건, 경찰청장에게 11,760건, 국세청장에게 13,069건, 관세청장에게 2,658건, 금융위원회에 12건이 제공되었다.

(ii) 법집행기관의 요구에 의한 정보제공

검찰총장, 경찰청장, 해양경찰청장, 국세청장, 관세청장, 중앙선거관리위원회, 금융위원회, 국가정보원장 등의 정보제공 요구에 의한 경우에는 이를 요구한 기관에 심사분석결과를 제공한다.

2019년의 경우 검찰총장의 요구로 567건, 경찰청장의 요구로 398건, 국세청장의 요구로 36,709건, 관세청장의 요구로 278건, 해양경찰청장의 요구로 12건, 국정원장의 요구로 11건이 제공되었다.

(iii) 정보제공기관 및 금융회사등과의 정보교류

KoFIU는 법집행기관에 제공한 특정금융 거래정보의 처리결과를 통보받는다. 분석된 의심되는 거래 등의 제공 및 의심되는 거래 등에 대한 피드백은 지속적인 자금세탁범죄를 인식하고 예방하는 데 중요한 역할을 수행한다. 특히 법집행기관으로부터 피드백된 자료의 축적을 통해 특정금융 거래정보분석 시스템의 효율성을 높일 수 있을 것이다.

2020년 6월까지 KoFIU의 판단에 따라 검찰청에 제공한 정보 18,434건 중 15,046건이 처리되어 9,317건은 무혐의, 공소권 없음, 내사종결 등 소극적인 결과, 995건은 기소중지, 내사중지, 누적자료 활용 등 중간적인 결과, 4,734건은 기소, 기소의견송치, 고발·추징 등 적극적인 결과를 가져왔다. 경찰청의 경우 78,742건이 제공되어 7,366건은 적극적인 결과를 가져왔으며 국세청은 159,348건이 제공되어 42,040건이 적극적적인 결과를 낸 것으로 나타났다.[41]

한편 KoFIU는 의심되는 거래보고정보의 통계 및 분석, 정보제공결과와 법집행기관으로부터 제공받은 피드백결과를 금융회사등에 제공하여 금융회사등의 보고부담을 경감하고 적절한 의심되는 거래보고를 유도하여 자금세탁방지의 효율성을 제고하려 노력하고 있다.

2. FIU 정보시스템

의심되는 거래보고, 외환거래자료, 신용정보 등 데이터 베이스를 구축하고

---

41) KoFIU의 업무수행 관련 통계는 '금융정보분석원, "업무수행 관련 보고(2020년 8월)"'을 참조

12개의 단위시스템별 역할과 기능

단위 시스템	시스템별 역할과 기능
1. 특정금융관리시스템	업무흐름을 통제하고 정보문서를 관리하는 시스템으로 사용자 권한별로 화면이 다르게 구성. 업무절차는 순차적으로 (접수→기초분석→열람→배당→지정→상세분석→결정→제공)
2. 특정금융분석시스템	혐의거래, 고액현금거래, 외환거래, 지급 수단수출입, 신용정보 등에 대한 정보검색, 다차원분석, 연계분석, 통계분석 기능
3. 내부포털시스템	통합사용자 인증을 통해 심사분석, 전자결재, 지식관리 등 하위 시스템에 대한 접근 경로 및 커뮤니티 등의 기능을 제공
4. 외부포털시스템	외부 금융회사등 및 법집행기관과 효율적으로 자료를 요청하고 입수하며 지식의 공유와 전파를 담당하는 영역
5. 전자결재시스템	문서 결재기능을 제공하며, 특정금융 관리 시스템에서 직접 결재할 수 있는 기능 제공
6. 룰/스코어링시스템	자금세탁의 혐의도를 계량화하여 점수로 보여주는 스코어링 시스템과 자금세탁의 유형을 시나리오화 한 룰 시스템으로 구성, 기초분석 時 자동배당에 활용
7. 지식관리시스템	지식을 효율적으로 등록, 공유, 활용, 검색할 수 있는 기능 제공
8. 통계정보시스템	통계자료를 그래프나 이미지로 도식화하여 전체 흐름을 쉽게 파악할 수 있도록 하는 기능 제공
9. STR/CTR접수시스템	STR과 CTR을 접수하는 시스템, 접수 시 보고기관에 접수증 발급
10. 검사감독지원시스템	수탁기관의 검사수행결과, 보고기관의 자가 평가결과 등을 관리하고 분석하여, 보고기관의 자금세탁방지제도 이행을 관리·감독하는 기능을 제공
11. 정보교류포탈시스템	FIU와 8개 법집행기관 간 심사분석 자료 및 행정자료의 정보교류를 위한 포탈 시스템
12. 금융회사 RBA시스템	금융회사의 업권별 자금세탁/테러자금 리스크를 실시간으로 파악 가능하며, 리스크가 높은 금융회사에 대해서는 금융감독원 등 검사수탁기관과 함께 지속적인 점검에 활용

최신 분석도구를 활용하여 의심되는 거래를 심층분석하기 위해 미국, 호주 등 외국의 정보시스템을 벤치마킹하고, 우리의 금융거래 특성을 고려한 한국형 정보시스템을 구축하였다.

FIU 정보시스템은 ① 특정금융관리시스템, ② 특정금융분석시스템, ③ 내부포털시스템, ④ 외부포털시스템, ⑤ 전자결재시스템, ⑥ 룰/스코어링 시스템, ⑦ 지식관리시스템, ⑧ 통계정보시스템, ⑨ STR/CTR 접수시스템, ⑩ 검사감독지원시스템, ⑪ 정보교류포탈 시스템, ⑫금융회사 RBA 시스템 12개의 단위시스

템으로 기능이 구성되어 있다.[42]

　　FIU 정보시스템은 특정금융 거래정보 및 관련 정보를 다차원, 시계열로 검색하고, 정형, 비정형 검색이 가능한 다차원분석(On-Line Analytical Process : OLAP) 기능을 제공함으로써 최종사용자가 다차원정보에 직접 접근하여 대화식으로 정보를 분석하고 의사결정에 활용할 수 있도록 해 주고 있는데, 데이터간의 연결관계를 가시화하여 연관데이터의 의미분석을 지원하는 연계분석(Link Analysis) 기능이 있어 대용량의 자료를 분석하기가 용이해졌다. 또한 내·외부데이터를 추출, 정제, 변환, 적재하고, FIU 정보시스템의 사용목적에 맞는 통합, 다차원모델링을 통한 데이터 웨어하우스 구축기능도 수행한다.

　　금융정보분석원은 특정금융거래정보의 효율적 활용을 위해 지속적인 시스템 고도화 작업을 수행하여 유기적인 지원시스템의 기능 개선을 체계적으로 추진하였다. 최근에는 FATF 권고사항의 개정으로 법집행기관 정보요구 접수 및 제공기능 개선, 금융회사 위험기반분석(RBA) 시스템 구축, 개인정보의 암호화 등의 개선작업을 지속적으로 추진하였고, 차세대 시스템 구축을 추진하고 있다.

3. 금융회사등에 대한 감독, 검사와 제재[43]

　　「특정금융거래정보법」에서는 금융회사등의 자금세탁 방지업무에 대한 감독, 검사권한을 KoFIU에 부여하면서 이 중 검사권의 경우 개별 감독기관에 위탁할 수 있도록 하고 있다. 이에 따라 KoFIU는 주요 금융회사등을 감독하는 금융감독원, 환전영업자를 감독하는 한국은행 등 기존의 건전성 감독기관에 자금세탁 방지업무에 대한 검사권을 위탁함으로써 검사의 전문성을 제고하고 KoFIU의 슬림화를 도모하고 있다.

　　KoFIU로부터 검사권을 위탁받은 검사수탁기관은 검사계획과 검사실시 및 조치결과를 매 분기별로 KoFIU에 통보하고 있으며, 검사결과 발견된 위반사항에 대한 조치 중 관련 임직원에 대한 징계 등 일반적인 제재는 검사수탁기관이

---

42) 금융정보분석원, "2018 자금세탁방지 연차보고서(2019년 12월)"

43) 자세한 내용은, 'Chapter 7. 금융회사등에 대한 자금세탁방지제도 등 관련 감독·검사·제재 중 Section 3. 우리나라 금융회사등에 대한 감독·검사·제재'에서 설명

직접 조치하고, 기관에 대한 과태료는 KoFIU가 부과, 징수하고 있다.

KoFIU는 의심되는 거래보고의 분석 및 제도개선을 담당하고 있으므로 금융회사등과 협력하여 업무지침, 참고사례를 수시로 작성, 배포하고 내부보고시스템이 취약한 금융회사등에 대해서는 업무개선명령 등 행정지도를 통하여 금융회사등을 감독한다.

「특정금융거래정보법」은 기록보존의무, 보고의무위반자에 대한 처벌 및 양벌규정을 포함하고 있다. 보고제도의 운용과 관련하여 의무보고대상 의심되는 거래를 보고하지 않거나 금융정보분석원장의 감독상 필요한 명령, 지시 및 검사에 응하지 않거나 거부, 방해 또는 기피한 금융회사등에 대해서는 3천만 원 또는 1억원 이하의 과태료를 부과하며, 금융회사등이 허위보고를 하거나 금융회사등의 직원이 보고사실을 누설하는 경우에는 1년 이하의 징역 또는 1천만 원 이하의 벌금을 부과할 수 있다.

4. 외국 FIU와의 정보교환

특정금융 거래정보의 분석을 위해 필요하다고 인정되는 경우에는 「특정금융거래정보법」의 상호주의 원칙에 따라 외국 FIU에 특정금융 거래정보를 제공하거나 이와 관련된 정보를 제공받을 수 있다. KoFIU는 발족 후 외국 FIU와 정보교환을 위한 협정체결을 추진해 온 결과 2002년 3월 11일 벨기에 FIU와 최초로 양해각서(MOU)를 체결하였다. 2020년 6월말까지 70개 주요국가와 정보교환 협력 MOU를 체결하였다.

외국 FIU와는 ESW(EgmontSecure Web)시스템을 통해 요청받는 의심거래정보를 제공하거나 필요한 정보를 요청한다. 이와 같은 3각 체제의 긴밀한 협력을 통해 자금세탁방지라는 금융정보분석원의 본연의 역할을 수행하게 된다.

「특정금융거래정보법」제8조의 규정에 따라 외국 FIU와 정보를 교환하는 건수는 연간 200건 내지 450건 수준이다. 2019년의 경우 외국 FIU의 요구에 따라 KoFIU가 제공한 정보는 100건, 외국 FIU의 요구 없이 KoFIU가 제공한 정보는 5건, KoFIU의 요구에 따라 외국 FIU가 제공한 정보는 229건, 우리의 요구 없이 외국FIU가 제공한 정보는 45건으로서 총 370건이 교환되었다.

우리나라의 자금세탁 · 테러자금조달 위험[1]

1. 국가 자금세탁/테러자금조달(ML/FT) 위험평가의 배경과 추진상황

(1) "국가 자금세탁/테러자금조달 위험평가(NRA)"의 배경과 목적

1) '국가 자금세탁/테러자금조달 위험평가(NRA)'의 의의와 배경

자금세탁은 범죄행위로부터 획득한 불법재산을 합법재산으로 위장 · 변환하는 행위로서, 범죄자가 범죄목적을 달성할 수 있도록 하여 사회에 심각한 폐해를 초래하며, 테러자금조달 또한 국제사회의 안전을 심각하게 위협하는 요소이다. 우리나라뿐만 아니라 그 어떤 나라도 자금세탁/테러자금조달(ML/FT)에서 자유롭지 못하며, 범죄자들은 우리 사회의 취약한 분야를 이용하여 끊임없이 범죄자금을 합법화하고, 금융의 순수성을 저해하며, 사회의 안전과 안정을 위협하고 있다.

이에 대처하는 AML/CFT 제도는 금융정보를 활용하여 범죄자금을 추적 · 몰수 · 차단하며, 테러자금조달을 차단하고, 사회정의 확립과 사회 안전에 기여하는 것을 목표로 한다.

---

1) 금융정보분석원, "FATF(국제자금세탁방지기구) 상호평가 대응방향" 및 『국가 자금세탁 · 테러자금조달 위험평가』결과 발표(보도자료), 2018.11.27

FATF 권고사항은 각국이 자국의 ML/FT 위험을 확인·평가·이해하고, 정책을 통해 위험을 효과적으로 경감시킬 것을 요구한다. 이를 이행하기 위하여 각국은 '국가 자금세탁/테러자금조달 위험평가(NRA: National Money Laundering & Terrorist Financing Risk Assessment)'를 실시한다.

FATF는 ML/FT 위험평가에 지침서를 통해 NRA의 핵심개념으로서 '위협, 취약성, 결과, 위험[2]'을 제시하고 있다.

2) 목적

NRA는 자금세탁방지 및 테러자금조달차단(AML/CFT) 제도 시행을 통해 우선순위에 따라 자원을 보다 효율적으로 활용하게 하려는 것으로, 위험기반접근 방식에 의거하여 고위험에는 자원을 우선 투입하고 저위험에는 대응을 완화하고자 한다.

미국, 영국, 캐나다, 이탈리아 등 성공적인 상호평가 수검국들은 자국의 ML/FT 위험을 평가하고, 이를 토대로 관련 제도를 개선하기도 하였다.

(2) 우리나라의 '자금세탁/테러자금조달 위험평가(NRA)'의 추진 상황

우리나라는 2015년부터 'AML/CFT 정책협의회'를 구성하여 활발히 토의하고 의견을 교환하며 공청회 등을 통해 ML/FT 위험을 확인·평가하고 이해해 나갔다.

자체 개발한 접근방법을 사용하여 범죄수익을 창출하는 범죄를 선별하고,

---

2) 위협(Threats): 자금세탁/테러자금조달과 관련된 전제범죄가 해당하며, 범죄행위 이외에 사람, 집단, 대상 등도 위협이 될 수 있음. 대개 특정 자금세탁 수단과 연관된 특정 범죄로 나타나며, 그러므로 위협의 이해에는 전제범죄와 범죄수익을 발생시키는 사회 환경을 이해하는 것이 중요함

취약성(Vulnerabilities): 자금세탁/테러자금조달의 기회를 제공하는 제도, 기관, 분야, 규정, 법규, 감독, 법집행, 특정 서비스, 상품 등이 될 수 있음. AML/CFT 제도의 약한 부분은 ML/FT를 허용하는 취약점이 됨

결과(Consequence): 자금세탁 또는 테러자금조달이 초래하는 영향 또는 위해(危害)를 말하며, 범죄 또는 테러행위가 금융체제와 금융기관들뿐만 아니라 경제와 사회에 주는 효과 등을 말함

위험(Risk): 위협, 취약성, 결과의 종합(a function of three factors: threat, vulnerability and consequence)이며, 위협이 지속될 때 또는 취약성이 해소되지 못할 때 ML/FT 위험으로 발현됨

실태를 파악하였으며, 우리나라 고유의 경제 · 사회적 환경을 분석하고, AML/ CFT 법 · 제도의 취약점을 파악하였다. 시장의 자체적인 방지 역량을 가늠하기 위하여 금융업권에 대해 종합적으로 분석하기도 하였다. 이 과정에서 전문가 연구용역과 국세청 · 관세청 · 국가정보원 · 금융감독원 등 주요 부처에서 자체적으로 위험평가를 진행하고 관계부처 간 의견토의와 조정을 거쳐 2018년 11월 27일 '국가 자금세탁 · 테러자금조달 위험평가' 결과를 국무회의에서 보고하였다. 국무회의는 투명하고 신뢰가 깃든 사회 구축을 선도하는 AML/CFT 제도가 될 것과 부처별로 이행과제를 차질 없이 이행할 것을 주문하였다. 또한 '국가 ML/FT 위험평가' 보고서를 민간부문에도 전달하여 자체 위험평가에 반영하고 위험 완화방안을 수립 · 시행하도록 하였다. 이에 따라 소관부처들은 "국가 ML/FT 위험평가" 보고서와 이 보고서의 활용방안을 보다 명확하게 전달하기 위하여 민간 부문 설명회를 개최하였다.

2. 우리나라의 자금세탁 및 테러자금조달의 위험

(1) 주요 자금세탁 위험의 확인

1) 전제범죄 분석을 통한 7개의 주요 자금세탁 위험 확인

(ⅰ) 자금세탁 위협의 확인을 위한 접근방법

우리나라는 전제범죄의 통계와 사례를 통해 자금세탁 위협을 확인하는 접근방법을 채택하였다. 한 나라의 전체 범죄수익과 자금세탁의 정확한 규모는 알 수 없으나 적발된 범죄 건수와 몰수액 및 추징액을 통해 그 중요도와 특성은 파악이 가능하기 때문이다. 전제범죄 몰수 · 추징 통계를 통해 범죄수익 환수 규모를 파악하고, 고위험 전제범죄를 선별하였으며, 관계기관과 전문가의 의견을 수렴하고, KoFIU가 보유한 의심거래보고 접수 및 제공 통계 등을 활용하여 주요한 위험인지 적정성 여부를 확인하였다.

(ⅱ) 전제범죄 분석을 통해 주요 자금세탁 위험 확인

1단계로서 검찰청이 제공한 2015~2017년 선고 추징금액 자료'에서 3개년 평균 추징금액이 500억 원을 초과하는 주요 전제범죄를 확인하여, '불법사행행

법원의 몰수·추징 판결에 의한 주요 전제범죄별 몰수·추징 실적(단위: 건, 백만원)

	2015년		2016년		2017년		3년 합계		3년 평균	
	건수	금액	건수	금액	건수	금액	건수	금액	건수	금액
불법사행행위	557	48,308	551	92,892	509	219,135	1,617	360,335	539	120,112
재산국외도피	11	42,846	4	147,868	3	56,917	18	247,631	6	82,544
횡령/배임	189	108,192	194	72,348	170	50,578	553	231,117	184	77,039
부패범죄	629	74,815	585	100,924	580	54,083	1,794	229,822	598	76,607
시장조작 등 증권범죄	43	79,314	60	59,796	40	72,512	143	211,622	48	70,541
성착취	637	25,485	575	21,028	376	17,595	1,588	64,109	529	21,370
밀수	31	16,613	22	13,652	34	15,877	87	46,141	29	15,380
조세포탈	1	1,330	1	859	-	-	2	2,189	1	730
마약	142	988	119	607	100	1,696	361	3,292	120	1,097
사기	8	417	12	14,982	8	1,667	28	17,065	9	5,688
상품위조/상표도용	41	8,174	24	4,464	38	8,758	103	21,396	34	7,132
식품위생법위반	26	7,414	5	289	7	2,669	38	10,372	13	3,457
범죄수익은닉(자금세탁)	62	16,093	19	1,051	11	4,440	92	21,585	31	7,195
기타	120	41,736	111	9,875	116	43,241	347	94,852	116	31,617
합 계	2,497	471,724	2,282	540,636	1,992	549,167	6,771	1,561,527	2,257	520,509

출처: 대검찰청

위', '재산국외도피', '횡령·배임', '부패범죄', '시장조작 등 증권범죄'의 5개의 자금세탁 위험이 주요 위험으로 선정되었다.

(ⅲ) 전제범죄별 몰수·추징 실적과 KoFIU의 정보제공, 관계기관 및 전문가
   의견 등을 종합

2단계로 KoFIU의 의심거래보고(STR)·고액현금거래보고(CTR)·외국환거래 통계자료와 법집행기관 등 관계기관 전문가의 의견을 종합하여 추가 위협 요인을 확인하였다.

KoFIU의 정보제공 실적과 실제 발생하는 자금세탁을 고려할 때, 탈세·조세포탈이 압도적으로 강력한 자금세탁 위협 요소임을 확인하였다. 조세포탈 범죄는 대부분 조세추징 후 처벌을 위해 검찰로 이송되므로 법원 판결에 의한 추징실적에 반영되지 않았다. 국세청은 2015년에 364건 1조 390억원을 추징한 바 있다.

범죄의 성격상 몰수·추징의 대상이 되지 않는 보이스피싱, 보험사기, 유사

의심거래 분석 후전제범죄별 제공 현황

분류	2013		2014		2015		2016		2017		2018.1~6월	
	건수	(%)	건수	(%)	건수	(%)	건수	(%)	건수	(%)	건수	(%)
탈세 관련	34,763	64.2	38,232	64.6	38,202	71.2	23,556	59.1	25,333	69.4	17,890	63.1
조세포탈	24,195	44.7	23,625	39.9	27,313	50.9	18,030	45.3	17,740	48.6	10,856	38.3
관세포탈	6,459	11.9	10,957	18.5	5,901	11.0	3,142	7.9	4,785	13.1	2,697	9.5
재산국외도피	1,921	3.5	3,049	5.2	2,582	4.8	1,707	4.3	2,173	6.0	2,948	10.4
허위매출 등	2,188	4.0	601	1.0	2,406	4.5	677	1.7	635	1.7	1,389	4.9
사행행위	10,862	20.1	13,827	23.4	9,628	18.0	10,676	26.8	7,741	21.2	5,572	19.7
도박	8,126	15.0	10,314	17.4	8,789	16.4	10,460	26.3	7,726	21.2	5,179	18.3
무허가경마 등	2,736	5.1	3,513	5.9	839	1.6	216	0.5	15	0.0	393	1.4
재산범죄	7,511	13.9	5,453	9.2	3,750	7.0	4,673	11.7	2,018	5.5	2,969	10.5
사기공갈	2,855	5.3	2,315	3.9	1,229	2.3	1,443	3.6	640	1.8	1,407	5.0
횡령배임	4,656	8.6	3,138	5.3	2,521	4.7	3,230	8.1	1,378	3.8	1,562	5.5
불법 · 부당거래	351	0.6	317	0.5	495	0.9	640	1.6	566	1.5	108	0.4
시세조종	137	0.3	83	0.1	35	0.1	126	0.3	125	0.3	12	0.0
최고금리위반	214	0.4	234	0.4	460	0.9	514	1.3	441	1.2	96	0.3
범죄수익은닉가장	152	0.3	371	0.6	12	0.0	124	0.3	703	1.9	1,693	6.0
기타	533	1	978	1.7	1,539	2.9	162	0.4	156	0.4	117	0.4
합 계	54,172	100	59,178	100	53,626	100	39,831	100	36,517	100	28,349	100

출처: KoFIU

수신 등 금융사기 범죄도 국민 입장에서 큰 위협이 된다는 전문가들의 의견이 있었다.

(iv) 최종적으로 7개의 자금세탁 위험을 선정

전제범죄별 몰수 · 추징 실적과 KoFIU의 정보제공, 관계기관 및 전문가 의견 등을 종합하여 탈세 · 조세(관세)포탈, 불법도박 등 불법사행행위, 보이스피싱 등 금융사기, 부패범죄(수뢰 · 증뢰·알선, 변호사법위반), 주가조작 등 불공정거래, 재산 국외도피(무역거래 이용), 횡령 · 배임 등 7개의 위험을 최종적으로 선정하였다.

(a) 탈세 · 조세포탈

제1위험으로 확인된 '탈세 · 조세포탈'은 가장 빈번하고 광범위하게 이루어 지는 자금세탁 위험으로서 KoFIU의 정보제공 비중이 가장 높았다. 건당 범죄수 익규모도 크고 몰수 · 추징 금액 비중도 높았다. 조세포탈은 사기나 그 밖의 부 정한 행위로 납부하여야 할 조세를 면하거나 환급 또는 공제를 받음으로써 성립 하는 범죄를 의미한다.

주요 조세포탈의 유형과 사례

	포탈 유형	사 례
1	현금매출 누락 및 차명계좌 등을 이용한 수입금액 누락	성형외과 등에서 진료비 현금 결제 시 할인해 주는 방법으로 현금 결제를 유도한 후 지인 명의의 차명계좌로 현금 진료비를 입금 받아 이를 고의적으로 신고 누락
2	부정세금계산서 수수 등에 의한 조세포탈	실지 용역을 제공 받은 사실이 없음에도 용역대금 지급 후 이를 다시 현금이나 제3자 명의의 계좌로 되돌려 받는 방법으로 가공세금계산서를 수취하여 관련제세 포탈
3	금지금 업체 공모 등에 의한 조세포탈	일련의 금지금 연속 거래에 있어 부정한 거래 사실을 알면서 자신의 이익을 도모하고자 폭탄업체로부터 도관을 거쳐 유통된 폭탄 금을 매입하여 부가가치세 부당환급
4	이중계약서 또는 미등기전매 등 부동산 투기	경기 ×× 소재 임야를 타인에게 양도하면서 양도소득세 신고 시 양도가액을 낮춘 허위계약서를 작성·제출하여 신고하는 방법으로 양도소득세 포탈
5	장부 및 증빙서류의 허위작성, 변조 등에 의한 조세포탈	임직원 출장비, 여비정산서, 출장신청서 등 허위 작성, 현장 인부의 노임대장 허위 작성 등 거짓 문서를 작성하고 이를 근거로 장부를 거짓 기장하는 방법으로 관련제세 포탈
6	명의위장 등에 의한 고의적 조세회피	인터넷 브로커를 통해 ○○○라는 대포사업자 및 대포통장을 구한 후 무자료 매입한 CPU 등을 오픈마켓에서 대포사업자 명의로 판매하고 부가가치세를 신고만 하고 납부하지 않았으며, 관련 증빙을 파기하는 방법으로 관련 제세 포탈
7	고리대금업자의 차명계좌 등 이용한 수입금액 누락	이자소득을 은폐할 목적으로 현금·수표로만 자금대여 및 이자를 수수하면서 자금대여 관련 장부·금전대부약정서 등은 폐기하는 방법으로 관련 제 세금을 포탈

자료: 국세청

조세포탈·탈세는 현금거래, 차명계좌, 부정세금계산서 발행, 장부 및 증빙서류의 허위작성 및 변조 등 다양한 방법을 활용한다.

정부는 탈세·조세포탈 위험에 대응하기 위해 KoFIU의 국세청·관세청에 대한 정보제공 범위를 확대하는 등 KoFIU의 정보 활용을 강화하고 있다. 기존에는 정보제공 범위가 '조세·관세범칙조사 및 조세·관세 범칙혐의 확인 목적 세무조사' 목적에 한정되어 있었으나 2013년 특정금융거래정보법 개정을 통해 '조세·관세 탈루 혐의 확인을 위한 조사 및 조세·관세 체납자에 대한 징수' 목적으로 확대하고, KoFIU가 정리·분석 없이 국세청 등 법집행기관에 제공할 수 있는 정보의 범위를 확대한 2014년부터 국세청이 KoFIU 정보를 이용한 탈세조사와 추징실적이 크게 증가 하는 등 법률개정 효과가 즉시 나타났다.

KoFIU 정보를 이용한 국세청의 탈세조사·추징 실적

	2011	2012	2013	2014	2015	2016
탈세조사(건)	356	351	555	10,254	11,956	13,802
추징세액(억원)	3,009	2,835	3,671	23,518	23,647	25,346

자료: 국세청

(b) 불법 온라인도박 등 불법 사행행위

불법 온라인도박, 불법 스포츠도박, 불법 사행성게임장, 불법 경마·경륜·경정, 불법카지노, 불법복권 등 등 불법 사행행위는 범죄조직과의 연계성이 커서 제2위험으로 확인되었다. 최근 들어 스마트폰, PC 이용으로 불법도박의 접근성과 익명성 크게 증가하고 관련 범죄수익의 대형화로 관련 위험 크게 증가하고 있다. 범죄조직도 대부분 체계적인 운영 조직을 갖추고 해외에서 서버를 운영하거나 여러 불법도박 유형을 통합하는 등 규모가 대형화하고, 일회성 가상계좌, 가상시설망 사용, 거래내역 삭제, 사이트 폐쇄 등 범죄수단이 점차 지능화·다양화되고 있다.

대표적인 사례가 불법경마 사이트 '신세계'를 운영하던 자들이 검거된 사건이다. 2015년 약 10개월간 4,300억 원대 규모의 불법마권이 유통되었는데, 기존 장당 10만원이던 불법마권을 1만원에 유통시켜 인터넷을 기반으로 접근성과 중독성을 강화해 이용자를 급속히 확산시켰고, 80여 개 지역총책들은 '신세계' 사이트를 통해 하루 60억 원대 불법마권을 발매하고 본사 사장은 업체당 주 80~100만 원의 수수료를 수취한 사실이 확인되었다.

(c) 보이스피싱, 보험사기 등 금융사기

NRA는 '사기(fraud)' 중 중대범죄에 해당하는 보이스피싱, 보험사기 등 금융사기를 제3위험으로 확인하였다. 보이스피싱은 2006년 '국세청 과징금 환급 빙자'에서 시작되었으며, 매년 큰 피해를 발생시키고 있다. 2017년에는 2,423억 원의 피해가 발생하였다.

2017년부터는 보이스피싱 피해 자금을 가상자산 사업자 거래를 이용하여 가상자산으로 자금세탁을 하는 사례가 발생하고 있다. 정부기관 직원으로 사칭한 보이스피싱 수법으로 520명으로부터 10억 3,793만원을 가로챈 A씨 등 5명이 피해금액을 가상자산인 비트코인으로 자금세탁한 사례가 있었고, 중국 현지 보이스피싱 조직이 범죄수익 세탁목적으로 비트코인을 위안화로 매입한 후 국내 가상자산 거래소에서 판매하는 등 총 1,319억원의 불법 외환거래를 한 사례가 있었다.

보험사기의 적발금액은 2017년 7,302억원을 기록하였는데, 자살, 살인 등 고의사고 891억원, 허위 과다사고 5,345억원이었다. 적발인원은 83,535명을 기록하였다.

(d) 부패범죄

부패범죄가 제4위험으로 확인되었다. 부패범죄는 범죄수익의 규모, 성격을 고려해 보았을 때 자금세탁 주요 위협으로서, 국가권력을 이용한 악의적 범죄이며 각종 계약과 경제활동을 왜곡함으로써 경제 전반과 불특정 다수에게 피해를 끼친다.

(e) 주가조작 등 불공정거래

자본시장에 대한 투자의 불신을 심화시키고, 대형 범죄수익을 조성하는 '주가조작 등 불공정거래'는 제5위험으로 확인되었다. 범죄 유형으로는 시세조종 행위, 미공개정보이용 등 내부자거래행위, 부정거래행위, 신고·공시의무 위반행위 등이 있다. 특히 시세조종행위에는 위장거래, 허위표시, 현물·선물 연계 등 다양한 방식이 존재한다. 금융감독원의 조사 결과, 2013~2017년의 5년간 시세조종행위 총 179건, 미공개정보 이용 총 183건 등 검찰 고발·통보 건이 지속 발생하였다.

시세조종의 대표적인 사례 중 하나는 전업투자자나 일반투자자가 시세차익, 담보주식의 반대매매 방지 등의 목적으로 시세를 조종하는 행위이다. 전업투자자들이 소액의 자금으로 시장지배력을 확보하기 위해 주가가 낮고 유통주식수가 적은 중소형주를 선택하여 카페회원의 자금운용을 일임하거나, 무직자 등에게 시세조종 노하우를 전수하여 조직적으로 시세조종 주문을 제출한 사례 등이 대표적으로 적발된 경우이다.

(f) 재산국외도피

무역거래와 조세피난처에 설립한 유령회사인 페이퍼컴퍼니를 이용하여 대규모 자산을 도피하는 '재산국외도피'가 제6위험으로 확인되었다. 재산국외도피는 불법적인 방법으로 국내재산을 국외로 이동하거나 국내로 반입할 재산을 국외에서 은닉, 처분, 도피하는 행위로서, 외국환거래법, 대외무역법 등에 위반되며, 「특정 경제범죄 가중처벌 등에 관한 법률」에 따라 엄격히 처벌된다.

무역거래의 경우 산업구조에서 무역이 차지하는 비중이 높고, 수출입이 활발하므로 무역거래를 가장한 자금세탁에 취약할 수 있다. 관세청 등에 의하면, 무역거래를 가장한 각종 자금세탁, 범죄수익 송금 등이 매년 다수 발생하고 있다.

국세청은 조세회피처를 통한 역외탈세의 주요 유형으로서 무역상이 해외금융계좌를 신고하지 않는 방식과 무역관련 이익을 해외 페이퍼컴퍼니에 은닉하는 방법 등을 지적한 바 있다.

주요 범죄사례로서 수출대금 등을 회수하지 않은 채 미신고 해외계좌에 예치 한 후 국내로 반입한 사건을 들 수 있다. 이 사건은 해운업체 D회사가 선박수출금 등 883억원을 싱가폴 페이퍼컴퍼니 명의의 비밀계좌에 은닉하여 비자금을 조성, 즉 재산을 국외로 도피시키고, 당국의 추적을 피하기 위해 버진아일랜드 소재 페이퍼컴퍼니 계좌로 이체하여 세탁한 후 합법적인 외국인 투자자금으로 위장하여 400억원을 국내에 반입, 즉 자금세탁하여 국내 관계사인 B회사에 투자한 사건이었다.

2008~2017년의 10년간 적발된 재산국외도피는 총 182건이며 해당 금액은 1조 4,660억 원이었다. 이 중 105건이 자금세탁 전제범죄로 연결되었고 액수는 5,090억 원에 달하였다.

최근에는 비자금 조성, 역외탈세 등을 위해 페이퍼컴퍼니를 이용하여 불법자금을 은닉하기 유리한 지역으로의 재산국외도피가 다수 발생하고 있다. 2017년 재산국외도피로 인한 검거 중 홍콩으로의 재산국외도피와 관련한 검거건수는 7건으로서 35%를 차지하며 재산도피금액은 338억 원이었다.

(g) 횡령·배임

기업 관련 범죄에 많은 '횡령·배임'은 제7위험으로 확인되었다. 횡령과 배임은 다른 재산범죄유형과 비교할 때 범죄수익규모가 상대적으로 커 자금세탁 유인이 높고 재산피해 규모도 크다. 다른 재산범죄에 비해 범죄수익규모가 크며 범죄로 인하여 영향을 받는 사람이 많고 사회의 도덕성과 사기를 저하시키는 문제점이 있다. 즉, 횡령·배임은 한 기업체의 존립에 영향을 미치거나 다수의 경제생활에 큰 영향을 미치므로 사회적 파급력이 큰 고비용 범죄이다.

대표적인 사례로서는 A그룹 회장이 회사자금 465억 원을 개인 투자금 명목으로 횡령한 죄로 징역 4년의 실형을 선고받은 사건을 들 수 있다. 그룹 계열사들로부터 출자를 받아 1,000억 원대의 펀드를 조성한 후 그 중 465억 원을 빼돌려 그룹의 전직 임원이 운용하는 펀드에 개인 투자금 명목으로 송금하였던 것이다. 또 다른 사례로는 B그룹 회장이 차명주식과 조성한 부외자금으로 조세를 포탈하고, 임원 급여지급을 가장하여 횡령과 배임, 조세포탈 등 혐의로 기소되어 징역 2년 6개월과 벌금 252억 원을 선고 받은 사건을 들 수 있다.

(2) 금융제도·거래수단 취약성 분석을 통한 자금세탁 위험 확인

은행, 증권, 보험, 상호금융 등 금융업과 거래수단에서 '현금거래, 가상자산' 등 2개의 위험을 확인하였다. 현금거래는 CTR제도에도 불구하고 익명성 때문에 탈세와 자금세탁, 범죄자금 은닉 수단으로 계속 이용되므로 제8위험으로 확인되었으며, '가상자산'은 시장규모가 급증하고 거래의 익명성을 악용하여 범죄수익 은닉수단으로 널리 이용되며, 2018년 NRA 보고서 작성 당시 가상자산사업자에 자금세탁방지 의무가 부과되지 않고 있어 제9위험으로 확인되었다.

(3) 우리나라의 테러자금조달 위험

1) 우리나라의 테러자금조달 환경

우리나라는 지리적 위치와 문화적 특성 때문에 테러조직이나 테러자금조성단체가 존재하지 않고, 조직적인 자금조달 사례도 발생하지 않아 테러자금조달의 각종요소가 충분히 발달하지 못한 초기 단계로 파악되었다.

하지만, 우리나라도 테러자금조달을 위한 중계기지 또는 이를 위한 무역의 중계기지로 활용될 가능성은 여전히 남아있다. 외국인 체류자의 증가, 난민신청과 밀입국자의 증가, 테러 위험국으로의 송금규모 지속 증가, 비영리조직의 테러 위험지역 활동, 테러 청정국임을 이유로 한 상대적 경계소홀 등이 환경적 위험요소로 작용할 수 있기 때문이다.

2) 우리나라의 테러자금조달 위험

우리나라의 테러자금조달 환경이나 그간의 사례를 분석한 결과 테러자금조달 위험은 낮은 수준이나, 다음과 같은 테러자금조달 위험요인에 대비할 필요가 있는 것으로 파악되었다.

첫째는 합법적 경제활동을 통한 테러자금조달 위험이다. 매년 꾸준히 증가하고 있는 외국인 노동자, 난민, 밀입국자 등이 취업 등 합법적 경제활동을 통해 테러자금을 조성할 가능성이 존재한다. 우리나라에서 유일하게 발생한 사례는 2014년 1년간 11차례에 걸쳐 200만원을 '지하드' 자금 모집책 추정 인물에게 송금한 사건으로서 이때 송금된 것은 합법적 취업활동을 통해 조성한 자금이었다.

둘째 위험은 자선단체(NPO)를 통한 테러자금조달 위험이다. 지금까지 한국 NPO가 테러자금 조달에 연루된 사례는 없으나, 위험 지역에서 활동하는 NPO는 언제든지 테러자금조달에 연루될 수 있기 때문이다.

셋째 위험은 종교 활동을 가장한 테러자금조달 위험이다. 우리나라에 소재한 사원, 예배소, 집거지 등은 평화로운 종교 활동에 종사해 왔고, 지금까지 테러자금 조달에 악용된 사례는 없었으나, 외국의 사례에서와 같이 종교 활동을 가장한 테러자금 조달이 발생할 위협은 상존하므로 상시적으로 대비하는 것이 필요하다.

넷째 위험은 납치를 통한 몸값요구 등의 테러자금조달 위험이다. 우리 국민도 납치 대상의 예외가 아니며, 실제 테러집단이 한국인을 납치한 후 고액의 몸값을 요구한 사례가 발생해 왔다. 대표적으로 2007년 한 교회 선교단이 아프가니스탄 단기선교 활동을 위해 방문하였다가 탈레반에 납치되어 한국 정부가 직접 나서 협상을 통해 전원 석방된 사례가 있다.

다섯째 위험은 마약 등 범죄활동을 통한 테러자금조달 위험이다. 한국은 마약 등의 범죄가 성행하지는 않으므로 범죄활동을 통한 테러자금조달 위협은 비교적 미약하다고 할 수 있으나, 밀수 · 사기 · 강탈 등 범죄활동을 통해 테러자금을 조달할 가능성은 항상 존재한다. 특히 체류 외국인이 증가함에 따라 일부 지역에 형성된 집단 정착지를 중심으로 외국인 범죄조직이 생겨나고 있고, 이들이 해외 테러조직과 연계를 형성할 경우, 범죄활동을 통한 테러자금 조달 가능성도 있다.

여섯째 위험은 금융거래를 통한 테러자금의 국경 간 이동 위험이다. 대외 금융거래에 편승하여 테러자금을 국외로 이동시키거나, 우리나라를 테러자금 이동의 중간 거점으로 활용할 가능성이 크다. 한 테러집단이 아편을 헤로인으로 변환하는 촉매 물질 무수초산을 일본에서 수입하여 아프간으로 이동시키기 위한 중간 기착지로 한국을 활용한 선례가 있다. 국경간 금융거래가 테러자금 이동에 이용될 가능성은 은행 소매금융 분야에서 가장 높은 것으로 분석되었고, 2017년 출범한 소액해외송금업자도 악용될 가능성이 있다.

마지막 순서로 선정된 위험은 무역거래 등 국경 간 거래를 통한 테러자금 이전의 위험이다. 우리나라에서는 무역거래를 이용한 자금세탁이 다수 발생하고 있어 국경 간 무역거래를 이용하여 테러자금의 이동을 시도할 가능성은 상존하며, 국경 간 밀수·밀매를 통한 테러자금조달 및 국외 이전 가능성도 배제할 수는 없는 실정이다.

3. 우리나라 자금세탁방지·테러자금조달차단 대응 전략

(1) 전략목표 설정

우리 정부는 자금세탁방지와 테러자금조달 위험에 대응하기 위한 자금세탁방지·테러자금조달차단(AML·CFT) 국가전략 목표를 '투명·신뢰 사회 구축을 선도하는 AML·CFT 제도'로 설정하였다.

(2) 전략목표 추진을 위한 하위과제

우리 정부는 하위과제로 '자금세탁방지·테러자금조달차단 제도 선진화, 금융정보의 효율적 활용, 민간부문의 역량강화'를 선정하여 제도를 운영해오고 있다. 특히 민간부문의 역량강화를 위해 민간부문의 자금세탁방지 및 테러자금조달차단의 이행과 내부통제 역량을 강화하고, 위험에 기반한 감독·검사체계를 확립하기 위해 노력하고 있다.

FATF 상호평가3)

1. FATF 상호평가의 개요

(1) FATF 상호평가의 의의와 중요성

1) FATF 상호평가의 개념과 목적

FATF의 기본목표는 모든 국가가 FATF 권고사항으로 구체화되는 '금융조치(Financial Action)'를 이행하여 '자금세탁방지·테러자금조달차단'을 이루는 것이다. FATF 상호평가는 FATF가 자금세탁·테러자금조달에 공동으로 대응하기 위한 FATF 국제기준을 마련하고, 각국의 이행을 평가하는 것을 의미한다. FATF는 이러한 이행 점검과 각종 제재를 통해 각국이 FATF 국제기준을 이행토록 하는 국제 사회의 실질적 집행기관 역할을 수행하고 있다.

2) FATF 상호평가의 주체와 주기

FATF 회원국에 대한 상호평가는 FATF가 주관이 되어 해당하는 지역의 FATF 형태 지역기구(FATF-Style Regional Body: FSRB)와 공동 평가하는 반면, FATF 비회원국에 대해서는 9개 지역기구가 주관이 되어 평가한다.

모든 국가들에 대한 상호평가는 통상 7~8년 주기마다 시행된다. 1년에 3차례 개최되는 FATF 총회에서 주로 2개국에 대해 상호평가 보고서를 논의하고 채택한다. 상호평가는 수검국의 평가자료 제출, 평가팀의 현지실사, 보고서 초안 협의, FATF 총회에서 보고서 논의 채택 등이 14개월에 걸쳐 이루어진다.

3) FATF 상호평가의 중요성

FATF 상호평가는 한 국가의 금융·사법시스템의 투명성 척도이자 국가신인도에 영향을 주는 요소이므로 각국은 자국의 관계기관들이 협력하여 총력대

---

3) 금융정보분석원, "자금세탁 및 테러자금조달방지 관련 FATF의 우리나라 상호평가 결과(보도자료), 2020.4.16

응하고 있다. FATF 상호평가 결과는 FATF 홈페이지에 공개되며, 세계 신용평가기관의 신용등급 결정에 중요한 요소로 작용한다.

2012년 10월 FATF 총회에서는 터키가 FATF 권고사항 이행이 부진하다는 이유로 2013년 2월 총회 때까지 결함이 해소되지 않으면 터키를 제재대상으로 한다는 성명서가 발표되었다. Fitch사는 터키가 FATF 제재대상에 편입될 경우 국가 신용등급을 강등할 것을 경고하기도 하였다. 당시 터키의 금융시장은 채권 수익률이 0.12% 상승하고, 주가지수가 0.9% 하락하기도 하였는데, 2013년 2월 블룸버그는 터키 금융시장 불안의 주요 원인이 터키에 대한 FATF의 제재 가능성에서 비롯되었다고 보도하기도 하였다.

상호평가의 결과는 금융기관들의 해외 기업과의 거래를 위한 환거래나 신용장 개설, 무역대금결제 등에도 중요 고려요소로도 작용하며 미국, 독일, 일본 등 선진국의 금융기관은 다른 나라의 금융기관과 환거래계약 개설, 수수료 등을 결정할 때 해당국의 FATF 권고사항 이행 여부를 중요하게 고려한다.

파나마 페이퍼스 사건 이후 2016년 미국, EU 등 21개 글로벌 은행들이 파나마의 AML/CFT 시스템이 미비하다는 것을 이유로 꼽으면서 파나마 은행들과의 환거래 계약을 파기하였다.

(2) FATF 상호평가의 방식

1) FATF 상호평가의 항목

2014년 시작된 제4차 라운드 상호평가가 2020년 현재도 이어 지고 있다.

FATF 제4차 라운드 상호평가에서는 기존에 실시되었던 법규 구축여부를 평가하는 '기술평가'뿐만 아니라 제도의 효과적 이행 여부를 평가하는 '효과성 평가'도 추가되었다.

2) 평가방법론(Methodology for Assessment)

(ⅰ) 평가방법론의 목표와 법적 지위

'평가방법론'은 각국의 FATF 권고사항 이행 여부 평가를 위한 구체적인 평가방법과 평가요소를 제시하는 보조적인 문서로서, FATF 권고사항에 우선하거나 권고사항을 변경할 수는 없다.

(ii) 기술평가의 내용

기술평가는 40개 권고사항을 법령 등을 통해 구현했는지 여부를 평가하는 것으로서 자료 제출 등 서면 실시를 원칙으로 한다. 평가등급은 이행수준에 따라 '이행(C: Compliant), 대부분이행(LC: Largely), 부분이행(PC: Partially)', '미이행(NC: Non-compliant)'으로 평가한다. '이행(C: Compliant), 대부분이행(LC: Largely)'을 이행 등급으로 인정한다.

(iii) 효과성평가의 내용

제도의 실효적 작동 여부와 효과성을 평가하는 것으로서 실효적인 AML/CFT 시스템이 갖춰야 할 즉시성과(IO: Immediate Outcome) 달성 여부를 평가한다. 현지실사는 효과성 평가에 중점을 둔다. '높은 효과성(HE), 상당한 효과성(SE), 보통 효과성(ME), 낮은 효과성(LE)' 순으로 이행 수준이 높으며 '높은 효과성(HE), 상당한 효과성(SE)' 등급이 이행 등급으로 인정된다. 11개의 즉시성과는 다음과 같다.

11개 즉시성과(IOs: Immediate Outcomes)

1. 자금세탁과 테러자금조달의 위험이 이해되고, ML · TF · PF 대응 조치가 추진된다.
2. 금융정보, 증거, 범죄자, 불법재산 등 정보가 적시에 국제적으로 전달되고 조치된다.
3. 감독자들이 금융회사 · DNFBP 등을 위험도에 맞게 감독 · 모니터링 · 규제한다.
4. 금융회사와 DNFBP가 위험에 상응하여 AML/CFT 조치를 하며 의심거래를 보고한다.
5. 법인과 법률관계가 ML/FT에 악용되지 않으며, 관계당국이 실소유자 정보를 활용한다.
6. 금융정보와 기타 정보가 자금세탁 및 테러자금 조사를 위해 적절하게 활용된다.
7. 자금세탁 범죄와 행위가 조사되고, 위반자는 적절하게 기소 · 처벌된다.
8. 범죄 관련 수익(proceeds)과 수단(instrumentalities)이 몰수된다.
9. 테러자금조달 행위가 조사되고, 테러자금조달자는 적절하게 처벌된다.
10. 테러자금조달자, 테러리스트, 테러조직들의 자금 조성 · 이동 · 사용이 금지된다.
11. 대량살상무기 확산금융 관련자(개인/단체)들의 자금 조성 · 이동 · 사용이 금지된다.

---

3) FATF 상호평가의 평가등급과 후속점검

각국은 상호평가 결과에 따라 '정규(regular) 후속점검, 강화된(enhanced) 후

FATF가 평가한 29개국의 상호평가 결과('20년 4월 현재)

단계	구 분	국 가
1	정규 후속점검	스페인, 이탈리아, 포르투갈, 영국, 이스라엘, 홍콩, 그리스, 러시아(8국)
2	강화된 후속점검	호주, 미국, 중국, 캐나다, 덴마크, 아일랜드, 멕시코, 노르웨이, 말레이시아, 싱가포르, 오스트리아, 스웨덴, 스위스, 핀란드, 벨기에, 사우디, 바레인, 한국(18국)
3	실무그룹(ICRG) 점검대상	아이슬란드, 터키, UAE(3국)

속점검, ICRG 점검 대상 중 하나로 분류된다. '정규 후속점검' 대상국은 후속조치를 3년 주기로 FATF 총회에 보고해야 하며, 제4차 라운드 상호평가 수검국의 약 30%가 해당된다.' 강화된 후속점검 대상국은 1~1.5년 주기로 후속조치가 보고되며 수검국의 약 60%가 해당된다. 이행 수준이 매우 저조한 것으로 평가받은 국가의 경우 특별 관리대상인 ICRG 제재대상이 된다.

4) FATF 제4차 라운드 상호평가의 평가방법론의 특징

ML/CFT 시스템 효과성을 평가하는 '효과성평가'에 중점을 두고 있다. 위험도를 중심으로 평가하므로 현지실사 대상국의 위험이 어느 분야에 있는지를 확인하고 위험이 높은 분야에 대한 AML/CFT 시스템의 작동을 보다 중점적으로 평가한다.

40개 권고사항의 이행에 대한 '기술평가'는 FATF 사무국이 수행하며 제3라운드 보고서, 후속조치 이행보고서, 새로운 법률개정 등 모든 정보를 취합하여 문서로 평가한다.

2. 우리나라에 대한 상호평가 결과

(1) FATF 제3차 라운드 상호평가

1) 수검 경과와 평가 결과

우리나라는 제3차 라운드 상호평가가 실시되고 있었던 2009년에 처음으로 상호평가를 받았다. 2009년은 FATF 회원국으로 가입한 해이기도 하다.

2009년 상호평가 당시 6개의 핵심권고사항 중 고객확인제도, 자금세탁 의심거래보고, 테러자금조달 범죄화, 테러자금의심거래보고 등 4개의 권고사항에서 '미이행' 등급으로 평가받았다. 실제소유자 확인이 이루어지지 않았고, 의심거래보고제도에는 1천만원이라는 기준금액이 설정되어 있었으며, 테러자금조달을 범죄화하는 규정이 미흡했다고 평가된 것이었다.

10개의 주요 권고사항 중에서는 몰수와 잠정조치, 금융회사 감독·규제, 국제협약과 테러자금조달억제 관련 UN 협약 이행, 테러자금조달 관련 정밀금융제재 등 5개의 권고사항에서 '미이행' 등급의 평가를 받았다. 범죄 수익의 몰수가 활발히 이루어지지 않았고, 금융회사에 대한 검사가 제한적으로 이루어지고 있었다. 「팔레모조약」이 비준되지 않았었고, 테러자금조달차단과 관련되어 제정된 「공중협박자금조달금지법」의 규제범위가 제한적이었다.

2) FATF 제3차 라운드 평가 졸업

그 후 3~4년간 「특정금융거래정보법」과 「공중협박자금조달금지법」 개정 등 입법과 금융회사등의 적극적인 제도참여를 통해 이행 등급을 인정받게 되었다. 우리나라는 2014년 6월 FATF 총회에서 FATF 제3차 라운드 상호평가 과정을 완전하게 졸업함으로써 자금세탁방지 · 테러자금조달차단 국제기준 이행체제를 완성하였음을 FATF로부터 공인받게 된 것이다.

(2) FATF 제4차 라운드 평가 대응 경과

2015년 10월부터 FIU와 12개 정부부처는 'FATF 상호평가 합동대응반'을 구성하여 사전 준비작업을 시작하였다. 2018년 11월에는 정부부처가 합동으로 우리나라의 자금세탁과 테러자금조달 위험을 확인·분석하는 '국가 위험평가'보고서를 마련하여 'FATF 상호평가 대응방향'과 함께 국무회의에 보고하고 공유하였다.

FATF 상호 평가를 앞두고 2018년부터는 관련 법률과 시행령을 개정하고, 검사·제규정을 제정하는 등 법률과 규정을 정비하는 데 역량을 집중하였다.

2018년부터 2019년 6월까지의 기간 중 2개 법률, 관련 시행령, 업무규정의 개정, 검사제재규정의 제정 등 법률과 규정을 정비하였다.

2019년 1월초 우리나라의 AML/CFT 제도에 대한 설명자료를 제출함으로써 본격적인 상호평가가 시작되었고 같은 해 7월에는 약 3주간 평가팀이 우리나라를 방문하여 실사를 진행하였다. 방문실사 과정에서 FIU, 법무부, 금융회사등 68개 기관 400여명이 면담에 응하여 제도를 효과적으로 이행하고 있음을 설명하였다. FATF는 방문실사 후 6개월간 지속적인 협의를 통해 작성한 '상호평가보고서'를 2020년 2월 총회에서 논의하고 승인하여 그 결과를 4월에 발표하였다.

(3) FATF 제4차 라운드 평가 결과

1) 전반적인 평가

(i) 주요 확인사항

우리나라는 자금세탁·테러자금조달 위험을 잘 이해하고 있고, 견실한 법·제도적 장치를 바탕으로 긍정적인 성과를 내고 있는 것으로 평가받았다. 자금세탁방지 등을 위한 금융정보를 효과적으로 활용하고, 범죄수익 환수도 좋은 성과를 내고 있으며, 특히 테러 및 테러자금조달 위험이 낮다고 평가한 것은 합리적이라는 평가도 있었다.

(ii) 주요 지적사항

변호사·회계사 등 특정 비금융사업자와 전문직(DNFBPs)에 대해 자금세탁 및 테러자금조달 방지(AML/CFT) 의무를 부과해야 하며 금융회사등에 대한 AML/CFT 감독을 강화해야 한다는 지적이 있었다. 이와 함께 법인과 신탁이 자금세탁에 악용되는 것을 방지하고, 자금세탁범죄의 수사·기소의 강화가 필요하다는 지적이 있었다.

(iii) 평가등급

우리나라는 40개 권고사항에 대한 기술평가(TC) 중 32개 권고사항에서 이행등급 평가를 받았고, 11개 즉시성과에 대한 효과성 평가에서 5개가 이행등급으로 평가받았다.

2019년 여름까지 상호평가를 받은 29개국 중 미국, 호주, 캐나다, 싱가포르, 중국 등 18개국과 동일한 "강화된 후속점검"에 해당하는 등급으로 평가되었다. '강화된 후속점검'은 3단계 중 중간수준에 해당한다.

40개 기술평가(TC) 등급

R.1 RBA	R.2 협력/ 조정	R.3 자금세탁 범죄	R.4 몰수	R.5 테러자금 범죄	R.6 테러관련 TFS	R.7 확산금융 TFS	R.8 비영리 조직	R.9 비밀유지 법률	R.10 고객 확인
LC	LC	LC	C	LC	PC	PC	PC	LC	LC
R.11 기록 보관	R.12 PEPs	R.13 환거래 은행	R.14 MVTS	R.15 새로운 기법	R.16 전신 송금	R.17 제3자의 존	R.18 내부 통제	R.19 고위험 국가	R.20 의심거래 보고
C	PC	C	C	C	LC	C	LC	LC	C
R.21 정보 누설	R.22 DNFBPs_ CDD	R.23 DNFBPs_ STR	R.24 법인 투명성	R.25 신탁 투명성	R.26 규제/ 감독	R.27 감독기관 권한	R.28 DNFBPs_ 감독	R.29 FIU	R.30 수사당국 책임
C	PC	PC	PC	LC	LC	C	PC	C	C
R.31 수사당국 권한	R.32 현금휴대 반출	R.33 통계	R.34 지침/ 피드백	R.35 제재	R.36 UN 협정서	R.37 국제사법 공조	R.38 동결/몰수 공조	R.39 범죄인 인도	R.40 기타국제 협력
LC	LC	C	LC	LC	LC	LC	C	LC	LC

* 기술평가 : Compliant > Largely Compliant [이상 '이행'] > Partially Compliant > Non Compliant
Technical compliance ratings can be either a C – compliant, LC – largely compliant, PC – partially compliant or NC – non compliant.

11개 효과성 평가(Immediate Outcomes) 등급

IO.1 정책/ 공조	IO.2 국제 협력	IO.3 금융 감독	IO.4 예방 조치	IO.5 법인/ 신탁	IO.6 금융 정보	IO.7 수사/ 기소	IO.8 몰수	IO.9 테러자금 수사	IO.10 테러정밀 제재	IO.11 확산금융 제재
SE	SE	ME	ME	ME	SE	ME	SE	SE	ME	ME

* 효과성 : HE(높은 수준 효과성) > SE(상당한 수준) [이상 '이행'] > ME(보통 수준) > LE(낮은 수준)
Effectiveness ratings can be either a High- HE, Substantial- SE, Moderate- ME, or Low – LE, level of effectiveness

2) 부문별 이행 수준

(ⅰ) 기술평가

AML/CFT 법제도의 구축 여부를 평가하는 40개 평가항목 중 32개 항목 (80%)은 이행 등급을 받았다.

특정 비금융사업자와 전문직, 테러자금 동결, 고위공직자, 법인의 실제소유자 관리 등 8개 항목은 법·제도가 미흡하다는 점에서 '부분이행' 평가를 받았다.

(ii) 효과성평가

법제도의 실제 이행 여부를 평가하는 11개 항목 중 5개 항목(45%)은 이행 등급을 받았으나, 특정 비금융사업자와 전문직의 의무 이행과 감독, 자금세탁 범죄 수사·기소 등 6개 항목은 법제도 미흡으로 인해 '보통 효과성'으로 평가되었다.

3) 우선 개선 과제(Priority Actions)

FATF 제4차 라운드 상호평가에서 우선 개선 과제로 언급된 사항은 다음과 같다.

FATF 제4차 라운드 상호평가에서 우선 개선 과제

a) 특정비금융사업자(DNFBPs) 전 부문에도 AML/CFT 의무를 적용하도록 AML/CFT 체계를 확대하고 이들 부문의 감독당국을 지정해야 한다.

b) 국내 및 국제기구 정치적 주요인물(PEPs)을 포함하도록 AML/CFT 의무를 확대해야 한다.

c) 조세범죄 기반 자금세탁범죄를 기소할 수 있도록 법령을 개정하여 자금세탁 전제범죄에 포함되는 조세범죄 범위를 확대해야 한다(예를 들어 전제범죄의 범위를 의심거래 보고의무가 있는 범죄들에 맞추어 조정하는 방안).

d) 몰수대상 자산 중 실제 환수액을 늘릴 수 있는 조치를 지속적으로 모색하고 몰수 및 환수를 활성화할 수 있는 기제와 조치를 체계적으로 이용해야 한다.

e) 차명계좌 사용을 예방할 수 있는 정책적 조치를 지속적으로 추진하고 차명계좌를 이용한 자금의 흐름을 수사·추적할 수 있는 법집행기관의 능력을 활성화 및 확대할 수 있는 도구들을 탐색하는 등 긍정적 노력을 지속해야 한다.

f) 동결 의무를 DNFBPs와 모든 자연인·법인까지 확대하고 확인된 제도적 미비점을 해결해야 한다.

g) 동결의무 등의 내용이 포함된 정밀금융제재(TFS) 이행 관련 지침을 발행해야 하며, PF 관련 조정 채널을 마련해야 한다.

h) KoFIU의 IT 자원을 업그레이드하고 KoFIU 기관 내 지식이 유지될 수 있도록 장기근무 인력의 수를 확대하는 노력을 지속해야 한다.

FATF 상호평가 결과 등을 고려한 새로운 제도 도입 검토

1. 특정 비금융사업자와 전문직에 대한 자금세탁방지등 의무 부과

(1) 필요성과 국제기준

1) 특정 비금융사업자와 전문직(DNFBPs)의 자금세탁방지등 위험

(i) 자금세탁등에 이용되는 대상 확대

전통적인 자금세탁은 금융기관을 중심으로 이루어져 왔으나 자금세탁행위가 전문화·고도화됨에 따라 변호사, 공증인, 기타 법률전문직 및 회계사, 부동산중개업자, 귀금속상, 카지노사업자, 신탁 및 회사설립전문가의 조력을 통한 위장법인 설립, 귀금속 매매 등 비금융분야로 확대되고 있다. FATF는 이들을 '특정 비금융사업자와 전문직(DNFBPs; Designated Non−Financial Business and Professions)'으로 일컫는다.

기업이나 재단 등 법인을 설립하고 활용하는 형태로 범죄수익이 유통되는 과정에서 DNFBPs가 관여될 가능성이 높다.

업무 수행 과정에서 현금 및 외환 거래, 수표나 주식 등 증권의 취급, 국제거래 등 금융거래를 대행하는 와중에 자금세탁 범죄자의 자금세탁에 연루될 수 있다. 자금세탁 범죄자는 범죄수익 또는 자금을 불법적으로 이동시킴에 있어서 DNFBPs에게 금융지식의 자문, 조세측면의 자문, 법률상 자문을 요청할 가능성이 항상 존재한다. 자금세탁 범죄자들은 DNFBPs가 가지고 있는 사회적 신용·신뢰와 명성을 활용하여 자신들의 자금세탁에 대한 혐의를 완화시키고자 하는 유인이 강하기 때문이다.

변호사, 공증인, 회계사 등 특정한 전문직 종사자들에 대해 형성되어 있는

사회적 신용과 그들이 보유하고 있는 업무에 대한 전문성은 자금세탁 범죄자들이 스스로의 행위를 은폐하는 차단막으로 이용하는 중요한 수단이 된다.

(ⅱ) 부동산중개업자와 귀금속상의 자금세탁등 위험

부동산중개업자와 귀금속상은 오래전부터 자금세탁에 흔히 이용되어 왔음에도 불구하고 관계당국의 감독, 검사가 어렵다는 이유로 자금세탁에 취약한 부분으로 인식되어 왔다.

FATF의 연구에 따르면 불법자금의 부동산투자는 자금세탁의 전형적인 수법이며, 금괴와 다이아몬드도 자금세탁에 다수 활용되는 수단인데, 테러자금조달에도 실제로 사용된 사례가 자주 발견된다고 한다.

(ⅲ) 변호사, 공증인 및 회계사의 자금세탁등 위험과 파나마 페이퍼스 사건

은행, 증권, 보험 등 금융기관에 대한 자금세탁 방지의무 부과 이후 규제, 감독이 미치지 않는 변호사, 회계사 등을 이용한 자금세탁이 증가하였다. 변호사 등을 이용한 자금세탁 방식으로는 고객이 변호사 등의 계좌를 이용하여 자금세탁을 할 수 있도록 하거나, 기업, 재단, 신탁 등을 이용한 자금세탁의 경우 변호사 등이 기업, 재단 등의 설립, 운영에 도움을 제공하는 등 '문지기(gatekeeper)'로서 관여하는 방법 등이 있다. 특히 변호사 등은 그 직무수행에 대한 사회일반의 신뢰도가 높아 변호사 등이 관련된 자금세탁의 경우 쉽게 은폐될 수 있다는 점에서 문제가 된다.

최근에는 법률사무소가 본격적으로 자금세탁을 지원한 것이 발각된 사건이 있었다. 2016년 4월 비영리 탐사보도기관인 국제탐사보도언론인협회는 1977년부터 2015년까지 파나마 최대 로펌 모색 폰세카(Mossack Ponseca)가 보유한 약 1,150만 건을 온라인에 공개한 바 있다. 모색 폰세카는 역외 금융서비스관련 업무에 특화되어 있었으며, 당시 스위스, 버진 아일랜드 등 유명 조세회피처에서 지점을 운영하면서 약 30만개의 기업을 위해 서비스를 제공하고 있었다. 공개된 비밀문서에는 고위관료, 유명인 등의 페이퍼 컴퍼니 설립 등을 통한 조세회피 및 재산은닉 정보 및 뇌물수수, 부패, 사업규제 위반등과 관련한 사항이 포함되어 있는 것으로 알려졌다.

FATF의 유형보고서에 따르면 공증인이 자금세탁에 자주 관여되는 것으로 파악되고 있다. 회계사도 여러 국가에서 '문지기' 역할을 하는 것으로 나타나고

있는데, 심지어 자금세탁과 관련된 금융, 재정상의 자문을 하거나 자금세탁활동을 그럴듯하게 포장하기도 한다. 이에 따라 유럽회계사연맹은 조직범죄에 연루되지 않도록 행동지침을 채택하였고, 국제회계사연맹도 자금세탁방지와 관련한 회계사의 역할에 관한 백서를 발간하기도 하였다.

(iv) 신탁, 회사설립전문가의 자금세탁등 위험

신탁, 회사설립전문가의 경우 기업 및 신탁이 실제 소유자 또는 실질적 통제권자에 대한 정보의 부족으로 인해 자주 자금세탁의 수단으로 이용되고 있어 이들에 대해 자금세탁 방지의무를 부과하려는 것이다. 회사설립과 관리에는 다양한 형태의 사업체와 전문직이 관여하는데, 변호사, 회계사, 은행, 전문서비스 제공업체 등이 그 예이다.

2) 관련 FATF 권고사항

금융기관과 달리 변호사 등 일정 직역에 대해 비밀유지의무가 적용되는 상황에서 취득한 정보에 대해서는 의심거래보고를 면제하는 등 일정부분 예방조치의 예외를 인정하고 있으며, 예방조치가 적용되는 업무범위를 한정하고 있다. FATF 권고사항에 따르면, 부동산 매매, 고객의 자금, 증권 기타 재산관리, 예금·적금·증권거래계좌 관리, 회사 설립·경영·관리에 관여, 법인·신탁 등 법률관계의 설립·운영·관리 및 사업체 매매 업무에 국한하고 있다. 아울러, 자금세탁

특정비금융사업자(DNFBPs)의 FATF 권고사항 도입업종과 적용업무 범위

업 종	적용 업무범위	비 고
카지노 사업자	고객이 기준금액(USD/EUR3,000) 이상 금융거래 관련 시	
부동산 중개업자	부동산 매매 관련 거래 참여시	
귀금속상	기준금액(USD/EUR15,000) 이상 현금거래시	
변호사, 공증인, 기타 법률전문직 및 회계사	① 부동산 매매 ② 고객의 자금·증권 등 기타 자산 관리 ③ 은행예금계좌 또는 증권거래계좌의 관리 ④ 회사 설립·경영·관리에 관여 ⑤ 법인·신탁 등 설립·운영·관리, 사업체 매매거래 준비·수행	송무 활동은 적용 범위 제외
신탁·회사 설립 서비스제공자	① 법인의 설립대리인 ② 타인을 위한 명목상 주주 ③ 신탁 수탁자 및 유사 역할 수행 등 관련 거래 준비·수행시	우리나라는 서비스제공자 없음

방지와 관련한 의무사항 준수 여부 점검을 적절한 자율규제기구(SRB: self-regulatory body)에서 수행하도록 하고 있다. 적절한 자율규제기구에는 각 업권의 협회가 해당될 수 있다. 실제로 영국, 독일 등 DNFBPs 제도를 도입한 많은 해외국가들이 자율규제기구에서 의무이행 여부를 검사하고 있다.[4]

(2) 우리나라의 현황과 평가

1) DNFBP의 현황과 자금세탁·테러자금 조달 위험[5]

(ⅰ) 카지노 사업자

2018년 4월 기준 17개 업체가 카지노사업을 운영 중이다. 그중 1개는 내국인이 이용 가능하고, 16개는 외국인 전용이다. 그 중 8개는 제주도에 소재한다. 카지노사업자는 신용제공, 수표 교환, 환전 등의 서비스를 제공하므로 ML/TF 위험이 존재하지만, 우리나라의 카지노는 사업자는 2007년부터 AML/CFT의무를 부과하여 전 입장객의 ID, 여권을 확인하는 등 고객확인의무(CDD)를 잘 이행하고 있으며, 2017년 기준STR 675건, CTR이 약 2만여 건 보고되는 등 보고가 원활하게 이뤄지고 있어 실제로 ML/TF의 위험은 크지 않은 것으로 평가된다.

(ⅱ) 부동산 중개업자

2017년 말 기준으로 법인 1,103명 포함, 총 102,100명이 부동산 중개업에 종사한다. 대다수가 지역 중심의 소규모 자영업 형태로서 부동산 매매 알선·대행, 전월세 등 임대차 알선 업무를 수행한다.

「부동산거래신고 등에 관한 법률」에 따라 대상물, 대금일, 가격, 매도자, 매수자 정보 등 매매계약내용 등의 부동산거래 내용을 시스템에 등록하도록 하고 있어 거래자가 누구인지 명확히 확인되고 시스템에 등록되며 동 법률에 의해서는 타인 명의 또는 차명을 이용한 부동산 거래가 불가능하므로 부동산 거래가 ML/FT에 이용될 위험은 매우 낮은 것으로 평가되고 있다. 다만, 해외범죄 수익금이 국내로 유입되면서 탈세, 증여 등 자기 자금세탁 목적과 부동산담보대출을

4) 김지웅, "자금세탁방지제도에 대한 고찰", 계간 세무사(2017년 가을호)
5) 이하, "관계부처 합동, 국가 자금세탁/테러자금조달 위험평가 보고서," 금융위원회 금융정보분석원 보도자료, 2018.11.'를 주로 참조

활용한 자금세탁 가능성은 존재한다.

실소유자 확인, 실명법상 차명거래금지는 고객확인의무와 유사하고, 실거래
가 의무는 의심거래보고제도와 유사하므로 부동산 중개업자에게는 AML/CFT
관련 유사 제도가 이미 도입됐다고 볼 수 있다.

(ⅲ) 귀금속상

2014년 기준 11,151개 업체, 19,961명이 종사하고 매출액은 업체당 1.43억
원이며, 귀금속의 제조·세공, 가공처리, 매매, 판매 중개·알선, 시계 매매 등을
취급하는 것이 주요 업무이다. 귀금속상은 제공 상품·서비스 특성상 자금세탁
에 직·간접적으로 이용되거나 연루될 가능성은 높은 것으로 판단된다.

금의 경우 환금성이 높고, 보관이 간편하며 무자료거래가 가능하고 표준화
가 어려워 가격 흥정 및 현금거래 유도 개연성 높아 다른 귀금속·보석류보다
자금세탁에 이용될 위험이 높다. 특히 우리나라에서는 홍콩, 태국, 중국, 일본의
관세율이 0%인데 비해 관세 3%, 부가가치세 10%, 개별소비세 20%를 금에 부
과하므로 밀수의 유인이 높다.

한국귀금속보석단체장협의회, 한국귀금속판매업중앙회 등 10여 개 유관단
체가 있으나, 품질보증이 주 업무로서 자율규제 기능은 있지 않다.

(ⅳ) 변호사

2016년 3월 기준 개업신고 변호사는 17,759명으로서 증가 추세에 있다.
17,759명 중 법무법인 소속 변호사 9,044명이며 법무법인 사무소는 946개가 있
다. 소송대리, 기업회계·경영·컨설팅 등 다양한 업무를 처리한다.

「변호사법」 소관부처인 법무부가 자격시험, 변호사 등록 및 법무법인 설립
인가·취소 등을 총괄하며 변호사를 직접 규율한다. 변호사 지도·감독은 「변호
사법」에 따라 소속 지방변호사회, 대한변호사협회 및 법무부가 관할한다.

변호사는 「변호사법」에 따라 수임일, 수임액, 위임인·당사자·상대방의 성
명과 주소, 수임한 법률사건·법률사무의 내용 등 수임에 관한 장부를 작성하고
작성 후 3년간 보관할 의무가 있으며, 변호사협회가 「변호사법」 및 대한변호사
협회 규정에 의거하여 자율적인 징계권을 행사하고, 이를 통하여 변호사를 간접
적으로 규제한다.

FATF 권고사항은 변호사가 ① 부동산 매매, ② 고객의 자금·증권 등 기타

자산 관리, ③ 은행 예금계좌 또는 증권 거래계좌의 관리, ④ 회사의 설립·경영·관리에 관여, ⑤ 법인 및 신탁 등 법률관계의 설립·운영·관리 및 사업체의 매매와 관련된 업무에 관여하는 경우 의심거래보고(STR) 의무를 지우고 있다.

변호사 수가 증가하고 법학전문대학원 체제의 도입으로 변호사의 업무가 전통적인 '송무 수행'에서 고객의 자산관리, 인수합병업무, 컨설팅 등 다방면으로 확대되면서 자금세탁 등 불법거래 연루 위험은 상존한다.

(ⅴ) 공증인6)

국내 공증인 사무소는 2009년 417개소가 영업하는 등 증가하는 추세에 있었으나 2010년 공증인 정원제가 실행되면서 1997년 수준인 217개소로 감소하였다. 공증인은 거래 증거 보전, 특정 사실 또는 법률관계의 존부를 증명하는 업무를 취급한다.

공증인은 지방검찰청 소속으로 「공증인법」에 따라 법무부장관이 임명·인가권, 감독권 및 징계권을 행사하여 법무부장관의 인가로 사무소 설치 및 이전이 가능하다. 공증인은 「공증인법」에 따라 공증시 주민등록증 혹은 이에 준하는 방법으로 공증의뢰인 본인 확인의무를 지며, 확인한 서류는 최소 3년 이상 보관해야 한다.

공증인의 업무에 부여된 높은 사회적 신용으로 인해 공증문서를 수단으로 한 자금세탁에 연루될 우려는 존재한다. 다만, 법무부장관의 임명·인가로 법률관계의 존부를 증명하는 업무를 하면서 불법업무에 연루될 가능성이 낮으며 실제 소유자 확인 등 권리관계가 검증되고, 권리관계를 통합 관리한다면 자금세탁 예방 효과가 발생할 수 있다.

(ⅵ) 회계사

2016년 3월 기준, 회계사는 총 18,473명으로 법인소속 9,840명, 감사반7) 소속 1,362명, 개업 687명, 휴업 6,584명으로 구성된다. 회계감사, 재무장표 정리, 세무자문, 경영자문 등 광범위한 업무를 수행한다.

---

6) 공증인은 10년 이상 판사·검사·변호사에 재직한 자, 구성원 중 2인 이상의 공증인 자격을 갖춘 법무법인·합동법률사무소 중 법무부장관이 임명·인가
7) 개인사무실을 낸 회계사 중 외부 감사만을 위해 3인 이상으로 구성된 팀

「공인회계사법」에 따라 금융위원회가 주무부처로서 등록, 자격시험, 감독 등 총괄하며 한국공인회계사회에 일부 업무를 위임하여 자율규제를 실시한다.

한국공인회계사회가 감사업무와 관련하여 설정한 기준서 및 법률에 일반적인 고객확인 의무 및 기록보관 의무가 명시되어 있다. 회계감사의 업무 비중이 높고 자본거래는 높지 않은 특성상 회계사의 ML/FT 연루가능성은 낮으나 세무·경영자문 비중이 점차 증가하고 있다는 점과 현금흐름·관리에 대한 전문지식을 사용하여 자금세탁 과정에 대한 자문을 의뢰받을 수 있다는 점 때문에 ML/FT 위험은 존재하는 것으로 보인다.

(vii) 세무사

2016년 3월 기준 세무사는 11,725명으로, 법인소속 3,521명, 개인사무소 7,716명, 휴업 세무사 488명이다. 세무사 자격은 세무사시험 합격자, 회계사 및 변호사 모두에게 주어지므로 회계사 및 변호사 수를 포함한 실제 세무대리 활동 인원은 증가할 것으로 예상된다. 조세 신고장부 작성 등 기장업무, 기업회계와 세법의 차이 조정, 재무제표 작성 등 결산, 불복청구 등 기타 업무를 담당한다.

매출·매입 구조 왜곡 등 세금탈루와 자산의 양수도·증여를 통한 자금세탁과 국내소득 해외반출 등 역외탈세 적발이 용이한 위치에 있다.

「세무사법」에 따라 기획재정부가 소관부처로서 자격시험, 권리의무 사항 및 징계를 총괄한다.

2) 2019년 FATF 상호평가 결과

FATF는 '우리나라 AML/CFT 제도상 카지노를 제외한 특정비금융사업자 (DNFBPs)는 의심거래보고 의무가 없어 보고의 유용성에 제한적인 측면이 있으며 카지노 외 DNFBPs는 정밀금융제재(TFS) 의무 이행 대상도 아니고 감독을 받지도 않아 한국 AML/CFT 체계에 범위상 제약이 있다'고 평가한다.

국가위험평가에서 '일부 DNFBPs 부문에서 ML/TF 위험이 존재하거나 새로이 부상하고 있음이 확인되었음에도 아직 DNFBPs 부문에는 AML/CFT 이행의무가 부과되지 않고 있으므로 DNFBPs 전 부문에도 AML/CFT 의무를 적용하도록 AML/CFT 체계를 확대하고 이들 부문의 감독당국을 지정해야 한다'고 권고하였다.

(3) 특정 비금융사업자와 전문직에 대한 자금세탁방지등 의무 도입 방안

1) 주요국의 DNFBPs에 대한 자금세탁방지등 의무 도입 현황[8)

(i) 미국

미국은 「은행비밀법(Bank Secrecy Act: BSA)」과 2003년에 제정된 「애국법(USA Patriot Act)」에 AML/CFT에 관한 가장 기본적인 골자를 마련하고 있다. 「은행비밀법」은 금융기관을 대상으로 하므로 회계사, 변호사나 부동산 중개업자는 「은행비밀법」상 의무주체에 해당하지 않아 기본적으로 자금세탁을 방지하기 위하여 DNFBPs에 부과되는 규제 외곽에 위치하고 있다.

미국이 제도가 구비되어 있지 않은데도 국제사회의 제재로부터 비교적 자유로운 이유는 FATF 등 관련 국제기구의 주요 재원 공여국으로 의사결정과정을 지배하고 있기 때문인 것으로 알려져 있다.

(ii) 캐나다

캐나다에서 DNFBPs와 관련된 법령으로는 2000년에 제정된 「범죄수익 및 테러자금조달법(Proceeds of Crime [Money Laundering] and Terrorist Financing) ACT: PCLMTA)」을 들 수 있다. DNFBP와 관련하여 보고 대상자로서 부동산 중개업자, 회계사, 판매업자, 귀금속상 등을 포함시키고 있는 반면에 변호사, 공증인은 이에 포함하고 있지 않아 의심거래 보고의무가 부과되지 않는다.

변호사의 경우, 고객확인의무, 기록보존의무, 고액 수임료의 CTR 의무는 부과하고 있으나, STR 의무와 의심거래 보고 사실 누설 금지(NTP: Non-tipping-off) 의무는 부과하고 있지 않다. 특히 2015년 캐나다 연방대법원의 판결을 통하여 변호사에 대하여 고객확인 의무, 기록보관 의무 및 의심거래 보고의무를 규정한 「범죄수익 및 테러자금조달법」의 일부 규정에 대하여 변호사·의뢰인 비닉특권의 침해를 이유로 위헌 선고가 내려진 바 있다.

---

8) 주로, '서울대학교 산학협력단, "예방조치 강화를 통한 자금세탁방지제도의 효과성 제고 방안 연구"(2016년 금융위원회 금융정보분석원 연구용역과제)와 성균관대학교 경영연구소, "비금융사업자·전문직(DNFBPs)에 대한 자금세탁방지의무 도입 방안", 제6회 금융지도자 자금세탁방지 전문가과정 논문집(2016)'을 참조

(ⅲ) 호주

호주의 경우 자금세탁과 관련된 법령으로는 「자금세탁 및 테러자금 조달 방지법(Anti Money Laundering and Counter Terrorism Financing Act 2006)」을 들 수 있지만, 이 법 Section 6에서 의무 주체로 삼고 있는 것은 금융기관, 금괴 및 은괴 거래인, 그리고 카지노 사업자뿐이고, 여타 DNFBPs에 대해서는 자금세탁과 관련된 고객확인 의무나 기록보관 의무, STR 의무를 부과하고 있지 않다.

변호사에게는 고객확인의무, 기록보존의무, 고액 수임료의 현금거래 보고의무는 부과하고 있으나, 역시 STR 의무와 의심거래 보고 사실 누설 금지(NTP)의무는 부과하고 있지 않다.

(ⅳ) 일본

일본에서는 2007년 「범죄에 의한 수익의 이전방지에 관한 법률(이하 「범죄 수익이전방지법」)」이 제정되었다. 「범죄수익이전방지법」의 적용대상이 되는 비금융사업자에는 부동산 중개업자, 귀금속상, 연락 및 수취 대행업자가 포함되며 「범죄수익이전방지법」의 적용대상이 되는 비금융전문직에는 변호사, 법무사, 공인회계사, 세무사 등이 포함된다. 일본의 경우 변호사에게 고객확인의무, 기록보존의무, 고액 수임료의 현금거래 보고의무는 부과하고 있으나, STR 의무와 의심거래 보고 사실 누설 금지(NTP) 의무는 부과하고 있지 않다.

(ⅴ) 독일

독일은 2008년 「자금세탁법(Geldwäschegesetz ; Money Laundering Act)」을 제정하였는데 Part 1 Section 2 7~12에 걸쳐 매우 광범위하게 DNFBPs를 규정하고 있다. 「자금세탁법」 Section 16에서는 변호사, 변리사, 공증인, 회계사, 세무사에 대해서는 특별 규정을 두는 한편으로, 그 외의 DNFBPs는 일반적 감독기관인 연방 혹은 주(州)법상 관련 기관이 담당하도록 하고 있다.

(ⅵ) 영국

영국은 2005년 변호사들의 의심거래 보고 건수가 10,000건에 이르는 등 자금세탁방지제도가 가장 효과적으로 안착한 나라로 꼽히고 있다.

영국은 「테러리즘법」(Terrorism Act 2000: TACT)과 「범죄수익법」(Proceeds of Crime Act 2002; POCA)을 통하여 DNFBPs에게도 자금세탁 방지를 위하여 보고

의무를 부과하고 있는데, 이 두개의 법률의 특징은 금융기관이나 DNFBPs뿐만 아니라 모든 사람에게 특정한 보고 의무를 부과하고 있다는 점이다.

재무부 행정입법인 「자금세탁규제 2007(The Money Laundering regulations, 2007)」을 통해 자금세탁 규제를 두고 있는바, 「자금세탁규제 2007」 PART 1 3 에서는 이 규제의 적용대상으로서 금융기관뿐만 아니라 회계사, 세무사, 법률가, 회사나 신탁 설립업무 대행자, 부동산 중개업자, 고가치 거래상인, 카지노 사업 자 등이 포함되어 있다.

2) 국내 업계의 요청 사항 및 쟁점

(ⅰ) '변호사의 의심거래보고'의 비밀유지의무 위반 여부

고객에 대한 자금세탁 의심거래보고가 변호사법 및 형사소송법상 고객의 비밀유지의무와 충돌 우려가 있으므로 비밀유지의무와 충돌하는 범위에서는 의 심거래 보고의무를 면제하는 것이 타당하다. 장래에 범할 범죄인 경우에는, 의 뢰인 스스로 비밀유지 특권을 포기하는 등 판례가 설시하는 예외적 경우에만 보 고되어야 할 것이다.

FATF도 변호사 비밀유지의무에 따른 예외 범위 설정은 국가의 재량임을 인정하고 있으며, 독일, 벨기에 역시 비밀유지의무에 따른 예외 범위를 폭넓게 인정하고 있는 편이다.

(ⅱ) 의무 대상에서의 세무사 제외 여부

세무사 측에서는 단순 세무조정·기장업무가 대부분으로 자금세탁의 통로 가 될 가능성이 없어 세무사를 의무 대상에서 제외할 것을 요청하고 있다.

하지만, FATF 권고사항은 자금세탁방지 의무부과 업무영역을 부동산 매매, 고객의 자금·증권 등 기타 자산 관리, 회사 설립·경영·관리, 법인 설립 등으로 한정(소송, 전·월세 등 임대차 거래는 제외)하고 있다.

따라서 세무사가 의무 대상이 되더라도 단순 세무조정 및 기장업무는 의무 부과 대상 업무는 의무 대상의 범위에 포함되지 않을 것이다.

(ⅲ) 법무사, 변리사에 대한 의무 부과 여부

법무사는 주 업무가 단순 서류를 작성하고 신청을 대행하는 것이며 변리사 는 지식재산권 관련 대리를 하고 감정을 주요 업무로 하는 직역으로서 자금세탁 연루 위험성이 매우 낮으므로 AML/CFT 의무에서 면제해주기를 요청하고 있다.

FATF 역시 비금융사업자 대상에서 변리사, 법무사는 제외하고 있으므로 우리나라에서 제도 도입 시에도 이 점이 우선적으로 고려될 가능성이 크다.

(iv) 공인중개사에 대한 의무 부과 여부

공인중개사는 약 34만명이 종사하고 있어 타 직역에 비해 압도적으로 많아 검사 · 감독 등 제도 실효성 확보 문제가 있다. 특히 부동산거래관리 시스템 상 축적된 거래 정보를 금융정보분석원이 제공받아 분석하게 된다면 공인중개사에게 직접 AML/CFT 의무를 부과하는 것은 필요치 않을 것으로 보인다.

(v) 의심거래보고 규정의 명확성 여부

우리나라의 DNFBPs 측에서는 법률에 의심거래보고 기준을 "의심할 만한 상당한 이유가 있는 경우"로 하지 않고 명확히 해달라는 요청을 한 적이 있다. 의심거래보고 기준으로서 구체적 기준을 정한 법령은 국제적으로 유례가 없으며 법령에 구체적 기준을 유형화 할 경우 제도의 실효성이 저하될 우려가 크다. AML/CFT 제도를 도입할 당시 국회에서도 의심거래보고를 유형화할 경우 혐의거래자가 해당 유형에 저촉되지 않으면 보고 대상에서 제외되는 등 악용 소지가 있다는 점을 지적하기도 하였다.[9]

제도 도입 후 DNFBPs에게도 금융기관과 동일하게 참고유형, 업무지침서 작성 · 운용, 타국사례 공유, 교육 등을 통해 제도정착을 지원한다면 업계의 우려를 불식시킬 수 있을 것이다.

3) 20대 국회 발의 법률 개정안의 내용[10]

(i) 의무부과 대상

국제기준, 제도 도입 수용성 등을 감안하여 부과대상 업종 변호사, 공증인, 회계사, 세무사 및 귀금속상 등 5개로 선별하였다. 공인중개사는 유사한 제도가 이미 운영되고 있어 행정비용 절감을 위해 의무부과를 제외하고 그 대신 금융정

---

9) 국회 "특정금융거래정보의 보고 및 이용 등에 관한 법률 제정 검토보고서" 2000
10) 국회 정무위원회, 특정 금융거래정보의 보고 및 이용 등에 관한 법률 일부개정법률안 검토보고서, "특정비금융사업자에 대한 의심거래보고 등 의무부과(정태옥 의원 대표발의)", 2017.9

보분석원이 시·군·구청이 보유하고 있는 관련 정보를 제공받도록 하였다.

(ⅱ) 의무부과 주요 내용

의심거래보고, 고객확인 의무 부과대상 업무 범위는 FATF 권고사항을 반영하여 ① 고객의 자금·증권 등 기타 자산 관리, ② 회사 설립·경영·관리, ③ 법인 설립 등으로 한정(소송, 전·월세 등 임대차 거래는 제외)하였다.

변호사의 경우 비밀유지의무와 충돌하는 범위에서 의심거래 보고 의무를 면제하며 자금세탁행위 등에 이용될 가능성이 현저히 적은 금융거래의 경우 신원에 관한 사항을 제외한 실제소유자 확인 생략가능하게 하는 등 고객확인 절차를 간소화하기로 하였다.

(ⅲ) 의무 이행 확보

거짓으로 의심거래 보고를 하거나 비밀누설의 경우에만 형사처벌하는 등 일반적인 AML/CFT 의무를 위반하는 경우에는 형사처벌 없이 과태료 등 행정제재로 최소화하고, 검사·감독, 제재 등의 일부 권한은 규율체계를 갖춘 협회에 위임하기로 하였다.

4) 제도 도입시 고려 사항[11]

DNFBPs에 대한 AML/CFT 의무를 부과하는 것은 해외 주요국 사례에 비추어볼 때 전문가집단의 반발에 부딪힐 가능성이 크므로 공익과 사익의 조화를 위해 여러 가지 사항을 종합적으로 고려하여 신중하게 접근할 필요가 있다.

특히, 20대 국회에서 발의된 법률 개정안은 업계의 반발 등으로 인해 회기 만료로 폐기되었으므로 FATF 권고사항을 저해하지 않는 범위 내에서 업계의 요청을 반영할 수 있는 합리적인 전략이 요구된다.

(ⅰ) 의무부과 대상

정부의 직접적인 개입은 최대한 자제하고 각 직역의 자율성을 최대한 보장할 필요가 있다. 정부는 DNFBPs에 대한 AML/CFT 의무를 법률로 규정하되, 각각의 직역의 소관 법률에 따른 주무관청 또는 법정단체인 협회가 STR의 취합·

---

11) 성균관대학교 경영연구소, "비금융사업자·전문직(DNFBPs)에 대한 자금세탁방지의무 도입 방안", 제6회 금융지도자 자금세탁방지 전문가과정 논문집(2018)

제재 · 보고 등에 관한 지침을 제정하게 함으로써 1차적 관리 · 감독을 수행하게 할 필요가 있다. 만약 DNFBPs가 STR 의무 등을 위반한 경우에도 현행 법 체계상 DNFBPs의 직무정지, 과태료, 견책 등은 각각의 법률에 따른 주무관청 또는 협회의 권한에 해당하므로 그 제재는 이들을 통하여 이루어지는 것이 바람직하다. 이를 통하여 새로운 제도 도입의 거부감과 부작용을 줄일 수 있을 것이다.

(ⅱ) 의심거래보고의 예외 인정

의심거래보고에 있어 변호사의 비밀유지의무 등 각 직역의 특성을 고려한 예외를 인정하여 DNFBPs와 고객 간의 기존의 정상적인 관계를 최대한 보장할 필요가 있다. STR 의무 등의 도입은 불법적인 자금세탁·테러자금조달을 억제하는 데 그 목적이 있는 것이지 해당 업권의 발전이나 고객과의 신뢰관계를 해치려고 하는 것은 전혀 아니기 때문이다.

2. 법인 · 신탁등의 자금세탁 등 악용 방지[12]

(1) 필요성과 국제기준

1) 법인 · 신탁등의 자금세탁 · 테러자금조달 악용 위험

법인(legal person)[13]과 신탁(trust)[14]은 오늘날 사회에서 합법적이고 중대한 기능을 수행하고 있기도 하지만, 개인들이 법인과 신탁 뒤에 숨어서 자신을 노출시키지 않음으로써 자금세탁, 뇌물, 내부자거래, 탈세 등 불법적 목적으로 이용될 위험도 있다.

---

12) 주로, 법무법인(유) 세한, "법인과 신탁을 이용한 자금세탁 · 테러자금조달 악용 위험과 방지대책" (2019년 금융위원회 금융정보분석원 연구용역보고서), 김 · 장 법률사무소, "법인과 신탁을 이용한 자금세탁 방지대책 관련 FATF 권고사항 이행방안에 대한 연구" (2012년 금융위원회 금융정보분석원 연구용역보고서)를 참조

13) 법인(legal person)이란 개인(natural person)과 마찬가지로 법률 행위를 할 수 있도록 하고 자산을 보유할 수 있게 하기 위하여 고안된 법적 실체. 특히, 회사(corporate vehicle)는 오늘날 시장경제 체제하에서 모든 상업 활동의 근간이 되는 제도로 상품, 서비스, 자본의 유통 대부분이 회사라는 법적 실체에 의하여 수행되고 있음

14) 신탁(trust)이란 신탁자(settlor)가 수익자(beneficiary)를 위하여 수탁자(trustee)에게 신인의 무를 부과한 법률관계

2) FATF 권고사항의 내용

(ⅰ) 법인 정보에 대한 접근

FATF는 각국이 법인의 실제소유자 및 지배구조, 위탁자, 수탁자, 수익자 정보 등 신탁에 대한 적절하고, 정확하며 시의 적절한 정보를 권한당국이 시의 적절하게 입수하거나 접근할 수 있도록 하여야 하며 각국은 금융기관과 특정 비금융사업자와 전문직도 실제소유자 및 지배구조에 대한 정보에 접근을 가능하게 하는 조치를 마련할 것을 고려하여야 할 것을 권고하고 있다.

권고사항 24에 대한 주석서에 의하면 기업에 대한 기본정보(basic information) 중 기업명, 기업설립의 증명, 법적 형태 및 자격, 등록된 사무실의 주소, 기본 지배구조, 이사명단 등은 국가등기소(company registry)에 등기되어야 하며, 기업은 주주(shareholders) 혹은 회원(members) 명부, 보유지분과 지분의 수, 주식 및 지분의 유형 등을 국내에 등록된 사무실 또는 등기소에 통지한 다른 장소에 보관하여야 한다.

각 국은 기업이 자사의 실제소유자 정보를 입수하여 국내 특정 장소에 보관하고 권한당국이 기업의 실제소유자 정보를 적시에 파악할 수 있도록 ① 기업 또는 국가등기소에 최신의 실제소유자 정보를 입수하고 보관하도록 요구하거나 ② 기업에게 최신의 실제소유자 정보를 입수하고 보관하도록 합리적인 조치를 취할 것을 요구하거나 ③ 금융기관이나 특정 비금융사업자와 전문직(DNFBPs)이 고객확인을 통해 보유하고 있는 정보, 국가등기소·조세당국·금융당국 등 권한당국이 보유하고 있는 정보, 기업이 보유하고 있는 기본정보, 공시 의무에 의해 실제소유자에 대한 적절한 투명성이 요구되는 경우 증권거래소에 상장된 기업에 대한 가용정보 등을 활용해야 한다.

각 국은 등기소가 금융기관, DNFBPs 및 기타 권한 있는 당국에 시의 적절하게, 최소한 회사의 기본정보인 기업명, 기업설립의 증명, 법적 형태 및 현황, 등록된 사무실의 주소, 기본 지배구조, 이사명단 등을 제공하도록 해야 하며 회사의 기본정보인 주주·회원 명부, 보유주식 및 지분의 수, 주식 및 지분의 유형에 대하여도 금융기관 및 특정 DNFBPs에게 제공하도록 하는 방안을 고려해야 한다.

(ⅱ) 법인 투명성 저해 요소 관리

FATF는 법인의 투명성을 저해하는 요소로서, '무기명 주식 또는 무기명 주식증서, 또는 명목 주주나 명목이사를 허용하는 각종 수단의 발행 허용'을 언급하며 이에 대해 각국이 무기명주식을 금지하는 등 적절한 조치를 취할 것을 요구하고 있다.

(ⅲ) 신탁의 실제소유자 정보에 대한 접근

각국은 명시신탁(express trust)에 대하여 수탁인으로 하여금 신탁과 관련된 적합하고, 정확하고, 최신의 실소유자 정보를 입수하고 보유하도록 요구하여야 한다. 실제소유자 정보에는 위탁자, 다른 수탁자, 수익자 등의 정보가 포함된다.

각 국은 수탁인이 수탁인으로서의 지위를 금융기관 및 DNFBPs에 공개하도록 하는 조치를 취하여야 하며 국가등기소 신탁 정보 수집, 조세당국 등 권한 있는 당국의 수집, 신탁서비스 제공자의 신탁 정보 수집 등의 방법을 통해 신탁과 관련된 개인 및 정부기관으로 하여금 신탁 정보를 수집하고 보유하도록 하는 것이 장려된다.

아울러, 각국은 신탁과 구조나 기능이 유사한 형태의 법률관계(legal arrangement)에 대해서도 신탁과 유사한 조치가 취해지도록 해야 한다.

(2) 우리나라 법인 · 신탁등의 자금세탁 등 악용 현황과 예방조치

1) 우리나라에서의 법인 · 신탁을 이용한 ML/FT 악용 위험

우리나라는 관련 법령과 제도가 비교적 잘 갖춰져 있고, 사회의 관습이나 문화적으로 법인 · 신탁 등을 실소유자 은닉수단으로 활용해 오지 않아 법인 · 신탁 등이 ML/FT에 악용될 위험성은 높지 않은 편이다. 또한 국내에는 법인 · 신탁 설립전문가(trust and company service)의 활동이 없다는 점도 법인 · 신탁등이 ML/FT에 활발하게 활용되고 있지 못하고 있음을 방증한다.

하지만 그동안의 각종 탈세사건 등에서 법인 · 신탁 등을 탈세, 재산국외도피, 대주주 우회대출 등의 수단으로 악용된 사례가 나타나고 있으며, 2015년부터 불법 목적의 차명계좌 이용에 대해 강력한 형사처벌 제도를 시행함에 따라 차명계좌를 이용한 실제소유자 명의 은닉이 어려워져 법인 · 신탁등이 자금세탁의 수단으로 활용될 가능성이 증가한 것도 사실이다.

2) 법인의 ML/FT 악용 방지를 위한 노력

(ⅰ) 무기명 주식제도 폐지

무기명주권은 주주의 성명이 주권 및 주주명부에 기재되지 아니하고 주권을 소유함으로써 주주의 자격을 인정받는 주식으로서 소유자 파악이 곤란하여 양도세 회피 등 과세 사각지대가 발생할 우려가 있으며, 조세 및 기업 소유구조의 투명성 결여로 인한 국가의 대외신인도를 저하시키는 원인이 되어 2014년 5월 상법이 개정되면서 폐지되었다.

(ⅱ) 특수목적법인(SPC)에 대한 대출심사 강화

2015년 정부는 대출 취급 시 기본적·필수적 확인절차를 형식적으로 수행하는 것이 매출채권 담보대출 사기·사고 등의 주요 원인인 것으로 파악하고 동 확인 절차가 실질적으로 이루어지도록 저축은행 여신업무 선진화 방안 추진 차원에서 SPC에 대한 대출 취급 시 실질차주, 실질차주의 대출한도 및 유동화 관련 제반 위험 등에 대한 확인을 강화하게 하였다.

(ⅲ) 법인이나 단체 금융거래의 실제소유자 확인 의무화

우리 정부는 FATF 권고사항에 따라 2016년 「특정금융거래정보법」 개정을 통해 고객의 실제소유자에 관한 사항을 기본적 고객확인 사항으로 규정하고 금융회사등이 고객확인이 불가능한 경우 신규 거래를 거절하거나 기존 거래를 종료할 수 있도록 하는 등 불법 차명거래를 차단하여 건전하고 투명한 금융거래질서를 확립하기 위해 노력해왔다.

(ⅳ) 명의신탁주식 실제소유자확인제도 시행

종전에는 상법상 발기인을 3인 이상 두도록 한 규정으로 인해 법인 설립시 부득이하게 주식을 다른 사람 명의로 등재하였는데 장기간 경과되어 이를 입증하기 어렵거나 세금부담 등을 염려하여 실제소유자 명의로 환원하지 못하고 있는 기업에 대하여, 정부는 2014년 6월부터 '명의신탁주식 실제소유자 확인제도'를 시행하였다. 다소 증빙서류가 미비하더라도 복잡한 세무 검증절차를 거치지 않고, 신청서류와 국세청 보유자료 등을 활용하여 간소한 절차로 명의신탁주식의 환원이 이루어지게 되었다.

(ⅳ) 차명주식 통합시스템 구축

주식명의신탁이 고액탈세뿐만 아니라 체납처분 회피, 주가조작 등 불법거래에 악용됨에 따라, 정부는 2016년 하반기부터 새로운 국세행정시스템의 정보분석 기능을 기반으로 '차명주식 통합분석시스템'을 구축하였다.

(ⅴ) 전자증권제도의 시행

원칙적으로 주주의 신원이 드러나지 않아, 이에 대한 변동추적이 어려울 경우, 해당 주주가 법인을 악용할 가능성은 상당히 높아진다. 이러한 문제점을 해결하기 위하여, 정부는 2019년 9월 11일부터, 전자증권법의 시행으로 본격적으로 전자증권제도를 도입하였다. 앞으로 상장주식은 반드시 전자등록기관에 전자등록을 해야 하므로 주주의 확인 및 변동을 상세하게 파악함으로써 법인을 통한 불법거래를 더욱 효과적으로 예방할 수 있게 되었다.

3) 신탁에 대한 규제

(ⅰ) 상사신탁에 대한 규제

정부는 금융투자업 중 고객의 자산을 수탁하지 않는 투자일임업, 투자자문업에 대하여 등록제를 채택하고 있는 것과 다르게, 상사신탁의 경우에는 예비인가 및 본인가로 이루어진 절차를 요구하고 있으며 인가 이후에도 진입 시 적격성이 지속되도록 규제하고 있다. 또한 신탁업 인가를 위한 최저 자기자본을 120억원으로 설정하여 진입장벽을 높임으로써, 신탁의 악용 가능성을 원천적으로 봉쇄하고 있다.

한편, 인가를 받은 신탁업자는 AML/CFT 규제를 직접 받는 금융회사등에 포함되므로 실제 영업신탁으로 인하여 자금세탁 테러자금조달의 문제가 발생할 가능성은 매우 낮은 편이다.

(ⅱ) 민사신탁에 대한 규제

민사신탁의 경우에는 현실에서 거의 이용되지 않고 있기 때문에, 이를 악용할 소지는 거의 없으나 조세채권 면탈에 대한 우려의 가능성은 있어, 정부는 신탁법상의 사해신탁 규정을 마련하여 대응하고 있다.

(3) 법인·신탁등을 이용한 자금세탁 등의 대응제도 평가와 개선 방안

1) 2019년 FATF 상호평가의 결과[15]

(ⅰ) 법인 관련 ML/TF 위험 원인 파악

FATF는 우리나라에서 법인 관련 ML/TF 위험에 대한 이해도는 높아지고 있다고 평가하였다. 다만, FATF는 우리나라가 ML/TF 위험이 있는 법인의 유형은 확인했으나 이들 법인들이 유독 취약한 이유에 대해서는 명확히 이해하지 못하고 있으며 위험이 효과적으로 완화되고 있는지도 명확하지 않다고 판단하면서, 법집행기관들이 자금세탁이나 전제범죄 사건에서 모두 기업구조를 이용한 복잡한 기법을 사용하는 사례가 점점 늘고 있다고 밝힌 만큼 이 점이 중요하다고 강조하였다.

(ⅱ) 법인 투명성 저해 요소 관리

FATF는 지난번 상호 평가 이후 무기명 주식 폐지, 명목상 주주·이사 폐지 등 법인의 남용을 막기 위한 조치가 취해진 것을 높이 평가하였다. 그리고 종합적인 등기소 정보망이 있어 법인 관련 기본 정보 및 법적 소유자 정보를 누구나 열람할 수 있으며 권한당국은 소유자가 외국 국적이거나 기업 구조가 복잡한 경우만 아니면 이러한 등기소를 통해 실제소유자 정보를 상대적으로 쉽게 추적할 수 있다고 평가하였다. 그러나 등기소에 등록된 정보가 부정확하거나 최신 정보가 아닐 가능성은 있는 것으로 보고 있다.

(ⅲ) 법인 실제소유자 정보 수집

FATF는 우리나라의 권한당국은 금융회사나 카지노로부터 직접 실제소유자 정보를 제공받을 수도 있으나 많은 경우 영장이 필요해 정보 수집단계에서 이 방법을 쓰기는 어려우며 정보보고 의무를 위반한 법인들에게 부과할 수 있는 제재도 제한적이라고 평가하였다.

---

15) 금융정보분석원, "자금세탁 및 테러자금조달방지 관련 FATF의 우리나라 상호평가 결과(보도자료), 2020.4.16

(ⅳ) 신탁을 통한 ML/FT 위험 평가

FATF는 우리법상 개설 가능한 신탁 유형은 상사신탁과 민사신탁이 있는데 민사신탁은 그 수가 희박하며, 상사신탁은 인·허가 및 규제를 받는 금융회사가 운영하기 때문에 위험이 현저히 완화되고 있다고 평가하였다.

2) 향후 개선 방안 검토[16]

(ⅰ) 특수목적법인(SPC)의 실질차주 공개제도 도입

일부 기업들이 자금난을 해소하기 위하여 SPC를 통한 우회대출을 악용하는 사례가 발생하고 있다. 이를 해결하기 위하여 금융당국은 2015년 은행연합회의 종합신용정보시스템을 개편하여, SPC 명의의 대출액과 실질 차주에 관한 정보를 공개하는 방안을 모색한 바 있으며, 금융당국은 SPC가 일정 금액 이상을 대출할 경우 각각의 실질 차주 대출액까지 세부적으로 공개하고자 한 것으로 알려지고 있다.

2016년 1월, 신용정보의 집중관리 및 활용성을 높이기 위하여 '한국신용정보원'이 출범하였으므로, 향후 SPC 실질차주 공개제도를 도입한다면 보다 강화된 신용정보시스템을 바탕으로 SPC의 단점을 해결하는 데 큰 성과를 낼 수 있을 것으로 기대된다.

(ⅱ) 금융정보분석원의 법인 실제소유자 적시취득 제도 시행

FATF 권고사항이 요구하는 이행사항 중 하나인 법인·신탁등의 실소유자 정보를 적시에 취득하기 위해서는 기존의 제도를 활용하는 것을 검토해야 한다. 현재 공정한 과세 등을 위하여 법인·신탁등의 실소유자 정보를 국세청이 보유하고 있으므로 이를 적극 활용할 수 있어야 할 것이다.

현행법에 따르면 금융정보분석원이 「국세기본법」에 따른 과세정보를 관계기관에 요청할 수 없으므로 자금세탁을 추적하기 위하여 과세정보 비밀유지의 원칙에 따라 차명재산의 실소유자를 찾는 데에 필요한 과세정보를 제공 받을 수 있도록 하는 관계법령 개정 작업이 추진되었다.

---

16) 법무법인(유) 세한, "법인과 신탁을 이용한 자금세탁·테러자금조달 악용 위험과 방지대책" (2019년 금융위원회 금융정보분석원 연구용역보고서)

2018년 국회 정무위 전해철 의원과 김병욱 의원은 금융정보분석원장이 요청할 수 있는 자료의 범위에 「국세기본법」에 따른 과세정보를 추가하여, 국세청이 보유하는 주주등변동상황명세서(「자본시장법」에 다른 사업보고서 제출대상법인은 제외) 등의 자료를 공유할 수 있게 하려는 「특정금융거래정보법」 개정안을 대표발의하기도 하였다. 특히 전해철 의원이 대표 발의한 동법 개정안은 KoFIU가 필요한 경우 실제소유자 정보를 확인하기 위하여 「상속세 및 증여세법」에 따른 신탁의 내역도 관계행정기관에 요청할 수 있도록 하고 가족관계 등록사항에 관한 전산정보자료를 공동 이용할 수 있는 근거를 마련하기 위한 내용을 포함하고 있다.

이 법률 개정안들은 20대 국회의 회기 만료로 폐기되었다. 이 제도는 기존의 방식을 활용하는 것이므로 비용절감적인 측면에서나 효과성 측면에서 도입 실익이 큰 것으로 기대된다. 정부와 국회가 이 제도 도입에 좀 더 관심을 갖고 적극적으로 추진하는 것이 필요하다.

(ⅲ) 국가 신탁 등기소 설립

FATF는 권고사항 25에 대한 주석서에서는 신탁 또는 신탁재산에 대한 국가등기소(예, 중앙 신탁등기소, 신탁자산등기소) 또는 토지, 자동차, 주식 등 자산등기소 설립과 같은 등기제도나 세무당국의 신탁관련 정보수집에 대해 권장하고 있으며, 지침서를 통하여 신탁정보의 효율적 입수를 위한 하나의 예시로 국가신탁등기소(central trust registry)의 설립을 소개하고 있다. 프랑스의 경우 프랑스민법 제2020조에 따라 국가신탁등기소(National Registry of Fiducies)이 설립돼 있다. 이러한 선례를 참고하여 신탁등록제도 도입이나 국가신탁등기소 설립 등도 고려해 볼 수 있을 것이다.

PART
02

제도 준수를 위한
금융회사의 역할과 과제

자금세탁방지제도등을 준수하기 위한 금융회사의 임무

1. 사회적 책임과 윤리경영

(1) 기업의 사회적 책임과 윤리경영

기업의 사회적 책임이란 자본주의경제 하에서 엄청난 부를 축적하여 경제적으로 상당한 영향력을 발휘하는 사회적 실체가 된 기업이 그 사회적 지위와 비중에 걸맞게 부의 일부를 사회에 환원하고 사회의 일원으로서 일정한 역할을 수행하는 등 공공적 책임을 부담하는 것을 의미하는 것으로, 투명한 거래관계, 고객 및 사회와의 신뢰유지, 근로자 등에 대한 인권존중, 환경보호, 정직한 판매활동 등 윤리경영을 통해 실현될 수 있다.

기업의 사회적 책임을 비록 법으로 강제하고 있지는 않지만 기업이 영속적으로 존재하면서 지속적인 발전을 이루기 위해서는 그 실천이 반드시 필요한 것이며, 이러한 책임을 도외시할 경우 기업이미지에 치명적인 손상을 입게 된다.

한편 기업의 윤리경영이란 경제적, 법적 책임의 준수는 물론이고 사회가 요구하는 윤리적 기대를 기업의 의사결정 및 행동에 반영하는 것으로서, 법적인 책임은 없더라도 사회통념에 어긋나는 경영활동을 지양하고 사회가 요구하는 윤리기준을 선택하는 경영방식을 의미한다.

윤리경영의 필요성은 기업의 경쟁력향상에 있다. 비윤리적 기업행위는 반드시 엄청난 위험과 비용을 수반하므로 기업은 윤리적 경영을 유지함으로써 비윤리적 기업행위에 대한 예방을 하고, 조직구성원의 도덕적 인격을 강화하며, 윤리적 경영문화 정착으로 내부구성원의 근무태도에 영향을 미쳐 생산성향상 및 고객의 신뢰향상을 가능케 함으로써 기업의 경쟁력이 향상되게 된다.

미국에서는 2003년 제정된 「사베인스-옥슬리법(Sarbanes-Oxley Act)」에서 "상장기업들이 윤리강령을 반드시 보유할 의무는 없지만, 만약 없다면 왜 없는지를 설명해야 된다"는 규정을 도입하여 윤리경영시스템의 자발적인 채택을 강력히 권고하였다. 윤리경영이 '엔론(Enron)'사의 파산을 계기로 드러난 회계부정과 최고경영층의 도덕적 해이현상을 치유하기 위한 해법 중 하나로 강조되고 있는 것이다.

(2) 금융회사의 윤리경영과 자금세탁방지등의 의무

IMF 사태 이후 기업의 투명성 확보와 내실경영에 주력했던 우리 금융회사들이 최근 기업이미지와 신뢰문제에 적극적으로 관심을 보이고, 이의 실천에 나서고 있는 것은 적절하고 바람직한 현상이다.

금융회사의 윤리경영의 핵심은 고객자산보호와 건전경영을 통하여 금융회사의 안정성과 건전성을 도모하는 것이라는 점에서 금융회사의 AML/CFT와 밀접한 관련이 있다.

특히 금융회사는 사회적 책임을 준수해야 할 의무가 있으므로 AML/CFT 의무를 법률에 규정되어 있어 강제적으로 준수할 것이 아니라 금융회사 본연의 책임에 의한 것으로 이해해야 할 것이다.

2. 준법감시제도

(1) 준법감시의 정의[1]

준법감시(compliance)란 고객재산의 선량한 관리자로서 회사의 임직원이 제반 법규 등을 준수하도록, 회사 스스로가 종사자의 법규위반을 예방하고 건전한

---

1) 강병호, 금융기관론, 박영사, 2004.

영업규범을 준수토록 하기 위하여 행하는 사전 또는 상시적인 통제, 감독활동을 의미한다.

준법감시제도는 기업에 대한 경영통제제도의 한 요소로서 내부통제제도와 외부통제제도 중에서 내부통제제도로 분류된다. 금융회사도 사적 기업인 이상 원칙적으로 기업에 대한 제도가 그대로 적용되며, 이에 따라 경영통제제도도 적용된다. 그 중 내부통제제도는 주주총회, 이사회제도, 감사제도, 경영자의 업적과 보상을 연계한 재무계약체결 등과 관련되고, 외부통제제도는 자본시장을 통한 인수합병, 경영자 인력시장, 외부감사제도, 기관투자가를 위시한 이해관계자들에 의한 감시, 이 밖에 법적 제도 등을 의미한다. 일반적으로는 내부통제가 외부통제보다 통제의 효율이 높은 것으로 알려져 있다. 외부통제는 경영자의 행위 결과에 대한 사후적인 제어장치인 데 비해, 내부통제는 경영자의 행위를 원천적으로 통제하는 사전적인 제어장치이기 때문이다. 그러나 내부통제를 기본으로 외부통제가 병행될 경우가 통제의 효율이 가장 높은 것으로 알려지고 있다.

준법감시기능은 단순히 위법 행위자를 사후적으로 적출하는 활동보다는 위법행위가 처음부터 일어나지 않도록 예방하는 활동에 더 비중을 두고 있다. 따라서 직원에 대한 법규교육, 업무통제절차의 설계와 집행, 임직원이 지켜야 할 규범의 제정 및 법규준수 여부에 대한 감시활동 등이 주요 내용이 된다.

사후조사나 처벌도 위법행위가 재발하지 않도록 예방감독차원에서 이루어진다. 준법감시기능과 감사기능은 유사한 기능도 있지만 다음과 같은 점에서 차이가 있다. 먼저 감사는 주식회사에 있어서 경영자감시를 통하여 주주나 기타 회사관계자의 이익을 보호하고자 하는 데 그 주된 목적이 있는 데 비해, 준법감시기능은 모든 직원들의 법규준수 그 자체를 목적으로 한다.

예컨대 임직원의 위법행위에 대한 통제도 감사의 내용에 속할 수 있지만 그것은 회사재산의 멸실 우려 등 회사재산의 보호라는 감사 자체의 목적과 연관되어 있는 경우로 범위가 한정된다. 반면에 금융회사의 준법감시 기능은 목적에 따른 제한을 받지 않으며 임직원의 법규위반을 예방, 감독하는 것 자체를 목적으로 한다. 감사와 준법감시 간의 또 다른 차이점은 감사는 기본적으로 경영자의 집행기능을 외부에서 견제하는 역할인 데 비해, 준법감시는 경영자의 집행기능의 하나로서 경영 집행의 한 과정이라는 점이다.

준법감시기능은 금융회사로 하여금 윤리적이고 준법적인 경영활동으로 투명경영과 공정경쟁을 통하여 경쟁력을 제고시킴으로써 금융회사가 추구하는 목표를 달성시킨다. 그러므로 경영진을 포함한 전 임직원은 윤리적인 의사결정과 행동이 가장 강력한 경쟁력의 하나라고 인식하여야 한다.

준법감시기능은 종합적인 내부통제체제와 위험관리체제를 구축하여 범죄자금으로부터 금융회사를 보호하고 선진금융시스템으로 발전하는 계기가 된다.

한편 '금융회사의 내부통제'는 자산을 보호하고 회계자료의 정확성 및 신뢰성을 확보하며 정책 및 관련법규의 준수를 보장하는 한편, 경영의 효율성을 증진시키기 위한 조직의 계획, 방법 및 기준 등을 총칭하며, 은행법상 내부통제기준은 '법령을 준수하고 자산운용을 건전하게 하며 예금자 및 계약자 등을 보호하기 위하여 당해 금융회사의 임원 및 직원이 그 직무를 수행함에 있어 따라야 할 기본적인 절차와 기준'을 의미한다.

(2) 우리나라의 준법감시제도

준법감시업무를 총괄하는 자를 준법감시인(compliance officer)이라고 하는데, 우리나라 금융회사의 경우 2000년 4월에 도입되었다. 은행법, 보험업법, 자본시장법 등 개별 금융업법에서는 각 금융회사로 하여금 준법감시체제를 구축하여 내부통제기준을 제정하고 준법감시인을 임명토록 하고 있다. 대부분 금융회사의 경우 준법감시부서는 감사부서와 별도로 설치되고, 준법감시인은 독립성의 확보를 위해 대표이사의 추천을 받아서 이사회에서 선임되고 있다. 준법감시인은 이사회, 감사위원회, 최고경영진회의 등 각종 회의에 참석, 중요 사항에 대해 보고하고 준법감시업무에 대해 감독당국과 협조한다.

(3) 준법감시에 대한 적극적인 노력필요

금융회사입장에서는 법규준수가 비록 단기적으로는 기업의 이윤에 저해요인이 된다고 하더라도 궁극적으로는 기업의 신뢰를 향상시키고 장기적인 이윤창출로 이어진다는 점을 직시해 실천에 적극 노력해야 할 것이다. 금융회사의 신뢰가 저하되면, 그것은 정부당국의 간섭과 규제를 유발하게 된다는 점을 감안하면 더욱 그러하다.

3. 준법감시와 자금세탁방지

(1) 준법감시제도와 자금세탁방지제도등의 연관성

준법감시제도와 AML/CFT제도는 자산운용을 건전하게 하고 예금자를 보호한다는 목적측면에서 공통점을 가지며, 준법감시제도는 금융회사의 임원 및 직원이 직무를 수행함에 있어 따라야 할 기본적인 절차와 기준을 준수하게 하는 내부통제체제와 위험관리체제를 구축하여 AML/CFT제도가 목적으로 하는 범죄자금으로부터의 금융회사를 보호하게 함으로써 선진금융시스템으로 발전할 수 있는 계기를 마련한다.

위와 같이 두 제도가 기능면에서나 목적면에서 공통점을 가지고는 있으나, 동일한 차원의 업무라고 볼 수는 없다.

준법감시제도가 금융회사의 경영활동 및 임직원의 업무수행이 법규의 내용과 취지의 테두리 내에서 이루어지도록 유도하는 것으로서 금융회사 내부에서의 통제측면인 반면에, 자금세탁방지제도는 불법자금이 범죄목적으로 금융회사를 이용하지 못하게 하는 것으로 금융회사 외부, 즉 거래고객과의 관계를 규정하는 것이다.

따라서 자금세탁 방지업무는 수신, 여신, 감사, 기획 등 금융회사 내 모든 부서와 관련되며, 그 업무의 소관도 준법감시부에만 속하는 것이 아니라 수신부서, 감사부서 등 여러 부서에 해당될 수 있다.

(2) 준법감시인과 보고책임자

준법감시인은 은행법, 자본시장법, 보험업법 등 금융 관련 법률에 근거하여 내부통제기준의 준수여부를 점검하고 내부통제기준에 위반하는 경우 이를 조사하여 감사위원회에 보고하는 임직원이고, 보고책임자는 「특정금융거래정보법」에 근거하여 의심되는 거래보고업무 등 금융회사의 자금세탁 방지업무를 총괄하는 임직원이다.

자금세탁방지제도가 우리나라에서 출범하면서 관련 법률에서는 금융회사당 1명씩 보고책임자를 임명토록 하였는데, 일반적으로 준법감시체제가 구축된 금융회사는 준법감시인 또는 준법감시부서원을 보고책임자로 임명하고 있으며, 준법감시인이 없는 금융회사는 주로 감사부서 또는 기획부서에서 임명하고 있다.

4. 금융회사의 자금세탁방지·테러자금차단조달 측면의 리스크

(1) 금융회사의 신뢰성확보를 위한 자금세탁방지·테러자금차단조달제도

금융회사의 완전성(integrity)은 주로 당해 금융회사가 높은 수준의 법적, 직업적, 윤리적 기준을 준수하면서 활동하고 있다는 사회의 인식에 기초하고 있는데, 이러한 완전성에 관한 평판은 금융회사의 가장 소중한 자산 중 하나이다.

금융회사 종사자들이 뇌물로 매수되거나 금융회사 자체가 불법자금에 대하여 묵인함으로써 범죄수익이 특정금융회사를 통해 쉽게 세탁될 경우 그 금융회사는 그 자체로 범죄에 적극 공모 또는 연루되거나 범죄네트워크의 일부가 되는 결과를 초래하게 되고, 그러한 연루 사실이 밝혀지면 일반고객뿐 아니라 금융중개기관 및 규제·감독기관으로부터 부정적인 인식을 받게 될 것이다.

즉 기업평판의 보호라는 측면에서 볼 때, AML/CFT제도는 내부통제시스템을 강화하여 금융회사가 자금세탁행위에 오용되지 않도록 함으로써 대외신인도의 하락 및 평판위험에의 노출을 방지하여 금융회사의 건전성을 제고하고 투명성을 확보할 수 있도록 하며, 이를 통해 대외신인도를 제고시킨다.

IMF는 자금세탁·테러자금조달을 점검하지 못할 경우 예측치 못한 국경간 자금이동으로 인하여 설명하기 힘든 자금수요의 변화가 생기고, 금융회사 건전성에 대한 위험과 적법한 금융거래의 오염이 발생하며, 국제자본 흐름 및 환율의 변동성을 증대시킨다고 발표한 바 있다.

이렇듯 자금세탁방지제도는 불안정한 불법자금에 의한 금융회사의 오용을 예방하여 금융시스템의 완전성 및 신뢰성을 확보하고, 경제의 안정성 및 효율성을 보호한다.

(2) 자금세탁·테러자금조달과 관련된 금융회사의 리스크

바젤위원회는 자금세탁 방지업무를 가능케 하는 내부통제시스템을 금융회사들이 갖추도록 할 책임이 각국 당국에 있음을 공표한 바 있다. 특히 고객확인

의무정책 등 자금세탁 방지정책이 적절하지 못할 경우 금융회사는 심각한 리스크에 직면할 수 있으며, 이러한 위험들에 노출될 경우 금융회사에게 막대한 재정적 비용이 발생하고, 그로 인해 발생되는 문제들에 대응하기 위해 엄청난 시간과 에너지가 낭비될 수 있다고 발표한 바 있다.

1) 평판리스크

금융회사는 예금자, 채권자 및 시장으로부터의 신뢰가 필수적이므로 평판리스크는 금융회사에게 커다란 위협이 된다. 평판리스크는 금융업무를 영위하면서 공공성을 위배함으로써 신뢰를 상실할 수 있는 위험을 말한다. 금융회사가 평판리스크에 특히 취약한 이유는 금융회사가 고객들의 불법적인 거래의 표적이 되거나 범죄수단으로 쉽게 이용될 수 있기 때문이다. 그러므로 금융회사는 효과적인 고객확인의무 프로그램을 통하여 이를 지속적으로 경계함으로써 자기 자신을 보호할 필요성이 있다. 일반적으로 금융회사는 관리위임자산이나 수탁자산 등을 처리할 때 평판리스크에 노출되기 쉽다.

2) 운영리스크

운영리스크는 내부절차 및 인적, 물적 시스템의 부적절 또는 외부요인으로 발생할 수 있는 직·간접 손실에 대한 위험을 말한다. 고객확인 의무측면에서는 금융회사의 각종 프로그램 이행의 취약성, 비효과적인 통제시스템, 잘못된 고객확인 업무처리 등이 운영리스크 발생의 원인이 된다. 금융회사가 효과적으로 운영리스크를 관리하지 못한다는 사실을 일반인들이 인식할 경우, 해당 금융회사의 업무에 불리한 영향을 끼칠 것이다.

3) 법률리스크

법률리스크는 소송패소 또는 실행 불가능한 계약으로 인하여 금융회사의 운영이나 지위에 악영향을 받을 수 있는 위험을 말한다. 금융회사는 반드시 지켜야 할 고객확인 의무기준을 위반하거나 고객확인절차를 제대로 이행하지 아니하여 소송을 당할 수 있다. 그 결과 금융회사는 벌금을 부과 받거나 형사책임을 질 수 있고, 감독기관으로부터 별도의 벌금을 부과 받을 수도 있다. 소송에 연루된 금융회사는 소송에 소요되는 비용 이상으로 영업 관련 비용을 부담하게 된다. 금융회사가 고객의 신분과 사업체에 대하여 고객확인 의무정책을 제대로 적용하지 못한다면, 이러한 법률리스크에 효과적으로 대처하지 못하게 될 것이다.

4) 편중리스크

편중리스크에 대한 감독기관의 관심은 대부분 대차대조표의 자산계정에 적용된다. 일반적으로 감독기관은 금융회사가 편중여신을 파악하는 시스템을 갖춰야 할 뿐만 아니라, 특정 차입자 또는 차입자그룹에의 과도한 리스크노출을 제한하기 위한 합리적인 한도를 설정할 것을 요구하고 있다. 금융회사가 차입자에 대한 정확한 정보 및 다른 차입자와의 관계를 먼저 파악하지 않는 한 금융회사의 여신편중 리스크를 측정하기가 어렵다. 특히 이러한 리스크는 관련 차입자 또는 연계대출 등과 관련이 깊다.

5. 금융회사 최고경영진의 관심제고와 금융기관의 노력

(1) 국내 금융회사들의 인식전환 필요성

1) 우리 금융기관의 인식전환

법률이나 제도가 마련되고 의심되는 거래보고가 급격히 증가했다고 해서 AML/CFT 제도가 발전했다고 평가하는 것은 곤란하다. 무엇보다 중요한 것은 금융기관의 의식이 어느 정도 달라졌는가 하는 것이다.

현재까지 금융회사들의 자금세탁방지 업무가 이 정도로 운영되어 온 것은 업무를 직접 담당하고 있는 전담직원들의 노력이 있었기에 그나마 가능한 것이었다. 외국 금융기관의 경우 평판 등 장기적이고 전체적인 관점에서의 이익과 공익을 고려하여 자금세탁 방지업무를 기획하고 운영하므로 각국의 법령에서 규정하는 것 이상으로 자율적으로 자금세탁 방지의무를 실천하고 있다. 이에 비해 우리나라 금융회사와 종사자 일부는 아직도 AML/CFT 제도를 불필요한 규제로 여기고 관련 업무를 제대로 수행할수록 개인이나 영업점의 영업실적이 저하되는 것으로 인식하여 법률이 정하는 최소한의 의무만을 준수하려고 하는 실정이다.

이러한 문제는 일선 영업직원들이 해결할 수 있는 것이 아니며 경영진의 결단이 요청되는 사안이다. 외국의 금융기관들은 가능하면 각 영업점에까지도 자금세탁 방지업무만을 전담하는 직원을 두려고 한다. 외국 금융기관의 일반적인 업무형태를 벤치마킹하려고 노력하는 우리 금융기관들이 유독 AML/CFT 분야에서만 소극적인 자세를 보이는 풍토는 반드시 개선되어야 할 것이다.

2) 자발적인 인식개선

범죄자들이 자금세탁을 목적으로 금융회사를 이용하는 경우, 단기적으로는 금융회사의 영업이익에 기여할 수 있어도 장기적인 영업이익에는 치명적일 수가 있다. 그러나 이러한 사실을 자금세탁에 연루된 사실이 드러나거나 감독기관으로부터 제재를 당하고 나서야 비로소 깨닫고 개선하는 것은 금융회사의 입장에서나 사회적인 측면에서 그 손실이 너무나 크다. 무엇보다도 우리 금융회사들은 AML/CFT 업무를 불필요한 업무로 생각하지 않고, 적어도 범죄자금은 거래하지 않겠다는 명확한 의지를 가지고 있어야 할 것이다.

앞으로는 비은행금융회사에게는 자금세탁 방지를 위한 더 큰 노력이 요청된다. 자금세탁방지제도가 강화될수록 범죄자들은 자금세탁방지가 상대적으로 허술한 분야를 이용하려고 할 것이 분명한데, 이 경우 규모가 크지 않거나 수신업무 외의 업무를 주로 다루고 있어 자금세탁 방지업무가 취약한 제2 금융권 금융회사들이나 가상자산사업자, 핀테크업체 등 새로운 유형의 금융관련 업체들이 그 표적이 될 것으로 보인다. AML/CFT 제도가 제대로 정착하기 위해서는 은행 등 제1 금융권의 선도역할도 중요하지만, 제도의 균형적인 발전을 위해서는 비은행금융회사들이나 비금융회사들이 영업이익을 핑계로 노력을 게을리 하는 일이 더 이상 있어서는 안 될 것이다.

(2) 최고경영진의 관심 제고와 책임 명확화

1) 글로벌 은행의 운영 사례

금융회사 내에 자금세탁방지 업무를 중시하는 내부문화가 정착되기 위해서는 금융회사 최고 경영진의 관심과 역할이 중요하다. 글로벌 은행 최고경영자들은 직접 자금세탁방지·내부통제 회의를 정기적으로 개최하여 주재하고 있다. 우리 금융회사도 최고 경영진이 관심을 두는 업무체계를 구축해야 할 것

이다.2)

우리나라에 진출한 외국계 은행들은 최고 경영진이 AML/CFT 업무에 깊은 관심을 갖고, 한정된 자원을 AML/CFT 업무에 더욱 집중하고 있다. 이 은행들은 자산규모가 국내은행에 비해 월등히 작지만 자금세탁방지 ML/CFT 업무에 100명 이상의 인력을 투입하고 있다.

2) 금융회사 최고경영진의 역할과 책임 명시

우리나라의 금융회사는 그동안 AML/CFT 업무에 대한 이사회나 최고경영진의 역할과 책임이 명시되지 않아, AML/CFT 업무는 금융회사 내부적으로 위임규정에 따라 주로 준법감시인이 책임을 지고 수행해왔다. 따라서 금융회사 내부의 자금세탁 방지체계와 제도운영을 개선하는 데 한계가 있었고, 글로벌 금융회사에 비해 AML/CFT 업무가 취약한 원인으로 지적되기도 하였다.

금융회사의 AML/CFT 역량을 업그레이드하기 위해서는 최고경영진의 역할과 책임을 명확히 할 필요성이 제기되어 금융회사 최고 내부규범인 「내부통제기준」에 자금세탁 관련사항을 규율할 필요가 있다는 의견이 제기되었다.3)

이에 따라 금융정보분석원(KoFIU)은 금융회사 이사회, 경영진 등의 역할과 책임을 명시하도록 한 지배구조법 체계를 통해 자금세탁방지 내부통제사항을 규율하기 위하여 2018년 4월 금융회사 지배구조 감독규정 제11조 제2항 제6호를 신설하였다. 이 조항은 국제기준 및 국내법상 자금세탁방지 관련 내부통제 핵심사항인 자금세탁 위험평가체계·독립적 감사·임직원 신원확인 등을 금융회사의 「내부통제기준」에 포함하도록 의무화하고 있다. 이 감독규정은 「금융회사 지배구조법」에 따른 금융회사인 은행, 금융투자업자, 종합금융회사, 보험회사, 상호저축은행, 여신전문금융회사, 금융지주회사에 적용된다.

2) 금융정보분석원, "「제12회 자금세탁방지의 날」 기념사", 2018.11.28
3) 금융정보분석원, "자금세탁 방지를 위한 금융회사의 내부통제를 대폭 강화키로 – 금융회사 준법감시인 간담회 등 의견교환도 보다 활성화", 2017.1.20

금융회사의 자금세탁방지·테러자금조달차단등 조치 관련 국제규범

1. BIS 바젤위원회의 자금세탁방지 지침

(1) 자금세탁을 목적으로 하는 은행제도의 범죄적 사용방지에 관한 선언

(바젤위원회선언, The Prevention of Criminal Use of the Banking System for the Purpose of Money-Laundering, 1988. 12.)

1988년 12월 국제결제은행(약칭, BIS)의 은행감독에 관한 바젤위원회(약칭, 바젤위원회)[4]는 금융시장이 범죄와 관련될 경우, 일반인의 신뢰도가 저하될 수 있다는 인식 하에 각 회원국의 은행들이 이에 합치되는 정책과 관행을 채택하도록 권고하고 장려하기 위하여 '자금세탁을 목적으로 하는 은행제도의 범죄적 사용방지에 관한 선언'을 발표하였다. 바젤위원회선언은 금융시스템을 통한 자금세탁을 방지하기 위해 금융회사의 내부에서 시행해야 할 기본적인 정책과 절차를 정한 것으로 법적 구속력을 가진 것은 아니지만, 다수의 국가가 이를 법제화하거나 금융감독규정에 반영함으로써 이후 각국의 금융제도에 있어서 핵심적인 부분이 되었다.

바젤위원회의 선언은 고객확인, 법률준수, 법집행기관과의 협력, 선언의 준수로 구성되어 있다. 구체적인 내용은 은행이 모든 고객의 신분을 확인하기 위

---

4) 1971년 이후 변동환율제 채택과 석유파동으로 세계금융시장의 불안정성이 높아지고, 유러시장(Euromarket)을 중심으로 한 은행간 외화표시거래가 크게 증가했음에도 불구하고 은행들은 적절한 리스크평가방법을 갖추지 못하고 사고예방을 위한 내부통제절차도 제대로 마련하지 못하여 도산하는 은행이 급격히 늘어났다. 특히 1974년 9월 독일 Bankhous Herstatt 은행의 도산을 계기로 G10 국가 중앙은행총재들이 국경간 감독문제를 다루기 위하여 1974년 12월 국제결제은행(Bank for International Settlement : BIS)에서 회합을 갖고 상설위원회인 바젤위원회(Basle Committee)를 설치하기로 합의하였다. BIS는 세계 각국의 중앙은행들이 자본금을 납입하여 각국 중앙은행에 대한 은행역할(예금수납)을 하는 국제기관으로 한국은행은 1996년 9월에 가입한 바 있다. BIS에 속해 있는 은행감독에 관한 바젤위원회(Basel Committee on Banking Supervision)는 은행감독에 관한 국제적 의견을 수렴하는 모임(Forum)으로, 여기서 내린 결론은 법적인 효력을 직접 발휘하는 것이 아니라 각국의 금융감독당국이 승인하는 절차를 통하여 그 효력을 발생하는 기구로서 감독에 관한 정보를 교환하고, 국제금융에 대한 감독기법을 제고하며, 최저자본기준을 설정하여 국제금융감독의 질을 향상시켜 왔다.

한 합리적인 노력을 해야 하고, 자금세탁과 관련되어 있다고 의심할 만한 합리적인 이유가 있는 거래에 대해서는 금융서비스의 제공을 거절할 뿐만 아니라 고객비밀보호에 관한 국내법규가 허용하는 한도 내에서 법집행기관과 충분한 협력을 하여야 하며, 선언과 모순되지 않는 사내규칙을 정하여 직원들이 철저히 준수하도록 해야 하는 것 등이다.

(2) 바젤위원회의 바젤핵심준칙(Basle Core Principles, 1997)

바젤위원회가 마련해 온 국제적인 금융감독에 관한 중요한 3가지 국제기준 중 하나인 바젤핵심준칙(Basle Core Principles, 1997)은 효과적인 은행감독을 위한 핵심준칙으로 건전성규제 및 감독을 위한 가장 중요한 세계적 기준이 되고 있다. 바젤위원회가 1997년 4월 총 25개 항목으로 구성된 동 준칙은 '건전성규제'와 관련하여서는 리스크관리시스템, 내부통제구조, 은행의 범죄적 사용방지 등을 규정하고 있다.

핵심준칙 15에서는 감독기관은 은행이 범죄적 요소에 이용되지 않도록 직업적, 윤리적 기준을 고양하는 적절한 정책, 관행 및 절차('고객확인의무' 포함)를 마련하는 문제를 판단하여야 한다고 규정하고 있다.

금융회사는 엄격한 '고객확인의무' 규정을 포함하여 적절한 정책, 실행방안, 절차를 확립해야 한다고 규정하면서 '부가기준'에서는 금융감독당국이 금융회사로 하여금 관련 FATF 권고사항을 이행하도록 장려해야 한다고 권고하고 있다. 또한 '핵심기준'에서는 고객신분확인 및 기록보관, 의심되는 거래에 대한 인지, 보고시 주의의무강화, 자금세탁방지제도 미비국가와의 거래에 대한 대처방안을 규정하고 있다.

핵심준칙방법론(The Core Principles Methodology, 1999)은 '효과적인 은행업무감독을 위한 핵심원칙'을 핵심적인 사항과 추가적인 사항으로 구분하여 일목요연하게 정리함으로써 동 핵심원칙을 상세히 설명하고 있다.

(3) 은행 고객확인의무 지침(Due diligence for banks, 2001)

2001년 11월 바젤위원회는 국가간 또는 금융기관간 고객확인 의무시행의 심각한 편차를 교정하고 각국의 금융감독 정책수립과 자금세탁방지 프로그램의

표준안(the benchmark) 및 CDD 정책의 실행지침 마련 등에 활용할 수 있도록
은행 고객확인의무 지침(Due diligence for banks)을 작성, 발표하였다. 바젤위원
회는 1999년 실시한 각국 은행들의 CDD 정책에 관한 실태조사에서 상당수 국
가 은행들의 CDD 정책이 기준에 미달하고 있음을 알게 되었으며, 이에 따라
'바젤위원회선언', '효과적인 은행업무감독을 위한 핵심준칙', '핵심준칙방법론'
을 근간으로 '은행의 고객확인의무 지침'을 발간하게 된 것이다. 바젤위원회멤
버들과 역외금융기관 감독기구인 OGBS(Offshore Group of Banking Supervision)
멤버들인 버뮤다, 케이만군도 등이 동 지침의 작성 작업에 참여하였다.

　　바젤위원회는 고객의 금융범죄, 국가 간 불법적인 자금유출입 등으로 인하
여 금융위기와 금융기관의 건전성훼손 등이 초래될 수 있다고 예상하고 은행 등
금융기관에 대하여 고객확인의무를 강화할 것을 요구한다. 고객확인의무는
FATF의 자금세탁 방지와 밀접하게 관련되어 있기 때문에 은행업에 있어서 리스
크관리업무의 핵심요소인 동시에 금융기관의 건전성유지 및 은행시스템의 안정
에 있어 핵심적인 요소임을 설명하고 있다.

　　바젤위원회는 금융기관이 범죄행위에 이용되는 것을 방지하고 높은 윤리기
준과 직업기준을 추구하기 위하여 고객확인의무를 시행해야 한다고 역설하였으
며, 그 방안으로 ① 고객수용정책, ② 고객신분의 확인, ③ 상시모니터링 체제,
④ 위험관리체제 등을 제시하고 감독기관의 역할을 강조하고 있다. 각 정책의
상세한 내용은 다음과 같다.

1) 은행 및 여타 분야에서 CDD 기준의 중요성

　　바젤위원회의 기본적인 관심은 금융기관의 건전성유지이며, 이를 위해서는
금융기관이 고객을 적절히 알기 위한 적절한 통제 및 절차를 갖추는 것이 무엇
보다 중요하다고 인식하고 있다. 여기서 그 통제의 핵심요소는 신규 및 기존 고
객에 대한 적절한 신분확인이다. 또한 바젤위원회는 FATF 권고사항의 이행을
강력하게 지원하고 있으며, 앞으로도 FATF와 긴밀한 관계를 유지해 갈 것이다.

　　본 보고서에 언급된 고객확인 의무이행의 필수요소는 세계적으로 모든 금
융기관이 이행할 수 있는 최소한의 기본원칙이다. 이러한 고객확인은 은행에만
국한되는 것이 아니라 비은행금융기관 및 변호사, 회계사 등 특정 비금융사업자

와 전문직도 이행할 필요가 있다고 보고 있다.

2) 고객수용정책

금융기관은 고객의 경력, 출생지, 고위공직자, 유명인사 또는 그 관계자 여부, 사업활동 내역 등 각종 지표를 고려하여 리스크를 초래할 가능성이 있는 고객유형을 열거하는 등 명확한 고객수용기준을 마련해야 하며, 고위험(high risk) 고객에 대해서는 상급자결재의무화 등 강도 높은 고객수용기준을 마련하여 일반거래자의 금융서비스 이용에 제약요소가 되지 않도록 운영하여야 한다.

3) 고객신분확인

고객의 신분확인은 고객확인의무의 핵심과제로서 거래하는 모든 고객에 대해 체계적인 절차에 따라 완료한 후 거래를 개시해야 하고, 신분확인은 신뢰성 있는 서류와 면담을 통하여 이뤄져야 하며, 최신정보를 유지하기 위하여 기존 기록에 대한 정기적인 재검토와 함께 정보가 부족할 때는 즉시 추가적으로 수집하여야 한다.

프라이빗 뱅킹 서비스를 제공하는 기관은 평판리스크에 노출될 위험이 특히 크므로 한층 높은 수준의 고객확인이 필요하며, 모니터링, 분쟁, 소송 등에 대비하여 고객의 신분확인과 거래기록의 보관에 관한 명확한 기준의 마련이 필요하다.

4) 지속적인 모니터링

고객확인의무의 효과적 수행을 위해서는 계좌 및 거래에 대한 상시모니터링(on-going monitoring)이 필수적이며, 정상적이고 합리적인 거래를 파악하고 비정상적인 거래를 인지할 수 있는 장치를 갖추게 되면 효과적인 내부통제가 가능하게 된다.

계좌의 등급을 나누어 등급별로 별도의 한도를 설정하고, 고위험계좌를 선별해 내는 주요 지표를 마련하며, 고위험계좌의 거래를 확인, 분석 및 효과적으로 모니터링하기 위한 금융정보관리 시스템을 구축해야 한다. 정치적 중요 인물 및 그 관계자의 계좌에 대해서는 특별히 주의하고, 이러한 고객에 대해서는 정기적인 점검을 실시한다.

5) 위험관리

금융기관의 내부감사와 준법감시기능은 고객확인 의무이행의 평가 및 준수에 있어서 핵심역할을 수행하게 되는데, 내부적으로도 경영감시, 시스템통제, 책임영역 구분 등 효과적인 절차를 마련하여 책임소재를 명확히 함으로써 최적의 위험관리 수단으로 활용될 수 있다.

6) 감독기관의 역할

감독당국은 금융기관의 고객확인의무 실행여부와 내부감사체제의 작동여부에 대한 모니터링 책임과 함께 언제든지 계좌 및 거래 자료에 제한 없이 접근할 수 있는 권한이 있어야 하며, 표본추출을 통하여 고객계좌 및 파일에 대한 점검을 실시해야 한다.

감독당국은 금융기관의 건전성 유지뿐만 아니라 국가 전체의 금융시스템의 안정성을 보호해야 할 책무를 부여받고 있으며, 금융기관으로 하여금 고객확인 의무의 실행이 적절하지 못한 국가와의 거래를 파악하고 특별한 주의를 기울이도록 해야 할 책임도 있다.

7) 해외지점 등에 대한 CDD 기준의 적용

금융기관 본점은 CDD 정책과 절차를 신탁회사 등 비은행금융기관을 포함한 모든 해외지점 및 자회사에 전달하여 시행하도록 하여야 한다. 해외점포의 규모가 아무리 작더라도 본국 및 주재국의 기준에 부합하는 CDD 절차를 시행하고 교육할 책임자를 반드시 임명하여야 한다. 해외지점 등은 본국과 주재국의 CDD 기준이 다를 경우, 그 중 높은 기준을 적용해야 한다.

이러한 논의를 이어받아 FATF는 1990년대 초반 자금세탁방지를 위해 발표한 'FATF 40개 권고사항'에 고객확인의무를 대폭 추가하여 2003년 6월 새로운 'FATF 권고사항'을 발표하였고, 이러한 논의에 대응하여 세계적으로 유명한 금융기관들이 '볼프스베르크 그룹의 자금세탁 방지원칙—프라이빗 뱅킹에 관한 국제자금세탁방지 가이드라인'을 자발적으로 발표하였다. 이 지침에서 강조한 고객확인의무는 사실상 금융기관이 준수해야 할 국제기준(global standard)으로 확립되었다.

(4) 세계 3대 금융감독기구의 가이드라인

세계 3대 금융감독기구인 은행감독을 위한 바젤위원회(BCBS), 국제증권위원회기구(IOSCO), 국제보험감독협회(IAIS)는 2003년 3월 홍콩에서 자금세탁방지 관련 합동토론회를 개최하여 각 기구가 제시한 AML/CFT 관련 가이드라인에 대해 논의하면서 고객확인의무를 재차 강조하였다. 이 토론회는 은행, 보험, 증권별로 자금세탁의 위험과 이를 해결하기 위해 BCBS, IAIS, IOSCO가 제시한 가이드라인을 종합하는 기회가 되었다. 은행분야의 가이드라인은 앞서 소개한 2001년 10월 발간된 '은행 고객확인 지침'이다. 이 토론회에서는 특히 고객확인의무(Customer Due Diligence)를 강조하고, 하나의 금융그룹이 은행, 보험, 증권을 함께 영위하는 최근 추세에 따라 각 분야를 종합적으로 관리하는 내부통제시스템 등을 갖출 것을 강조하였다.

그 결과 각 분야별로 다음과 같은 거래를 자금세탁에 악용될 위험이 높은 거래로 예시하면서 지속적으로 감시할 것을 권고하였다. 은행분야는 신탁, 법인, 전문중계업체 등을 통한 계좌개설, 프라이빗 뱅킹(Private Banking), 환거래은행(Correspondent Banking) 및 정치적 주요 인사(Politically Exposed Persons : PEPs) 등을 예로 들었고, 보험분야는 일시납보험, 기존 생명보험 등에 대한 일괄납부, 연금증서매입 등을 예시하였다. 증권분야는 가장매매(wash sales), 자금세탁방지제도가 미비한 지역의 증권회사나 은행의 주문수락 등을 그 예로 들었다.

2. 유럽연합(EU) 이사회의 자금세탁방지 지침[5]

1991년 6월 10일 EU 이사회(Council of Europe Community)는 '자금세탁을 목적으로 금융제도가 이용되는 것을 방지하기 위한 유럽연합(EU) 이사회지침(Directive on Prevention of the Use of the Financial System for the Purpose of Money Laundering)'을 제정하였다. 형사적 접근뿐만 아니라 금융제도의 역할 역시 중요하다는 판단 아래 '유럽이사회의권고(1980)'와 '바젤위원회선언(1988)'에

---

5) 이 지침의 상세한 내용은 "Chapter2. 국제기구의 활동과 주요국의 입법내용"에서 설명

기초하여 작성되었다. 유럽이사회협약이 형사사법제도에 관한 조치를 내용으로 하는 것인 데 비해, EU 이사회지침은 금융기관 등에 대한 규제를 내용으로 하고 있다.

EU는 2018년 11월 '제6차 자금세탁관련 EU이사회 지침'을 공개하고 2020년 12월 3일까지 회원국에게 이를 이행할 의무를 부과하는 등 지침을 지속적으로 수정해오고 있다.

3. 볼프스베르크 그룹의 위험기반 고객확인의무 접근방식

(1) 볼프스베르크 그룹의 역할

자금세탁방지를 위한 지침에 2000년 10월 합의함으로써 세상에 알려진 볼프스베르크 그룹(Wolfsberg Group)은 민간은행들이 연합하여 자금세탁방지 및 테러자금 조달차단을 위한 금융기관의 역할에 관해 적극적으로 협의하고 있는 최근의 연합체 중 대표적인 단체로서, 지침을 만들기 위한 중요한 작업반 회의가 열렸던 스위스의 Wolfsberg에서 그 명칭이 유래한다.

1998년 6월 나이지리아의 독재자인 아바차(Sani Abacha) 대통령이 심장마비로 사망한 후 그 가족들이 최소 20억 달러의 자금을 해외로 빼돌렸는데, 조사 결과 동 자금이 19개국의 국제적인 금융기관과 관련되고, 거래의 대부분이 프라이빗 뱅킹을 통해 이루어진 것으로 밝혀진 것이 볼프스베르크 그룹의 창설계기가 되었다.

볼프스베르크 그룹은 2000년 10월 프라이빗 뱅킹의 건전한 사업수행을 위한 중요한 국제적 가이드라인이자 자율지침인 '프라이빗 뱅킹에 관한 자금세탁방지원칙'을 발표하고 2002년 5월에 1차 수정을 하였으며, 2002년 11월에는 '코레스 뱅킹에 관한 자금세탁방지원칙', '테러자금 조달차단을 위한 금융기관의 역할에 관한 성명서'를 발표한 데 이어 2003년 9월에는 '심사(Screening)와 탐색(Searching) 모니터링에 관한 성명서'를 발표하여 모니터링의 위험기반접근방식을 강조하였다.

볼프스베르크 그룹은 민간자율기구로서 고객확인의무 실행표준 마련에 참여하여 BIS의 바젤위원회와 함께 위험기반의 고객확인의무 접근방식의 확립에 크게 기여하였다. 위험기반접근방식(risk-basked approach)이란 종래의 규정중심 접근방식(rule-based approach)과 달리 비용과 효과를 고려하여 위험도가 높은 고객과 거래를 중점 감시함으로써 실행비용을 줄이면서도 그 효과를 높이는 접근방식으로서 2000년 볼프스베르크 그룹의 참여 이후 확립되었다.

(2) 볼프스베르크 원칙

1) 프라이빗 뱅킹에 관한 자금세탁방지원칙

볼프스베르크 그룹은 2000년 10월 국제투명성기구(Transparency International)와 합동으로 프라이빗 뱅킹의 건전한 사업수행을 위한 중요한 국제적 가이드라인으로서 고객확인 의무강화를 내용으로 하는 자금세탁방지 자율지침을 제정하여 바젤위원회가 정한 고객확인의무의 기준이 되는 요소를 반영하였다.

이 원칙에서는 계좌개설시 고객신분 및 계좌의 실제소유자(beneficial owner) 확인은 고객의 성격에 따라 적절한 방법 및 절차를 통해 이루어져야 할 것을 강조하고 있는데, 계좌를 개설하는 경우 위의 고객신분 확인 이외에도 거래개설목적, 예상되는 거래활동, 자금출처 등에 관한 정보도 파악해야 하며, 정치지도자나 고위공무원(PEPs) 등 위험성이 높은 고객에 대해서는 고객확인의무를 더욱 강화하고 상급자가 거래를 승인토록 권고하고 있다.

또한 프라이빗 뱅킹 취급자는 주기적으로 그리고 주요한 변화가 있는 경우 고객정보를 갱신할 책임이 있으며, 취급자의 감독자는 일관성 및 완전성을 보증하기 위해 정기적으로 고객정보의 상당부분에 대하여 적정여부를 검토해야 한다고 규정하고 있다.

2) 코레스 뱅킹에 관한 자금세탁방지원칙

볼프스베르크 그룹은 고객의 소재지, 지배구조의 투명성, 사업유형, 사업관계 등을 고려해 산출한 위험지수에 상응하는 고객확인의무(risk-based due diligence)를 실시키로 하고 이 원칙을 준수하기 위해 책임자 지정, 주의의무이행을 위한 감사 등 코레스 뱅킹에 관한 자금세탁방지 내부통제규정 및 절차를 마련하였다.

코레스 뱅킹은 유동부채 또는 기타 부채 계정 중 하나로 다른 금융기관의 현금정산, 유동성관리, 단기대출, 투자 등의 수요를 해결하는 데 이용되는 서비스이다. 본 원칙은 금융기관이 다른 코레스 뱅킹 의뢰인을 위해 개설 또는 유지하는 모든 코레스 뱅킹 거래관계에 적용된다.

코레스 뱅킹의 특성을 감안하여 보다 강화된 고객확인 의무기준을 설정하였다. 즉 자신의 고객(금융기관)을 위해 환거래은행과 직접 환거래계약을 체결하고, 고객을 위해 대신 거래를 해주는 기관인 하부 환거래결제자는 자신의 서비스를 제공받는 금융기관의 유형 및 자금세탁방지제도 적용 수준 등에 대해 파악하고 있어야 할 것을 강조한다.

또한 금융기관은 본 원칙의 이행을 책임지는 전문직원을 두는 방침과 절차를 갖춰야 하며, 코레스 뱅킹 거래관계를 승인할 때에는 특정 코레스 뱅킹 거래관계 개설을 제안한 임원의 상급자 또는 그 임원과 독립적인 최소 1인 이상의 사람이 승인하도록 규정하여야 하고, 당해 금융기관의 방침과 절차 및 본 원칙의 지속적인 이행을 담보하기 위하여 적절한 직원이 독립적인 점검을 하도록 규정하여야 한다.

3) 테러자금 조달 차단을 위한 금융기관의 역할에 관한 성명서

동 성명서를 통해 볼프스베르크 그룹은 금융시스템을 이용한 테러자금 조달을 차단하는 데 필요한 금융기관의 역할을 제시하였다.

동 성명서는 금융기관이 테러단체들의 금융기관 이용을 막고 정부를 도와 테러자금을 발견하는 데 주력해야 하며, 테러자금 조달 차단과 관련하여 고객확인절차를 지속적으로 이행하고, 특히 테러자금조달을 위해 널리 이용되고 있는 지하금융 및 대체송금시스템을 사용하는 고객들을 상대로 좀 더 발전되고 합리적인 고객확인절차를 이행할 것을 강조하였다. 그리고 기존의 모니터링절차를 활용하여 비정상적이거나 혐의가 있는 거래들을 모니터링하고, 관계기관에 보고할 것을 권고하였다.

4. 국제통화기금(IMF)의 FATF와의 통합평가방법론 논의

IMF는 세계은행(WB: World Bank)과 함께 특정국가의 자금세탁 방지노력에 대한 평가를 개선, 표준화하기 위한 새로운 절차를 공동발표한 데 이어 회원국 금융시스템 전반의 안정성에 대한 평가보고서를 작성하는 금융부문 평가프로그램(Financial Sector Assessment Program : FSAP)에 자금세탁방지제도에 관한 부문(AML/CFT)을 새로 추가하기로 하고, 이 분야에 대한 평가기준을 FATF와 공동으로 개발해 왔다. IMF 이사회는 2002년 7월 FATF의 40개 권고사항 및 8개 특별권고사항을 IMF의 평가기준(Standards and Codes) 리스트에 추가하기로 결정하였고, FATF는 2002년 10월 총회에서 그동안 IMF/WB와 FATF가 공동으로 개발해 온 통합평가방법론을 승인하였으며, FATF 상호평가(Mutual Evaluation)와 IMF 금융부문평가(FSAP)에 동 방법론을 동시에 적용함으로써 평가의 일관성을 강화하기로 결정하였다.

SECTION 03
금융회사 자금세탁방지·테러자금조달차단 관련 국제 동향

1. 위험기반 자금세탁 방지절차 수립

(1) 규정중심 접근방식과 위험기반접근방식의 비교

AML/CFT 제도 도입 초기 금융감독기관들은 자금세탁방지를 통해 금융시스템에 대한 공공의 신뢰를 제고하기 위하여 금융기관이 직면할 각종 리스크와 함께 이를 방지하기 위하여 취해야 할 조치를 규정하였다. 이에 대해 금융기관은 그 규정을 지키지 않으면 제재를 받게 되고, 규정을 준수한 경우는 책임을 다한 것으로 간주되었다. 이러한 방식으로 AML/CFT 의무를 이행하는 것을 '규정중심 접근방식'이라고 하는데, 금융기관에게 불필요한 많은 부담을 주고 복잡한 절차를 요구하는 반면에, 개별 계좌의 특수한 리스크에 대해서는 별도의 조치를 요구하지 않아 AML/CFT 효과 달성 측면에서 미흡한 경우들이 있었다.

1) AML/CFT에 대한 새로운 접근방식의 등장

규정중심 접근방식의 대안으로 새로운 접근방식이 등장하였는데, 이것이 바로 위험기반접근방식(risk based approach, 약칭 RBA)이다. 접근방식이 이렇게 전화되도록 기여한 것은 글로벌 민간은행의 협의체인 '볼프스베르크 그룹'과 국제결제은행(BIS) 산하의 '은행감독에 관한 바젤위원회'이다. 접근방식의 전환은 비용 대비 효과를 우선적으로 고려하는 민간금융기관의 적극적인 참여에 의해 이루어졌다. 위험기반접근방식에서는 고객수용절차(customer acceptance procedure)와 지속적인 모니터링(ongoing monitoring)을 강조한다. 고객에 대한 공식적인 신분을 확인하는 것으로부터 더 나아가 정상적인 거래패턴을 이해하고, 비정상적인 거래를 찾아 낼 수 있도록 고객의 사업을 이해하기 위한 정보획득에 중점을 둔다. 획득한 정보는 고객파일(customer profile)에 관리하며, 모니터링결과를 반영하여 정기적으로 정보를 갱신한다.

두 접근방식을 표로 비교해 보면 다음과 같다.

규정중심접근방식 (1990~2000년)	위험기반접근방식 (2000년 이후)
-계좌개설 등 첫 거래 당시의 신분확인에 중점	-고객거래의 성격 및 거래목적 파악에 중점
-공식적인 자료에 의하여 명목상의 계좌 소유주의 신분을 확인하는 데 중점	-계좌의 실제소유자(beneficial owner)의 신분확인과 검증을 강조 -기업과 신탁의 통제구조 및 수익자확인이 중요
-확인한 고객정보는 자료로 남기는 것이 중요	-거래패턴 파악을 위한 '고객파일(customer profile)' 관리가 중요
-고객, 상품 등의 위험도에 대한 구분이 없는 일률적 접근	-고객, 상품 등의 위험도에 따라 차등접근
-규정준수중심	-결과(성과) 중심
-1회 확인에 중점	-지속적인 모니터링에 중점
-독자적 '고객수용정책'이 없음	-독자적 '고객수용정책'을 운용
-감독기관이 주도적 역할	-민간금융기관이 주도적 역할
-절차가 복잡하고 많은 비용 소요	-절차가 간단하고 비용이 저렴

2) 위험기반접근방식

위험기반접근방식에서 무엇보다도 중요한 점은 고객업종과 금융상품 및 지역 등에 따라 위험도를 분류하고, 위험도가 큰 고객이나 금융상품 및 특정지역 대상거래 등에 대해서는 특별한 주의의무를 기울임으로써 자금세탁이나 불법거래를 효과적으로 방지한다는 것이다. 이러한 접근방식은 모든 계좌와 모든 금융거래를 같은 기준과 원칙에 따라야 했던 규정중심 접근방식에 비해 상대적으로 단순하고 비용도 저렴한 반면, 성과는 오히려 더 높다는 점이 특징이다. 또한 규정중심 접근방식은 금융감독기관의 요구와 강제에 의하여 이행된 측면이 있지만 위험기반접근방식은 금융기관의 자발적인 참여로 이루어졌다는 점이 차이이기도 하다.

(2) FATF의 위험기반접근방식

1) FATF의 '위험기반접근방식의 전면적 도입' 요구

자금세탁, 테러자금조달, 대량살상무기확산금융이 금융시스템의 안정과 성장, 투명성을 심각하게 위협하고 있는 상황이 심화되면서 FATF는 국제 금융시스템의 투명성과 글로벌 안전망을 강화함과 동시에 부패와 조세범죄 같은 중요한 분야에 적절하게 대응하기 위해 FATF 국제기준 개정 작업을 추진하였다. FATF는 2012년 2월 '위험기반 접근법의 전면적 도입'을 요구하는 새로운 국제기준을 발표하였다. FATF에서 제시하는 위험기반 접근법이란 저위험 분야에는 간소화된 조치를 취하고, 고위험 분야에 자원을 집중할 수 있는 기반을 제시하여 AML/CFT 제도 운영에 유연성을 부여하는 것을 의미하는 것이다.

2012년에 개정된 FATF 권고사항은 국가, 감독기관, 금융기관 등에 대해 자금세탁 및 테러자금조달 위험을 식별, 평가하는 절차를 마련하도록 요구하고 있으며, 이에 따라 FATF는 국가 위험 평가를 위하여 2013년 'FATF 권고사항 평가방법론'[6]을 발표하였다. 이 평가방법론은 감독기관이 위험도에 따른 관리 우선순위 선정과 그에 따른 효율적 자원 배분을 수립할 수 있도록 지원하기 위하여 국가 차원의 자금세탁·테러자금조달 위험평가 체계의 구축을 위한 일반 원칙과 평가의 틀을 제시하고 있다.

이에 따르면 각국은 ML/FT 위험을 확인하고, 평가해야 하며 위험평가 결과 관련 정보를 모든 권한당국, 관계 자율규제기구, 금융기관 및 특정 비금융사업자와 전문직과 공유할 수 있는 체계를 구축해야 한다. 아울러 각국은 위험에 대한 이해에 기반한 위험기반접근방식을 적용하여, 자원을 배분하고 ML/FT 위험

---

6) FATF(2013), "The FATF Methodology for assessing compliance with the FATF Recommendations and the effectiveness of AML/CFT systems", FATF, Paris.

을 완화하고 예방하기 위한 조치를 시행해야 한다.

각국은 국가차원의 AML/CFT 정책을 수립할 때도 위험 평가 결과 확인된 ML/FT 위험을 반영하고, 정책입안자, FIU, 법집행기관, 감독자 및 기타 관계 권한당국이 협업하고, 적절한 경우 AML/CFT 정책·활동의 발전·이행을 위한 국내적인 조정 기능을 수행할 수 있는 운영체계를 구축해야 한다.

2) FATF 권고사항에서의 금융기관의 '위험기반접근방식' 관련 의무와 조치사항

FATF는 각국의 은행들이 자금세탁 및 테러자금조달 위험을 식별하고 평가하기 위한 기준을 마련하고 은행업권의 RBA 적용에 대한 가이드라인을 제시하기 위하여 2014년에 '은행 부문 위험기반접근방식 지침(2014.10.)'을 발표하여 은행업권에 대해 위험도에 따른 정책 및 통제 우선순위의 수립과 그에 따른 효율적 자원 배분 수행을 지원하였다.[7] FATF는 볼프스베르크 그룹의 노력에 부응하여 국제기준 이행 이전인 2007년부터 '자금세탁 및 테러자금조달 방지를 위한 위험기반접근방식에 대한 지침 — 상위 수준의 원칙 및 절차(FATF Guidance on the RBA, 2007.6.)'를 발표하고, 그 후에도 연차적으로 자금세탁 관련 각 분야에 대한 위험기반근방식의 적용에 관한 지침들을 발표하기도 하였다. 이 기간 동안 공공당국(public authorities)과 민간부문(private sector)에서 축적된 경험이 '위험기반접근방식 지침 — 은행 부문(2014.10.), 선불카드·모바일결제·인터넷결제서비스부문(2013.6), 금융투자부문(2018.10.), 생명보험부문(2018.10.)'에 반영되었다.[8]

금융기관이 위험기반접근방식을 실행하기 위해서는 리스크를 측정하여야 하는데, 가장 일반적으로 사용되는 리스크의 범주는 국가 및 지역 리스크, 고객 리스크, 상품 및 서비스 리스크이다. 위험기반접근방식을 실행할 경우 고객의 리스크에 적합한 수준의 고객확인 의무 및 고객 알기, 고객 및 거래의 모니터링을 실시하며, 임직원의 업무에 수반된 리스크의 정도에 따라 교육 내용을 달리해야 한다. 하지만 의심되는 거래보고 등 법규상의 의무는 요건발생시 반드시 이행해야 하므로 위험기반접근대상이 아니다. 위험기반접근의 이행과정은 금융회사의 내부통제에 포함되어야 하며, 통제의 특성 및 정도는 금융회사 업무의

---

7) FATF, "Guidance for a Risk — Based Approach for the Banking Sector(2014.10.)."
8) 김양곤, "자금세탁방지법상의 위험기반접근방식에 관한 소고(2015)"

특성 및 규모, 고객, 상품 및 서비스 등에 따라 달라진다.[9]

금융기관은 위험을 관리하고 경감하기 위해 금융당국과 검사기관의 지침 및 국가의 요구조건을 충족시켜야 한다. 보다 높은 위험이 있을 경우 이에 상응하는 강화된 위험관리·경감 조치를 수행해야하고, 위험이 보다 낮을 경우에는 금융기관 등에 간소화된 위험 관리·경감 조치가 허용될 수 있다. 금융기관은 전체 위험도 및 적용조치의 완화할 수 있는 수위를 결정하기 전에 위험평가 과정에서 모든 관련 위험요소들을 고려해야 한다.

2. 디지털 환경에 대응하기 위한 규제 마련

(1) 디지털 신분증 확인에 대한 지침 제공

디지털 금융거래와 디지털신분증을 활용한 고객확인 수요가 증가함에 따라 FATF는 이를 활용하여 고객확인을 하는 경우 FATF 권고사항을 어떻게 적용할 것인가에 관한 지침서를 2020년 2월에 발표하였다.

디지털 신분증은 온라인 또는 다양한 환경에서 개인의 공식적 신원을 주장(assert)하고 증명(prove)하기 위한 전자적 수단을 통칭한다. 생체인식 기술과 스마트폰 활용 검증 등이 활용되며 신원확인과 검증이 핵심요소이다. 전자적 방법으로 신원을 확인하고 검증하는 것은 금융포용에 좀 더 부합할 수 있으나, 한편으로는 신분증 위조를 통한 사기, 해킹, 자금세탁 등에 취약하므로 범죄에 악용되는 부작용 우려도 큰 것이 사실이다.

FATF는 지침서를 발간함으로써 정부기관뿐 아니라 민간부문도 디지털신분증 제도의 작동원리를 더욱 명확히 이해할 수 있도록 하고, 고객확인과 검증, 지속적인 고객확인에 관한 FATF 의무사항들이 디지털신분증 제도의 주요 요소들과 부합하는지에 관한 설명을 제공하고 있다.

(2) 가상자산에 대한 규제

FATF는 2019년 6월 가상자산을 이용한 범죄와 테러의 위협이 중대하고 긴

---

9) 정창수, "리스크중심의 자금세탁 및 공중협박자금조달 방지업무와 검사상 시사점(2009)"에서 재인용.

급하다고 판단하여, 각국에게 가상자산 관련 FATF 권고사항의 조속한 이행을 요청하는 성명서를 채택하였다. 이에 앞서 FATF는 2018년 10월 '가상자산 서비스 제공자'에 대해 AML/CFT 의무를 부과하기 위해 'FATF 권고사항'을 개정하였다.

3. 경제제재 및 국제거래에 대한 모니터링 강화

(1) 무역기반 자금세탁(TBML) 대응 원칙 마련

2010년대 중반에 들어서면서 세계 무역거래가 연간 30조 달러를 돌파하면서 자금세탁, 부패, 사기, 뇌물 등 무역금융 범죄도 연간 6,000억 달러 수준으로 급증하자, 2017년 당시 13개 글로벌 은행들의 연합체였던 볼프스베르크 그룹은 국제상업회의소(ICC), 미국 무역금융은행연합(BAFT)과 공동으로 '무역금융 원칙 가이드라인(Trade Finance Principles)'을 발표하고 각국 정부와 기업에 무역 금융에서 발생될 수 있는 자금세탁과 테러자금조달의 예방을 촉구하였다. 가이드라인은 2019년 개정되었다. 이 가이드라인은 자금거래 이동, 채무 불이행, 이행확약 및 특정무역 관련 여신약정 제공 시 금융회사가 적용할 수 있는 준수 요건과 위험관리 정책을 다룬다.

'무역기반 자금세탁(Trade-Based Money Laundering, 약칭 TBML)'은 무역 금융에서 발생될 수 있는 자금세탁을 의미한다. 이미 FATF에서 2006년 TBML에 대한 정의를 제시하고 ML/FT 측면의 지침을 제시한 바 있다. 기존의 AML/CFT 프로세스에서 무역과 관련된 정보를 더 많이 수집하고, 이를 기반으로 위험평가를 수행하도록 하는 것이 주된 내용이다. 무역 관련 정보는 주로 '무역 상대 무역 대상 상품의 성격, 상품의 원산지나 국가, 무역 사이클, 선박 국적, 선박 ID, 선박의 실제 소유주·운영자·수익자, 선적항·기항지·하역항, 상품의 시장 가격' 등 현재까지 금융기관이 통상적으로 중요하게 취급하지 않았던 정보들이다.

(2) 경제제재 스크리닝 지침 제공

경제제재 스크리닝(sanctions screening)은 경제제재 위험(sanction risk)을 감지·예방·관리하기 위해 금융기관이 사용하는 통제수단이다. 금융기관이 범죄 등의 불법활동을 탐지할 수 있도록 지원할 뿐만 아니라 제재를 받는 항목 또는 기업을 식별하는 데 기여한다.

볼프스베르크 그룹은 2019년 금융기관이 제재 위험을 감지하고 예방·관리할 수 있도록 지원하기 위하여 '경제제재 스크리닝 가이드라인(Wolfsberg Guidance on Sanctions Screening)'를 발간하였다. 경제제재 스크리닝을 통해 금융기관이 경제제재 준수 프로그램에 효과적으로 기여하는 것도 목적으로 한다.

(3) 전신송금시 제공하는 정보의 기준 엄격화

FATF 권고사항이 개정되기 전에는 전신송금 관련 사항은 FATF 테러자금조달차단 특별권고사항 Ⅵ에 규정되어 송금자를 포함한 금융기관이 최초송금자에 관한 완전한 정보를 갖춰놓게 하였으나, 2012년에 개정된 FATF 권고사항 16에서는 전신송금시 정보에 송금자뿐만 아니라 수취자 정보까지 포함시킴으로써 정보의 범위를 확대하였으며, 그 정보가 과정 내내 전신송금 혹은 관련 메시지와 함께 기록되어야 함을 규정하여 전신송금시 제공해야 하는 정보의 기준을 엄격히 하였다.

4. 규제 강화·확대에 따른 금융소외 문제 및 해결

(1) 금융회사의 거래기피 현상10)

1) 주요국 금융당국의 제재로 인한 금융회사 거래 기피

2010년대 들어 선진국의 일부 금융회사들이 특정고객군, 외환송금과 같은 특정금융서비스 또는 아프리카나 중동과 같은 특정 지역의 고객에 대하여 거래를 제한하거나 중단하는 현상이 나타나기 시작하였다. 이를 거래기피(de-risking) 현상이라고도 한다. 예를 들면, 금융회사가 내부적인 기준에 의해 특정 고객군을 고위험 고객으로 분류하여 거래를 제한하는 것이다.

미국의 Merchants Bank of California는 송금대상지역에 대한 모니터링을 소홀히 했다는 이유로 연방통화감독청(Office of the Comptroller of the Currency; 이

---

10) 이윤석, "금융회사 거래기피 현상의 배경과 시사점(2015)

하 OCC)으로부터 거래중지명령을 받은 이후 소말리아에 송금하는 모든 계좌를 폐쇄하였고, 호주의 은행들인 National Australia Bank, ANZ, Commonwealth Bank of Australia는 송금업무와 관련해 신규고객을 더 이상 받아들이지 않고 기존 고객들에 대해서도 심사를 통해 선별적으로만 서비스를 제공하기로 하였다.

이러한 현상은 자금세탁방지관련 규정 위반에 대한 제재조치 및 벌금 부과 등이 직접 영향을 미쳤을 것이라는 견해가 있다. 2012년 12월 미국 재무부와 법무부는 영국의 대형은행인 HSBC가 이란, 쿠바, 수단, 리비아 등 금융제재대상 국가들에 대한 송금서비스를 취급 했다는 이유로 20억 달러에 가까운 벌금을 부과받은 이후 송금업무의 전면 중단을 선언하였기 때문이다.

2) 자금세탁방지 규제 등 국제금융 기준의 강화로 인한 금융소외

FATF는 다른 관점에서 금융회사의 거래기피 현상을 분석하였다. 글로벌 금융위기 이후 Basel III 등 건전성 규제의 강화로 자본비용 등 규제준수 비용이 증가하고 수익성이 점차 악화됨에 따라 고위험−저수익 고객들에 대해서는 거래를 기피하는 현상이 발생하고 있으며, 특히 고객확인과 관련된 FATF 권고사항에 따르면 금융회사들이 1차 고객에 대해서만 관련 정보를 요구하도록 되어 있으나 금융회사들이 이를 지나치게 엄격하게 해석하여 1차 고객의 고객인 2차 고객에 대한 정보를 확인하고 그 결과 고위험군으로 판단되면 1차 고객과의 거래까지 기피하는 경향도 보인다는 것이다.

금융회사들이 지나치게 거래기피를 하게 되면 고위험군 고객뿐 아니라 저위험군 고객과의 거래마저 중단되는 현상이 초래되어 저위험군 고객이 제도권 금융이 아닌 비제도권 금융을 이용하게 되면서 자금세탁행위에 대한 모니터링이 전반적으로 약화되어 자금세탁방지 및 테러자금조달차단이라는 본래의 목적 달성을 오히려 저해하는 결과를 초래하게 될 것이라는 우려가 제기되었다.

(2) 자금 또는 가치의 이전 서비스(MVTS)에 대한 거래기피

1) 자금 또는 가치의 이전 서비스의 규제 확대

전자금융업 등 자금 또는 가치의 이전 서비스(약칭, MVTS)[11]의 신기술을 활용한 거래방식도 AML/CFT 규제의 대상으로 포섭되고 있다.

미국·EU는 이미 송금, 자금이체 등을 업으로 하는 지급서비스업을 규율하고 있고, 2012년에 개정된 FATF 권고사항도 FATF 특별권고사항 Ⅵ의 대체송금에 대한 규정을 확대하여 MVTS에 대한 권고사항을 마련하였다.

2) 자금·가치 이전 서비스업(MVTS)의 금융소외 방지

자금송금업자와 같은 MVTS는 개발도상국에서와 같은 지역에서는 생계와 직결된다. 하지만, 송금업은 위험이 높은 서비스로 인식되므로, 범법자나 테러리스트가 아닌 경우도 거래가 거절될 소지가 있어 생계에 큰 영향을 미칠 수 있다.

이러한 부작용을 방지하기 위하여 FATF는 '위험기반접근방식 지침 : MVTS 부문(2016.2.)'을 발표하여 자금송금업에 대한 위험을 판단하는 경우 위험을 다각도로 분석하고, 규제·감독체계를 종합적으로 고려하되, 위험이 너무 과도하거나 위험 경감이 불가능한 경우와 같이 불가피한 경우에만 거래를 거절하도록 권고하였다.

(3) 환거래서비스 제공 은행(correspondent banking)[12]의 업무축소 방지

일부 대형은행은 AML/CFT 등의 규제로 인해 고객확인 비용이 증가하고 관련 리스크가 커짐에 따라 거래규모가 작거나 위험지역 소재 고객에 대해 환거래서비스를 축소하는 행태를 보였다. 이로 인해 송금서비스가 대체송금수단이나 현금 등 비규제영역으로 대체되어 범죄수익의 자금세탁이나 테러자금조달에 쓰이는 등 상당한 부작용을 초래할 수 있다는 우려가 확산되었다. 이에 따라 2014년 무렵부터 G20 재무장관 및 총재들은 FATF와 FSB, 민간부문이 환거래서비스 제공 은행의 업무축소의 현황을 분석하고 해결방안을 마련하기 위한 작업을 추진하도록 요청하였다.

이에 따라 FATF는 '위험기반접근방식 지침 : 환거래서비스 제공 은행부문(2016.10.)'을 발표하여, 은행들은 환거래서비스 제공 서비스 과정에서 거래를 회

---

11) 현금, 수표, 다른 통화수단이나 가치저장수단을 접수하여, 통신, 메시지, 이전, 또는 MVTS 공급자에 소속된 결제망을 통하여 수령자에게 상응하는 금액의 현금 또는 다른 형태로 지급하는 금융서비스

12) 고객이 외국의 거래상대방에게 송금하는 경우 고객은행의 송금업무를 대행하여 거래상대방에게 송금해주는 대행 은행

피하기보다는 위험기반접근방식에 입각하여 고객별로(customer−by−customer) 위험을 평가하여 서비스를 제공하도록 권고하였다.

자금세탁방지 · 테러자금조달차단 등 의무 부과 대상 기관

1. 자금세탁방지 · 테러자금조달차단 제도 등의 적용 금융회사

(1) 제도권 금융업 현황

우리나라에서 AML/CFT를 위한 내부통제 구축, 고객확인, 거래보고 등의
의무는 기본적으로 은행, 보험사, 금융투자회사, 종금사, 상호저축, 상호금융, 여
신전문회사 등 거의 모든 제도권 금융회사에 부과된다. 제도권 금융업 현황은
다음 표와 같다.

(2) 제도 적용 대상 금융회사등의 확대

2001년 「특정금융거래정보법」 제정 당시부터 제도권 금융 이외에도 환전
영업자, 신용보증기금, 중소기업창업투자회사 등에도 적용되었으며, 2008년 12
월에는 비금융사업자 중 하나인 카지노사업자까지 적용대상이 확대되었다. 최
근 들어 국제적으로 제도 적용 대상을 자금 또는 가치의 이전 서비스업(MVTS),
신종금융수단, 비금융기관으로 확대하는 움직임에 따라 우리나라에서도 최근

---

1) 관계부처 합동, 『국가 자금세탁/테러자금조달 위험평가 보고서』, 금융위원회 금융정보분석원
   보도자료, 2018.11.

금융권역별 자산 및 거래 규모(2017년말 기준)[13]

권역별		일반현황 (단위: 개, 명)				건전성지표 (단위: 조원)		
		회사수[1]	인원 ( )는 설계사	점포수 ( )는 대리점	외국계 국내 지점	총자산	자기 자본	자본금
은행업	국내은행	19	128,496	6,971	-	2,737.6	188.2	61.5
	외은지점	38	3,039	44	-	238.6	17.1	5.9
금융투자업	투자매매·중개I (증권회사)	55	35,835	1,182	11	390.0	52.3	16.9
	집합투자업자 (자산운용)	215	7,328	-	-	7.1	5.7	2.1
	투자매매·중개II (선물회사)	5	382	1	-	3.3	0.4	0.1
	종금	1	81	5	-	1.9	0.3	0.3
보험업	생명보험	25	25,391 (106,989)	3,488 (6,450)	9	832.8	71.4	10.3
	손해보험	32	32,446 (81,968)	2,993 (29,277)	18	277.1	35.2	3.0
상호저축	상호저축은행	79	9,004	318	-	59.7	6.8	4.3
상호금융업	신용협동조합	898[2]	17,366	1,649	-	82.1	6.9	4.8
	농·수·산림조합	1,358[2]	106,176	5,308	-	390.4	27.9	12.0
	새마을금고	1,315	29,142	3,168	-	150.5	12.4	6.3
여신전문업	신용카드	8	10,978	351	-	113.9	26.5	5.2
	할부금융사	21	4,379	276	-	67.1	9.7	2.5
	리스회사	26	3,334	177	-	54.2	7.6	2.3
	신기술금융	42	1,311	53	-	9.8	2.8	1.3
총 계		4,137	414,688 (188,957)	25,984 (35,727)	38	5,416.1	471.2	138.8

자료: 금융회사 업무보고서 등(금융감독원), 주요금융통계(금융위원회)

주 : 1) 외국금융사 국내지점 포함   2) 단위조합

전자금융업자, 소액해외송금업자, 대부업자 등에도 자금세탁방지의무를 부과하기 시작하였다. 2020년 「특정금융거래정보법」 개정으로 2021년부터 가상자산

사업자와 온라인투자연계금융업자에 대하여 자금세탁방지의무가 부과되게 되었다.

2. 금융회사등의 자금세탁·테러자금조달 리스크[2]

(1) 자금세탁방지 정책에 반영되는 자금세탁 등의 위험

정부가 자금세탁방지정책을 수립할 때 자금세탁 행위 등의 위험을 적극적으로 반영하면 정책의 효과가 더욱 커진다. 특히 「자금세탁방지 및 공중협박자금조달금지 업무규정」에 따라 금융정보분석원(KoFIU)이 금융회사등에 대한 감독이나 교육을 실시하는 경우 또는 KoFIU나 검사수탁기관이 검사계획 수립과 같은 자금세탁방지 정책을 수립할 때 금융회사등의 자금세탁행위등 위험과 내부통제·절차의 위험, 그 위험들을 관리하는 수준, 우리나라에 존재하는 자금세탁행위등의 위험, 금융회사등의 다양성·개수, 금융회사등에 허용된 재량의 수준 등 금융회사등의 특성 등을 종합적으로 고려한다.

(2) 2018년에 실시한 국가 자금세탁·테러자금조달 위험평가

FATF 권고사항은 각국이 자국의 자금세탁·테러자금조달 위험을 확인·평가·이해하고, 정책을 통해 위험을 효과적으로 경감시킬 것을 요구함에 따라 우리 정부도 'AML/CFT 정책협의회'를 중심으로 '국가 자금세탁/테러자금조달 위험평가(NRA)'를 실시하였다. AML/CFT 정책협의회는 금융정보분석원장을 위원장으로 하며 법무부, 기획재정부, 외교부, 금융위원회, 국가정보원, 선거관리위원회, 검찰청, 경찰청, 국세청, 관세청, 해양경찰청, 금감원 등 12개 기관 국장급으로 구성되어 AML/CFT 정책방향에 대해 협의하였다. 'AML/CFT 정책협의회'의 하위 실무그룹인 상호평가 합동대응반'은 '국가 ML/FT 위험평가' 보고서를 작성하여 2018년 11월에 국무회의에 보고하였다.

---

2) 이하 논의는 "국가 자금세탁/테러자금조달 위험평가 보고서(관계부처 합동, 2018)"를 주로 참조

(3) 우리나라 금융권의 자금세탁·테러자금조달 리스크 특징

'국가 ML/FT 위험평가' 보고서에 따르면 2017년말 기준 우리나라의 제도권 금융회사는 4,137개사로서 5,363조원의 자산을 운영하고 있고, 그 중 자산의 약 55%를 차지하고 있는 은행권이 상대적으로 양호한 AML/CFT 체제를 구축하고 있음에도 불구하고, 업권의 비중과 다양한 상품과 서비스를 제공하며 고객의 범위가 광범위하다는 특성 등으로 인해 금융권 중 가장 자금세탁에 취약한 것으로 나타나고 있다.

3. 개별업권별 자금세탁·테러자금조달 리스크

(1) 은행·금융투자·보험업권의 자금세탁·테러자금조달 리스크

1) 은행업권의 ML/FT 리스크

은행의 경우 2017년 말 기준으로 6개 시중은행, 6개 지방은행, 5개 특수은행, 2개의 인터넷 전문은행이 영업중이며, 국내은행의 경우 수신, 여신, 외환 및 고액자산관리 등 거의 모든 금융업무를 취급하고 있어 ML/FT 위험이 내재하고 있다. 특히, 무역금융, 현금관리 서비스, 코레스 뱅킹 등 자금세탁 고위험 상품은 주로 은행이 취급하고 있다. 하지만 많은 은행들에서 단기성과 위주 경영에 주력함에 따라 내부통제에 소홀 하는 경향이 발생하고 있으며 국내은행 해외점포는 비용절약 등 명목으로 AML/CFT 시스템 구축과 이행에 다소 소홀할 우려도 제기되고 있는 것이 사실이다.

2) 금융투자업권의 ML/FT 리스크

금융투자업 중에서는 2017년 말 기준으로 55개 증권회사와 5개 선물회사가 투자중개업(타인의 계산으로 금융투자상품의 매도·매수 등을 하는 영업), 투자매매업(증권회사 등이 자기의 계산으로 금융투자상품의 매도·매수, 증권의 발행·인수 또는 그 청약의 권유 등을 하는 영업), 겸영업무(국가·단체 업무대리 등)를 영위하고 있다. 금융투자회사는 자산규모는 크지 않지만, 증권매매를 통한 자금 입출금이 빈번하고 거래규모가 큰 편이다. 범죄 수익으로 주식, 채권 등 매입 후, 입·출고하는 방법으로 범죄수익 취득 사실을 은닉하거나 범죄수익 발생 원인에 관한 사실을 가장하는 데 이용될 수 있으며, 고액자산가들은 펀드, CMA, 랩어카운트 등 다양한 상품과 신탁, 투자일임업 등을 자금세탁 수단으로 이용하려는 경향도 보인다.

3) 보험업권의 ML/FT 리스크

보험업은 생명보험업과 손해보험업의 겸업이 금지되고 있다. 2017년 현재 생명보험사 25개사, 손해보험사 32개사 등 57개 국내보험사가 운영되고 있고, 외국계보험사는 생명보험사 9개사, 손해보험사 18개사 등 27개사가 운영되고 있다. 보험회사는 현금거래가 빈번하지 않고, 장기성 상품을 취급하고 있어 다른 금융권에 비해 자금세탁 위험은 낮은 편이나, 보험계약 후 단기간 내 해약, 계약자·수익자 명의변경 등을 통한 자금세탁이 가능하고, 위탁모집3)에 따른 고객확인 취약 가능성이 존재한다. 그리고 보험은 장기성 금융상품의 성격을 갖고 있지만 법인 고객이 거액의 보험계약 체결 후 계약자를 법인대표로 변경하고, 변경된 계약자가 보험계약을 단기간에 해지하여 해약환급금을 수령하여 회사자금의 횡령을 시도하거나 부모명의의 보험계약을 자녀명의로 계약자를 변경한 후 자녀가 수령하는 등 탈세에 이용되기도 한다. 아울러 보험계약의 해약환급금 범위 내에서 대출이 가능하므로 이를 이용한 자금세탁도 가능하다. 예를 들어 고액으로 체결한 보험계약을 실효시키고 나서 일정 기간이 지난 후 부활시키고, 그 이후 고액의 보험계약대출을 실행한 다음 다시 보험계약을 실효시키는 방법 등이 있을 수 있다. 한편, 자살, 살인 등 고의에 의한 사고나 허위입원, 사고내용 조작 등 다양한 유형의 보험사기가 발생하는데, 이로 인한 수익이 불법자금이 되기도 한다.

하지만, 자금세탁 위험이 낮은 보험업무의 특성상 임직원들의 AML/CFT 법규에 대한 인식이 미흡하고 내부통제가 취약해질 소지가 있다는 우려도 있다. 또한 보험업은 판매를 대부분 제3자에 위탁하는 특성이 있으므로 고객확인 절차 등이 상대적으로 미흡할 가능성이 있는 것도 사실이다.

---

3) 2017년 설계사, 보험대리점의 판매비중: 생명보험업 75.3%, 손해보엄업 76.5%

(2) 상호금융업, 여신전문업 등의 자금세탁·테러자금조달 리스크

1) 상호금융업권의 ML/FT 리스크

상호저축은행과 신용협동조합, 농업·수산업·산림협동조합과 새마을금고 등의 상호금융업은 업무성격과 위험 수준 측면에서 유사성이 있다. 상호금융기 관은 대부분 단일 점포 또는 소수의 점포의 소규모 기관으로서 같은 지역의 주 민·소상공인·농어민 등 대부분 기존에 이미 아는 고객을 대상으로 여·수신 금 융서비스를 제공하므로 고객확인은 비교적 잘 이루어지고 있다고 볼 수 있다.

하지만, 상호저축은행과 상호금융기관은 여수신 업무를 취급하고 있으므로, 상대적으로 자금세탁방지 업무가 강화되고 이용이 어려운 은행권을 대체하는 금융기관으로 자금세탁에 이용될 가능성이 있다. 따라서 상호저축은행과 상호금 융기관은 규모가 영세하고, 지역고객 위주로 영업을 하지만 내부통제 등 자금세 탁방지 시스템 구축에 소홀하지 않아야 할 것이다. 특히, 상호저축은행은 대주 주에 의한 고객자금의 유용 가능성이 커 대주주 심사 등을 강화할 필요성이 제 기되고 있다. 이에 따라 금융당국은 부적격자의 상호저축은행 대주주 우회진입 차단 장치를 마련하는 등 대주주 심사를 강화하고 있기도 하다.

2) 여신전문금융업권의 ML/FT 리스크

여신전문금융업 중 신용카드업의 경우는 전업 신용카드사 8개사가 영업하고 있으며 11개 은행이 신용카드업을 겸영하고 있다. 신용카드업이 아닌 여신전문업 의의 경우 할부금융업 21개사, 리스업 26개사, 신기술금융업 42개사가 영업하고 있다. 여신업은 수신업무를 취급하지 않아 ML/FT 위험이 낮으나, 신용카드와 대 출업무가 자금세탁에 이용될 수 있다. 기업이나 개인사업자가 자기매출을 유령 카드가맹점 매출로 꾸며 세금을 회피하거나, 가맹점과 결탁해 회사매출을 불법적 으로 현금화할 소지가 있다. 선불카드의 경우는 기업이 마케팅 명목으로 선불카 드를 대량으로 구입한 후 매도함으로써 현금을 취득하여 뇌물 공여, 리베이트 제 공 등 불법 목적으로도 이용될 수 있다. 대출 업무의 경우는 은행 대출과 크게 다르지 않아 대출을 이용한 일반적 자금세탁 수법에 활용될 수 있다.

(3) 전자금융업자, 환전영업자, 카지노사업자 등의 자금세탁·테러자금조달 리스크

1) 소액해외송금업자의 ML/FT 리스크

FATF가 각국에게 자금가치 이전 서비스(MVTS) 사업자, 지급수단 발행·운영자에게도 자금세탁방지의무를 부과하도록 권고함에 따라 우리나라에서는 2017년부터 독립형 소액해외송금업자가 자금세탁방지의무 적용 대상이 되었고, 2019년 7월부터 전자금융업자도 자금세탁방지의무를 적용받게 되었다. 외국환거래법 개정을 통해 비금융사의 독립적인 해외송금업무가 가능하도록 2017년 7월 전문외국환업무 취급업자가 신설되면서 독립형 해외송금업자가 특정금융거래정보법의 적용을 받게 되었다. 2016년 3월부터는 은행과 위·수탁 계약을 맺은 핀테크 기업 등도 해외송금 업무가 가능하게 되기도 하였다 2018년 8월 기준으로 23개 독립형 소액해외송금업자가 등록되어 영업을 영위하고 있다.

소액해외송금업자의 경우 여러 건의 송금신청을 모아 한 번에 송금(pooling)하는 방식으로 이용되거나 외국의 협력업자에게 미리 목돈을 송금한 후, 해외송금을 접수할 때 현지에서 자금을 지급하는 방식(pre-funding) 등을 통해 자금세탁에 이용될 수 있다. 외국인 근로자 등 비거주자와의 거래가 많을 것으로 예상되므로 테러자금조달에도 이용될 가능성이 있다. 소액해외송금업자는 은행보다 송금 수수료가 10~20% 수준 저렴하기 때문에 이용건수가 증가하고 있으나, 1인당 금액한도가 제한되고 있고, 제공서비스도 제한되어 있어 서비스가 ML/FT에 악용될 가능성은 낮은 것으로 판단되는 측면이 있다. 하지만 가상자산 활용 등 다양한 방식의 송금 가능성도 여전히 존재하고 있어 은행 등은 소액해외송금업자를 카지노사업자, 환전상 등과 함께 고위험고객으로 분류하여 관리하고 있는 실정이다.

2) 전자금융업자의 ML/FT 리스크

전자금융거래법상 7개 업종의 전자금융업자도 2019년 7월 「특정금융거래정보법 시행령」 개정안이 시행됨에 따라 자금세탁방지의무 부과 대상이 되었다. 다만, 전자자금이체업과 전자화폐발행 및 관리업의 경우 등록된 업체가 없다.

전제지급결제대행업(PG: Payment Gateway)이 전체 전자금융업 비중의 73%를 차 .
지하며 전자금융업의 성장을 이끌어 오고 있다. PG는 전자적 방법으로 재화를
구입하거나 서비스를 이용하는 과정에서 지급결제 정보를 송수신하거나 그 대
가의 정산을 대행·매개하는 업무를 수행하는데, 인터넷·모바일 전자상거래의 증
가에 따라 그 거래규모가 지속적으로 증가하는 추세에 있다. 카드사는 구매자
및 PG와 거래하고 가맹점은 PG와 거래하므로 가맹점에서 발생하는 ML/FT 위
험은 PG를 통해 모니터링이 가능한 측면이 있다.

　　PG 다음으로 전자금융업 중 거래비중이 큰 업종은 선불전자금융업으로서
약 30%의 비중을 차지한다. 선불전자금융업자는 금전적 가치가 전자적 방법으
로 저장된 증표를 발행하거나 해당 증표에 관한 정보를 취급하는 업무를 수행하
는데, 선불전자 지급수단을 이용한 간편송금서비스의 이용이 증가함에 따라 거
래금액도 크게 증가하고 있는 추세다. 선불전자 지급수단을 가맹점에서 대가 지
급 수단으로 사용하는 경우 선불전자금융업자에게 의무를 부과하지 않으면 구
매자와 가맹점 간 거래에 대한 모니터링에 어려움이 생기게 되며, 선불전자 지
급수단을 간편송금서비스에 이용하는 고객들은 자금을 선불업자의 은행 법인계
좌로 송금함으로써 선불전자 지급수단을 충전하게 되는데 이 과정에서의 자금
은 다른 개인들이 입금한 자금들과 함께 선불업자 법인계좌에서 혼화되므로 자
금세탁의 위험성이 커지게 된다.

　　전자금융업자 중 직불전자금융업자는 고객이 물품을 구매하거나 서비스를
이용하는 경우 구매자의 계좌에서 가맹점의 계좌로 구매대금이 이체되도록 중계
하는 업무를 수행하는데, 현재 거래규모는 크지 않으나 모바일 간편결제의 활성
화에 따라 이용금액이 증가추세에 있다. 전자고지결제업은 각종 세금, 공과금, 지
로요금 등을 수취인 징수기관을 대신하여 납부자에게 인터넷 등으로 고지하고,
대금을 자신의 계좌로 직접 수취한 후 징수기관에게 정산 지급하는 업무를 수행
한다. 다수 고객의 자금이 전자고지결제업자 명의 계좌에 집금되어 물품·용역
공급자 계좌로 이체되므로 거래 모니터링에 어려움이 생길 수 있다. 에스크로업
을 영위하는 결제대금예치업자는 결제대금을 일정기간 보관하다가 물품배송을
받은 사실을 확정한 후 판매자에게 대급을 지급하는 업무를 수행한다. 전자상거
래시 결제대금 예치의 법적 의무에 따라 전자지급결제대행업과 함께 거래규모

가 꾸준히 증가하고 있다. PG업과 에스크로업은 업무과정이 유사하여 현재 모든 에스크로업자는 PG업을 겸영하고 있으므로 별도 분리하여 의무를 부과할 실익은 크지 않다.

3) 환전영업자의 ML·FT 리스크

환전영업자는 환전업무를 영위하기 위해 관세청에 등록한 자이다. 원화를 대가로 2천 달러 이하의 외국통화를 매입하거나 매도하고 외국에서 발행한 여행자수표의 매입과 재환전 업무를 수행하기도 한다. 카지노 환전영업자의 경우 비거주자 및 외국인 거주자가 해당 카지노에서 획득한 금액 또는 미사용한 금액에 대하여 재환전하는 업무도 할 수 있다. 환전영업자는 2018년 10월말 기준 1,667개가 등록되어 있다. 높은 우대환율로 은행과 경쟁하고 있으나, 영세성과 외국인을 상대한다는 특성으로 인해 환치기 송금 등 불법 유혹에 취약하다는 평가를 받고 있다. 이에 따라 자금세탁방지제도가 도입된 시점부터 환전영업자는 제도의 적용대상이 되었다.

4) 카지노사업자의 ML·FT 리스크

우리나라에서는 2007년부터 카지노사업자도 자금세탁방지의무가 부과되고 있다. 특정금융거래정보법 개정에 따라 법 적용대상인 '금융회사등'에 카지노사업자도 포함되었다. FATF에서 자금세탁방지의무를 부과할 것을 권고하고 있는 비금융사업자(변호사, 회계사, 세무사, 공증인, 공인중개사, 귀금속상, 카지노사업자 등) 중 우선 카지노사업자부터 제도가 도입되고 있는 것이다.

2018년 4월 현재 17개 업체가 카지노사업을 운영 중이며 그 중 1개는 내국인이 이용 가능하고, 16개는 외국인 전용 카지노이다. 카지노사업자는 신용제공, 수표 교환, 환전 등의 서비스를 제공하므로 상당한 ML/FT 위험이 있는 것으로 평가되고 있다.

(4) 대부업자의 자금세탁·테러자금조달 리스크

대부업자는 금전의 대부를 업으로 하거나 금융기관의 대부계약 채권을 양도받아 이의 추심을 업으로 하는 자로서, 금융기관에서 대출이 어려운 저신용자나 금융 소외자 등에게 주로 금융서비스를 제공한다. 2017년 말 기준으로 전국적으로 8,084개의 대부업자가 영업을 하고 있다.

한편, 대부업자는 「금융실명거래 및 비밀보장에 관한 법률(약칭, 금융실명법)」 상 실지명의에 의한 금융거래를 실시하고 있어, 거래상대방의 주민등록번호 확인 등 신원확인이 철저하게 이루어지고 있으며 서비스가 제한적이고, 이용금리가 높으며, 평균 대부금액이 대체로 소액인 점 등을 고려할 때 자금세탁의 위험이 낮은 편에 속한다. 다만, 대부업 서비스가 담보대출 또는 타 금융서비스와 결합하여 ML/FT 목적에 이용될 가능성을 완전히 배제할 수는 없고 전체 대부잔액 중 과반 이상을 차지하는 자산규모 500억 이상의 대부업자는 법령준수 등을 위한 보호기준 수립 및 보호감시인 임면 등 기타 대부업자보다 강화된 의무를 부담할 수 있는 만큼의 역량이 있다는 점을 고려하여 2019년 7월부터 자산규모 500억원 이상의 대부업자에게 의무를 부과하고 있다.

4. 개별업권별 자금세탁방지·테러자금조달차단 업무 개선 사항[4]

(1) 은행을 통한 전제범죄 및 대응방안

1) 탈세

차명계좌와 현금거래를 통한 탈세·조세포탈은 은행업권을 통해 발생하는 자금세탁의 대표적인 유형이다. 일상적으로 발생하고 있는 차명계좌를 통한 탈세를 감소시키기 위해서는 은행 창구 직원들은 계좌 명의인의 거주 지역과 실제 금융거래가 빈번하게 발생하는 지역이 다르고 현금을 통한 입출금 거래가 대다수라는 점 등 차명계좌의 이용 패턴 및 거래 구조 등에 대해 이해하고 있어야 한다.

부모가 자녀의 대출금을 대납하는 방식을 통해 불법적으로 증여하려는 행위를 방지하기 위해서는 실제 원리금을 납부하는 자를 확인하려는 노력이 중요하다. 즉 대출 실행 후 조기상환 되는 계좌에 대한 모니터링을 강화하고 대출계약을 할 때 차주의 상환능력에 비해 대출금 상환기간을 짧게 설정하는 대출을

---

4) 성균관대학교 경영연구소, "주요 전제범죄 유형별 금융업권의 취약점 분석 및 개선방안 연구", 제7회 금융지도자 자금세탁방지 전문가과정 논문집, 2019

집중적으로 모니터링해야 할 것이다. 또한 대출 원리금 납부 계좌에 가족 등으로부터 납부 금액에 해당하는 자금이 반복적으로 입금되는 의심거래를 탐지하도록 시스템을 개선할 필요도 있다.

2) 대포통장

불법도박자금 등 불법사행행위의 자금이동이 은행의 대포통장을 기반으로 한다. 이에 대해 대응하기 위해서는 신규 법인이 계좌 개설을 요청하는 경우 실제 사업영위 여부를 철저히 확인하고 내부 직원 단속을 위해 은행 내부통제를 보다 강화해야 할 것이다.

3) 국외재산 도피

은행에서는 주로 수출입금융을 취급하는 과정에서 재산의 국외도피가 발생한다. 수출입 금융업무의 경우 각 지점 외환업무 담당자가 자체적으로 업무를 처리하도록 되어 있는 반면, 담당자를 감독할 지위에 있는 책임자들은 업무지식이 부족하여 실질적으로 감독하기 어려운 실정이다. 그러므로 우선 은행의 외환업무 담당자 및 책임자가 수출입 금융업무에 대한 전문성을 제고해야하 것이다.

(2) 보험사를 통한 전제범죄 및 대응방안

1) 탈세

증여세 탈세를 예방하기 위해서는 실질적으로 경제활동 능력이 없는 미성년자를 계약자로 하는 보험계약이 체결되었을 경우, 미성년자를 제외하고 부모가 보험료를 대신 납입한 경우는 연령대별 직장인의 평균 수입을 고려하여 보험료 납입이 과도한 것은 아닌지 검토해야 한다.

보험계약 후 단기간 내 계약자 변경이 발생하는 경우 모니터링을 강화하고, 설계사가 사전 질의를 함으로써 계약자 변경의 목적 등을 파악함으로써 소득세 탈세 등을 예방할 수 있을 것이다.

2) 보험사기

보험회사는 보험사기를 예방하기 위하여 회사내부의 고액계약, 중복계약,

보험사기 유의자 리스트를 별도로 관리하여 보험사기 유의자에 대해 보험계약 적부 심사 및 가입 거절 등을 통해 보험사기 유의자의 유입을 사전에 방지해야 한다.

(3) 금융투자회사를 통한 전제범죄 및 대응방안

1) 불법도박 등 불법사행행위

대포통장의 수단으로는 일반적으로 은행업권의 수시입출식 계좌가 주로 이용되어 왔으나, 대포통장 개설에 대한 은행권의 통제가 계속 강화되면서 최근에는 금융투자업권의 수시입출식 CMA 계좌가 그 대상이 되고 있다. 그러므로 금융투자업권은 CMA 계좌 개설 및 수시 입출금 거래에 대한 모니터링을 은행권에 준하여 실시해야 할 것이다.

2) 주가조작 등 불공정거래

내부 미공개 중요정부를 이용한 불공정 거래의 대표적 사례로 차명계좌를 이용한 선행매매가 존재한다. 선행매매는 금융투자업권 임직원이 사전에 파악한 내부 미공개 정보를 이용하여 차명계좌를 통해 호재가 있는 종목을 미리 매입하여 차익을 실현하는 행위이다. 이와 같은 불공정거래를 예방하기 위해서는 한국거래소, 금융감독당국, 검찰 등 규제기관이 유기적으로 신속하고 긴밀한 공조를 펼치는 것이 효과적인 것으로 분석된다.

금융회사등과 관련되는 자금세탁방지·테러자금조달차단 관련 법령·규정

1. 금융 관련 자금세탁방지·테러자금조달차단 법령·규정

(1) 법률과 시행령

1) 특정금융거래정보법과 동법 시행령

「특정 금융거래정보의 보고 및 이용 등에 관한 법률(약칭, 특정금융거래정보법)」은 AML/CFT 의무부과 대상이 되는 '금융회사등'을 정의하고, '금융회사등'이 이행해야 하는 의심거래보고의무, 고액현금거래보고의무, 내부통제구축의무, 고객확인의무 등을 규정한다. 이 법은 금융회사등의 의무준수 여부를 감독·검사하기 위한 금융거래정보의 비밀보장도 규정하고 있다.

2) 공중협박자금조달금지법과 동법 시행령

「공중 등 협박목적 및 대량살상무기확산을 위한 자금조달행위의 금지에 관한 법률(약칭: 공중협박자금조달금지법)」은 금융회사의 의심거래보고 대상이 되는 공중협박자금조달행위를 정의한다.

금융회사등은 허가 없이 금융거래 제한대상자로 지정고시된 자의 금융거래 및 그에 따른 지급, 영수업무를 취급해서는 안 되고, 이를 위반할 경우 징역이나 벌금에 처해진다.

(2) 행정규칙

「특정금융거래정보법」 및 동법 시행령에서 위임된 사항과 그 시행에 필요한 사항을 규정하기 위해 금융정보분석원장 고시인 「특정 금융거래정보 보고 및 감독규정」을 두고 있으며, 공중협박자금조달금지법·시행령에서 위임된 사항과 그 시행에 필요한 사항을 규정하기 위해 금융위원장 고시로서 「공중 등 협박목적을 위한 자금조달행위의 금지 관리규정」을 제정하였다.

「특정금융거래정보법」 및 동법 시행령에서 금융회사의 의심거래보고, 고액현금거래보고의무, 내부통제구축의무, 고객확인의무, 전신송금, 기록보관의무 등을 규정하고 있는 조항이 위임한 사항과 그 시행에 필요한 사항을 규정하기 위해 「자금세탁방지 및 공중협박자금조달금지에 관한 업무규정」을 두고 있다.

2. 금융회사 관련 자금세탁방지 등 법규 제·개정 경과

(1) '금융회사의 자금세탁방지 업무에 대한 지침'의 법규화[5]

1) '자금세탁방지 업무지침 작성 가이드라인(구)'의 법규성 문제

고객확인제도 도입을 위한 「특정금융거래정보법」 개정안이 2007년 12월 21일 국회를 통과하고 2008년 12월 22일 시행되면서 우리나라에서도 금융회사 등이 위험기반접근방식에 따라 고객확인을 해야 하는 강화된 고객확인제도를 본격 시행하게 되었고, 고객의 위험도를 평가하기 위해서 고객확인 정보화 프로그램을 도입하는 등 많은 변화가 있었다.

이를 계기로 금융정보분석원(KoFIU)은 FATF 권고사항을 반영하여 고객 및 거래유형에 따른 적절한 확인조치 등에 관한 내용을 정하여 금융회사등에 제공할 수 있도록 하는 규정을 2008년 11월 「특정금융거래정보법 시행령」 제10조의6(이후 삭제)을 신설하고, KoFIU가 고객확인 등에 관한 내용을 정하여 제공하는 경우 금융회사등은 이를 반드시 자체 지침에 반영하여 운용되도록 하였다.

이에 따라 KoFIU는 금융회사등이 자체적인 내부 자금세탁방지 업무지침을 마련하여 운용하도록 지원하기 위해 금융회사 실무자들과의 오랜 협의를 통해 「자금세탁방지 업무지침 작성 가이드라인」을 마련하여 2008년 9월에 배포하였다. 그러나 2008년 11월 FATF-APG 상호평가단은 특정금융거래정보법 시행령 제10조의6에 의하여 배포된 「자금세탁방지 업무지침 작성 가이드라인」의 서술방식이 설명문 형태로 되어 있어 금융기관의 의무를 법적으로 규제하고 있다고 보기에 곤란하고, 위반에 대한 제재도 명시적으로 없다는 점 등을 이유로 가이드라인의 법규성을 인정하지 않았다. 즉 법규라기보다는 모범규준(Best Practice)의 성격이 강하다는 것이었다. 또한 국내법적으로도 가이드라인으로 금융회사의 자금

---

5) 금융정보분석원, "자금세탁방지 2010년도 연차보고서," 2011

세탁 방지체계 전반을 강제화하기에는 그 근거가 다소 미흡한 측면이 있었다.

이에 따라 FATF는 2009년 10월 한국이 정회원으로 가입하였을 때 자금세탁방지 관련 규정이 미비하다고 지적하였고, 이에 대해 한국정부는 국제표준에 따라 제도를 개선할 것을 약속하였다.[6]

2) 「특정금융거래정보법」 시행령 개정과 「자금세탁방지 및 공중협박자금조달금지에 관한 업무규정」 제정

FATF의 보완요구에 따라 KoFIU는 법규성을 인정받지 못했던 기존의 가이드 라인을 대체하여 금융정보분석원장의 고시인 「자금세탁방지 및 공중협박자금조달금지에 관한 업무규정(약칭, 자금세탁방지 업무규정)」을 제정·시행할 수 있는 근거를 마련하기 위한 작업에 돌입하였다. 약 1년의 준비기간을 거쳐 2010년 6월 30일부터 특정금융거래정보법 시행령 제5조 제3항(현행 제5조 4항)이 시행되었다. 이에 따라 금융정보분석원장이 금융회사등의 자금세탁방지업무와 관련하여 내부통제·보고체제 구축, 고객확인 제도, 모니터링 체계 구축, 자료보존 등 자금세탁방지 의무 이행에 필요한 사항을 정하여 고시할 수 있는 근거가 마련되었다.

자금세탁방지 업무규정 제정을 추진하여 2010년 7월 30일 시행되었다. 기존의 가이드라인이 임의성을 내포하고 있었고, 공문으로 통보했던 것과 달리 금융정보분석원장의 고시로 새로이 제정된 「자금세탁방지 및 공중협박자금조달금지에 관한 업무규정」은 법적 근거 및 강행성이 확립되었다.

자금세탁방지 업무규정은 법령위임사항을 명확히 하고, FATF 권고사항과 지적사항을 최대한 반영하며, 법조문형태로 간단명료하게 기술되어 있으며, 총칙, 내부통제, 고객확인의무, 강화된 고객확인의무, 모니터링, 보고체제수립, 자료보존 등 총 7장 90개문으로 구성되어 있다.

(2) 이사회·경영진등의 내부통제 책임 명확화를 위한 '지배구조감독 규정' 개정

2017년 1월 KoFIU가 금융회사 준법감시인 간담회를 개최하여 금융회사가

---

6) 이민섭, "자금세탁방지 및 공중협박자금조달금지 업무규정 제정," 금융연수원 웹진, 2010.

효과적으로 자금세탁방지체계를 구축하기 위한 방안이 논의되었다. 이 자리에서 금융회사가 자금세탁방지 역량을 업그레이드하기 위해서는 자금세탁 관련사항을 금융회사 최고 내부규범인 '내부통제기준'에 규율하도록 의무화하여 최고경영진의 역할과 책임을 명확히 할 필요가 있다는 데 의견이 모아졌다.[7]

이에 따라 금융위원회는 금융회사 이사회, 경영진, 준법감시인 등의 역할과 책임을 명시하도록 한 지배구조법 체계를 통해 자금세탁방지 내부통제사항을 규율하게 되었다. 「금융회사 지배구조법」의 적용대상인 은행, 금융투자업자, 종합금융회사, 보험회사, 상호저축은행, 여신전문금융회사, 금융지주회사는 금융회사 지배구조 감독규정의 신설조항인 제11조 제2항에 제6호에 따라 2018년 4월부터 금융회사의 임직원이 직무를 수행할 때 준수하여야 할 기준 및 절차(약칭, '내부통제기준')'에 자금세탁방지 관련 내부통제 핵심사항을 의무적으로 포함해야 하게 되었다.

(3) 금융회사 내부통제 구축에 관한 법적 근거 명시

1) 「특정금융거래정보법」 및 동법 시행령 개정

2018년까지는 「특정금융거래정보법」에 따라 금융회사등은 자금세탁방지를 위해 준수해야 할 업무지침 제정·운용 의무를 부과받고 있었으나 법률에 업무지침에 규정할 사항을 전혀 규정하지 않았고, 금융회사등이 임직원의 업무지침 준수 여부를 감독해야 할 의무 등도 법률에서 규정되어 있지 않아 2019년 FATF 상호평가를 앞두고 금융회사 내부통제 구축을 위해 법적 근거를 보완해야 할 필요성이 제기되었다. 예를 들어 '위험기반접근방식'의 근거가 법률에 명시되지 않았었다.

이에 따라 '금융회사등이 내부 업무지침에 규정해야 할 일부 사항을 법률에 규정하고 그 밖의 사항을 시행령으로 열거 하도록 하며, 금융회사등에 내부 임직원의 업무지침 준수 여부를 감독하도록 의무를 부과'하는 것을 골자로 하는 「특정금융거래정보법」 개정안이 본회의를 통과한 후 2019년 1월 15일 공포되었다. 금융회사등이 내부 업무지침에 규정해야 할 사항 중 일부 사항은 법률에 규

---

7) 금융정보분석원, "금융회사의 자금세탁방지 내부통제 강화" 보도자료, 2017년 9월 12일

정되었고 그 밖의 사항은 시행령으로 위임되었다. 법률에는 금융거래에 내재된 자금세탁행위 등의 위험을 식별, 분석, 평가하여 위험도에 따라 관리 수준을 차등화하는 업무체계의 구축 및 운영에 관한 사항, 자금세탁방지 업무를 수행하는 부서와 독립된 부서 등에서 자금세탁방지 업무수행의 적절성 등을 검토·평가하고 이에 따른 문제점을 개선하기 위한 업무체계의 마련 및 운영에 관한 사항이 규정되었다. 이로써 FATF가 권고하고 있는 '위험기반접근방식'과 '독립적 감사체계 구축'의 법적 근거가 명확해졌다.

2019년 6월에 국무회의에서 통과된 특정금융거래정보법 시행령에는 금융회사등이 내부 업무지침에 규정해야 할 사항으로서, '효과적인 금융거래보고를 위한 금융거래 감시체계의 구축·운영에 관한 사항, 고객의 자금세탁등 위험을 평가하는 절차·방법, 제3자 고객확인시 준수해야 할 절차·방법, 신규 상품 및 서비스에 대해 자금세탁위험을 예방하기 위한 절차·방법, 자금세탁방지를 위한 해외소재 지점 등의 관리 절차·방법에 관한 사항' 등이 명시되었다.

2) 「자금세탁방지 및 공중협박자금조달금지에 관한 업무규정」 개정

(ⅰ) 금융회사의 자금세탁 위험평가 실시 근거 마련

금융회사등은 개정전 업무규정에 따라 자금세탁방지제도를 스스로 평가하는 '자가평가'를 실시하고 있었으나, 업무규정에는 FATF가 권고하는 '자신의 ML/FT 위험을 확인·평가·이해'에 관한 사항이 반영되어 있지 않고 있었다. 이에 따라 2019년 6월 업무규정 개정을 통해 업무규정상의 '자가평가'를 자신의 자금세탁 행위등의 위험을 확인·평가·이해하는 '위험평가'로 개정하였다. 이에 따라 금융회사등이 위험평가를 주기적으로 시행하면 그 결과를 FoFIU와 검사수탁기관에 제출해야 하고, 금융정보분석원장은 금융회사등이 자신의 금융거래 등에 내재된 자금세탁행위등의 위험에 상응하여 적절한 조치를 취하고 있는지 주기적으로 평가하도록 되었다. 이를 통해 금융회사등이 FATF 권고사항인 '위험평가와 위험기반접근방식의 적용'을 좀 더 온전히 이행하고 있는 것으로 평가받을 수 있게 되었다.

(ⅱ) 생명보험의 고객확인 대상의 명확화

FATF 권고사항을 반영하여 생명보험의 경우에는 수익자에 대해서도 고객확인을 하도록 하는 조항이 신설되었다.

(ⅲ) 금융회사의 '요주의 인물'에 대한 확인 강화

업무규정 개정 전에는 금융회사는 고객뿐 아니라 고객을 실제 지배하는 '실제소유자'가 요주의 인물인지를 확인할 의무가 있는지 불명확한 측면이 있었다. 새로 개정된 업무규정에서는 고객의 실제소유자의 요주의 인물 해당 여부를 금융회사등이 확인할 것을 명확히 하였다.

또한 종전에는 해외 자회사 또는 지점을 보유한 금융회사의 경우 자회사 또는 지점의 소재국과 관련된 금융거래가 빈번함에도 불구하고, 소재국에서 발표하는 '요주의 인물 여부'를 확인할 의무가 있는지 국내 법령에는 명확한 규정이 없었다. 예를 들어, 미국 OFAC에서 발표하는 리스트에 대해 해외지점 등을 포함한 국내 금융회사등에게 확인 의무가 주어져 있는지 여부와 이에 대한 국내 감독·검사 회사의 감독·검사 권한 여부가 불명확하였다. 이에 따라 해외 지점·자회사 소재 국가에서 발표하는 대상자를 '요주의 인물'로 추가하도록 「자금세탁방지 업무규정」이 개정되었다.

SECTION 03

자금세탁방지 등을 위한 금융회사의 내부통제 구축[8]

1. 내부통제구축 필요성 및 개요

(1) 내부통제구축의 필요성

'자금세탁방지를 위한 내부통제'란 금융회사 내부통제기준의 일부분으로서 ML/FT 위험을 예방하거나 완화시키기 위해 금융회사의 모든 임직원에 의해 지속적으로 행해지는 일련의 과정이며, 경영구조, 제공되는 상품, 고객특성 등을 고려하여 위험수준에 따라 구축되어야 한다.

---

8) 금융정보분석원, '자금세탁방지제도의 이해 교육자료(2018년 10월),' '자금세탁방지 및 공중협박자금조달금지에 관한 업무규정'을 주로 참조.

자금세탁방지제도의 성공을 위해서는 형식적인 제도화 노력보다는 창구직원의 이해 및 관심을 제고하는 것이 더욱 중요하다. 또한 금융회사 내부의 자금세탁방지프로그램 구축은 금융기관들이 자금세탁범죄에 이용되지 않도록 하는 가장 효율적인 방법이라 할 수 있다.

금융기관들이 이러한 내부프로그램 구축을 금융기관의 내부관리 시스템을 선진화할 수 있는 계기로 활용하여 일선창구에서의 금융서비스 개선과 함께 추진할 경우, 내부보고 체제구축에 따르는 부담을 단순히 비용 요소로만 받아들이지 않고 장기적인 관점에서 이윤 제고에 도움이 되는 투자로 인식하게 되어 보다 적극적으로 내부시스템을 정비해 나갈 수 있을 것이다.

(2) 내부통제구축에 대한 규정

FATF 권고사항 18은 금융기관으로 하여금 자금세탁 방지프로그램을 이행하도록 권고하면서 이를 위해 금융기관별로 보고책임자를 지정하고, 내부절차를 마련하며, 지속적인 직원훈련 등을 실시할 것을 요구하고 있다.

「특정금융거래정보법」은 제5조에서 금융회사등을 통한 ML/FT 행위를 효율적으로 방지하기 위하여 금융회사등에게 보고책임자의 임명 및 내부 보고체제의 수립, 업무지침의 작성 및 운용, 임·직원의 교육 및 연수 의무를 부과하고 있다. 이에 따라 2001년 11월 법률 시행 이후 금융회사별로 업무지침을 작성하고 혐의거래 참고유형을 제공하여 직원교육에 활용해오고 있다.

하지만, 추가적인 내부통제의 사항과 금융회사등이 내부적으로 작성·운용해야 할 업무지침의 내용에 대해서 구체적으로 규정하고 있지 않아 금융회사등이 효과적으로 내부통제구축을 하거나 이에 대해 관리·감독하는 데 어려움이 있었다.

이러한 문제점을 해소하기 위하여 2019년 1월 15일 「특정금융거래정보법」이 개정되어 금융회사등이 내부 업무지침에 규정해야 할 사항 중 일부 사항은 법률에 규정되었고 그 밖의 사항은 시행령으로 위임되었다. 법률에는 금융거래에 내재된 자금세탁행위 등 위험도에 따라 관리 수준을 차등화하는 업무체계의 구축·운영, 자금세탁방지 업무를 수행하는 부서와 독립된 부서 등에서 자금세탁방지 업무수행의 적절성 등을 검토·평가하고 이에 따른 문제점을 개선하기 위한 업무체계의 마련 및 운영에 관한 사항이 규정되었다. 시행령에는 금융회사등이 내부 업무지침에 규정해야 할 사항으로서, '효과적인 금융거래보고를 위한 금융거래 감시체계의 구축·운영에 관한 사항, 고객의 자금세탁등 위험을 평가하는 절차·방법, 제3자 고객확인시 준수해야할 절차·방법, 신규 상품 및 서비스에 대해 자금세탁위험을 예방하기 위한 절차·방법, 자금세탁방지를 위한 해외소재 지점 등의 관리방안, 금융회사등이 전신송금 서비스를 효과적으로 수행하기 위해 필요한 사항' 등이 명시되었다.

(3) 내부통제구축 관련 벌칙

2019년 1월 법률 개정을 통해 금융회사등에 내부 임직원의 업무지침 준수여부를 감독하도록 의무를 부과함으로써 동 의무 위반 시 금융회사등에 대하여 1억원 이하의 과태료를 부과할 수 있게 되었다.

2. 자금세탁방지 등을 위한 금융회사의 내부통제 구축의 내용

(1) 자금세탁방지업무 담당구성원별 역할과 책임

1) 이사회와 경영진의 역할과 책임

이사회는 경영진이 자금세탁방지를 위해 설계, 운영하는 내부통제 전반에 대한 감독책임을 수행해야 하고 자금세탁방지와 관련한 경영진 및 감사(위원회)의 평가, 조치결과에 대한 검토책임도 함께 수행해야 한다. 경영진은 자금세탁방지활동과 관련하여 자금세탁방지를 위한 내부통제정책의 이행계획, 설계, 운영, 평가에 대한 책임을 지고, 자금세탁방지를 위한 내부통제 규정을 승인한다. 내부통제정책을 준수해야 하고, 취약점에 대한 개선조치사항을 이사회에 보고해야 한다.

아울러 경영진은 내부통제 운영과정에서 발견된 취약점에 대한 개선 책임을 지고 자금세탁 방지업무를 효과적으로 수행하기 위해 일정 자격과 직위를 갖춘 자를 보고책임자로 선정하고, 그 임면사항을 금융정보분석원장에게 통보하여야 한다.

2018년 4월에는 「금융회사 지배구조 감독규정」 제11조 제2항에 제6호가 신설되어 은행, 금융투자업자, 종합금융회사, 보험회사, 상호저축은행, 여신전문 금융회사, 금융지주회사는 임직원이 직무를 수행할 때 준수하여야 할 기준 및 절차(약칭, '내부통제기준')에 '자금세탁 위험평가체계 구축·운영, 독립적 감사체계 구축, 위한 임직원의 신원사항 확인 및 교육·연수'에 관한 사항을 포함해야 하게 되었다. 이에 따라 금융회사의 이사회, 경영진, 준법감시인 등은 자금세탁 관련 내부통제 업무를 명확히 구분하고, 위임할 경우에는 위임한 자와 위임받은 자의 업무와 관리·감독 관계를 명확히 해야 한다.

2) 보고책임자의 역할과 책임

보고책임자는 금융거래에 있어서의 고객확인 의무수행 관련 업무를 총괄하고, 의심되는 거래로 판단되거나 고액현금거래에 해당될 경우 금융정보분석원장에게 보고해야 할 의무와 책임이 있다. 또한 자금세탁방지를 위한 내부통제를 설계하고 운영하며 점검해야 하고, KoFIU와 업무협조 및 정보교환 등을 추진해야 한다.

(2) 자금세탁행위등 업무 수행의 절차 및 업무지침의 작성·운용

금융회사등은 「특정금융거래정보법」과 시행령 등에 따라 AML/CFT 관련 내부업무지침에 '금융거래에 내재된 ML/FT 위험 평가체제 구축·운영, 독립적 부서의 AML/CFT 업무 평가 및 개선 체계 마련·운영, 고객의 ML/FT 위험에 대한 평가 절차·방법, 제3의 금융회사를 통한 고객확인시 준수해야 할 절차·방법, 금융거래 감시체계 구축·운영, 해외소재 자회사·지점의 AML/CFT 의무 이행 감시·관리를 위한 절차·방법 등'을 포함하여야 한다.

(3) 임직원에 대한 교육 및 연수

보고책임자가 교육, 연수를 주관하여 실시하되, 세부사항은 각 금융기관 등이 자율적으로 수립해야 한다. 대체로 전 직원에 대하여 집합, 화상 등 다양한 방법으로 연 1회 이상 실시하되, 협회 등 관련 기관과 공동으로 주관하여 교육할 수 있다. 교육실시 후에는 교육일자, 교육대상, 교육내용 등을 기록, 관리하여야 한다.

(4) 직원알기 제도(Know Your Employee)

금융회사등은 자금세탁방지를 위하여, 직원을 신규 채용하는 경우 특정금융정보법상 고객확인에 준하여 신원확인 및 검증 절차 등을 수행하고, 채용 후에도 신규 채용시에 준하여 정기적으로 신원확인을 실시하는 이른바, '직원알기 제도' 관련 절차를 수립하여 내부통제기준에 포함하고 이를 이행하여야 한다.

(5) 독립적인 감사체계

금융회사등은 규모, 업무범위, 내부통제수준 등에 따른 위험을 고려하여 독립적인 감사체계를 구축하고 운영하여야 한다. 즉, 자금세탁방지업무 담당부서와 독립된 부서 또는 외부 전문가가 업무수행의 적절성, 효과성을 객관적으로 평가하고, 문제점을 개선하기 위한 내부감시체계를 운영해야 하며 이에 관한 사항을 내부통제기준에 포함시켜야 한다.

감사대상은 금융회사등의 자금세탁방지 관련 활동으로 하며, 감사수행 빈도 및 수준은 자금세탁위험에 따라 조정할 수 있다.

(6) 금융회사등의 자금세탁행위 등의 위험 평가·경감 조치

1) 금융회사 자신의 자금세탁 행위등의 위험을 확인·평가·이해

금융회사등은 금융회사 자체 및 금융거래 등에 내재된 자금세탁행위등의 위험, 신규 금융상품 및 서비스 등을 이용한 자금세탁행위등의 위험에 대하여 확인하고, 평가하며, 이해하여야 한다. 이를 위해서는 먼저 모든 위험 요소들을 고려하고 위험에 대한 확인·평가·이해 결과를 문서화하며, 지속적으로 최신 상태로 유지하고, 그 정보를 KoFIU와 검사수탁기관에게 제공하기 위한 운영체계를 적절히 구축해놓아야 한다.

2) 금융회사 자신의 자금세탁 행위등의 위험을 경감하는 조치

금융회사등은 이러한 바탕위에서 자신의 자금세탁 행위등의 위험을 관리하고 경감하기 위한 정책·통제·절차를 마련하고 경영진의 승인을 거쳐야 한다. 자금세탁 행위등의 위험이 높은 것으로 확인된 분야에 대해서는 강화된 조치를 수행해야 한다.

(7) 금융회사등의 위험관리수준과 자금세탁방지제도 이행현황에 대한 평가[9]

1) 위험관리수준 평가

금융회사등은 자신의 금융거래 등에 내재된 자금세탁 행위등의 위험에 상응하여 적절한 조치를 취하고 있는지 주기적으로 평가하여 KoFIU에 보고해야 한다. 실무적으로는 금융회사등은 매분기마다 KoFIU의 '위험평가포털'에 접속하여 위험평가 자료 전반에 대해 입력하고 그 입력자료를 제출해야 한다. KoFIU는 이를 통해 금융회사등의 위험평가 및 위험경감 조치 이행 수준을 제고할 수 있게 되며, 이 자료를 검사수탁기관과 함께 검사, 감독, 교육에 활용해야 한다.

2) 자금세탁방지제도 이행현황에 대한 종합평가

각 금융회사등의 독립적 감사 담당부서는 연간 감사계획 등에 반영하여 자금세탁방지담당부서에서 작성한 위험관리수준 평가의 적정성·정확성 등을 사후적으로 점검하고, 경영진이 보고책임자로부터 위험평가 결과 미흡사항 개선을 위한 평가보고서, 중장기 계획 등을 보고받아 위험을 적절히 경감하기 위한 정책, 절차, 통제활동을 마련하여 이행해야 한다. 매년 KoFIU가 금융회사등의 제도 이행현황 등에 대해 종합적인 평가를 실시할 때 이 활동들의 결과도 제출해야 한다.

(8) 해외소재 자회사·지점의 자금세탁방지등 의무 이행 관리

금융회사등은 대한민국 외에 소재하는 자회사·지점이 AML/CFT 의무를 이행하는지 감시하고 관리해야 한다.

---

9) 금융정보분석원, "위험평가체계 기반 자가평가 운영 개선 및 실시 통보", 2018년 4월

금융회사등의 고객확인의무10)

1. 고객확인의무의 개요

(1) 고객확인의무의 의의

고객확인의무란 금융회사등이 제공하는 금융거래 또는 서비스가 자금세탁 등의 불법행위에 이용되지 않도록 고객확인 및 검증, 거래관계의 목적확인 및 실제소유자확인 등 고객에 대하여 합당한 주의를 기울이는 제도를 말한다. 이 제도는 금융기관 등의 건전성을 제고하고, 의심되는 거래보고의 효용성을 높이며, 자금세탁방지 환경변화에 대하여 능동적으로 대응하기 위하여 도입되었다.

(2) 고객확인의무의 적용대상

1) 계좌 신규개설

고객이 금융회사등에서 예금계좌를 신규로 개설하는 경우를 포함하여 금융회사등과 계속적 금융거래를 개시할 목적으로 계약을 체결하는 것을 말한다.

2) 일회성 금융거래11)

(ⅰ) 일회성 금융거래의 종전의 정의의 문제점

일회성금융거래는 2019년 이전까지는 특정금융거래정보법 시행령에 따라 '금융회사등에 개설된 계좌에 의하지 아니한 금융거래'로 정의되어 있었다. 이 정의에 따르면 대표적으로 무통장 송금, 외환송금 및 환전 등이 일회성 금융거래로 분류되었다.

하지만, 금융회사가 이 정의를 적용하는 과정에서 실무상 적용의 혼선이 생겼고, 금융 고객에 대한 불편도 초래하는 문제점이 나타났다. 일회성 금융거래는 금융거래 시 고객의 실명을 확인토록 하면서 실명이 확인된 계좌에 의한 계

---

10) 금융정보분석원, 자금세탁방지제도의 이해 교육자료(2018년 10월)를 주로 참조.
11) 금융정보분석원, 특정금융거래정보법 시행령 개정안 입법예고(보도자료), 2018년 5월 11일

속거래에 대해서는 실명확인을 생략하는「금융실명법」상 개념을 차용하여 정의되었으나, 여신, 보험 등 실명법이 적용되지 않는 거래의 경우 계좌 개념이 모호하여 일회성 거래 구분이 불명확하다는 문제점이 제기되었다. 예를 들면, 금융회사가 확인을 수행한 고객이 다시 2,000만원을 초과하는 외환송금, 환전 등의 일회적 금융거래를 할 경우 외환송금, 환전 등은 '계좌에 의하지 아니한 거래'이므로 이미 고객확인절차를 거친 고객을 중복적으로 확인하는 문제가 발생하였다. 외환송금, 환전 이외에도 일회적 금융거래 형태가 다양하여, 해당 거래가 시행령상 일회성 금융거래에 해당하는지 여부가 불분명했던 것이다. 또한 보험·신용카드사 등이 고객에게 대출을 시행한 이후 대출 당사자가 아닌 제3자가 대출금을 상환하는 경우는 FATF 권고사항이나 주요국 입법례에 따르면 고객확인대상이 되는지가 명확하지만, 종전의 우리 법령상으로는 계좌에 의한 금융거래와 계좌에 의하지 아니한 금융거래로 구분하기 곤란하여 고객확인대상이 되는지가 명확하지 않은 측면이 있었다.[12]

(ii) 일회성 금융거래의 정의의 개선

KoFIU는「특정금융거래정보법」시행령을 개정하여 2019년 7월을 기준으로 일회성 금융거래의 정의를 '금융회사등과 계속하여 거래할 목적으로 계약을 체결하지 않은 고객에 의한 금융거래'로 변경하였다.

이 정의에 따르면 금융회사가 확인을 수행한 고객이 다시 금융회사를 방문하여 일회적 금융거래를 하더라도 특별한 사유가 없는 한 고객확인을 이행할 필요가 없게 되었다. 특별한 사유는 고객이 실제소유자인지 여부가 의심되는 등 자금세탁행위 등을 할 우려가 있는 경우를 말한다.

보험·신용카드사 등이 고객에게 대출을 시행한 이후 대출 당사자가 아닌 제3자가 대출채무를 변제하는 경우도 이미 고객확인이 이행하지 않았던 고객이라면 명확하게 고객확인 대상으로 분류할 수 있게 되었다.

(iii) 일회성 금융거래 기준금액의 변경

기준금액은 단일거래뿐만 아니라 연결된 거래를 포함한 금액을 기준으로 산정하는데, 종전에는 일회성 금융거래 한화 2,000만원, 외화 1만 달러 상당이상의 거래에 대해 고객확인의무 부과되어, 국제기준이 요구하는 금액기준을 충족하지 못하는 문제를 안고 있었다. FATF 권고사항은 전신송금과 카지노사업장의 거래에 대해서 더 엄격한 기준을 제시하고 있는데, 전신송금인 경우 1,000달러(약 100만원), 카지노거래의 경우 3,000달러, 기타 거래에서는 미화 15,000달러(약 1,500만원)를 초과하는 거래를 대상으로 규정하고 있다.

이에 따라 KoFIU는 특정금융거래정보법 시행령 개정을 통해 2019년 7월부터 일회성 금융거래의 거래형태를 세분화하고, 기준금액을 강화하여 제도를 운용해오고 있다. 개정된 시행령에 따르면 일회성 금융거래 금액의 기준은 전신송금의 경우 100만원 또는 그에 상당하는 외화, 카지노 거래의 경우 300만원 또는 그에 상당하는 외화, 외화표시 외국환 거래는 종전과 같이 1만 달러, 그 외의 거래에 대해서는 1,500만원이다.

3) 실제 거래당사자 여부가 의심되는 등 자금세탁 등의 우려가 있는 경우

일회성금융거래와 상관없이 실제 거래당사자 여부가 의심되는 등 자금세탁 행위나 테러자금조달 행위를 할 우려가 있다고 평균적인 일반인의 관점에서 금융회사등이 판단하는 경우도 고객확인의무가 적용된다.

4) 기존 고객에 대한 적용

금융회사등은 기존 고객에 대하여 위험평가를 통해 자금세탁위험이 높다고 판단되는 경우, 또는 거래모니터링 결과 거래행위 등이 비정상적인 경우에는 적절한 시점에 강화된 고객확인의무를 이행할 수 있는 절차를 수립, 운영하여야 한다.

5) 인수, 합병시 적용

인수, 합병을 통해 취득한 금융회사등의 고객에 대해서도 고객확인의무를 수행하여야 한다. 다만, 고객확인 및 검증을 수행한 관련 기록을 입수하고 피인수기관으로부터 「특정금융거래정보법」에 따른 고객확인 의무수행에 대한 보증을 받은 경우와 상기 고객확인 및 검증 관련 자료에 대한 샘플링 테스트(sampling test) 등을 통하여 적정하다고 판단되는 경우에는 피인수기관 고객에 대한 확인 및 검증을 생략할 수 있다.

2. 자금세탁행위 위험의 평가를 고객확인에 활용

(1) 위험 식별

자금세탁행위 등에 대한 위험평가를 하기 위해서는 금융회사별로 거래고객, 취급 상품 및 서비스, 영업지역, 거래채널, 주요 경쟁자 등의 각 회사의 고유한 특성을 고려하여 자금세탁 등의 위험과 원인에 대해 파악하는 단계로 금융회사가 자금세탁 등의 행위에 이용되거나 노출될 수 있는 모든 위험을 포괄적으로 검토하여 파악하는 것이 중요하다.[13] 이를 위험식별이라고 하며, 금융회사등이 자금세탁과 관련된 위험을 식별하고 평가하는 과정에서는 기본적으로 국가위험, 고객위험, 상품 및 서비스 위험이 고려되어야 한다.

(2) 국가위험 평가[14]

특정국가의 자금세탁방지제도와 금융거래 환경이 취약하여 발생할 수 있는 자금세탁행위등의 위험을 '국가위험'이라고 한다. 국가위험은 다른 위험요인과 연결하여 자금세탁 행위등의 위험을 식별하는 데 유용한 정보를 제공한다. 금융회사등은 FATF에서 요구하는 고위험국가에 대해서는 거래나 사업관계 개설시 강화된 고객확인을 적용해야 한다.

(3) 고객위험 평가

고객의 특성에 따라 다양하게 발생하는 자금세탁 행위등의 위험을 '고객위험'이라고 한다. 금융회사등은 고객의 직업 또는 업종, 거래유형 및 거래빈도 등을 활용할 수 있다.

고객에 대한 잠재적인 자금세탁행위 등의 위험을 분석하는 것은 금융회사등의 전체 자금세탁행위를 평가하는 데 매우 중요하며 실제 자금세탁 행위 등과 연루될 가능성이 높은 고객에 대해 분류를 하고 위험을 평가하는 것은 무엇보다 중요하다.

---

13) 금융정보분석원, "금융투자업·상호금융업 AML/CFT 위험기반접근방식 처리 기준 해설서", 2017.6
14) 금융정보분석원, "AML/CFT 관련 위험평가 및 위험기반접근방식 처리 기준", 2018.12

외국의 정치적 주요인물(PEPs) 등과 같이 위험이 높은 고객에 대해서는 추가적인 고객확인 및 검증을 수행해야 한다.

(4) 상품 및 서비스 위험 평가

금융회사등은 고객에게 제공하는 모든 상품과 서비스에 따라 다양하게 발생하는 자금세탁 행위등의 위험을 평가해야 한다.

금융회사등은 금융거래에 내재된 자금세탁행위등의 위험을 식별·평가하고 위험을 경감하기 위한 조치를 취해야 한다. 뿐만 아니라 전자금융기술의 발전 및 금융환경 등의 변화로 생겨날 수 있는 신규상품이나 새로운 지급·결제 수단의 이용에 따른 신규 서비스 등을 이용한 자금세탁행위 등의 위험 사항을 식별하여 확인·평가·이해하기 위한 정책과 절차를 수립·운영하고 위험 관리·경감 조치를 취해야 한다.

FATF 권고사항 13은 국가 간 자금이 이동하는 환거래 서비스와 이와 유사한 서비스에 대해서도 고위험 활동으로 분류하여 강화된 고객확인을 하도록 요구하고 있다.

반면에 자금세탁방지 업무규정은 보험해약 조항이 없고 저당용으로 사용될 수 없는 연금보험과 같은 상품 및 서비스는 저위험으로 간주할 수 있도록 하고 있다.

3. 고객확인의무의 기준

(1) 이행시기 및 지속적인 고객확인

금융회사등은 당해 금융거래가 완료되기 전까지 고객확인의무를 이행하여야 한다. 다만, 금융거래 이후 고객확인 의무수행이 가능한 경우에는 그에 대비한 위험관리절차를 수립하여야 한다.

금융회사등은 고객확인을 한 고객과 거래가 유지되는 동안 당해 고객에 대하여 지속적으로 고객확인을 하여야 한다. 거래전반에 대한 면밀한 조사 및 이를 통해 금융회사등이 확보하고 있는 고객·사업·위험평가·자금출처 등 정보가 실제 거래내용과 일관성이 있는지를 검토하고, 특히 고위험군에 속하는 고객 또는 거래인 경우 현존 기록을 검토하여 고객확인을 위해 수집된 문서, 자료, 정보가 최신이며 적절한 것인지를 확인할 수 있어야 한다.

인터넷뱅킹 시스템을 통한 지속적인 고객확인 또는 고객확인 재이행 여부가 문제될 수 있다. 인터넷 뱅킹을 이용한 고객확인이더라도 지속적인 고객확인의 방법으로 규정된 방법에 따라 고객을 확인할 수 있는 요건을 구비하고 있다면 지속고객확인이 가능한 수단의 하나라고 할 수 있을 것이다.

휴면고객에 대해 고객확인이 필요한 경우 거래를 재개한 시점에 고객확인 절차를 수행하는 것이 허용되는지 여부, 즉, 완화된 주기를 적용할 수 있는 지에 대한 의문도 제기 될 수 있다. 고객확인의 주기는 금융회사등이 ML/FT 위험도에 따라 위험도가 낮다고 판단되는 고객에 대해서는 일반 고객보다 완화된 주기를 설정·운용할 수 있으며, 휴면 고객에 대해서도 위험도가 낮다고 판단되는 경우 완화된 주기를 설정·운영할 수 있다고 판단하는 것이 적절하다.

(2) 고객확인 및 검증

고객확인 및 검증이란 금융기관 등이 고객과 금융거래를 할 때 문서나 질문 등을 통해 고객으로부터 정보를 획득하여 확인하는 과정과 고객으로부터 획득한 정보를 객관적이고 신뢰할 수 있는 문서, 자료, 정보 등을 통하여 검증하는 과정을 말한다.

1) 개인(외국인 포함) 및 법인(영리, 비영리, 기타 및 외국단체 포함)

고객에 대한 신원확인 및 검증, 실제소유자에 대한 신원확인 및 검증, 거래목적 및 용도파악으로 이루어진다.

2) 대리인에 대한 확인

(ⅰ) 규정

개인 또는 법인에 대한 고객확인 및 검증절차에 준하여 수행하여야 한다.

(ⅱ) 대리인의 고객확인 의무 수행 시점 및 계속거래에서 계좌주의 고객확인 생략 시 대리인의 고객확인도 생략이 가능한지 여부

금융회사등은 본인에 대해 고객확인을 하는 경우 본인 고객을 대신하여 거

래하는 대리인이 있으면 그 대리인에 대해서도 고객확인을 하여야 한다. 본인에 대해서 고객확인의무가 발생하지 않은 경우에는 대리인에 대해서도 고객확인의무는 발생하지 않지 않는다.[15]

3) 요주의 리스트 필터링

금융회사등은 계좌개설 및 자금이체 등의 금융거래 완료 전에 요주의 리스트 정보와 고객정보를 비교, 확인하는 절차를 수립, 운영하여야 한다.

(3) 실제소유자 확인[16]

금융회사등은 고객이 계좌를 신규로 개설하거나 2천만 원 이상 일회성 금융거래를 하는 경우 고객·실제소유자의 신원을 확인해야 한다(「특정금융거래정보법」 제5조의2).

실제소유자 확인 제도는 직접 제도를 적용하는 금융회사등에서 많은 애로를 겪고 있는 것으로 알려져 있다. 대표적인 경우가 주식, 지분 등을 확인할 수 없는 비영리조직일 것이다. 이 경우는 각 금융회사등의 관련 내규나 절차 등 금융회사등의 법령 이해에 따라 실제소유자 확인 결과가 달라질 수도 있고 고객이 의도하여 제출한 자료에 크게 영향을 받을 수 있을 것이다.

그 다음으로 애로사항이 많은 경우는 자산운용사일 것이다. 자산운용사의 고객이 외국인 투자자의 경우 사실상 고객신원과 실제 소유자에 관한 사항을 파악하기가 어려운 경우가 많다. 금융투자회사는 자산운용사가 고객이며 자산운용사의 고객인 외국인 투자자와는 접촉하지 않기 때문에 상기 정보를 확보하기가 어렵고 상임대리인이 이 업무를 이행하는 것이 합당하지만 고객으로부터 관련 업무를 위탁받지 못했다는 이유로 확인해주지 않는 경우가 있다. 실제소유자 정보의 경우 외국인이 계좌개설시 제출하는 외국인 투자등록신청서에도 지분정보가 포함되어 있지 않고 금융투자회사가 직접 구글 등 웹사이트를 통해 확인하기도 하지만 정확성이 결여된다는 문제점이 있다.

---

15) 금융정보분석원, 법령해석 회신, 2018년
16) 상세한 내용은 'Chapter 3. 우리나라의 자금세탁방지제도', 중 'Section 2. 특정금융거래정보법'에서 설명

이러한 어려움을 감안하여, KoFIU는 펀드에 대해서는 펀드의 운용주체인 자산운용사를 기준으로 실제소유자를 확인하는 방식으로 개선한 바 있다. 하지만, 연기금, 일반법인 등이 자산운용사에 투자일임한 경우와 같이 펀드 이외의 외국인투자자에 대해서는 적용하지 않아 금융투자회사의 CDD업무 수행에 지속적으로 애로가 발생하였다. 이에 따라 업계에서는 KoFIU에 실제 소유자 확인을 자산운용사 등 자산운용 주체를 기준으로 이행될 수 있도록 개선하고 외국인 투자자에 대한 CDD 문제를 근본적으로 해소하기 위해, 저위험국가에서 이미 자금세탁방지관련 고객확인의무가 이행된 경우 자산운용주체를 기준으로 CDD를 이행 할 수 있도록 요청하였다.

이에 KoFIU는 역외펀드의 경우는 자산운용사를 고객확인대상으로 하되, 실제 소유자 확인은, 저위험 자산운용사인 경우 면제를 하고, 고위험 자산운용인 경우 지분비율 등을 원칙대로 확인하도록 유권해석을 하였다.[17)

(4) 고객확인의 유형

1) 전신송금

전신송금이란 고객이 계좌보유여부와 상관없이 금융회사등을 이용하여 국내외의 타 금융기관으로 자금을 이체하는 서비스를 말한다. 전신송금에 대한 주의의무는 100만 원(외화의 경우 미화환산 1천 달러 상당액)을 초과하는 모든 국내외 전신송금에 대해서 적용함을 원칙으로 하나, 현금카드, 직불카드 또는 체크카드 등에 의한 출금을 위한 이체 등 예외적인 거래에 대해서는 적용하지 않을 수 있다.

2) 제3자를 활용한 고객확인의무

(ⅰ) 규정

금융회사등은 고객확인 및 검증의무를 제3자가 대신하여 수행하도록 할 수 있다. 이 경우 금융회사등은 제3자를 활용한 고객확인 의무수행시 자금세탁위험을 예방하고 관리할 수 있도록 필요한 절차와 통제방안을 수립하여야

---

17) 금융투자협회, "금융투자(2019.3)"

한다.

(ii) 소액해외송금업자가 자신을 대신하여 제3자인 여신전문금융회사로 하여금 고객확인을 하도록 할 수 있는지 여부

제3자는 '자금세탁방지등과 관련하여 감독기관의 규제 및 감독을 받고 있어야 하며, 고객확인을 위한 조치를 마련하고 있는 자'를 의미하므로 자금세탁방지 의무가 부과되어 있고, 그에 따른 의무를 이행하고 감독기관의 규제 및 감독을 받고 있는 여신전문금융회사는 '제3자'에 해당한다고 볼 수 있다. 제3자를 통한 고객확인의 경우 자금세탁방지 업무규정에 따른 이행요건을 준수해야 필요가 있으며, 특히, 제3자 고객확인이 성립하기 위해서는 고객확인의무 대행에 대해서도 업무 위수탁 계약이 체결되어야 한다.

3) 고객확인 및 검증거절시 조치

(i) 규정

금융회사등은 고객이 신원확인 정보 등의 제공을 거부하거나 자료를 제출하지 않는 등 고객확인을 할 수 없는 때에는 그 고객과의 거래를 거절하여야 한다. 이 경우 금융회사등은 의심거래보고 의무를 이행하여야 한다. 금융회사등은 이미 거래관계는 수립하였으나 고객확인을 할 수 없는 때에는 그 고객과의 거래관계를 종료하여야 한다.

(ii) 대리인의 고객확인 거부시 거래거절 조항 적용 여부

기존 대리인이 아닌 새로운 대리인이 고객을 대신하여 거래하는 경우는 기존 고객의 확인사항이 사실과 일치하지 아니할 우려가 있거나 그 타당성에 의심이 있는 경우로 볼 수 있으므로 본인에 대해서는 고객확인을 생략하더라도 그 새로운 대리인에 대해서는 위험평가 및 고객확인의무를 이행해야 한다.

이때 본인이 정보제공을 거부한다면, 신규 고객인 경우에는 신규 거래를 거절하거나, 이미 거래관계가 수립되어 있는 경우에는 해당 거래를 종료해야 한다.[18]

---

18) 금융정보분석원, 법령해석 회신, 2018년

4) 고객공지의무

금융회사등은 고객확인 및 검증을 위한 고객의 정보와 이를 검증하기 위한 문서, 자료 등이 필요하다는 것을 고객에게 공지하여야 한다.

5) 해외지점에 대한 고객확인의무

해외지점의 모든 금융거래는 원칙적으로 국내지점과 동일한 고객확인 의무기준을 적용하여야 하며, 해외지점이 현지법령 등에 의해 고객확인의무를 이행할 수 없는 경우에는 금융회사등은 그 사실을 금융정보분석원장에게 통보하여야 한다.

4. 고위험 고객·상품·서비스 등에 대한 강화된 고객확인의무

(1) 환거래계약(Correspondent banking relationship)

환거래계약이란 국제간 환거래은행과 환거래요청은행이 금융상품 및 서비스의 제공과 수수를 위해 관계를 수립하는 것을 말한다. 이러한 환거래계약을 통해 제공되는 서비스는 국외의 환거래요청은행의 고객정보 및 거래목적 등에 대한 확인이 어렵고, 환거래요청은행과 그 은행의 소재국 자금세탁방지제도 수행정도에 대한 정보가 부족하고, 중복계좌(Nested account)를 이용한 제3의 금융기관의 익명거래가 가능하며, 대리지불계좌(Payable-through account)를 통한 직접적인 금융서비스 활용가능성이 있어 자금세탁에 이용될 위험이 높기 때문에 금융회사등은 자금세탁위험을 예방하고 완화시킬 수 있도록 필요한 절차 및 통제방안을 수립하여야 한다.

(2) 추가 정보확인이 필요한 종합자산관리(Wealth Management) 서비스고객

고액자산관리는 부유층고객을 대상으로 투자자문을 비롯한 법률, 세무컨설팅 등 종합적인 자산관리 서비스를 제공하는 것을 말한다. 고액자산관리의 주요 고객층은 주로 신분노출을 원하지 않는 고액자산가, 정치적 주요 인물 등으로서 고객에 대한 비밀보장문화가 형성되고, 전담직원이 고객과 밀접한 유대관계를 맺고 고객의 이익을 중요시한다는 특징이 있다. 또한 고객에 대한 과도한 보호의식으로 인한 내부통제가 미흡하고, 수익중심의 전담직원 보상체계로 인해 자금세탁에 이용될 위험이 높기 때문에 금융회사등은 자금세탁위험을 예방하고 완화할 수 있도록 필요한 절차 및 통제방안을 수립하여야 한다.

(3) 비대면거래[19]

금융회사등은 전자수단(인터넷 뱅킹, 인터넷증권거래 등), ATM 서비스 및 텔레뱅킹 서비스 등을 이용한 비대면거래의 경우 특정한 위험에 대처하기 위한 정책과 절차를 마련하여야 하며, 이를 신규거래관계 수립 및 지속적 고객확인의무 수행시 적용하여야 한다.

(4) 외국의 정치적 주요 인물(Politically Exposed Persons: PEPs)

외국의 정치적 주요 인물이란 현재 또는 과거에 외국에서 정치, 사회적으로 영향력을 가진 사람들이나 그들의 가족 또는 밀접한 관계가 있는 사람들을 말한다. 이러한 인물들은 부패, 뇌물 등과 관련하여 자금세탁의 위험성이 높기 때문에 금융기관 등은 자금세탁위험을 예방하고 완화할 수 있도록 필요한 절차 및 통제방안을 수립하여야 한다.

(5) FATF 지정 위험국가

FATF 지정 위험국가란 FATF 권고사항을 이행하지 않거나 불충분하게 이행하는 국가들로서 FATF가 성명서(public statement) 등을 통해 발표하는 '조치를 요하는 고위험 국가(Higher-risk countries)나 강화된 점검 대상 국가(Jurisdictions under increased monitoring)로 발표한 국가리스트에 속하는 국가들이다. 이 국가들은 자금세탁방지제도가 부재하거나 미흡하여 FATF 권고사항을 충실히 이행하는 국가에 비하여 자금세탁에 노출될 위험이 높다. 금융기관 등은 FATF 지정 위험국가의 자금세탁 위험을 지속적으로 모니터링하고, 이를 평가·관리하여야 한다.

---

19) 비대면거래의 현황과 과제에 대해서는 'Chapter 8. 금융회사등의 과제'에서 자세히 다룬다.

(6) 공중협박 자금조달 고객

공중협박자금이란 국가, 지방자치단체 또는 외국정부의 권한행사를 방해하거나 의무 없는 일을 하게 할 목적 또는 공중에게 위해를 가하고자 하는 등 공중을 협박할 목적으로 사용하기 위하여 모집, 제공되거나 운반, 보관된 자금이나 재산을 말한다. 공중협박 자금조달 고객[20]은 현재 또는 과거에 직·간접적으로 테러를 수행하거나 공중협박자금을 조달한 경험 등을 이용한 자금세탁의 위험이 높기 때문에 금융회사등은 자금세탁위험을 예방하고 완화에 필요한 절차 및 통제방안을 수립하여야 한다.

SECTION 05
모니터링 및 금융거래보고[21]

1. 위험기반거래 모니터링체계

금융회사등은 고객의 거래 등에 대한 지속적인 모니터링체계를 수립하여 운영하여야 한다. 그러한 모니터링절차는 각 금융기관의 위험관리 정책에 따라 합리적으로 설계, 운영하여야 하며, 모니터링결과 및 내·외부 보고 관련 자료를 '관련 자료 보존체계'에 따라 금융거래관계가 종료된 때부터 5년 이상 보존하여야 한다.

2. 보고체계의 수립

(1) 내부보고체계의 수립

금융회사등은 각 기관의 실정에 맞도록 내부보고체계를 수립하여야 한다.

---

20) ① 금융위원회가 공중협박 자금조달금지법 제4조1항에 따라 고시하는 금융거래 제한대상자,
② UN에서 지정하는 제제대상자
21) '금융정보분석원의 "자금세탁방지제도의 이해 교육자료(2018년 10월)"'를 주로 참조.

내부보고체계 수립시, 의심되는 거래보고서 작성자는 보고제외대상 심사업무와 금융정보분석원장에 대한 보고업무를 담당하는 보고책임자가 될 수 없다.

(2) 외부보고체계의 수립

1) 의심되는 거래보고(Suspicious Transaction Report)

(ⅰ) 보고대상

의심되는 거래라 함은 금융거래와 관련하여 수수한 재산이 불법재산이라고 의심되는 합당한 근거가 있는 거래 또는 거래상대방이 자금세탁행위나 공중협박자금조달 행위를 하고 있다고 의심되는 합당한 근거가 있는 거래를 의미한다.

보고대상은 금융거래와 관련하여 수수한 재산이 불법재산이라고 의심되는 합당한 근거가 있는 경우, 금융거래의 상대방이 불법적인 금융거래를 하는 등 자금세탁행위나 공중협박자금조달행위를 하고 있다고 의심되는 합당한 근거가 있는 경우, 「범죄수익규제법」에 의한 범죄수익 수수 또는 금융거래의 상대방이 범죄수익 등의 은닉, 가장의 죄에 해당하는 행위를 하고 있다는 사실을 알게 되어 관할수사기관에 신고한 경우, 「공중협박자금조달금지법」에 의한 공중협박 자금수수 사실을 알게 되거나 금융거래의 상대방이 동법 제4조 제3항의 규정에 의한 허가를 받지 아니하고 금융거래나 그에 따른 지급, 영수를 하고 있다는 사실 또는 공중협박 자금조달 행위를 하고 있다는 사실을 알게 되어 관할수사기관에 신고한 경우이다.

(ⅱ) 의심되는 거래판단기준과 주유 의심거래 유형

자금세탁행위 및 공중협박 자금조달 행위의 수단과 방법이 다양하고 수시로 변하고 있어 의심되는 합당한 근거의 객관적인 기준을 마련하기는 어려우므로 금융기관 등의 직원은 고객확인 의무이행을 통해 확인, 검증된 고객의 신원사항 또는 실제 당사자여부 및 거래목적과 금융거래과정에서 취득한 고객의 직업, 주소, 소득, 평소 거래상황, 사업내용 등을 감안하여 업무지식이나 전문성, 경험 등을 바탕으로 종합적으로 판단하여야 한다.

고액현금 거래보고(CTR)를 회피할 목적으로 금액을 분할하여 현금거래를 하고 있다고 판단되는 경우와 고객확인 의무이행을 위해 요청하는 정보에 대해 고객이 제공을 거부하거나 수집한 정보를 검토한 결과 고객의 금융거래가 정상적이지 못하다고 판단되는 경우에는 의심되는 거래로 보고하여야 한다.

최근 들어 시중은행 등에서 모니터링을 강화하고 있는 대표적인 의심거래 유형은 가상자산 관련 거래이다. 실명확인 입출금계정 서비스를 통해 가상자산 거래 고객의 출금액이 입금액에 대비하여 현저히 작은 경우는 국내의 가상자산 거래소에서 가상자산을 매수한 후 해외 거래소에 입고하여 매도함으로써 자금 세탁 행위를 하는지 검토할 필요가 있고, 반대의 경우로서 가상자산 거래 고객의 출금액이 과다한 경우 해외 가상자산 거래소에서 가상자산을 매수한 후 국내 거래소에 입고하여 매도함으로써 자금세탁 등의 행위를 하였는지 검토할 필요가 있다.

다수자와 금융거래를 하는 소위, 분산거래의 경우도 불법자금이 관계되는 지를 검토해야 한다. 특정기간 동안 다수로부터 수억원의 고액의 자금을 입금하는 경우에는 고객이 평상시 거래하는 특징, 해당 계좌를 사용하는 목적 등을 종합적으로 확인하여 사기범죄가 연관되어 있거나 불법자금을 수수할 목적인지를 검토해야 할 것이다.

외환거래도 자금세탁에 이용되기가 용이하다. 특히 거래량이 많지 않은 해외 금융상품거래를 통해 자금세탁을 도모할 수 있다. 해외파생상품의 거래에서 해당고객의 거래가 당일 상당한 비중을 차지하면서 전일대비 가격 변동이 크고 차익도 거액인 경우 가격조작을 통해 손익을 불법적으로 이전하는 것은 아닌지 의심해야 한다.[22]

(ⅲ) 보고시기 및 방법

보고책임자는 당해 금융거래가 의심되는 합당한 근거가 있는 경우에는 지체 없이 금융정보분석원장에게 온라인으로 보고하여야 하며, 영업점의 경우 해당 거래가 의심되는 거래로 판단될 때 시간적으로 지체함이 없이 보고책임자에게 보고하여야 한다.

STR 검토 담당자는 자금세탁방지등 업무에 대해 이해하고 있어야 하며, STR 검토시 보고 사유 및 보고 제외 사유는 자금세탁 위험에 입각하여 작성하

---

22) 성균관대학교 경영연구소, "범죄수익 은닉재산 환수에 대한 고찰", 제6회 금융지도자 자금세탁방지 전문가과정 논문집, 2018년

여야 한다. 특이 거래 및 비정상적 자금이동을 적발하여 추가분석할 수 있는 거래 모니터링 체계를 갖추고 관련 거래를 적시에 상세 조사하여 의심거래 여부를 판단하여 보고업무를 수행해야 한다.[23)]

(ⅳ) 보고사항[24)]

금융회사등은 금융정보분석원에 의심되는 금융거래를 보고할 때에는 ① 보고대상이 된 금융거래 자료, ② 보고대상 고객에 대한 「특정금융거래정보법」상 고객확인 정보, ③ 금융회사등이 의심되는 합당한 근거를 기록한 자료, ④ 기타 금융회사등이 자금세탁등의 우려를 해소하기 위해 판단한 사항 등을 포함해야 한다.

2) 고액현금 거래보고(Currency Transaction Report)

(ⅰ) 보고대상 및 방법

일정 금액(1천만 원) 이상의 현금거래가 발생하는 경우, 이를 금융기관 등이 KoFIU에 금융거래발생 후 30일 이내 의무적으로 보고하도록 함으로써 금융회사등의 임·직원의 주관적 판단에 의존하는 의심되는 거래보고를 보완하여 불법금융거래를 차단하고자 하는 제도이다.

보고대상은 현금(외국통화 제외)의 지급 또는 영수거래이며, 금융기관 창구 거래뿐만 아니라 현금자동 입출금기상의 현금 입·출금, 야간금고에서의 현금입금 등도 보고대상에 포함된다. 즉, 금융회사등과 고객 간 거래 중 고객이 현찰을 직접 금융회사등에 지급하거나 금융회사등으로부터 받는 거래가 대상이 되지만 '이체'나 '송금'은 대상이 아니다. 다만, 다른 금융회사등(대통령령으로 정하는 자는 제외)과의 현금의 지급 또는 영수와 국가, 지방자치단체와의 현금의 지급 또는 영수는 보고대상에서 제외된다.

(ⅱ) 보고 체계

현금거래 추출이 적정하게 이루어져야 하며, 사업 특성상 현금거래를 시스템적으로 식별하기 어려운 경우 추출된 거래 중 현금거래에 대한 명확한 기준을

23) 금융감독원, "자금세탁방지 검사업무안내서", 2019.11
24) 금융정보분석원, "가상통화 관련 자금세탁방지 가이드라인", 2020.7

갖추어야 한다. 추출된 거래를 CTR에서 제외하는 경우 현금거래에 대한 내부기준에 따라 검토하여야 하며, 보고제외에 대한 증빙을 구비하는 등 업무절차를 갖추어 운영할 필요가 있다.[25]

보고대상 금융거래가 발생한 금융회사등이 CTR 보고를 하는 것이 원칙이지만, 보고대상 금융거래가 발생한 금융회사등이 금융거래의 상대방에 대한 실명증표를 확인할 수 없는 경우에는 예외적으로 금융거래의 상대방이 계좌를 개설한 금융회사등이 보고한다. 다른 금융회사등의 자동화기기를 이용한 현금의 지급 또는 영수, ATM 등 전자금융서비스 업체의 자동화기기를 이용한 현금의 지급 또는 영수, 금융회사등간에 지급 또는 영수 위탁계약에 따라 다른 금융회사등을 이용한 현금의 지급 또는 영수가 해당된다.

금융회사등은 중계기관을 거쳐 CTR을 KoFIU에 보고할 수 있으며 금융정보분석원장은 중계기관의 업무처리기준을 정할 수 있다.

3. 관련 자료 보존체계

금융회사등은 고객확인 및 검증자료, 금융거래기록, 의심되는 거래보고서를 포함한 내·외부 보고서 및 관련 자료 등을 금융거래관계가 종료된 때부터 5년 이상 보관하여야 한다. 금융회사등은 고객확인의무를 통해 확인 또는 검증된 고객 관련 정보를 기존 고객정보관리와 동일한 주의의무로 보관, 관리하여야 한다.

원본의 별도 보관 없이 스캔 등을 통한 전산파일 형태로 보관하는 것이 가능한지 여부가 문제된 바 있다. 자금세탁방지 업무규정 제86조 제2항에서는 보존 방법과 관련하여 원본, 사본, 마이크로필름, 스캔, 전산화 등 다양한 형태로 내부관리 절차에 따라 보존할 수 있다고 규정하고 있으므로 원본뿐 아니라 스캔 등 전자적 방식에 의한 보관도 가능하다고 할 것이다.[26]

---

25) 금융감독원, "자금세탁방지 검사업무안내서", 2019.11
26) 금융정보분석원, 법령해석 회신, 2018년

4. 비밀보장 및 면책규정

(1) 배경 및 의의

금융기관 직원들은 의심되는 거래보고 후의 불이익에 대한 불안감을 가질 수 있다. 보고사실이 알려지면 거래고객이 이탈하거나 불만을 표시할 수 있고, KoFIU나 수사기관 등이 설명을 위해 호출하거나 책임소재를 추궁할 수도 있어 업무부담이 우려되기 때문이다. 이러한 부작용을 방지하기 위해 보고사실의 비밀을 철저히 보장하고, 보고에 대한 책임면제조항이 마련되어 있다.

(2) 비밀보장

금융회사등에 종사하는 자는 의심되는 거래를 보고하고자 하거나 보고를 한 경우, 그 사실을 당해 보고와 관련된 금융거래의 상대방을 포함한 다른 사람에게 누설하여서는 아니 된다.

(3) 면   책

금융회사등(금융기관 등의 종사자 포함)은 의심되는 거래보고를 한 경우, 당해 보고와 관련된 금융거래의 상대방 및 그의 관계자에 대하여 손해배상책임을 지지 않는다. 다만, 고의 또는 중대한 과실로 인하여 허위보고를 한 경우에는 제외된다.

또한, 금융정보분석원장에게 보고한 사항 중 금융정보분석원장이 수사기관 등 법집행기관 등에 제공한 특정금융 거래정보는 재판에서 증거로 채택할 수 없다.

의심되는 거래보고에 관여한 금융회사등의 종사자는 「특정금융거래정보법」제13조 및 제14조의 규정과 관련된 재판을 제외하고는 당해 보고와 관련된 사항에 관하여 증언을 거부할 수 있다. 다만, 중대한 공익상의 필요가 있는 때에는 거부할 수 없다.

(4) 제   재

허위보고 및 보고사실누설의 경우는 1년 이하의 징역 또는 1천만 원 이하의 벌금을 부과할 수 있으며, 신고의무위반 및 신고사실누설의 경우는 2년 이하의 징역 또는 1천만 원 이하의 벌금이 부과된다.

또한 허가받지 아니한 금융거래 제한대상자와의 금융거래의 경우 3년 이하의 징역 또는 3천만 원 이하의 벌금이 부과되며, 의심거래보고의무 및 고객확인의무 위반의 경우는 1,800만 원 이하의 과태료가 부과되고 지시·검사의 거부·방해·기피의 경우는 1억원 이하의 과태료가 부과된다.

07 금융회사등에 대한 자금세탁방지제도 등 관련 감독 · 검사 · 제재

SECTION 01

금융기관 등에 대한 감독 · 제재의 국제적 동향

1. 금융기관 등에 대한 감독 · 제재의 국제적 기준과 동향

(1) FATF 국제기준

FATF 권고사항은 각국의 감독기관이 검사권한 등 자금세탁 및 테러자금조달을 방지하기 위한 금융회사의 의무 이행 여부를 감독 또는 점검하고 이를 확인할 수 있는 적절한 권한을 가져야 한다고 규정하고 있다. 감독기관은 금융기관의 AML/CFT 의무사항 이행 여부를 점검하기 위하여 관련 정보를 금융기관에게 요구할 수 있으며 금융기관이 이러한 요구사항에 응하지 않는 등 AML/CFT 예방조치를 위한 의무사항을 준수하지 않는 경우 등에 대비하여 다수의 효과적, 비례적, 억제적인 형사, 민사 또는 행정 제재조치를 할 수 있어야 한다.

FATF는 2012년 권고사항 개정을 통해 국가 및 금융기관의 자금세탁 관련 위험평가체계 구축과 함께 의무 위반에 대한 실효적 제재를 강조하고 있다.

(2) 금융기관 등에 대한 감독 · 점검 · 규제 강화

2012년 국제기준 개정 이후 FATF가 각국에 대해 제도의 실효적 작동 여부와 효과성을 집중적으로 평가하면서 금융기관 및 특정 비금융사업자와 전문직

(DNFBPs)에 대한 감독, 모니터링, 규제가 더욱 강조되고 있다. FATF 상호평가 결과 이탈리아는 중앙은행의 금전제재와 감독당국의 행정과징금 제재가 충분치 못하다는 평가를 받았고, 노르웨이는 AML/CFT 법규 위반에 대한 제재가 비례적·억제적이지 않으며, 금융감독청은 행정벌금 부과 권한이 없다는 점이 지적되었다.

(3) 우리나라에 대한 FATF 상호평가 결과

FATF는 2019년에 우리나라에서 실시한 상호평가에서 "대부분 감독기관들이 각각의 감독 대상 부문의 ML/TF 위험을 잘 이해하고 있고 감독을 위한 강력한 위험 기반 시스템도 갖추고 있다"라고 호평하면서도, "KoFIU와 금융감독원은 자원이 확대되면 감독 측면에서 더욱 좋은 성과를 얻을 수 있을 것이다. 감독기관들은 개선조치로 행정 또는 금전 제재를 부과하며, 이들 조치는 효과적·억제적이나 완전히 비례적이라 할 수는 없다"라고 평가하며 아직 개선할 점이 많음을 언급하고 있다.

2. 미국·유럽에서의 금융기관 등에 대한 감독·제재 동향

(1) 미국에서의 금융기관 등의 자금세탁방지·테러자금조달차단 의무 위반에 대한 제재 동향

자금세탁·테러자금조달 방지를 위한 국제기준이 점차 강화되고 국제사회의 관심이 고조되면서 각국의 관련 제재도 점차 엄중해지는 추세이다. 이에 따라 미국 금융감독당국 등은 자국에서 영업하는 금융기관에 대한 AML/CFT 관련 의무 준수를 강하게 요구하고 있다. 자국 소재 외국 금융기관의 지점·현지법인에도 동일한 수준의 의무 준수를 부과하고 의무 위반시 고액의 제재금을 부과하고 있다.

미국 금융당국은 2010년대 중반까지는 주로 글로벌 대형은행을 대상으로 이란 등 제재대상국과의 거래, 의심되는 거래 미보고, 고객확인의무 위반 등 명백한 의무위반 행위에 대해 제재를 해왔으나, 2010년대 중반에 들어와서는 대형은행이 아닌 아시아계 은행 지점과 같은 자국 소재 중소형 외국 금융기관에 대해서도 내부통제시스템의 구축 · 운영 수준이 미흡한지 여부 등을 중점적으로 점검하고 있다.

미국 당국에 의하면, 자국 소재 외국 금융기관은 본점으로부터 인적 · 물적 지원을 충분히 받지 못하여 근본적인 개선이 이루어지지 않는 경우가 있으며[1] 미국 내 점포에서 중대한 AML/CFT 위반행위로 제재를 받을 경우 미국 감독당국은 금융기관의 자국 본점에 대하여도 관심을 기울일 것과 지점에 대한 관리감독을 강화할 것을 요구한다.

(2) 유럽에서의 금융기관 등의 자금세탁방지 · 테러자금조달차단 의무 위반에 대한 제재 동향

미국이 감시와 처벌을 더욱 강력히 함에 따라 불법 자금 등이 상대적으로 처벌 수위가 약한 유럽지역의 금융기관으로 유입된다는 분석들이 있다.

2018년 상반기에는 라트비아의 ABLV Bank, 몰타의 Pilatus Bank 등이 자금세탁을 도와주는 금융기관으로 지목되었고 그 해 하반기 덴마크의 최대은행인 Danske Bank 등 다수의 북유럽권 은행들의 자금세탁 의혹이 제기되자 스웨덴 · 에스토니아 · 라트비아 · 리투아니아 감독당국이 합동수사에 착수하기도 하였다. 특히 EU 전체적으로도 단일화된 자금세탁감시기구의 활동이 미약하여 유럽 역내외를 넘나드는 자금에 대한 감독당국간 협력에 어려움이 있다는 의견이 제시되자 유럽은행감독청인 EBA의 감시권한을 강화하는 방안이 추진되었다.

3. 주요국 감독기관 검사 · 제재의 특징

(1) 표준화된 검사절차

그간 미국, 영국, 홍콩 등에서의 감독당국들은 검사절차를 정형화하기 위하여 노력해왔다. 현재는 각국내의 관련 검사기관들은 검사단계별로 상세한 검사절차가 제시된 검사매뉴얼을 기본으로 하여 표준화된 검사절차에 따라 개별적으로 자금세탁방지 업무 검사 프로그램을 작성 및 운용하는 등 체계적으로

---

1) 금융정보분석원, "자금세탁방지업무 개선을 위한 은행권 간담회 개최(보도자료)," 2017.11.25

AML/CFT 검사를 수행하고 있다.

표준화된 검사절차는 각 나라별로 상이한 점은 있으나 일반적으로 사전계획단계에서 전년도 고액현금거래·의심되는 거래보고 내역을 분석하고 전년도 검사결과를 검토하며 금융기관에 대한 특징을 이해하고 사전에 보고기관의 위험기반접근방식의 AML/CFT 운영 체계에 대한 자료를 요청하여 계획을 수립한다. 검사를 수행하는 단계에서는 금융기관의 AML/CFT 프로그램을 평가하고 내부감사 결과를 검토하며 위험평가의 이해 및 분석, 금융거래 테스트를 수행한다. 검사결론 단계에서는 발견사항을 문서화하여 협의하며, 금융기관의 개선계획을 요구하고 사후관리를 하게 된다.

(2) 금전적 제재

미국에서는 자금세탁방지 관련 법령 위반시 금전적 제재로 제재금(penalty)을 부과하고 있으며 그 외 금지 명령(Injunctions)이 부과되는 경우도 있다. 영국 역시 자금세탁방지 관련 법령 위반시 금전적 제재로 주로 과징금(penalty)을 부과하고 있으며, EU에서는 과징금을 포함한 행정적 제재 및 조치(administrative pecuniary sanctions)를 부과하고 있다.

그 외 호주, 홍콩, 싱가포르에서도 자금세탁방지 관련 법령 위반시 금전적 제재로 과징금을 부과하고 있으며, 일본에서는 벌금형에 처하고 있다.

SECTION 02
미국 당국의 금융기관에 대한 감독·제재의 특수성

1. 경제제재조치와 관련한 금융회사에 대한 벌칙

(1) 경제제재와 금융제재

1) 경제제재와 금융제재의 개요

경제제재는 국제사회에서 한 구성원이 경제적 수단을 사용하여 다른 구성원에 대해 취하는 강제조치로서 제2차 세계대전 이후의 국제사회에서 국제법

위반의 사유나 정치적 이유로 많이 사용되는 강제조치이다. 경제제재의 내용은 상품과 서비스의 수출입 금지, 신규투자 금지 등이 있다.

금융제재는 일반적으로 경제제재 대상국 자산의 동결로 나타난다. 금융제재는 대량살상무기와 같이 제재를 유발시킨 품목의 개발이나 거래에 필요한 금융거래, 투자, 자금이체를 금지하는 것을 내용으로 하며 미국의 이란에 대한 제재의 사례와 같이 제재대상자를 특정하고 시간이 경과하면서 민간은행과 국영은행, 은행의 임원을 지정하는 것처럼 제재 대상을 확대해나간다.[2]

미국의 경우 OFAC(재무부 산하 해외자산관리국: Office of Foreign Assets Control)이 외교정책 · 안보 목표에 따라 「국제긴급경제권한법(IEEPA, 1976)」 및 「적성국교역법(TWEA, 1917)」과 행정명령 등에 의거하여 제재대상자를 지정해오고 있다. 주로 북한, 이란, 쿠바, 시리아, 수단, 베네수엘라, 벨라루스, 짐바브웨 등 적성국가(targeted country)가 지배 · 소유한 기업이나 혹은 적성국가를 대리하여(on behalf of) 거래한 기업과 개인을 특별지정목록(SDNs: Specially Designated Nationals list)으로 지정하기도 하고, Al-AQSA Islamic Bank, 조선무역은행과 같이 테러 · 마약밀매 · 대량살상무기 확산에 관여한 개인 · 단체, SDNs에 등재된 자를 지원한 자(예: 러시아의 Agrosoyuz 상업 은행)를 SDNs으로 지정하기도 한다. 미국 시민 · 영주권자, 미국내 모든 개인 · 기업, 미국기업의 해외지점 등으로 통칭되는 '미국인'은 SDNs 지정대상자의 미국 관할 내 자산 등을 동결하고 제재대상자와의 거래를 거절해야 한다. SDNs 목록은 수시로 업데이트되어 2020년 현재 약 7,000여 개 이상의 개인 · 기업 등이 등재되어 있다.

2) 미국달러와의 위상과 미국 금융제재의 파급효과

미국이 금융제재를 활용하는 것은 미국달러화 국제결제의 약 95%가 CHIPS(Clearing House Interbank Payments System)라는 미국의 민간 외환결제시스템을 통해 이루어지기 때문에 가능하다. 달러화 국제결제의 95%가 미국 및 미국과 거래하는 전 세계의 금융기관들에 의해 모니터링의 대상이 되며, SWIFT(국제은행간 통신협정) 등 다른 결제시스템을 사용하는 금융기관들도 테러자금조달 방지 등의 목적에서 자발적으로 SDNs리스트를 모니터링에 반영하

---

2) 김화진, "국제법 집행수단으로서의 경제제재와 금융제재," 저스티스 통권 제154호, 2016년 6월

고 있기 때문에 사실상 세계 모든 달러화가 모니터링 되고 있는 효과가 있다.[3] 국내은행 등 금융기관들도 실시간 업데이트되는 요주의 인물 필터링 시스템(Watch List)을 운영하며 SDNs리스트 대상자가 금융거래에 연루되는지 실시간으로 모니터링 한다.

(2) 경제제재 측면에서의 금융기관에 대한 제재·벌칙

1) 미국 내 금융기관에 대한 제재

(ⅰ) OFAC 제재 위반시 벌칙 부과

ⓐ 벌칙 부과 요건과 벌칙의 종류

미국 경제·금융제재의 수범자 중 미국 금융기관 등이 OFAC 제재와 같은 금융제재 등을 위반하는 경우 관계 법령과 OFAC 규정(Economic Sanctions Enforcement Guideline)에 따라 위반사실 및 정황을 고려하여 벌칙이 부과된다. 벌칙의 종류로는 추가정보 요청, 주의서 발부, 위반사실확인서 발부, 민사적 제재금(civil monetary penalty) 부과, 형사사법기관 회부, 인허가 취소 및 정지명령 등의 행정조치가 있으며 고의·중과실, 경영진의 개입, 과거 제재 이력, OFAC 준법감시 프로그램, 시정 및 개선조치, 조사 협조 등을 고려하여 벌칙이 부과된다.

민사적 제재금은 OFAC 규정에 따라 위반 정도, 자발적 신고 여부, 기타 요인 등을 반영하여 최고 한도액 내에서 건당 거래금액에 비례하여, 부과된다.[4] 형사벌(criminal penalty)은 은행비밀법에 따라 최대 100만 달러 범위 내에서 거래액의 2배 이상에 해당하는 금액이 부과된다.

ⓑ 벌칙 부과에 따른 영향과 벌칙 부과 사례

금융기관이 OFAC 제재를 위반하는 경우 거래 회수·규모에 비례하여 벌금이 부과되므로 거액이 부과될 수 있어 금융기관의 건전성에 악영향을 미치고, 해당 사실 공표로 금융기관의 신인도를 저하시킨다.

---

3) 김화진, "국제법 집행수단으로서의 경제제재와 금융제재," 저스티스 통권 제154호, 2016년 6월
4) 자발적신고의 경우 거래건당 50%, 비자발적인 경우 최대 25만 달러 또는 거래액의 2배 중 큰 금액

이란 경제제재 등을 고의로 위반한 BNP Paribas 뉴욕지점에는 2014년 원화로 9조원에 달하는 89억 달러의 벌금이 부과되었으며, 2011년 JP Morgan에 0.9억 달러, 2012년 HSBC 뉴욕지점에 19억 달러, 2015년 Commerz Bank 뉴욕지점에 9억 달러의 벌칙이 경제·금융제재 위반 혐의로 부과되었다. 영국 Standard Chartered Bank는 이란 경제제재 위반으로 2012년 6억 6,700만 달러의 제재금을 납부하기로 미국 정부와 합의하였으나, 추가 혐의가 포착돼 2019년 미국 법무부로부터 제재금 9억 달러를 추가로 부과받기도 하였다.

(c) OFAC 제재 위반에 따른 외국계 은행 벌칙 부과 이유

BNP Paribas, HSBC, Commerz Bank 등은 유럽계 은행으로서 OFAC제재의 수범대상이 되는 미국민(U.S.Person; 미국법에 의하여 설립된 entity 또는 미국 내에 있는 자)이 아니므로, 원칙에 부합하지 않는 벌칙이 부과되고 있다는 견해도 제기된다.

하지만, 예를 들어 BNP Paribas에 부과된 벌칙이 원인이 된 거래는 BNP Pariba 뉴욕지점이 연관된 거래로서 BNP Paribas도 미국의 금융기관으로서 OFAC의 제재대상이 된다는 점이 법원 판결문과 정부의 서신에서 언급되고 있다. 미국정부는 '미국민(U.S. Person)'을 미국시민, 영주권자뿐 아니라 미국법에 의하여 설립된 단체, 미국 내에 있는 자(any persons in United States) 등으로 폭넓게 해석하고 있다.

더욱이 외국 은행간의 대외 금융거래인 경우도 미국 지역 내 다른 은행(U.S.Person)이 포함된 거래인 경우는 미국민(U.S.Person)에 의한 거래로 간주되어 OFAC제재의 대상이 된다.[5]

(ii) AML·OFAC 규제 관련 내부통제시스템·
위험관리절차 준수·이행 미흡에 따른 벌칙 부과

(a) 벌칙 부과 요건

뉴욕금융감독청(NYDFS), 뉴욕연방은행(NYFed) 등 미국 감독당국은 은행비

---

[5] BNP Paribas는 뉴욕지점 혹은 미국 내 타 은행(U.S. Person)이 포함된 거래로서, OFAC는 서신에서 근거조항으로 31CFR561.201(외국금융기관관련 규정)이 아닌 31CFR560(이란 제재 일반 규정)을 적시

밀법(BSA), 연방규정(C.F.R 1010·1020), 연방검사위원회의 검사매뉴얼 등에 따라 AML·OFAC 규제 관련 내부통제시스템·위험관리절차 준수·이행을 점검하고 미흡한 경우 벌칙을 부과한다.

미국 금융감독 당국은 AML 규제 준수 여부만 점검 하는 것이 아니라 금융기관이 환거래·프라이빗계좌에 대한 주의의무, OFAC 제재 관련 거래를 추출하기 위한 추출기준(alert), 관련한 STR 보고여부, OFAC 제재 대상자관련 모니터링 시스템 구축 등 OFAC 제재를 이행하기 위한 규제를 준수하는지 여부도 중점 점검한다.

(b) 벌칙 부과 사례

① 미국의 자국 은행에 대한 벌칙 부과 사례

2012년 미국 통화감독청(OCC: Office of the Comptroller of the Currency)은 자금세탁방지법(Anti-Money Laundering Act) 등과 관련된 동의명령(Consent Order) 위반으로 Citibank에 대해 7천만 달러의 민사제재금(civil money penalty)을 부과했음을 공시하였다.

② 외국계 은행에 대한 벌칙 부과 사례

미국의 금융감독당국이 2016년 이후 내부통제시스템, 거래 모니터링, STR·CDD 등 AML·OFAC 규제 준수가 미흡하다는 이유로 중국·대만·한국계 은행 등에 벌금을 부과하는 경우가 증가하고 있다.

대만 Megabank 뉴욕 지점은 OFAC 법규·제도에 대한 전문성이 미흡하고 고위험거래인 파나마 연관 금융거래 과정에서 고객확인의무가 미흡했던 점이 지적되는 등 CDD 시스템이 미비되어 있고, OFAC 제재 관련 위험평가도 미비하다는 이유로 뉴욕금융감독청(NYDFS)으로부터 제재금 1.8억 달러를 부과 받았다. 우리나라의 농협은행 뉴욕지점도 OFAC의 SDN 리스트에 대한 모니터링이 미흡하고 지점의 AML업무에 대한 본점이 관리·감독이 미흡하다는 등의 이유로 NYDFS로부터 1,100만 달러의 제재금을 부과 받은 바 있다.

2) 미국 외 금융기관에 대한 제재

(ⅰ) FinCEN의 미국 외 금융기관등에 대한 '자금세탁우려대상' 지정

외교정책의 집행보다는 금융범죄를 조사·차단하는 것을 주 목적으로 하는 FinCEN은 미국 외 다른 국가나 미국지역 밖에 소재한 금융기관이 자금세탁·금융범죄를 범한다고 판단할 수 있는 합당한 근거가 있는 경우 「애국법(PATRIOT ACT)」 제311조에 따라 '자금세탁우려대상(Primary Money Laundering Concerns)'으로 지정하면 미국 금융기관은 지정대상 금융기관의 환계좌나 대리지불계좌(Payable-Through-Account)를 개설할 수 없으며, 미국지역 밖의 은행이 개설한 환거래 계좌가 지정대상 금융기관의 거래를 처리하는 데 이용되지 않도록 해야 한다. 마카오에 소재한 방코델타아시아(2005년 5월)와 중국의 단둥은행(2017년 7월) 등이 북한과의 거래를 이유로 '자금세탁우려대상'으로 지정된 바 있다. 방코델타아시아는 지정 고시 이후 대량 예금인출사태(뱅크런)가 발생하여 마카오 금융청은 북한 계좌를 동결한 후 이 은행의 경영권을 인수하고 긴급 신용공여를 제공하였다. 라트비아 ABLV 은행은 대북관련 연계거래 혐의로 2017년 지정절차가 시작되면서 뱅크런이 발생하여 자체적으로 청산되었다. 미국지역 외에 소재한 은행으로서 미국의 환계좌를 보유하는 은행은 '자금세탁우려대상'으로 지정된 금융기관과 거래를 중단하지 않으면 미국의 모든 금융기관과의 거래가 제약될 가능성이 커진다. 전 세계의 모든 금융기관은 미국 금융기관에 개설된 환계좌, 대리지불계좌 등을 통해서 서로 연결되어 있기 때문에 어느 한 은행이 FinCEN의 제재를 받아서 그 은행이 가지고 있는 미국 금융기관과 대리지불계좌, 환계좌 등이 폐쇄된다면 그 은행의 대외 거래는 불가능하게 된다.[6]

3) 세컨더리 제재(secondary sanctions)

(ⅰ) 세커더리 제재의 정의와 대상

금융기관이 복잡하고 다양한 대내외 금융거래를 하면서 미국의 경제제재 대상과 직간접적으로 금융거래를 하게 되는 경우가 자주 발생한다. 미국에 소재

---

[6] 변진석, "미국의 국제자금세탁방지 및 반테러금융법과 북한금융제재," 은행법연구 제10권 제1호, 2017년 5월

하지 않는 금융기관이 제재대상과 거래를 하게 되면 벌칙으로서 민사제재금 등을 부과받게 되는 것이 아니라 미국 금융기관과의 거래가 어려워지거나 대외 거래 자체가 불가능하게 되는 세컨더리 제재의 대상이 될 수 있는데, 이 경우에 해당하는지 모호한 경우가 자주 발생한다.

일반적으로 미국 경제제재 대상국인 적성국가(targeted country)의 정부·집권당(예: 이란·북한 정부·집권당 등 소위, 메인타깃)이 지배·소유한 기업이나 혹은 적성국가를 대리하여(on behalf of) 거래한 기업과 개인을 특별지정목록(SDNs; Specially Designated Nationals list)으로 지정하며 이들이 1차 제재(primary sanction) 대상이 된다.

이 1차 제재대상들과 관계된 제3의 대상(예: 對북·對이란 불법거래에 관여한 외국 개인·단체)에 대한 제재는 '세컨더리 제재(secondary sanction)'로 칭한다.

다만, 이 정의에 따를 경우 FinCEN의 '자금세탁우려대상(primary money laundering concern)'으로서의 방코델타아시아, OFAC 제재 수범자로서의 BNP Paribas와 같은 외국계 금융기관에 대한 모든 제재·조치도 세컨더리 제재대상으로 포섭될 수 있는 지가 문제될 수 있다. 세컨더리 제재의 대상과 범위 등은 제재의 주체인 미국 재무부의 명시적 정의와 규정에 따르는 것이 바람직하다. 미국 재무부는 對이란제재 가이드라인에서 '세컨더리 제재(secondary sanction)'를 '非미국인(Non-U.S.person)의 특정한 거래를 대상으로 하는 것으로, 특정한 거래는 미국 관할 밖에서 전부 발생하고, 미국인(U.S person)을 포함하지 않는' 것을 의미한다고 명시한다.

미국은 외국의 금융기관 등에게 미국과 아무런 연계가 없는 거래에 관하여도 미국과의 거래를 선택할지 제재대상과의 거래를 선택할지를 선택하게 하는 방식으로 경제·금융제재를 실행하는 것으로 해석된다.

(ⅱ) 세커더리 제재 사례

현재까지 공식적으로 미국 정부에 의해 세컨더리 제재로 규정되는 경우는 2개의 경우에 국한된다는 것이 통설이다. 우선, 미국의 「포괄적이란제재법」과 「국방수권법」에 따라 對이란 제재대상자, 이란의 은행, 대량살상무기확산 등의 제재대상분야와 관련하여 '상당한 거래(significant transaction)'를 고의적으로 실행하거나 지원한 경우 세컨더리 제재의 대상이 된다. 중국에 소재하는 쿤룬

(Kunlun) 은행은 이란과 수조달러를 거래를 했다는 이유로 2012년 7월, 미국내 환거래 계좌 개설이 금지·제한되었다. 이라크의 엘라프 이슬람(Elaf Islamic)은행도 2012년 세컨더리 제재의 대상으로 지정되었으나, 이후 해제되었다.

對북한 제재의 경우는 제재대상자를 대리하여 상당한 거래를 고의적으로 실행·지원하거나 對북 무역과 관련된 '상당한 거래(significant transaction)'를 실행·지원한 경우 미국 행정명령 13810호에 따라 세컨더리 제재가 부과된다. 2018년 8월 러시아 Agrosoyuz 상업 은행은 북한과의 거래를 이유로 미국 내 자산이 동결되었지만, 미국내 환거래 계좌 개설이 금지되거나 제한되지는 않았으므로, 엄밀한 의미에서 세컨더리 제재의 대상이라고 보기는 어렵다고 할 수 있다.

세컨더리 제재의 공통적인 요건 중 하나인 '상당한 거래(significant transaction)'에 해당하는지 여부에 관하여, 미국 금융당국은 거래에 관련된 거래규모·횟수·빈도, 거래의 성격, 경영진의 인식 정도, 금지된 거래자와 거래의 관련성, 제재가 금하는 취지에 대하여 미치는 영향 등을 종합적으로 고려하여 판단하는 것으로 알려져 있다.

2. 미국 금융기관의 자금세탁방지 등에 대한 규제

(1) 자금세탁방지제도 법규 체계

미국의 경우, FinCEN, FRB(연방준비은행). OCC(통화감독청) 등 다수의 감독기관이 함께 AML/CFT 규제를 담당하고 있어 자국에서 영업하고 있는 전 세계 모든 금융회사에게 동일한 의무 준수를 강하게 요구한다.

미국의 금융기관에 대한 AML/CFT 규제는 1970년에 제정된 은행비밀법(BSA; Bank Secrecy Act)에 근간하고 있다. 이 은행비밀법은 미국 연방법전(U.S.C., United States Code) 12편(제목: Banks and Banking) 섹션 1951~1959 및 31편(제목: Money and Finance) 섹션 5311~5330 등을 통칭하는 것으로서 금융기관에 대해 현금보고서 제출, 고객 신분확인 실시, 금융거래 기록보존의 의무를 부과하고, 법집행기관이 범죄, 탈세 등의 조사 및 자금세탁범죄 기소시 증거로 활용할 수 있도록 한다.

연방법전의 하위 규정인 연방규정(C.F.R.; Code of Federal Regulations)에서는 자금세탁방지를 위한 내부통제(BSA/AML 준수 프로그램)에 대한 최소 요건을 정의하고 있다(C.F.R Chapter X part 1020.210).

(2) 금융기관에 대한 자금세탁방지 등 규제의 내용과 특징

1) 위험기반접근방식(RBA)과 고객확인의무(CDD)

(ⅰ) 고객확인의무(CDD) 및 강화된 고객확인의무(EDD)

미국연방규정에는 금융기관의 고객 신원확인 프로그램(CIP: Customer Identification Program)에 대한 요구사항, 금융기관의 법인에 대한 실제소유자 확인 및 검증 의무를 정하고 있으며 우리나라에서의 규제와 유사하다.

미국 내 은행은 외국은행이 환거래계약을 요청해오는 경우 연방규정에 따라 환거래요청 은행의 실제 존재 여부, 지배구조, 영업활동, 소재지 등 ML/FT 위험을 파악하고 통제절차의 효과성을 평가해야 하며, 은행의 실체가 없거나, 정보수집이 어려운 경우 계좌개설을 하지 않고, 고위험인 경우 강화된 주의의무를 수행한다.

연방규정에는 非미국인을 위해 개설·유지되는 프라이빗뱅킹 계좌가 자금세탁에 이용되지 않도록 계좌 개설 후 거래가 당초의 용도와 일치하는지 여부 등에 대한 모니터링을 하도록 하는 등의 통제절차가 마련되어 있다.

(ⅱ) 위험기반접근방식(risk-based approach) AML 체제구축 의무

미국 감독당국은 금융기관에 대한 검사결과 AML/CFT 업무의 취약점이 발견되면 금융기관이 관련 위험을 평가하고 그에 적합한 절차를 마련하도록 권고한다.

2) 모니터링 시스템 검증의무와 금융거래 보고의무

(ⅰ) SAR 및 CTR 등 금융거래보고 의무

금융기관은 특정 거래가 다음에 해당함을 감지한 후 30일 이내에 미국의 금융정보분석기구인 FinCEN에 SAR(Suspicious Activity Reporting)을 의무적으로 제출하여야 한다. 보고기한은 최장 60일이다.

한편, 금융기관은 고객이 10,000미국달러 이상의 현금거래를 하는 경우 15

일 이내 성명, 주소, 금액, 실행일, 수취인 은행 정보 등을 기입해 CTR(Currency Transaction Report)로 국세청에 해야 한다. 국세청은 FinCEN과 정보를 공유한다.

(ii) 모니터링 시스템 검증 의무

금융기관이 의심거래 모니터링 시스템을 운영하는 경우 동 시스템에 대한 검증을 의무화하고 있다. 특히 뉴욕감독청(NYSDFS)은 금융기관들이 거래 모니터링 및 필터링 프로그램을 제대로 갖추지 않고 있고, 이에 대한 경영진의 관리감독 및 책임도 부족하다고 인식하여 금융기관들이 연 1회 시스템을 검증하고 이사회나 고위 경영진이 서명한 확인서를 제출하도록 의무화하는 「Superintendent's Regulations part 504」을 2018년 4월부터 시행하고 있다.

3) 내부통제시스템 구축(BSA/AML 준수 프로그램)

금융기관은 BSA/AML 준수 프로그램에 따라 자금세탁방지를 위한 내부통제 관련 정책, 절차, 시스템 등을 이사회 승인을 통해 서면화해야 하며, 동 정책 · 절차 등은 실제 이행과정과 부합하여야 한다.

BSA/AML 준수 프로그램은 외국 금융기관과의 환거래계좌 및 프라이빗 뱅킹 계좌에 대한 주의의무 준수, AML 프로그램의 최소 요건, 연방감독당국의 AML 프로그램 관련 규정 준수 등을 주요 내용으로 하고 있다.

4) OFAC 규제

미국 재무부 산하 해외자산관리국인 OFAC(Office of Foreign Assets Control)은 국 정부의 외교정책 및 국가안보 목표에 따라 이란, 쿠바 등에 대한 해외 경제제재(economic sanctions)를 관리, 집행한다.

OFAC은 국제 테러, 마약밀매의 범죄와 관련이 있는 국가 · 단체 · 개인 등을 지정하여 제재조치대상에 대하여 미국 지역 내에서 거래를 금지하거나 제한한다. 예를 들어, 제재 대상국가가 소유 · 통제하는 개인 및 회사인 특별지정목록(SDNs; Specially Designated Nationals list) 등이 이에 해당한다.

이와 같이 OFAC은 미국내외로 금융자산이 반 · 출입되는 경우 제재조치 대상자의 거래가 포함되어 있는지에 대해 감시하거나 통제하며, 미국내 금융회사가 OFAC 규정(Economic Sanctions Enforcement Guideline)을 위반할 경우 벌금을 포함한 제재 조치를 취한다. 이를 OFAC 규제라고 칭한다.

금융기관은 이러한 OFAC 규제를 준수하기 위하여 내부통제시스템을 갖추어야 하며, 감독당국은 금융기관을 검사하는 과정에서 해당 금융기관이 처리 또는 경유하거나, 해당 금융기관을 대상으로 하는 다양한 상품, 서비스, 고객, 거래, 지리적 위치 등을 고려하여 OFAC 규제 준수 여부를 점검·평가한다.

OFAC 제재대상에 대한 통제수준이 감독당국의 기대에 미치지 못하거나, 주요 대상에 대한 거래를 통제하지 못한 사례가 발견되는 경우 엄중한 제재가 가해진다.

5) 관계당국의 병합 제재

미국에서는 일반적으로 금융회사 사건은 형사소송을 통하지 않고 관련당국과 협상을 통하여 기소유예 조건의 화해(settlement)와 제재금 납부 및 시정조치 이행으로 종료된다. 관련 당국이 먼저 화해안을 제시하고 금융회사가 대응하는 형식이 일반적이며, 최근 금융회사 제재사건은 모든 관련 당국이 통합하여 합의하는 것이 통상적이다.

금융기관이 OFAC 규정을 위반하는 경우 은행비밀법(BSA) 위반에 따른 금융감독당국의 제재 외에도 법무부 등이 「국제긴급경제권한법(IEEPA; International Emergency Economic Powers Act, 1976)」 및 「적성국교역법(TWEA; Trading with the Enemy Act, 1917)」 등 다른 법률에 따라 별도의 제재를 부과하므로 거액의 벌금이 부과되는 경향이 있다.

2014년 6월 뉴욕감독청(NYSDFS)과 연방검찰, FRB, OFAC, FBI, IRS, 뉴욕주 검찰은 BNP Paribas가 2002년부터 2012년에 걸쳐 10년 이상 수단, 쿠바, 이란 등 미국의 경제제재 대상국을 상대로 불법 거액송금 등의 거래를 지속한 것을 이유로 IEEPA와 TWEA 등 규정을 위반했다고 판단하고 감독 당국간 합의하에 벌금 89억 달러를 부과하기도 하였다. 이 금액은 미국이 경제제재 위반 은행에 매긴 벌금 중 사상 최고액이었다.

3. 미국 금융당국의 검사 및 제재

(1) 미국 금융당국의 자금세탁방지규제 검사 체계

미국 금융기관의 AML/CFT 의무사항 준수를 위한 점검은 5개 연방금융감독기구인 FRB, FDIC(연방예금보험공사), NCUA(전국크레딧유니온관리국), OCC(통화감독청), CFPB(소비자금융보호국) 등으로 구성된 미국연방검사위원회(FFIEC; Federal Financial Institutions Examination Council)의 검사매뉴얼에 따른 요건과 점검사항에 따라 이루어진다.

미국은 감독당국의 검사 강도와 제재 수준이 여타 국가에 비해 매우 높은 수준이다. 이는 전 세계 금융회사의 미국 달러 거래가 대부분 미국 금융회사를 통해 결제되고 있는 데 기인한다. 특히 감독당국은 AML/CFT 이행에 대한 실질적이고 세부적인 사항까지 점검한다.

(2) 금융당국의 검사 및 제재의 내용

1) 주(州)별 금융감독청(DFS)과 연방준비은행(FRB) 등의 검사·제재

각 검사기관이 동일 건에 대해 중복제재를 할 수 있다. 이는 징벌적 제재의 성격을 가진다. 일반적으로는 금융기관의 제도 이행 수준이 검사기관의 기준에 미달한다고 판단되는 경우 해당 금융기관과 1차로 서면 계약(Written Agreement)을 체결하고 서면 계약이 이행되지 않을 경우 추가적으로 동의 명령(Consent Order)을 내리며, 이와 함께 해당 금융기관과 전혀 관계가 없는 독립적인 제3자에게 검토(review)하도록 하여 그 결과를 제3자에게 보고 받고 주로 최소 5년 이상 지속적으로 재검토(Lock-back)하며 여전히 기준에 미달될 경우 추가적인 제재 및 시정을 요구한다.[7]

---

7) 성균관대학교 경영연구소, "국·내외 자금세탁방지 제재사례 비교·분석을 통한 AML/CFT 준수 효과성 제고 방안; 한국과 미국의 제재 사례를 중심으로", 제5회 금융지도자 자금세탁방지 전문가과정 논문집, 2017

2) 금융당국 제재의 종류(FRB의 경우)

(i) 비공식 제재조치(Informal Enforcement Action)

문제가 심각하지 않고 경영진이 협조적인 경우 감독기관은 약정서 요구 (Commitment Letters), 이사회 의결(Board Resolution), 양해각서(Memorandum of Understanding) 등의 비강제 조치를 할 수 있다. 이 조치는 공개가 아니며 법정에서 집행할 수 없다.

(ii) 서면 계약(Written Agreement)과 시정명령(Cease & Desist Order)

합의서 수락을 요구받은 금융기관은 이사회를 개최하여 수락여부를 결정한다. 이사회가 수락하지 않을 경우 한 단계 높은 시정명령을 발동한다. 이 경우 금융기관이 감독기관의 지시를 수용(Consent order)하거나 금융기관이 이의를 제기하는 경우 행정판사 앞 청문회를 통해 적정성을 결정(Contest order)한다.

(iii) 해임처분 및 업무참여 금지(Removal and Prohibition Order)

감독기관이 금융기관에 대하여 개인의 직무정지, 해임처분, 전 예금수취금융기관 등에 대한 업무 참여의 영구 금지 등을 지시할 수 있다.

(iv) 민사적 제재금(Civil Monetary Penalty)

감독기관이 다양한 유형의 위반에 대해 금융기관 또는 임직원에 대해 부과한다. 금융기관 또는 임직원의 행동이 고의이거나 무모하거나 금융기관에 손실을 초래하거나 또는 악의적인지에 비례하여 제재금의 금액이 증가한다.

3) 「은행비밀법」상 금융기관에 대한 세부적인 제재 규정

「은행비밀법」은 보고의무에 위반한 경우의 제재를 명시하고 있으며 애국법 (USA PATRIOT Act, 2001)에 의해 개편되면서 자금세탁방지의무 의무 위반에 대한 제재도 강화되었다.

(i) 민사상 제재(Civil Penalty)

(a) 민사상 제재의 특징과 부과 절차

민사상 제재는 행정적 절차를 통해 부과되는 것으로서, 「은행비밀법」은 미국 정부 또는 미국 재무부 장관(Secretary of the Department of Treasury)을 민사상 제재의 부과주체로 하고 있다.

　재무부는 「은행비밀법」상 신고의무불이행에 대한 평가를 신고시점으로부터 6년 이내에 하여야 한다.[8] 재무부는 민사상의 벌금을 청구하기 위한 소송을 선고시점으로부터 2년 이내에 개시하여야 한다.

　재무부 장관이 자금세탁 방지를 위한 적절한 내부절차를 유지하도록 요구하였음에도 불구하고 이를 준수하지 못한 경우[9] 에는 그러한 위반상태가 계속되는 매 위반일마다, 그리고 그러한 위반이 발생한 사무실, 지점, 영업소마다 별개의 위반사실이 발생한 것으로 본다.[10]

(b) 고의적인 규정 위반의 경우

　미국 재무부는 「은행비밀법」의 고객확인의무나 의심거래보고의무, 기록보존의무, 내부통제시스템구축의무 등의 규정을 고의적으로 위반한 경우 10만 달러를 상한으로 하여 거래에 연루된 금액 또는 2만 5천 달러 중 더 큰 금액을 민사상 벌금으로 부과할 수 있다.

　미국 재무부 장관이 자금세탁 방지를 위한 적절한 내부절차를 유지하도록 요구하였음에도 불구하고 이를 준수하지 못한 경우[11]는 그러한 위반상태가 계속되는 매 위반일마다, 그리고 그러한 위반이 발생한 사무실, 지점, 영업소마다 별개의 위반사실이 발생한 것으로 본다.[12]

　외국 금융기관과의 거래 시 기록 보존 및 보고의무를 고의적으로 위반할 경우[13] 민사상 벌금의 상한은 10만 달러 또는 거래금액의 50% 중 더 큰 금액이 된다.[14]

(c) 과실로 인한 규정 위반의 경우

　과실로 인한 「은행비밀법」 위반의 경우 5백 달러를 초과하지 않는 범위 내에서

---

8) 31 USC section 5321 (b)~(1).
9) 31 USC section 5318(a)(2)
10) 31 USC section 5321(a)(1)
11) 31 USC Section 5321(a)(2)
12) 31 USC Section 5321(a)(1)
13) 31 USC Section 5314
14) 31 USC Section 5321(a)(5)

민사상 벌금이 부과된다.[15] 다만 그러한 위반이 업무적으로 반복되어 일정한 패턴을 형성할 경우 민사상 제재와 별도로 5만 달러를 한도로 벌금을 병과할 수 있다.[16]

외국 금융기관과의 거래 시 과실로 기록 보존 및 보고의무를 위반할 경우[17] 민사상 벌금의 금액은 1만 달러를 초과하지 않는 범위 내에서 결정된다.

(ii) 형사적 제재

민사상 제재와 달리 원칙적으로 고의적인 법령 위반의 경우에만 부과될 수 있다. 형사적 제재를 부과하기 위해서는 미국 법무부의 기소와 법원의 유죄판결이 필요하다.

금융거래 신고의무 등과 관련하여 금융기관의 직원이 이를 의도적으로 이행하지 않았거나 위반한 경우는 최고 5년 이하의 징역형과 최고 25만 달러의 벌금을 병과하고 있다.[18] 또한 ① 「은행비밀법」 및 다른 법령을 함께 위반한 경우 또는 ② 12개월의 내에 업무상 반복적으로 10만 달러를 초과하는 불법적 거래행위에 관여한 경우 10년 이하의 징역형과 최고 50만 달러의 벌금을 병과 한다.[19]

형사적 제재는 양형기준(Sentencing Guideline)을 참고하여 결정되는데, 수회의 위반행위가 있는 경우 각 위반행위의 상한이 합산된다. 예를 들어 만일 어느 금융기관이 3회의 위반행위를 범하고 벌금의 상한이 각 5만 달러인 경우, 해당 금융기관에 부과될 수 있는 벌금은 총 150만 달러가 된다.

(iii) 국제 자금세탁 규정 위반의 경우: 민사상 제재와 형사적 제재 병과 가능

① 외국 고객에 대한 고객확인 준수사항을 위반한 경우,[20] ② 외국 위장은행의 미국 내 계좌개설 방지를 위한 절차적 준수사항을 위반한 경우,[21] 또는 ③ 국제적 자금세탁 방지를 위해 미국 재무부 장관이 부과한 특별조치(special measures)를 미국 내 금융기관이 준수하지 않은 경우[22] 재무부 장관은 100만 달러를 상한

---

15) 31 USC Section 5321(a)(6)(A)

16) 31 USC Section 5321(a)(6)(B)

17) 31 USC Section 5314

18) 31 USC section 5322 (a)~(d).

19) 31 USC section 5315

20) 31 USC Section 5318(i)

21) 31 USC Section 5318(j)

으로 하여 거래금액의 2배 이상의 민사상 제재금(civil money penalty)을 부과할 수 있다.

미국 내 금융기관은 이러한 규정 위반을 범하는 경우 100만 달러를 상한으로 하여 재무부 장관이 거래금액의 2배 이상의 벌금(fine)을 부과 받게 되어 거래 회수·규모에 비례하여 벌금이 부과되므로 벌금 규모가 상당한 수준에 이를 수 있다.

SECTION 03

우리나라 금융회사등에 대한 감독·검사·제재

1. 금융회사등의 자금세탁방지 등에 대한 규제 체계

(1) 자금세탁방지의무 이행 관련 감독·검사·제재 체계

「특정금융거래정보법」에 근거하여 금융정보분석원(KoFIU)이 AML/CFT 관련 감독·검사·제재권을 보유하고 있다. 하지만 법 제정시 국회는 가급적 기존 감독기관에 검사업무를 위탁함으로써 KoFIU의 조직확대를 억제하고 고유업무에 역량을 집중할 필요가 있다는 검토의견을 제시한 바 있다.

이에 따라 KoFIU는 은행, 증권, 보험, 상호금융, 카지노 등 약 8,700개 금융회사등의 AML/CFT 의무에 대한 검사 및 일부 제재 업무를 업권에 따라 금감원, 상호금융 중앙회 등 11개 기관에 위탁하고 있다.

제재 업무는 KoFIU가 금융회사에 대한 기관경고·기관주의 제재, 임직원에 대한 문책경고·감봉·견책·주의 등의 조치 요구권은 11개 기관에 위탁하고 금융회사에 대한 시정명령, 임원에 대한 해임권고, 직무정지 등 기관 및 임원에 대한 중징계와 과태료 부과권한을 직접 보유하고 있다.

---

22) 31 USC Section 5318A

(2) 금융정보분석원의 감독업무와 검사수탁기관의 검사업무의 분담

KoFIU는 RBA(Risk Based Approach) 시스템 등을 통해 금융회사등을 상시 감독하고 있으며, 금융회사등은 위험평가결과를 분기별로 KoFIU에 보고하고 KoFIU는 위험평가시스템을 통해 보고결과를 분석하고 분석결과에 따라 대응한다.

KoFIU는 매년 감독·검사계획을 수립하여 검사수탁기관에 통보하고, 검사수탁기관으로부터 매 분기별로 검사 현황을 보고한다.

한편 KoFIU는 검사권을 위탁한 경우에도 검사업무의 효율적 수행을 위하여 필요한 경우에는 소속직원으로 하여금 검사수탁기관의 검사업무를 지원하도록 할 수 있다.

2. 금융회사등의 자금세탁방지 등에 대한 검사 및 제재 동향

(1) 「특정 금융거래정보 보고 등에 관한 검사 및 제재규정」 제정

1) 제정 배경

종래에는 특정금융거래보고법 시행령은 금융정보분석원장이 검사절차, 조치 등에 관한 통일적 지침을 마련할 수 있도록 규정하고 있었으나, 11개 검사수탁기관 별로 법률에 따른 검사를 실시함에 따라, 검사 절차 및 제재정도 등 위탁된 제재의 권한 행사의 일관성이 결여되는 문제점이 있었다.

2018년까지는 금융회사의 일반적인 업무에 대한 검사절차 및 제재에 대해 규정한 「금융기관의 검사 및 제재에 관한 규정」이 금융감독원의 검사를 받는 은행, 보험, 증권, 저축은행, 여신전문금융회사, 금융지주회사, 해외소액송금업자, 신협중앙회, 수협중앙회, 산림조합중앙회에게만 적용되었다.

2) 「특정 금융거래정보 보고 등에 관한 검사 및 제재규정」 제정의 기대효과

「특정 금융거래정보 보고 등에 관한 검사 및 제재규정(약칭, AML/CFT 검사 및 제재규정)」은 「금융기관의 검사 및 제재에 관한 규정」의 주요 내용을 반영하여 마련되어 2018년 7월 시행되었다.

이에 따라 체신관서, 새마을금고중앙회, 환전영업자, 농·수협, 신협, 산림조합, 새마을금고 등의 단위조합·금고, 제주도 소재 카지노 등에도 검사수탁기관의 검사절차 및 위탁제재 행사에 통일적으로 적용되는 공통 기준이 마련됨으로써 AML/CFT 의무 위반에 관한 검사·제재 절차와 기준이 명확히 되어 행정의 예측가능성 및 투명성을 제고할 수 있는 기틀이 마련되었다.

금융감독원의 경우는 「AML/CFT 검사 및 제재규정」에서 별도로 정하지 않은 사항에 대해서는 종전과 같이 「금융기관의 검사 및 제재 규정」을 그대로 적용하기로 하였다.

3) 「AML/CFT 검사 및 제재규정」의 주요 내용

(i) 검사운영 절차

「AML/CFT 검사 및 제재규정」은 검사실시 7일전 사전통지, 금융회사등의 관계자에 대한 출석·진술 요구, 금융거래기록 등 관계 자료의 제출요구 등의 검사원의 권한 및 의무, 금융회사등에 대한 검사 결과 통보 등 검사수탁기관의 검사 운영에 필요한 절차를 규정하고 있다.

(ii) 제재기준

「특정금융거래보고법」에 규정되어 있는 제재 조치별로 부과 사유를 구체적으로 나열하고, 제재의 가중·감면 사유가 규정되었다.

(iii) 제재심의위원회 설치 등 제재절차 개선

「AML/CFT 검사 및 제재규정」에 따라 금융정보분석원장 또는 검사수탁기관의 장이 금융회사등에 대해 제재를 하는 경우 제재의 내용을 사전통지하고, 의견진술 기회를 부여해야 하며, 금융정보분석원장은 과태료, 시정명령 등 비위탁 제재관련 사항에 대한 심의를 위해 자문기구로서 제재심의위원회를 설치해야 한다.

(2) 금감원의 RBA 자금세탁방지 검사기준서 발간

최근 금감원은 RBA 자금세탁방지 검사기준서를 통해 FATF의 권고에 따라 금융회사가 갖추어야 할 위험기반 자금세탁방지 업무 체제와 관련한 중점 검사 사항을 제시하고 있다. 이 검사서는 FATF의 'Guidance for a Risk Based Approach'의 지침을 기준으로 금융회사의 위험기반 자금세탁방지 등 업무 체계에 대한 평가시 일관성있는 기준으로 평가할 수 있도록 검사영역별로 검사내용을 서술하고 있다. 금융회사별로 다양한 위험기반 자금세탁방지 등의 체계를 갖추는 특성이 요구되므로 개별 금융회사의 특성에 적합한 검사를 수행하고 결과를 도출하도록 할 필요가 있기 때문이다. 예를 들어, A금융회사의 운영방식이 B금융회사의 운영방식에 비해 우수하다고 평가되더라도 금융회사의 특성을 고려한 상대적 기준에서 평가의 유효성을 검증할 필요가 있다.

(3) 과태료 부과 현황 및 부과기준 변경

1) 과태료 부과 사례

아직까지 우리나라에서는 미국 등의 주요국과 같이 금융회사등의 AML/CFT 관련 내부통제구축 미흡을 이유로 과태료 등 벌칙을 부과하고 있지는 않은 것으로 보인다. 금융회사등에 내부 임직원의 업무지침 준수 여부를 감독하도록 의무를 부과함으로써 동 의무 위반 시 개정법에 따라 1억원 이하의 과태료 부과가 가능하게 되는 법률 개정안이 최근에 통과되었기 때문이다. 고액현금거래보고(CTR)도 제도가 정착된 지 오래되지 않아 제재사례가 드물었으며, 반면에 고객확인의무(CDD) 위반과 의심거래보고의무(STR) 위반에 따른 과태료는 지속적으로 부과되고 있는 실정이다.

2) 법률 개정에 따른 과태료 부과기준 변경

2019년 법률 개정을 통해 세탁방지 등을 위한 감독 및 제재의 강화를 요구하는 FATF 권고기준, 주요국의 감독 강화 추세를 반영하여, 과태료 부과 사유를 추가하고, 과태료 상한을 1천만원에서 '3천만원 또는 1억원'으로 인상하였다.

금융회사등의 내부통제의무 위반 등의 경우 과태료 상한을 1억원으로 규정하였고 반복되는 업무로서 건별 부과가 가능하고, 금융회사등의 자발적 협력이 필수적인 의심거래·고액현금거래보고 등 의무 위반의 경우에는 과태료 상한을 3,000만원으로 규정하였다.

법률상 과태료 상한이 상향됨에 따라 위반행위 별 과태료 부과 기준 금액을 규정한 특금법 시행령 별표도 개정되었다. 위반행위별 과태료 부과 기준금액은 법률상 부과한도액의 30~100%로 규정되었다.

과태료 부과기준(2019년 개정)

과태료 부과사유	법률상 부과한도	시행령상부과기준	
		현행	개정
의심거래보고의무 위반	3,000만원(종전 1,000만원)	1,000만원	1,800만원
고객확인의무 위반	3,000만원(종전 1,000만원) * 고위험고객에 대한 확인의무 위반은 1억원	800만원 (고위험: 1,000만원)	1,800만원 (고위험: 6,000만원)
고액현금거래보고의무 위반	3,000만원(종전 1,000만원)	800만원	900만원
업무지침 작성·운용 위반	1억원 (신설)	(신설)	6,000만원
지시·검사의 거부·방해·기피	1억원(종전 1,000만원)	1,000만원	1억원
자료보관의무 위반	3,000만원(신설)	(신설)	1,800만원

3. 우리나라 자금세탁방지등의 금융감독 · 검사기관의 향후 과제

(1) 미국의 자금세탁방지등의 감독 · 검사의 특징

1) 실질적인 이행 담보[23]

미국은 수검 금융기관이 미국의 AML/CFT 감독 · 검사기관과 합의에 따라 자율적으로 협의하여 서면계약을 작성하고, 시정계획을 특정 기일 안에 제출하도록 강제할 뿐만 아니라 감독당국이 이슈를 제기하는 경우 수검 금융기관은 이행계획을 수정해야 하고, 제출한 이행계획은 감독당국의 사전 서명 승인 없이는 수정을 못하도록 하여 그 이행을 담보하고 있다.

또한 미국의 AML/CFT 관련 검사결과에 따른 서면계약에는 AML/CFT 업무의 완전한 준수를 위한 구체적인 예산규모와 전담검사 형태 등을 포함한 직원 수의 정보 등이 포함되어 있어야 하고, 금융기관의 AML/CFT 업무 기능들의 조직 구조, 인력 충원 등을 독립적인 제3자로부터 평가받도록 되어 있다. 미국의 지적사례는 상당히 구체적이며, 지적사례 전체에 대한 개선이 이루어질 때까지

---

23) 성균관대학교 경영연구소, "국 · 내외 자금세탁방지 제재사례 비교 · 분석을 통한 AML/CFT 준수 효과성 제고 방안; 한국과 미국의 제재 사례를 중심으로", 제5회 금융지도자 자금세탁방지 전문가과정 논문집, 2017

최소 5년에서 최대 10여 년간 지속적으로 해당 금융기관을 검사·감독함으로써
AML/CFT 업무의 완전한 준수를 이행하도록 하고 있다.

2) 경제제재 위반 여부 점검

미국은 우리나라와 달리 다양한 법률로 독자적인 금융제재를 위한 OFAC 프
로그램 등을 운영하여 적성국 및 고위험법인·자연인과의 거래를 규제하는 것이
특징이며 금융제재 대상과의 거래를 통제하기 위해 일선 금융회사들이 철저히 모
니터링하고 보고할 것을 요구하고 위반시 매우 엄격한 제재를 부과하고 있다.

3) 강화된 내부통제구축 요구

미국 감독당국은 AML/CFT 내부통제시스템 및 위험관리에 대해 높은 이행
수준을 요구하고 있고 금융회사가 AML/CFT 내부통제시스템을 제대로 갖추지
않고 있거나 이행 수준이 미흡한 경우 강도 높은 검사를 실시하고 제재를 부과
한다.

이에 따라 미국에 진출한 국내 해외점포는 국내 AML/CFT 규제수준보다
강화된 현지 감독당국의 기준을 준수해야 하며, 미국 내 점포에서 중대한
AML/CFT 위반행위로 제재를 받을 경우 미국 감독당국은 한국 본점에 대하여도
관심 및 관리감독을 강화할 것을 요구한다.

미국 내 점포에서 위반행위가 발견되면 다른 국가의 점포까지 점검을 요구
하는 사례도 종종 발생한다. 자금세탁방지 등 내부통제 시스템에 지나치게 둔감
했던 국내 금융회사들이 글로벌 기준을 맞춰야 할 시점이라는 의견도 나온다. 수
익성 추구에만 치우쳐 건전 경영이나 법령 준수는 소홀했던 그간의 영업방식에
서 벗어나 최고경영진의 관리 감독 등 내부통제 수준을 높여야 한다는 지적이다.

(2) 자금세탁방지등의 감독·검사·제재의 개선 과제

1) 위험기반 감독·검사의 안착

금융회사등의 실질적인 이행을 담보하기 위해서는 자금세탁방지 제도운영
의 실효성이 확보될 수 있도록 감독체계를 '평가-검사-교육(개선)'이 연계·순
환되는 체계로 개편할 필요가 있다.

한편 위험기반접근법(Risk Based Approach)에 따른 검사를 통해 금융회사등이 자체적으로 자금세탁행위등 위험평가 및 위험경감 활동의 적정성을 점검하여 자금세탁 위험을 완화하도록 지원해야 한다.

2) 제재 수위 상향 조정

(ⅰ) FATF 상호평가 결과

2019년 FATF 상호평가에 따르면 우리나라의 대부분 감독기관들이 각각의 감독 대상 부문의 ML/TF 위험을 잘 이해하고 있고 감독을 위한 강력한 위험 기반 시스템도 갖추고 있는 것으로 평가된다.

하지만 KoFIU와 금융감독원은 개선의 여지는 있는 것으로 평가되었다. 즉 FATF는 KoFIU와 금융감독원의 자원이 확대되면 감독 측면에서 더욱 좋은 성과를 얻을 수 있을 것이라고 지적하였으며 감독기관들이 개선조치로 부과하는 행정 제재나 금전 제재가 효과적이고 억제적이지만 완전히 비례적이라 할 수는 없다고 지적하였다.

(ⅱ) 과태료 수준의 현실화 추진 필요

현행 과태료의 낮은 상한 금액, 일률적인 과태료 금액 규정으로 인해 과태료 부과의 실효성이 크지 않은 것으로 평가된다. 2019년 「특정금융거래정보법」 개정으로 과태료 부과기준이 변경되었으나 미국, 영국, 호주 등 해외 각국과 비교하면 미미한 수준에 머무르고 있다.

3) 과징금 제도 도입

과태료란 행정법규 위반의 정도가 비교적 경미하여 간접적으로 행정 목적 달성에 장애를 줄 위험성이 있는 정도의 단순한 의무태만에 과하는 일종의 금전벌이다.24) 이러한 관점에서 자금세탁방지제도의 본질적 요소인 의심거래 보고의무, 고액 현금거래 보고의무, 고객확인의무 등은 '비교적 경미한', '간접적으로 행정목적 달성에 장애를 주는', '단순한 의무태만'에 해당한다고 보기는 어려운 측면이 있다. 또한 과태료의 경우 그 개념상 '경미하고 간접적인' 의무위반사항

---

24) 대법원 1969. 7. 29.자 69마400 결정 참조

에 대해 부과되는 것으로, 불복시 비송사건절차법에 따른 사법적 검토를 받게 되는 점에서 한계가 있다.

통상적으로 국내의 주요 법령상 금전적 제재는 상대적으로 중대한 법규위반인 경우 과징금 부과대상으로, 경미한 법규위반은 과태료 부과대상으로 규정되어 있다. 특히, 과징금은 행정청의 재량적 행정처분의 성격을 가지고 있으므로, 법원의 엄격한 범죄사실의 증명이 요구되는 벌금에 비하여 탄력적 응징이 가능하여 과징금의 상향을 통한 실효성 확보가 용이하다. 자금세탁방지 및 테러자금차단의의 기술의 적정성 및 AML/CFT 의무위반의 양태에 대한 판단은 그 속성상 고도의 전문성이 요구되는데, 과징금은 벌금 및 과태료에 비하여 법인에 대한 제재수단으로서 실효성이 크다고 볼 수 있으므로, 금융회사를 통한 자금세탁의 가능성을 차단하는 데 더욱 효과적일 것으로 예상된다.

고위험 거래에 대한 대응 강화

1. 무역기반 자금세탁 및 북한의 경제제재회피조치에 대한 대응

(1) 무역기반 자금세탁 및 북한의 경제제재회피 조치의 개요

1) 무역기반 자금세탁(TBML)의 개념

'무역기반 자금세탁(Trade-Based Money Laundering, 약칭 TBML)'은 무역거래를 활용해 범죄수익을 은닉하거나 이동해 테러와 같은 범죄자금을 조달하는 행위를 의미한다.

2) 북한의 경제제재회피 조치

(ⅰ) 북한의 대북제재회피 행위

국제사회에서 對북한 제재와 對이란 제재 등 경제제재가 강화되고 있음에도 불구하고 이를 회피하기 위한 조치가 무역기반 자금세탁(TBML)의 형태로 나타나고 있다. 특히 북한의 경우 미국과 UN의 제재에도 불구하고, 정제유와 석탄의 불법적인 선박 대(對) 선박 환적을 통하여 제재를 계속 회피하고 있는 것으로 나타났다.[1] 미국 국무부·해안경비대 등은 2018년에 북한의 항구에서 UN이 금지한 선박 대 선박의 환적으로 정제유가 적어도 263척의 유조선으로 인도되

---

[1] 미국 국무부, 재무부, 해안경비대, "북한의 불법 선적 행위에 대한 지침 갱신", 2019년 3월 21일

었다는 것을 확인하고, 만일 인도 당시에 이들 유조선에 정제유가 가득 차 있었다면, 북한은 유엔안보리결의 2397호에서 허용하는 양(예: 연 50만 배럴)보다 7.5배가 많은 3백 78만 배럴을 더 수입할 수 있었을 것이라고 판단하고 있다. 또한 2017년 8월에 채택된 유엔안보리결의 2371호는 북한이 원산지인 석탄의 구매를 금지하고 있으며, 2017년 12월에 채택된 유엔안보리결의 2397호는 석탄을 포함한 특정 분야 제품으로 하는 북한과의 무역 거래는 북한 체제의 핵무기 및 탄도 미사일 프로그램에 기여한다는 것을 인정하고 있음에도 불구하고 미국 정부는 북한이 정제유의 지속적인 불법 수입뿐만 아니라, 통킹만 등에서 석탄 수출을 재개한 것으로 보고 있다.

(ⅱ) 북한의 불법선적행위[2]

⒜ 화물 및 선박의 문서 위조

완전하고 정확한 선적 문서는 거래하는 모든 당사자가 해당 운송에 관여한 당사자, 제품 및 선박을 분명하게 이해하는 데 중요한 기능을 한다. 선하증권, 원산지 증명서, 송장, 포장 명세서, 보험 증명 및 마지막 기항지 목록 등은 선적 거래에 일반적으로 따르는 문서의 사례이다. 북한은 화물의 출항지 혹은 도착지를 숨기기 위해 이러한 문서를 정기적으로 위조한다.

⒝ 선박 대(對) 선박 환적

선박 대 선박 환적은 항구가 아니라 해상에서 어느 선박에서 다른 선박으로 화물을 이동하는 행위이다. 선박 대 선박 환적은 이동된 화물의 출항지나 도착지를 감출 수 있다.

⒞ 자동 선박 식별 장치(AIS) 작동 불능

자동 선박 식별 장치(AIS)는 선박의 정체를 전송하고 고주파 전파를 통해 항해 및 위치 데이터를 선택하는 국제적으로 인정된 해상 안전 및 항해 관련 시스템이다. 북한 국적기를 단 상선은 이동 경로를 국제적으로 숨기기 위해 종종 의도적으로 AIS 응답기를 불능상태로 둔다. AIS가 작동되지 않도록 하는 것은 북한과 관련된 화물의 출항지 또는 도착지를 숨기기 위해 종종 사용되기 때문

---

2) 미국 국무부, 재무부, 해안경비대, "북한의 불법 선적 행위에 대한 지침 갱신", 2019년 3월 21일

에 이러한 술책은 잠재적으로 행해지는 불법 행위를 알리는 경고 신호로 볼 수 있다.

유엔 1718 위원회의 전문가 패널은 2019년 3월 선주 책임 상호 보험 및 재보험 회사 그리고 석유 제품 거래 업체, 정유회사 및 원유 생산회사들이 관련 지역에서 운항하는 위험 가능 선박에 대해서 'AIS 장치 차단 금지 조항' 및 AIS 기능 확인 조건을 계약서에 포함할 것을 권장하였다.

⒟ 선박의 정체 변경

특정 톤을 초과하는 해상 선박은 선박의 선체 혹은 상부구조 부분에 육안으로 잘 보이는 위치에서 선박 이름 및 IMO 번호(독특한 7자리 숫자 선박 식별 번호)를 표시해야 한다. 선박의 IMO 번호는 소유 여부 및 이름의 변경과 상관없이 영구적으로 유지된다. 북한 국적기 선박은 선박의 정체를 숨기고 다른 선박으로 가장하기 위해 선박 이름 및 IMO 번호를 가리기 위해 불법으로 페인트 덧칠을 해 왔다.

(2) 무역기반 자금세탁 대응의 필요성

이러한 동향을 반영하여 전 세계 금융기관들은 금융거래 과정에서 경제제재 위반을 예방하고 세컨더리 제재를 미연에 방지하고자 무역금융 과정에서 일어날 수 있는 자금세탁을 방지하기 위한 시스템을 도입하고 있다.

FATF에서는 2006년 TBML에 대한 정의를 제시하고 ML/FT 측면의 지침을 제시한 바 있다. 기존의 AML/CFT 프로세스에 무역과 관련된 정보를 더 많이 수집하고, 이를 기반으로 위험평가를 수행하도록 하는 것을 주된 내용으로 하고 있다. 2017년 당시 13개 글로벌 은행들의 연합체였던 볼프스베르크 그룹도 '무역금융 원칙 가이드라인(Trade Finance Principles)'을 발표하고 각국 정부와 기업에 무역 금융에서 발생될 수 있는 자금세탁과 테러자금조달의 예방을 촉구하였다. 이 가이드라인은 2019년 개정되었다.

1) 무역기반 자금세탁(TBML)에 대한 규제

'TBML' 규제는 이미 홍콩, 싱가포르 등 국제적인 무역 및 금융 기반 국가를 중심으로 선도적으로 도입되어 의무화되었다. 국내 금융회사나 무역 기업들이 싱가포르, 홍콩에 현지 법인, 지점, 자회사 등으로 진출하는 경우 필수적으로 AML과 같은 수준의 '규제 대응'체계를 갖춰야 한다. 만약 TBML에 대한 대응이 미흡할 경우, 국제 무역 진행과정에서 '선박 및 화물 압류', '송금 중단' 등 예기치 못한 상황에 직면할 수 있다. 우리나라도 관세청 등이 관심을 갖고 금융권의 도입을 유도하고 있다.

(3) 경제제재 예방목적의 무역기반 자금세탁 방지 시스템 구축

국내에서도 무역금융 과정에서 일어날 수 있는 범죄자금 조달 행위인 TBML에 대응한 방지 시스템을 도입하는 움직임이 나타나고 있다. 업계에서는 TBML 방지시스템을 구축하면 2018년 북한산 석탄 밀반입과 일련의 무역금융 관련 의혹 대북 금융 리스크도 자연히 대응할 수 있을 것으로 보고 있다.

우리나라의 금융회사등은 TBML 규제를 시행하고 있는 홍콩, 싱가포르와 무역금융거래를 활발히 하고 있기 때문에 일반적인 무역금융과정에서의 불법행위나 자금세탁에 유의해야 하겠지만, 북한과 접해 있는 지정학적 상황과 미국과의 경제교류가 활발하다는 경제학적 측면을 고려한다면 당발송금, 타발송금, 수출금융과 같은 무역금융거래와 외화지급보증, 외국인투자, 해외투자와 관련한 금융거래에서도 경제제재 대상자가 관여되어 있는지 등을 사전에 다각적으로 점검할 수 있도록 노력해야 할 것이다.

2. '국내의 정치적 주요 인물' 제도 이행

(1) '정치적 주요 인물'에 대한 규정

1) FATF 권고사항

종전의 FATF 권고사항은 '정치적 주요인물(PEPs)'을 '외국에서 주요 공직에 있거나 있었던 적이 있는 개인'으로 정의하였으나, 개정된 권고사항 12는 적용 대상을 '국내의 정치적 주요인물(PEPs)'과 '국제기구의 정치적 주요인물(PEPs)'까지로 확대하였다.

개정된 권고사항은 고객이 국내 고위공직자인지 여부를 확인하고 국내 고위공직자와의 거래 관계가 고위험으로 평가되는 경우, 외국의 고위공직자와 같이 고위경영진의 승인, 거래자금의 원천 확인 및 강화된 모니터링을 이행하도록 규정하였다.

아울러 '모든 종류의 정치적 주요인물에게 적용되는 의무사항은 그 정치적 주요인물의 가족과 측근에게도 적용되어야 한다'는 내용이 추가되었다.

2) 국내규정

현행 「자금세탁방지 및 공중협박자금조달금지 업무규정」에는 외국 PEPs에 대한 내용만 규정하고 있으며, 그 PEPs를 구성하는 기준이 구체적이지 않고 다소 포괄적인 그룹 형태로 명시되어 있다. 특히, FATF에서 PEPs의 중요 그룹으로 언급한 고위 공직자들에 대한 기준 또한 정의되어 있지 않다고 볼 수 있다.

(2) 국내에서의 제도 이행 현황

1) 국내 금융회사등의 이행 현황

대부분의 국내 금융회사등은 국내 PEPs에 대한 업무처리 규정을 마련하고 있지 않을 뿐 아니라, 고객확인의무를 별도로 실시하지 않고 있는 것으로 나타났다. 다만, 일부 금융회사등은 업무처리 규정에서 '요주의 인물 여부 확인'을 통해 금융거래제한대상자 목록, 테러리스트 목록, 비협조국가 목록, 외국의 PEPs 목록 등에 대한 정보와 고객정보를 확인하고 고객이 요주의 인물로 확인되는 경우, 해당 고객과의 거래를 거절하거나 거래관계 수립을 위해서 담당 임원의 승인을 얻어야 한다고 규정하고 있다.

2) FATF 상호평가 결과

FATF는 2019년 상호평가를 통해 우리나라에서 부패범죄가 주요 전제범죄로 확인된 점을 감안하면 국내 정치적 주요인물(PEPs) 관련 내용의 부재는 심각한 사안이라고 평가하면서 국내 PEPs 및 국제기구 PEPs를 포함하도록 AML/CTF 의무 적용대상을 확대할 것을 권고하였다.

(3) 금융회사등의 정치적 주요인물제도 운영 방안3)

1) 관련 법규의 정비

「자금세탁방지 및 공중협박자금조달금지 업무규정」은 외국 PEPs에 대한 내용만 규정하고 있으므로 국내 PEPs 및 국제기구 PEPs를 도입하기 위해서는 우선적으로 관련 법규를 정비해야 한다. 이 과정에서 국내 및 국제기구 PEPs 분류 기준을 명확히 해야 할 것이다. 예를 들어 직위의 중요도 및 자금세탁의 위험도에 따라 PEPs 그룹을 세분화하고 각 그룹에 대한 최소한의 준수사항을 명시하는 것을 고려할 수 있을 것이다.

2) 국내 및 국제기구 PEPs 데이터 베이스 관리의 집중화

비록 실명에 근거한 PEPs 명부를 규정상으로 정의할 수 없다고 하더라도 PEPs 제도의 안착과 효율적인 운영을 위해 PEPs 대상자에 대한 데이터베이스를 구축하는 것이 필요하다.

3) 국내 PEPs에 대한 강화된 고객확인의무 이행에 대한 홍보

제도 도입 전 감독기관의 홍보를 통해 국내 PEPs 제도 도입의 취지와 당위성, 국내 PEPs의 범위에 대한 홍보 및 교육을 실시하여 국내 PEPs 당사자들이 미리 제도에 대해 인식을 형성할 수 있는 기회를 제공해야 할 것이다.

---

3) 성균관대학교 경영연구소, "국내 PEP 제도 도입에 따른 제언", 제3회 금융지도자 자금세탁방지 전문가과정 논문집, 2015

3. 글로벌 금융회사의 위험기반접근방식(RBA) 자금세탁방지업무 운영 사례 및 시사점[4]

(1) 글로벌 금융회사의 위험기반접근방식(RBA) 자금세탁방지업무 운영 내용

1) 전사적 위험 평가 방법

글로벌 금융회사의 RBA 업무는 자금세탁 유형에 관한 핵심, 본질적 위험의 속성 및 감독기관 규정상의 위험의 정의를 반영하여 위험을 평가하는 것과 비교 회사의 ML/FT 위험 통제환경을 평가하는 것의 두 가지 축으로 구성되어 있다.

본질적 위험의 양에 대하여 내부 통제 조치 및 위험 관리의 품질에 대한 평가를 반영하여 ML/FT 총 위험의 노출을 평가한다. 총 위험등급은 위험을 없앨 수 있는 가능한 기회들을 파악하고, 위험 관리를 보다 더 잘하기 위해 어느 취약점에 통제자원을 집중해야 하는지 등에 대한 가이드를 제공한다.

2) AML/CFT 평가 보고서의 활용

현재 국내 금융회사의 AML/CFT 위험 평가보고서는 관련 법규에 따라 의무적으로 제출해야 하는 보고서로서 자금세탁방지업무 담당부서에서 작성하여 KoFIU에 제출하는 것을 목적으로 한다. 이에 비해 글로벌 금융회사는 AML/CFT 위험 평가보고서를 고위경영진이 ML/FT 총 위험에 대한 인식을 형성하고 사업상 결정에 반영하는 데 활용하는 것을 목적으로 하고 있다. 이사회 및 경영위원회에게는 규제위험 및 평판위험 관리를 위해 ML/FT 위험 및 경감조치에 투명성을 높이고, ML/FT 위험 허용 수준을 승인하는 결정에 AML/CFT 위험 평가보고서가 활용된다는 점을 명시하고 있다.

3) 운영위험지표

(ⅰ) 경영진의 참여도·공헌도 평가

글로벌 금융회사는 경영진 및 고위 임직원의 참여도와 중요성을 제고하기

4) 성균관대학교 경영연구소, "글로벌 금융회사의 AML 운영사례 비교를 통한 국내 금융회사 위험기반접근방식(RBA) AML 도입정착을 위한 시사점 연구", 제5회 금융지도자 자금세탁방지 전문가과정 논문집, 2017년 11월

위하여 재무적 성과를 평가하는 항목 이외에 AML/CFT 업무에 대한 경영진의 참여도 및 공헌도를 별도 평가항목으로 포함하고 있다. AML/CFT 업무에 대한 경영진의 평가는 점수로 산정되는 것이 아니라 Pass 또는 Fail로 평가된다. 이 평가는 독립된 글로벌 감사가 수행하며, Pass일 경우 2년 주기로 AML/CFT 평가를 받으나, Fail인 경우 1년 주기로 AML/CFT 평가를 받아야 하며 이 평가는 해당 경영진에 대한 평가를 담당하는 본부장(Head)이 종합평가를 하는 데 반영된다.

(ⅱ) 위험 경감을 유도하는 질문 구성

글로벌 금융회사의 AML/CFT 위험 평가 질문지의 각 평가 항목은 평가질문에 관련되는 현업담당자가 서술형으로 답변하도록 되어 있으며, AML/CFT Officer가 제출된 답변서를 검토한 후 직접 현업담당자와 인터뷰를 통해 답변내용을 증빙자료를 통해 확인하고 평가한다. 특히 평가 질문지에는 '해당 사항이 잘 되고 있는지 여부를 점검하는 절차와 방식'에 대한 질문이 포함되어 있고 해당 질문에 현업담당자가 서술형으로 답변을 하면서 해당 위험을 점검하고 경감시키는 방안을 고민하도록 유도하는 방식으로 구성되어 있다. 이에 따라 AML/CFT 위험 평가 질문지는 주기적으로 평가항목과 질문이 재평가되어 수정된다.

(2) 글로벌 금융회사의 사례로부터의 시사점

1) 경영진의 관심과 활용

독립적인 글로벌 감사가 자회사의 AML/CFT 업무를 등급으로 평가하고 이 평가 결과는 해당 회사의 경영진 평가에 반영된다는 점은 AML/CFT 운영에 대한 경영진의 관심을 크게 제고시킬 수 있는 데 기여할 수 있다.

글로벌 금융회사가 AML/CFT 위험 평가 보고서를 고위경영진의 ML/FT 총 위험에 대한 인식 형성 및 경영상 의사 결정에 반영하는 것에 활용목적을 두고 있는 것은 AML/CFT 위험 평가를 각종 경영판단에 적극 반영하는 기업문화가 전제되어야 하겠지만 장기적으로 국내 금융회사에도 큰 시사점을 줄 수 있을 것으로 기대된다.

2) 총위험 산정 방식

국내의 업무 가이드라인에 따르면 ML/FT 위험을 평가하고 이 위험에서 내부통제 수준을 감안하여 차감한 후 잔여위험을 계산해야 하므로 국내 금융회사들은 세부적인 잔여위험 산정 방식을 자체적으로 정해야 하는 반면에, 글로벌 금융회사는 잔여위험의 평가등급을 본질적 위험요소등급과 내부통제등급을 매트릭스 구조로 종합하여 총위험 등급을 산정하므로 비교적 명료하게 위험을 평가하게 되는 장점이 있다.

3) 질문 구성을 통한 업무 유인 효과

국내 기준에 따르면 숫자 등 비교적 객관적 기준으로 답변을 작성하게 되므로 피평가자 입장에서는 공정하고 객관적이라고 인식할 수 있는 장점이 있다. 반면에 글로벌 금융회사에서는 현업담당자가 서술형으로 답변하므로 주관적으로 답변이 이루어진다는 단점이 있지만 질문에 답하는 현업담당자가 AML/CFT 업무와 관련하여 수행해야 할 사항을 스스로 고민하면서 위험을 경감시키는 방안을 수행하도록 유도함으로써 직원들의 AML/CFT에 대한 인식을 제고할 수 있다는 점은 시사하는 바가 크다.

SECTION 02

새로운 기술을 활용한 자금세탁방지·테러자금조달차단 체계 구축

1. 비대면 고객확인의 현황과 과제

(1) 우리나라에서의 비대면 고객확인 현황

1) 비대면 실명확인 허용

우리나라에서는 금융실명제 도입 이후 고객이 보험·카드 상품 등 일부를 제외한 금융상품에 가입하기 위해서는 계좌를 개설할 때 금융회사가 고객의 실지명의를 확인해야 하며 유권해석에 따라 고객과 계좌의 명의인이 일치하는지 '대면(face-to-face)'으로 확인해야 했었다. 즉, 고객이 실명확인증표를 제시하면 창구 직원은 증표 재질·인쇄상태 등 위·변조 여부를 확인하고 증표 사진과 고객의 얼굴을 대조한 후 증표 사본은 보관하고 계좌를 개설하였다.

하지만, 2010년대에 들어와 전체 금융서비스 이용 중 비대면채널 비중이 약 90%를 차지하면서 소비자 불편이 크게 부각되었다. 이에 따라 우리나라의 발전된 IT인프라 및 핀테크기술을 활용하여 비대면(on-line 등) 방식도 사용할 수 있도록 함으로써 소비자가 시간·장소에 구애받지 않고 금융서비스를 이용할 수 있도록 할 필요성이 대두되었다.

정부는 2015년 12월 해외 운용사례와 핀테크 기술발전 추세, FATF 권고사항 등 국제기준 등을 반영하여 계좌를 개설하는 경우에 「금융실명법」과 「전자금융거래법」에 따라 '복수의 비대면방식'으로 실명확인을 수행할 수 있도록 허용하였고 이후에는 적용대상 업권과 방식을 순차적으로 확대해 나갔다.

2) 비대면 실명확인 방식과 효과

(ⅰ) 비대면 실명확인으로 허용되는 방식

정부는 우선 개별 비대면 방식의 단점을 보완할 수 있도록 해외 주요 국가에서 주로 사용하는 비대면 실명확인방식 중 실명확인의 정확도가 높은 '신분증 사본 제출, 영상통화, 접근매체 전달시 확인, 기존계좌 활용, 이외에 생체인증 등 이에 준하는 새로운 방식 등 5가지 방식을 2가지 이상을 중첩하여 의무적으로 적용하도록 하였다.[5]

이와 함께 금융회사 자체적으로 '타 기관 확인결과 활용, 다수의 고객정보 검증, 이외 금융회사가 자체적으로 도입한 본인확인 방식'의 추가 확인방식을 적용하여 가급적 다중의 검증과정을 거친 후 계좌를 개설 할 수 있도록 권고하였다.

(ⅱ) 비대면 실명확인 허용에 따른 효과

2015년 12월 제도 도입 이후 비대면 실명확인을 이용한 계좌개설 건수는 지속적으로 증가하고 있다. 2016년 116만건에서 2017년에는 868만건, 2018년

---

5) 금융위원회 등, "이제 집이나 직장에서 은행·증권사 계좌를 열 수 있습니다."(보도자료), 2015년 5월

에는 920만 건으로 증가하였고, 2019년 상반기에도 721만 건이 비대면으로 개설되었다.[6]

(2) FATF 국제기준의 정합성 확보를 위한 '강화된 고객확인' 적용

1) FATF 권고사항 적용

실제소유자 확인을 포함한 자금세탁방지 관련 고객확인제도가 비대면 실명확인 방식에서 완화되는 것은 아니며, 비대면 거래에서도 고객확인은 FATF상의 고객확인 기준과의 정합성을 확보할 수 있도록 운용되어야 한다.

또한 FATF는 권고사항 17에 따라 금융회사가 타 기관을 통하여 고객확인의무 이행을 하는 것을 허용하되 금융회사가 수탁기관을 관리·감독하도록 하고 있다. 따라서 복수의 비대면방식 중 '접근매체 전달시 확인' 등 수탁기관을 통해 확인하는 경우에는 수탁기관에 대한 관리·감독 방안을 마련, 이행하여야 한다.

2) 자금세탁 등 위험을 고려한 '강화된 고객확인' 조치

FATF는 비대면 거래를 허용하고 있으나, 자금세탁위험이 높은 점을 감안하여 보다 강화된 고객확인조치를 적용토록 권고하고 있다. 따라서 금융회사는 FATF에서 권고하는 내용을 충분히 고려하여 비대면 거래를 수행해야 한다.

한편 FATF는 비거주 외국인, 법인 등 자금세탁 고위험 고객군에 대해서는 강화된 고객확인조치를 적용하도록 권고하고 있다. 고위험 고객군에 대해 금융회사가 일반적인 비대면 확인방식으로는 거래목적 확인 등의 이행이 미흡하다고 판단되는 경우에는 추가확인이나 대면확인 요구가 가능하다.

(3) 전자금융업자에 대한 고객확인 실시

1) 전자금융업자에 대한 자금세탁방지 등 의무 부과

2019년 7월부터 전자금융업자들에 대해서도 자금세탁방지 의무가 부과되었다. 온라인쇼핑이 일반화되고 모바일을 통한 소액송금의 확산으로 전자지급결

---

6) 금융위원회 등, "법인의 온라인 금융거래 활성화 등을 위한 '비대면 실명확인 가이드라인' 개편."(보도자료), 2019년 12월

제대행 및 선불전자지급서비스의 이용실적이 크게 증가하면서, 전자금융거래를 이용한 보이스피싱 피해 사례가 증가하고 전자금융관련 의심거래보고 사례도 증가하였기 때문이다.

특히 전자금융거래가 비대면이고 고객과 가맹점 간 세부 거래정보는 전자금융업자만 보유하기 때문에 전금자금융업자를 직접 규제할 필요성이 있었다.

2) 전자금융거래 유형에 따른 고객확인 차별화

법령에 따라 전자금융업자는 지급 기능을 갖춘 계좌를 개설할 수 없으며 기존 금융회사 계좌를 보유한 고객과 가맹점 간 자금이체 업무를 기반으로 영업하기 때문에 기존의 금융회사를 통한 간접적인 모니터링이 가능하고 전자금융거래 대부분의 사용처와 사용목적이 상품대금결제 등에 국한되며, 지급수단의 충전이 가능한 경우에도 한도가 존재한다는 측면에서는 자금세탁 등의 위험이 낮다고 평가할 수 있다.

특히, 전자금융업자는 「금융실명법」 적용의 대상이 되는 금융기관이 아니며, 정보통신망법은 전자적 형태의 거래의 경우 법령에 근거하지 않은 주민번호 수집을 금지하고 있어 다른 금융회사등과 달리 주민번호 확인에 실무상 어려움이 있었다. 이에 따라 「특정금융거래정보법」 시행령 개정 시 전자금융거래에서 주민번호 대신하여 수집해야 하는 대체정보의 종류와, 대체정보 수집이 가능한 대상 고객의 범위를 고시로 정할 수 있도록 하였고 「특정 금융거래정보 보고 및 감독규정」 개정을 통해 자금세탁 위험성이 높지 않은 고객으로서 기존 금융회사와 연계된 형태의 전자금융거래를 하는 고객에 대해 성명, 생년월일, 국적, 은행 계좌번호 등 주민번호 대신 수집 가능한 대체정보를 규정하였다. 전자금융업 중 전자지급결제대행업과 결제대금예치업을 제외한 선불전자지급수단, 직불전자지급수단, 전자고지결제, 전자자금이체, 전자화폐를 업으로 영위로 하는 업자의 경우 이미 은행 등 금융회사가 고객에 대한 실지명의를 확인한 후 발급한 계좌 또는 신용카드를 연결하여 전자금융서비스를 제공하고 있었기 때문이다. 물론 자금세탁위험성이 높아 의심거래보고의 대상이 되는 고객에 대해서는 다른 금융거래에서의 고객과 동일하게 주민번호를 수집하도록 하였다.

(4) 우리나라에서의 비대면 고객확인 과제

1) 비대면 고객의 지속적 고객확인 및 실제소유자 확인

(ⅰ) 비대면 고객의 지속적 고객확인과 고객확인 재이행

(a) 고객확인 재이행

「자금세탁방지 및 공중협박자금조달금지에 관한 업무규정」 제34조 제3항은 금융회사등이 고객의 거래행위를 고려한 자금세탁행위등의 위험도에 따라 고객확인의 재이행 주기를 설정·운용하도록 하고 있으며, 금융회사들은 비대면 고객 등 고위험 고객에 대해서는 일반적으로 재이행 주기를 1년으로 설정하여 운영하고 있다.

하지만, 일부 금융회사등은 고객확인 재이행 주기를 경과한 고객이 영업점을 방문하여 실명확인 대상 금융거래 또는 일회성 금융거래를 수행하는 경우에 한하여 고객확인을 재이행하도록 정하고 있어 비대면방식으로만 거래하는 고객의 경우에는 고객정보 갱신 등이 장기간 지체될 우려가 있는 것으로 나타났다.

이에 따라 검사기관은 이 금융회사에게 '비대면방식으로만 거래하는 고객의 경우에는 고객정보 갱신 등이 장기간 지체될 우려가 있으므로 고객확인 재이행이 장기간 지체되지 않도록 모바일 등 비대면 방식의 고객정보 갱신을 지속적인 고객확인 방법에 포함하는 등 업무절차를 개선'할 것을 권고한 바 있다.

(b) 비대면을 통한 지속적 고객확인

자금세탁방지 업무규정 제34조에서는 "금융회사등은 고객확인을 한 고객과 거래가 유지되는 동안 당해 고객에 대하여 지속적으로 고객확인을 하여야 한다"고 규정하면서 그 구체적인 방법에 대하여 "거래전반에 대한 면밀한 조사 및 이를 통해 금융회사등이 확보하고 있는 고객·사업·위험평가·자금출처 등 정보가 실제 거래내용과 일관성이 있는지, 특히 고위험군에 속하는 고객 또는 거래인 경우 현존 기록에 대한 검토를 통해 고객확인을 위해 수집된 문서, 자료, 정보가 최신이며 적절한 것 인지를 확인할 수 있어야 한다"고 규정하고 있다. 따라서 모바일이나 인터넷 뱅킹 등을 이용한 고객확인이 업무규정 제34조의 내용을 확인할 수 있는 요건을 구비하고 있다면 지속고객확인이 가능한 수단의 하나라고 할 수 있을 것이다.

(ⅱ) 비대면 계좌개설시 실제소유자 확인

고객이 비대면계좌 개설을 하고자할 때 금융회사 입장에서는 강화된 고객확인 과정에서 금융거래 목적 등에 대한 확인이 비대면으로 가능한지 불분명하여 애로가 발생할 수 있다.

자금세탁방지 관련 고객확인제도는 비대면실명확인 방식에서 완화된 것은 아니며, 금융회사는 오프라인에 준하는 정도의 고객확인을 온라인에서 비대면으로 자율적으로 실행할 수 있다고 판단된다.[7] 이에 감독기관 또는 검사기관이 충분히 납득할 수 있도록 금융회사별로 오프라인에 준하는 정도의 합리적이고 객관적인 기준을 설정한 후 실행해야 할 것이다.

2) 다양한 비대면 인증방식의 활용 모색[8]

(ⅰ) 신용카드 인증

신용카드 본인확인 서비스는 방송통신위원회가 주민등록번호 대체수단으로 본인인증 수단인 아이핀과 휴대폰 외에 온라인에서 본인확인의 편의성을 높이기 위해 최근에 추가로 도입한 것으로서 본인 앞으로 발급된 체크카드나 신용카드만 있으면 본인확인을 할 수 있는 서비스이다. 신용카드 본인확인서비스는 스마트폰에 등록된 앱카드를 통해 사전에 설정한 본인 확인 비밀번호를 입력하는 방식과 휴대전화 ARS 연결, 카드사 홈페이지 접속 후 비밀번호 등을 입력하는 방식 등 총 3가지 형태로 제공된다.

물론 신용카드 본인확인서비스를 통해 본인확인을 하였다고 하여 실명확인을 거친 것으로 볼 수는 없지만, 방송통신위원회가 온라인에서 주민등록번호를 대체하는 본인확인 수단으로 정의하고 있어 주민등록번호에 대응하는 이용자 식별정보를 제공하는 서비스로서 안정성 및 신뢰성을 확보하고 있으므로 비대면 계좌개설 시 실명확인 방법으로 단독으로 활용될 수는 없겠지만 다른 실명확인 방법과 조합하여 활용할 가치는 충분하다고 판단된다.

---

7) 금융정보분석원, 자금세탁방지제도 유권해석 사례집, 2018년 2월
8) 성균관대학교 경영연구소, "비대면 거래활성화에 따른 고객확인 개선방안에 대한 연구", 제7회 금융지도자 자금세탁방지 전문가과정 논문집, 2019년

(ⅱ) 간편결제 인증

간편결제 인증을 이용하는 방법으로서는 고객이 간편결제 인증 서비스에 가입하고, 가입시 '휴대폰 본인 확인'을 거친 후 고객이 타 금융회사에 이미 개설한 계좌에 소액이체를 한 뒤 고객이 입금주를 입력하게 하여 계좌의 거래권한이 있는지 여부를 확인하는 '계좌입금주 확인' 방식이 널리 쓰이고 있다.

다만, 간편결제 인증은 제3의 기관에서 확인한 결과 값을 이용하는 간접적인 방식에 해당될 소지가 크므로 비대면 필수 실명확인 방식에 해당하는 2가지 인증방식에 추가하는 방식으로 사용하여야 할 것이다.

(ⅲ) 모바일 신분증을 통한 비대면 고객확인

모바일 신분증은 금융회사를 통해 모바일로 신분확인을 한 번 받아서 스마트폰의 정보지갑 등 보안성이 높은 어플리케이션에 자신의 신분정보를 저장하여 사용하는 것을 의미한다. 주민등록 등·초본 등 각종 증명서도 스마트폰에 저장하여 필요할 때 꺼내어 쓸 수 있게 된다고 한다. 현재 발급되어 사용하고 있는 주민등록증이나 운전면허증, 여권 등은 위·변조 및 도용의 우려가 항상 존재하며, 장기간 사용하게 되면 본인임을 식별할 수 있는 사진이 식별이 어려울 정도로 훼손되는 경우도 많은데, 모바일 신분증은 이러한 문제를 해소해 주는 기능을 할 것으로 기대된다.

정부는 공무원증이나 학생증 등 이용대상이 명확한 신분증부터 모바일 신분증 도입을 시작하여 2020년까지 안전성을 검증한 뒤 2021년부터 단계적으로 대상을 확대할 계획을 갖고 있다.

모바일 신분증은 실명증표와 가장 유사한 것으로 보이나, 바코드나 QR코드 방식과 같이 암호화되어 본인을 식별할 수 있는 리더기 등 별도의 장치가 필요하므로 공식적으로 도입하기 이전에 이런 점들을 제도적으로 보완하여 도입에 문제가 없도록 해야 할 것이다.

2. 자금세탁방지 등 업무의 레그테크 도입

(1) 환경변화에 따른 레그테크 도입의 필요성

1) 가속화되는 핀테크에 대한 대응

금융분야에서 디지털화가 진전되고 금융과 혁신 IT 기술을 의미하는 '핀테크(Fin Tech)'가 가속화하면서 기존의 내부통제와 준법감시 체계의 패러다임의 변화가 요구되고 있다. 즉, 금융데이터의 폭발적인 증가, 인공지능·빅데이터 등의 발전에 따라 금융서비스가 지능화·자동화되고, 규제환경 또한 더욱 복잡·다기화되면서 금융회사는 규제를 준수하기가 어려워지고 있으며, 규제의 양도 빠르게 증가하고 있다. 이에 대응하여 개별 금융회사는 준법감시업무를 IT기술과 결합하고 감시능력을 이룬다면 기별 금융회사 측면에서는 준법감시 능력을 제고할 수 있으며, 금융시장 전체적으로는 규제 준수를 위한 사회적 비용이 절감되는 등 광범위한 혜택을 가져올 것으로 기대된다.

2) 레그테크의 개념과 효용

레그테크(Reg Tech)는 규제(Regulation)와 기술(Technology)의 합성어로 법규의 준수·준법·감시 업무에 최신의 IT 기술인 인공지능(AI), 빅데이터, 클라우드 컴퓨팅, 블록체인 기술 등을 활용하는 것을 일컫는다. IIF(Institute of International Finance)는 레그테크를 '규제 및 준법감시 요구 사항을 보다 효과적이고 효율적으로 해결하기 위해 신기술을 활용하는 것'이라고 기술한 바 있다.

레그테크는 핀테크의 일종으로도 볼 수 있으나, 규제 모니터링, 금융거래 보고, 준법감시업무에 기술을 활용하는 것이며, 핀테크가 스타트업 업체의 등의 상향식(bottom−up) 수요에 의해 주도된 반면, 레크테크의 경우 금융회사들의 하향식(top−down) 수요에 의해 주도된 측면이 있는 점에서 핀테크와 차별성이 존재한다.

레그테크는 '기존의 기술과 준법감시 업무간의 결합'과도 차별된다는 의견이 있다. 최근의 결합은 규제의 폭증, 데이터 중심으로 이루어지며 세밀한 감독 방식, 금융서비스의 디지털화·데이터화, 컴퓨팅 능력과 저장 관리 비용의 대폭 하락이라는 이점이 있다는 점에서 차별화된다는 것이다.[9]

---

9) 이시연·권홍진·김홍재, "Reg−Tech의 도입 필요성 및 구현에 대한 연구", 준법감시협의회

2015년에 발간된 세계경제포럼(World Economic Forum)의 보고서는 준법감시 업무의 효율성을 개선하기 위한 목적으로 인공지능 기반의 레그테크가 확산되는 추세라고 언급하고 있다. 이런 배경에는 금융규제가 복잡해지고 강화될수록 관련 인력의 채용 등 준법감시 비용의 증가가 불가피하며, 따라서 인공지능 기술을 통해 리스크의 측정, 불법행위 감지 등의 업무를 효율화시키고자 하는 요구가 계속 증가하고 있기 때문이라고 한다. 세계경제포럼은 2025년까지 세계 금융회사들의 35%가 인공지능 기반의 준법감시시스템을 도입할 것으로 예상하고 있다.

(2) 레그테크의 자금세탁방지 등 업무에 대한 효과와 도입방안

1) 금융회사의 레그테크 도입으로 인한 기대효과[10]

(ⅰ) 실시간 대응

비대면 계좌개설, 간편송금 등 서비스의 실시간 요구가 급증하고 있고 디지털 금융서비스의 발달로 디지털 기술을 활용한 자금세탁 등을 위한 모의가 용이한 환경이 만들어졌다.

하지만 금융회사의 대부분의 시스템은 데이터베이스 중심으로 설계되어 있어서, 데이터가 발생시점에 분석되기보다는 데이터베이스에 기록을 완결한 뒤, 필요한 데이터를 질의를 통해 추출, 분석하기 때문에 현재의 준법감시체계로는 실시간으로 대응하기가 쉽지 않다.

향후에는 레그테크의 도입을 통해 데이터베이스 중심의 데이터 수집·분석 구조를 데이터 발생과 동시에 실시간으로 분석하는 구조로 전환시키고 데이터를 실시간으로 분석할 수 있는 룰엔진(Rule Engine), CEP 엔진(Complex Event Processing Engine)을 기반으로 AML/CFT 업무를 개선할 수 있을 것이다.

(ⅱ) 데이터 기반 구조의 전환으로 효과성 증대

기존의 프로세스 중심의 패러다임은 법·제도 요구사항을 사람이 중심이 되어 사전에 모니터링 모델을 설계·실행·판단하는 방법이다. 데이터베이스에 담

용역과제 최종 보고서(2019년 6월)

10) 이시연·권흥진·김흥재, "Reg-Tech의 도입 필요성 및 구현에 대한 연구", 준법감시협의회 용역과제 최종 보고서(2019년 6월)

긴 데이터를 추출하는 필터링 기준을 사전에 완벽히 설계할 수 있다면 가장 효과적인 방법이 될 수 있으나 ML/FT 수법은 빠른 속도로 다양화되고 있어 완벽한 AML/CFT 시스템을 갖추기 어렵다.

데이터 중심 패러다임은 사전에 어떠한 확신도 가질 수 없다는 전제하에 수집 가능한 모든 데이터를 저장하고, 데이터 분석과 예측을 통해 의미를 찾고, AI 등의 기술로 스스로 모니터링 모델을 설계·진화하는 형태이다. 종전에는 서버, 저장장치 등 인프라 구축 비용이 컸지만, 최근 빅데이터, 머신러닝 기술이 급속히 발달하여 클라우드 벤더를 중심으로 데이터 기반 비즈니스를 위한 서비스 형태의 플랫폼(PaaS: Platform As A Service)을 제공하고 있어 비교적 저렴한 비용으로 구현이 가능해졌다.

(ⅲ) 업무의 표준화로 비용 절감

국내에서 준법감시 또는 AML/CFT 관련 솔루션·서비스가 낙후된 이유는 금융회사별 IT 환경 등이 각각 달라 동일한 업무 솔루션이라도 금융회사에 적용할 때마다 인력과 비용투입이 큰 시스템 통합(SI: System Integration)식 개발이 수반되기 때문이다. 금융회사의 모든 업무를 표준화하는 것은 어려우나, 금융거래 보고 등 모든 금융회사가 공통적으로 수행해야 하는 업무부터 표준화하는 작업이 필요할 것이다. 각 기업들이 국세당국에 보고하는 문서 등을 표준화하여 전산처리가 가능하게 됨에 따라 표준 회계 솔루션을 출시할 수 있게 되었고 이를 이용하는 기업들의 IT 비용도 절감되었듯이 영국을 비롯한 각국이 준법감시업무의 표준화를 시도하고 있다.

2) 금융회사의 레그테크 도입으로 인한 기대효과

(ⅰ) 관계기관의 역할

레그테크 도입을 위해서는 감독당국, 금융업권별 관련 협회, 금융회사들의 적극적인 관심과 노력, 시의적절한 대응이 요구된다.

감독당국은 조직내 전문성을 확보하고, 금융회사의 레그테크 활용에 걸맞는 '섭테크(SupTech)'의 기반을 마련해야 할 것이다. '섭테크'란 금융 감독 업무에 첨단 기술을 적용하는 것으로, 감독기관의 데이터 접근성 향상, 추출 정보의 종합관리에 응용할 수 있다. 그리고 금융업권별 협회 등은 회원 금융회사에 대한 교육과 홍보를 제공하고, 레그테크 적용 가능 분야에 대한 검토 및 연구를 지속해야 할 것이다.

　금융회사는 준법감시 부서 내에 IT 관련 전문인력을 확보하고 효율적인 내부통제 및 준법 감시 업무를 위해 전산 데이터 품질을 확보할 수 있도록 노력해야 할 것이다.

　글로벌 금융 위기 이후 영국에서 규제 준수 비용이 증가하자 금융 회사들이 자동화 솔루션으로 부담을 줄이기로 하면서 레그테크가 처음 태동되었다. 이어 레그테크를 토대로 신생 핀테크 업체들이 운영 위험성을 낮추고, 사업 건전성도 확보할 수 있게 되면서 영국은 레그테크 선진국이자 핀테크 강국으로 성장할 수 있었다.

(ii) 레그테크 도입시 금융회사의 유의점

　레그테크를 도입하기 위해서는 먼저 기존 시스템을 레그테크로 전환할 수 있는지 파악하는 것이 중요하다. IT 기술을 적용하는 것은 단순히 종이 문서를 디지털화하는 것이 아니다. 모든 부서가 새로운 모델을 지연 없이 시험할 수 있도록 기존 시스템의 표준화와 개방화가 동시에 이뤄져야만 급격히 발전하는 핀테크와 이에 따른 변화에 대응할 수 있다.

　신규 사업에 레그테크 도입이 효과적인지도 철저히 분석해야 할 것이다. 결국 레그테크 도입의 성과는 비용 절감에서 측면에서 결정될 것이기 때문이다. 전통적인 금융 사업은 디지털과 자동화만으로 시간과 비용의 절감효과가 나타나지만, 핀테크·레그테크 사업은 디지털 기술을 기반으로 기존 금융 시스템 비용을 제거하여 금융 혜택을 보편화하는 데에 초점을 두고 있다. 예를 들어 IT 기술의 결합으로 전통적인 금융 사업의 수익 모델인 거래 수수료가 제거되는 효과가 발생하기도 한다. 이처럼 레그테크 도입이 과거보다 비용을 낮출 수 있는 솔루션이지만, 금융 사업의 수익에 대한 재해석이 적용된 핀테크 모델에 레그테크를 더한 것이 꼭 비용 절감을 통한 수익성으로 나타날 거라고 단정할 수는 없는 것이다.

3. 금융거래보고(STR·CTR)의 오류 최소화 및 보고내용 내실화

(1) 금융회사의 금융거래보고(STR·CTR) 업무상의 문제점

1) 여전히 발생되고 있는 고액현금거래보고(CTR) 처리상의 문제점[11]

금융회사들은 2006년 고액현금거래보고(CTR) 도입을 위한 준비과정에서 전산시스템만 구축하면 추가적인 조치는 필요없을 것으로 예측하였다. 즉 창구에서 발생한 현금거래를 전산시스템을 통해 그대로 KoFIU에 보고하는 업무로 판단하였다. 그래서 많은 금융회사는 CTR 보고에 에러만 발생하지 않으면 별도로 모니터링을 할 필요가 없다고 생각하고, 이에 대한 대비를 소홀히 했다. 일부의 금융회사를 제외하고는 CTR 제도에서 요구하는 현금거래와 대체거래를 구분할 수 있는 전산시스템 체계를 갖추지 못했다. 그 이전에는 금융회사에서 현금거래와 대체거래를 구분해야 할 이유가 없었기 때문이었다. 특히 하나의 거래에서 일부는 현금이고 일부는 대체거래인 경우 CTR 보고금액을 분리하여 CTR만 보고할 수 있도록 하는 것은 금융회사의 전산체계상 큰 변화를 요구하는 것이었기 때문이다.

그리고 실무적으로 금융회사, 국가기관 등 CTR 보고제외대상자를 파악하기가 쉽지 않았고, CTR 제도 도입 초기에는 창구에서 고객확인의무제도(CDD)도 생소한 업무였으므로 거래 발생 이후 법률요건에 맞게 보고하는 CTR 업무보다는 창구에서 바로 거래자에게 확인해야 거래를 할 수 있는 업무인 CDD에 집중할 수 밖에 없었던 요인도 있었다.

금융회사등이 보고대상 거래와 면제대상 거래를 구분하는 과정에서 실무상 불편이 가중된다는 의견이 있어서 정부는 2018년 시행령 개정을 통해 공공단체를 보고 면제대상 거래에서 삭제하기도 하였다.

하지만, 여전히 CTR을 법률에서 정한 기간인 30일 내에 보고하지 못하고 누락하여 벌칙이 부과되는 등 오류가 발생하고 있는 것이 현실이다.

---

11) 성균관대학교 경영연구소, "우리나라 고액현금거래보고제도(CTR)의 고찰 및 활용방안", 제1회 금융지도자 자금세탁방지 전문가과정 논문집, 20113년 11월

2) 급증하는 의심거래보고(STR)로 인한 문제

2001년 자금세탁방지제도가 도입 된 이후 의심거래보고(STR) 건수는 줄곧 증가세를 보여 왔다. 의무보고 기준 금액이 낮아지고, 2013년 법률 개정으로 보고 기준 금액이 삭제된 직후 보고건수는 더욱 급격히 증가하였다. 금융회사에서 의심거래보고(STR)를 자동화하고 책임회피성으로 STR을 금융정보분석원(KoFIU)에 보고함으로써 보고건수가 급증하고 보고의 질은 저하되고 있는 것이다.

의심거래보고(STR)가 금융회사등으로부터 접수되면 금융정보분석원(KoFIU)이 자체 전산분석을 통해 기초분석관의 검토가 필요한 STR를 선별하고, 이렇게 선별된 STR에 대해서는 기초분석관이 상세분석 필요성을 검토하여 상세분석 대상을 선별한 후 상세분석을 실시하는 과정으로 처리된다. 하지만 급증하는 STR로 인해 KoFIU 심사분석자의 업무 부담이 가중되어 대부분의 STR보고 건이 보존 처리되고 있는 실정이다. KoFIU는 2018년의 경우 금융회사등으로부터 접수한 97만 2,320건의 STR 중 11만 6,566건인 12.0%만이 기초분석관의 검토를 거

금융회사의 의심거래보고(STR) 현황(2020년 6월말 기준)(단위: 건)

구분	1월	2월	3월	4월	5월	6월	7월	8월	9월	10월	11월	12월	합계
2001												13	13
2002	3	11	11	14	13	11	8	15	21	38	64	53	262
2003	74	92	75	105	77	94	184	133	162	247	195	306	1,744
2004	270	203	318	356	411	442	305	337	403	508	550	577	4,680
2005	602	370	674	937	941	1,425	1,466	1,551	1,518	1,411	1,210	1,354	13,459
2006	1,945	2,014	1,513	1,553	1,610	1,751	1,813	2,094	2,114	2,180	2,667	2,895	24,149
2007	3,009	3,245	4,378	4,215	4,566	4,033	3,956	4,776	3,945	4,347	6,769	5,235	52,474
2008	6,745	6,780	8,179	7,867	7,020	7,421	8,187	7,553	7,360	8,668	9,352	6,961	92,093
2009	11,164	7,655	8,136	11,221	10,040	12,087	14,297	11,024	12,153	11,962	11,556	14,987	136,282
2010	15,872	12,768	16,228	21,021	17,998	20,346	26,405	21,265	18,535	22,649	20,637	22,344	236,068
2011	22,725	28,532	39,226	30,897	27,618	26,950	26,582	24,513	25,048	23,253	26,384	27,735	329,463
2012	23,915	22,504	23,448	21,165	23,576	26,322	23,720	24,790	24,535	23,943	25,907	26,416	290,241
2013	28,247	21,724	27,580	26,172	27,195	24,336	31,045	38,074	31,607	42,836	42,507	37,419	378,742
2014	44,297	33,961	45,157	44,247	38,731	39,207	45,009	40,458	37,921	42,939	45,838	43,660	501,425
2015	56,267	40,138	54,732	51,916	47,853	48,077	45,841	47,078	58,534	55,149	58,252	60,239	624,076
2016	70,757	53,793	70,107	55,952	59,020	59,602	95,664	53,201	42,400	44,125	48,201	50,534	703,356
2017	41,423	38,716	48,996	44,098	39,056	41,763	42,032	45,506	46,667	34,454	46,269	50,928	519,908
2018	50,075	43,035	72,949	73,126	76,960	95,613	84,218	71,008	87,527	105,761	101,696	110,352	972,320
2019	102,026	80,887	101,729	71,838	86,876	78,300	74,964	77,658	62,881	66,738	64,122	58,928	926,94
2020	57,865	48,964	71,619	52,060	52,131	59,545							342,184

쳤고, 상세분석으로 이어진 건수는 2만 6,165건(2.7%)에 불과하였다.

국회 정무위는 2017 회계연도 결산 심사결과에 따른 시정요구사항에서 금융정보분석원에 접수된 의심거래보고 중 상당수가 기초분석관의 검토조차 거치지 못하고 있는바, 금융거래정보에 관한 비밀보장 원칙이 훼손될 우려가 있으므로 KoFIU는 STR판단기준을 보다 상세히 설정하여 금융회사에 제공하고, 관련 교육을 강화하여 실시하는 등 금융거래정보의 비밀보장을 위한 방안을 마련할 것을 요구한 바 있다.

국회 정무위는 2018 회계연도 결산 심사결과에 따른 시정요구사항에서 KoFIU가 STR 관련, 법집행기관 제공 이후 활용도가 높았던 정보, 상세분석으로 이어지는 정보의 유형 등 그동안 축적된 정보를 통계적으로 분석하여 활용할 수 있도록 개선방안을 마련할 것을 요구하기도 하였다.

의심거래보고 접수 및 상세분석 현황(단위: 건, %)

	2013	2014	2015	2016	2017
접수(A)	378,742	501,425	624,076	703,356	519,908
기초분석관 검토(B) (B/A*100)	43,584 (11.5)	143,071 (28.5)	155,795 (25.0)	149,898 (21.3)	88,355 (17.0)
상세분석(C) (C/A*100)	25,030 (6.6)	25,305 (5.0)	30,854 (4.9)	22,177 (3.2)	19,767 (3.8)

자료: 금융정보분석원

(2) 금융회사의 금융거래보고(STR·CTR) 업무 절차 개선방안

1) CTR에 대한 모니터링 강화와 오류 최소화

고액현금거래보고(CTR) 정보는 그 정보가 '정확한' 현금거래 정보일 때 정보로서의 가치를 가진다. 오류정보인 경우에는 오히려 국가기관의 수사 등에 혼선을 줄 수 있다. 또한 오류정보는 선량한 거래자를 범죄자로 오인하게 할 수도 있고, 그 오류정보가 법집행기관에게 통보되었음이 거래자에게 알려진다면 금융회사로서는 거래자로부터 민원은 물론 법적인 분쟁에까지 휘말릴 수 있는 매우 민감한 정보이다.

따라서 현금거래 추출이 적정하게 이루어져야 하며, 사업 특성상 현금거래를 시스템적으로 식별하기 어려운 경우 추출된 거래 중 현금거래에 대한 명확한 기준을 갖추어야 한다. 추출된 거래를 CTR에서 제외하는 경우 현금거래에 대한 내부기준에 따라 검토하여야 하며, 보고제외에 대한 증빙을 구비하는 등 업무절차를 갖추어 운영할 필요가 있다.[12] 그러므로, 금융회사가 모니터링 절차를 보완하여 창구 직원은 오류조작이 없도록 정확히 조작해야 하며, 거래 후에도 오류 여부를 다시 점검할 수 있는 절차를 수행해야 한다. 최종적으로 KoFIU에 보고하기 전에 오류보고가 포함되어 있지 않은지 확인하는 절차를 수행할 필요가 있다.

2) 자금세탁방지 등을 위한 충실한 의심거래보고(STR)

(i) 면피성보고 예방을 위한 보고기준(rule)의 정기적 개선

금융회사의 STR 검토 담당자는 자금세탁방지 등의 업무에 대해 이해하고 있어야 하며, STR 검토시 보고 사유 및 보고 제외 사유를 자금세탁 위험에 입각하여 작성하여야 한다. 금융회사는 특이 거래 및 비정상적 자금이동을 적발하여 추가분석할 수 있는 거래 모니터링 체계를 갖추고 관련 거래를 적시에 상세 조사하여 의심거래 여부를 판단하여 보고업무를 수행하는지 점검해야 한다.[13]

AML/CFT 시스템을 효과적으로 개선하고 관리하기 위해서는 룰의 유용성 연구를 상설화하여 금융회사등과 KoFIU 간의 정기적인 룰 개선작업 시스템이 마련되어야 할 것이다. 면피성이 아닌 혐의도가 높은 거래가 STR로 보고되게 하기 위해서는 룰 유용성 연구를 정기적으로 수행하고, 연구결과를 피드백하여 지속적으로 룰을 모니터링 함으로써 보고의 적정성과 충실성이 이루어지게 하여 STR 제도가 원활히 정착되도록 해야 할 것이다. 각 금융회사에서 의심거래 추출에 사용하는 룰의 유용성을 분석함으로써 유용성의 정도에 따라 유지하거나 조건을 강화 혹은 추가하여 보완하며, 혐의도가 낮은 룰은 폐지하거나 통합해야 할 것이다. 또한 KoFIU 심사분석 관점을 반영한 추가개발 요건을 정의하여 금융회사등의 향후 룰 추가개발 시 활용할 수 있도록 해야 한다. 그리고 효과적인 심사업무를 위하여 금융업권별 특성을 반영한 룰 유용성 연구도 필요하다.

---

12) 금융감독원, "자금세탁방지 검사업무안내서", 2019년 11월
13) 금융감독원, "자금세탁방지 검사업무안내서", 2019년 11월

STR 미보고 위주의 검사 감독은 STR 보고의 질을 저하시킬 수 있으므로, 품질이 높은 STR이 보고되도록 하기 위해서는 사후 적발식이 아닌 사전 지도점검이 필요하다. STR 미보고 여부를 검사하게 된다면 객관적인 판단기준이 필요하며, 룰 개선을 위하여 어느 정도 노력하고 있는지 등 AML/CFT 운영의 적정성을 판단하는 검사가 필요하다.

아울러 STR 보고의 금융거래 특징과 전제범죄 유형과의 매핑 정보를 활용한 전제범죄별 금융거래 유형분석 시스템을 개발을 위한 데이터베이스화 작업도 필요하다. 모든 금융회사등의 룰을 커버하는 전제범죄별로 거래항목이 도출되어야 하는데, 이 거래항목은 금융회사에서 실제 사용 가능한 항목으로 구성해야 할 것이다.14)

(ii) 인공지능 기반 AML/CFT 시스템 구축15)

금융회사가 인공지능 기반 차세대 자금세탁방지와 이상거래 탐지 시스템 구축하는 것도 필요하다. 미국 온라인 결제 서비스 페이팔은 이상금융거래탐지시스템(FDS)에 딥러닝 기술을 활용해 자사 이용자 1억 7천만 명의 40억 번 결제를 분석해 피싱16)에 해당하는 건들을 유형화해 이상거래 탐지에 이용하고 있다. 지난 2015년 기준 페이팔 사기 결제율은 전체 수익의 0.32%로 미국 온라인 시장 평균 사기 결제율인 1.32%보다 낮은 수준을 유지하고 있다.

금융회사로부터 보고받은 정보가 효과적으로 활용되기 위해서는 2020년 현재 '차세대 자금세탁방지 분석 시스템'을 구축하고 있는 KoFIU가 외국환거래정보 등을 활용하여 빅데이터를 구축하고 머신러닝·딥러닝 등 인공지능 기술로 새로운 자금세탁 패턴이나 유형을 학습함으로써 여러 복합거래 패턴을 만들어 불법거래를 손쉽게 적발할 수 있는 시스템을 구축해야 할 것이다. KoFIU는 심사분석 과정을 개선해 모형화하고 대규모의 데이터베이스를 분석하기 위해 필요한 데이터 마이닝·통계·IT관련 전문 인력을 확충하고 있다. 미국 재무부 산하 금융범죄단속반(FinCEN)은 직원 300명 중 절반이 데이터 사이언스, 통계 전

---

14) (주) 데이터메이션, "금융회사 자금세탁 판단지표(Rule)의 유용성 연구", 금융위원회 금융정보분석원 용역 보고서 (2010년 12월)

15) 오정근, "인공지능과 금융산업의 미래", 금융, 은행연합회(2017.6)

16) 금융기관 또는 공공기관을 가장해 개인정보를 불법적으로 알아내 이를 이용하는 사기수법

문가이고 호주 금융정보분석센터(AUSTRAC)도 직원 250명 중 데이터사이언스 전문분석 100명이 분석업무를 전담하고 있다. AUSTRAC은 2013년부터 호주 RMIT대학과 함께 '복합금융거래와 조직범죄 네트워크에 대한 데이터마이닝 태스크포스(TF)'를 구성해 2016년 3월 인공지능을 활용한 분석기법을 개발하기도 했다.

4. 기술발전에 따른 국내 자금세탁방지·테러자금조달차단 제도 개선 방향

(1) 핀테크 혁신으로 인한 금융서비스와 금융산업의 변화

금융분야는 신기술과의 융합이 용이하고 혁신 속도가 빨라 구조변화가 급속히 진행되고 있다. 빅데이터, 인공지능(AI), 블록체인, 사물인터넷(IoT) 등 디지털 기술 발전이 진전되면서 금융의 파괴적 변화도 한층 가속화될 전망이다.

금융서비스 측면에서는 핀테크 혁신으로 '금융서비스 제공의 탈중개화'가 심화되고 있다. 크라우드펀딩, P2P(온라인투자연계금융업자) 등 ICT, 네트워크를 기반으로 한 핀테크 기업은 사업아이템 선정단계부터 투자자, 소비자의 의견을 확인하고 반영하여 금융서비스의 수요자와 공급자를 직접 연결하며, 기존 중개자의 역할을 대체하고 있다. 사물인터넷 기술을 통한 데이터 축적, 인공지능을 활용한 빅데이터 분석이 가능해짐에 따라 수요자별 맞춤형 서비스가 제공되면서 금융분야에서는 기존 재무정보뿐 아니라 SNS 정보 등 새로운 데이터(소위 social data)를 활용하는 능력이 매우 중요해지고 있다.

금융산업 측면에서는 모바일 간편결제·송금, P2P 대출 등에 특화된 핀테크 서비스가 성장하여 소매금융 등 전통적 수익기반이 잠식되고 있고, 보다 적은 비용으로 고품질의 편리한 금융서비스를 이용할 수 있게 됨에 따라 기존 금융시스템의 비효율성이 개선되고 소비자의 선택권이 확대되고 있다. 금융시장 구조가 수요 주도(demand-driven)로 전환됨에 따라 수요자 선호를 즉각 반영할 수 있는 금융플랫폼 선점이 중요해지고 있다.

(2) 핀테크 혁신에 따른 취약점과 대처 방안

생체정보를 이용한 본인인증, 간편결제·송금 서비스 등의 증가로 소비자보호에 대한 취약성이 드러나는 한편 고객확인 등이 어려워지고 있어 이에 비례하여 ML/FT 리스크도 커지고 있다. 신종 사이버 위협뿐만 아니라, 가상자산 등 신기술과 서비스가 자금세탁에 활용될 잠재적 위험도 나날이 커지고 있다. 무엇보다 심각한 문제는 핀테크혁신으로 새롭게 나타나는 유형의 금융거래가 기존의 AML/CFT의 규제에 포섭되지 못하여 사각 지대로 남을 수 있다는 점이다.

이에 대응하여 FATF는 'FinTech/RegTech Forum'을 개최하여 민간과 정부가 함께 대처방안을 모색할 수 있는 장도 마련하고, 가상자산 사업자에 대해 규제를 하는 등 국제기준을 지속적으로 보완하고 있다.

우리 정부는 핀테크 혁신에 따른 AML/CFT의 규제 사각지대를 없애기 위하여, 「특정금융거래정보법 시행령」을 개정하여 소액해외송금업자, 전자금융업자, 온라인투자연계금융업자 등에게 자금세탁방지의무를 부과하는 노력을 해왔다. 가상자산 사업자에게 자금세탁방지의무를 부과하는 「특정금융거래정보법」도 개정되어 시행을 앞두고 있다.

(3) 근본적인 개선방안 모색

우리나라의 AML/CFT 제도는 급격히 변화하는 핀테크 기술에 대응하기에는 한계를 드러내고 있는 것이 사실이다.

「특정금융거래정보법」의 적용 대상은 원칙적으로 다른 법률에서 정의되고 규제되고 있는 금융회사와 비금융회사이므로, 새로운 업종이 출현하는 경우 관련 법률이 제정되거나 개정되는 과정에서 신속히 AML/CFT 규제를 적용할 수 없어 규제의 시의성이 떨어지는 문제가 발생한다. 물론 가상자산 사업자인 경우 아직 일반법이 제정되지 않은 상황에서 우선 「특정금융거래정보법」을 적용할 수 있게 되었으나, 동법은 신고요건 규정을 두고 있어, 모든 가상자산 사업자에게 적용되지 못하는 한계가 있다.

또한 「특정금융거래정보법」은 개정에 장시간이 소요되어 가상자산 거래가 급격히 증가한 2017년 하반기로부터 4년여가 지난 2021년 하반기부터 본격적으로 규제가 적용될 수 있게 된 것은 실효성 측면에서 큰 문제점이 있다는 것을 보여주고 있다. 소액해외송금업자, 온라인투자연계금융업자에 대한 의무부과는 시행령 개정을 통해 비교적 용이하게 AML/CFT 의무를 부과하였지만, 모법을 개정하거나 제정하는 과정에서 이미 많은 시간이 소요되었다.

물론 가상자산의 경우 2018년 초 가이드라인을 제정하여 기존의 의무부과 대상인 은행에 가상자산 거래를 하는 경우 더욱 강한 의무를 부과하였지만 간접적인 규제라는 한계는 존재하였다.

그러므로 새로운 유형의 금융서비스가 출현하여 ML/FT 위험을 증폭시키는 경우 모법 제정이나 자금세탁방지 관련 법령의 개정 없이도 AML/CFT 규제를 적용할 수 있는 방안을 포함하여 큰 틀에서 AML/CFT 제도를 개선하는 근본적 방안을 모색해야 할 것이다. 특히 「특정금융거래정보법」은 금융거래가 원칙적으로 대면으로 이루어질 때 제정되었기 때문에 비대면 금융거래 환경에 적합하지 않은 부분이 있을 수 있다. 비대면 고객확인의 경우 「금융실명법」과 「전자금융법」과도 관련이 되므로 관련되는 규제들을 종합적으로 검토하여 새로운 개선방안을 모색할 필요가 있다.

Appendix 부록

특정금융거래정보의 보고 및 이용 등에 관한 법률(약칭: 특정금융거래정보법)

특정금융거래정보의 보고 및 이용 등에 관한 법률 시행령(약칭: 특정금융거래정보법 시행령)

특정금융거래정보 보고 및 감독규정

금융기관 _ 의심스러운 거래보고서

카지노사업자 _ 의심스러운 거래보고서

금융기관 _ 고액현금거래보고서

카지노 _ 고액현금거래보고서

보고책임자 임면 통보서

특정금융거래정보 보고 등에 관한 검사 및 제재규정

공중등협박자금조달금지법령

공중 등 협박목적 및 대량살상무기확산을 위한 자금조달행위의 금지에 관한 법률

공중 등 협박목적을 위한 자금조달행위의 금지에 관한 법률 시행령

금융거래등제한대상자 지정 및 지정 취소에 관한 규정

공중 등 협박목적을 위한 자금조달행위의 금지 관리규정

국제평화와 안전유지를 위한 국제적 노력에 특히 기여하기 위하여 공중협박자금조달 및 대량살상무기확산의 규제가 필요한 경우로서 금융위원회가 「공중 등 협박목적 및 대량살상무기확산을 위한 자금조달행위의 금지에 관한 법률」 제4조 제1항 제2호에 따라 지정한 금융거래등제한대상자 (685명)

자금세탁방지 및 공중협박자금 조달금지에 관한 업무규정

자금세탁방지 및 공중협박자금조달금지에 관한 업무규정

범죄수익규제법령

범죄수익은닉의 규제 및 처벌 등에 관한 법률

중대범죄(제2조제1호 관련) 범죄수익은닉의 규제 및 처벌 등에 관한 법률

범죄수익은닉의 규제 및 처벌 등에 관한 법률 시행령

FTA 국제기준(영문)

FATF 국제기준(권고사항 2012년 전면 개정, 2020년 10월 최종 수정본)

찾아보기

저자소개

학력사항

남원고등학교
Hanyang University Political Science & Diplomacy(majored in Political Science)
성균관대학교 법률학과(법률학전공)
고려대경영학 대학원(경제학전공)
서울대학교 법과대학 최고지도자과정(ALP)
서울대학교 경영대학 최고경영자과정(AMP)
성균관대학교 인문동양학아카데미(SAAH)

경력사항

육군 만기제대
재무부 외환국 근무
재무부 국세심판소 근무
재무부 이재국 근무
재무부 공보관실 근무
재정경제원 감사관실 근무
금융감독위원회 근무(FIU 파견)
재정경제부 금융정보분석원 행정실장
현재 새금융사회연구소 이사장

상 훈

1980. 12. 30 제12회 모범공무원상
1988. 11. 20 우수감사요원 표창
1993. 2. 20 민원행정쇄신유공근정 포상
1995. 2. 3 한국인 최우수 감사요원 표창
2005. 12   홍조근정훈장 포상
2018. 2. 21 한국윤리경영대상
2020. 7. 23 자랑스러운 성균경영인상

저 서

우리나라 금융감독제도의 개선방안 연구
자금세탁방지제도의 이해
제 2 의 진주만 침공
효사재 가는 길

제2판
자금세탁방지제도의 이해

초판발행   2011년 5월 30일
제2판발행   2021년 1월 10일

지은이   장일석
펴낸이   안종만·안상준

편 집   전채린
기획/마케팅   조성호
표지디자인   박현정
제 작   고철민·조영환

펴낸곳   (주) **박영시**
                 서울특별시 금천구 가산디지털2로 53, 210호(가산동, 한라시그마밸리)
                 등록 1959. 3. 11. 제300-1959-1호(倫)

전 화   02)733-6771
f a x   02)736-4818
e-mail   pys@pybook.co.kr
homepage   www.pybook.co.kr
ISBN   979-11-303-1138-8   93320

정 가   32,000원